나토의 동진

The Henry L. Stimson Lectures at the Whitney and Betty
MacMillan Center for International and Area Studies at Yale

Published with assistance from the Kingsley
Trust Association Publication Fund established
by the Scroll and Key Society of Yale College.

Copyright © 2021 by M. E. Sarotte.
All rights reserved.

Korean translation copyright © 2025 by Medici Media

나토의 동진

나토의 확장을 둘러싼 미국과 러시아 패권주의의 충돌

메리 앨리스 서로티 지음 권은하 옮김

메디치

일러두기

이름과 장소 관련 참고사항

이 책에서는 영어 이외의 언어로 된 증거자료를 많이 인용했기 때문에 본문의 고유명사를 표기하는 데 많은 어려움이 있었다. 자주 인용되는 지명에 대해서는 영어 표현을 명확히 하기 위해 영어화된 표현을 사용했다. 예를 들어, 프리슈티나Prishtinë 또는 Priština는 프리스티나Pristina로, 비세그라드Visegrád는 비세그라드Visegrad로 표기했다. 비록 냉전 시대의 독일어 원본에는 정확한 표현이 거의 사용되지 않았지만, 동독East Germany과 서독West Germany이라고 표현했다. 이러한 표현은 분단된 독일의 동쪽 절반을 차지하는 공식명칭인 독일민주공화국(German Democratic Republic, GDR)과 서쪽 절반을 차지하는 독일연방공화국(Federal Republic of Germany, FRG)을 의미한다. 또한 동독의 집권 정권은 양분된 베를린의 절반을 차지하는 동독의 수도를 그냥 베를린이라고 부르지만 나는 여기서 동베를린이라고 표기했다.

호칭 문제는 1990년 10월 3일 이후 통일 독일의 공식 국명으로 옛 서독의 공식 국명을 그대로 사용하면서 더 복잡해졌다. 따라서 통일 이후 인용된 독일연방공화국(FRG)은 통일된 독일을 지칭한다. 인명과 관련해서는 원래 표기가 영어와 다른 알파벳으로 되어 있지 않고, 그와 동일한 영어식 표기가 없는 경우, 가능하면 고유의 철자를 다르려고 노력했다.

 국경을 둘러싼 분쟁은 더 큰 혼란을 야기한다. 1991년 12월 1일 우크라이나의 소비에트 연방 독립 투표 이후, 이 책에서는 우크라이나 수도의 철자를 키예프Kiev에서 새로 독립한 국가가 선호하는 철자인 키이우Kyiv로 바꿨다. 또 다른 혼란은 소비에트 연방 시대에 발트 3국의 지위에 관한 것이다. 발트 3국은 물론 미국(다른 국가들 중에서도 특히)도 이들 국가가 소비에트 연방에 편입된 것을 인정하지 않았다. 그럼에도 불구하고 모스크바는 발트해를 지배했고, 발트해는 소련의 일부로 지도에 표시되었다. 불인정을 염두에 두면서도, 이 책은 발트해가 소련에 편입된 후에 이를 소련의 일부로 여기는 관례를 따른다.

 마지막으로 인쇄된 지도의 축척에 비해 안도라, 바티칸 및 몇몇 섬과 같이 일부 지역은 크기가 너무 작아 일부 작은 지역이나 국경의 표기는 약간 다르거나 생략되었다. 그러나 이러한 사소한 변형은 지도 전체를 시각적으로 명확하게 하기 위한 것이며 지정학적 의미를 내포하고 있지는 않다.

약어

ABM Anti-Ballistic Missile 탄도탄요격미사일조약

ACTORDs Activation Orders 작전 개시 명령

BALTBAT Baltic Battalion 발트 대대

CDU Christian Democratic Union 기독교 민주 연합(독일 정당)

CEE Central and Eastern Europe 중부 및 동부 유럽

CFE Conventional Forces in Europe 유럽 재래식 무기 감축

CIA Central Intelligence Agency (미국) 중앙정보국

CIS Commonwealth of Independent States 독립국가연합(소련 해체 후 국가연합체)

CJTF Combined Joint Task Force 연합 합동 태스크포스

CNN Cable News Network 케이블 뉴스 네트워크(미국의 보도 전문 채널)

CSCE Conference on Security and Cooperation in Europe 유럽안보협력회의

CTBT Comprehensive Test Ban Treaty 포괄적핵실험금지조약

CTR Cooperative Threat Reduction 협력적위험감소(러시아 비핵화를 위한 프로그램)

DC District of Columbia 콜럼비아 특별구(미국 수도 워싱턴의 정식 명칭)

DM Deutsche mark 독일 마르크(독일의 이전 통화)

DoD Department of Defense (미국) 국방부

EAPC Euro-Atlantic Partnership Council 유럽대서양동반자협정이사회

EC European Community 유럽 공동체

EU European Union 유럽 연합

FDP Free Democratic Party 자유민주당(독일 정당, 자유당으로 알려져 있음)

FOTL Follow-On to Lance 랜스 미사일

FRG Federal Republic of Germany 독일연방공화국(구 서독)

FSB Federal Security Service 러시아 연방 보안국(KGB의 부분적 승계 기관)

FSU Former Soviet Union 구 소련

FYROM Former Yugoslav Republic of Macedonia 구 유고슬라비아 공화국

G7 Group of 7

G8 Group of 8

GDR German Democratic Republic 독일민주공화국(구 동독)

GRU Main Intelligence Directorate 주정보국(러시아의 군 총참모부 산하 군 사정보기관)

IAEA International Atomic Energy Association 국제원자력기구

ICBM Intercontinental ballistic missile 대륙간탄도미사일

IFOR Implementation Force 이행군

IGC Intergovernmental Conference 정부 간 회의(EC)

IMF International Monetary Fund 국제통화기금

INF Intermediate-Range Nuclear Forces 중거리핵전력조약

JCS Joint Chiefs of Staff (미국) 합동참모본부

KFOR Kosovo Force 코소보군

KGB Committee for State Security, Russian initials for 소련국가보안국

MAP Membership Action Plan (NATO) 회원 자격 행동 계획

MIRVs Multiple independent reentry vehicle(s) 다탄두 탄도 미사일

NAC North Atlantic Council(NATO) 북대서양협의회

NACC North Atlantic Cooperation Council (NATO) 북대서양협력이사회

NATO North Atlantic Treaty Organization 북대서양조약기구

NIC National Intelligence Council (미국) 국가정보위원회

NIS Newly Independent States 발트 3국을 제외한 구 소련의 새로운 독립 국가들

NPT Treaty on the Non-Proliferation of Nuclear Weapons 핵확산금지조약

NRA National Rifle Association 전미 총기 협회

NSC National Security Council (미국) 국가안전보장회의

OECD Organisation for Economic Co-operation and Development 경제협력개발기구

OSCE Organization for Security and Co-operation in Europe 유럽안보협력기구

OSD Office of the Secretary of Defense (미국) 국방장관실

PfP Partnership for Peace 평화를 위한 동반자 관계

PJC Permanent Joint Counci (NATO) 상설합동이사회

RAND US think tank 랜드 연구소, 미국의 싱크탱크

SACEUR Supreme Allied Commander Europe(NATO) 유럽연합군 최고사령관

SED Socialist Unity Party (동독) 사회주의 통일당

SFOR Stabilization Force 안정화군(NATO 주도의 다국적 평화유지군)

SHAPE Supreme Headquarters Allied Powers Europe 유럽연합군 최고사령부

SNF Short-Range Nuclear Forces 단거리 핵전력

SNOG Senate NATO Observer Group (미국) 상원 NATO 옵서버 그룹

SPD Social Democratic Party of Germany 독일의 사회민주당

START Strategic Arms Reduction Treaty 전략무기감축조약

SVR Foreign Intelligence Service 러시아 대외정보국(KGB의 부분적 승계 기관)

TASS Soviet news agency 소련의 뉴스통신사

THAAD Theater High Altitude Area Defense 사드(종말단계고고도지역방어)

UK United Kingdom of Great Britain and Northern Ireland 영국(그레이트브리튼 및 북아일랜드연합왕국)

UN United Nations 유엔

UNPROFOR UN Protection Force 유엔 평화유지군

UNSC UN Security Council 유엔 안전보장이사회

US United States 미합중국(미국)

USG United States government 미국 정부

USSR Union of Soviet Socialist Republics 소비에트 사회주의 공화국 연방 (소련)

WEU Western European Union 서유럽연합

WTO World Trade Organization 세계무역기구

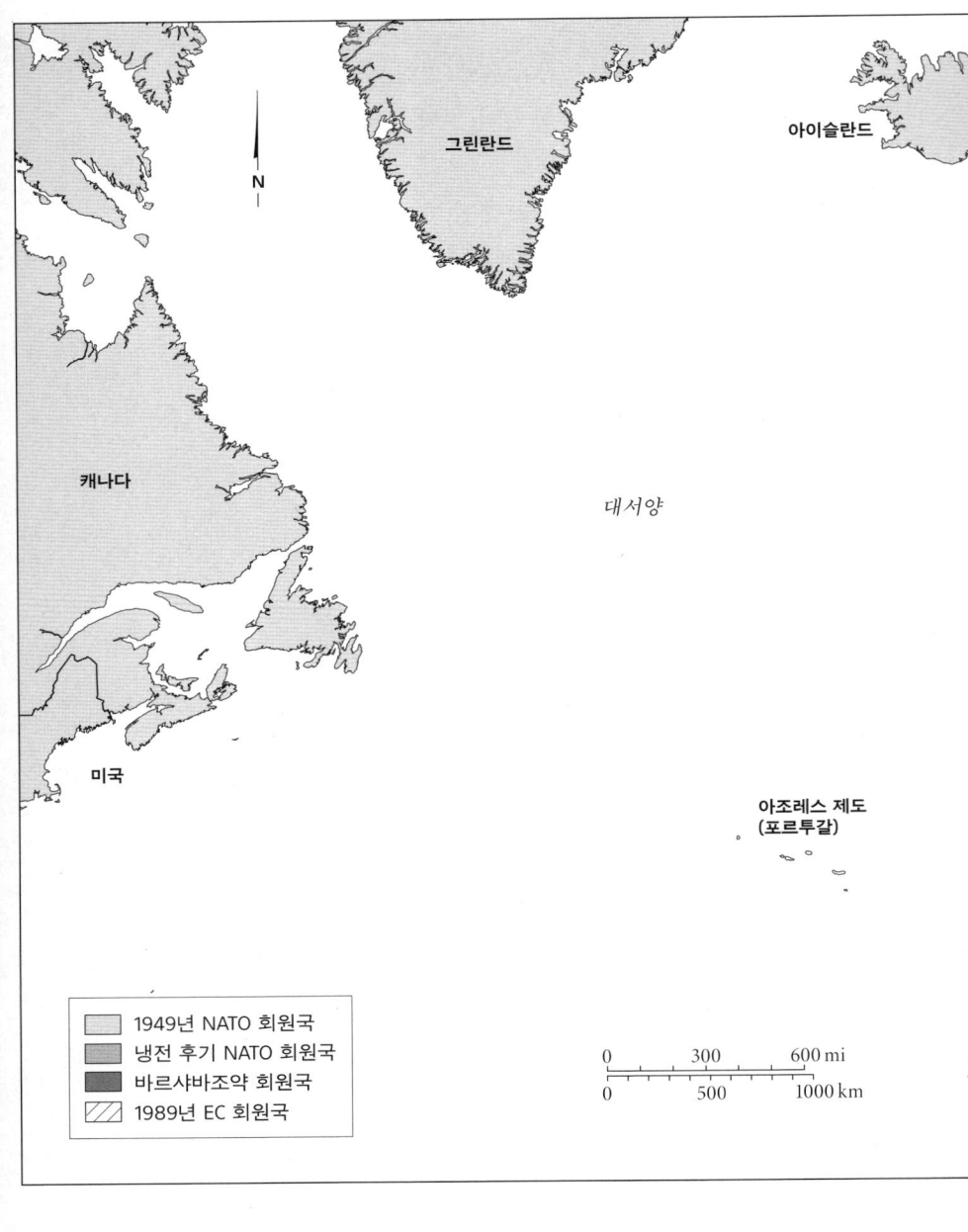

1989년의 NATO와 바르샤바조약

서문

봉쇄옵션

> 그 부정이 또한 깊은 진리라는 것은 모든 깊은 진리의 특징이다.
> —막스 델브뤼크Max Delbrück

우리는 동쪽으로 1인치도 이동하지 않을 것이다. 1990년 2월 미국의 국무장관 제임스 베이커James Baker가 소련Soviet Union의 지도자 미하일 고르바초프Mikhail Gorbachev에게 건넨 이 말과 함께 유럽에서의 동서 간 냉전은 새로운 국면을 맞았다. 1989년 11월 9일 베를린 장벽Berlin Wall이 무너지면서 중유럽에 대한 모스크바의 장악력은 크게 약화되었다. 하지만 제2차 세계 대전에서 나치와 대적해 승리한 덕분에 모스크바는 수십 년이 지난 상황에서도 여전히 수십만 명의 군대를 동독에 주둔시키고 이를 유지할 법적 권리를 행사하고 있었다. 이러한 자국의 군사적·법적 권한을 고르바초프가 포기할 수 있도록 베이커는 가상의 거래를 제안하며 이렇게 말했다. "소련이 독일Germany에서 떠나는 대신, 북대서양조약기구North Atlantic Treaty Organization, 이하 NATO가 '지금의 위치에서 동쪽으로 1인치도 이동하지 않는 것'에 합의한다면 어떻겠습니까?"[1]

베이커의 이 제안은 처음에는 은밀히 진행되었으나 곧 언론에 공개되면서 큰 논쟁을 불러일으켰다. 하지만 여기서 더 중요한 것은 그로부터 10년 후 베이커의 이 말이 의미하게 될 새로운 함의들이다. 자신의 약속대로 독일에서 물러난 고르바초프와 달리, 워싱턴은 특히 1991년 12월 소련이 붕괴하면서 이후 자신의 옵션에 대해 다시 생각하게 되었다. 미국은 러시아Russia를 상대로 평범한 승리가 아닌 대승할 수 있는 절호의 기회임을 깨달았다. NATO에 있어 단 1인치의 영토도 금지의 땅이 될 필요는 없었다. 워싱턴은 열성적인 새 회원국이 대거 NATO에 가입할 수 있도록 길을 터주는 역할을 해주면 되었고, 그러한 방식으로 동맹을 끌어나가면 될 터였다. 그렇게 해서 1999년 3월 12일까지 중·동부 유럽과 폴란드Poland-러시아 국경까지 NATO의 영역이 계속 확장되었다. 그리고 그해 12월 31일 러시아에서는 블라디미르 푸틴Vladimir Putin이 정상의 자리에 올랐다. NATO가 영역을 계속 확장해 나감에 따라 푸틴은 절대 더 이상의 영토 침범을 허용하지 않도록 무력 대응하기로 했다. 이제 게임은 영토의 인치 단위까지 다투는 수준으로 접어들면서 교착 상태에 빠져들었다.

장벽이 무너지고 푸틴이 집권하는 동안 NATO의 미래를 둘러싼 모스크바와 워싱턴의 적대감은 냉전 이전과 매우 흡사한 탈냉전 정치 질서를 만들고, 밴쿠버에서 블라디보스토크까지 협력에 대한 기대를 무너뜨리는 핵심이 되었다. 어떻게, 왜 이런 상황이 발생하게 되었는지 설명하기 위해 이 책은 거대하고도 복잡하게 뒤엉켜 있는 미국과 러시아, 두 나라 사이의 갈등을 1990년대를 중심으로 살펴볼 것이다. 그 10년 동안 제국이 하룻밤 사이에 무너지는가 하면, 새로운 유라시아 국가들이 양산되었다. 선견지명이 있는 지도자가 배출되었고, 죄수가 대통령으로 신분이 급상승되는가 하면 노벨상을 받아 세계적인 찬사를 받기도 했다. 민주화와 군축, 시장경제, 자유주의 국제질서의 교리를 위한 가능성의 영역을 재정의하기도 했다. 하지만 동시에 그 10년은 권위주의와 탈민주화, 인종청소와 같은 새로운 표현의 영역을 넓힌 시기이기도 했다.[2]

1990년대의 뒤죽박죽 엉켜 있는 역사를 잘 정리하는 것은 어렵지만, 반드시 필요하고 의미 있는 일이다. 따라갈 이야기가 없으면 배우, 개념 및 로케이션 목록의 처음부터 끝까지 도달할 확률이 0에 가까워진다. 이 책은 NATO의 확장을 둘러싼 분쟁을 내용을 관통하는 줄거리로 삼고 있다. 동맹 자체에 대한 이야기라기보다는 10여 년에 걸쳐 자신들의 세력을 중·동유럽까지 넓히려고 했던 미국과 러시아 지도자들의 전략에 관한 이야기다. 그리고 그들의 선택이 오늘날 세계에 어떠한 영향을 미치는지, 그 무게에 관한 이야기다. 이 책은 1989년 분단된 독일의 미래를 놓고 벌어지는 미국과 러시아 사이의 논쟁으로 시작한다. 워싱턴에게 있어 이 논쟁은 곧 대서양동맹Atlantic Alliance을 보존하기 위한 투쟁이었다. 미국의 성공이 어떻게 새로운 유럽 민주주의 국가들의 용기 있는 지도자들에게 기회를 제공했는지, 하지만 그와 동시에 구 소련 공화국들과의 관계에서, 특히 미국의 한 국방장관이 말했듯, 그들의 핵무기 보유 문제를 해결하려는 서방의 노력에 대한 도전에 직면하게 되었는지를 살펴볼 것이다. 더 나아가 NATO 확장이 이루어진 방식으로 인해 21세기에 들어와 어떻게 대서양동맹 관계에 대한 선택권이 상실될 수밖에 없었는가를 보여줄 것이다.[3]

이 책 전반에 걸쳐 미국의 조지 부시George H. W. Bush와 빌 클린턴Bill Clinton 대통령이 유럽의 동시대 정치인인 토니 블레어Tony Blair와 자크 시라크Jacques Chirac, 바츨라프 하벨Václav Havel, 헬무트 콜Helmut Kohl, 존 메이저John Major, 프랑수아 미테랑François Mitterrand, 게르

하르트 슈뢰더Gerhard Schröder, 마거릿 대처Margaret Thatcher, 레흐 바웬사Lech Wałęsa, 발트해 지도자 및 NATO 사무총장인 만프레트 뵈르너Manfred Wörner와 하비에르 솔라나Javier Solana 등과 함께 궁극적으로는 30개국으로 확대된 동맹의 확대를 어떻게 그리고 왜 시작하게 되었는지에 대해 고찰할 것이다. 이러한 성과는 미국 전략가들에게 있어서는 아주 큰 성공을 의미했다. 냉전 이후 동서양 사이의 안보 회색 지대에서 (물론 전부는 아니지만) 새로운 민주국가들을 구해주었다. 미국의 도움으로 1억 명이 넘는 중·동부 유럽인들이 NATO 동맹국이 되기 위해 노력해 나가는 과정에서 그들이 누릴 만한 합당한 성공을 거두었다. 그리고 동맹이 확대됨에 따라 발칸반도Balkans의 유혈 충돌을 진압하는 데도 도움이 되었다.

오늘날 NATO는 북아메리카와 아이슬란드Iceland, 그린란드Greenland에서 영국과 유럽, 발트해Baltics까지 뻗어 있으며 거의 10억 명의 인구를 보호하고 있다. 모든 회원국은 이른바 NATO 헌장 제5조Article 5에 근거한 집단방위의 보장을 받는다. "회원국 중 하나에 대한 공격은… NATO 전체에 대한 공격으로 간주한다." 이러한 안보보장 이후, NATO의 신규회원국들은 몇몇 옛 소련 국경을 넘어 전투가 시작되었음에도 불구하고 대규모 무력 공격으로부터 확실히 자유로워졌다. 미국의 군사력과 억지력은 동맹국 세력의 초석으로 남아 있다.[4]

그러나 모든 성공이 그러하듯, 이에는 대가가 따랐다. 10억 인구의 안전을 보장하는 것은 쉬운 일이 아니다. 1990년대에 두 명의 미국 대통령은 NATO 헌장 제5조의 적용을 동쪽으로 확대하는데 너무 집중한 나머지 그 결과로 향후 어떤 일이 발생할지에 대해서는 충분히 고려하지 않았다. 부시 대통령은 워싱턴이 NATO의 미래를 놓고 모스크바와 타협해야 할 수도 있다는 사실에 "미친 짓"이라며 일축했다. 클린턴 대통령은 러시아가 "매수"될 수 있다고 확신했다. 그 과정에서 유럽 전역에 새로운 선을 긋는 것을 피할 수 있었던 파트너십 형태의 유망한 대안적 확대 방식은 강경한 반대에 부딪혔다.[5] 이러한 강경한 태도는 성과를 거두었지만, 협력을 지속하고 미-러 간의 분쟁을 재조정할 기회를 감소시켰으며, 장기적으로는 미국의 이익에 더 도움이 되었을 수도 있는 선택을 모호하게 만들었다.

달리 말하면, NATO의 확장은 1990년대의 도전과 새로운 중·동부 유럽 민주주의 국가들의 요청에 대한 정당한 대응이었다. 문제는 그것이 발생한 방식에 있었다. 1989년 베를린 장벽이 붕괴하면서 아주 잠시 새로운 협력적 질서의 가능성을 만들어 냈지만, 10년이 지난 후에도 NATO와 비非 NATO 유럽 사이의 국경은 명확히 구분된 최전선으로 남아 있었다. 우크라이나Ukraine를 비롯한 구소련 국가들은 회색지대에 빠져 있고, 핵무기 경쟁이 재개되었으며, 협력에 대한 희망은 시들해졌다. 이 모두가 NATO 확대가 가져온 결과였다.

1990년대 내내 미국 지도자들이 두 가지 우선순위를 놓고 갈등했다는 점을 고려해 볼 때, 그 결과가 논쟁의 여지가 있다는 것은 그리 놀라운 일은 아니다. 발트해 연안 국가와 우크라이나와 같은 구소련 국가를 포함해 중·동부 유럽 지역이 모스크바에 미치는 영향과 관계없이 스스로 자신의 운명을 선택할 수 있도록 하거나, 혹은 러시아의 취약한 새 민주주의와 특히 핵군축을 위해 협력을 촉진하도록 할 수 있다.[6] 워싱턴에 있어 중요한 질문은 이러한 목표 중 어느 것을 우선해야 하는지를 파악하는 것이었다. 정답은 둘 다였다.

노벨상을 받은 과학자 막스 델브뤼크에 따르면, 단순하고 정확한 진술의 부정은 거짓 진술이다. 그러나 "그 부정이 또한 깊은 진리라는 것은 모든 깊은 진리의 특징이다." 빛은 입자다. 빛은 파동이다. 지정학적 용어로 번역된 이 통찰력은 냉전 종식 후 미국이 직면한 두 가지 강력한 진실 즉, 전략적 필요성 사이의 긴장을 조명한다. 워싱턴의 최우선 순위는 이전에 모스크바가 지배했던 민족이어야 하거나 모스크바여야 한다.[7]

이처럼 매우 중요한 두 가지 목표 중 하나를 선택해야만 할 때, 결정을 서두르지 않는 것이 현명한 행동이다. 그리고 그렇게 하는 가장 좋은 방법은 너무 빨리 질문하지 않는 것이다. 1990년대 초 워싱턴에는 이처럼 현명한 사람들이 있었다.

부시 행정부의 국무부, 더 중요하게는 클린턴 행정부의 펜타곤 내부의 전략가들은 이 두 가지 전략적 요구를 모두 충족하는 동시에 워싱턴에게 시간적 여유를 허용하는 정책을 내놓았다. 향후 평화를 위한 동반자 관계Partnership for Peace, PfP로 구현된 유럽과 구소련 국가 모두를 점진적으로 개방하는 안보 협력 전략이었다. 이 전략을 통해 미래의 NATO 회원국은 서방과의 협력 경험을 쌓고 시간이 지남에 따라 NATO 헌장 제5조의 집단방위를 보장받을 수 있었다. 이러한 점진적인 접근 방식을 통해 미국은 냉전 이후 유럽을 관통하는 새로운 선을 긋거나, 우크라이나를 포함한 대부분의 구소련 연방공화국들을 홀로 내버려 두지 않아도 되었다. 그것은 또한 중·동유럽에서 새로운 민주주의 질서를 확립하는 데 도움이 되었을 수도 있다. 왜냐하면 그 뒤에 일어난 일련의 후속 사건들을 보았을 때, 회원국의 자격 그 자체보다는 바람직한 조직에서 점진적으로 회원국의 자격을 얻게 된다는 기대감이 개혁을 단행해 나가는 데 더욱 더 효과적임을 보여주었기 때문이다.[8]

그러나 기가 막힌 해답을 구했다고 여긴 워싱턴은 이 문제를 너무 빨리 해결하려 했고, 이러한 미국의 결정은 결국 러시아의 선택과 운명적인 방식으로 맞물리며 비극적인 결말을 낳았다. 1993년 말부터 1994년까지 보리스 옐친Boris Yeltsin 대통령이 모스크바와 체첸Chechnya에서 반대파를 제거하는 동안, 1993년 12월 러시아 총선에서 러시아 유권자들이 개혁에 반대하는 극단주의자들의 손을 들어주면서 모스크바와 한때 그 지역을 지배했던 사람들을 포함해 파트너십의 미래는 더욱 암울해져만 갔다. 시장 경제로 체제가 전환되면서 인플레이션이 만연하고 헛된 희망만 커지고 있었다. 발칸반도의 유혈사태는 유럽 안보에 관한 모든 문제에 긴급성을 더했고, 폭력 사태를 어떻게 처리할지를 놓고 미국과 러시아 사이에 새로운 마찰이 빚어졌다. 미국 내 정치 상황, 특히 1994년 중간선거에서 깜짝 승리를 거둔 공화당Republican Party의 당적 우세는 외교 정책에도 유사하게 영향을 미쳐 클린턴 대통령으로 하여금 동맹 확대라는 보다 대립적인 전략을 선택하도록 만들었다.

    미국 국가안전보장회의National Security Council, NSC와 국무부의 안보전문가들은 이러한 기회를 잘 포착했을 뿐 아니라, NATO 헌장 제5조의 집단방위 보장을 요구하는 중·동부 유럽인들의 긴급한 호소를 이용해 냉전 이후 새로운 지정학적 질서를 구축하면서 국방부를 앞서 나갔다. 군사 전략가들은 베를린 장벽이 무너진 직후 몇 년 동안 정책 수립 과정에서 놀랍도록 미미한 역할을 했을 뿐이다. 예를 들어, 부시 행정부에서 펜타곤은 정책 협의 과정에는 참여했지만, 실질적인 정책 "입안"은 없다고 불평했으며 결국 클린턴 정권하에서는 다시 뒷전으로 밀려났다.[9] 보다 공세적으로 NATO 확대를 주장하는 미국인들은 역사적으로 볼 때 중·동부 유럽이 너무 많은 어려움을 겪었고, 서방세계에 합류하기까지 너무 오랜 시간이 걸렸음을 강조하면서 NATO 확대 전환 정책을 지지했다. 다수 국가가 점진적으로 NATO에 가입하는 대신, NATO 헌장 제5조의 집단방위 보장을 소수 국가에만 특정하기로 했다. 물론 여기에는 그럴 만한 이유가 있었으나, 이러한 NATO의 확장 방식은 NATO 헌장 제5조의 보장을 확보한 구소련 국가와 그렇지 못한 국가 사이에 새로운 경계선을 그리는 결과를 낳았고, 또 그 시기를 앞당겼다. 그 결과 러시아 내에서 푸틴이 정치적으로 커나가는 데 어려움을 겪었듯이, 조지아Georgia나 우크라이나와 같은 국가들과 관계 형성을 새롭게 맺어 나감으로써 탈냉전 이후의 사태를 관리해 나가야 했던 미국의 선택지가 제한된 것은 분명했다.

당시 일부 논평가들은 조급한 미국의 결정과 이에 따른 정책적 위험에 대해 인식하고 있었다. 1940년대에 미국의 봉쇄전략을 구상했던 전 모스크바 주재 미국 대사 조지 케넌George Kennan은 탈냉전 이후 NATO의 확장은 모스크바와 구축된 새로운 협력 관계를 망가뜨릴 수 있다고 주장했다.[10] 베이커조차도 나중에 회고록에서 "우리가 성취한 모든 성공은 문제의 씨앗을 포함하고 있었다."고 인정했다.[11] 그 씨앗은 세계의 두 핵 강대국인 미국과 러시아 사이의 관계에 뿌리를 내렸다.

냉전이 종식됐음에도 불구하고 두 나라는 여전히 세계 핵탄두의 90% 이상을 보유하고 있으며, 이 지구상에 존재하는 거의 모든 생물체의 생명을 앗아갈 수 있는 능력을 가지고 있다. 이러한 위협은 1990년대 이들 두 나라의 관계가 어떻게 틀어지게 되었는지 이해하는 것이 우리 역사를 이해하는 데 있어 얼마나 중요한지 깨닫게 해준다. 왜냐하면 그 위협이야말로 이들 두 나라 사이에 지속적인 협력을 확립할 수 있는 최고의 기회를 잠식해 나갔기 때문이다. 냉전은 짧은 기간 지속된 것이 아니었고 따라서 해빙은 소중했다.[12] 그렇지만 두 나라 모두 이때의 해빙을 최대한 활용하지 못했다. 예기치 않게 서로의 핵 대치 위협에서 벗어난 후에도 그들은 그 상황에서 탈출하지 못했다.

그 중요한 10년 동안 미국과 러시아가 내린 결정은 실로 광범위하게 영향을 미쳤다. 원자력 시대가 도래한 이래 가장 의미심장하다고 할 수 있는 포괄적·전략적 핵군축의 기회의 창은 비교적 빨리 닫혔다. 이 책에서 보여주듯 1990년대 말까지 정보기관들은 새로운 핵 경쟁이 도래했음을 보고했다. 그 후 얼마 지나지 않아 다른 형태의 경쟁이 나타났는데, 특히 어렵게 합의한 군비통제 협정이 깨졌다. 이러한 합의가 거의 전적으로 결여된 오늘날의 관대한 세계 환경은 양측이 핵뿐만 아니라 재래식 전력의 역할 또한 재평가하고 있음을 의미한다. 최근 몇 년 동안 유럽에서는 탈냉전 이후 미군의 병력 감축과 러시아군의 동진이 모두 역전되었다.[13] 긴장이 고조되면서 물리적 안보뿐 아니라 경제적 안보에 대한 의문도 제기되었다. 역사가 애덤 투즈Adam Tooze가 말했듯, 새로운 러시아의 공격성은 탈냉전 이후 "무역과 안보 정책 사이의 명백한 연관성을 부인"한 것이 심각한 오류였음을 "푸틴의 러시아의 부활"로 완전히 드러났다. GDP가 스페인Spain보다 높지 않았음에도, 협력 관계가 끊어지자 러시아는 "서아시아와 중동의 지정학적 균형을 뒤집기 위해 군사 자산"과 사이버 능력을 사용해 전 세계 정부와 기업에 피해를 입히기 시작했다.[14]

이 심각한 결과를 고려할 때 근본적 원인을 이해하는 것이 중요하다. 모스크바와 워싱턴 간의 관계가 그렇게 많은 약속의 기간이 지난 후 왜 악화되었는지 말이다. 이러한 양국 간의 관계 악화는 1990년대에 러시아와 미국이 잠시나마 가까웠던 점을 고려할 때 놀라운 일이 아닐 수 없다. 이러한 관계를 잘 보여주는 것은 모스크바가 어떻게 핵 공격을 개시할 것인지에 대한 국가 기밀사항을 알려 달라는 1991년 베이커의 요청에 대한 옐친의 반응이었다. 러시아 지도자는 베이커의 비위를 맞추어 줌으로써 고르바초프와의 권력 투쟁에서 미국의 도움을 얻기 위해 기꺼이 그 정보를 미국에 제공하기는 했지만, 그렇다고 미국을 전적으로 신뢰한 것은 아니었다. 모스크바와 워싱턴은 핵 확산에 대응하기 위해 짧지만 특별한 협력을 시작했다. 또 다른 조치는 옐친이 1997년에 옐친이 클린턴에게 요구했을 때 나왔다. "항상 버튼 옆에 손가락이 두고 있어야 하는 것을 포기한다면 어떻게 될까요?" 미국 대통령은 "글쎄요, 앞으로 4년 안에 옳은 일을 한다면 아마도 이 문제에 대해 많이 생각할 필요가 없겠죠."라고 대답했다.

그러나 1990년대 말에 이르러 양국 간의 신뢰는 거의 사라졌다. 푸틴은 클린턴과 미국 대통령의 러시아 최고 자문역인 스트로브 탤벗Strobe Talbott과 마지못해 나눈 대화에서 자신의 속내를 숨겼다. 핵 기밀을 공유하는 대신 그는 미국인들에게 러시아의 권력 축소가 어떤 암울한 결과를 초래했는지 설명했다. '구소련 지역에서 테러리스트들은 이제 목이 잘린 인질의 머리를 가지고 축구를 하고 있다.' 푸틴이 클린턴에게 핵무기 발사 프로토콜을 공개할 것이라는 생각은 말도 안 되는 것이었다.

도대체 무슨 일이 일어난 것일까? 이 방대한 질문을 보다 다루기 쉬운 질문으로 세분화해 보자. 탈냉전 후 왜 미국은 NATO 확대를 결정했고, 이러한 미국의 결정이 동시대 러시아의 선택과 어떻게 상호작용했으며, 이 상호작용으로 인해 두 나라 사이의 관계가 과연 운명적인 쇠퇴를 맞이했는가? 그들이 내린 결정에 대한 실행 가능한 대안이 있었는가? 확장의 대가는 무엇이었으며,

그것이 냉전과 코로나 사이의 시대를 형성하는 데 어떻게 도움이 되었을까? 마지막으로 이탈리아 철학자 베네데토 크로체Benedetto Croce가 말했듯 모든 역사는 오늘날의 관심사에 주목해서 쓰인 궁극적으로는 현대사임을 인정한다면, 시간의 지평을 넓혀 이 역사에 대한 지식을 이용해 더 나은 미래를 만들기 위한 노력으로 어떻게 우리를 인도할 수 있을까?[15]

이러한 질문들은 책 전반에 걸친 서술 과정과 결론에서 자세한 답변을 하겠지만, 여기에서 미리 논의해 볼 가치는 있다. NATO의 확대 그 자체가 미-러 관계의 악화를 초래하지는 않았다. 역사의 주요 사건들은 여러 가지 이유로 발생한다. 역사가 단일 인과 관계를 가지는 경우는 거의 없다. 미국과 러시아의 선택은 시간이 지남에 따라 상호 작용하고, 또한 각 국가 내 국내 정치와 연계되며 쇠퇴했다. 서로 간의 오해도 한몫했다. 전 미국 대사인 알렉산더 버시바우Alexander Vershbow와 대니얼 프라이드Daniel Fried는 "부시 행정부와 클린턴 행정부 모두 구소련에 대한 몇 가지 기본적인 가정을 잘못했다"라고 썼다. 둘 다 모스크바의 입장에서 보았을 때, 중·동부 유럽의 해방이 마치 제국의 붕괴처럼 보인다는 것을 이해하지 못했다.[16]

그러나 동맹 확장이 당시 친구를 가장 필요로 했던 러시아의 취약한 신생 민주주의에 부담을 가중했다는 사실은 분명하다. 1997년 탈보트는 "러시아는 완전히 망했다"고 시라크에게 말했다. 미국인 탈보트는 "무례를 용서해 달라"고 하면서 러시아인들은 "역사상 큰 트라우마를 겪었는데, 그 어떤 나라보다 더 급격한 내부 질서와 외부 관계, 이데올로기의 변화를 겪은 것이 바로 그것이다"라고 덧붙였다. 그 결과 역사가 마거릿 맥밀런Margaret MacMillan이 지적했듯이, "세계는 미래가 어떻게 펼쳐져야 하는지에 대한 상반된 비전들 사이에서 갈림길에 서게 되었다." 이는 경제적 측면뿐만 아니라 안보적 측면에서도 마찬가지였다. NATO의 확대는 탈냉전 이후 다양한 미래의 비전들 사이에서 경쟁하는 주요 요인이 되었다.[17] NATO의 확대와 모스크바의 괴로운 현대사가 뒤얽히면서 핵 강대국 간의 협력 기회는 점점 줄어들고, 탈냉전 이후 귀중한 낙관론을 더는 지속해 나갈 수 없게 되었다.

나는 1989년 서베를린에서 유학한 젊은 미국인으로서 이러한 낙관주의의 일부를 직접 경험할 수 있었다. 그 이후 방관자로서 내가 직접 목격한 사건들의 정치적 유산을 이해하려고 노력해 왔다. 그러나 어떻게 내가, 혹은 실제로 최고위급 정치적 결정에 직접적으로 관여하지 않은 사람이 NATO의 확대와 관련된 이야기를 안다고 주장할 수 있겠는가? 답은 정부와 국가의 지도자들, 그리고 그들의 정치 동지들과 자문역들, 의회 및 국민들 사이의 상호작용이 일반적으로 대외비로 공개되지 않는 산더미 분량의 문서들을 만들어 낸다는 데 있다. 그러나 베를린 장벽이 무너지면서 바르샤바조약Warsaw Pact 국가들의 공문서와 비밀 유지 능력도 함께 무너졌다. 나는 1990년대 이러한 출처, 특히 동독의 비밀경찰인 슈타지Stasi의 파일을 뒤져가며 연구를 시작했다. 또한 여러 인터뷰를 수행하면서 냉전과 그 유산을 주제로 논문과 책을 쓰기 시작했고, 《베를린 장벽의 붕괴The Collapse: The Accidental Opening of the Berlin Wall》, 《1989》의 제목으로 출판되었다.[18]

금세기 초 10년 동안, 나는 이에 상응하는 서방의 문서들을 추적하면서 그 문서들의 기밀 해제와 공개를 위해 노력했다(그러나 대부분은 여전히 비밀문서로 공개되지 않고 있다). 그 결과, 나는 6개국에서 기밀 해제된 자료를 토대로 나만의 기록보관소를 만들 수 있었다.¹⁹ 물론 이 과정에서 다른 연구원들이 노력해 기밀 해제한 출처들을 정기적으로 업데이트해 나갔다. 수년이 걸리는 과정이었는데 한편으로는 자료가 여기저기 많은 장소에 흩어져 있었기 때문이었고, 또 한편으로는 최종적으로 자료에 대한 권한을 얻기까지 많은 사람과 기관을 설득해야 했기 때문이었다. 처음 요청이 실패로 돌아갈 경우, 절차상 설득하기가 더 어렵기 때문에 몇 년이 더 소요되곤 하였다. 이러한 연구를 토대로 나는 다음과 같은 결론을 내렸다. 만약 서사에만 관심이 있는 독자라면, 이 책의 마지막 주석에 포함된 출처들을 전혀 참고하지 않고 본문 전체를 읽을 수 있다. 반면에 증거를 깊이 파고들고자 한다면 주석을 참고하기 바란다.

몇 가지 주목할 만한 연구 성과와 출판물을 여기에서 언급하려 한다. 2007년 제임스 베이커는 너그럽게도 1990년 모스크바에서 열린 중요한 회의 문건들을 포함해 그가 프린스턴대학교에 기증한 그의 자료에 대한 접근을 허락해 주었다.²⁰ 2008년에는 조지 H. W. 부시 대통령 도서관에서 열심히 일하는 직원들이 내가 요청한 수백 건의 하드카피 요청에 대해 도움을 줌으로써 나뿐만 아니라 다른 연구원들이 연구를 수행하는 데 새로운 길을 열어주었다.²¹ 2009년 나는 요슈카 피셔Joschka Fischer 전 독일 외무장관과 다른 사람들의 도움으로 2005년 거부당했던 독일 외무부 기록 공람 요청을 번복할 수 있었다.²² 2014년 NATO는 소위 NATO 정보공개에 관한 지침을 시행하기로 결정하였고, 나는 브뤼셀 직원의 도움으로 NATO 동맹의 기록보관소를 엿볼 수 있었다.²³ 그러나 아마도 가장 큰 도전은 클린턴과 옐친 간의 대화 녹취록의 기밀을 해제하는 것이었다. 2015년과 2016년 정보 요청이 실패로 돌아간 이후, 나는 3년 동안 계속해서 재요청해야만 했다. 하지만 기록에 대한 투명성을 중요하게 여긴 기록정보원들을 비롯해 기타 관련자들의 도움으로 2018년 윌리엄 J. 클린턴 대통령 도서관을 향한 나의 간절한 호소는 결국 성공을 거두었고, 궁극적으로 러시아 대통령의 대변인 드미트리 페스코프Dmitry Peskov가 도서관의 기밀 해제에 대해 항의할 정도로 "현 정치인(그의 상사인 푸틴을 포함해)에 관한" 풍부한 자료들을 제공했다.[24]

그러나 모든 역사적 사건들이 기록으로 남겨지는 것은 아니다. 나는 자신들의 기억을 기꺼이 함께 공유해 준 수백 명 이상 되는 사건 당사자들과의 인터뷰를 통해 엄청난 이익을 얻었다. 그들의 이름은 참고문헌에 적혀 있고, 이 자리를 빌려 그들에게 나의 고마운 마음을 전하고자 한다. 인간이 가진 기억력의 한계를 고려할 때, 수십 년 전에 사용된 정확한 단어를 기억하는 것은 당연히 어려운 일이다. 따라서 가능한 경우에는 그 인터뷰 내용을 기록보관소의 문헌과 비교했다. 불일치가 발생하면 나는 역사적 시기의 기록들을 고수했다. 즉, 나는 이 책을 위해 증거의 위계질서를 따랐다. 사건이 발생하면서 생성되고 그 이후로 안전하게 유지된 출처들은 역사가들이 1차 자료라고 부르는 것으로, 수년 또는 수십 년 후에 행해진 논평이나 인터뷰보다 더 높은 수준의 증거다.

NATO의 확대라는 논란의 여지가 큰 주제에 대한 발언을 가능한 한 가장 정확하게 제공하기 위한 노력의 일환으로서, 이 책에서 사용된 모든 인용문은 인터뷰나 증거에 관한 나의 기억이 아닌 인쇄물 혹은 기록물을 근거로 삼는다. 1차 자료에서 찾은 인용문(본문에는 큰따옴표)과 다른 인용문(즉, 큰따옴표와 작은따옴표)으로 구분했다. 주요 출처에서 찾은 인용문을 본문에 큰따옴표로 표시하고 다른 인용문(즉, 인용부호)을 큰따옴표로 표시한 다음 작은따옴표로 표시한 인용문으로 세분했다. 모든 인용문의 출처는 미주에 나와 있다.

종합하면 이러한 출처는 과거에 대한 풍성한 그림을 제공한다. 역사가 존 루이스 개디스John Lewis Gaddis가 썼듯이, "역사적 사건을 직접 경험하는 것이 반드시 역사를 이해하는 가장 좋은 방법은 아니다. 왜냐하면 당신의 해석이 처음 당신이 반응한 것 이상으로 확대되지 않기 때문이다." 정의대로라면 역사적 사건의 당사자는 바로 그 순간 그 장소에서의 흥분을 느끼며 군중과 함께한다. 나 역시 역사적 현장에서 직접 몇 가지 사건을 겪기도 했지만, 예일대학교에서 역사학으로 박사 과정을 마친 후에야 비로소 얼마나 많은 것들을 놓쳤는지 깨달을 수 있었다. 역사가는 저 위에서 사건들을 바라본다. 세부 사항은 놓칠 수 있지만, 더 큰 그림을 볼 수 있다. 개디스가 말했듯 "과거의 역사가는 확장된 지평선을 가지고 있다는 단순한 사실 하나만으로도 현재의 당사자보다 역사를 더 잘 이해할 수 있다."[25]

더 나아가 역사적 사건에 개인이 개입하는 것은 문제가 될 소지가 많다. NATO 확장에 관한 싸움을 시작한 두 사람, 고르바초프와 베이커 두 사람에 관한 후대의 역사적 평가는 명백하다. 2014년 구소련(전 소비에트) 지도자는 베이커가 그에게 동맹은 절대 확대되지 않을 것이라고 약속했다며 열정적인 발언으로 헤드라인을 장식했다. 고르바초프의 견해는 중요하다. 왜냐하면 그는 1989년 무너져 가는 소련의 권력을 강화하기 위해 무력을 사용하는 대신 무력 사용을 자제했는데, 이로써 이후 뒤따르는 모든 것에 문을 열어주는 결과를 낳았기 때문이다. 이 자제력으로 고르바초프는 노벨평화상을 수상했지만, 한편으로는 대서양 동맹이 냉전 선을 넘어 동쪽으로 확대되기 시작하면서 권력에서 쫓겨나게 되었다.

2014년 NATO 확대와 관한 질문에 전 소련 지도자는 방어적인 태도를 보였다. 인터뷰에서 "'NATO 확대'라는 주제는 전혀 논의되지도 않았고, 오랜 기간 거론되지도 않았다"고 밝히면서 동맹 확대가 그의 잘못이 아니었음을 분명히 했다. 자신을 3인칭으로 언급하고 후임자들에게 책임을 전가하면서, 고르바초프는 인터뷰 진행자에게 이렇게 말했다. "고르바초프와 당시 소비에트 당국을 서방의 손짓 하나로 조종 가능했던 순진한 사람들로 묘사하지 마시오. 순진무구한 적이 있었다면, 그건 후에 문제가 불거졌을 때뿐이니 말입니다." 또한 그는 "1991년 바르샤바조약이 사라진 뒤에도 동유럽 국가 중 이 문제를 제기한 나라는 단 한 곳도 없었다"며, "서방의 지도자들 역시 이 문제를 거론하지 않았다"고 덧붙였다.[26] 고르바초프가 권력을 잃은 후에야 NATO가 확대될 수 있었을 것이든가, 혹은 만약 고르바초프가 여전히 권력을 쥐고 있었더라면, NATO가 확대되더라도 중·동유럽이 아닌 독일 동부 영토에 대해서만 확대될 수 있었을 것이라는 등의 주장을 많은 평론가가 무비판적으로 반복했다.[27] 하지만 이러한 소련 지도자의 주장은 1990년 5월의 문서처럼, 자신이 스스로 남긴 문서 기록과도 일치하지 않는다. "나는 베이커에게 이렇게 말했다. 우리는 NATO에 가입하기 위해 바르샤바조약에서 탈퇴하려는 동유럽 국가 대표들에게 보인 당신의 호의적인 태도에 대해 잘 알고 있다."[28]

　다른 세계 지도자들의 기록들 또한 이와 비슷한 이야기를 들려준다. 1990년 이전 역시 마찬가지다. 베를린 장벽이 무너진 지 불과 2주 후인 1989년 11월 24일, 부시 대통령은 이미 전 유럽의 미래에 대한 전략을 모색하고 있었다. 그는 이날 대처 영국 총리에게 "동독은 배제합시다. 만약 동유럽 국가들이 바르샤바조약에서 탈퇴하기를 원한다면 어찌하겠습니까? NATO는 남아 있어야 합니다"라고 말했다. 다시 말해, 그 나라들이 모스크바와의 비자발적인 군사동맹 협정에서의 탈퇴를 고려하고 있다면, 부시가 직관적으로 감지한 명백한 질문은 그들이 탈퇴 후 과연 무엇을 할 것인가였다. 대처가 생각하기에 나중에 그녀가 "고르바초프를 위한 무화과나무 잎"이라 묘사한 바르샤바조약을 유지하는 것이 가장 합리적이었지만, 부시는 이에 동의하지 않았다.29

대신에 러시아가 반대 의사를 제기할 것이 분명한 "동유럽"에 대한 NATO의 "영토 관할권" 문제가 발생할 것인지를 놓고 1990년 2월 2일부터 4일까지 국무부와 총리실, 그리고 서독의 외무부 사이에서 교신이 오고 갔다. 그리고 "동유럽"에 대한 NATO의 "영토 커버리지" 문제가 발생할 수 있는지에 대해 추측하는 장관들 사이에 통신이 있었다. 2월 6일 서독과 영국 외무장관은 고르바초프가 "헝가리Hungary가 NATO 동맹의 일부가 되어서는 안 된다"고 주장할 것인지를 놓고 논의하였다. 2월 8일 고르바초프와의 회담 전날, 베이커는 부시에게 체코슬로바키아Czechoslovakia 지도자들과 NATO에 대해 논의했으며, "NATO 내에서 독일의 통일을 관리하는 것이 이 중앙 유럽인들에게는 매우 중요할 수 있다"고 말했다. 2월 20일부터 27일까지 미 국무부 장관은 헝가리와 폴란드를 방문해(그 지역에 있는 다른 나라들을 포함해) 헝가리 외무부 장관과 "새로운 NATO가 어떻게 중앙유럽과 동유럽에 정치적 우산을 제공할 수 있을지에 대해" 논의했다. 3월 3일 체코슬로바키아 외무장관은 브뤼셀에 있는 NATO 본부를 방문했다. 3월 12일 베이커의 부하직원들은 중·동유럽에서의 NATO 동맹의 잠재적인 역할에 대한 초기 평가를 내놓았다. 3월 17일 체코슬로바키아와 헝가리, 폴란드는 NATO가 냉전선을 넘어 동쪽으로 이동하는 것을 반대한다는 이유로 공개적으로 모스크바를 비난했다. 3월 21일 폴란드 외무장관도 NATO 본부를 방문했다. 여름과 가을 사이, 중·동유럽의 지도자들이 그와 비슷하게 NATO 본부를 방문하거나, NATO 사무총장을 초청했다.[30] 1991년 부시는 NATO가 발트해와 연계될 수 있는 방안을 뵈르너와 논의하기로 했다.

게다가 이러한 NATO 동맹에 대한 관심은 베를린 장벽이 무너진 지 일주일 만인 1989년 11월 16일 헝가리가 공식적으로 가입을 요청한 유럽공동체European Community, EC에 대한 관심과도 유사했다. 헝가리와 다른 개혁적인 바르샤바조약 회원국들은 1989년 서독에 신호를 보내 그들이 아직 조약에서 탈퇴하지 않고 EC에 가입하지 않는 주된 이유는 전술적인 것이라고 알렸다. 이 협정이 고르바초프에게 있어서는 "존재의 문제"라는 것을 알았기 때문에 너무 빨리 훼손하고 싶지는 않았다. 그렇게 함으로써 소련 반동세력에 의해 그가 축출될 수 있고, 그 결과 모스크바는 "중·동유럽에서의 모든 개혁 절차"를 마치고 이 지역에 대한 모스크바의 통제를 다시 주장할 수도 있다. 그럼에도 불구하고 협정의 끝은 이미 눈앞에 와 있었고, 미래 선택지에 대한 탐색은 벌써 진행되고 있었다.[31] 한마디로 요약하자면, 자주 인용되는 고르바초프의 발언과 달리 EC나 NATO 등 서방세계에서 중·동유럽의 미래를 둘러싼 싸움은 베를린 장벽의 붕괴와 함께 시작되었다.

고르바초프와 마찬가지로 베이커도 퇴임할 수밖에 없었고, 집권 기간 자신이 한 일을 서술하는 데 많은 노력을 기울였다. 1992년 선거에서 부시의 패배로 공직생활을 마친 베이커는 자신의 회고록을 저술하기 위해 여러 연구원과 작가들을 고용해 팀을 구성했다. 그중 한 명이 앤드루 카펜데일Andrew Carpendale이었는데, 그는 이 극적인 사건들이 일어나는 동안 베이커와 함께 국무부에서 일하면서 결국 그의 수석 스피치라이터까지 오른 베이커의 숭

배자였다. 그러나 그의 팀이 초안한 책 원고의 많은 구절을 베이커가 삭제하거나 다시 썼을 때, 카펜데일은 특히 1990~91년의 역사에 관해서는 자신의 뜻을 분명히 밝혀야 한다고 느껴 1995년 1월 23일 베이커에게 편지를 보냈다. "당신이 수정한 몇 가지 항목에 대해 나의 격렬한 반대의사를 꼭 밝히고 싶습니다." 그는 베이커에게 경고했다. "〈뉴욕 타임스〉의 북 리뷰어가 다음의 논평을 할 것에 대비해야만 할 것입니다. '다채롭게 읽을 수 있는 회고록에서, 제임스 A. 베이커 3세는 작가로서 워싱턴에서 12년 넘게 집권하면서 자신이 잘 해낸 일을 해냈다. 즉 자신의 성공을 미화하고, 실패의 기미를 피하며, 진실을 회피하는 것이다.'"[32]

카펜데일의 예측은 정확했다. 9개월 후, 〈뉴욕 타임스〉의 북 리뷰어는 베이커의 책 서평에서 "매주 메시지를 그럴싸하게 포장하는 것으로 유명한 남자가 이제 역사 속에서 자신의 이미지를 포장하고 있다"고 결론지었다.[33] 윈스턴 처칠Winston Churchill 영국 총리가 고백했듯이 역사에서 좋은 이미지를 획득하기 위한 그의 개인적인 방안은 "스스로 그 역사를 쓰는 것"이었고, 고르바초프와 베이커는 그 조언을 그대로 받아들인 것처럼 보였다.[34] 정치인들이 그들의 이야기를 하고 싶어하는 것은 이해할 수 있지만, 그들의 행동이 미친 결과가 매우 광범위할 때는 역사에는 자서전 이상의 것이 필요하다. 냉전 이후 NATO 확대의 시작을 냉정하게 바라보기 위해 가능한 모든 정보를 끌어 모으면 큰 성과를 얻어낼 수 있다. 우리는 그 성공과 실패가 어떻게 오늘날 대서양 세계에 문제의 시대를 초래했는지 알 수 있으며 불확실한 미래를 준비하는 방법에 관한 지혜를 얻을 수 있다.

역사는 더 복잡할 수 있지만, 이 책의 서술 구성은 간단하다. NATO

를 중심으로 일어난 10년간의 변화를 세 부로 나누어 탐구한다. 각 부에서는 가장 관련성이 높은 역사적 사건들을 하나의 이야기로 묶어 분석한다.

1부는 베를린 장벽이 무너지고 새로운 민주주의가 부상한 1989년부터 1992년까지의 시기를 다룬다. 세계 대다수 사람에게는 기쁨이었지만, 제2차 세계 대전에서 승리하면서 중·동유럽을 지배할 수 있는 영속적인 권리를 얻었다고 믿었던 푸틴과 소련 지도자들에게는 공포였을 것이다. 당시 서독 총리였던 콜은 그의 동료 서방 지도자들에게 어떻게 대응할지 조언하기 위해 지속적으로 하나의 은유를 사용했다. 폭풍우가 오기 전에 수확해라. 서방이 냉전 성공의 이득을 취하려면 모스크바의 강경파들이 고르바초프에 저항하기 전, 1990년에 서둘러서 행동해야만 한다는 의미였다. 이에 따라 부시 대통령과 콜 총리는 불과 329일 만에 냉전의 국경을 넘어 동독에 이르는 독일의 통일과 NATO의 확대를 모두 성사시켰다. 곧이어 콜이 예언한 대로 모스크바에서는 권력 다툼이 벌어졌지만, 폭풍은 그가 예상했던 것보다 더 강력했다. 쿠데타 시도와 그 결과는 고르바초프뿐만 아니라 1991년 말에 이르러서는 소련 전체를 휩쓸었고, 그 결과 대서양 동맹이 동쪽으로 더 확대될 기회를 창출하였다. 하지만 동시에, 구소련의 핵무기가 검증되지 않은 다수의 손에 넘어가면서 극적인 새로운 위험을 초래하기도 하였다. 그리고 워싱턴이 이러한 도전과제를 해결하려고 시도하고 있을 때, 미국 유권자들은 1992년 부시 행정부를 몰아내고 젊은 아칸소 주지사를 지정학적으로 뜨거운 자리에 앉혔다.

1993~94년을 다룬 2부에서는 이 폭풍 이후 미-러 관계의 청산과 그것이 드러내는 잠재력을 탐구한다. 모스크바의 격변에도 불구하고, 반동 세력은 콜이 우려했던 것처럼 통제력을 회복하지

못했다. 대신에 놀랍게도, 미-러가 협력할 수 있는 소중한 두 번째 기회가 있었다. 러시아에서는 개혁과 서방과의 협력을 기꺼이 이행하려는 또 다른 지도자에게 권력이 넘어갔는데, 그는 바로 1993년 빠른 속도로 클린턴과 친밀한 관계를 맺었던 옐친이었다. 그들의 관계는 "보리스와 빌"이라고 불리며, 러시아와 미국의 지도자들 가운데 가장 가까운 사이가 되었고, 클린턴은 그 어떤 미국 대통령보다도 모스크바를 가장 많이 방문했다. 중유럽과 동유럽의 NATO 가입과 발칸반도의 유혈 사태에 맞서기 위해 노력하면서 클린턴은 유럽 전체를 위한 점진적인 협력 계획을 수립했는데, 이 계획은 폴란드 출신인 존 섈리캐슈빌리John Shalikashvili 합참의장이 주도한 것으로 알려졌다. 하지만 1993년 말과 1994년에 발생한 일련의 사건들, 모스크바와 체첸의 반대자들을 상대로 한 옐친의 무력 사용, 워싱턴에서의 공화당의 부활과 내부 인사들의 숙련된 공작들이 맞물리면서 클린턴은 결국 러시아와의 동반관계를 포기하기에 이르렀다.

1995~99년을 다룬 3부에서는 "보리스와 빌"의 관계가 술에 취한 옐친의 폭언과 코소보Kosovo에서의 군사행동에 대한 미국 대통령의 의사방해로 붕괴되면서, 클린턴이 NATO 확대에 보다 공격적인 입장을 취하는 과정을 기록한다. 한편, 중·동유럽 국가들은 NATO 가입의 카운트다운이 시작되자 당연히 흥분하고 있었다. 서유럽인들은 러시아가 결코 EU(European Union, 유럽연합)에 가입하지 않을 것이라고 개인적으로 단정하고 있었다. 러시아에서 푸틴이 권력의 사다리를 오르고 있는 바로 그 순간, 헤드라인을 장식하기 시작한 백악관 인턴 모니카 르윈스키Monica Lewinsky와의 성관계는 클린턴의 집권 지속 여부를 흔들면서 미-러 관계에 서리가 내려앉았다. 모스크바와 워싱턴 모두 냉전 이후 해빙기에 지속

적인 협력을 구축하는 데 실패함으로써, 1990년 콜이 우려했던 대로 러시아 반동세력이 결국 승리하게 되었다.

결론은 서사에서 한발 물러서서, 이 3부에서 각각 설명한 바와 같이 현직 미국 대통령이 NATO의 미래에 대해 돌이킬 수 없는 결정을 내리는 방식을 검토하고, 그것이 러시아인의 선택과 어떻게 상호작용하는지 살펴본다. 기본적으로는 한쪽으로만 움직이는 라쳇 렌치를 사용하는 것처럼 미국의 지도자가 정책을 수립하면 러시아는 이에 대응하는 식이다. 각각의 결정은 다른 가능성을 배제하여 코스를 역행하고 다른 방향을 선택하는 것을 불가능하게 만든다. 일련의 의사결정이 진행됨에 따라 결과가 누적된다.

첫째, 독일 통일이라는 더 큰 목표의 일환으로 부시는 탈냉전 이후 냉전선 너머로 NATO 헌장 제5조를 확대할 수 있는 대서양 동맹 외에 대서양 안보에 대한 모든 선택을 포기했다. 다음으로, 클린턴은 그러한 확대를 달성하기 위한 수단으로서 점진적 동반자 관계를 선택하는 것을 포기했다. 마지막으로 클린턴은 새로운 동맹국의 위치나 수, 추가되는 속도, 또는 회원들이 누릴 수 있는 혜택을 제한하는 선택권을 포기했다. 이러한 미국 대통령의 선택은 대서양 동맹에 큰 영향을 미쳤다. 비록 NATO에는 많은 나라들이 있고, 그들 또한 그들 나름대로의 의견을 가지고 있지만, 미국의 군사적 지배는 NATO 헌장 제5조 보장이 쟁점이 될 때, 궁극적으로 중요한 것은 미국의 견해라는 것을 의미한다. 이것은 1990년대에도, 지금도 분명한 사실이다. 그리고 이러한 결정은 적어도 후대의 미국 정책 입안자들에게 제약을 가하는 방식으로 지속적인 영향을 미친다. 그들에게는 더 이상 대서양 횡단 안보를 구축하거나 포스트소비에트 국가들의 파병을 다룰 수 있는 선택권이 없다.

마지막으로 이 책은 오늘날 이러한 사건들의 유산을 살펴본다. 중·동유럽은 NATO 동맹국이 되었지만, 이것만으로 그들이 어렵게 획득한 민주적 이익을 그대로 누릴 수 있는 것은 아니라는 사실을 뼈저리게 느꼈을 뿐이었다. 워싱턴은 1990년대에 NATO에 대한 모스크바와의 투쟁에서 승리했지만, 그 과정에서 미국이 취한 방식으로 인해 장기적으로는 러시아에 대한 선택권을 상실하고 말았다. 유럽에서 미국은 러시아와 서방 사이에 대립보다는 지속적인 협력을 확립하는 역동성을 창조하는 큰 역할을 수행했어야 했다. 제2차 세계 대전 이후 미국은 오랜 적대국들과 협력해 장기적인 동맹국으로 전환한 전례가 있었다. 즐겁고 평화롭게 냉전을 끝낸 후에는 다시 그 공연을 반복하면 될 터였다.[35] 그러는 대신 워싱턴과 모스크바의 지도자들은 승리의 문턱에서 교착 상태를 만들어 내고 말았다.

미국의 선택은 고르바초프와 옐친의 비극적인 실패와 결합해 냉전 이후 협력의 잠재력을 약화시키고 미-러 관계를 불균등한 쇠퇴의 시기에 몰아넣었다. 2001년 9·11테러 이후 모스크바가 미국에 애도를 표하거나 2010년 핵협정을 체결하는 등 협력의 정신을 되새기는 주목할 만한 일화들도 있었지만, 미-러 관계의 전반적인 추세는 하향세다. 2014년 우크라이나 침공으로 (지금까지) 수년 간 무서운 최저치를 기록했으며, 푸틴이 미국 기업과 기관, 선거에 대한 대규모 사이버 침투를 감행했던 2016~21년에도 최저치를 기록했다.[36]

이 역사가 푸틴과 함께 끝난다면, 시작 또한 그와 함께였다. 1989년 그는 분단된 독일에서 베를린 장벽이 열리고 서쪽의 영토가 동쪽으로 서서히 이동하는 것을 공포에 질려 지켜보던 선수였다.

1999년 그는 옐친의 손에 뽑혀 후계자가 되었다. 그 10년 동안, 푸틴은 고향으로 돌아가기 위해 고군분투하면서 국제무대에서 사라지는데, 비밀경찰이라는 그의 직업을 고려할 때 당연하다고 할 수 있을 것이다. 그러나 러시아가 제국과 국제적 지위를 상실한 것에 대한 그의 불만은 지속되었으며, 이러한 불만은 소련의 다른 추방된 공무원들 사이에서도 널리 공유되고 있었다. 만약 그가 궁극적으로 그들 사이에서 국가 지도자로 다시 나타난 것이 놀랍다면, 러시아의 개혁이 경제적 혼란을 가져왔을 때 그와 같은 견해를 가진 누군가가 권력의 경쟁자가 되는 것은 놀라운 일이 아니지 않는가. 그리고 마침내 정상에 오른 사람이 푸틴이라는 것이 확실해지면 그의 개인적 취향은 곧 엄청난 역할을 하게 될 것이었다. 그는 서방과의 새로운 유혈 경쟁을 정당화하기 위해 "우리 국경의 군사 기반 시설"을 배치하기로 한 그해의 NATO의 결정을 인용하면서, 1990년대의 역사를 재구성하여 자신의 불만을 표출하기로 결정했다.[37]

이러한 사건들이 오늘날 세계에 미친 중요성을 고려할 때, 1990년대에 펼쳐진 일들을 모든 역사적 증거를 활용해 진지하게 살펴볼 때가 되었다. 그 10년이 시작될 무렵, 더 나은 미래는 가능할 뿐만 아니라 당연해 보이기까지 했다. 우리가 어떻게 오늘날 우리가 있는 곳에 도달했는지 이해하기 위해서는 과거를 통해 새로운 시대를 판단해야 한다.

차례

일러두기 이름과 장소 관련 참고사항 4
약어 6

서문 봉쇄옵션 12

1부 수확과 폭풍, 1989~1992
    1장 드레스덴에서의 이틀 밤 40
    2장 알게 뭐야! 75
    3장 선을 넘다 125
    4장 망각과 기회 171

2부 철수, 1993~1994
    5장 삼각형을 사각형으로 228
    6장 흥망성쇠 277

3부 냉담, 1995~1999
    7장 무거운 책임 324
    8장 인치당 비용 364
    9장 오직 시작뿐 414
    10장 미래를 위하여 454

결론 새로운 시대 508
감사의 말 532
주 540
찾아보기 689

1부
수확과 폭풍, 1989~1992

1장 드레스덴에서의 이틀 밤
2장 알게 뭐야!
3장 선을 넘다
4장 망각과 기회

1장
드레스덴에서의 이틀 밤

1989년 12월 어느 밤, 블라디미르 푸틴 중령은 드레스덴에서 앞으로 닥칠 전장을 준비하며 조국과 민족, 그리고 자신을 지키기 위해 무슨 일이든 하리라 마음먹었다. 아무도 그들을 도와주기 위해 달려와 주지 않을 테니 말이다.[1] 베를린 장벽은 붕괴되었고, 이제 동독 체제마저 무너지고 있었다. 신념을 앞세운 시위대가 폭력보다는 숫자 우위를 통해 정권을 압도했듯, 평화 시위자들이 병사들을 제압하며 근처에 있는 비밀경찰 슈타지Stasi, 동독의 정보기관 본부를 장악했다. 이제 약 20여 명의 시위자들은 모퉁이를 돌아 안젤리카 거리에 있는 믿을 수 없을 정도로 허름한 소련국가보안국Soviet State Security, KGB의 전초기지를 향해 돌진하는 중이었다.

12월 5일 당시 장교로 복무 중이던 푸틴에게는 자신과 당직자들의 안위보다 더 중요한 것이 있었다. 후에 그가 인정했듯, "건물에는 많은 문서들이 있었다." 이 문서에는 KGB와 그 파트너들을 위해 수십억 독일 마르크를 보유하고 있는 선두 기업들에 대한 정보를 비롯해, 서구 첨단기술 산업에 대한 스파이 활동 내역뿐 아니라, 드레스덴의 배후지위를 이용한 암살계획, 적군파Red Army Faction, 독일와의 전투 계획 등도 담겨 있다고 알려져 있었다. 푸틴은 또한 "주적"인 NATO에 맞서 자신의 업무를 보호했다.[2]

무장 지원을 요청하기 위해 그는 드레스덴에 있는 소련군 동료에게 전화를 걸었다. 그러나 전화를 받은 사람은 모스크바의 공식 허가 없이 푸틴의 요청을 받아들일 수 없다고 거절한 뒤 "모스크바가 침묵하고 있다"고 덧붙였다. 푸틴은 자기 주관에 따라 행동하기로 결정했다. 나중에 한 목격자가 묘사한 것처럼, 그는 느리고 침착한 태도로 정문에 있는 군중을 향해 걸어갔다.[3] 그는 한동안 그저 시위대를 바라보았다. 그러다가 시위자들이 깜짝 놀랄 정도의 유창한 독일어로 짧은 대화를 나눈 후, 만약 그들이 안으로 침입한다면 총살을 당할 것이라고 경고했다.

흠칫 놀란 시위자들은 서로 상의하더니 슈타지 본부로 돌아가기로 결정했다. 푸틴은 다시 KGB 본부로 돌아와 수하들과 함께 "기계가 폭발할 때까지 밤낮으로 모든 문서들을 파쇄"했다. 푸틴의 설명에 따르면, "모스크바는 침묵하고 있다"는 말이 수년간 그를 괴롭혔다고 했다. 후일 그는 자신의 조국이 침묵하는 대신, 스스로 방어했어야 했다고 말했다. "소련이 동유럽에서 그렇게 성급하게 철수하지만 않았더라도 우리는 많은 문제를 피할 수 있었을 것이다." 푸틴은 자신이 '권력의 마비'라고 부르는 상황을 피해야 한다는 필요성에 대해 강한 신념을 갖게 되었다. 그가 러시아 대통령이 된 해에 주장한 것처럼, "이러한 상황에서 효과가 있는 것은 오직 한 가지, 바로 공세다. 먼저 쳐야 하고, 상대가 일어서지 못할 정도로 세게 쳐야 한다."[4]

KGB의 젊은 장교가 이 사실을 깨닫고 있을 때, 두 나라의 지도자 역시 전투를 준비하고 있었다. 후퇴하는 소련 세력의 공백을 메우기 위한 위험한 게임이 시작되고 있었고, 그 장소는 곧 동독의 거리에서 가장 웅장한 권력의 전당으로 이동했다. 경기장이 좀 더 세련되면서 투쟁도 못지않게 치열해졌다. 베를린 장벽의 붕괴

1장 드레스덴에서의 이틀 밤

는 냉전 질서의 종식과 더불어 아직은 알려지지 않은 또 다른 질서의 시작을 알리는 신호탄이었다. NATO의 미래를 포함해, 모든 것이 테이블 위에 있었다. 모스크바는 독일의 통일을 승인해 주는 대가로 독일이 NATO에서 탈퇴할 것을 요구할 수도 있었는데, 그랬다면 이는 지난 40년 동안의 대서양 동맹 관계에 있어서 가장 치명적 사건으로 기록되었을 것이다.

NATO 창설을 둘러싼 싸움

동맹이 얼마나 오래 지속될 수 있는지는 처음에 동맹이 만들어질 때 얼마나 큰 싸움이 끝났었는지에 달려 있다. NATO는 1949년 4월 4일 백악관 근처 컨스티튜션가街에 있는 신고전주의 양식의 화려한 호텔 연회장에서 워싱턴조약Washington Treaty에 서명하면서 탄생했다. 해리 트루먼Harry Truman 대통령은 새로운 동맹이 "침략과 침략에 대한 두려움에 대항하는 방패"가 되기를 촉구하는 짧은 발언을 했다. 그 후 몇몇 참석자들은 근처 윌러드 호텔의 바에서 버번을 나눴지만, 런던의 영국 외교관 한 사람은 동맹의 결성을 축하하지 않았다. 휴 돌턴Hugh Dalton은 그의 일기에 "이것은 유럽에서 캐나다Canada와 미국과의 마지막 얽힘이다"라고 기록하며 씁쓸해했다. 이 동맹은 "이 비참한 상황에서 우리가 할 수 있는 최선이었고, 그리고 매우 훌륭했다."[5]

그 불행은 제2차 세계 대전 이후 파괴된 화합의 희망에서 비롯되었다. 비록 전쟁은 끝났지만 유럽은 폐허가 되었고, 굶주림과 질병이 도처에 널려 있었으며, 전후 권력 분열을 둘러싼 모스크바와의 긴장 관계는 새로운 위협을 야기했다. 비록 생전에 승리의 기쁨을 맛보지는 못했지만, 미국을 승리로 이끈 프랭클린 루스

벨트Franklin D. Roosevelt 대통령은 유럽과 소련 모든 지역에 평화가 영원하기를 희망했다. 특히 중요한 위치로서 모스크바에 그 상징성을 부여함으로써 영구적인 전후 질서를 구축하고자 했다.[6] 그러나 루즈벨트가 이 목표를 달성하기 위한 전략에 관한 지식은 1945년 4월 12일 그가 당시 부통령이었던 트루먼에게 내용을 털어놓지 않고 사망하면서 대부분 사라졌다.

세계 질서가 재편되는 험난한 상황 속에서 갑자기 한 나라의 지도자가 된 트루먼은 자신의 전임자가 의도했던 것이 과연 무엇인지 알아내기 위해 급히 루스벨트의 고문들을 불러들였다. 일부 고문들은 모스크바와의 협력적 행동을 장려한 반면, 다른 고문들은 이에 반대했다. 트루먼은 점점 후자의 의견에 끌리고 있는 자신을 발견하게 되었다. 루스벨트의 정책고문들은 루스벨트가 추구했을 법한 노선보다 더 강경한 방향으로 트루먼을 이끌기 위해 그의 미숙함을 이용했다.[7] 중·동부 유럽의 독립을 무너뜨리려는 소련의 공격적인 움직임은 하나의 갈등이 겨우 끝났지만 또 다른 갈등이 다시 시작되었다는 워싱턴의 인식을 강화하는 데 일조했다. 바로 냉전이었다. 윈스턴 처칠의 유명한 철의 장막Iron Curtain 개념을 모스크바가 유럽 전역에 걸쳐 그리기 시작하면서 점령된 독일 내에서 표면상으로는 일시적이었던 분할선이 점차 영구적인 것이 되어갔다. 또한 그 전선에서 독일연방공화국Federal Republic of Germany, FRG 또는 서독West Germany이라는 새로운 국가도 등장했다.[8]

1948년 모스크바와의 긴장 고조는 미국의 국무장관 조지 마셜George Marshall이 1947년 6월에 제안한 유럽 경제 원조 계획을 승인하는 데 소극적이었던 의회를 설득하는 데 도움을 주었다. 그러나 영국 외무장관 어니스트 베빈Ernest Bevin은 경제적 지원만으로는 충분하지 않다고 느꼈다. 군사적 지원도 필요했다. 베빈은 이미 첫 단계로 영국과 프랑스, 베네룩스(벨기에, 네덜란드, 룩셈부르크)로 구성된 새로운 서방 연합을 요구했다. 1948년 3월 17일 브뤼셀조약Brussels Treaty에 따라 체코슬로바키아 정부가 소련에 의해 점령되었다.⁹ 그러나 그의 더 큰 희망은 대서양 횡단 조직에 있었다.

미국 의회는 미시간주 상원의원인 아서 반덴버그Arthur Vandenberg가 대표 결의한 반덴버그 결의Vandenberg Resolution를 통과시키며 아주 조심스럽게 우호적인 방식으로 브뤼셀조약에 대응했다. 곧 국무장관이 된 딘 애치슨Dea Acheson의 말에 따르면, 그는 인상적인 "엄청난 말실수"를 만들어낼 수 있는 "허리케인" 같은 남자였다. 또한 반덴버그는 "어떤 사안을 이해하기도 전에, 또는 심지어 어떤 사안이 있다는 것을 깨닫기도 전에 즉각적인 분노를 표출할 수 있는 드문 능력"을 지녔다. 이 재능은 반덴버그와 같은 생각을 가진 정치인들로 하여금 브뤼셀 동맹의 확장된 버전에 미국이 가입하는 데 회의적인 다수를 같은 편으로 끌어들이기 위해 고군분투하게 하고 반대파를 불도저로 몰아붙이는 데 유용한 것으로 판명되었다. 그들은 상원이 1948년 6월 11일 그의 결의안을 통과시키도록 설득했고, 구체적인 세부 사항의 언급도 없이 그해 선거가 끝날 때까지 아무 일도 일어나지 않을 것이라는 견해를 바탕으로 "지역 및 기타 집단 협정"을 포함해 미국 "연합"으로 가는 문을 열었다.¹⁰

소련의 오판은 곧바로 베빈과 반덴버그의 명분을 발전시키는 데 도움이 되었다. 모스크바는 결의안이 통과된 지 2주 후에 베를린을 봉쇄하기 시작했고, 1948년부터 1949년까지 베를린 공수Berlin Airlift가 이루어졌다. 소련의 봉쇄는 중대한 전략적 실수였다. 이는 재 군사화를 도모하는 미국의 대對 유럽 공약에 대한 미국 내 반대 움직임을 약화시킴으로써 초기 냉전의 궤적을 크게 바꾸었다.¹¹

그러나 동맹이 형성되면서 지지자들은 여전히 국내외에서 의심하는 사람들과 싸워야 했다. 모스크바에 적극적으로 맞서기보다는 봉쇄하는 전략을 제안한 미국 외교관 조지 케넌은 당황했다. 그는 마셜 플랜Marshall Plan에 구현된 경제적 접근을 선호했다. 확실히 케넌은 경제를 회복하려는 황폐해진 유럽 국가들의 호소에 공감했다. 소련과의 긴장이 고조되자 워싱턴은 전쟁으로 피폐해진 국가들에게 "자신의 군사적 무력함의 틈새를 내려다보는" 것을 멈추라고 말할 수 없었다.[12] 그러나 그는 장기적으로 비용이 너무 많다고 생각했기 때문에 영구적인 동맹에 반대했다. 그는 그러한 동맹이 인내심이 있지만 확고한 봉쇄정책의 궁극적 목표를 훼손할 것이라고 생각했다. 그 목표는 경제적·정치적 수단을 통해 모스크바의 사고방식 변화를 유도함으로써, 결국 국내 권위주의와 세계 전쟁의 두 가지 위험을 피하면서 협상을 통해 의견의 차이를 해결하고자 하는 것이었다. 특히 NATO는 유럽에서 뚜렷한 정차 지점이 있지 않기 때문에 대서양 연안에 있는 회원국 이외에 다른 회원국을 받아들이기 시작하면, 모스크바에 대항하는 상설 동맹은 이러한 목표의 달성을 방해할 뿐 전혀 도움이 되지 않을 것이다. 케넌의 견해에 따르면, 이러한 동맹은 물론 단기적으로는 당연히 바람직할 수도 있지만, 궁극적으로 긴장을 증가시키고 소련과의 분쟁의 평화적 해결을 위한 미국의 선택권을 감소시킬 것이다.

프랑스 외교관들도 나름대로 고민이 있었다. 그들은 동맹 회원 자격을 엄격하게 제한하기를 원한다는 점을 분명히 했다. 그러나 미국은 대서양을 가로질러 아조레스Azores, 그린란드, 아이슬란드와 스칸디나비아 국가까지 "디딤돌"을 추가하기 위해 광범위하게 손을 뻗어야 한다고 주장했다. 그런 국가들은 회원국 자격에 관심을 보이는 한편, 이웃 소련을 자극하지 말아야 한다는 사실도 잘 알고 있었고, 그들 사이에 일종의 스칸디나비아 방위 연합을 고려하고 있었다.

협상 결과 덴마크와 아이슬란드, 노르웨이는 NATO 동맹국이 되었다. 하지만 이는 방위 동맹에 관한 교섭이 결렬된 후의 일로, 그 결과 핵탄두와 기지, 그리고 그들 영토에서의 특정 군사 활동은 제한되거나 거부되었다.[13] 1949년 4월, NATO 창설을 둘러싼 싸움은 지지자들의 성공으로 막을 내렸다. 상원은 82대 13으로 워싱턴조약을 비준했다.

서류상 협정의 보장 내용은 인상적일 만큼 강력했다. 가장 강력한 문구, NATO 헌장 제5조는 각 회원국이 다른 국가의 영토에 대한 공격을 자국에 대한 공격으로 간주할 것을 요구하고 있다.[14] 최고의결기관인 북대서양이사회North Atlantic Council, NAC는 사무총장이 주재하며 회원국의 정상 또는 그 대표들로 구성된다. 그러나 이 동맹은 설립된 지 첫 14개월 동안 종이호랑이로 남아 있었다. NATO의 민간이나 군사 구성 부문은 처음에는 크게 발전하지 않았다. 적대 행위가 중단되었음에도 동유럽에서 다양한 준비태세를 유지했던 175개 소련의 사단과는 대조적으로 전쟁이 끝난 후 서유럽의 군대는 상당 부분 해산했다.[15]

NATO가 진지한 군사 태세를 갖추게 된 것은 세 가지 놀라운 진전 때문이었다. 1949년 8월 예상치 못했던 소련의 핵무기 개발 성공과 1949년 10월 중국 공산당의 집권 성공, 그리고 무엇보다 중요한 것은 1950년 6월 북한North Korea의 남한South Korea 침공이 있었다.[16] 처음 두 사건은 공산주의 세력의 상승을 의미했고, 세 번째 사건은 위험한 선례를 남겼다. 공산주의자들이 핵무기를 발사하고, 중국을 탈취하고 남한을 침공한다면, 분명히 서독을 점령하려 할 것이라는 추론이 등장했다.

이로 인한 패닉은 광범위한 정책적 결과를 야기했다. 유럽에서는 유럽경제공동체와 같은 다자간체제 옹호자들이 힘을 얻게 되었다. 워싱턴에서는 광범위한 군사화와 봉쇄의 핵화를 요구하는 강경 정책 문서의 지지자들의 승리를 의미했다. 그리고 새로운 대서양 횡단 동맹에서 이러한 패닉은 NATO의 창립을 도왔다.[17]

트루먼은 1950년 9월 9일 상당한 규모의 지상군을 유럽으로 보낼 것이라고 발표했다. 이 군대는 NATO의 통합 지휘 체계하에 있지만, 초대 유럽연합군 최고사령관인 미국 장군 드와이트 아이젠하워Dwight D. Eisenhower가 통솔했다. 가장 눈에 띄는 동맹의 반대자였던 오하이오주 상원의원 로버트 태프트Robert Taft는 이러한 전개에 맞서 싸우려 했으나 실패했다. 그리고 1951년 4월 상원 결의안은 그 법적 경로를 명확히 했다.[18]

이 시점에서 NATO는 조직의 형태를 갖춰나가기 시작했다. 우선 유럽연합군 최고사령부Supreme Headquarters Allied Powers Europe, SHAPE로 알려진 군사 본부를 설립했다. 초대 사무총장으로 영국의 로드 이즈메이Lord Ismay을 추대하고, 상설 민간 사무국을 조직해 그를 지원했다. 동맹의 구조는 1952년 2월 리스본에서 열린 회의에서 더욱 명확해졌다. 이 회의에서 회원국들은 여러 가지 안건 중에 향후 수십 년간의 논쟁을 불러일으킨 분담금 공유에 관한 "리스본 목표Lisbon Goals"를 설정했다.[19]

또한 동맹은 확대되기 시작해 1952년 회원국이 된 그리스와 터키까지 손을 뻗쳤다.[20] 그러나 가장 큰 이슈는 서독에 대해 조치였다. NATO가 소련의 침공 가능성에 진지하게 대비함에 따라, 분단된 국가의 서쪽 절반을 좀 더 강화하거나, 혹은 포함하는 것의 가치는 명백해졌다. 그러나 나치에 대한 기억에 시달리는 이웃 국가들이 민감하게 반응하기 때문에 독일인들에게 무장을 허용하는 것은 결코 쉬운 문제가 아니었다.

여기에도 한국이 결정적인 영향을 미쳤다. 한국 전쟁은 독일의 점령자들과 이웃 국가들로 하여금 과거의 적들보다 미래의 적들을 더 걱정하게 만들었다. 그들은 마지못해 서독을 동맹국으로 받아들이는 것에 동의했지만, 어떻게 해야 하는지는 알 수 없었다. 1950년 10월, 프랑스 총리 르네 플레방René Pleven은 국회에 유럽방위공동체European Defense Community를 제안하며 초국가적 권한 아래 유럽 군대를 창설하고 공동 예산으로 자금을 조달할 것을 요구했다. 비록 이 계획은 미국과 유럽 지도자들의 지지를 받았고, 독일 부대가 그러한 군대 일부가 될 수도 있었지만, 국회는 결국 이를 거부했다.[21]

1954년 NATO 회원국들은 다른 전략을 선택했다. 동맹국들은 이탈리아와 더불어 서독이 브뤼셀조약과 현재 서유럽연합Western European Union, WEU이라 불리는 조약에 가입하는 것을 허용했다. 그들은 또한 서독을 NATO에 가입하도록 초청했지만, 서독의 점령국들은 "외국군의 주둔에 관한 협약" 적용을 주장했다. 1954년 10월 23일 이 협약의 주요 내용은 서방 강대국들이 그들의 이전 점령 지역에 군대를 무제한으로 주둔시킬 수 있는 권리를 유지한다는 것이었다. 서독은 또한 자국의 영토에서 원자, 생물학, 화학 무기 생산을 중단해야 했다.[22]

더욱이 분단된 도시 베를린은 별도의 범주로 남아 있어야 했다. 1945년 이후의 모든 대립에도 불구하고, 미국과 영국, 프랑스는 그곳에서 여전히 소련과 점령권을 공유했다. 이 공동의 점령권은 심지어 모스크바가 분할된 베를린을 포함한 소련 점령 지역을 독일민주공화국German Democratic Republic, GDR 혹은 동독East Germany으로 전환한 1949년 이후에도 지속되었다. 그러나 새로운 공식 명칭에도 불구하고, GDR은 여전히 비민주적이었고 소련의 통제를 받았다.

이 거래로 서독은 1955년 NATO에 가입할 수 있었다.[23] 이에 대응해 모스크바는 그해 중·동유럽 국가들을 바르샤바조약이라는 적대적 군사동맹에 가입하도록 강요했다. 이제 유럽의 분단은 영구적인 듯 보였다.

해가 거듭될수록 냉전 시대의 대립으로 분열된 유럽인들, 특히 분열된 독일인들은 점점 더 서로를 적대시하게 되었다. 국경은 요새화되고, 전투 계획은 점점 더 복잡하고 치명적으로 되어갔다. 1950년대에 미국 전략공군사령부US Strategic Air Command는 동베를린에서 핵무기 공격 대상 목표 지점을 뜻하는 그라운드 제로의 91개 목록을 작성했다. 전략공군사령부가 서베를린 바로 길 아래에서 거의 100개의 핵폭탄이 터졌을 경우의 결과 연구를 수행했는지는 불분명하다.[24] 핵무기로 동베를린을 공격하라는 명령은 결코 없을 것이라는 믿음이 있었을 수도 있고, 어쩌면 그러한 공격이 유감스럽지만 필요한 것이라고 여겼을 수도 있다. 베를린과 독일, 유럽을 가로지르는 분단선은 이제 냉전의 최전선이 되었고, 사령부는 이에 따른 적절한 전략을 짜야 했다.

한편, 동유럽 정권은 그들의 국민이 서방으로 탈출하는 것을 막기 위해 할 수 있는 모든 일을 했는데, 그중 하나가 국경 수비를 강화하는 것이었다. 국경 바깥뿐 아니라 안쪽에도 무장한 군인들에게 경계를 서도록 했다. 한편, 동독 정권은 자국민을 억압하는 독일의 아이콘이 되는 상징물을 만들어 냈다. 바로 서베를린을 둘러싼 160km 길이의 콘크리트 벽이다. 1961년 동독 정권은 정치적 자유와 더 나은 삶을 찾아 서쪽으로 탈출을 시도하는 동베를린 시민들을 막기 위해 장벽을 세웠다. 1989년까지 독일과 베를린의 분

냉전 시대 분할된 독일

단은 영구적인 것처럼 보였는데, 그 후 갑자기 다시 일시적인 것이 되었다.

　소련이 붕괴하기 시작하면서 초기 수십 년 동안 NATO가 발전해 온 방식의 특정한 측면이 새롭게 의미를 갖게 되었다. 그때까지만 하더라도 서독에는 너무나 많은 서방의 군대와 무기, 특히 미군과 핵무기가 존재했기 때문에, 서독은 유럽에 주둔하는 미군뿐 아니라 동맹 전체에 심각한 피해를 줄 수 있었다. 이러한 이유로 미국은 이미 1980년대 초 서독에서 일어나고 있던 대규모 반핵 시위에 대해 우려하고 있었다.[25] 그러나 독일이 갑자기 통일되고, 중립을 선언하고, 모든 외국 군대와 병력의 철수를 요구할 수도 있다는 생각은 훨씬 더 복잡한 문제였다.

바르샤바조약의 포기

1989년 유럽에서 소련의 권력은 어떻게 해체되었기에 독일 통일의 망령과 중립성의 망령을 불러 일으켰을까? 첫 번째 핵심 단계 중 하나는 독일이 아닌 헝가리에서 일어났다. 헝가리에서 개혁주의 지도자들은 강경파 바르샤바조약 동맹국들의 반대에도 불구하고 서방과 협력하겠다는 열린 의지를 보였다. 그러나 몇 가지 주요한 전조들이 없었다면 부다페스트는 감히 이런 행동을 하지 못했을 것이다. 그중 가장 주목할 만한 것은 1985년 개혁 지향적인 소련의 지도자 미하일 고르바초프의 권력 상승이었다.

　1931년생인 고르바초프는 제2차 세계 대전뿐 아니라 스탈린 시대에 가족이 겪었던 숙청으로 고통스러운 어린 시절의 기억이 있었다. 할아버지 한 사람은 고문을 당했고, 또 다른 할아버지는 처형당했다. 새 소련의 지도자는 1970년대의 긴장 완화와 이탈리아와 같은 국가에서 사회주의 정당과 공산당이 성공하는 것에 고무되어 더 나은 미래를 꿈꾸었다. "사람들은 더 나은 삶을 누릴 자격이 있습니다. 저는 이 사실을 한 번도 잊지 않았습니다." 그는 회고록에서 이렇게 자신의 신념을 밝혔다. 그의 낙관주의와 새로운 사고에 대한 요구는 바르샤바조약 체결국 전역의 개혁가들, 특히 오랫동안 억압받던 폴란드의 연대운동Solidarity movement에 영감을 주어 바르샤바에서 권력 공유 체제를 성취하게 했다.26

1983년 노벨 평화상을 수상한 레흐 바웬사Lech Walsa와 같은 폴란드 반체제 인사들의 용기는 다른 활동가들에게 영감을 주었다. 그는 여러 번 가택연금이나 구금을 당했음에도 불구하고 탄압의 어려운 세월을 거치면서도 '연대'라는 독립적인 노동조합을 이끈 공로로 상을 받았고, 결국 폴란드 대통령까지 되었다. 그의 사례는 특히 1980년대 헝가리를 무대로 활동하던 이들에게도 영감을 주었다. 그중에는 1989년 6월 16일 부다페스트의 히어로즈 광장에서 열정적인 연설을 해서 처음으로 세계의 주목을 받았던 빅토르 오르반Viktor Orbán도 있었다. 역사에 길이 남을 한 장면이었다. 수십년 전 1956년 소련의 침공에 대항해 일어난 헝가리 반란을 옹호했다는 혐의로 교수형에 처해진 후 공동묘지에 버려진 전 총리 임레 너지Imre Nagy의 공식 재매장식을 보기 위해 수십만 명의 군중이 모였다. 청년민주 연합Federation of Young Democrats이라 불리는 단체의 대변인이었던 오르반은 재매장식이라는 감정적인 분위기를 이용해 여전히 주둔 중이던 소련의 군대를 완전히 철수할 것을 촉구했다. 아직 20대였던 오르반은 이 연설을 통해 그 이름을 널리 알렸고, 이후 총리직에 오르는 발판을 마련할 수 있었다.27

당시 총리직을 맡았던 헝가리인 미클로시 네메트Miklós Németh도 비공식적으로 그 현장을 참관했다. 1989년 3월 3일 그는 고르바초프에게 "우리는 헝가리의 서쪽과 남쪽 국경에서 전자적·기술적 보호 장벽을 완전히 제거하기로 결정했다"고 통지했다. 다시 말해, 그는 철의 장막에 구멍을 내고 있었던 것이다.²⁸

네메트의 동독 측 상대인 에리히 호네커Erich Honecker는 헝가리의 행동에 깊은 우려를 표명했다. 호네커는 어떤 변화가 일어나지 않는 한 헝가리가 "부르주아 진영으로 점점 빠져들게 될 것"이라고 확신했다. 그러나 1989년 7월 7일부터 8일까지 부쿠레슈티Bucharest에서 열린 바르샤바조약 정상회의에서 냉전의 굴레로부터 벗어나고자 하는 열망을 감추지 못한 나라가 헝가리만은 아니었다. 고르바초프의 수하 중 한 명이 언급했듯, 이 정상회담은 "장례식의 모든 특징을 가지고 있었다." 당시 동독 시민들은 네메트의 국경 개방 정책이 그들에게도 적용되기를 바라며 헝가리로 몰려들었다. 그러나 헝가리는 동독 시민들의 소련 연방 탈출을 막는 협정에 서명했기 때문에 실제로 동독인들은 국경을 넘어올 수 없었다.²⁹ 만약 부다페스트가 이 협정을 무시하고 국경을 개방했다면, 이것은 사실상 조약을 포기하고 냉전 시대에서 편을 바꾸는 것이 될 것이었다.

1989년 늦여름, 헝가리 국경에 모여드는 동독인들의 수가 증가하면서 네메트에게 조약을 파기하라는 압력이 점차 거세지고 있었다. 이를 기회로 서방의 도움을 받아야 할 때라는 건 알았지만, 그 도움이 결코 워싱턴에서 오지 않을 거라는 건 분명했다. 특히 미국의 신임 대통령 조지 부시는 위험한 지정학적 카드놀이보다는 신중함을 선호하는 사람이었다.

부시는 그 여름의 상황 전개를 복잡한 심정으로 바라보고 있었다. 한편으로 적 동맹 내의 불화는 분명히 환영할 만한 일이었다. 다른 한편으로 부시는 전임자인 로널드 레이건Ronald Reagan이

고르바초프의 극적인 변화에 보여준 반응보다 더 절제된 반응을 보여주고 싶어했다. 부시는 경쟁적인 성향을 지닌 성공한 텍사스 출신 사업가였지만, 원래 그는 뉴잉글랜드에서 성장했고 앤도버와 예일대학교에서 공부한 코네티컷 출신 전 상원의원의 아들이었다. 그는 중도 우파 정치 가문의 후손으로 정치가가 된 배경을 바탕으로 전략을 세우기로 결정하고, 레이건이 취했던 외교 정책보다 더 신중한 접근 방식을 택했다.

전임 대통령이 같은 당이었음에도 불구하고, 부시 대통령의 취임 후 첫 번째 행동 중 하나는 이전의 국가안보 전략을 검토하고 재고한 것이었다.[30] 그는 또한 자신의 오랜 친구이자 휴스턴컨트리클럽Houston Country Club의 테니스 복식 파트너였던 제임스 베이커에게 자신의 국무장관이 되어달라고 요청했다. 베이커는 레이건 재임 시절, 백악관 비서실장과 재무장관을 지내기도 했다. 은퇴한 미 공군 장성이자 리처드 닉슨Richard Nixon과 헨리 키신저Henry Kissinger의 고문이었던 브렌트 스코크로프트Brent Scowcroft는 부시 대통령이 국가안보보좌관으로 발탁한 인물이다.[31] 두 사람은 기질적으로 서로 균형을 잡아주었는데, 베이커는 추진력이 강한 행동파인 반면, 스코크로프트는 발생할 수 있는 다양한 결과를 주의 깊게 고려하는 신중파였다. 그러나 두 고문 모두 지식인 집단을 작고 긴밀하게 유지해야 한다는 데는 의견의 일치를 보았다. 스코크로프트의 2인자였던 로버트 게이츠Robert Gates의 말에 따르면, 부시와 베이커, 스코크로프트, 그리고 그들의 이너서클이 함께 협력하는 과정에서 모든 핵심결정이 이루어졌다.[32] 부시는 특히 스코크로프트를 세심하게 배려했는데, 부인이 오랜 지병으로 고생하고 있었던 터라 스코크로프트는 낮에는 백악관 국가안보보좌관으로 밤에는 간병인으로 일하며 밤낮없이 고생하고 있었다.[33]

베이커와 스코크로프트를 비롯한 그들 팀이, 폴란드와 헝가리가 서방으로부터 "백지수표를 기대해서는 안 되고," 대신 "스스로를 도와야 한다"는 부시 대통령의 발언에 동의한 것은 전혀 놀랍지 않다.[34] 베이커는 또한 1989년 9월 21일 소련의 외무장관 예두아르트 셰바르드나제Eduard Shevardnadze에게 "우리는 사태를 선동하거나 사회 불안을 조장하고 싶지 않다"고 말했다. 대신 워싱턴은 "폴란드와 헝가리가 자유 시장 체제로 전환하는 데 도움을 줄 수 있도록" 노력할 것이다. 부시 행정부는 반전을 유발하지 않는 느린 변화의 속도를 추구했다. 소련 외무장관은 미국이 상황을 더 공격적으로 악용할 수 있다는 것을 인지하고, 미국의 보증을 높이 평가하며 "합리적인 제안"으로 대답했다. "NATO와 바르샤바조약 둘 다 해체합시다. 당신의 동맹과 우리의 동맹을 해방시킵시다. NATO가 존재하는 한, 바르샤바조약도 존재할 것입니다." 베이커는 그에게 이런 맥락의 발언을 계속하라고 격려하지 않았고 그 발언으로 인해 아무 일도 일어나지 않았지만, 이것은 NATO의 미래에 대해 심각한 의문이 제기되고 있다는 경고였다.[35]

이러한 미국인들의 신중한 태도는 모스크바의 환영을 받았지만, 서독 주재 헝가리 대사가 불만을 토로했듯 부다페스트에서는 환영받지 못했다. 네메트 총리는 서독의 총리 헬무트 콜과 직접 만나 담판을 지으면서 자신의 운을 시험해 보기로 했다. 부시 대통령과 마찬가지로 콜은 중도우파 정당인 기독교민주연합Christian Democratic Union, CDU의 지도자였다. 그러나 부시와 달리 그는 냉전의 최전선에서 분단된 국가의 절반을 이끌었던 지도자였기 때문에 우선순위가 달랐다. 또 다른 차이점은 그가 1989년까지 7년 동안 정부의 최고위직에 있었다는 점이다. 비록 당 안팎의 비판이 거셌지만, 이러한 경험을 바탕으로 콜은 그해에 예측하지 못했던 극적인 상황이 전개되고 변화가 이루어지는 가운데서도 위험을 감수할 수 있는 단호한 태도를 유지할 수 있는 힘을 갖출 수 있었다. 1989년 8월 18일까지 서독 외무부는 헝가리의 바르샤바조약 탈퇴로 인한 결과를 놓고 궁리해 볼 정도로 상황은 유동적이 되었다. 그 탈퇴는 "모스크바의 고통 임계치를 초과하여" 극적인 반응을 불러일으킬 것이며, 겉보기에는 관대해 보이는 고르바초프 시대라 할지라도 예측할 수 없는 결과를 초래할 수 있다. 헝가리뿐만 아니라 전 유럽은 "자신이 불안정한 위치에 있다는 것을 알았다."[36]

네메트는 콜에게 서방의 누군가가 그물을 내민다면 어쨌든 뛰어내릴 용의가 있다고 신호를 보냈다. 기회라고 여긴 콜 총리는 1989년 8월 25일 외무장관 한스디트리히 겐셔Hans-Dietrich Genscher와 함께 비밀리에 네메트와 회동했다. 사람들의 눈을 피해 서독의 수도인 본Bonn이 아닌, 멀리 떨어진 정부 소유의 유적지 짐니히 성으로 네메트를 초대했다. 그곳에서 네메트는 두 독일인에게 워싱턴의 미온적인 지원에 대해 불평했다. 그가 알 수 있는 선에서 부시의 최우선 과제는 혁명적 변화를 지지하는 것이 아니라 "성급한 전개"를 피하는 것이었다.[37]

반대로 헝가리인은 서둘렀고 거래를 원했다. 그가 제공할 수 있는 것은 자기 나라의 국경과 그 뒤에 수감되어 있는 엄청난 수의 동독인들이었다. 그에게 필요한 것은 돈과 지원이었다. 그는 자국의 경제 위기와 막대한 부채에 대한 설명했는데, 이후에 한 역사가는 헝가리의 1인당 부채가 동유럽에서 가장 높다고 추정했다. 또한 네메트는 동독인들이 분명히 원하는 것, 즉 서방으로 갈 수 있는 자유를 기꺼이 그들에게 주려 했다. 그들은 서독의 법에 따라 자동적으로 시민권을 받을 수 있었기에, 그들에게 필요한 것은 그들을 풀어줄 누군가였고 네메트는 기꺼이 그 사람이 되고자 했다. 콜은 이 사실을 알게 되었을 때, 자신의 눈에 눈물이 고이는 것을 느꼈다고 당시를 회상했다.[38] 분단된 독일을 통일하는 것은 오랫동안 불가능한 꿈처럼 보였지만, 이제는 그것이 가능해지고 있었다. 이 모든 것을 듣고 난 총리는 독일 은행가들과 접촉하는 등 여러 가지 방법으로 도움을 주겠다는 의지를 표명했다.

이것이야말로 네메트가 필요로 하는 안전망이었다. 8월 31일, 그는 외무장관에게 만약 동독이 여행과 이민의 자유를 허용하지 않는다면, 헝가리는 동독과의 협정을 파기하고 헝가리 국경을 넘기 원하는 모든 사람에게 헝가리 국경을 개방할 것이라고 통지하도록 했다.[39] 네메트는 9월 11일까지 개방을 미뤘다가 자정이 되자 모스크바의 승인 없이 문을 열었다.[40] 이 지연은 분명 콜에게는 유리한 것이었다. 영국 총리 마거릿 대처의 말처럼 철두철미한 정치인이었던 콜 총리는 그의 리더십이 도전을 받고 문제가 될 소지가 다분했던 9월 중순 CDU 당 회의에서 이것이 반가운 소식이 될 것이라는 것을 깨달았다.[41] 그와는 반대로, 소련 지도자는 이에 대해 알지 못했던 것이 분명했다. 프랑스 외교관들이 알기로, 고르바초프는 국경 개방에 "청신호"를 주지 않았다.[42]

오스트리아-헝가리 국경을 넘어가며 기쁨의 눈물을 흘리는 동독인들의 모습이 TV를 통해 방영되면서 바르샤바조약의 균열은 누구에게나 명백히 보였을 것이다. 서독 외무부는 국경 개방 이후 두 달 만에 거의 5만 명의 난민들이 헝가리를 거쳐 서방으로 탈출했다고 추산했다.[43] 콜의 보좌관들은 "이렇게 많은 난민 유입을 예상하지는 못했다"고 개인적으로 털어놓았다.[44] 서독 외무부는 후에 이를 가리켜 "정치적·심리적 결과"와 더불어 그 이후 모든 것을 가능하게 만든 "촉매적 요인"이라고 불렀다.[45]

콜은 네메트에게 따뜻한 감사의 편지를 보냈다. "당신이 보여준 인류애의 넓은 마음을 담은 행동을 결코 잊지 않겠습니다. 당신은 약속을 완벽하게 지켰습니다." 총리는 헝가리가 5억 DM도이 치마르크의 신용한도를 이용할 수 있도록 길을 터주었다. 또한 콜은 소련이 헝가리에 에너지 공급을 중단할 경우 어떻게 대응할지 논의하기 위해 네메트를 자신의 집으로 초대했는데, 이는 아주 드물고 명예로운 일이었다.[46]

1989년 11월 16일 헝가리는 EC 유럽공동체 가입을 공식 요청했고, 폴란드와 유고슬라비아의 지도자들도 곧 이를 따를 것이라고 밝혔다. 스트라스부르에서 열린 회의에서 박수갈채를 받으며 회원가입 요청을 직접 전달한 헝가리 외무장관은, 자국의 바르샤바조약 회원국 신분이 EC 가입에 문제가 되지 않기를 바란다는 희망을 덧붙였다.[47] 서독의 비밀 보고서에 따르면, 헝가리가 조약을 탈퇴한다고 직접적으로 발표하지 않은 이유는 이러한 탈퇴가 고르바초프를 위험에 빠뜨릴 수 있다고 우려했기 때문이었다. 상황이 순조롭게 진행되는 상황에서 부다페스트는 반동파가 소련의 지도자를 무너뜨리는 위험을 감수하고 싶지 않았다.[48]

헝가리의 이러한 행동은 소련 분석가들로 하여금 바르샤바조약국들이 자국 영토에서 소련군이 떠날 것을 요구하거나, 혹은 더 나아가 발트해 국가들이 소련 연합을 떠나겠다고 요구할 경우 어떤 일이 벌어질지 예측하기 시작하게 만들었다. 모스크바 주재 서독 대사는 본국에 "바르샤바조약을 대체할 방안을 찾는 작업이 이미 진행 중"이라고 보고했다. 한 가지 아이디어는 이 조약과 NATO를 더 큰 범유럽의 시스템으로 합병하는 것이었다. 아마도 이런 생각의 일환으로 소련의 외무장관 셰바르드나제가 1989년 12월 19일 브뤼셀로 NATO 사무총장을 방문했을 것이다. 셰바르드나제는 브뤼셀로 NATO 사무총장을 방문한 첫 번째 소련의 외무장관이 되었다. 놀랍게도 NATO 직원들은 건물 입구에 모여 있었고, 셰바르드나제가 들어서자 그에게 열렬한 환영의 박수를 쳐 주었다.[49]

이렇게 헝가리는 베를린 장벽이 무너지기 전에 바르샤바조약에서 탈퇴했다. 네메트가 철의 장막에 만든 구멍은 조약의 수면 아래에 있는 구멍이었다. 강경파 정권은 대개 시민들이 헝가리를 여행하지 못하도록 차단함으로써 그 틈을 막으려고 안간힘을 썼다. 그러나 불안을 품은 동유럽인들이 도망칠 수 있는 장소인 헝가리 국경을 봉쇄하는 조치는 국경 지역, 특히 동독 지역에서 격렬한 시위를 불러일으켰을 뿐이었다. 11월이 되자 동독 정부는 끝까지 베를린 장벽에 집착했음에도 불구하고 항의의 물결에 무릎을 꿇을 수밖에 없었다. 스코크로프트는 수하들에게 혼란에 대비해 "GDR 비상계획"을 실행하도록 했다. 그의 수하 로버트 블랙윌Robert Blackwill은 11월 7일 "GDR의 미래는 분단된 독일의 미래, 곧 분단된 유럽의 미래를 의미한다. 우리 국가 안보에 있어서 미-소 간의 전략적 관계를 빼놓고는 더 중요한 것이 있을 수 없다"라고 기술했다.[50]

이러한 실존적 위협에 직면한 동독의 독재자들은 온전한 장벽이 그들 자신의 가장 귀중한 자산이라는 것을 이해했다. 그것은 동독의 출혈을 막았을 뿐만 아니라 재정적인 생명줄을 제공했다. 그들은 "관광객과 방문자 출입"을 위한 "관대한" 기회를 제공하는 대가로 서방으로부터 절실히 필요한 재정적 지원을 받기를 희망했다.[51] 즉, 다시 말해 그들은 정기적인 현금의 유입을 위해 주기적이지만 제한적으로 (국경의) 개방을 허락할 것이었다. 동독의 집권 정권은 "국가안보"를 이유로 그러한 개방에 대한 엄격한 통제를 유지할 계획이었는데, 이는 동독인들의 탈출을 막기 위해 오랫동안 사용했던 거짓 이유이기도 했다. 그러나 서사적으로 돌이킬 수 없는 무능함을 보여주면서, 동독 정권은 더 큰 여행 기회에 대한 암시를 주려고 했던 시도를 망쳤다. 1989년 11월 9일 새로운 정책을 발표하는 책임을 맡았던 불운한 정치국Politburo, 혹은 중앙위원회 위원은 마치 정권이 오히려 베를린 장벽의 개방을 선언한 것처럼 들리는 선언을 했다.

격동의 그해 어수선했던 분위기 속에서 이 실수는 장벽을 무너뜨리는 결정적 역할을 했다. 그날 밤 수천, 수만, 수십만 명의 군중이 국경으로 몰려들어 홍수처럼 넘쳐났고, 아무런 지시를 받지 않은 국경 경비대가 하나둘씩 밀려드는 인파에 양보하기로 함에 따라 그날 밤은 환희의 밤이 되었다.[52]

무슨 일이 일어났는지 알게 된 고르바초프는 워싱턴과 런던, 파리, 본에 "결과를 예측할 수 없는 혼란스러운 상황이 두렵다"라며 경고하는 메시지를 보냈다. 이 불안한 메시지를 통해 스코크로프트는 장벽의 붕괴가 고르바초프의 자신감을 산산조각 냈다는 것을 깨닫게 되었다. 적어도 국가안보보좌관의 시각에서 보았을 때, 이 소련 지도자는 "장벽이 무너지기 전까지만 하더라도 동유럽에서 무슨 일이 일어나고 있는지 온화하게 혹은 적어도 무관심하게 바라보고 있었다. 그런데 지금은 겁을 먹었다."[53] 고르바초프는 또한 셰바르드나제가 베이커에게 제안했던 양 군사체제 해체에 대한 잠정적인 제안도 철회했다. 이제 그는 "바르샤바조약과 NATO의 해체 문제를 제기하는 것은 현명하지 못한 일"이라고 생각했다.[54]

한편 런던에 있는 소련의 외교관들은 잘 알아볼 수 없는 고르바초프의 영문편지를 대처에게 전달하기 위해 교정을 보느라 진땀을 뺐다. "방금 콜 총리에게 구두로 메시지를 전달했는데, 귀하에게도 그 내용을 공개할 필요가 있다고 생각한다." 고르바초프는 "상황의 악화를 막기 위해 필요하고도 긴급한 조치를 취해줄 것을 콜 총리에게 호소했다." 결과적으로 보면, 콜에게 어떤 극적인 일도 벌이지 말라는 압력을 가하기 위해 4대 강대국이 "즉각" 협의에 나서야 한다고 요구했던 것으로 보인다.[55] 소련 주재 영국 대사 로드릭 브레이스웨이트Rodric Braithwaite 경은 이 불안한 호소에 대해 고르바초프가 "지금 당면한 문제는 그가 풀어놓은 병력을 통제하는 것"인데 "어떻게 하면 그러한 통제력을 되찾을 수 있는지 러시아인들은 잘 모르는 것 같다"고 논평했다.[56] 스코크로프트와 마찬가지로 브레이스웨이트는 소련 지도자의 "공황 상태" 메시지가 "그의 무력감을 있는 그대로 드러내는 신호"라고 염려했다.[57]

한편, 대처 역시 나름의 걱정거리가 있었는데, 그것은 바로 TV를 통해 들려오는 본의 소식이었다. 참모들의 말에 따르면, 대처는 "베를린 장벽이 무너졌다는 소식이 전해졌을 때 독일 연방의회Bundestag, 서독 의회의 의원들이 일어나 독일 국가인 〈독일인의 노래(Deutschland über alles)〉를 노래하는 모습을 보고 겁에 질렸다."[58] 그녀는 독일 국가의 가사가 제2차 세계 대전 이후 변경되었다는 사실을 미처 알지 못했거나, 혹은 관심이 없었음이 분명했다. 그녀의 믿음과 달리 분데스탁 의원들은 나치 시대에 사용된 가사를 부활시키지 않았다. 그럼에도 대처의 머릿속에는 헝가리가 조약을 포기하고, 베를린 장벽이 무너지고, 서독인들은 〈독일인의 노래〉를 부르는 등 전혀 상상할 수 없었던 일이 시작되고 있었다.[59]

NATO도 없고 핵도 없다

강대국들은 장벽이 무너진 직후, 자신들의 이익을 방어하려면 그들이 선택할 수 있는 최상의 옵션뿐 아니라 어디서, 그리고 누구와 함께할 것인지를 분명히 할 필요가 있다는 사실을 깨달았다. 포럼 참가자들이 어떤 선택을 하느냐에 따라 결과에 결정적인 영향을 미칠 것이다. 무자비한 경쟁자이자 사냥꾼으로 알려진 베이커는 누구보다 이 점을 잘 이해했다. 베이커의 아내가 기자에게 말했듯, 그녀의 남편은 "죄책감에 많은 시간을 낭비하지 않았다… 아니, 솔직히 전혀 신경 쓰지 않았다." 나중에 베이커는 회고록에서 "나는 살생을 좋아했다"고 밝히며 쿠두와 임팔라, 리추에, 검은영양, 늪영양 등 자신이 특별히 살생을 즐겼던 동물의 상세한 목록을 공개했다.[60]

    미 국무장관은 점점 다가오는 독일의 큰 경기에서 제대로 첫발을 내딛는 것이 중요하다는 사실을 직감했다. "모든 복잡한 현상은 사실 개별 문제가 연속된 것일 뿐이다"라며 "첫 번째 문제를 어떻게 해결하느냐에 따라 전체 현상에 막대한 영향을 미칠 수 있다"고 밝혔다. 그가 직면한 첫 번째 도전 과제는 "부적절한 포럼의 주최자"가 부각되는 것을 막고, 워싱턴에 적합한 포럼을 확보하는 것이었다. 1 대 1로 이루어지는 협상이 가장 이상적일 테지만, 당사자가 너무 많아 그렇게 하기는 어려웠다.

    부시와 베이커는 장벽 붕괴의 결과로써 폭발적인 논쟁이 이루어질 때 이것을 빠르게 억제할 수 있는 포럼을 원했다. 불확실성이 더 오래 지속될수록, 유럽 질서의 영구적 기본에 대하여 더 많은 의문이 제기될 것이다. 유럽은 자국의 국경이 이미 입증된 여러 냉전 협정처럼 정말로 고정되어 있는지 시험하려 했다. 서독의 이웃들은, 독일인들이 오랫동안 공언했던 것처럼 그들 국가의 정체성을 유럽 집단 체제에 편입시키는 것을 기뻐하는지, 아니면 그들의 오래된 민족주의적인 길로 돌아가고 싶어 EC를 위험에 빠뜨리려 하는지 알고 싶어 했다. 그리고 바르샤바조약뿐만 아니라 NATO의 미래가 문제였다. 주적主敵을 잃은 동맹은 존재를 정당화하는 데 어려움을 겪게 될 것이다. NATO가 살아남으려면 '재건'이 필요할까?

그들이 포럼과 전략을 결정하기 시작했을 때, 부시는 그가 공개적으로 "베를린 장벽에서 포즈를 취함으로써" 고르바초프의 불안을 악화시키지 않을 것이라고 결정했다. 대신 그는 닫힌 문 뒤에서 은밀하게 움직이곤 했다.[61] 그러나 어느 쪽 문 뒤에 정확히, 아니 어쩌면 제2차 세계 대전에 대한 평화 회의가 있는 큰 홀로 통하는 길이 있을까? 전쟁이 끝난 지 수십 년이 지나도록 그러한 조약은 협상되지 않았다. 평화 조약은 소련과 이전 동맹국들 사이의 적대감으로 인한 희생양이 된지 오래되었다. 스코크로프트는 모스크바가 "진전을 늦추기 위해" 거의 확실히 평화 조약을 제안할 것이라고 생각했으며, 이는 진전에 주요한 장애물이 될 수 있었다. 1945년까지 나치 독일은 적어도 110개 이상의 국가와 전쟁을 치러왔다.[62] 1989년 장벽 붕괴의 여파로 그들 모두가 모일 것 같지는 않았지만, 어떤 국가를 제외하고 어떤 국가가 전쟁배상reparations 요구에 대한 청문회를 수용할지 협상하는 과정이 길고 논쟁적일 것이므로 고르바초프는 시간을 벌 수 있었다.

외무장관 겐셔는 또 다른 이유로 평화 회담을 공개적으로 반대했다. 비록 서독인들이 근년에 나치화 되는 것은 어떻게든 피할 수 있다고 하더라도, 강대국들이 독일의 운명을 결정하는 동안 그들은 옆에서 지켜보기만 하진 않을 것이다.[63] 과거 외교부의 내부 커뮤니케이션은 더 직설적이었다. 독일인들을 평화 조약 회의에 참가시키라는 압력을 받을까 두려워, 법률 전문가들은 그러한 조약이 불필요한 이유에 대한 긴 목록을 만들어 냈다.[64] 겐셔의 직원

중 한 명이 그 생각을 일축하면서 언급했듯이, "이제 미국도 얄타가 과거라는 사실을 받아들여야 할 것이다."[65] 초강대국은 그들이 그 정상회담에서 그러했듯이 더 이상 유럽의 미래를 좌지우지 할 수 없었다.

부시는 종종 그랬듯이 NATO의 동맹이자 친구인 캐나다의 브라이언 멀로니Brian Mulroney 총리로부터 조언을 구했다. 부시는 12월 초에 몰타에서 고르바초프를 만날 예정이었기에 최근 소비에트 연방의 고르바초프를 방문했던 멀로니에게 상세한 보고를 요청했다.[66] 멀로니 총리는 그의 일행이 "레닌그라드에서는 가게에서 아무것도, 심지어 모피 모자조차도 찾을 수 없었다"는 경험담을 이야기했다. "카펫 가게에는 카펫이 없었고 신발 가게에는 신발이 없었다. 고르바초프 시대는 참혹하고 경제적 압박이 가중되고 있다"고 말했다. 멀로니는 또한 고르바초프가 "폴란드와 헝가리의 중립과 바르샤바조약 탈퇴"라는 주제를 거론했다고 말했다. 총리는 그 아이디어가 "분명히 실행되지 않으리라는 것"을 감지했다.[67] 대신 고르바초프는 "동맹에 대한 변화가 없어야 한다"고 말했다. 부시의 국가안전보장회의NSC 자문위원인 로버트 허칭스Robert Hutchings는 멀로니의 보고가 자신과 동료들로 하여금 미-러 정상회담이 성취할 수 있는 것에 대한 그들의 기대를 낮추도록 만들었다고 회상했다.[68] 고르바초프가 아직 미국이 원하는 방식으로 NATO와 독일의 미래에 대한 질문에 대답할 의사가 없다면, 애초에 어려운 질문은 하지 않는 것이 최선이었다.

한편 콜은 고르바초프와 개설한 비밀 채널을 통해 갑자기 쏟아지는 질문에 대답해야 하는 상황에 처했다. 콜의 국가안보보좌관에 해당하는 호르스트 텔칙Horst Teltschik은 이 채널의 서독 측을 직접 관리했다.[69] 모스크바 측 담당자는 공산당 중앙위원회 내부의 국제관계 최고 책임자인 발렌틴 팔린Valentin Falin이었다.⁷⁰ 그의 부서는 당의 해외 사업을 위한 막대한 자금을 관리했다. 한 언론 보도에 따르면, 소련이 붕괴된 후 1989년 12월 5일 팔린에게 당 사업비 명목으로 2,200만 달러를 송금한 영수증이 발견되었는데, 이는 아마도 많은 송금 중 하나였을 것이다.⁷¹

11월 21일, 팔린의 대리인인 니콜라이 포르투갈로프Nikolai Portugalov가 텔칙의 사무실에 두 부분으로 구성된 수기로 적힌 문서를 들고 나타났는데, 첫 번째 부분은 공식적이고 두 번째 부분은 공식적이지 않다는 비밀스러운 설명이 붙어 있었다.⁷² 텔칙이 고르바초프에게서 직접 받았다고 포르투갈로프가 믿었던 전자前者는 모스크바가 우려하는 사건이 "바람직하지 않고 위험한 방향"으로 진행되고 있다는 취지의 일반적인 성명을 담고 있었다.⁷³ 비공식 텍스트는 더 놀라웠다. "단순히 가상으로 묻는다"며 본이 "통일이나 재통일의 문제를 현실 정치의 문제로 도입할 의도가 있는지"를 물었다. 만일 그렇다면, "독일의 미래 동맹 회원 자격"을 고려하고 "파리조약Paris Agreements과 로마조약Rome Treaty"에 제공된 "탈퇴 조항"을 참조할 필요가 있다는 내용이었다.⁷⁴

이러한 조약과 관련한 언급은 텔칙의 머리털을 곤두서게 만들었다. 로마 조약은 유럽 연합EC의 창립 문서였고 파리 협정은 서독이 NATO에 가입한 법적 수단이었다. "탈퇴 조항"은 동맹을 탈퇴하고자 하는 NATO 회원국은 누구나 가입한지 20년 후에는 탈퇴할 수 있다는 사실을 암시하는 것이었다.⁷⁵ 1955년에 합류한 FRG는 탈퇴 자격을 얻은 지 오래였다. 모든 것을 종합해볼 때 그 비밀문서는 가상의 상황을 가장한 소련의 최후통첩이었다. 당신이 독일 통일을 원한다면 당신은 EC와 NATO 양쪽을 떠나야 한다.

비공식 문서에서 소련은 서독이 완전한 통일보다 못한 것을 원하더라도 대가를 지불할 것을 요구했다. 느슨해진 "독일 연방"은 독일인들이 "동독이든 서독이든 독일 영토에 외국 핵무기가 전혀 존재하지 않는 것"에 동의해야만 모스크바가 받아들일 수 있을 것이다. 그것은 소련이 심지어 연방에 반대할 수 있는 "무조건적인 조건"이었다.

모스크바 상위 계층의 누군가는 이 조건이 독일의 상처에 자극을 가할 것임을 충분히 알고 있었다. 여론조사에 따르면 84%의 서독인들은 그들의 나라를 완전히 비핵화하기를 원한다고 답했다. 특히 그 나라의 모든 핵무기는 외국인들에 의해 통제되고 있었기 때문에, 대다수의 국민은 통일과 핵무기를 기꺼이 교환할 의향이 있을 뿐만 아니라 그런 교환에 행복해할 것이다.[76] 텔칙과 콜은, 나중에 총리가 회상했듯이 모스크바가 "NATO 탈퇴와 중립을 대가로 신속한 재통일"을 제안하면 "동독과 서독의 대중들 사이에서 광범위한 지지를 얻을 것"을 알고 있었다.[77] 이것은 최후통첩을 보지 않았더라도 그와 같은 일이 곧 일어날 것이라고 런던에서 추측할 정도로 명백한 카드였다. 런던의 외교부는 대처에게 "러시아가 독일 통일에 관해 독일의 비핵화가 정말로 그들 요구의 핵심이라는 것을 분명히 밝혔다면, 독일 여론의 대다수는 동조할 가능성이 높다"고 조언했다.[78]

비공식 문서에서는 "그 문제를 함께 비밀리에 고려하는 것이 현명할 것"이라고 결론을 내렸다.[79] 의미는 명백했다. 그들과 거래하지 말고 우리와 거래하라는 것이다. 이 메모는 서독을 동맹국으로부터 분리하고, 본과 모스크바의 양자 관계를 독일의 미래를 결정하는 포럼으로 만들려는 시도였다. 서방 강대국을 충격에 빠뜨렸던 1922년 러시아와 독일 간의 협정인 라팔로조약Rapallo Treaty에 서명한 사람들의 망령이 맴돌고 있었다.

깜짝 놀란 텔칙은 이 비공식 문서가 정말로 선의善意의 배후 채널을 통해 들어온 최고 수준의 통신이었는지 아니면 고르바초프 몰래 팔린 자신이 실행한 계략인지 서둘러서 가늠해보려 했다.[80] 소문에 의하면, 팔린은 3일 후 동베를린에 있는 소련 대사관을 비밀리에 방문하여 통일된 독일이 NATO를 탈퇴할 것을 요구한 것으로 알려졌다.[81] 텔칙은 누가 작성했는지 상관없이 위협을 심각하게 받아들여야 한다고 결론을 내렸다. 그 결과, 비공식적인 메모의 작성자는 불분명했지만 그 영향은 그렇지 않았다.[82] 텔칙은 즉시 그 소식을 즉시 콜에게 알렸고, 이 소식은 콜에게도 큰 영향을 미쳤다. 대처와 마찬가지로 그는 "믿을 수 없는 일이 일어나기 시작했다"고 느꼈다.[83]

다음에 콜은 베이커를 만났을 때, 독일이 통일을 원한다면 "NATO에서 물러나기를" 바라는 모스크바의 요구에 대해 비밀리에 베이커에게 알렸다. 그 요구는 콜에게 깊은 걱정을 안겨주었는데, 그는 "언젠가 전 세계가 고르바초프가 그러한 제안을 표명했음을 알게 될 것"을 우려했다. 베이커는 "고르바초프가 실제로 미국과 유사한 고려를 한 적이 있었다"고 대답하여 최후통첩이 최고위직의 승인을 받았음을 시사했다. 이러한 진전을 알게 된 후, 블랙윌은 고르바초프가 통일에 대한 대가로 NATO 탈퇴와 비핵화 협정을 제안했음을 공개할까봐 매일 아침 일어날 때마다 두려움에 떨었다고 후일 회고했다.[84]

콜 총리는 먼저 자신의 계획을 추진하기로 결정했다. 그는 소련이 그들의 요구를 공개하는 것을 막을 수는 없었지만, 그는 그런 상황이 벌어지기 전에 가능한 한 많은 사실을 현장에서 만들어내기를 희망했다. 그는 이미 1989년 11월 28일에 서독 의회에서 연설할 예정이었으며, 그는 이 행사를 독일 연방을 촉구하는 데 이용하기로 결정했다.85 그 연방을 이루는 데 수년이 걸릴 것이기 때문에, 가능한 한 빨리 시작하는 것이 필요하다고 생각했다.

부시는 이 놀라운 계획에 대한 사전 예고를 받은 몇 안 되는 사람 중 하나였다. 나머지 세계는 총리의 "10대 계획"을 텔레비전을 통해 알게 되었고, 이 계획은 동맹, 적, 이웃 모두에게 엄청난 분노를 불러 일으켰다. 고르바초프와 셰바르드나제는 화가 나서 총리를 아돌프 히틀러에 비유했다.86 콜은 미안해하지 않았고, 베이커에게 "만약 그가 10대 계획을 제시하지 않았다면", 소련의 최후통첩을 받았을 것이라고 털어놓았다. 이제 적어도 그는 출발을 한 것이다.

그러나 마이크 앞에서 서둘러 발언을 한 데에는 대가가 따랐다. 사전에 콜에게 직접 듣지 못하고 뉴스를 통해서 10대 계획에 대해 듣게 된 프랑스 대통령 프랑수아 미테랑François Mitterrand은 상처를 받았다. 미테랑은 나중에 고르바초프에게 콜이 두 사람을 완전히 속인 것에 대해 위로했다.87 관계를 회복하기 위해, 총리는 그 후 몇 주 동안 미테랑에게 더 호의적인 대도를 보였다. 그 몇 주는 EC의 역사에서 중요한 시기였다. 그 기간에 1989년 12월 8~9일 스트라스부르그Strasbourg에서 열리는 EC 정상회의에서 승인될 공동 유럽 통화와 통합을 위한 다음 단계에 대한 매우 중요한 결정이 내려졌다.88

동유럽의 격변은 또한 철의 장막을 넘어서는 EC의 역할에 대한 의제를 던졌는데, 이는 전망하기 어려운 문제였다. 나중에 한 분석가가 말했듯이 EC는 "심각한 비즈니스였기 때문에 정치적 통합을 위한 수단이 되는 것"을 원하지 않았다. EC 회원 자격은 "돈과 관련되어" 있었다. 폴란드는 농업이나 다른 후원을 원할 수도 있다. "오랫동안 폴란드가 프랑스에서 토마토를 팔도록 허락하는

것이 NATO가 바르샤바를 구하기 위해 싸우다가 죽겠다는 서약을 하는 것보다 더 정치적으로 어려웠다."⁸⁹

그러나 EC가 그 과정을 늦추기를 아무리 바란다 해도 미래에 대한 질문이 터져 나오는 것을 막을 수는 없었다. 1989년 12월 무렵, 오스트리아인들은 이미 동유럽 국가들의 열망이 오스트리아가 지닌 유럽연합EC의 잠재적 회원 자격에 어떤 영향을 미칠지 걱정하고 있었다. 오스트리아 외무장관 알로이스 모크Alois Mock는 영국 외무장관 더글러스 허드Douglas Hurd에게 오스트리아는 다른 후보국가보다 회원 자격이 더 좋거나 나쁘다는 기준으로 논의해서는 안 된다며, 오스트리아를 "동유럽 국가들과 한 범주에 넣지 말라"고 경고했다. 허드는 "오스트리아는 헝가리, 폴란드와 같은 맥락에서 언급될 수 없다"고 모크를 안심시켰다.⁹⁰ 1990년 초 미국 국무차관 로런스 이글버거Lawrence Eagleburger는 오스트리아인들이 "EC 회원국이 된다는 기대에 너무 집착한 나머지 동유럽의 '늪'으로 묘사되는 곳에서 더 큰 역할을 맡기를 꺼려한다"는 것을 알아차렸다.⁹¹

또한 워싱턴은 사전 예고를 받았음에도 불구하고 콜의 10대 계획이 가져올 결과에 대해 별 감흥을 보이지 않았다. 베이커는 통일된 독일이 NATO 회원국으로 계속 남아 있는 것이 미국이 지켜야 할 할 외교상의 4가지 "원칙" 중 하나라고 분명히 말했다.⁹² 본 내부에서도 많은 분노가 쏟아졌는데, 이는 본의 미국 대사관이 말했듯이 콜이 "겐셔 또는 다른 주요 정당 지도자들에게도 연설 내용을 밝히지 않았기 때문이었다."⁹³

콜이 이 결정적인 순간에 자신의 외무장관에게 비밀을 지켰다는 것은 독일 정치의 두 거물 사이의 복잡한 관계를 보여주는 신호였다. 콜의 의회 다수당이 기민당, 그 작은 바이에른 자매 정당과 겐셔의 자유당(공식적으로는 자유민주당Free Democratic Party, FDP으로 알려짐) 간의 동맹에 의존했기 때문에 총리는 겐셔와 함께해야만 했다. 겐셔는 외무장관일 뿐만 아니라 정당의 실력자이기도 했다. 그러나 그는 콜과 함께해야만 하는 것은 아니었다. 그와 그의 동료 자유주의자들은 그들이 이전에 했던 것처럼 마음대로 연정聯政을 전환하고 중도좌파 정당에 가입할 수 있었다.[94] 콜은 겐셔 외무장관을 해임할 수는 없었지만, 그를 신뢰하지 않았기 때문에 신뢰할 수 있는 보좌관 텔칙을 통해 외교정책의 가장 중요한 국면을 관리하고 싶어했다. 결과적으로 겐셔는 텔칙을 원망했고 이로 인해 다른 문제를 일으켰다. 그러나 콜은 그 비용이 그만한 가치가 있다고 느꼈다.[95]

콜과 텔칙이 소련의 잠재적인 최후통첩을 막기 위해 본에서 서두르고 있을 때, 부시는 몰타에서 고르바초프와의 정상회담을 준비하고 있었다. 이론적으로 볼 때, 워싱턴은 정상회담을 주요 의사 결정의 장으로 전환할 기회를 잡을 수 있었다. 그러나 유럽인들의 머리 위에서 유럽과 군사 동맹의 운명을 결정하기 위한 워싱턴과 모스크바의 노력은 곧바로 제2차 세계 대전이 끝날 무렵 얄타 정상회담에서 했던 방식에 대한 안 좋은 기억을 불러일으킬 것이다. 부시의 참모들은 또한 고르바초프의 괴로움과 약점이 너무나 명백하다는 것을 감안할 때 그와 함께 새로운 주요 계획을 세울 때가 아니라는 입장을 고수했다. 그들은 몰타 회의에서 훨씬 더 제한적인 목표를 논의해야 한다고 결정했다.[96] 국가안전보장회의 관료들은 현실적이고 낮은 수준의 목표를 설정했는데, 그것은 "어떻게든 구실을 만들어 소련으로부터 국방 예산 삭감을 얻어내는 것"이었다.[97]

1989년 12월 2~3일에 열린 몰타정상회담Malta summit은 스펙터

클과 반전의 묘한 조합이었다. 시각적으로 모든 종류의 극적인 요소를 지니고 있었다. 미국과 소련의 장엄한 전함이 외국 항구에 서로 가까이 정박해 있는 광경, 회의를 위해 작은 배를 타고 오가는 대표단, 수많은 기자들, 그리고 배경으로 펼쳐진 엄청난 폭풍 등이 그것이었다. 또한 이 회담에서 장벽이 무너진 이후 미국과 소련 지도자의 첫 대면 대화가 이루어졌는데, 그것은 중요한 사건임에 틀림없었다.

비공개로 진행된 사건은 주목을 덜 받을 만했다. 스코크로프트는 이후 몰타 정상회담을 "두 정상이 편안한 분위기에서 앉아서 대화를 나누고, 조치를 취하는 일은 아주 단순했다. 그것이 전부였다"라고 요약했다.[98] 대통령은 고르바초프에게 몰타를 의사결정 포럼으로 보지 않는다는 점을 충분하고 분명하게 밝히면서 "나는 우리가 여기서 협상할 것을 제안하지 않는다"고 말했다. 대신에 그들은 "다양한 관심 주제들로 화제를 옮기며" 이야기를 나누었다.[99] 고르바초프는 토론을 보다 실질적으로 만들려고 노력했다. 베이커의 메모에 따르면, 그는 한때 레이건에게 했던 제안을 되풀이하면서 "선박에 있는 모든 핵"의 제거와 함께 모든 전술적 핵무기의 제거를 제안했다. 부시는 이 제안들에 귀를 기울였지만 신중한 접근방식을 고수했다.[100]

악천후와 높은 파도로 인해 두 정상의 군함 간 안전한 이동이 불가능해지면서 돌파구를 마련할 기회는 점점 줄어들었다. 고르바초프는 부시가 자신의 배인 벨냅호로 돌아가 휴식을 취하겠다고 고집을 부렸을 때 화가 났다. 소련 지도자는 폭풍이 심해질 것이고, 그렇게 되면 부시가 돌아올 기회가 사라질 것이라고 예측했는데, 그가 옳았다. 그 결과 소련 대표단과 함께 벨냅호에서 예정된 만찬을 위해 준비한 고급 식사는 미국 대표단과 선원들에게만

제공되는 것으로 끝났다.[101]

몰타를 떠난 다음 날 부시는 NATO 정상회의 전에 서독의 콜 총리와 만찬을 하기 위해 브뤼셀로 갔다. 그것 또한 장벽 붕괴 이후 두 사람의 첫 대면이었다. 몰타에서의 회담과는 대조적으로 이곳에서 두 정상은 독일이 직면한 도전에 대해 자유롭고 장황하게 이야기했다. 콜은 베를린 장벽의 구멍을 통해 수많은 이들이 밀려온 데에는 두 가지 장기적인 원인이 있다고 믿었다. 첫 번째는 NATO의 결의였다. 고르바초프는 바르샤바조약과 경쟁하는 NATO 동맹의 통일 전선 때문에 "자신이 군비경쟁에서 지고 있고 경제 상황이 점점 더 나빠지고 있다는 것을 깨달았다." 두 번째는 유럽 통합이었는데, "동유럽이 문 밖에 서 있는 것은 견딜 수 없는 일이었다."[102]

몇 년 후, 스코크로프트는 장벽 붕괴 이후 미국 전략 수립에 있어 핵심 순간으로 뒤이어 열린 대규모 NATO 정상회의가 아닌 이 만찬을 기억했다.[103] 독일 총리는 "독일 통일에 대한 희망을 밝혔고" 대통령은 "그렇게 하세요. 전적으로 공감합니다"라고 답했다고 국가안보보좌관은 회상했다. 스코크로프트는 부시가 "콜에게 전권全權을 주었을 때" 놀라서 입이 딱 벌어졌다고 회상했다. "내가 볼 때 그것이 독일 통일로 가는 결정적인 걸음이었다." 공동 회고록에서, 부시와 스코크로프트는 대통령이 콜에게 "청신호"를 준 순간으로 그 만찬을 지목했다.[104] 그것은 현명한 조치였다. 부시는 독일 통일이 다가오고 있다는 것을 정확하게 감지했다. 그래서 그는 문제의 오른쪽에 있어야 했고, 콜 총리가 모스크바의 의견을 수용하기 위해 NATO를 약화시키거나 포기하려는 징후를 포착할 태세를 갖추었다.

콜은 자신이 구상한 연합을 만드는 데 많은 오랜 세월이 걸릴 것이라고 생각했다. 반면에 헨리 키신저는 1989년 11월 29일 TV 인터뷰에서 독일이 불과 2년 안에 통일이 될 수 있다고 말했지만, 총리는 키신저의 일정이 너무 성급하고 위험하다고 비판했다. 그는 "차분한 발전 기간"이 필요하다고 믿었고, 문제를 서둘러야 한다는 "압박감"을 느끼지 않았다. 부시는 긴밀한 파트너십을 맺음으로써 수 년 또는 수십 년이 걸릴 수도 있는 독일 통일 기간 동안 미국의 이익을 보호할 수 있는 포지션을 마련했다.[105]

소련의 최후통첩을 일시적으로 막아낸 콜은 큰 소동에 지쳐 휴식을 갈망하고 있었다. 그러나 1989년에 닥쳐올 결정적인 사건이 하나 더 있었다. 총리는 마침내 시간을 내어 장벽이 무너진 이후 한 번도 가보지 못했던 동독을 방문했고, 그가 마주한 장면에 압도되었다.

콜은 12월 19일 밤 시위대가 푸틴의 제지를 받고 물러난 후 2주 만에 드레스덴에서 대중 연설을 하기로 동의했다. 이 젊은 KGB 장교가 콜의 방송을 듣거나 연설을 듣기 위해 파일을 용광로에 던지는 것을 중단했을 가능성이 매우 높다. 말년에 푸틴은 동독 혁명 기간 동안 그냥 "군중 속에 서서 그것이 일어나는 것을 지켜보았다"며 자신의 또 다른 시간을 인정했다. 그는 아마도 콜의 연설을 들으면서 같은 행동을 했을 것이다. 콜의 연설은 그의 전초 기지로부터 멀지 않은 야외에서 이루어졌다.

만약 푸틴이 참석했다면, 그는 콜의 인생을 바꾼 획기적인 사건을 목격했을 것이다. 총리는 통일에 대한 열망이 이 정도로 대단하다는 것을 믿을 수 없었다. 구호를 외치는 드레스덴 군중들은 서독 국기로 온통 뒤덮였는데, 그 국기는 사람들이 같은 색깔의 동독 국기 중앙에서 망치와 낫 모양을 잘라내어 즉석에서 만들어

낸 것이었다. 깊이 감동을 받은 콜은 대단히 기뻐하는 드레스덴 청중들에게 자신의 목표는 "우리나라의 통일"이라고 말했다.[106]

동독 주재 영국 대사가 전보를 보내 고국에 이 소식을 전하자 군중들은 그를 "우리들의 구원자"라며 환호했다.[107] 독일 통일로 가는 여정에서 그가 겪었던 예상하지 못한 극적인 사건들 중에서 그날 저녁은 "나의 결정적인 순간"이었다고 후일 콜은 회상했다.[108]

8천만 독일인을 통일하고자 했던 남자와 무너져가는 소련 비밀경찰의 하수인이었던 두 사람은 1989년 12월 드레스덴에서 모두 변혁의 밤을 경험했다. 비록 이 젊은 남자가 세계무대에서 그의 주역 역할을 시작하기 위해서는 10년을 더 기다려야 하지만, 그들의 뒤이은 행동은 광범위한 결과를 초래했을 것이다. 반면, 콜은 더 이상 기다릴 필요가 없다는 사실을 깨달았다. 통일은 몇년이 걸릴 필요도 없고, 서투른 임시 연합에서 권력 분담을 요구할 필요도 없었다. 그는 즉시 정치적 수확을 거둘 수 있었던 것이다. 동독 정권은 무너지고 있었고 대중은 열광했다. 바로 지금이 통일의 순간이었다. 미국 대통령에게는 서두르지 않겠다고 했지만, 갑자기 그는 마음이 급해졌다.

2장
알게 뭐야!

통일이 눈앞에 다가옴에 따라, 동독과 서독 사이를 갈라놓았던 냉전의 경계선은 곧 사라질 터였다. 하지만 대서양동맹도 그럴지는 미지수였다. 두 독일 사이의 국경이 무너지면서 모스크바는 서독에게는 더 이상 NATO가 필요하지 않다는 설득력 있는 주장을 할 수 있게 되었다. 그렇다면 불필요한 동맹을 대내적으로는 국가 통합, 대외적으로는 동쪽 이웃 국가들과의 새로운 관계와 교환하는 건 어떨까? 장벽이 붕괴하기 전부터 소련의 지도자 미하일 고르바초프는 유럽의 공동체에 관해 이야기하곤 했다. 비록 세부 사항은 모호했지만 대서양에서 우랄산맥, 혹은 태평양에까지 이르는 범유럽 조직을 염두에 두고 있는 것처럼 보였다. 반면 미국의 대통령 조지 부시는 새로 확장된 독일의 동쪽 영토까지 NATO 헌장 제5조를 적용함으로써 통일된 독일에서도 NATO를 유지하고 그 미래를 공고히 하고자 하는 분명한 목표를 가지고 있었다. 독일과 NATO의 관계를 정립함에 모스크바가 결정적 역할을 할 수도 있다는 가능성에 대해 그는 "말도 안 되는 헛소리"라며 단호한 태도를 보였다.

그러나 여기서 가장 중요한 것은 부시나 고르바초프가 아닌, 헬무트 콜 총리의 바람이었다. 독일인들이 통일을 원한다는 것은 분명했지만, 핵심은 그 대가로 무엇을 기꺼이 포기할 것인가에 있었다. 이 질문에 대한 대답 여하에 따라 독일은 미국과 러시아 사이의 균형을 깨뜨릴 만한 힘을 가지고 있었다. 콜이 가진 영향력의 원천은 NATO에서 독일이 가지는 중요성이었다. 1990년까지 독일 땅에 배치되었던 병력과 핵무기를 고려했을 때, 분단 독일은 지구상 그 어떤 나라보다 영토 면적당 핵무기를 가장 많이 보유하고 있었다. 콜이 통일을 위한 대가로 자국 영토의 일부 또는 전체에서 이러한 병력의 철수를 요구하기로 결정한다면, 그것은 NATO뿐 아니라 서방의 안보는 물론 향후 대서양 동맹관계에 중대한 영향을 미치게 될 것이다.[1]

워싱턴의 추악한 진실은 조국을 통일하려는 콜의 목표와 동맹을 유지해 나가려는 부시의 목표를 분리해 다루었다는 것이었다. 콜 총리에게는 독일의 통일을 위해 냉전의 경계선을 넘어 NATO를 확장하거나 혹은 NATO 회원국 지위 자체를 포기하는 것을 대가로 모스크바와 거래할 수 있는 현실적인 시나리오가 존재했다. 콜과 고르바초프는 미국을 배제한 채 유럽의 정치 질서를 재편할 수 있었다. 나중에 브렌트 스코크로프트 국가안보보좌관이 시인했듯, 고르바초프가 콜에게 독일이 결코 "거절할 수 없는" 제안, 즉 중립을 대가로 독일의 통일을 제안하는 것은 "미국에게는 악몽"이었다. 이러한 거래의 결과는 미국에게는 너무나 명백해 보였다. 제임스 베이커 국무장관의 최측근 보좌관인 로버트 졸릭Robert Zoellick이 직설적으로 말했듯, "만약 독일이 통일을 위해 소련과 손을 잡는다면 NATO는 버려질 것이었다."[2]

이러한 현실은 소련이 제2차 세계 대전 이후 독일을 법적·군사적으로 지배해 왔던 덕분에, 1990년대에 그 세력이 쇠퇴하고 있음에도 불구하고 서유럽 내부의 기존 안보 질서와 대서양 동맹 관계를 훼손할 수 있는 능력을 여전히 보유하고 있음을 의미했다. 또한 이는 분단된 독일에 배치된 외국이 통제하는 핵무기에 대한 대중의 거부감과 얽혀, 고르바초프가 영향력을 행사할 수 있다는 것을 의미했다. 특히 1990년에는 서독 총선이 예정되어 있었기 때문에 콜은 민심에 촉각을 곤두세웠다. 만약 콜이 선거 전에 통일을 이루기 위해 어떤 행동을 했더라면 심각한 결과를 초래했을 것이다.³ 미국은 1990년 2월 초에 이르러서야 콜이 워싱턴에 알리지 않고 소련과의 양자 협상을 위해 모스크바에 가기로 합의했었다는 사실을 뒤늦게 전해 듣고는 경악을 금치 못했다. 이제 본격적으로 게임이 시작되는 순간이었다.

번역 중에 의미를 잃다

스코크로프트가 가장 신뢰했던 NSC 자문관인 로버트 블랙윌은 1990년 거의 매일 아침마다 졸릭과 이야기를 나눴다. 베이커는 졸릭을 자신의 "문지기" 겸 "제2의 두뇌"로 여겼는데, 베이커가 생각하는 그 부하직원의 유일한 약점은 "너무 똑똑하다"는 것이었다. 블랙윌과 졸릭은 언제나 "어떻게 하면 부시의 목표를 성취할 수 있을까?"라는 주제로 아침 대화를 시작했다. 동맹의 미래를 최대한 제한하지 않으면서 통일 독일을 NATO에 가입시키기 위해 우리가 지금 할 수 있는 것은 무엇인가?⁴

이들 두 사람과 이들의 상사 베이커에게는 같이 협의하는 사람의 수를 최소화하는 것이 중요해 보였다. 베이커가 영국의 외무장관 더글러스 허드에게 설명했듯이 그들은 "아주 소수의 핵심 인사들"만 모여 전략을 세울 계획이었다.⁵ 문제는 거부할 수 없는 권리를 가진 회원국, 즉 영국, 프랑스, 동독을 참여시켜야 할 필요

성과 대통령이 원하는 "NATO가 남아야 한다"는 독점적인 보장을 조화시키는 것이었다.[6]

첫 단계로 통일된 독일의 모든 지역이 NATO에 잔류하거나 또는 NATO의 일부가 되도록 하는 대가로 고르바초프가 무엇을 원하는지 확인하는 것이 중요했다. 문제는 고르바초프 자신도 스스로 무엇을 원하는지 분명히 알지 못했고, 본과 워싱턴 모두 그의 이러한 우유부단함을 알고 있었다는 것이다.[7] 고르바초프는 한동안 독일의 미래를 결정하는 수단으로 4개국 모임을 자주 갖자는 아이디어를 홍보하기 위해 애썼다. 그러나 영국이 그 방식에 동조했음에도 불구하고, 독일과 미국은 그런 접근 방식에 동의하지 않았다.[8]

또한 고르바초프는 동맹국들, 특히 동유럽에서 일어나는 반란에 대처해야 했다. 이미 1990년 1월 12일, 서독 외무부 전문가들은 소련 지도자가 현재 "바르샤바조약의 중대한 변화(붕괴?)"를 어떻게 처리할 것인지 분석해야 한다고 판단했다. 그들은 모스크바가 "구 바르샤바조약 체제의 '해체 단계'를 빨리 넘어서고 싶어" 하지만, 어떻게 해야 할지 "완전한 방안"을 알지 못한다고 결론을 내렸다.[9]

한편, 미국 국가정보위원회National Intelligence Council, NIC는 이 동일한 사안에 대해 독립적으로 조사하면서, 모스크바가 정책을 펼쳐 나감에 있어 더는 동맹국들에게 의존할 수 없을뿐더러, 이 동맹국들조차 소련군의 존재를 용인하지 않는 상황에서 바르샤바 체제는 이미 붕괴된 것이나 다름없다는 결론을 내렸다.[10] 이러한 NIC의 생각은 곧 현실로 드러났다. 초기 개혁의 일환으로 고르바초프는 1956년과 1968년 소련이 헝가리와 체코슬로바키아를 침공한 것이 잘못된 일이었음을 인정했다. 이 침공으로 인해 소련군이 주둔하기 시작했기 때문에, 잘못을 인정한다면 소련군이 계속 주둔해서는 안 된다는 여론이 형성되었다. 부다페스트와 프라하에서 소련군이 철수해야 한다는 압박이 시작되었고, 1990년 1월 23일 헝가리의 미클로시 네메트 총리는 모든 소련 군대가 헝가리에서 철수한다고 발표했다. 체코슬로바키아도 마찬가지로 성공을 거두었고, 곧 양국에 주둔 중이던 소련군을 철수시키려는 계획이 진행되었다. 누구도 입 밖으로 꺼내 말하지는 않았지만 바르샤바 체제는 붕괴하고 있었다.[11]

설상가상으로, 주住 서독 소련 대사인 율리 크비진스키Yuli Kvitzinsky는 바르샤바 체제의 최종 붕괴 시점은 모스크바가 아닌, 본에 달려 있다고 여겼다. 콜과 그의 동쪽 이웃 국가들 사이의 친밀한 관계를 고려할 때, 총리는 어떤 특별한 "노력"을 기울이지 않아도 "가능한 한 단 시간 내에 바르샤바 체제를 붕괴시키기 위해 헝가리와 폴란드, 체코슬로바키아에 도움"을 요청할 수 있을 것이라고 본국에 알렸다.[12]

점점 상황이 모스크바에 불리해지면서 고르바초프의 참모들은 소련이 주도하는 국내외 질서가 서서히 붕괴하고 있는 상황에서 그들이 귀중한 시간을 낭비하고 있다고 불평하기 시작했다. 1990년 겨울 소련에 닥쳐온 경제적 어려움으로 인해 여러 분야에서 불행한 상황이 나타났다. 1989년 연말에 서방의 은행들은 소비에트 연방에 대한 단기 대출 제공을 중단했고, 소비에트 연방은 수입품을 살 여력이 점점 더 줄어들었다. 소련의 외무장관 예두아르트 셰바르드나제는 베이커에게 대출 문제를 제기했고, 콜에게 굴욕적인 식량 요청을 하기에 이르렀다.[13] 총리는 2천만 마르크에 달하는 식품 판매 보조금을 승인해 주었다.[14] 그러나 이러한 지원에도 불구하고 불만과 파업 위협이 고조되면서 고르바초프는 국

내 문제에 집중하기 위해 모든 외국 정부 인사와의 약속을 취소한다고 발표했다.[15]

점점 상황이 악화되자 1월 말 고르바초프는 자신의 가장 가까운 참모들을 소집해 전략을 짜기 시작했다. 고르바초프 역시 부시처럼 몇몇 참모들하고만 의사결정 내리는 것을 선호했다. 군과 조직, 당의 위계질서를 무시한 채 자신이 신뢰할 수 있는 아주 적은 수의 참모들에게만 조언을 구했다. 당의 독일 전문가인 발렌틴 팔린은 해가 거듭되면서 자신이 점점 소외되고 있음을 알게 되었는데, 후일 그는 내부 핵심그룹이 제기한 문제를 "고르바초프의 성역Gorbachev's holy zone"이라고 비꼬아 말했다.[16]

1월 전략회의 직후, 고르바초프의 안보보좌관 아나톨리 체르냐예프Anatoly Chernyaev는 지저분하게 휘갈겨 쓴 메모 하나를 작성했다. 이 메모에 따르면, 블라디미르 크류치코프Vladimir Kryuchkov KGB 위원장은 베를린 장벽에 적힌 글을 가리키며, "독일의 통일을 받아들이도록 우리 국민을 점진적으로 교육할 필요가 있다."고 주장했다. 고르바초프는 이러한 주장에 대해 반론을 펼치며 그들이 가지고 있는 영향력이 아직은 바닥나지 않았다고 말했다. 소련은 독일의 4대 점령국 중 하나로서 여전히 독일 내에 군대를 주둔시키고 무기를 보유할 수 있는 법적 권리를 가지고 있었기에 결코 무시할 수 있는 존재가 아니었다. "가장 중요한 것은 그 누구도 통일된 독일이 NATO에 가입할 것이라고 기대해서는 안 된다는 것"이라고 주장하며, 고르바초프는 "우리 군대의 존재가 결코 이를 허용하지 않을 것"이라고 말했다.[17]

4대 점령국 모임을 재건하고자 했던 모든 노력이 실패로 돌아간 상황에서 그는 어떻게 앞으로 나아갈 것인가가 문제라고 이어 말했다. 체르냐예프는 두 독일을 포함한 6자 회담을 고려하자고 제안했다. 고르바초프의 입장에서는 콜을 모스크바로 초대해야 할 때라고 생각했다. 1989년 11월 이후 일련의 사건에도 불구하고 그는 아직 독일 지도자와 직접 얼굴을 맞대고 대화를 나누지 않은 상태였다. 이제 "동독에는 실제 권력이 없기" 때문에 콜과의 대화를 더 이상 피할 수는 없었다. 비록 공식적으로는 당시 동독 지도자인 한스 모드로Hans Modrow와 계속 상대할 테고 콜의 방문에 대비해 균형 잡힌 모습을 보여주려고 그를 모스크바로 초대하기까지 했지만, 고르바초프는 "우리는 서독을 통해서만 이 과정에 영향을 미칠 수 있다."는 점을 명확히 했다.

정치국 위원이자 각료회의 의장인 니콜라이 리시코프Nikolai Ryzhkov는 고르바초프의 의견에 동의하며 "이제 동독을 지켜주는 것은 불가능하다. 지금 가장 중요한 것은 우리가 어떤 전술을 펼치느냐일 뿐"이라고 말했다. 장벽이 붕괴하면서 동독 경제도 역시 함께 무너지고 있었고, "모든 국가 기관 역시 그 기능을 잃어가고 있었다." 지금은 서독에만 집중하는 것이 합리적이라는 데 리시코프는 의견을 함께했다.[18] 고르바초프는 "경제적으로 독일이 동독을 흡수 통합하려면 최소 몇 년은 걸릴 것"이라며 시간적 여유는 충분하다고 주장했다. 그와 그의 참모들에게 최소한 "다음 수를 둘 시간이 최소 몇 년은 주어져 있는 셈"이었다. 다만 중요한 것은 과연 어떤 수를 둬야 할지 알아내는 것이었다.[19] 전략적 관점에서 볼 때 그들의 대화는 큰 성과를 거두지 못했다. 대신 소련 지도자가 생각해 낼 수 있는 최선의 방법은 지연이었다. 그는 지금으로서 "가장 중요한 것은 이 과정을 지연시키는 것"이라고 결론내렸다.[20]

이 종잡을 수 없는 성역회의holy-zone session는 예상치 못한 영향을 끼쳤다. 고르바초프가 마지못해 독일의 통일을 인정한 것은 통일된 독일을 NATO로부터 분리하고, 그 과정에서 가능한 오래 시간을 끌 수 있을 거라는 희망이 있었기 때문이었다. 이러한 고르바초프의 인식과 맞물려 훨씬 더 많은 상황이 바뀌었다. 1월 30일 모드로가 모스크바에 모습을 나타냈을 때, 그의 성지 방문에 대해 기자들에게 브리핑을 하면서 고르바초프는 "독일의 통일"은 "더 이상 의심할 여지가 없다"고 단언했다.[21] 다음 날 서독 외무부의 소련 전문가 중 한 명인 클라우스 노이베르트Klaus Neubert는 자신의 상사에게 기쁨에 찬 메모를 보냈다. 그는 고르바초프가 "독일 통일에 대한 명확하고도 무조건적인 지지"를 보냈다고 한스 디트리히 겐셔 외무장관에게 기쁜 마음을 전했다. 또한 노이베르트는 통일에 대한 소련의 "투표"에서 명확한 결과가 나오기는커녕 투표 자체가 이루어지지 않았음에도 불구하고, 독일 통일에 대한 소련의 "지지는 놀랍도록 분명하다"고 덧붙였다.[22] 역사적으로 중요한 함의를 지닌 회의에서 그 결과에 대한 인식의 차이가 중대한 정치적 파장을 초래한 대표적인 사례 중 하나였다.

  노이베르트의 과장된 보고는 겐셔에게 즉각적인 영향을 미쳤다. 외무장관은 이미 1989년 12월부터 NATO 동료들에게 "대서양에서 우랄로 이어지는 평화로운 질서"를 "쟁취할 수 있는 개념"으로 본다고 말하기 시작했다.[23] 또한 1990년 1월에 이르러서는 당 동료들에게 장차 통일된 독일에서 NATO의 역할을 제한하거나 혹은 더 나아가 두 동맹 체제를 유럽을 위한 하나의 집단안보체제로 통합하는 것이 모스크바에 대한 합리적인 양보일 것이라는 암시를 주었다.[24] 겐셔의 이러한 행동은 어떤 면에서는 자신의 개인사에 의해 영향을 받은 것이었다. 1927년 철의 장막 뒤에 갇혀버린 도시 할레Halle에서 태어난 그는 동독에 거주하는 모든 사람에게 "새로운 시작"을 선사하기 위해 자신이 "어디에서 왔고 어떤

책임을 지고 있는지" 절대 잊지 않겠다고 다짐했다.²⁵

노이베르트가 겐셔에게 고르바초프가 독일 통일을 "지지한다"고 보고했던 날, 외무장관은 과거 자신이 했던 약속을 어떻게 이행할 것인지 세상에 알려야 할 시기라고 결정했다. 1990년 1월 31일, 겐셔는 과거 1960년대 서독의 지도자들이 소비에트 블록에 대한 지원의 필요성에 대해 역사적인 연설을 했던 도시 투칭Tutzing에서 독일의 동맹국들에게 독일의 통일을 이루기 위해 모스크바에 협조하는 태도를 취해줄 것을 호소했다. 동시에 그는 NATO가 "바르샤바조약과 관련해 무슨 일이 일어나든 NATO의 관할권이 동쪽으로, 다시 말해서 소련의 국경 가까이로 확장하지 않을 것이라고 분명히 밝히기"를 원했다.²⁶

이 연설을 들은 졸릭은 그나마 안도했다. 겐셔가 더 나아가 통일 독일의 NATO 잔류 여부에까지 공개적으로 의문을 제기하지는 않았기 때문이다. 그럼에도 불구하고 외무장관의 발언은 워싱턴의 분노를 촉발하기에는 충분했다. 부시와 스코크로프트는 외무장관이 "(독일의) 통일 과정에서 영향을 미칠 4개국의 역할에 대해 명백하게 우회"를 한 것에 대해 "특히 문제가 된다"며 불편한 심기를 감추지 않았다.²⁷ 스코크로프트의 참모인 블랙윌과 로버트 허칭스는 겐셔로부터 비슷한 취지의 비공개 발언을 듣고 나서 이미 그들의 상사에게 이러한 공개 발언이 나올 수도 있다고 경고한 바 있다. 독일인들이 갑자기 "독일과 유럽의 미래를 위한 그들의 정책적 아이디어의 공백을 메우기 위해 서두르고 있다"는 것이 그들의 결론이었다. 블랙윌과 허칭스는 "그 상황에 대처하는 미국의 능력이 빠르게 퇴보"하고 있으므로 즉각적인 조치가 필요하다고 조언했다. 설상가상으로 그 얼마 전 네메트가 한 발 더 나아가 동독뿐 아니라 통일된 독일 전체에서 완전한 비무장이 이루어져야 한다고 호소하기까지 했다. 부시와 그의 참모들은 네메트의 호소가 동유럽에 계속 영향력을 유지하려 하는 소련의 역할에 "어떤 합법성"도 부정하려는 욕구라고 추측했다. 미국이 떠난다면 소련이 계속 머물러 있을 어떤 명분도 없을 테니 말이다.[28]

네메트는 아마도 소련군이 자신들의 영토에서 무슨 일을 하려는지 걱정했을 것이다. 소련이 헝가리와 체코슬로바키아에서 군대를 철수하겠다고 약속은 했지만, 이때까지만 하더라도 실제 철수는 느리게 이루어지고 있었고, 때론 폭력적이기까지 했다. 한 미국 외교관은 이를 가리켜 "끔찍"하다고 묘사할 정도였다. 막사를 부수고 통신선을 끊어버리는가 하면, 아무런 경고 없이 마을을 폭파하고 석유를 누출하는 등 "환경적 파괴"행위를 일삼았다.[29] 심지어 "탱크"를 포함한 무기를 암시장에 팔아버리기도 했다.[30] 네메트는 소련군을 내보내기 위해 극단적 조치를 취하고자 했으나 부시와 그의 참모들은 독일을 비핵화를 넘어 완전히 비무장화해야 한다는 의견에 동조하지 않았다.

겐셔는 자신의 구상이 번역 중에 의미가 변할 수 있다 여기고, 1990년 2월 2일 미국으로 직접 가서 설명하기로 했다. 겐셔는 회고록에서 그때가 자신의 워싱턴 방문 중 가장 짧았지만 가장 중요한 방문이었다고 썼다.[31] 워싱턴에 도착한 겐셔는 통일을 위한 조건으로 NATO가 동독으로 확장하지 말아야 한다는 자신의 뜻을 다시 한 번 전했고, 더 나아가 중·동부 유럽에 대한 문제도 제기했다. 그는 베이커에게 "NATO가 동독, 더 나아가 동유럽 그 어느 곳에서도 관할권을 확장해 나가지 않을 것임을 소련에 확신시킬 필요가 있다"고 말했고, 이후 열린 공동 기자회견에서도 그 점을 반복해서 강조했다.[32]

두 사람은 또한 영국과 프랑스, 동독, 소련의 문제를 함께 논의해야 한다는 필요성에 대해 의견을 모았다.³³ 겐셔는 베이커의 참모들이 고르바초프의 성지에서 나온 전략과 유사한 6자 회담에 대해 이미 서독과 논의를 시작했다는 사실을 알고 있으며 이를 지지한다고 말했다. 다만 두 개의 독일이 중요하다는 점을 보여주기 위해 이를 앞세운 "2+4" 회담이라 불러야 한다고 주장했다.³⁴ 겐셔는 물론 콜 역시 4대 점령국이 우위에 서서 독일인들을 만만히 대하는 그런 상황을 원하지 않았다.

베이커의 참모들은 이러한 형태의 회담이 분명 이점이 있다고 믿었다. 6개국이 한자리에 모여 각자의 목소리를 낼 기회인 동시에, 그들 중 어느 한 국가라도, 특히 서독이 다른 국가와 개별적으로 거래하는 것을 방지할 수 있기 때문이다.³⁵ 1945년부터 유지해 온 소련의 권리를 빼앗는 한편, 영국과 프랑스가 지속해 온 법적 권리를 다루기 위해서라도, 그리고 신속한 협의가 요구되는 외교 사안들에 대해 상시 논의할 수 있는 외교채널을 갖추기 위해서라도 서방세계에 어떤 메커니즘이 필요하다는 것은 분명한 사실이었다. 이러한 점에서 2+4 회담은 모든 관련 사항을 점검하는 방법처럼 보였다. 또한 겐셔는 35개 회원국으로 구성된 유럽안보협력회의Conference on Security and Cooperation in Europe, CSCE를 좀 더 강화해서 활용하면, 6개국 외에 다른 국가들도 견해를 밝힐 수 있는 장이 마련될 수 있을 것이라고 덧붙였다. 외무장관이 이러한 아이디어를 개인적으로 대통령에게 전했을 때, 전해진 바에 따르면 부시는 이를 "축복"했다고 했다.³⁶

이러한 양국의 합의에도 불구하고 겐셔가 떠난 후 베이커는 만일의 경우에 대비해 이 상황을 보다 확실히 마무리하고자 했다. 그는 버넌 월터스Vernon Walters 서독 주재 미국 대사에게 콜의 안보보좌관이자 측근인 호르스트 텔칙에게 이번 방문 시 협의한 내용을 직접 전달하라고 지시했다. 베이커는 협의 결과를 누군가 총리에게 정확하게 전달해 주었으면 했지만, 겐셔가 그 임무에 적임자일지는 확신하지 못했다.[37] 지시에 따라 월터스는 1990년 2월 4일 텔칙에게 협의 내용을 보고했다.[38] 종합해 보면 겐셔의 긴급한 방문과 이어지는 일련의 소통과정은 개념적 분수령을 만들었다. 워싱턴과 본의 최상위 정치 인사들은 적어도 2월 4일에 이르러서는 겐셔가 동독뿐 아니라 중·동부 유럽에서 NATO가 미래에 어떤 역할을 할지에 대한 윤곽을 그리고 있다는 사실을 알게 되었다.

텔칙은 미리 알려준 것에 감사했다. 겐셔는 총리실이 독자적인 외교 정책을 펼쳐 나가는 것에 분개해 자신이 해외에서 말하고 다니는 내용에 대해 잘 보고하지 않았다. 때때로 텔칙은 외무부에 직접 연락해 외무장관의 해외 순방 시 진행한 면담 녹취록을 요청하곤 했지만, 번번이 거절당했다. 베이커뿐만 아니라 NSC 역시 이러한 상황을 잘 알고 있었고, 본과의 중요한 커뮤니케이션이 있을 때면 총리실과 외무부 모두에 그 내용을 알렸다. 후에 허칭스는 "언제나 콜과 겐셔 따로따로 합의를 해야 한다는 상황이 진저리가 났다"고 회상했다.

이러한 투 트랙 접근 방식은 때때로 국무부와 NSC 사이에 긴장을 유발했는데, 특히 NSC가 텔칙을 이용해 겐셔와의 관계에서 우위에 서기를 원했기 때문이다. 반면 국무부는 정식으로 임명된 외무장관, 특히 국내에서 정치력이 탄탄한 외무장관을 우회해 그 뒤에서 작업하는 것이 현명하지 못하다고 여겼다. 하지만 이러한 상황은 워싱턴에 있어서는 일견 유리한 입장에 설 수 있는 긍정적인 면이 있었다. 허칭스는 나중에 "우리는 특정 이슈에 대해 콜이나 겐셔가 어떤 입장을 취하고 있는지, 이들이 서로에 대해 아는 것보다 더 많은 것을 알고 있을 때가 많았다"고 회상했다.[39] 이러한 복잡한 상황이 계속되면서 이를 한 마디로 표현하는 '겐셔리즘Gen-scherism'이라는 용어가 대중화되었다. (미국인의 관점에서 봤을 때) 모스크바에 대한 지나치게 안일한 정책을 가리켜 워싱턴에서 사용되곤 했던 이 단어는 또 다른 의미를 포함하며 새롭게 등장했다.[40]

그런 협조적인 자세는 이제 본으로 돌아온 겐셔가 독일을 방문한 영국의 외무장관 허드를 만나 대화할 때 다시 한번 나타났다. 겐셔는 허드에게 "NATO의 확장을 원하지 않는다고 할 때, 이것은 동독 이외의 다른 국가에도 적용된다"고 분명히 말했다. 겐셔는 "예를 들어, 폴란드 정부가 언젠가 바르샤바조약을 탈퇴했을 때, 바로 그다음 날 NATO에 가입하지 않을 것이라는 확신을 러시아인들이 가져야 한다"라고 생각했다.[41] 따라서 "NATO가 그 관할권을 동쪽으로 확장할 의도가 없다"는 점을 대서양동맹이 분명히 표명하는 것이 반드시 필요했다. 겐셔는 더 나아가 이러한 취지의 내용을 포함하는 성명을 공개적으로 발표하기를 원했다. 이것이 "단지 동독에만 해당하는 것이 아닌, 보다 넓은 지역을 포괄하는 일반적인 성격을 가져야 한다. 예를 들어, 정권이 바뀌더라도 헝가리가 서방 동맹의 일부가 되지는 않을 것이라는 보장이 소련에게는 필요하다"라고 생각했다.[42]

허드는 전적으로 동의하며, 이 문제가 동맹 체제 내에서 조속히 논의되어야 한다고 말했다. 영국의 가장 큰 불만은 독일이 아무에게도 알리지 않고 행동하고 있다는 것이었고, 따라서 이처럼 함께 협의할 기회를 환영했다.[43] 겐셔는 이러한 논의가 "바로 당장" 시작되어야 하며, "폴란드와 체코슬로바키아, 헝가리, 동독에서의 진전 상황을" 고려해야 한다고 지적했다. 그는 자신이 직면한 문제를 이렇게 요약했다. "NATO가 그 관할권을 확장하기를 원하지 않지만, 그렇다고 NATO를 탈퇴하고 싶은 것은 아니다."

그는 "두 동맹이 공동의 유럽안보체제 일부가 되는 것"이 바로 그 해결책이라고 여겼다.⁴⁴

동쪽으로 1인치도 이동하지 마라

겐셔는 자신의 생각을 공유하면서 베이커와 허드를 설득했을 뿐만 아니라 이들에게 모스크바에서 열리는 독일-소련 정상회담의 준비 상황을 알렸다. 성역 회의에서 논의했듯이, 고르바초프는 독일 총리를 모스크바로 초청했다. 2월 10일 토요일, 콜과 겐셔는 함께 그곳에 도착할 예정이었다.⁴⁵

부시와 그의 참모들은 서독인들이 그 방문에 대해 워싱턴의 허락을 받은 것으로 추정한 것은 물론, 날짜조차 이야기해 주지 않은 것에 대해 경악했다. 콜은 분명히 워싱턴에게 자신의 모든 카드를 보여주겠다고 약속했는데, 이것은 명백히 그가 보여주지 않은 중요한 카드였다. 통역 중에 단순히 누락된 것이었을까? 아니면 워싱턴에 통지하지 않은 것은 콜이 NATO에 대한 약속을 재고하고 있다는 신호였을까?⁴⁶

스코크로프트는 2월 3일 뮌헨에서 열린 회의에서 텔칙과 사적으로 대화를 나누며, 워싱턴이 콜의 여행 계획을 알게 되었다는 소식을 전했다. 그리고 "당혹스러워" 하는 텔칙에게 "콜이 무슨 목적으로 소련을 방문하는지" 추궁했다. 텔칙은 총리가 하루라도 빨리 (독일의) 통일이 이루어지기를 원하고 있다고 강조하며, "모든 지상 기반 핵무기(랜스 미사일과 핵대포)를 독일 영토에서 제거한다면, 고르바초프가 통일된 독일이 NATO에 가입하는 것을 기꺼이 받아들일지도 모른다"는 말을 들었다고 덧붙였다. 텔칙은 이것이 "결코 서방에 불리한 거래가 아니라고" 보았다. 또한 그는 베이커가 2월 7일부터 장기간 모스크바를 방문할 계획이 있다는 사실을 서독 정부가 알고 있다면서, "콜이 고르바초프를 만나기 전 그들의 대화를 총리에게 브리핑할 수 있는 방법이 있는지" 스코크로프트에게 물었다. 서독에는 모스크바와의 회담이 어찌 흘러갈지 미리 예견할 수 있는 비밀 정보를 제공하는 한편, 워싱턴으로서는 모스크바와의 양자 회담 직전 본의 생각을 먼저 들을 수 기회가 될 것이었다.[47]

스코크로프트는 자신이 믿고 신뢰하는 NSC 부의장 로버트 게이츠가 베이커와 함께 이번 모스크바 방문길에 오를 것이라며, 총리가 고르바초프를 만나기 전 콜에게 브리핑할 방법을 찾을 수 있을 것이라 말했다. 하지만 이 사실을 알게 된 베이커는 본인의 보좌관인 졸릭을 브리핑팀에 합류시킨 것으로 알려졌다. 베이커는 게이츠와 같은 NSC 인사가 단독으로 외교적 접촉을 하는 것을 싫어했다. 베이커는 스코크로프트에게 로널드 레이건 대통령 시절 NSC의 작전수행에 대한 과도한 열정으로 인해 이란·콘트라 무기 인질 협상이 재앙으로 끝났음을 자주 상기시키곤 했다.[48]

2월 4일 스코크로프트는 부시 대통령에게 이러한 모든 진행 상황을 보고하면서 독일에게 탈출구를 제공하기로 결정했다. 그는 대통령에게 콜과 텔칙이 받는 극심한 스트레스로 인해 그들의 커뮤니케이션이 제대로 이루어지지 않을 가능성이 있다고 말했다. 비록 동독과 서독 모두 독일 내 국경선이 사라지는 것을 보고 기뻐했다 하더라도, 동독인들이 대거 서독으로 유입되면서 엄청난 정치적 문제를 일으키고 있었다. 동독 정권이 붕괴되면서 국가 중심의 경제도 함께 무너졌고, 병원을 비롯한 모든 국가기관의 기능이 마비됐으며, 역내에 여전히 존재하고 있는 소련군과의 마찰 가능성도 점점 커지고 있었다. 짧은 뮌헨 방문에서 스코크로프트가 받은 주된 인상은 분단된 독일이 "압력솥과 같다"는 것이었다. 그가 보기에 "앞으로 몇 달 동안 그 뚜껑이 날아가는 것을 막기 위해서 미국은 물론, 콜의 엄청난 노력이 필요한 상황"이었다.[49]

한편, 겐셔는 자신의 냉전 이후 비전에 대해 가능한 모든 지지를 모으기 위해 모스크바에 가기 전까지 캠페인을 계속하고 있었고, 소련으로 떠나기 전 마지막 공식 자리에서도 그 표식을 남겼다. 2월 9일 개최된 한 컨퍼런스에서 그는 "바르샤바조약과 관련해 무슨 일이 일어나든 NATO의 관할권이 동쪽으로, 즉 소련의 국경 가까이 확장하는 일은 결코 일어나지 않을 것"임을 다시 한 번 강조했다.[50] 그는 서독 외무부에 지시해 두 동맹 체제를 대신할 수 있는 새로운 유럽 안보의 대안을 제시하도록 했다. 한 분석가는 "바르샤바조약의 붕괴가 예견되는 지금 이 상황"에서 서방은 진영 중심의 구식 사고방식을 버려야 한다고 주장했다. 유럽 안보의 미래를 위해 더 나은 선택은 유럽안보협력회의를 보다 확장해 제도화하는 것이라고 외무부는 제안했다.[51]

그러나 겐셔의 모든 참모들이 이 견해에 동의한 것은 아니었고, 그들 중 한 명은 이에 대해 조치를 취하기로 결정했다. 모스크바 주재 서독 외교관인 요아힘 폰 아르님Joachim von Arnim은 NATO의 미래를 의심하는 상사의 의향에 강력하게 반대하며, 외무장관이 너무 성급하게 자기 뜻을 밀어붙이고 있는 것이 더 문제라고 믿었다.[52] 폰 아르님은 2월 7일 본국으로 전보를 보내, 독일 통일과 관련해 소련이 확실한 지지를 보내고 있다고 보고한 동료 노이베르트의 의견과는 달리, 모스크바에서 "독일 문제"는 해결된 문제라기보다는 "중요한 논쟁거리"로 남아 있다고 전했다. 다시 말하자면 겐셔가 계속 얘기하고 있는 그런 종류의 양보를 위한 시간은 아직 오지 않았다는 것이었다.[53]

폰 아르님은 너무 화가 나서 "겐셔의 위험한 개념"에 대항하기 위해 그의 숙적인 텔칙과 손을 잡는 극적인 조치를 취하기도 했다. 폰 아르님은 콜의 수석보좌관 텔칙에게 NATO를 제한하는 옵션에 대해서는 전혀 고려할 필요가 없기 때문에 겐셔의 행동을 막아야 한다고 조언했다. 붕괴 직전의 소련에서 주재하고 있는 그의 관점에서 봤을 때 통일을 이루기 위한 더 쉬운 방법이 있었다. "우리는 문자 그대로 돈으로 우리 통일을 살 수 있다. 안보 분야에서의 정책적 양보는 아마도 필요하지 않을 것이다."[54]

텔칙은 반가운 소식을 전해준 폰 아르님에게 감사를 표하고, 이 사실을 콜과 공유했다고 알려져 있다.[55] 내부 문서에 따르면, 그 조언은 총리실에서 한창 고민하고 있는 바로 그 난제, 즉 통일을 대가로 독일이 이전의 안보 체계에서 분리하는 대가를 치러야 할 것인지, 그렇다면 어느 정도까지 이루어져야 하는지를 해결해 주었다.[56] 1989년 12월 콜의 드레스덴 방문 이후 본은 (영국의 전언에 따르면) "그해 말까지 통일에 관한 조약 초안을 국제사회에 내놓기 위해 폭발상태"에 있었으며, 과연 통일을 위해 어떤 걸 내놓아야 할 것인가가 곧 핵심 이슈로 떠올랐다.[57] 텔칙은 모스크바 주재 독일의 외교관으로부터 통일을 위해 NATO의 미래나 현재 역내 배치 중인 핵무기를 희생시키지 않아도 될 것이라는 말을 직접 들은 것에 감사했다. 텔칙이 2월 초 콜에게 조언한 것처럼 "유럽에 주둔 중인 미군, 특히 그들이 제공하는 핵우산은 가까운 미래에도 필수 불가결한 존재로 남아 있을 것이었다."[58]

워싱턴으로 돌아온 부시와 스코크로프트는 콜이 모스크바를 방문했을 때 무슨 일이 일어날지, 지금까지와는 전혀 달라 익숙하지 않은, 지정학적으로 핵심적인 사건을 멀리서 바라보는 구경꾼과 같은 입장에서 추측만 할 뿐이었다. 그가 도착한 순간부터 이번 방문에서는 모든 것이 중요했다. 총리는 2월 10일로 예정된 모스크바 도착 날짜를 베이커 일행이 떠난 이후로 미루기로 결정했다. 텔칙이 요청한 브리핑을 거절하기는 했지만 베이커는 콜에게 자신의 방문에 대한 서면 요약본을 남기는 데 동의했고 자신이 신뢰하는 참모 로버트 졸릭과 데니스 로스Dennis Ross에게 그 작성을 맡겼다.[59]

블랙윌은 베이커와 콜의 모스크바 방문을 "빅 게임의 시작the Beginning of the Big Game"이라고 불렀다. "고르바초프가 콜에게 독일 통일에 대한 그의 최종 결론을 밝힐 가능성이 있는 좋은 기회"라고 예견하기도 했다. 다만 그 최종 결론이 NATO가 냉전으로 그어진 경계선 뒤에 계속 남아 있어야 한다는 것을 의미할지 혹은 더 안 좋은 방향인 통일된 독일이 중립국이 되어 더욱 서쪽으로 물러나는 것을 의미할지가 문제였다. 블랙윌은 고르바초프가 독일의 완전한 중립과 NATO 탈퇴를 요구하지 않을 것이라고 생각했다. 그보다 더 나은 방법은 통일 독일이 명목상 NATO에 남도록 허용하되, 40년 전 NATO 창립 때 가입 조건으로 노르웨이와 아이슬란드에 요구했던 것을 선례 삼아 모든 외국 군대와 핵무기의 제거를 요구하는 것이다.[60] 만약 고르바초프가 통일을 위한 대가로 독일에 대해 이러한 맞춤형 지위를 요청한다면 "많은 독일인과 우리 의회 의원 중 일부는 이를 아주 매력적인 조건으로 받아들일 것"이라고 블랙윌은 추측했다. 하지만 워싱턴으로서는 이 조건이 "미국을 전후戰後 유럽 내 강국으로 만든 주요 자산"인 군대와 무기를 포기해야 하므로 받아들이기가 불가능할 것이었다.[61]

이러한 옵션에 대해 저울질이 진행되자 NATO의 사무총장인 전前 서독 CDU 소속의 정치인 만프레트 뵈르너는 함부르크에서 한 연설에서 동맹에 대한 자신의 비전을 제시했다. 독일 정치계에서 뵈르너의 경력은 그가 국방장관이었을 당시 안보 위험으로 여겨졌던 한 장군의 동성애 관련 스캔들로 인해 중단된 상태였다. 이제 NATO 사무총장이 되어 정치적으로 재기한 그는 워싱턴으로부터, 특히 부시와 스코크로프트의 존경과 신뢰를 얻었다. 통일 이후 NATO가 동쪽으로 이동하면서 뵈르너가 "동독 영토에 대한 특별한 군사적 지위"를 요구하자, 그들은 그 의견을 경청하며 빅 게임의 잠재적인 승리 전략임을 인정했다.[62] 문제는 모스크바에 가는 사람이 부시나 스코크로프트가 아니라는 것이었다. 모스크바행 비행기에 오른 사람은 베이커였는데, 얼마 지나지 않아 전혀 다른 개념의 전략을 품은 채 그 비행기에 탔다는 사실이 드러났다.

모스크바에 착륙한 베이커 국무장관은 극심한 고통을 겪고 있는 나라를 목격하게 되었다.[63] 1990년 초반 모스크바에서는 25만 명이 모여 보다 강력한 민주주의와 더 큰 지역 자치권을 요구하며 시위를 벌였다. 소련은 완전히 분열된 나라처럼 보였다.[64] 이러한 상황에서 베이커는 그의 협상 상대인 셰바르드나제와 장시간의 미팅을 시작했다. 그들은 "독일인들이 결코 받아들이지 않을" 4강 구도보다는 2+4 체제가 독일의 통일 과정을 관리하는 데 더 나은 아이디어라는 데 동의했다. 그들은 또한 NATO가 군사적 조직을 떠나 정치적인 조직이 될 가능성에 대해서도 이야기를 나눴다. 베이커는 "NATO군이 독일 동부에 주둔하지 않을 것을 보장할 수 있는 결과가 나올 수도 있을 것"이라며 가상의 양보를 하기로 결정했다. 사실 절대적으로 금지하는 것도 가능했다.[65] 협상을 진행하며 손으로 쓴 메모에서 베이커는 자신이 요약한 다음의 항목 옆에 별과 느낌표를 그려 넣었다. "최종 결과: 통일된 독일은 ★변화된 (정치적) NATO에 정착하고 ★그 관할권은 ★동쪽

으로 이동하지 않을 것이다!"⁶⁶

　베이커는 이후 2월 9일 고르바초프와 직접 대화를 나눴다.⁶⁷ 미국인은 재빨리 통일 독일과 NATO와의 관계라는 언급하기 어려운 이슈를 꺼내 들고 이야기하기 시작했다. 그는 독일을 중립국으로 만드는 것에 반대한다고 주장하면서 만약 NATO가 핵무기를 철수하도록 강요당한다면 독일 "스스로 핵잠재력을 갖기로" 결정할 수도 있다고 경고했다. 이것이 모스크바의 골칫거리가 될 것이라는 것을 잘 알고 있었기 때문에 베이커는 그 가능성을 언급했을 것이다.

　베이커는 세바르드나제와의 대화에서 나온 핵심 개념들을 질문의 형태로 다시 반복해 말하며 본의 아니게 이후 수십 년 동안 논쟁이 될 이슈를 건드렸다. "당신은 NATO 밖에서 독립적이고 미군이 없는 통일된 독일을 보고 싶습니까, 아니면 NATO의 관할권이 현재의 위치에서 동쪽으로 1인치도 이동하지 않을 것을 보장받으면서 통일된 독일이 NATO에 묶여 있기를 원합니까? 고르바초프는 어떠한 형태로든 "NATO 관할권"의 확장은 용납할 수 없다고 대답했다. 그리고 고르바초프에 따르면 베이커 역시 "우리도 그에 동의한다"고 화답했다고 한다.⁶⁸

　그 후 수십 년 동안 모스크바의 지도자들은 이 대화를 근거로 삼아 미·소 양국 사이에 NATO가 냉전의 경계선을 넘어 동쪽으로 확장하는 것을 금지하는 합의가 있었다고 주장해 왔다.⁶⁹ 반면 베이커와 그의 보좌관 및 지지자들은 이것은 가정적인 표현으로서 베이커 국무장관이 제시한 여러 잠재적 옵션 중 하나였을 뿐이고 이후 서면 합의가 없었음을 지적하곤 했다. 고르바초프와의 회동 직후 이루어진 베이커의 기자회견은 사태를 더욱 혼란스럽게 만들었다. 그에 반대하는 서독 외교관 폰 아르님은 서둘러 참석했지

만, NATO의 "관할권은 동쪽으로 이동하지 않을 것"이라는 베이커의 말을 듣고는 "경악"했다.[70]

폰 아르님만 듣기 싫은 이야기를 들은 것은 아니었다. 베이커와 함께 모스크바를 방문했던 게이츠 역시 KGB 위원장 크류치코프의 이야기를 들으며 비슷하게 불쾌한 경험을 했다.[71] 미팅에서 게이츠는 베이커가 했던 말을 거의 그대로 반복하며 크류치코프에게 물었다. "NATO군이 지금 있는 곳에서 더 동쪽으로 이동하지 않을 것이라는 제안에 대해 어찌 생각합니까? 우리에게는 좋은 제안인 것 같은데요." 크류치코프는 "통일된 독일이 NATO 회원국이 되는 것에 소련은 아무런 '관심'이 없다"고 말했고, 또 "우리는 그렇게 서두를 필요가 없다"고 하면서 이 제안을 검토할 시간이 필요하다고 대답했다.[72]

그러면서 놀랍게도 KGB 위원장은 고르바초프를 폄하하기 시작했다. 후에 게이츠가 회상하기를, "크류치코프는 고르바초프를 무시했으며 페레스트로이카가 끔찍한 실수였다고 결론 내린 것 같았다." 이런 새로운 입장은 "중요하고 심지어 위험한 전환점"을 의미했다. 게이츠 국가안보보좌관은 특히 KGB 위원장이 "미국의 고위 관리와의 회담에서 고르바초프를 공개적으로 반대한다"는 점이 놀라웠다. 게이츠는 후에 "다시는 그를 만나지 않기로 마음먹었다"고 회상했다.[73]

미국 대표단이 떠날 준비를 하는 동안 베이커는 약속한 대로 콜을 위한 비밀 문서를 보좌관들에게 작성하도록 했다. 그 문서에는 모스크바에서 논의된 중요한 내용들이 모두 요약되어 있었다.[74] 특히 그가 고르바초프에게 했던 질문, 즉 NATO가 동쪽으로 1인치도 움직이지 않는다면 모스크바가 통일된 독일을 수용할 것인지 여부를 물은 질문 또한 들어가 있었다. 베이커에 따르면 고르바초프는 "어떠한 형태로든 NATO 관할권의 확장은 용납할 수 없다"고 답했다고 한다. 하지만 베이커는 고르바초프의 입장은 "확고한 것은 아니다"라고 여겼으며 콜의 회담이 끝난 뒤 "서로의 노트를 교환"해 볼 수 있으면 좋겠다고 적었다.[75]

콜은 모스크바에 도착하기 전에 소련의 협상 파트너들과 좀 더 부드러운 관계를 맺을 목적으로 여러 가지 현명한 조치를 취했다. 언론인을 위한 브리핑에서 텔칙은 전략적으로 동독이 파산 직전에 처해 있음을 알렸다. 불과 며칠 안에 채권자들에게 돈을 갚을 수 없게 될 것이었다. 이는 곧 언론에서 엄청난 파장을 일으켰고, 약화 일로에 놓여 있던 모드로 정부를 더욱 흔들어댔다. 콜의 모스크바행과 함께 들려온 동독의 경제 파탄 소식은 좀 더 조치가 필요하다는 콜의 주장을 강화하는 계기가 되었다.[76] 게다가 콜은 1990년 2월 8일 모스크바에서 요청한 긴급 식량 지원에 대한 공식 승인을 얻어냈다. 이 식량 지원 약속은 콜의 모스크바행에 큰 도움이 되었다.[77]

하지만 부시와 스코크로프트는 관대한 기분으로 충만해 있을 게 분명한 콜이 모스크바에 더 많은 것을 주는 것에 대해 탐탁하게 생각하지 않았다. 또한 그들은 백악관에서 베이커의 대화 내용을 전해 듣고는 점점 걱정스러워했다. 즉각 NSC 내부에서는 베이커가 너무 앞서간 것 아니냐는 우려가 제기되었다. 폰 아르님과 마찬가지로 NSC는 모스크바의 명시적 요청이 있기 전까지 NATO의 미래에 대해 양보할 필요는 없다고 여겼다. NSC는 베이커가 백악관이 선호하는 정책 노선을 아직 "내재화"하지 못했다고 우려했으며, 적어도 콜이 고르바초프와 대화를 시작하기 전에 메시지를 전해 받았는지는 확인하고 싶어 했다.[78] 백악관 참모들이 작성한 초안에 부시가 서명한 후, 이를 긴급히 콜에게 보냈다. 이는 총리가 고르바초프와 만나기 전에 미국 고위급들로부터 하나가 아니라 두 개의 메시지를 받았다는 의미였다. 하나는 베이커의 비밀 요약 문서였고, 또 다른 하나는 백악관의 메모였다. 베이커와는 반대로 부시는 "현재 동독 영토에 대한 특별한 군사적 지위"를 지지했다. 즉, 뵈르너와 노선을 같이한 것이다.

베이커와 NSC 메시지의 문구 차이는 미미했지만, 그 효과의 차이는 엄청났다. 베이커는 동맹이 1인치도 동쪽으로 이동하지 않을 거라고 말했고, 부시는 동맹이 냉전의 경계선을 넘어 동쪽으로 몇 인치 이동하는 것을 두고 오히려 약간의 양보를 했다고 말했다.[79] 만약 대통령이 그 뜻을 이룰 수 있다면, 이것은 주요한 선례가 될 것이었다. 이렇게 서로 모순된 두 메시지를 받아든 콜은 고르바초프와의 회담에서 어떤 입장을 취할지 결정해야 했다. 그는 운명적인 선택을 했다. 즉, 독일의 통일이라는 자신의 목표를 달성하는 데 가장 유리한 언어를 사용했다.

그린라이팅

콜과 그 일행이 공항에서 모스크바 시내로 가는 동안 폰 아르님을 포함한 서독 대사관 직원들은 황제 니콜라스 1세Czar Nicholas I가 지은 호화로운 옛 황실 거주지인 크렘린Kremlin 궁전에 모였다. 고르바초프가 콜 일행을 맞이할 곳이었다. 폰 아르님은 군중 속에서 고르바초프가 커다란 레닌의 초상화가 걸려 있는 웅장한 계단을 뒤로 하고 내려와 독일 방문객들과 인사 나누는 것을 지켜보았다. 성대한 환영식에도 불구하고 그는 고르바초프가 불안해하고 있음을 감지했다. "그는 감기에 걸려 있는 것이 분명해 보였고, 평소처럼 자신감과 카리스마를 뿜어내지도 못했다." 콜과 고르바초프는 체르냐예프와 텔칙, 그리고 통역만을 대동한 채 비공개 미팅을 위해 모습을 감추었다. 한편 겐셔와 셰바르드나제는 그들끼리의 미팅을 위해 자리를 떴다. 폰 아르님과 나머지 참모들을 남겨둔 채였는데, 나중에 이들 모두 참석하는 더 큰 미팅이 예정되어 있었다.[80]

가장 중요한 사람과 단둘이 남게 된 콜은 곧 자기 생각을 밝혔다. 본을 떠나기 전 당원들에게 말한 내용을 같은 방식으로 전달했다. "앞으로 무슨 일이 일어나든, 우리는 조국의 통일을 원합니다." 자신이 할 수 있는 모든 일을 할 것이라며 동료들과 약속한 콜은 이제 그 약속을 이행하는 중이었다. 그리고 그 과정에서 미국 대통령이 직접 보낸 메시지는 제쳐놓았다.[81] 콜은 고르바초프와 함께 이야기를 나누며 NATO의 미래에 대해 이렇게 말했다. "당연히 NATO는 현재 동독의 영토 밖으로 확장할 수 없습니다." 베이커의 메시지와 유사했는데, 이것이 고르바초프가 자신의 말에 동의하도록 만드는 데 가장 유리하다고 여겼기 때문이었다.[82] 콜은 부시가 승인한 뵈르너의 제안을 꺼내놓지는 않았다. 즉, NATO가 동독 영토 내에서 특별한 지위를 가짐으로써 동맹이 동쪽으로 그 관할권을 확장한다는 내용이었다.

기술적으로 대서양동맹의 미래를 계획하는 것은 콜이나 고르바초프의 권한이 아니었다. 하지만 콜은 동맹국들을 상대해야할 필요성에도 불구하고, 이 사안에 독일의 영향력은 충분히 강력하다고 암시했다. 콜이 고르바초프에게 이렇게 말하고 있을 때, 독일의 외무장관 역시 소련의 외무장관에게 똑같은 말을 전하고 있었다. 동시에 진행되고 있는 회의에서 겐셔는 셰바르드나제에게 "NATO가 동쪽으로 확장하지 않을 것은 분명하다"고 말했다.[83]

콜은 고르바초프에게 1990년 3월 18일로 예정된 동독의 선거

전이라도 경제와 통화 통합 조치를 취해 가능한 한 빨리 통일하고 싶다고 덧붙였다. 동독에서 치러지는 첫 번째 자유 경선이었다. 고르바초프는 몇 달 전까지만 하더라도 콜이 통일에 몇 년은 걸릴 거라고 얘기해 왔다고 말하며 썩 내켜하지 않았다. 왜 심경의 변화가 생겼는지 설명하기 위해 콜은 드레스덴에서의 충격적인(?) 경험에 대해 말을 꺼냈다. 동독인들의 열망을 충족하기 위해 그는 더 신속하게 움직여야만 했다.[84]

고르바초프는 수용적이지 못한 태도를 보이며 독일이 비동맹 국가가 될 수 있겠냐고 물었다.[85] 고르바초프를 설득하기 위해 고민하던 콜에게 갑자기 좋은 생각이 떠올랐다. 이전에 고르바초프는 "독일연방공화국과 민주공화국의 국민들은 스스로 결정해" 자신들의 미래를 만들어 나가야 한다고 말한 적이 있었다. 이 진술이야말로 지금 바로 자신이 필요로 하는 것이라는 사실을 콜은 깨달았다. 콜은 고르바초프의 예전 발언을 언급하며 그 발언을 "독일 통일에 대한 결정은 독일 스스로가 결정해야 하는 문제라는 데 동의"한다고 해석하는 게 정확한지를 물었다. 고르바초프는 이 질문이 어디로 향하는지 확신하지 못한 채 회피적인 태도를 보이긴 했지만, 어쨌든 고르바초프는 "총리가 말한 모든 것이 자신의 진술과 매우 가까웠다"고 인정했다.[86]

콜에게는 그것만으로도 충분했다. 그는 "이제 독일인들 스스로가 결단을 내려야 한다"는 이 말이 아무런 조건 없이 독일의 통일을 이룰 수 있는 청신호임을 깨달았다.[87] 그 대가로 무언가를 제공할 시점이라는 것을 감지한 그는 곧바로 고르바초프에게 재정적 도움을 약속했다. 콜은 독일 경제가 매우 건강한 상태에 있다고 강조했다. "경제적 측면에서 지난 8년은 전쟁 이래 최고의 시간이었습니다." 서독과 소련은 "함께 많은 것을 이룩할 수 있습니다."[88]

이 거래의 정확한 의미가 무엇인지, 혹은 이로 인해 앞으로 어떤 영향이 있을지 고르바초프가 미처 깨달을 새도 없이 회의는 끝나버렸다. 하지만 이 순간의 실수로 결과가 바뀐 것은 아니었다. 고르바초프는 통일은 독일인들이 단독으로 결정할 문제라는 것에 동의했지만, 그 대가로 NATO나 여타 주제 등에 대해 구두로든 서면이든 어떤 중요한 양보도 확보하지는 못했다.[89] 아마도 고르바초프는 콜이 NATO의 미래에 대해 스스로 선언할 수 있는 권한이 있는지 의심했을 것이고, 향후 좀 더 중요한 회담에서 동 사안이 결정되리라고 생각했을 것이다. 또한 고르바초프는 콜이 고르바초프 본인의 발언을 즉시 현실화하려고 한다고 예상하지 않았다. 하지만 독일 통일과 관련해 이미 미국으로부터 청신호를 받은 총리는 모스크바 회담을 통해 소련에게도 같은 신호를 받았음을 서둘러 세상에 알리고자 했다.

콜과 고르바초프는 폰 아르님을 포함한 다른 협상단 멤버들과 함께 합동회의에 참석했다. 회의가 시작되자마자 콜은 고르바초프와의 협상 결과에 대해 "단일 국가에서 살기를 원하는지는 독일인들 스스로가 답하고 결정해야 할 문제"라는 데 의견의 일치를 보았다고 밝히면서 이 문제에 대한 "소련 지도자의 신념"에 감사를 표했다.[90] 녹색의 불빛이 다른 색깔로 바뀌기 전에 가능한 한 많은 사람에게 그 의미를 강조하려는 끊임없는 노력의 시작이었다.

회의가 끝나고 사람들이 퇴장할 때, 폰 아르님은 콜과 겐셔 옆에 잠시 자리할 기회를 가졌다. 그리고 우연히도 통일 후 치러질 독일 총선에 관해 그들이 나누는 이야기를 들을 수 있었다. 후에 자신의 일기에 쓴 것처럼, "믿을 수 없는 이야기"였다. 회담에서 뭔가 중요한 일이 일어났다는 사실을 깨달았고, "그 회담의 결과를 국내 정치적 상황에 바로 연결해 논의하는 그들의 냉혹함에도 놀랐다." 놀라움은 여기에 그치지 않았다. 폰 아르님은 보통은 소련의 고위 관리들만 드나들 수 있는 크렘린의 문을 지나 크렘린 궁전을 떠나도 좋다는 허가를 콜이 받아냈다는 사실에 깜짝 놀랐다. 총리가 서방세계의 언론과 기자들 앞에서 자신의 차를 세웠을 때, 그는 비로소 콜의 행보가 천재적이었다는 걸 깨달을 수 있었다. "흩날리는 눈을 맞으며 붉은 광장 크렘린 궁전 앞에서 웃고 있는 거인의 모습보다 더 좋은 그림은 없을 것이다."[91]

콜은 신속한 기자회견을 요구함으로써 또 한 번 자신의 정치적 천재성을 보여주었다. 기자회견은 원래 다음 날로 예정되어 있었지만, 좀 더 급해져야 했다. 그는 소련의 청신호를 즉시 알릴 필요가 있었다. 콜과 겐셔가 행사 시작을 위해 함께 자리를 잡았을 때, 두 라이벌이 유쾌함으로 어색함을 감추며 작은 목소리로 나누는 대화 내용이 마이크에 포착되었다. 겐셔는 존경을 표하며 콜에게 악수를 청했다. "이제 우리 술 한 잔 같이 합시다." 콜이 활짝 웃으며 화답했다. 시청자들은 콜이 오늘은 "독일에 좋은 날"이라고 선언하는 모습을 화면으로 지켜보았다. 콜은 그들이 한 나라에서 함께 살기 원하는지를 결정하는 것은 "독일 국민의 독자적인 권리"임을 고르바초프가 인정했다고 알렸다.[92] 몇 년 후 쓴 회고록에서 겐셔는 이날 정확하게 무슨 일이 일어났는지 이해하지 못한 "기자들의 얼굴에 담긴 불신"을 볼 수 있었다고 회고했다.[93]

하지만 그 인터뷰를 보고 있던 부시와 스코크로프트는 콜이 무슨 말을 하고 있는지 이해할 수 있었다. 그들은 기자회견을 집중해서 보고 있다가 "독자적인 권리"라는 말을 들었을 때, 콜이 독일과 관련된 4개국의 법적 지위를 잊은 것은 아닌가 궁금해했다.[94] 미국인들이 우려를 보인 반면, 모스크바로 돌아온 팔린은 깜짝 놀랐다. 그는 회고록에서 "2월 10일 독일의 통일은 사실상 이미 성사된 것처럼 발표됐다"라면서, 더구나 "아무 조건 없이, 그리고 대외적인 측면과의 연관성을 전혀 정리하지 못한 상태"로 발표된 것이 더 큰 문제였다고 썼다. 그는 고르바초프가 콜이 그렇게 빨리 움직일 것이라고 예상하지 못했고, 이로 인해 독일 통일이나 독일의 NATO 탈퇴 문제에 대해 어떤 조건을 달 수 있는 기회를 놓쳤을 것이라 여겼다. 그러면서 팔린은 "이 부주의로 인해 결국 우리가 타격을 받을 것"이라고 결론내렸다.[95]

소련 외무장관 셰바르드나제 역시 고르바초프가 그에게 아무 말도 하지 않고 그렇게 포괄적인 양보를 했다는 사실에 충격을 받았다. 이것이 문제가 된 많은 이유 중 하나는 셰바르드나제가 오타와에서 열리는 영공개방조약Open Skies Accord과 관련해 개최되는 고위급 회담을 위해 곧 출국할 예정이었기 때문이었다. 조약에 의거하여 NATO와 바르샤바조약 국가들은 상대국의 항공기가 사찰 목적으로 그들 상공을 비행하는 것을 허용하고 있었다. 독일 통일과 연관된 주요 국가의 외무장관들이 모두 오타와에서 있을 행사에 참석하므로 셰바르드나제가 그곳에 있는 동안 이들에게 이러한 상황에 대해 설명해야 할 것 같았다. 화가 난 셰바르드나제는 자신의 보좌관에게 콜이 고르바초프의 성급한 발언을 이용하고 있는 것이 아닌지 모르겠다고 추측했다.[96] 무슨 일이 일어났든 간에 시간이 얼마 지나지 않아 그와 만난 영국 외교관에 따르면 2월 10일 셰바르드나제는 "우울하고 침통"했다. 이러한 분위기는 겐셔가 모스크바에서의 협상 결과를 통일을 위한 "청신호"라고 언급하기 시작하면서 더욱 악화되었을 것으로 추정된다.[97]

반대로 독일인들은 이보다 더 행복할 수 없었다. 2월 10일 기자회견이 끝나자 다들 하나둘씩 술자리에 모여들었다. 겐셔는 모스크바 주재 서독 대사관 직원들과 함께 위스키를 마시러 자리를 옮겼다. 기분이 최고조에 달한 외무장관은 심지어 항상 날을 세웠던 부하 폰 아르님에게도 친절하게 말을 건넸다. 위스키 잔을 사이에 두고 그는 폰 아르님에게 "당신이 옳았다"며, 통일을 위한 청신호를 얻기 위해 안보적으로 중대한 양보를 할 필요가 없었다고 말했다고 한다. 사실 겐셔는 "고르바초프가 아무런 조건 없이 사실상 통일에 동의했다"는 사실을 여전히 믿기 어려워했다. 그는 독일 통일이 이미 결정된 일인 양 말했으며, 이제 그 실질적인 결과에 대해 고려할 때라고 했다.[98]

한편, 콜과 그의 참모들은 맥주를 마시고 있었다.[99] 총리는 자신이 꼭 해야 할 일이 있다고 생각했다. 미래를 향한 문이 열렸고, 이 문이 아직 열려 있는 동안 그것을 헤쳐 나갈 수 있는 최선의 방법을 찾아야만 했다. 그는 회고록에서 그날 밤 흥분으로 잠자리에 들 수 없었고, 2월 한밤중 모스크바의 추위에도 불구하고 마음을 가라앉히고 차분히 생각을 정리하기 위해 붉은 광장을 한참 걸었다고 회상했다.[100]

잠 못 이루는 밤을 보낸 것은 그뿐만이 아니었다. 위스키와 함께한 좋은 분위기에도 불구하고 서독 대사관 직원들은 다음 날 아침이 밝으면 소련 측에서 이 모든 상황을 부인하지는 않을까 걱정이 태산이었다. 다음 날 아침, 폰 아르님은 소련의 뉴스통신사 〈타스TASS〉가 정상회담에 대해 어떻게 보도했는지 확인하기 위해 서둘렀다. "독일의 통일은 독일인이 스스로 결정해야 할 문제다"는 〈타스〉의 기사를 접한 그는 큰 안도감을 느끼며 이 세상을 다 얻은 듯한 "행복"에 겨워했다.[101] 서독 외무부는 이후 본에서의 협상에서 회의적인 소련 협상단이 그들을 통제하려 할 때 그 보도자료를 인용했다.[102]

2장 알게 뭐야!

폰 아르님은 다음 날 고르바초프와 동독의 최고 지도자 자리에서 곧 물러날 모드로의 대화를 들었다면 아마도 덜 기뻐했을 것이다. 콜과 겐셔가 청신호를 외치는 동안에도 고르바초프는 "통일된 독일이 NATO에 잔류하는 것"을 "우리는 절대 용납할 수 없다"고 계속해 말하고 있었다. 소련 지도자는 전날 콜이 한 행동에 대해 실망했다면서 모드로에게 "콜이 오만하게 행동한다는 인상을 받았다"고 불평했다.[103] 한편 최초의 〈타스〉기사와는 달리 콜의 모스크바 방문에 관한 후속 보도는 당 지도부에 의해 통제되고 있었다. 콜의 방문을 "별것 아닌 것"으로 낮게 평가한 발언은 그들의 감정을 알 수 있는 지표였다. 서독 대사관은 이러한 일련의 발언들이 콜을 깎아내리기 위한 것인지, 단순히 순수하게 국내 정치용인지, 아니면 그 둘 다에 해당하는 것인지 궁금해했다. 그들은 소련 지도부가 "국내 정치적 이유로" 콜의 방문이 가져올 여파를 대중들이 너무 빨리 깨닫게 되지 않는 것을 선호할지 모른다고 추측했다.[104]

그러나 초록색 불빛을 빨간색으로 바꾸려는 노력은 너무 늦어버렸다. 이미 콜은 온 세상에 고르바초프의 발언을 퍼뜨렸고 이제 사람들은 그 뜻을 다시금 들여다보고 있었다. 런던에서는 마가릿 대처 총리가 이제 앞으로 어떤 일이 벌어질지 고민하고 있었다. 2월 10일 그녀는 통일된 독일이 NATO에 잔류하는 대신, NATO가 "구 동독의 영토에 비非독일 군대를 배치하는 것을 포기"하는 거래가 이루어지리라 예측했다. 그리고 독일은 통일 이후에 수도를 베를린으로 옮기게 될 텐데, 이는 NATO의 주요 동맹국 중 하나가 "NATO가 군사적으로 존재하지 않는 지역"에 위치하게 되면서 잠재적인 인질이 되는 것을 의미했다.[105] 하지만 런던이 할 수 있는 일은 거의 없었다. 후에 허드가 회상했듯 "콜과 겐셔가 열쇠였다. 정말 그들이 분위기를 만들었다. 물론 그들은 서로를 전적으로 신뢰하지 않았다. 하지만 그들이 분위기를 만들었고 우리는 거기에 적응했다."[106] 고르바초프는 그런 변덕스러운 분위기를 잘 견뎌냈다. 스코크로프트의 참모인 콘돌리자 라이스Condoleezza Rice와 필립 젤리코Philip Zelikow가 나중에 말했듯이, "그 가면은 벗겨졌다. 고르바초프는 미국과 독일 모두 자신들의 계획에 대해 소련이 결정적인 반대 의사가 없거나, 아니면 그러지 못할 것이라고 믿은 채 모스크바를 떠나도록 했다. 그리고 사실 이것이 진실이었다."[107]

라이트닝 라운드

콜은 모스크바에서의 승리로 힘을 얻었지만 곧 그 여파에 직면해야 했다. 고르바초프와의 회담이 끝난 후 부시와는 통화하지 않았지만, 더 이상은 그 대화를 미룰 수 없었다. 한편 가면이 벗겨진 것을 목격한 스코크로프트 국가안보보좌관과 그의 참모들은 그들이 생각했던 것보다 더 강하게 고르바초프를 밀어붙일 수 있을 것이라 확신했다. 스코크로프는 논쟁의 여지가 많은 2+4 회담이 꼭 필요한지 확신하지 못했으며 오히려 그게 해를 끼칠 수도 있다고 생각했다.

베이커 국무장관이 계속 순방 중이었기 때문에 스코크로프트는 2월 초 이 사안에 대해 베이커와 소통하는 데 어려움을 겪었다. 국무장관의 높은 기준에도 불구하고 베이커의 여행 일정은 인상적이었다. 모스크바를 방문해 3일 동안 최고위급 협상을 벌인 것은 물론, 바르샤바조약 3개국(체코슬로바키아, 불가리아, 루마니아)를 방문하는 신기원을 기록했고, 워싱턴에 들를 새도 없이 영공개방조약과 관련 고위급 회담이 개최된 캐나다 오타와로 날아갔다.

NATO 및 바르샤바조약의 회원국, 총 23국의 외무장관이 참석한 회담이었다. 비록 항공 협정이 주요 의제이긴 했으나 후에 베이커가 회고록에서 밝힌 바와 같이 "독일의 통일이 이 도시에서의 가장 핵심쟁점으로 떠올랐고 이를 논의하는 자리에 참석을 원하지 않는 사람이 없다는 것은 분명했다."[108]

그들은 광란의 외교전을 벌였다. 회의 중간의 휴식시간은 모두 협상으로 채워졌다. 어느 날은 베이커와 셰바르드나제가 다섯 번의 별도 회담을 하기도 했다. 셰바르드나제는 역시 겐셔와 세 번의 회담을 했고, 허드, 프랑스 외무장관 롤랑 뒤마Roland Dumas, 폴란드 외무장관 크시슈토프 스쿠비셰프스키Krzysztof Skubiszewski와도 회담을 했다.[109] 베이커는 이제 2+4 회담을 구축하는 것이 반드시 필요하다고 보았고 그 아이디어를 가능한 한 빨리 실현하기 바랐다. 이에 대해 모스크바에서 고르바초프는 분명한 동의를 표하지는 않았지만 그렇다고 거부한 것도 아니었다. 관련되는 6개국이 한곳에 모여 있는 만큼 베이커는 이 좋은 기회를 놓치고 싶지 않았다.

하지만 이러한 베이커의 행동은 오타와에 와 있지만 이 문제로부터는 배제된 외교관들 사이에서는 상당한 불쾌감을 야기했다. 그리고 어느 순간 겐셔는 동료들 앞에서 호기심 많은 이탈리아의 외무장관 잔니 드 미켈리스Gianni De Michelis에게 "당신은 이 일과는 전혀 상관없지 않느냐"며 소리쳤다. 활활 타는 불에 기름을 부은 셈이었다.[110] 오타와에서 독일의 통일을 논의하는 과정에서 배제된 것에 대해 가장 분노한 것은 폴란드 외교관들이었다. 과거 통일 독일의 가장 마지막 화신化身이었던 경험을 고려할 때 그들의 고통은 충분히 이해할 만했지만, 바르샤바 주재 서독 대사는 이것을 가리켜 "히스테리적 반응"라고 일축했다.[111]

끈질기고 집요한 협상가 베이커는 결코 단념하지 않았다. 모든 관련된 국가들이 한 곳에 모여 있는 동안 그들을 설득하는 데 집중하면서 2+4 회담에 동의하도록 열정을 다했다. 셰바르드나제가 오타와에서 한 보좌관에게 "바보 같은 상황에 처해 있다"고 털어놓을 정도로, 국무장관은 셰바르드나제를 지치게 했다. 그의 서방 동료들은 "독일 통일에 대해 마치 사실인 것처럼 이야기하고 있었고," 그가 할 수 있는 일은 거의 없어 보였다.[112] 낙담한 셰바르드나제는 결국 동료들의 압력에 굴복했고 2+4 회담뿐 아니라 군비 통제에 관한 미국의 요구에도 동의했다. 1990년 1월 31일 부시 대통령은 연두교서에서 미·소 양국 모두 유럽 중심부에 배치한 그들의 거대한 병력의 수를 각각 19만 5천 명까지 축소할 것을 촉구했다. 셰바르드나제는 고르바초프가 이 제안을 기꺼이 받아들일 것이라고 암시했으나 베이커는 믿을 수 없었다. 이는 "소련이 유럽에서 제2차 세계 대전 이후 처음으로 미국보다 더 적은 병력을 보유하게 될 것"임을 의미했다.

2+4 회담과 병력 감축과 관련해 셰바르드나제에게 얻은 동의는 언제든 철회가 가능한 것이었고, 이 사실을 깨달은 베이커와 그의 보좌관들은 오타와에 있는 동안 "그 협상 결과 뒤집지 못하도록 즉시 움직여야 한다"고 결정했다. 국무장관은 이탈리아와 폴란드와 같이 오타와 논의에서 배제된 나라들뿐 아니라 "모스크바와 런던, 파리, 그리고 그 외 다른 국가의 수도에서도 반대 의견이 형성될 수 있음"을 잘 알고 있었다.[113] 하지만 베이커의 노력은 이러한 나라들의 반대 의견 때문이 아니라, 콜과 겐셔 사이의 불신 때문에 거의 무너질 뻔했다. 한 번도 아니고 두 번씩이나 부시는 베이커에게 콜 총리가 승인했는지 직접 확인하는 동안 기다리라고 지시를 내리기까지 했다.

베이커는 뭔가 다른 요소도 작용하고 있다고 의심했다. 스코크로프트는 국무장관이 2+4 회담 협상을 마무리하기 위해 "너무 빨리 움직이고 있다"라고 말하면서, 오타와에서의 협상 진행 속도를 늦추기 위해 애쓴 것으로 알려져 있다. 그러나 베이커는 스코크로프트에게 "그렇게 하기에는 너무 늦었다. 모든 사람이 이미 여기에 동의했다"라고 말하며 거부했다.[114] 그러나 국가안보보좌관에게 거부 의사를 밝혔던 베이커는 오히려 대통령으로부터 멈추라는 지시를 듣고 애당초 스코크프로트가 그 배후에 있었음을 깨닫게 되었다.

이렇게 갑작스러운 방식으로 부시 대통령은 맹렬한 속도로 달려가는 협상을 탈선시키겠다고 위협했고, 모스크바가 마음을 바꾸기 전에 포럼을 하루라도 빨리 기정사실로 해야 한다고 주장하는 콜에게 두 차례나 전화를 걸어 고집을 부렸다.[115] 마침내 부시는 베이커에게 계속하라고 말했다. 국무장관은 6개국의 외무장관이 모두 참석한 가운데 기자회견을 열고 서둘러 2+4 회담을 세계에 알렸다.[116]

캐나다는 자신들의 수도 오타와에서 그들의 참여 없이 이루어진 이 중대 발표를 보고는 경악했다.[117] 이에 대해 브라이언 멀로니 총리는 친구인 부시에게 어떻게 자신의 회담을 하이재킹 할 수 있냐고 장황하게 불평했다. 그는 특히 "겐셔가 오타와에서 정말 무례한 태도를 보인" 것에 대해 화를 냈다. 서독 외무장관은 "거물들이 해결해 줄 것"이라고 큰소리치면서 이 거물들의 무리에는 캐나다가 포함되지 않았음을 분명히 했다. 멀로니는 겐셔의 오만함에 분노했다. "세상에, 유럽에 묻혀 있는 그 많은 캐나다 소년들을 생각하면." 겐셔는 도대체 자기가 누군 줄 아는 건가?[118]

화를 낸 사람은 멀로니만이 아니었다. 오타와에서의 긴 하루가 끝나갈 무렵, 베이커는 백악관에 다시 한번 통화를 요청했다. 부시와 단둘이서만 이야기 나누며 자신의 오랜 벗인 조지가 협상 진행을 방해했다는 사실에 대해 실망감을 감추지 않았다. "우리는 이곳에서 좋은 하루를 보냈습니다. 정말이지 오늘은 역사적인 날입니다. 하지만 솔직히 말해서 당신 때문에 거의 망칠 뻔했습니다. 다시 한번 나를 이런 상황으로 몰면 나는 국무장관 자리에서 물러날 것입니다."[119]

스코크로프트의 보좌관보인 게이츠는 후에 "베이커는 정말 대단한(재수 없는) 사람이다"라고 말했다. 게이츠가 보기에, 국무장관이 언론과 협상 파트너를 "상대하거나 조종"하는 것과 관련해 "가치 있는 것을 전혀 알고 있지 않았다." 게이츠는 "그가 우리 편이어서 항상 기뻤다"고 말했다. 베이커와 게이츠 사이에는 때때로 심각한 마찰이 있었는데, 보좌관보는 베이커가 "대통령에게 더 많은 충성심을 요구했다"라며 "잘 드러나지는 않았지만 무서운 성질을 가졌다"고 불평했다. 이러한 베이커의 속성들이 오타와에서 그대로 드러났고 덕분에 2+4 회담을 성사시킬 수 있었다. 이제 스코크로프트와 그의 참모들은 그들이 할 수 있는 만큼 최대한 상황을 되돌려 놓기로 했다.[120]

그들은 블랙윌과 라이스가 작성한 2+4 회담에 대해 반대하는 장문의 보고서를 대통령에게 전달했다. 이 불필요한 포럼을 통해 소련은 독일의 통일에 대해 저항할 수 있는 "극적인 플랫폼"을 확보할 수 있을 것이다. 또한 "영국과 프랑스는 독일 통일을 늦추거나 그 형태를 바꿀" 수 있을 것이다. 다가오는 1990년 3월 18일 예정된 동독 선거를 통해 평화주의 좌파 정부에 힘을 실어주고, 2+4 포럼에서의 지위를 활용해 바르샤바조약기구와 NATO 모두를 규탄하고 통일된 독일의 중립을 요구할 수 있다. 그리고 백악관은 포럼이 곧 시작되리라는 것을 깨닫지 못했고 따라서 "거의 준비가 되지 않은" 상태였기 때문에 이러한 도전에 직면해 자신들의 이익을 방어하는 데 어려움을 겪을 것이었다.[121]

마지막으로 라이스는 딕 체니Dick Cheney 국방장관과 콜린 파월 Colin Powell 합참의장이 "독일의 안보와 관련한 논의가 NATO를 비롯해 미국의 국방 전략의 핵심을 찌를 것"이라고 지적하면서 "국방부의 올바른 조언 없이 6개국 협정 협상에 어려움을 겪고 있다"고 강조했다.[122] 체니와 파월은 몇몇 사람끼리 모여 모든 의사를 결정하고자 했던 부시, 베이커, 스코크로프트 세 사람의 열망의 희생양이 되었다. 펜타곤의 조언 없이 전개된 사건의 결과 중 하나는 냉전 이후 NATO 확장에 대한 초기 결정에 대해 군사전문가들과 그 참모들의 영향이 놀라울 정도로 없다시피 했다는 데 있다. 나중에 체니가 기술한 것처럼 독일 통일 정책 입안 과정에서 "국방부는 협력적이긴 했으나 깊이 관여하지는 않았다."[123]

긴 순방을 마치고 워싱턴으로 돌아온 베이커와 그의 참모들은 이런 사람들의 여러 불평불만에 직면하게 되었다. 적어도 어떤 의견은 국무장관 스스로 정당하다고 판단했거나 혹은 대통령이 그렇게 결정하라고 지시한 것이 분명하다. 왜냐하면 그는 행동을 바꿨기 때문이다. 가장 중요한 건 "절대 1인치도 동쪽으로 이동하지 않는다"는 문구를 사용하는 걸 중단한 점이다. 그는 동독에 특별한 지위를 부여하는 대신, 동맹은 냉전의 경계선를 넘어 동쪽으로 확장할 것이라는 대통령의 선호에 따랐다. 이러한 변화를 모스크바가 알아차리기까지는 시간이 걸렸다.

하지만 2월 16일 백악관의 요구에 따른 준비 노트가 보여주듯 베이커와 참모들은 여전히 2+4 회담에 대한 그들의 입장을 고수했다. 그의 반대자들은 2+4를 잘못 판단하고 있었고, 그것이 "결정이 아닌 토론"만을 제공했다는 것을 깨닫지 못했다고 베이커는 주장했다. 달리 말하면 포럼은 거부권을 부여하지 않으면서도 다른 이해관계자들의 불가피한 우려 사항을 다루었다. "2, 4, 16, 35 중 그 어느 것도 효과가 없을 것", 즉 두 독일도, 4개국도, NATO도, 유럽안보협력회의도 통일을 더 잘 관리할 수 없으므로 2+4가 가장 나쁘지 않은 대안이라는 의미다. 그것은 "소련이 자국에서 그들의 관심을 표명하고 결과를 정당화할 필요가 있다는, 아마도 드러난 최소한의 절차"이었다.[124] 졸릭은 2+4를 통해 모스크바가 독일 통일을 방해할 수도 있다는 불만에 맞서 상사를 지지했습니다. 그가 지적했듯이 "동독에 주둔한 38만 명의 소련군은 방해에 충분한 수단이었고", 이에 반대하는 토론 클럽은 의미가 퇴색했다.[125] 그리고 한 가지 더 많은 이점이 있었다: "그것은 우리의 이익에 해가 될 수 있는 독일과 소련의 분리된 거래를 방지한다." 그러한 거래를 막기 위한 노력으로 졸릭은 "콜은 다가오는 독일-소련 회담에 대해 모스크바로부터 다시 들을 것으로 기대하지 않는다는 것을 부시 대통령으로부터 들어야 한다"고 믿었다. 그러나 이를 오히려 독일 사람들로부터 들었다.[126] 베이커는 2+4가 궁극적으로 워싱턴의 전반적인 목표를 달성하는데 기여할 것이라고 믿었고, 장점의 목록에서 "이걸 보기 전까지는 레버리지 매수를 보지 못한 것이나 다름없다! (동독뿐 아니라 소련까지 경제적으로 매수할 것.)"이라고 언급하고 있다.[127]

 NSC는 마지못해 이러한 주장을 받아들였는데, 특히 많은 위원들이 그렇게 하는 것이 콜과 고르바초프 사이의 비밀 거래를 막을 수 있다고 보았기 때문이다. 라이스가 말했듯이 워싱턴은 콜을 "동맹 접촉의 고치"에 가둘 필요가 있었다. 따라서 "본은 모스크바와 거래를 성사시키기 위해 연합국에 한 마디, 소련에 한 마디

씩 하는 노골적인 이중성을 보여야 한다."¹²⁸ 무엇보다도, 백악관은 "고르바초프가 콜을 똑바로 쳐다보며 '조건은 이렇다. 독일이 NATO와의 관계를 더 약한 형태로 조정하지 않으면 소련은 통일을 막기 위해 가능한 모든 조치를 취할 것'이라고 말하는 최후의 심판일"을 피해야 한다.

캠프 데이비드

결국 NSC와 국무부 모두 승리를 주장할 수 있었다. NSC는 NATO의 미래에 대한 논의- 동맹이 동쪽으로 이동할 때 "특별 군사 지위"라는 문구의 사용-와 관련하여 원하는 것을 얻었다. 국무부는 2+4를 얻었다. 이제 그들은 공통의 목표를 가지고 있다. 2+4가 진정한 의사 결정 회담으로 바뀌지 않도록 보장하는 것이다. 그 목표를 달성하기 위해 합의된 목표에 관한 내용을 NSC와 국무부 사이에 서면으로 교환하고 필수적인 목표에는 밑줄을 그었다. "일반적으로 2+4는 많은 주제에 대해 의견을 교환할 수 있지만, 결정할 수 있는 것은 아주 적어야 하며," 어떤 주제는 절대로 올라서는 안 된다. "2+4 상황에서 논의하지 않는 문제"에는 미군이 독일에 주둔하는 조건인 "NATO의 핵 태세와 단거리 핵전력을 의미하는 SNF 협상의 지위"가 포함되었다. 이러한 주제는 "특히 US-FRG 쌍방을 포함한 더 적절한 상황에서만 제기 되어야한다.¹²⁹ 본을 대할 때 "우리의 핵심 목표는 콜에게 통일된 독일이 NATO 회원 자격을 유지하도록 하겠다는 본의 약속을 재확인하는 것"이 될 것이며, "유럽에서 신뢰할 수 있는 핵 억지력을 유지하기 위해서는 독일의 잔류와 미국의 핵 기반에 대한 합의가 요구될 것이다."¹³⁰

그럼에도 불구하고 국무부와 NSC 사이에는 의심이 남아 있었다. 블랙윌은 스코크로프트에게 베이커, 로스, 졸릭이 영웅 역할을 하고 싶어 할 수 있다고 조언했다. 그 말은 분명히 그들이 오타와에서 했던 것처럼 다시 독단적으로 행동할 수 있다는 것을 의미했다. 블랙이 말했듯이, "베이커 장관과 그의 가까운 동료들이 2+4 각료 회의에서 유럽의 미래 안보 구조를 협상할 가능성을 거부할 수 없다"고 생각한다. NSC는 그런 일이 일어나지 않도록 그들을 예리하게 감시할 필요가 있었다.[131]

베이커만이 의심을 피하고 있진 않았다. 그가 모스크바와 오타와에서 고위급 협상을 하느라 긴장되고 지친 한 주를 마치고 귀국했을 때 내부 갈등을 발견했고, 겐셔 또한 그랬다. 처음에는 내각 동료들과, 그 다음에는 유럽 동료들과 마찰이 있었다. 1990년 2월 14일, 본에서 열린 각료회의에서 서독 외무장관 겐셔는 서독 국방장관 게르하르트 스톨텐베르그Gerhard Stoltenberg와 격전을 벌였다. 스톨텐베르그는 NATO의 미래에 대해 양보하는 것을 NSC만큼 싫어했다. 모스크바가 청신호를 노란색이나 빨간색으로 바꾸려 한다는 것을 알고 있었는지는 모르겠지만, 겐셔는 본이 전혀 양보하지 않으면 소련이 결국 주저할 수도 있다고 걱정했다. 그렇다고 국방장관이 반대 의사를 표명하는 것을 막지는 못했다. 1990년 2월 17일, 주요 신문은 이 사실을 발표했다. 그 기사는 이에 공개적으로 대응하도록 겐셔를 압박했다.[132] 추악한 대중적 논쟁이 벌어졌고 2월 19일에 콜은 이를 멈추게 할 필요가 있다고 느꼈다.

콜은 고르바초프에게 말한 대로 곧 이전以前의 동독 영토가 될 것으로 기대되는 곳으로 NATO가 "어떤 부대나 조직도 이동하지 않을 것"이라고 발표했다. 이 점을 강조하기 위해 총리는 겐셔와 스톨텐베르크 모두 공개적으로 이 견해에 동의하였다고 주장하고, 그들은 그렇게 하였다.[133] 그리고 겐셔는 2월 21일 동료 유럽 지도자들과의 회의에서 이를 더 강하게 밀어붙였다. 그는 "이전以前 지역을 넘어서는 NATO의 확장은 없을 것"이라고 다시 한번 반복했다. 그리고 그는 나중에 동독과 중부 및 동유럽이 모두 이 금지에 포함되었다는 것을 다시 한번 명확히 했다. 그는 "이 문제는 단지 동독의 영토와 관련해서만 중요한 것이 아니었다"고 말했다. 헝가리 외무장관 호른 줄러Horn Gyula 또는 혼 굴라Horn Gyula가 이전에 했던 논평은 그것을 보여주었다.[134] 겐셔의 엄청난 당혹감 속에, 혼은 헝가리의 NATO 편입을 공개적으로 구상했다. 설상가상으로 그는 동유럽을 장기 방문 중인 로런스 이글버거 미국 국무부차관에게 아이디어를 직접 제기했다. 이글버거는 즉시 베이커에게 그의 동유럽 주최국들이 "바르샤바조약의 붕괴"에 대해 추측하고 있으며, 혼이 "새로운 NATO가 중부 유럽에 정치적 우산을 제공할 수 있기를 바란다"고 말했다.[135]

겐셔의 전투는 베이커의 전투와는 달리 대체로 공개적으로 펼쳐졌다. 덕분에 워싱턴은 그걸 실시간으로 볼 수 있었지만, 그 광경을 별로 좋아하지는 않았다. 부시는 그러한 견해는 더 이상 받아들일 수 없다는 것을 콜에게 개인적으로 알릴 필요가 있다고 결정했다. 그러나 콜은 외국 정부의 수반이었기 때문에, 부시가 단순히 콜에게 명령을 내릴 수는 없었다. 대신 그는 현명하게 아첨과 설득의 전략을 쓰기로 결정했다. 그는 2월 24~25일 아늑한 겨울 주말에 콜을 캠프 데이비드Camp David에 초청하기로 결정했는데, 이는 이전에는 독일 총리에게 주어지지 않았던 영광이다.[136] 부시의 기준으로 보아도 그것은 인상적으로 작은 교제의 범위일 것이다. 두 지도자는 그들이 진정으로 신뢰하는 유일한 보좌관들인 베이커, 블랙윌, 스코크로프트, 텔칙만을 초대했다. 왜냐하면 이 모임은 그들끼리 승리를 독식하기 위한 것이 분명하기 때문이다.

겐셔는 정치적 메뉴에 있는 것을 좋아하지 않았기 때문에, 아마 초대받지 않은 것이 최선이었을 것이다. 스코크로프트가 담대한 문자로 쓴 브리핑에서 대통령에게 조언했듯이, 콜은 겐셔가 제안한 일종의 양보에 맞서 허리를 굳건히 세우고 버틸 필요가 있었다. 콜의 "마음이 올바른 곳에 있다"는 것은 분명했지만, "그는 독일을 통일한 총리가 되고 싶다"는 것도 분명했다. 다른 모든 것은 그를 위해 부차적이고 협상할 수 있는 것이 될 것이다. "아마도 샤를 드골Charles De Gaulle 대통령 치하의 프랑스처럼 통합 군사 지휘부에서 철수하는 더 약한 형태의 NATO 연합을 선택한다면, NATO는 실행 가능한 안보 기관으로 완성될 것이다." 결과적으로 "안보 문제에 대한 최종 결론"에 대해 "콜과 솔직하고 꾸밈없는 대화를 할 때가 왔다."

부시는 콜과 함께 캠프 데이비드에서 몇 가지 목표를 달성해야 할 필요가 있었다. 첫째, 그와 콜은 "NATO에서 독일의 지위를 약화시킬 소련의 능력을 최소화하기 위해" 2+4 회담을 어떻게 안배할지에 대해 합의해야 했다. 다음으로, 워싱턴은 "독일이 NATO의 요충지"이기 때문에 콜의 "NATO에서 독일의 필수적인 역할이 어떤 식으로든 약화되는 것을 용납하지 않을 것"이라는 서약이 필요했다. 겐셔와 일부 "총리 자문위원들도 NATO와 바르샤바조약 기구를 해체하고 동맹을 불명확하고 효력이 없는 전 유럽 안전보장으로 대체하는 방안도 적극적으로 고려하고 있다"는 점을 감안할 때, 이 약속은 완전히 필수적이었다. 해산에 미치지 못하는 조치조차도 파괴적일 수 있다. 만약 NATO가 독일 땅에서 핵 억지력을 철회해야 한다면, 의회 의원들은 대통령이 왜 그들의 유권자인 수십만 명의 현역 미군들로부터 핵 엄호를 빼앗고 있는지 당연히 물을 것이다. 이것을 막기 위해, 부시는 "군사구조를 포함한

NATO 완전 가입에 대한 FRG의 근본적인 약속"과 "독일 영토에서 미국 핵무기의 지속적인 주둔"을 확보해야 했다.[137]

콜이 1990년 2월 24일 토요일 아침에 귀국했을 때, 부시는 대처를 포함한 각국 지도자들이 그들의 의견을 공유할 수 있는 기회를 주는 데 시간을 썼다. 그는 오전 8시 1분에 그녀에게 전화를 걸었고, 긴 대화를 시작하면서 대통령이 제기하고 싶었던 문제들은 "논의하기 까다롭기" 때문에 겐셔 없이 콜만 도착할 것이라고 설명했다.[138] 부시는 체코슬로바키아 대통령 바츨라프 하벨이 "소련과 미국의 모든 군대를 유럽에서 철수시키려 한다"고 불평했다. 하벨은 폴란드의 반체제 인사 레흐 바웬사와 마찬가지로 엄청난 도덕적 위상을 지닌 위대한 인물이었다. 체코의 지도자는 1989년 그의 나라에서 벌어진 혁명의 여파로 대통령이 되기 전 자신의 신념 때문에 투옥되었다. 그는 이틀 전 미국 의회의 합동회의에 참석해 연설을 했으며, 열 일곱 번의 기립 박수를 받았다. 부시는 하벨의 인기가 다른 사람들에게 그의 입장에 동의할 영감을 줄 수 있다고 우려하였다. 대처는 하벨이 "절대적으로 틀렸다"고 동의했고, 그녀는 미군이 다른 방어적인 지위를 가지고 있다는 부시의 의견에 동의했다.[139]

그들은 다음으로 폴란드에 대해 논의했다. 부시는 폴란드 총리 타데우시 마조비에츠키Tadeusz Mazowiecki가 "소련이 남아 있기를 원한다"고 말한 것에 놀랐다고 고백했다. 대처는 마조비에츠키가 실제로 "소련군이 잔류하는 것에 상당히 준비되어 있었다"고 확인했으며, 이는 바로 폴란드인들이 "오데르-나이세라인"을 우려했기 때문이라고 설명했다. 특히 독일 통일 시 이 선의 불가침성에 대한 우려가 컸다. 이 소식을 듣고 기분이 좋지 않은 부시는 "소련군이 그곳에 잔류하는 것이 불편하다"고 대답했다. 미국 대통령은 이제 분단된 독일뿐만 아니라 폴란드에도 소련군이 주둔하는 것에 대해 자유롭게 의견을 표명할 수 있었다. 그는 대처에게 마조비에츠키의 견해가 "국경에 대한 우려에도 불구하고, 폴란드 국민들 사이에서 오래가지 못할 것"이라고 말했다. 그는 미군이 주둔하는 동안에도 소련군은 철수해야 한다고 생각했으며, 또한 "유럽에 핵무기를 유지하는 것"에도 찬성했다.

대통령은 2+4로 대화 주제를 바꿔 "모스크바가 회담을 독일 국내 정치를 이용하여 콜이 독일과 NATO 사이의 느슨한 협정을 어떻게든 받아들이도록 압력을 가하는 데 사용하는 것"을 피하기 위해 역할을 제한하고 싶다고 말했다.[140] 대처는 반박하며 2+4가 "큰 문제를 다루어야 한다"고 주장했다.[141] 영국이 거부권은 없더라도 최소한 협상 테이블에 참여할 수 있는 유일한 장이 바로 그 포럼이었기에 그녀의 답변은 놀랍지 않았으나, 부시는 설득되지 않았다.[142]

같은 날 대통령은 베이커를 덜레스 공항으로 보내 콜의 일행을 맞이하고 헬리콥터로 캠프 데이비드로 모셨다. 베이커는 캠프 데이비드의 캐주얼 드레스 코드에 맞춰 카우보이 부츠와 붉은 플란넬 셔츠 차림이었다. 부시와 스코크로프트는 따로 메릴랜드로 향했다.[143] 어느 시점에서 대통령은 모스크바에 대한 융통성 있는 태도를 가진 겐셔의 또 다른 강력한 반대자인 NATO 사무총장 뵈르너와의 대화에 끼어들었다.[144]

뵈르너는 "독일이 중립을 지킬 것인가", 또는 "NATO에 속할 것인가"라는 "결정적인 질문 하나뿐"이라고 주장했다. 그는 "이 질문에 대한 답이 유럽 역사의 수십 년의 미래를 결정할 것"이라고 믿었다.[145] 그는 만약 통일된 독일이 NATO에 가입하지 않는다면, 유럽의 한가운데 앉아 있는 중립적이고 위험한 거인이 될 것이라고 믿었다. "당분간은 핵무기를 보유하지 않을 것이지만, 중립적인 독일은 핵무기를 원할 수도 있다. 그는 자신의 조국에 대해 말하면서도, "나는 그런 환상幻想이 두렵다"고 덧붙였다. 통일된 독일이 나치 독일이 이루지 못한 일—독자적인 핵 보유국이 되는 것—을 이루지 못하도록 하기 위해, "우리는 자유롭게 떠다니고 동서양 양측과 흥정하려는 고전적인 독일 방식의 유혹을 피해야 한다."[146]

이에 대해 대통령은 독일 동쪽에 위치한 국가들이 어떻게 생각하고 있는지 물었다. NATO 사무총장은 "동유럽 국가들은 자신들의 위치를 궁금해하고 있다. 그들이 유럽의 나머지 지역이나 서방과도 단절될지 여부를 고민하고 있다"고 대답했다. 그는 "독일의 일부를 비무장화하는 것은 어리석은 생각"이라고 덧붙였다. 부시는 진행 중인 논리적 귀결, 즉 "우리는 고르바초프와 거래할 일이 있다"는 데 동의했다. 뵈르너는 걱정하지 않았다. "고르바초프는 강력한 카드가 없다. 그는 서방의 조건에 따른 독일 통일을 막을 수는 없다."[147]

얼마 지나지 않아, 베이커와 독일 일행이 도착했다. 부시는 캠프의 골프 카트 중 하나를 사용하여 몸소 콜을 게스트 하우스까지 데려다 주었다. 그는 추위로부터 총리를 보호하기 위해 파카를 빌려주려고 했지만, 콜의 허리둘레가 부시의 허리둘레를 훨씬 초과했기 때문에 파카의 지퍼를 올릴 가망이 없었다. 텔칙은 테니스 코트, 온수 수영장, 볼링장, 그리고 수많은 방문객들의 숙소를 포함하는 58에이커에 달하는 복합 휴양단지의 넓은 규모에 깊은 인상을 받았다. 세찬 바람이 캠프의 나무들을 강하게 흔들어서 실내에서 소음이 들릴 정도였지만, 텔칙은 그럼에도 불구하고 한겨울 토요일 오후 활활 타오르는 불 앞에 모인 그룹 사이에서 따뜻하고

친근한 분위기가 형성되었던 것을 기억했다.[148]

모든 방문객들은 벽난로 앞에 서 있는 대통령과 함께 그들 자신들의 사진을 받았다. 부시는 텔칙에게 직접 넥타이를 벗으라고 지시했다. 바버라 부시Barbara Bush는 훨씬 더 극적인 행동을 취했다. 그녀는 큰 가위로 블랙윌의 넥타이를 반으로 잘랐다. 그 특별한 넥타이는 부시 여사와 블랙윌 사이의 오랜 농담거리였다. 그는 그녀가 그 넥타이를 싫어한다는 것을 알았기에, 일부러 그녀가 참석할 때마다 그걸 매어 그녀를 자극하곤 했다. 그 사실을 알고, 부시 여사는 가위를 준비해 왔고 블랙윌이 대신 착용할 훨씬 더 멋진 넥타이 선물을 준비했다.

토론은 곧 진지해졌다. 총리는 "동유럽 국가들은 아마도 1990년대에 EC의 회원국이 될 것"이라고 예상했다. 그러면 독일은 지리적으로 유럽의 동부 변두리가 아니라 중앙에 위치하게 되며, "경제적으로 우리가 1위가 될 것이다." 미래의 위치와 비중을 고려할 때, "다른 사람들은 독일인이 가장 유럽적인 유럽인들이라는 것을 알아야 한다." 동독은 무너지고 있었다. "거인처럼 보였지만, 속이 비어 있었다." 연합을 위한 그 자신의 10대 계획은 이미 "쓸려갔다." 유명한 경제학자 "마티 펠드스타인Marty Felldstein은 우리가 미쳤다고 말하지만" 신속한 화폐 통합을 포함한 극적인 조치가 필요했다. 그렇지만 "교과서는 도움이 되지 않는다. 그들은 이와 같은 문제에 대한 해답을 가지고 있지 않다." 콜은 또한 독일인들이 혐오하는 단거리 핵미사일을 갱신하려는 부시의 계획에 대해 물었고, 부시는 그 계획들이 "완전히 끝났다"고 그를 안심시켰다.[149]

그런 다음 대통령은 폴란드가 소련군의 잔류에 관심을 보이는지 물었다. 왜냐하면 콜은 통일 후 현재의 동독-폴란드 국경의 영구성을 공개적으로 보장하지 않을 것이기 때문이다. 다시 말해서, 폴란드인들은 제2차 세계 대전이 끝날 때 폴란드에 주어진 영토를 되찾으려는 통일 독일을 너무 두려워하여 모스크바의 군대가 그것을 방지하는 수단으로 남아 있기를 원했던 것일까? 총리는 그렇게 해서는 안 된다고 대답했다. 국경은 실제로 영구적이었다. 문제는 그렇게 분명하게 말하는 것의 정치적 영향력이었다. 그것은 제2차 세계 대전 중과 후에 그러한 영토에서 도망쳤거나 떠나도록 강요된 나이든 독일 유권자들 사이에서 민감한 문제였다.[150] 많은 CDU 유권자들이 장벽의 개방으로 동부에서 가족의 재산을 되찾을 기회를 얻었고, 콜은 선거의 해에 그들을 소외시키고 싶지 않았다. 본에 있는 외무부는 이미 독일인들로부터 왜 정부가 그들의 정당한 영토로 생각하는 것을 되찾으려 하지 않는지를 묻는 수백 통의 성난 편지를 받았다. 한 편지를 쓴 사람은 "미래 세대들에게 누가 우리 조국을 감자 자루처럼 없애버렸는지를 항상 상기시키기" 위해 동독-폴란드 국경을 "한스-디트리히-겐셔 라인"으로 개명할 것을 제안했다.[151]

    부시는 오타와에서 겐셔가 이탈리아인들을 모욕했던 일에 실망했음을 전달하면서도 앞으로 나아가기로 결정했다. 콜은 균열이 "완전히 불필요하다"는 데 동의했고, 겐셔 덕분에 이탈리아와 유럽 다른 나라들과의 관계에 "전문 소생술"을 수행해야 한다는 데 동의했다. 그러나 그는 대처를 달래는 데는 선을 그었다. "그녀에 대해서는 어쩔 수 없다. 나는 그녀를 이해할 수 없다. (영국) 제국은 독일과 싸우면서 쇠퇴했으며, 그녀는 영국이 엄청난 대가를 치렀는데, 독일이 다시 온다고 생각하고 있다." 부시는 그럼에도 불구하고 대처가 핵심의 일원으로 있게 하는 것이 중요했으며, "나는 오늘 마거릿(대처)에게 전화를 걸어 한 시간 동안 그녀로부터 이야기를 들었다"고 말했다. 그것은 아무 소용이 없었다. 콜은 대처에게 자신의 속내를 털어놓는 데 동의하지 않았다.

그러나 총리는 NATO에 대해 말하는 건 피할 수 없었다. 부시는 2+4의 범위를 최소화하고자 하는 NSC의 생각을 콜에게 공유하며 설명했다. 대통령은 "나는 독일의 NATO 정식 가입 문제에 2+4가 관련하는 것을 보고 싶지 않다"고 했다. "독일의 정식 가입은 유럽에서 군대를 유지하는 우리의 능력과 관련이 있기 때문이다. 당신은 그 점을 이해해야 한다"고도 말했다. 콜은 이해했을 뿐만 아니라 행복하다고도 말했다. "나는 미국이 유럽에 있기를, 그리고 군대의 주둔기지도 원한다." 나는 유럽 요새要塞의 개념을 없애고 싶다. 수백 가지의 단계가 필요하지만, 유럽 요새를 불가능하게 만들어야 한다. 답장에 만족한 대통령은 순간을 포착하고 최종 결론을 내렸다. "소련은 NATO와 독일의 관계를 지시할 위치에 있지 않다. 내가 걱정하는 것은 독일이 NATO에 머물러서는 안 된다는 이야기이다. 그건 집어치워라."[152]

강경론이 필요한 것은 "우리가 이겼지만 그들은 그렇지 않았기" 때문이다. 우리는 "소련이 패배의 문턱에서 승리를 거두게 내버려둘 수는 없다." 총리는 소련이 독일로 하여금 NATO를 떠나도록 요구하는 것은 회담에서 소련의 위치를 개선하기 위한 "포커" 전술일 뿐이라고 답변했다. 이 게임은 "현금의 문제로 끝날 수도 있다. 그들은 돈이 필요하다." 그 문제는 대가의 문제였다. 부시는 "당신은 주머니가 두둑합니다"라고 날카롭게 지적했다.[153] 부시는 로스트 비프 저녁식사 후, 영화를 상영하면서 독일인들과 계속해서 그들의 입장을 밀어붙였다.

그러나 이러한 환대도 콜이 달갑지 않은 시험 풍선을 띄우는 것을 막지 못했다. 스코크로프트가 우려했던 바와 같이 NATO 안에서 프랑스 노선에 따라 독일을 통일하려는 아이디어는 아마도 동부 독일 영토로 이동하는 군대나 군사 구조물에 대한 금지로 이어질 것이다. 국가안보보좌관이 잘 알고 있듯이, 프랑스는 동맹의 창립 멤버였지만 1960년대에 드골은 워싱턴과 거듭된 갈등 끝에 NATO의 통합 군사 지휘부에서 탈퇴했다. 실질적인 결과는 프랑스가 여전히 이름 그대로 회원국이지만 NATO의 그날그날의 군사 활동에 참여하는 것을 사실상 중단했다는 것이었다.[154] 전쟁이 발발할 경우 프랑스군이 동맹의 나머지 부분에 합류할 것이라는 예상이 남아 있었지만, 파리는 주요 계획 과정에 참여하지 않았고, 일상적인 군사력을 확보하지도 않았으며, 핵무기에 대한 의사결정은 국가의 손에 맡겨야 한다고 주장했다.[155] 설상가상으로, 파리는 오래전에 머물고 있던 미군을 그 영토에서 떠나게 만들었다. 이것은 부시가 독일을 위해 받아들일 모델이 아니었다.

콜은 NATO에 완전히 남는 데 동의해야 했고, 대통령은 그 효과에 대한 분명한 약속을 원했다.[156] 콜은 즉시 대답하지 않고 대신 하룻밤 동안 생각해 볼 수 있느냐고 물었다. 블랙윌은 대답을 미루는 것에 미국 측 전체가 놀랐고 걱정했던 것을 상기했지만, 부시는 콜이 잠을 자고 일요일 아침에 대답하도록 하는 데 동의했다. 얼마 있지 않아 시차에 적응하지 못한 독일인 대부분은 침실로 돌아갔다. 오직 한 명의 독일 서기만이 끝까지 트레저 섬에서 찰튼 헤스턴Charlton Heston과 크리스티안 베일Christian bale을 지켜보기 위해 깨어 있었다.[157]

다음 날 새벽 두 대표단은 함께 예배에 참석할 예정이었다. 이때까지 텔칙과 긴밀한 관계를 맺었던 블랙윌은 예배가 시작되기 직전에 서독에 접근하여 이제 콜이 부시와 일치하는지 여부를 물었다. 텔칙은 그렇다고 대답했다. 안도한 블랙윌은 예배가 시작되기 직전에 부시에게 급하게 알렸다. 대통령은 블랙윌이 교회 예배를 덜 불안하게 만들었다고 말하면서 그에게 감사했다.[158]

텔칙은 다음과 같이 전달해 달라는 요청을 받았다. "NATO와 전前 동독 영토를 언급할 때 '관할권'이라는 단어를 사용해서는 안 된다." 이 문구는 소련(겐셔는 말할 것도 없고)에게 NATO 헌장 제5조가 독일의 통일 이후 동독 영토에 적용되지 않을 수 있음을 시사함으로써 영향을 주었다. 베이커는 그에 대해 이렇게 대답했다. "맞다. 전적으로 동의한다. 나는 NATO 헌장 제5조가 영향을 미칠 것이라는 것을 깨닫기 전에 '관할권'이라는 용어를 사용했다." 그는 또한 2월 28일 겐셔에게 편지를 보내 "NATO '관할권'이라는 용어가 약간의 혼란을 일으킬 수 있으며, 또한 우리는 독일의 NATO 관계에 대한 우리의 공통된 입장을 설명할 때 앞으로 피해야 한다"고 동의했다.[159]

캠프 데이비드 정상회담은 늦은 아침 기자회견으로 끝났다. 부시는 이 날 기자들 앞에서 "북대서양기구와 그 안에 있는 독일의 완전한 회원국의 중요성"을 강조하면서, 독일은 이 기구에 속하지만 군대를 NATO 사령부 구조에 통합하지 않는 프랑스의 방식을 따를 수 있다"는 생각을 노골적으로 일축했다. 그는 "소련군이 모두 철수하더라도 미군은 독일에 남을 수 있다"고 추가로 덧붙였다.[160] 개인적으로, 대통령과 그의 팀은 이번 주말에 큰 성공을 거두었다는 것을 알았다. 블랙윌이 말한 것처럼 부시는 "캠프 데이비드에서 콜의 입장을 중요하고 뚜렷하게 진전시켜 통일된 독일을 위한 완전한 NATO 회원국 자격을 지지할 수 있었다." 이 문제에 대해서 두 가지 방안은 없었다: "그것은 고르바초프에게 나쁜 소식이다."[161]

그랬다. 고르바초프는 큰 게임에서 패했다. 콜은 부시의 목표에 찬성하여 균형을 맞추었다. 그가 그렇게 한 것은 NATO의 외국 군대, 핵무기, 또는 헌장 제5조를 동쪽으로 연장하기 위한 향후 선택사항에 대해 큰 양보 없이 자신이 원하는 것, 즉 조국의 통일을 달성할 수 있다는 것을 깨달았기 때문이다. 대신, 부시와 콜은 서방에 있는 동맹군과 무기를 유지하고 가능한 한 NATO를 독일 전역으로 확장하기 위하여 긴밀하게 협력할 것이다. 콜의 "깊은 주머니"를 이용하여 그들은 소련의 경제적 약점을 이용하고 안보적인 양보가 아닌 재정적·경제적 인센티브를 전략의 핵심으로 삼았다.

그러나 이후 몇 달 동안 이 전략을 정당화하고 실행하는 것은 매우 어려웠을 것이다. 부시와 콜은 고르바초프가 분단된 독일에 군대를 주둔시킬 수 있는 법적 권리를 포기하도록 설득할 필요가 있었다. 그렇게 하는 동안 그들은 콜이 두려워했던 폭풍(소련 지도자가 통일을 축복하기 전에 그를 실각시킬 쿠데타)을 재촉하지 않도록 고르바초프의 명성을 너무 깎아내리는 것을 피할 필요가 있었다. 베이커가 말했듯이 "NATO에서 통일된 독일을 보장하는 일"은 "앞으로 몇 달 동안 우리의 모든 기술을 요구할 것"이다.[162] 베이커는 그가 아는 것보다 더 옳았다.

3장
선을 넘다

로버트 게이츠는 자신의 회고록에서 캠프 데이비드 이후 전략에 대해 "우리는 독일에서 철수하도록 소련을 매수하기 위해 두 가지 차원에서 노력하고 있다"고 썼다. 첫째, "소련의 절망적인 경제 사정을 알고 있는 서독은 NATO안에서의 통일에 동의하기 위해 그들에게 많은 돈을 제공하고 있었다", 그리고 "소련이 미국에게 융자를 받기 위해 접근했다"는 점을 감안해, 워싱턴은 그것들을 제공하는 "가능성을 열어두면서" 더욱 많은 영향력을 얻었다. 둘째, 미국은 소련의 지도자 미하일 고르바초프에게 "NATO안에서 통일을 수용할 수 있도록" 설계한 동맹의 미래에 관한 "수많은 제안"을 내놓았다. 그 아이디어는 소련 국내의 비평세력을 다룰 수 있도록 "국내에서 쓸 수 있는" 무언가를 주는 것이었다.[1] 게이츠는 가능한 한 체면을 살려주는 방식으로 두 가지 뇌물을 제공하는 것이 최선이라고 생각했다. 또한 "'유인책'과 '인센티브'는 사용하기 좋은 외교적 단어"라고 생각했지만, 전략은 명확했고 1990년의 나머지 기간 동안 이를 실행하기 위하여 미친 듯이 서둘렀다.

서독 총리 헬무트 콜이 1990년 5월 15일 영국 외무장관 더글러스 허드에게 설명했듯이, "외교 정책은 건초를 만들기 위해 풀을 깎는 것과 같다. 폭풍우에 대비해 깎아 놓은 것을 모아두어야 한다." 총리는 "12개월 안에 우리는 깨어나서 크렘린에 더 나쁜 큰 변화가 있었다는 것을 알게 될 것"이라고 충분히 예상했다.² 폭풍이 오기 전에 수확물을 모으는 것이 중요했다. 캠프 데이비드에서 합의된 수확의 주요 구성 요소는 NATO안에서의 완전한 통일, 즉 헌장 5조를 동독 지역으로 (냉전의 경계선 너머로) 확장하는 것이었다. 조지 H. W. 부시 대통령이 콜로 하여금 독일의 통일과 NATO의 확장을 연결하도록 하는 데 성공했기 때문에, 독일의 통일을 위한 투쟁과 독일 안에 있던 오랜 분계선을 넘게 될 NATO의 미래를 위한 투쟁은 동일한 것이 되었다.

이 주도권 다툼은 1990년 5월과 6월에 워싱턴에서, 7월에는 소련의 아르키즈 마을에서, 9월에는 모스크바 등 여러 장소에서 펼쳐졌다. 이러한 만남이 전개되면서 유럽의 정치적 배경이 바뀌었다. 중앙유럽과 동부유럽의 지도자들은 1989~90년의 격변에도 불구하고 냉전 이후의 유럽 안보의 구조는 대체로 변하지 않을 것이며 대륙은 NATO와 비非 NATO로 나누어질 것이라는 것을 깨닫기 시작했다. 그들은 브뤼셀의 NATO 본부는 물론 미국 국가안전보장회의(NSC)에도 동맹 가입에 관심을 표명하며 분단을 지지하는 편에 서기 위해 급히 움직였다. 이러한 관심의 표명 덕분에 동맹의 동쪽에도 선택지를 열어두는 것이 더욱 바람직해졌다. 그러다 서독이 예상치 못하게 마지막 순간에 NATO 군대의 범위를 제한하겠다는 의지를 보이는 바람에 11시간의 치열한 논쟁이 있었다.³ 독일의 서방 동맹국들은 이 선을 넘는 것이 매우 중요하다는 신호를 보냈고, 그들은 통일되기 불과 몇 시간 전에 탈선 위험을 감수할 용의가 있었다.

"위대한 포커 게임"

국가안전보장회의는 게이츠가 제시한 전략을 실행하기 위한 준비의 일환으로 "우리가 타협할 수 없는 기초적인 문제" 목록을 준비했다. 1위 항목이자 절대적인 최우선순위는 "NATO에 남아 있는 독일"이었다. 두 번째는 "독일의 통일과 비핵화 사이에 거래는 없다"는 것이었다.[4] 다시 말해 특정한 변화(특히 독일 분단의 종식)가 분명하게 다가오고 있었지만, 그 변화의 범위는 냉전 이후 질서에서 미국의 이익에 도움이 되는 방식으로 축소할 필요가 있었다. NATO가 헌장 제5조를 독일 전역으로 확대하는 대가로 독일에 배치된 핵무기를 철수하는 건 절대 있을 수 없었다.

이러한 축소 전략 때문에 2+4 회담은 엄격하게 제한된 권한만을 가지게 하고, 또 절대적인 최우선 원칙을 도출하지 못하게 해야 했다. 대통령이 이탈리아 총리 줄리오 안드레오티Giulio Andreotti를 방문하면서 스스로 그의 NATO 동맹국에게 말했듯이, 2+4는 "NATO나 유럽 안보의 미래를 결정하지 않을 것"이다.[5] 그 목표를 위해 부시의 보좌관들은 복잡하고 다층적인 과정을 계속해서 단호하게 통제하기 위해 노력했다.

2+4 회담 외의 다른 회담들도 참여해야 했기 때문에(통일 과정에서 영향을 받는 광범위한 문제들을 감안할 때) NATO의 미래가 승인되지 않은 맥락에서 절대로 제기되지 않도록 해야 했다. 국가안보 보좌관 브렌트 스코크로프트의 부하들은 한 축에는 주제를, 다른 축에는 회담을 나열하는 행렬을 만들었다. 행렬의 해당 칸을 찾아보면 관계자들은 어느 특정 회담에서 주제가 허용되는지 또는 금지되는지 여부를 빠르게 확인할 수 있었다. 행렬에는 만약 어떤 참가자가 항의할 때, 보다 포괄적인 의제에 대한 압력을 어떻게

회피할 것인가에 대한 대응 방안이 딸려 있었다.⁶

이 과정에서는 모스크바뿐만 아니라 워싱턴의 NATO 동맹국들도 행렬의 적절한 칸에 넣어 관리할 필요가 있었다.⁷ 1990년 봄에 있었던 대처와의 회담을 위해 제임스 베이커 국무장관은 2+4 회담에서는 "핵무기"에 대한 "실질적인 논의가 없어야" 한다고 주장하는 단순화된 행렬을 준비했다. 만약 "동맹 회원가입"이 나왔다면, 2+4에서는 "왜 좋은지 논의"만 해야 하는데 아마 대안에 대한 어떠한 언급도 피하기 위해서인 걸로 추정된다.⁸ 영국 총리 마가릿 대처는 기뻐하지 않았다. 그녀는 그때까지 외무부에 2+4 회담을 무시하려는 미국의 시도에 맞서라고 지시했다. 그녀는 2+4 회담에서 "더 광범위한 문제에 대해 협상해야 한다"고 생각했다.⁹ 런던에서 실망감을 드러내자 NSC 직원 로버트 블랙윌은 워싱턴 주재 영국 대사관에 대처가 "전쟁 당시 연합했던 오래된 기억을 되살리려는 의도"가 있는지를 물었다. 이는 영국이 2+4 회담에서 독일에 대항해 모스크바와 공동 전선을 형성할 가능성을 시사하는 의미로 해석된다.¹⁰

런던 주재 프랑스 대사는 "콜은 무엇이든 할 수 있다"는 의견이 현명하다고 생각했기에 영국의 입장에 동의했다.¹¹ 케도르세(프랑스 외무부의 별칭)의 고위 공무원들은 상징적인 역할이 "분명히 부적절하다"고 불평하며 영국과 비슷한 당혹감을 독일인들에게 직접 표현했다.¹² 부시는 단념하지 않고 좋은 관계를 유지하고 공개적으로 자유롭게 대화할 수 있었던 프랑스 대통령 프랑수아 미테랑에게 직접 자신의 레드라인을 반복해서 표명했다. 2+4 회담은 "NATO의 정회원국으로 남게 될 독일의 권리에 대해서 협상해서는 안 된다"며, "현 FRG의 영토에 있는 NATO군의 재래식 전력이나 핵전력의 운명을 결정해서는 안 된다"고 했다.¹³ 그 어떤 기관도 NATO를 약화시키거나 대체해서는 안 되는데 특히 한스-디트리히 겐셔 서독 외무장관이 계속 홍보하고 있는 범 유럽 기구가 그렇다.[14] 부시는 "동유럽을, 심지어는 소련까지도 포함한 유럽 집단 안보 협정이 어떻게 서유럽에 대한 위협을 저지할 수 있는 능력을 갖출 수 있을지" 알 수 없었다. 그는 서방 동맹국들이 "어떠한 경우에도 모스크바가 2+4 메커니즘을 조작하여 서방의 방위와 그곳에서 독일의 대체할 수 없는 역할을 파괴할 수 있도록 허용해서는 안 된다"고 거듭 강조했다.[15] 충돌은 분명히 다가오고 있었다. 바로 그것이 고르바초프가 계속 원했던 것이었다. 1990년 3월 7일, 소련 신문 〈프라우다〉와의 인터뷰에서 그는 통일된 독일의 NATO 가입이 "절대적으로 배제되었다"고 선언했다.[16]

그러나 고르바초프가 그런 가능성을 배제하고 있는 동안에도 미 국무부는 NATO에 중부 및 동부 유럽 국가들의 의도를 반영하기 시작하고 있었다. 로렌스 이글버거 국무부 차관은 1990년 3월 1일 유럽을 방문하는 동안 헝가리 외무장관이 NATO가 "중부 유럽을 위한 정치적 우산을 제공할 수 있는 방법"에 대해 질문했다고 전했다.[17] 국무부의 정책기획참모인 하비 시커먼Harvey Sicherman은 베이커의 관심을 끈 3월 12일 일부 보고서와 같은 아이디어를 고려했다.

그의 NSC 동료들과 대조적으로, 시커먼은 2+4가 절대적으로 훌륭한 아이디어라고 생각했다. 그는 그것을 "소련이 원하든 원하지 않든 NATO에 통일된 독일을 끼워 넣는 지렛대"로 보았기 때문에 "2×4"라고 부르는 것을 선호했다. 시커먼은 동쪽을 바라보며 독일과 소련 사이에 살면서 가장 큰 고통을 겪었던 민족인 중부와 동부 유럽인들은 NATO와의 더 긴밀한 협력이 "독일-러시아 안보의 딜레마에서 벗어나는 최선의 방법"을 제공한다는 것을 깨닫고 있다고 주장했다. "헝가리인들과 폴란드인들은 이미 그걸 알고 있다."[18] 의심할 여지 없이 널리 존경받는 체코의 지도자 바츨라프 하벨은 블록에 속하지 않은 비무장화된 중부 유럽을 주창하고 있었지만, 시커먼은 하벨도 결국 이성理性을 되찾을 것이라고 예상했고 결국 그가 옳았다. 하벨과 미테랑이 처음 추진했던 잠재적인 범 유럽 연합과 같은 NATO 회원국 대안에 대한 하벨의 관심은 줄어들었고 그러한 대안들을 점점 더 약화될 것이다.[19]

    시커먼은 중부 및 동부 유럽에서 NATO에 관심을 가지는 데는 일리가 있다고 생각했다. 바르샤바조약의 종말이 임박함에 따라 조약 회원국들이 다른 옵션에 대해 생각하기 시작하는 것은 합리적이었다. 그러나 그에겐 특히 독일 실지회복주의에 대한 폴란드인들의 두려움 같은 많은 문제점들도 보였다. 부시가 못마땅하게 여겼듯이 많은 폴란드인은 이전 폴란드에 있는 가문의 땅을 되찾고자 하는 서독인들을 막기 위해 소련군이 남아야 한다고 생각했다. 콜이 1990년 3월 부시에게 알린 것처럼 폴란드 지도자들은 또한 제2차 세계 대전에 대한 "수십 억의 배상"을 요구했다.[20] 이러한 모든 논란을 감안할 때 시커먼은 그의 상사에게 "(1) 이 지역을 '조직'하는 부담을 지는 것이 정말로 중요한 관심사이며, (그리고) (2) 우리가 그렇게 할 수단을 가지고 있다는 것을 보장할 필요가 있다. 나의 잠정적인 대답은 우리 혼자서는 그렇게 할 수 있는 수단을 가지고 있지 않지만, NATO와 EC는 확실히 해낼 수 있다"고 조언했다.[21]

    이 분석 보고서를 읽은 후 시커먼의 정책기획 담당 상사인 데니스 로스는 그의 아랫사람이 옳았다는 것을 깨달았다. 나중에 로스가 회상했듯이 그 메모는 중부와 동부 유럽인들은 NATO에 합류할 때까지는 안전하다고 느끼지 못할 것이라는 점을 깨닫게 해

주었다.²² 로스는 그의 상사인 베이커에게 "많은 폴란드인과 다른 동유럽인들은 결국 NATO의 일원이 될 수 있다면 NATO를 핵심 안보 조직으로 지지할 것"이라고 조언하기로 결정했다.²³

같은 맥락에서 많은 중부 및 동유럽 외무장관들이 1990년 3월 23~24일 리스본에서 열린 유럽공동체 특별 각료 회의에서 다른 형태의 서유럽 연합이 가능한지 알아보았다.²⁴ 미테랑이 부시에게 말했듯이 "동유럽은 모두 외롭고, 가난하고, 자존심이 상해 있다." 서방은 그 지역의 주민들을 "거지처럼" 대하지 않도록 해야 했다. 이러한 우려로 인해 미테랑은 그들이 보금자리를 찾을 수 있도록 일종의 범 유럽 연합을 제안했다. 스코크로프트는 프랑스가 그러한 연합에 관심을 갖는 것이 미국의 권력에 대한 단순한 "분노"의 표현이 아니라는 것을 이해했다. 오히려 그것은 "조만간 의회나 미국 국민들이 '왜 우리 군대가 저기 있는가? 왜 우리가 유럽을 방어하기 위해 돈을 쓰고 있는가?' 하고 말할 것"이라는 자각에서 왔다. (미테랑이 보기에) 미국이 유럽에서 철수할 위험이 있었기 때문에 프랑스 대통령은 "유럽은 자국의 방어 능력을 갖추기 위해 스스로 조직을 만들어야 한다"고 생각했다.

그러나 미테랑은 중부 및 동부 유럽 국가를 EC에 적절하게 가입시키는 데는 그다지 적극적이지 않았다. 이러한 주저 때문에 (미테랑만 그렇게 생각했던 건 아니었지만)－동유럽 사람들은 서방 정치 기구에 대해 그들이 관심을 갖는 일이 대체로 환영받지 못한다는 것을 깨닫고 있었다. 젊은 폴란드 지도자 라도슬라브 시코르스키Radoslaw Sikorski는 나중에 폴란드 주재 미국 대사 토머스 사이먼스Thomas Simons가 NATO에 너무 많은 관심을 표명하는 폴란드인에게 손가락을 흔들며 조용히 하라고 말한 것을 기억했다.²⁵

1990년 3월 21일 폴란드 외무장관 크시슈토프 스쿠비셰프스키는 NATO 본부를 방문하여 NATO의 "안정화 효과"에 대해 명확히 언급했다.[26] 그 방문은 NATO의 지도자들과 중부 및 동유럽 대표들 사이에 있을 일련의 접촉의 시작임이 판명되었다. 체코슬로바키아 외무장관은 3월 브뤼셀에 도착했고, 헝가리 외무장관은 6월에 헝가리 총리와 함께 그를 바짝 쫓아왔으며, 루마니아, 불가리아, 그리고 더 많은 헝가리 방문자들이 곧 브뤼셀로 향했다.[27] 아마도 소련 동맹국들이 적과 협력하고 있다는 사실에서 관심을 돌리려 했을 수도 있고 혹은 그들을 선점하려 했을 수도 있지만, 소련과 서독 간의 비밀 연락책이었던 니콜라이 포르투갈로프는 3월 21일 "소련의 일종의 NATO 가입"이라는 정말로 새로운 제안을 다시 내놓았다.[28]

이러한 상황 전개에 따라 불만을 품었던 고르바초프의 독일 전문가 발렌틴 팔린은 중부 및 동유럽 동맹국들을 안 보게 되어 속이 시원하다는 말을 사적으로 하기 시작했다. 1990년 4월 모스크바 주재 서독 대사관은 팔린과 그의 보좌관들은 "바르샤바조약의 붕괴는 소비에트 연방에 결정적인 문제가 아니었다"고 생각했다. "헝가리, 체코, 그리고 심지어는 폴란드인들이 했던 일은 그 어떤 것도 영향을 미치지 못했다."[29]

그와 반대로 동독은 상당한 영향을 미쳤다. 그것은 통일 직전에 있는 분단 국가의 절반을 대표했다 - 그리고 어떤 국가도 아닌, 소련의 국민들을 수백만 명 전쟁으로 죽게 한 책임이 있는 국가이다. 모스크바는 그 대가로 가능한 한 많은 것을 얻지 못한 채 재결합된 실체가 다시 나타나기를 바라지 않았다. 그러나 1990년 3월 18일 동독의 선거가 다가오면서 통일이 가까워지고 있었다.

동독 친구들의 신속한 통일을 위한 계획을 홍보하기 위한 노력으로, 콜은 투표용지에 등재된 시민이 아니었음에도 불구하고 스스로 캠페인을 벌였다. 그것은 매우 논란의 여지가 많은 조치였지만, 콜은 중도 우파 정당의 동독 지부인 독일연합Alliance for Germany을 돕기 위해 모든 노력을 기울여야만 한다고 생각했다. 동독의 집권당인 사회주의통일당Socialist Unity Party은 수년간의 혐오스러운 독재 통치로 인해 자유 투표에서 많은 기회를 갖지 못할 것 같았지만, 총리는 사회주의 국가에서 자란 유권자들이 CDU보다 중도 좌파 사회민주당(이하 SPD)을 선호할 수 있다고 우려했다. 전前 사회민주당Social Democratic Party, SPD 총리이자 노벨상 수상자인 빌리 브란트Willy Brandt가 동방정책으로 알려진 동방에 대한 빈곤 원조정책으로 광범위한 인기를 누리고 있기 때문이었다.

그럼에도 불구하고 콜은 성공했다. 동독에서 열린 총리의 여섯 번의 집회는 수십만 명이 참석한 가운데 놀라운 성공을 거두었다. 선거 당일, 콜은 부시에게 모든 집회에 모인 군중의 수를 합산하면 말 그대로 100만 명과 마주했을 거라고 말했다.[30] 그 군중들 이외에도 수많은 사람들이 콜의 중도 우파 연합에 압도적인 승리를 안겨주었다. 전체 유권자의 93%가 넘는 투표율을 보인 선거에서 독일연합은 다른 어떤 당보다도 훨씬 많은 48%의 득표율을 확보했다. 이는 연립 여당을 구성하기에 충분한 득표율이었고, 이를 통해 SPD의 동독 지부와 연정을 구성하기로 결정했다.[31]

그 선거는 판도를 바꿔놓았다. 콜의 신속한 통일을 위한 추진은 이제 명백한 선거를 통한 정당성까지 가지게 되었다. 소련의 한 협상가는 소련의 동맹인 독일(동독)이 이제 콜의 동료들에 의해 운영될 것이기 때문에 결국 2+4가 순식간에 1+4가 되었다고 유감을 표했다.[32] 모스크바 주재 서독 대사에 따르면, 투표 결과는 소련이 이미 의심하고 있던 것을 고통스러울 만큼 명백하게 드러냈다. "그들이 수십 년 동안 쌓아온 GDR의 정치 체제는 민주적 정통성을 누리지 못했다."³³ 한편 콜은 그의 동료 당 지도자들에게 "오늘은 매우 좋은 날"이라고 기쁘게 말했다. 그러나 그는 여전히 장애물이 남아 있다고 경고했다. 그는 "아마도 독일인들이 저지를 수 있는 최악의 실수"는 독일의 미래, 즉 독일의 재통일이 유럽에서 일어날 것이라는 사실을 잊어버리는 것이라고 조언했다. 곧이어 그는 국가 통일과 마찬가지로 유럽 통화 동맹에 대한 작업도 진행하겠다고 분명히 하였으며, 1992년 12월 31일에는 공동 통화의 도입을 위한 대화도 시작하겠다고 말했다. 그가 말했듯이 "엄청난 포커 게임이 시작되었다."³⁴

총리는 또한 본 주재 소련 대사 율리 크비진스키를 소환하며 모스크바와 더 적극적으로 협력하기로 결정하였다. 콜은 대사에게 "통상적인 관료들과 뇌가 굳은 사람들"을 무시한 채 고르바초프에게 직접 메시지를 전달하라고 지시했다. 콜은 그 메시지에서 그가 지금 하고자 하는 일을 자세히 설명했다. 세부 사항에 대해 많은 협상이 있을 것이고 독일은 비용을 지불해야 할 것이지만 통일은 올 것이다. 기존의 조약을 통일 후 협약으로 전환하는 방법을 모색하고 소련군의 철수를 실시하는 것을 포함한 거대하고 실질적인 문제가 곧 닥칠 것으로 보였지만, 독일이 충분한 인력과 자금을 제공할 의향이 있다면 모두 해결할 수 있었다. 한편 모스크바의 군대는 임시로 주둔할 수 있고, 그들이 그곳에 있는 동안 "독일 군대"는 동쪽으로 이동하지 않을 것이지만 소련군은 결국 철수할 것이다. 대조적으로 서방 군대와 독일의 NATO 회원자격은 영구적이고 고정적인 기구로 남을 것이다. 크비진스키가 이 비전에 항의하자, 콜은 대사에게 이 운명에 저항하는 것은 라인강이 바다로 흐르는 것을 막으려는 것과 같다는, 그가 가장 좋아하는 은유 중 하나로 대답했다.³⁵

콜은 또한 지정학적 포커 게임의 또 다른 중요한 참가자인 그의 킹메이커, 겐셔에게 도전할 만큼 자신의 역할이 강력하다고 느꼈다. 총리는 겐셔에게 NATO의 미래에 의문을 제기하는 발언을 중단하라고 명확하게 서면으로 요구했다. 외무장관은 최근 룩셈부르크에서 또 다른 공개 연설을 했는데, NATO와 바르샤바조약이 유럽을 위한 단일의 "공통적이고 집단적인 안보의 복합체"로 함께 뭉쳐야 하며, 그 안에서 두 동맹은 "모두 결국 사라질 수 있다"고 강조했다.[36] 콜은 외무장관에게 "당신이 보고 내용을 쓴 것이 맞는지 모르겠다"면서 그러한 견해를 "나는 공유하지도 지지하지도 않는다"고 경고장을 보냈다. 총리는 겐셔가 자신의 견해를 마치 정부의 입장처럼 밝히며 그야말로 "어떤 협의도 없이" 정책을 발표하는 방식을 "나는 받아들일 준비가 되어 있지 않다"고 덧붙였다.[37] 콜의 서한의 의미는 그가 워싱턴과 합의한 전략과 일치했다. 서독이 통일을 위해 안보적으로 양보하기보다는 소련의 경제적 약점을 이용하는 전략이었다.[38] 모스크바가 본의 경제적 지원을 필요로 하는 상황이 "독일을 위한 만족스러운 안보 협정에 소련의 동의를 이끌어내는 데 중요한 지렛대였다"고 콜은 4월에 영국 외교관에게 말했다.[39]

한편 분리주의 운동은 소련의 지도력에 추가적인 압력을 가했고, 그중 특히 리투아니아가 고르바초프를 약화시켰다. 리투아니아 분리주의가 고르바초프를 위해 만들어 낸 많은 문제들 중 하나는 지역적 문제였다. 리투아니아는 쾨니히스베르크로 불리었던 독일의 주요 항구인 칼리닌그라드와 제1차 세계 대전 이전에 접해 있었다. 제2차 세계 대전 이후, 이 지역은 소련 본토와 이어지는 정식적인 영토 일부가 되었지만, 이제 리투아니아 덕분에 칼리닌그라드는 이제 발트 3국과 폴란드 사이에 낀 정치적인 섬이 되었다.

콜의 새로운 선거를 통한 정당성과 발트 분리주의에도 불구하고 고르바초프는 아직 다양한 형태로 영향력을 유지하고 있었다. 한 영국 분석가가 말했듯이, 모스크바의 "진짜 무기"는 "독일 여론이 소련이 동의한 대가로 비핵화를 받아들이도록 설득할 수 있는 가능성"으로 남아 있었다. 소련 또한 제2차 세계 대전으로 얻은 법적 권리의 포기를 미룰 수 있으며, 그렇게 함으로써 군대를 제자리에 둘 수 있다. 예를 들어 유럽의 재래식 전력의 종류와 양을 제한하는 다자간 회담에서 무기 통제 협정을 늦추거나 차단하겠다고 위협할 수 있다. 소련 군사 지도자들은 오랫동안 고르바초프의 극적인 무기 통제 거래에 대한 성향에 화가 나 있었고 더 강경한 입장을 취하기를 갈망했기 때문에, 무기 통제 협정을 멈추는 것을 좋아할 것이다.[40]

발목을 붙잡고 늘어지기를 갈망하는 또 다른 사람은 팔린이었다. 그는 고르바초프가 1990년 2월 콜에게 어떻게 부주의하게 청신호를 보여주었는지 이해하지 못했다. 4월이 되자 그 능숙한 소련의 외교 전문가는 고르바초프가 여론 카드를 사용하도록 설득하려고 노력했다. 팔린은 독일 통일이 NATO안에서 이루어져야 하는지 여부에 대한 공개 국민 투표를 요구했다. 고르바초프가 서방 도시에 모습을 드러낼 때마다 흥분한 주민들이 그를 보려고 몰려들어 교통 체증을 빚었고, 노벨 위원회는 1990년 후반에 그에게 노벨평화상을 수여했기 때문에 서방 세계가 고르바초프에 대해 깊은 호의를 가지고 있었음은 분명했다. 팔린은 소련 지도자가 해외에서의 대중적 평판을 이용해 통일 방법에 관한 중대한 결정에서 발언권을 달라고 독일 국민에게 요구해야 한다고 생각했다. 독일인들은 통일과 함께 NATO 회원국 자격 유지를 원하든 아니면 대신 일종의 전 유럽 동맹을 원하든지 간에 목소리를 내야만 한다.

그것은 굉장히 직관에 반하는 아이디어였다. 냉전시대 공산당 지도자였던 팔린은 소련 시민들에게 바르샤바조약에 대한 의견을 묻는 걸 오랫동안 지지하지 않았지만, 이제 그는 그 제안이 성공적인 제안이 될 것으로 보았다. 만약 콜이 실제로 그러한 국민 투표를 실시한다면, 그 결과가 그의 뜻대로 되지 않을 가능성이 충분히 있고, 독일인들은 통일을 위해 NATO를 포기할 용의가 있다고 선언할 것이다. 그리고 총리가 국민 투표를 거부한다면, 고르바초프는 NATO 안에서의 통일이 대중적 정당성이 없다고 말할 수 있을 것이다.[41] 또 다른 옵션은 분단된 독일에 이미 존재하는 핵무기에 대한 엄청난 반대 여론을 어떤 식으로든 활용해서 통일 독일이 핵무기가 필요한지를 묻는 것일 것이다.[42] 특히 서독인들이 제일 싫어하는 것은 단거리 핵미사일이었다. 단거리 핵미사일은 소련의 기갑 부대를 저지하기 위해 배치되었지만, (NATO의 재래식 전력만으로는 소련군의 물량 공세를 막기가 정말 어려웠다.) 그 무기가 사용된다면 유럽의 중심부는 거주할 수 없는 땅이 되어버릴 것이기에 NATO에게 너무 많은 희생이 따르는 비극적인 승리만을 안겨줄 뿐이었다.[43] 외국 군대의 재래식 전력도 분노를 불러일으켰다. 서독 영토의 가장 좁은 지점이 뉴욕의 롱아일랜드 정도 넓이에 불과한데, 국경 내에는 무려 90만 명의 병사가 주둔하고 있었다.[44] 철조망 반대편에는 더 좁은 동독 영토에 여전히 약 18만 명의 군대와 40만 명의 소련 군대, 그리고 더 많은 단거리 미사일을 포함한 일련의 핵무기가 배치되어 있었다.[45] 분단 독일에서 공유되던 씁슬한 농담은 미사일 사거리가 짧을수록 독일인들이 "더 많이 죽는다"는 것이었다. 팔린은 그러한 분노가 상황을 바

3장 선을 넘다

꿀 지렛대를 제공할 수 있다고 생각했다.

그러나 고르바초프는 가능한 한 빨리 이 지렛대를 사용할 필요가 있었다. 팔린의 표현을 빌리자면 서방의 입장은 "매주" 굳어지고 있었기 때문이다. 팔린은 1990년 4월 18일에 베이커가 NATO의 관할권을 GDR로 확장하지 않겠다고 했던 초기의 수사修辭가 사라졌다는 것을 알아차렸다. 대신에 서방은 이제 "GDR과 바르샤바조약에 관한 NATO의 계획을 위한 토대를 마련하는 데 전력을 쏟고" 있었다. 팔린은 모스크바가 지금 당장 통일에 제동을 걸지 않는다면 NATO가 독일 동부의 땅을 원하는 것을 막을 수 있는 방법은 없어질 것이라고 걱정했다. 그가 완곡하게 말했듯이 독일의 현재 국경 너머에 있는 "'이전' 영토에 대한 '판매'"가 "폴란드에 의해 일어나거나 폴란드만 그런 것이 아닐 수도 있다."⁴⁶

다시 말해서 팔린은 독일보다 더 큰 것 문제가 걸려 있기 때문에 그의 상사에게 본격적으로 단호하게 행동해야 할 때라고 말하려 했다. 그러나 고르바초프가 그의 조언대로 하지 않기로 결정했기 때문에, 그의 생각이 1990년 소련 세력의 대손실을 막을 수 있었는지 여부는 영원히 알려지지 않을 것이다. 소련 지도자는 자신의 조언자의 강경한 전략보다는 서독의 재정적·경제적 지원 약속에 더 유혹된 것으로 보인다. 고르바초프는 점점 더 씁쓸해 하는 팔린을 소외시키고 대신 그의 최측근인 아나톨리 체르냐예프에게 의존하는 것을 선택했다.⁴⁷

전투적인 팔린과는 달리 체르냐예프는 독일 통일을 지향했다. 그는 5월 4일 그의 상사에게 다음 단계가 "폴란드의 NATO 가입 가능성"이 될 수도 있지만, 대서양 동맹 안에서 독일이 통일되는 것을 더 이상 막을 수 없을 것이라고 조언했다. 그러나 체르냐예프는 그 가능성에 대해 충격 받지 않았다. 왜냐하면 모스크바에 대한 주요 위협은 "장갑차와 야포"(즉, 재래식 무기)가 아니고 "오데르-나이세 선이나 엘베 강 혹은 또 다른 어딘가"이기 때문이다. 이제 중요한 포커 게임은 "소련과 미국 사이의 핵 균형"에 관한 것이었다. 독일과 폴란드는 핵무기를 통제하지 않았기 때문에 그들은 더 이상 아무 문제도 되지 않았다.[48]

워싱턴 정상회담과 헬싱키 원칙

소련 지도자는 곧 1990년 5월 31일 워싱턴에서 시작되는 미-소 정상회담에서 부시와 개인적으로 이 모든 문제를 다룰 기회를 갖게 될 것이다. 미국 대통령은 또한 고르바초프를 캠프 데이비드로 초청했다. 수도에서 본회의를 마친 후 헬리콥터로 이동하게 했다. 부시와 스코크로프트가 언급했듯이 그 초청장은 미국과 소련 지도자들이 "우리가 각자 다른 나라를 파괴할 수 있게 하는 핵 코드를 휴대한 군사 보좌관들과 함께" 한 헬리콥터에 앉아 있으리라는 것을 의미했다. 더 큰 목표를 고려한다면 그것은 받아들일 만한 것으로 보였다.[49]

이 정상회담을 준비하기 위해 부시와 콜은 NATO 사무총장 만프레드 뵈르너와 긴밀하게 협력했다. 서독은 게이츠의 두 가지 뇌물 중 첫 번째 뇌물인 돈 더미를 제공하는 과정에 있었기 때문에, 뵈르너와 상의하여 두 번째 뇌물 즉, 고르바초프가 강경파를 제압할 수 있도록 "국내에서 사용 가능한" NATO 개혁을 제공하는 것은 워싱턴에 달려 있었다.

부시는 동맹에 더 호소하는 모습을 보이기 위해 NATO 정상회의가 1990년 여름에 열려야 한다고 생각했다.[50] 정상회담은 7월 2일에서 14일로 예정된 소련 공산당 대회의 바로 중간인 1990년

7월 5일에서 6일로 계획되었다. 그러나 그 이전에도 NATO의 새로운 얼굴을 알리기 위해 뵈르너는 5월 17일 동맹이 "변한 상황"에 어떻게 적응할 것인지에 대한 연설을 했다. 그는 "중부 및 동부 유럽의 새로 민주화된 국가들은 NATO가 없었다면 독립과 자유를 되찾을 수 없었을 것이며, 실제로 유지할 수도 없을 것을 인식하고 있다"고 언급했다. 분단된 독일로 눈을 돌린 그는 당 대회에서 고르바초프가 소련 강경파를 설득하는 것을 도우려고 노력하면서 어리석게도 장차 문제가 될 수 있는 발언을 했다. 동독의 "특별한 지위"에 대해 의도적으로 모호한 표현을 반복하는 대신, 뵈르너는 이후 수십 년 동안 모스크바가 서방을 질책하는 빌미가 된 부주의한 문구를 사용했다. 그는 동맹이 "연방공화국 영토를 넘어 NATO 군대를 배치하지 않을 의향이 있다는 바로 그 사실"이 소련에 확고한 안전 보장을 제공한다고 말했다.[51]

콜은 고르바초프와의 회담을 위한 전략 수립을 돕기 위해 워싱턴을 방문했다.[52] 지금까지 총리는 계속 환영을 받았고 미국을 자주 방문하게 되었다. 한때는 3주 동안 두 번이나 방문했었다. 그럼에도 불구하고 그와 부시는 미국이 소련에 얼마나 많은 경제적 지원을 제공할 것인지에 대해 여전히 의견 차이를 보였다. 비록 백악관은 게이츠가 조언했듯이 "가능성을 열어두었지만", 근본적으로 모스크바에 큰 대출을 해주려는 의지가 없었다. 이러한 꺼림칙함을 감안할 때, 베이커 보좌관 중 한 명은 "다가오는 정상회담에서 콜이 고르바초프와 함께 독일과 유럽 문제에 대해 얼마나 많은 진전을 이룰 수 있을지에 대해 지나치게 낙관적인 기대를 가지고 올 것 같다"고 걱정했다.[53]

그러나 부시와 콜은 서독에서 NATO군을 철수하라는 요구 없이 동독에서 소련군을 철수하게 만드는 것이 가장 곤란한 문제라는 데 동의했다. 두 사람은 고르바초프가 그런 일이 일어났을 때 체면을 차리게 해줄 방법을 찾아야 했다. 콜이 1990년 5월 17일 대통령에게 말했듯이 "그는 큰 문제가 있다. 그의 동유럽 동맹국들이 NATO에 들어가기를 원하기 때문이다."54 독일 총리는 중부와 동부 유럽 국가들이 동맹의 일부가 될 수 있다는 생각을 적극적으로 환영했다. 그는 6월 11일 동료 당 지도자들에게 "우리에게 일어날 수 있는 가장 좋은 일은 폴란드가 NATO 가입을 요구하는 것"이라고 말했다. 폴란드가 그런 요구를 했다면 "크게 칭찬해야 한다"고 했는데, 이는 독일이 최전선에서 멀어지고 폴란드인의 불안도 덜어줄 것이기 때문이다. 대안代案, 즉 독일인들이 NATO의 확장에 반대하는 것은 "독일의 핵무기 보유"를 포함하여 동맹을 "파괴"하고 "파국적인 결과를 초래할" 것이다.55

사실 고르바초프는 1990년 5월 18일 베이커와 회담을 포함하여 그의 바르샤바조약 동맹국들이 NATO에 가입하기를 원하는 것에 대해 불평하고 있었다. 미국 국무장관은 부시에게 말한 것처럼 "우리가 동유럽을 떠나게 하려는 징후"로 인해 소련 지도자가 화가 났음을 보았다. 고르바초프는 "만약 그들이 스스로 떠나고 싶다면?"이라고 덧붙였다. 그러나 워싱턴은 "이것을 홍보해서는 안 된다." 베이커는 "동유럽인들을 끌어내리려는" 노력을 부인했지만, 고르바초프는 여전히 회의적이었다.56 소련 지도자는 5월 21일 체코 대통령 알렉산데르 둡체크에게 연락하여, "그레이트 게임이 진행 중이다. 당연히 당신은 헝가리인들과 폴란드인들처럼 끌려가고 있다." 그는 이어 "만약 통일된 독일 전체가 NATO에 가입한다면, 우리도 이 동맹에 가입해야 하지 않을까?"라고 물었다.57

소련 지도자는 5월 25일 프랑스 대통령에게 다시 한 번 이 문제를 제기하며 이렇게 말했다. "나는 베이커에게 말했다. 우리는 여러분이 다수의 동유럽 국가 대표들이 바르샤바조약에서 탈퇴하고 NATO에 가입하려는 의도에 대해 호의적인 태도를 보인다는 걸 알고 있다." 고르바초프는 만일 그렇게 됐을 때 소련도 참가를 요구한다면 워싱턴은 어떻게 할 것인지를 물었다. 미테랑은 고르바초프의 불평에 귀를 기울였지만, 통일된 독일이 NATO의 정회원이 되는 것에 대한 강력한 추진력이 있었다고 지적했다. 즉, 이는 동맹이 단순히 옛 냉전 국경 뒤에 머물러 있지 않을 것이라는 의미이며, 그는 이러한 추진력에 반대함으로써 "나의 서방 파트너들로부터 고립되고 싶지 않다"고 말했다. 프랑스 대통령의 발언은 고르바초프에게 통일 독일이 NATO 안에 남는 걸 막기 위해 그가 할 수 있는 일이 거의 없다는 신호를 보냈다.[58] 그럼에도 불구하고 소련 지도자는 바르샤바조약 지도자들과의 회의에서 불만을 표하며 "동유럽 국가들 또는 적어도 그들 일부 국가들을 NATO에 데려오자"는 서방의 대화에 대해 한탄했다. 그러한 회담의 "배후의 동기와 목표"는 분명했다. "유럽과 그 너머에서 NATO의 기능을 확장하는 것"이었다.[59]

불행한 고르바초프는 또한 독일이 NATO에 있어야 할 필요가 있는지, 또는 NATO가 필요한지에 대해 계속 의문을 제기했다. 1990년 5월 18일 베이커와 함께 있는 동안 그는 워싱턴이 범 유럽 안보 해결책에 대한 자신의 아이디어를 진지하게 받아들이지 않고 있다고 베이커에게 주장하면서 귀중한 기회가 사라지고 있다고 비난했다. 독일이 단순히 옛 냉전 블록 중 하나에 가입한다면, 곧 모멘텀을 잃고 새로운 범 유럽 동맹을 만드는 것이 불가능하게 될 것이다. 대신 고르바초프가 한탄했듯이 "유럽에서 신뢰할 수 있는 안보 구조를 구축하기에는 너무 늦을 것"이다. 베이커는 나중에 부시에게 부시에게 그의 발언을 소련이 "우리의 영향력을

잃을 것이고, 독일이 크고 위험한 강대국이 될 것"을 의미하는 것으로 해석했다고 사적으로 알려주었다.⁶⁰

국무장관은 고르바초프에게 범 유럽 안보 기구에 대한 그의 아이디어에 대해 "훌륭한 꿈이지만, 단지 꿈일 뿐"이라고 큰소리로 말했다. 거의 정확히 1년 전인 1989년 5월 31일 마인츠의 연설에서 부시는 "온전하고 자유로운 유럽"를 요구했지만, 베이커는 유럽 전체가 하나의 안보 동맹에 들어갈지도 모른다는 전망을 환상이라고 일축했다. NATO는 현실적이었고, 그 안에 확고하게 자리잡은 독일은 소련의 관심사가 될 것이었다.⁶¹ 고르바초프는 소련이 대서양 횡단 동맹에 가입해야 하는지 물었다. 고르바초프는 베이커에게 "나는 대통령에게 우리가 NATO에 가입하기를 원한다고 제안할 것이며, 그것을 공개적으로 말할 것"이라고 말했다. 이것은 "터무니없는 일이 아니라", 오히려 심각한 고려사항이었다고 그는 강조했다. 베이커가 직접적인 대응을 피하자 고르바초프는 "우리의 NATO 가입은 그렇게 엉뚱한 환상이 아니다"라고 되풀이해 말했다. 미국과 소련은 한때 동맹국이었는데, 왜 다시 안 되는가? 이에 대해 베이커는 대화를 다시 2+4로 돌렸다.⁶²

고르바초프가 개인적으로 독일, 중부와 동부 유럽, 소련의 NATO 가입 문제를 제기한 만큼, 이 문제들은 분명히 정상회담에서 논쟁이 될 것이다. 서방 지도자들은 미테랑이 고르바초프와 함께 이미 제기한 적이 있는 대응책, 이른바 헬싱키 원칙을 사용하기로 결정했다. 이는 1975년 헬싱키 최종의정서에 서명한 모든 당사국들에게 부여된, 자신의 군사 동맹을 스스로 선택할 수 있는 권리이다.⁶³ 냉전 기간 동안 그것은 공허한 약속이었고 중부와 동부 유럽인들은 그들이 바르샤바조약 외에는 아무것도 선택할 수 없다는 것을 알고 있다. 그러나 서류상으로는, 적어도 소련은 이 원칙을 고수했다.

이제 1990년의 변화된 상황에서 부시와 콜은 그 원칙이 유용할 수 있다는 것을 깨달았다. 서독이 이 법안의 서명국이었기에 합법적인 계승자인 통일 독일은 동맹국을 선택할 권리를 가질 것이고, 물론 NATO를 선택할 것이다. 따라서 NATO 동맹국의 군대가 잔류하는 것은 그러한 정당성을 누리지 못하는 소련 군대와 달리 별 문제가 되지 않을 것이다.[64]

이 쓴 약을 달게 만들려고 부시 정부는 정상회담에서 고르바초프에게 서독이 이미 그랬던 것처럼 통일 독일이 "ABC"(화학, 생물학, 방사능) 무기를 포기할 것이라고 통보하기로 결정했다. 본은 또한 소련군이 과도기 동안 잔류할 수 있다는 것을 인정할 것이다. 그러나 워싱턴은 막대한 재정 지원을 제공하지 않을 것이다. 그 원조가 고르바초프의 즉각적인 주요 관심사였기 때문에, 부시는 콜에게 정상회담에서 많은 것을 기대하지 말라고 말했다. 오히려 미국의 목표는 제한적이었다. 고르바초프가 "주요 돌파구가 없음에도 불구하고 좋은 정상회담을 했다고 느끼게 하는 것"이었다.[65] 정상회담을 위한 내부 브리핑 문서는 결과적으로 기대치를 낮게 유지해야 한다고 결론을 내렸다.[66]

부시가 예상한 대로 워싱턴 정상회담은 독일 통일을 마무리 짓지는 못했지만, 중요한 진전을 만들었다. 부시와 그의 참모들은 고르바초프에게 유럽 안보의 미래가 실제로 헬싱키 원칙을 따를 것이라는 확인을 받는 데 성공했다.[67] NATO 확장의 미래에 중요한 양보는 없다시피 했다. 팔린은 당시에 고르바초프의 정상회담에 참석할 만큼 충분히 호의적이었지만, 고르바초프가 이 점에 대해 동의한 것을 보고 자신과 다른 사람들이 얼마나 당황했는지를 고통스럽게 회상했다. 팔린에 따르면, 소련 지도자의 양보는 부시의 사소한 "수사적 미사여구" 이후에 이루어졌다.⁶⁸ 고르바초프는 미국 대통령에게 통일 독일이 NATO와 바르샤바조약에 공동 가입하는 것이 바람직함을 설득시키려고 노력했으며, 이러한 동맹이 독일의 안보를 보다 확고하게 하는 "두 개의 닻"으로서의 역할을 할 것이라고 제안했다. 미국 측은 이에 동의하지 않았고, 베이커는 그러한 합의에서 정신분열증의 기미가 보인다고 반대했다. 부시는 헬싱키 원칙에 따라 선택은 궁극적으로 독일 스스로에게 달려 있다고 참견했다. "독일이 NATO에 남기를 원하지 않는다면, 다른 길을 선택할 권리가 있다."⁶⁹

팔린은 나중에 소련 지도자가 그 발언을 붙잡는 듯한 반응을 보인다고 회고했다. 마치 물에 빠진 사람이 지푸라기라도 잡듯이 말이다. 고르바초프는 독일이 실제로 NATO가 아닌 다른 것을 선택할 수 있다고 믿었었던 것으로 보인다.⁷⁰ 소련 지도자는 그 노선을 자신의 이익이 되는 것으로 잘못 알고, 독일이 "어떤 동맹을 맺을지 스스로 결정할 것"이라고 공개적으로 발표할 것을 제안했다. 외견상 이 발언이 미국 측에 얼마나 도움이 되었는지 알지 못하는 것 같다. 승리를 감지한 부시는 약간 다른 공식을 제시하면서 동의했다. 미국은 NATO에 독일을 원했지만, 독일이 "다른 선택을 한다면, 우리는 이에 이의를 제기하지 않을 것이며 존중할 것이다."⁷¹ 고르바초프는 어리석게도 그에 동의했다.

소련 대표단원들은 그들이 양보하지 않는다 해도 자신의 지도자가 양보하고 있음을 알고 있었기에 더 이상 참을 수 없었다. 부시와 스코크로프트는 나중에 팔린과 소련 전쟁의 영웅이자 고르바초프의 안보 고문이었던 세르게이 아흐로메예프Sergey Akhrome-yev 원수가 눈에 띄게 화나 있었다고 회상했다. 고르바초프가 연설하는 동안, 두 소련 고문들은 갑자기 "앞뒤로 왔다갔다하면서 큰

소리로 귓속말을 하며 격앙된 토론을 벌였다. 그것은 예전에는 누구도 본 적이 없는 믿을 수 없는 장면이었다. 소련 지도자에 대한 사실상 공개적인 반란이었다." 팔린은 심지어 스스로 발언권을 얻는 데 성공했다. 그는 범 유럽 안보 체제의 바람직함에 대해 장황하게 진술함으로써 피해를 되돌리려 했다. 스코크로프트는 나중에 자신이 실시간으로 반란을 보고 있는 게 맞는지 궁금해했던 장면을 회상했다.[72] 하지만 팔린의 발언은 너무 늦게 나왔다. 부시와 스코크로프트는 "고르바초프는 어정쩡하게 토론을 이어갔다"며, "물러서려고 노력은 했지만 그의 기존 주장을 완전히 부인하지는 않았다"고 기억했다.[73]

그날 저녁 기자회견에서 공식화된 합의가 발표되며 팔린은 큰 절망에 빠졌다. 그는 더 이상 고르바초프에게 이 문제에 대해 조언하는 것이 "무슨 의미가 있었는지" 스스로에게 묻기 시작했다.[74] 아흐로메예프의 절망은 더욱 깊어졌다. 그는 점점 더 고르바초프에 반대하기 시작했고, 그로부터 1년 정도 이후에 일어난 쿠데타를 시도한 이들에게 지지를 보냈다. 쿠데타가 실패하자 그는 스스로 목숨을 끊었다.

대조적으로 미국 측은 정상회담에서 그런 행운을 믿을 수 없었다. 부시가 콜과 이 소식을 공유했을 때 그들은 의견 불일치로 분열된 소련 측이 무엇을 원하는지 모른다고 결론 내렸다. 고르바초프와 그의 참모들은 이제 즉흥적으로 행동할 수밖에 없었다.[75]

고르바초프는 정상회담이 끝나고 귀국한 이후 더 많은 반대에 직면했다. 소련 지도자가 모스크바에 데려온 스베르들로프스크 출신의 지역 공산주의 지도자인 보리스 옐친이 두각을 나타내고 있었다. 비록 고르바초프와 옐친은 두 사람 모두 1931년에 태어났고 전쟁 중인 나라에서 자란 불길한 경험을 공유했지만, 두 사람은 이보다 더 많이 다를 수가 없었다. 고르바초프는 러시아에서 가장 오래되고 가장 권위 있는 모스크바 국립대학에서 법학을 전공했으며, 젊은 시절 당에 입당해 마르크스주의 철학자와 결혼했다. 몹시 추운 우랄 산맥 근처에서 태어난 옐친은 지방의 공과대학에서 공부했고, 다른 엔지니어와 결혼했으며 당에도 늦게 들어왔다.[76] 그는 당시 소련의 지도자 레오니트 브레즈네프 Leonid Brezhnev 가 마지막 황제와 그의 가족이 처형된 집을 철거하라고 명령했을 때 이름을 날렸고, 옐친은 24시간도 채 되지 않아 그 집을 철거하고 일련의 승진을 하게 되었다.[77] 그러나 그는 모스크바에 도착한 후 점점 고르바초프와 충돌했고, 적이 되었다.[78]

1990년 7월, 옐친은 공산당 내의 영향력을 놓고 고르바초프와 계속 싸우는 대신, 반 자유 선거 정치라는 새로운 세계에서의 성공을 위해 당을 떠날 것이라고 갑자기 발표했다. 고르바초프의 개혁 덕분에 그런 정치가 가능하게 되었지만, 막상 고르바초프는 본인이 승리할 수 있었을 때도 유권자 앞에 나서지 않았던 현명하지 못한 행동 때문에, 궁극적으로는 옐친이 수혜자가 될 것이었다.[79] 전하는 바에 따르면 스코크로프트는 옐친의 갑작스러운 민주주의로의 전환이 연막이라고 생각했고, 옐친이 고르바초프에게서 "벗어날 수 있는 유일한 방법은 민주주의자가 되는 것"뿐이었기에 그렇게 된, "순수한 기회주의자"였다고 생각했다. 결국 그는 "근본적으로 권력을 추구했다." 그러나 고르바초프와 달리 옐친은 "포퓰리스트였고 무엇이 대중의 마음에 드는지 알고 그걸 좋아하고 있었으며, 또 아주 잘 해냈다."[80]

옐친은 선반이 텅 빈 상점의 관리자들과 정류장에 늦게 나타나는 버스 운전사들을 개인적으로 비판함으로써 본인을 모스크바의 유명인으로 만들었다.[81] 1990년 5월, 그는 소련 지도자에게는 실망스럽게도 러시아 공화국의 선출 지도자가 되었다. 게이츠가 7월에 부시에게 말했듯이, "우리는 옐친을 과소평가했을지도 모른다." 국가안보보좌관은 "고르바초프의 불안정한 국내 지위"를 약화시킨 옐친의 선거 승리의 중요성을 언급했다. "심각한 음주 문제", 그리고 아마도 비행기 사고와 그를 계속 아프게 한 척추 수술 이후 받은 자가 약물 치료에도 불구하고, 게이츠가 보기에 옐친은 "주요 선수가 될 것"이었다. 특히 그가 "길들일 수 없어 보이는 많은 말에게도 과감하게 안장을 얹었기" 때문이었다. 예를 들어 옐친의 "러시아 공화국의 '주권'에 대한 강조"와 "소련의 다른 구성 공화국과의 관계를 재협상하는 계획은 고르바초프가 대처할 수 없었던 국적 문제의 고르디우스의 매듭을 끊는다."[82] 그와 대조적으로 고르바초프의 개혁은 "일관성이 없는 혼란스러움"이 있었고 그에게는 조국이 처한 수렁에서 "탈출할 수 있는 방법에 대한 아이디어"가 없는 것처럼 보였다. 게이츠는 "고르바초프는 역사 속에 그의 자리를 만들었지만, 이제는 역사가 그를 넘어 움직이는 것 같다"고 결론 내렸다. 그는 부시에게 "대통령님, 당신이 대담하고 자신 있게 서방을 미래로 이끌고 있는 동안, 소련이 결국 충분히 멀리 보지 못하는 사람에게 모든 것을 걸고 있다고 여겨지는 것은 유감스러운 일일 것"이라고 조언했다.[83]

"선로線路 위에 드러눕다"

옐친의 위협 위에 고르바초프는 계속 나빠지는 소련의 경제 상황 또한 관리해야 했다. 콜은 나라 전체가 붕괴되고 있는 게 아닐까 생각하기 시작했다.[84] 이론적으로 적의 붕괴는 좋은 소식이지만, 총리는 모스크바로부터 통일에 필요한 두 가지 주요한 양보, 즉 소련 군대의 철수와 4대 점령국이 독일에서 가지는 법적 권리의 포기를 확보하기 전에 그런 일이 일어나는 건 원하지 않았다.[85]

결과적으로 콜의 팀은 게이츠가 외교적으로 "유인"이라고 불렀던 것을 찾기 위해 훨씬 신속하게 움직였다. 예를 들어 동독에 소련 군대를 주둔시키는 데 드는 많은 비용을 서독이 충당하기로 합의한 것과 같은 것이다. 소련군은 승전국의 점령군으로 왔었지만, 냉전이 끝날 무렵 그들은 사기가 저하되고 열악한 막사에서 지내고 있었으며, 식량도 부족했다. 소련군 기지 근처에 사는 동독인들은 군대가 절망적이고, 배고프고, 심지어는 위험해 보인다고 불평했다. 특히 우려되던 일은 헝가리에 있는 그들의 동료들과 마찬가지로, 그들이 분명히 개인적인 이익을 얻기 위해 군대 재산과 무기를 팔고 있었다는 것이다.

동독 주둔 소련군 문제가 크게 나쁘지 않았다면, 독일의 경제 및 화폐 통일은 정치적 통일에 훨씬 앞서 1990년 7월 1일에 이루어질 예정이었다. 그렇다면 소련군이 시장 환율로 절대 감당할 수 없는 경화硬貨가 들어옴으로써 그들을 궁핍하게 만들 위험이 있었다. 무엇보다 체코슬로바키아와 헝가리에서 철수하는 소련 군대가 본국의 결핍에 직면해 소련 대신에 동독으로 향할 수도 있다는 소문이 있었다.[86] 이 모든 문제를 고려하여 모스크바는 본에 군대를 위한 자금 지원을 요청했고, 본은 이를 제공하기로 동의했다. 1990년 6월 25일, 서독은 1990년 하반기에 소련 군대의 "주둔 비용"으로 12억 5천만 마르크를 지불하기로 약속했다. 엄청난 아이러니였다. 서독은 베를린 장벽이 무너진 후에도 소련 점령군을 위해 비용을 지불할 것이다. 소련 군인들과 그들의 부양가족들은 이른바 야전은행 저축을 매우 유리한 비율로 독일 마르크로 환전하는 것이 허용될 것이다. 역사가인 블라디슬라프 주보크Vladislav

Zubok가 지적했듯이 "모스크바는 여전히 독일 주권의 열쇠를 쥐고 있었다." 그리고 본은 "동독 주둔 소련군 저축의 열쇠"를 쥐고 있었다. "이러한 열쇠를 교환하는 것은 논리적이고 실용적"이었다.[87]

이에 따라 서독의 은행가들과 정부 지도자들은 모스크바에 상당한 양의 자금을 지원했다. NATO의 재출발을 위한 또 다른 유인책은 여전히 조립되고 있었다. 동맹은 16개국으로 구성되었지만, 1990년 7월 NATO의 중요한 선언문을 쓴 것은 미국과 서독의 지도자인 베이커, 스코크로프트, 호르스트 텔칙, 그리고 그들의 가까운 측근들뿐이었다. 그들은 6월 말 비밀리에 초안을 교환하면서 그들 사이에서 가장 민감한 문제들을 그렇게 해결했다.[88] 베이커가 말했듯이, "NATO 관료들"을 통해 초안을 보내는 것을 "거부"했다.[89] 다른 이유들 중에서도, 그들은 NATO가 핵 문제를 어떻게 다루어야 하는지와 같은 주제에 관한 통제권을 유지하기를 원했다. 대통령과의 논의에서 손으로 쓴 메모에 따르면, 베이커는 전술 공대지 미사일 또는 여타 공중 발사 핵무기에 대해 "논쟁에 휘말리지 않는 것이 중요하다"고 느꼈다.[90]

또 다른 주요 문제는 동맹이 바르샤바조약 전체와 협상해야 하는지 아니면 개별 회원들마다 협상해야 하는지에 대한 것이었다. 스코크로프트는 바르샤바조약이 무너지고 있기 때문에 개별 회원들과 이야기하는 것이 더 합리적이라고 느꼈다. 이는 중부와 동부 유럽 국가들과의 연락사무소 설치 아이디어를 낳았다. 국가안보보좌관은 또한 독일이 전체 병력 수를 양보하기에는 너무 이르다고 생각했다. 그 카드는 앞으로 있을 '유럽 재래식 무기 감축 CFE, Conventional Forces in Europe'에 대한 회담을 위해 아껴두어야 했다.[91] 베이커에 따르면, 세부 사항보다 더 중요한 것은 "독일이 NATO 안에서 곧 통일하는 것"이었다.[92]

최종 초안이 완성되자 부시는 뵈르너와 영국, 프랑스, 이탈리아 지도자들만 그것을 손댈 수 있어야 하며 NATO 관료들이 손을 대는 건 안 된다고 명시했다.[93] 비록 뵈르너는 처음에 이 절차에 대해 약간의 "걱정"을 했지만, 그는 그 성명서의 최종 초안에 대해 매우 열광적이었다. 부시에게 말했듯이, 그는 발표 성명서를 가져온 사람에게 커피 대신 "샴페인"을 권할 뻔했다.[94] 그는 특히 중부와 동부 유럽으로 가는 문을 여는 연락 임무 아이디어를 좋아했다. 그 주장은 6월 말에 서독과 동독 연방의회의 공동 선언으로 도움을 받았고, 통일 후에도 기존의 동독-폴란드 국경은 영구적임을 확인했다. 이 선언은 폴란드의 불안을 줄이고 폴란드가 소련군을 계속 주둔시키지 않아도 괜찮다고 생각하게 만들었다.[95]

런던에서 열린 NATO 정상회담에서 미국과 서독은 NATO 관료들을 통해 바뀐 건 거의 없다시피 한 보도 자료를 얻는 데 성공했다. (비록 저항이 없지는 않았다. 어느 시점에서 베이커는 미국의 입장을 옹호하기 위해 연속으로 6시간을 써야 했다.)[96] 1990년 7월 6일, 부시는 고르바초프가 이 성명에 대해 알고 국내의 반대자들을 상대로 사용할 수 있도록 하기 위해 "우리가 NATO를 변화시키기 위해 취한 몇 가지 조치"와 "냉전 동안 우리의 적이었던 국가들에게 우호의 손길을 내밀기"를 강조했다.[97]

소련 지도자는 공산당 대회에서 그를 축출하려는 반대자들로부터 맹렬한 공격을 받고 있었기 때문에 그 소식을 듣고 기뻐했다. 외무장관 예두아르트 셰바르드나제는 이 보도자료가 당대회 기간 중에 발표된 것에 기뻐했으며, 나중에 그의 주장에 크게 도움이 되었다고 말했다. 항상 긍정적으로 생각하는 낙관주의자였던 고르바초프는 그에게 쏟아지던 악랄한 공격과 오랜 지지 세력들의 배신에도 불구하고 큰 자신감을 갖고 당대회에 나타났다.[98]

그는 또한 NATO에 완전히 잔류하게 된 통일 독일을 소련이 받아들일 수 있도록 하는 방법을 제안했다. 그는 동맹의 지위에 많은 모델이 있다는 명백한 사실을 강조하기 시작했다: 군 지휘권을 통합하지 않은 프랑스, 외국 병력과 핵무기의 주둔을 금지한 덴마크와 노르웨이, 핵무기를 자국 통제하에 둔 영국, 그리고 군을 광범위하게 통합했던 서독까지. 고르바초프는 통일 독일의 NATO내 지위는 이러한 모델들처럼 개별 협상해야 한다고 주장했다.[99]

이런 주장에 반대하기 위해, 콜은 본인이 소련으로 직접 가서 마지막 세일즈를 할 수 있게 초청해 달라고 부탁했고, 이에 고르바초프는 1990년 7월 15일과 16일에 그를 초대했다. 의미심장하게도 고르바초프는 그의 아내인 라이사Raisa와 함께 콜을 만났다. 그들은 모스크바뿐만 아니라 부부가 가장 좋아하는 여름 휴양지인 고르바초프의 고향 스타브로폴 근처의 아르키즈 마을에서도 시간을 보냈다.[100] 콜은 고르바초프가 논쟁적인 정상회담을 기대했다면 이렇게까지 했을 리가 없을 거라고 생각하고 좋은 신호로 받아들였다. 더 좋았던 건 그가 모스크바로 떠나기 직전에 들은 소식이다. 고르바초프가 1990년 5월에 텔칙 덕분에 받을 수 있었던 독일 은행에서 대출받은 돈을 이미 다 써버렸고 자금이 더 필요하다는 것이다: 이는 콜에게 꽤 유리하게 작용할 것이다.[101]

팔린은 자신이 워싱턴에서 목격한 재앙이 아르키즈에서 되풀이되는 것을 막기를 바랐다. 이후 그의 설명에 따르면 그는 1990년 7월 9일 고르바초프에게 어떻게 그 재앙을 피할 수 있을지에 관해 서면으로 된 조언을 보냈다. 그는 또한 개인적으로 자신의 주장을 강조하기 위해 고르바초프에게 전화 통화를 요구했다. 고르바초프는 부시 앞에서 그를 당황하게 했던 팔린에게 아직도 감정이 남아 있었고 또 그의 요구에 짜증이 났을 것이다. 그래서 팔린은 독일 총리가 도착하기 직전인 자정까지 전화를 기다려야 했다. 팔린은 헬싱키 원칙을 되돌리려고 노력하며 고르바초프가 콜에게 독일이 NATO에 가입할 수 없거나 "가장 최소한으로는" 자국의 영토 어디에서도 어떤 종류의 핵무기도 가질 수 없다고 말하라고 주장했다. 그는 다시 한번 대다수의 독일인들이 자국의 비핵화를 지지한다고 지적했다.[102] 그러나 고르바초프의 견해를 바꾸기에는 너무 늦었다. "기차가 이미 역을 떠났을지도 모른다"고 말하면서, 소련 지도자는 재빨리 수화기를 내려놓았다.[103] 고르바초프는 또한 아르키즈에 갈 일행에서 팔린을 제외하며 그에게 더 이상 호의가 없다는 것을 분명하게 보여줬다.

 7월 15일, 콜과 텔칙은 모스크바에 도착하여 고르바초프와 체르냐예프 두 사람과 함께 2시간을 보냈다. 체르냐예프는 본인의 일기에서 콜이 "솔직하지만 힘든 게임"을 하는 데, "결단력이 있고 활기차다"고 언급했다. 체르냐예프가 전반적으로 회담을 요약한 바에 따르면 고르바초프와 콜은 재정 유인책이라는 "미끼"가 통일 독일이 NATO에 가입하는 것을 수락한 유일한 이유가 더 이상 아니라고 했다. 심지어 이 시점에서는 그게 가장 중요한 이유도 아니라고까지 말했다. 오히려 두 사람은 "사건의 흐름에 역행하려는" 시도는 "말도 안 된다"는 데 동의했다.[104] 달리 말하자면 독일인들은 압도적인 필연성의 감각을 창출하는 데 성공한 것이다.

 콜은 소련군 철수와 NATO의 통일 독일 전역으로의 확장에 관한 계획을 세워 달라고 요청했다. 그는 또한 미래 독일군 규모의 제한에 대한 이야기할 의향을 표명했고, 서독과 소련 간의 과거 및 미래 경제 협력에 대한 세부 사항을 살펴보았다. 고르바초프는 소련 군대가 "제2차 세계 대전에서 소련의 승리를 독일 마르크에 팔고 있다"는 "분노"가 있었다고 응답했다. 그들의 불평에도 불구하고, 그는 소련 군대가 3~4년만 더 주둔할 것이라고 말했고, "소련 군대가 그곳에 있는 동안에는 동독의 영토가 NATO의 관할에 속하지 않는" 조건하에 "통일된 독일은 NATO의 일원이 될 것"이라고 기꺼이 인정했다.[105]

1990년 2월 방문 중에 있었던 일처럼, 독일 총리는 앞으로 나아갈 수 있을 청신호를 보고 다시 한번 감격했다. 모스크바 주재 서독 대사관 직원을 포함한 대규모 대표단이 나중에 합류했을 때, 콜은 모인 대표단에게 "우리가 지금 알고 있고 계획하고 있는 모든 것에 따라 연말에 독일이 통일될 것"이라고 말했다.[106] 텔칙은 또 아직 모스크바 대사관에 있는 서독 외교관 요아힘 폰 아르님에게 그들의 전략은 "효과가 있다"고 말했다.[107] 고르바초프가 나중에 생각을 바꿔 소련 군대가 10년까지 주둔할 수 있는지 물었을 때, 콜은 그것을 허락하지 않았다.[108]

고르바초프는 이제 팔린뿐만 아니라 체르냐예프도 절망에 빠뜨렸다. 비참한 상황에서 그는 아르키즈로 가는 비행기를 타지 않을 핑계를 만들었고, 독일인들은 손님 명단에 있던 체르냐예프의 부재에 대해 물었다. 그는 일기에 "완전히 망가졌음"을 느꼈고 사임을 고려했다고 고백했다.[109]

체르냐예프와 팔린이 빠진 소련과 서독 대표단은 비행기를 타고 아르키즈로 가는 길 중간에 스타브로폴을 잠깐 방문했다. 콜은 화해의 표시로 나치 독일이 점령했던 도시인 스타브로폴의 전쟁 기념관에 들러 애도의 화환을 바치는 데 동의했다. 그런 다음 두 대표단의 고위 구성원은 그 다음 날인 1990년 7월 16일 아르키즈로 가서 세부 사항을 정리하기 위해 더 많은 대화를 나눴다.

고르바초프는 그곳에 도착하자마자 소련 군대의 철수, 재정착 및 재훈련을 위한 막대한 자금을 기대한다는 점을 분명히 했다. 콜은 그러한 사안들은 여름 동안 전문가인 부하 직원들이 해결하는 것이 더 낫다고 말하며 자세한 설명을 피했다. 그는 두 지도자가 소련군 철수 이후 동독 영토와 확장된 NATO가 그곳에서 할 수 있는 일에 초점을 맞춰야 한다고 말했다. 고르바초프는 "NATO의 군사 편제"가 그 안에 무엇을 포함하는지 분명하게 말하지 않고서는 동쪽으로 확장될 수 없다고 단호하게 선언했다. 서독은 헬싱키 원칙에 따라 통일 독일은 동맹을 선택할 권리가 있다고 지적하며 그에 저항했다. 독일 영토에서 그러한 동맹이 요구하는 구조가 무엇이든 그건 전적으로 독일 정부에 달려 있다.[110]

결국 고르바초프는 양보하고 타협을 제안했다. 만약 NATO가 소련이 철수한 후 동독 영토에 핵무기를 배치하지 않고 독일군만 주둔할 수 있다는 데 동의한다면 통일을 허용할 것이다. 두 가지 제한 모두 워싱턴이 피하기를 희망했던 제한이었지만, 독일의 완전한 비핵화만큼의 협상 결렬 요소는 아니었으며, 어쨌든 미국에 대한 내용은 없었다. 콜과 겐서는 양보가 합리적이라고 생각했다. 그들은 또한 독일 연방군 병력의 미래 상한선을 37만 명으로 하는 것에도 동의했다.[111]

콜은 가능한 한 빨리 기자회견을 열었고, 텔레비전 방송국들은 그 이야기를 방송하기에 바빴다.[112] 나중에 총리는 부시가 2월에 계획했던 전략이 이제 결실을 맺고 있음을 확인했다. 콜은 "나는 캠프 데이비드에서 나온 당신의 공식을 사용했다"고 회상하며, 독일은 주권 국가로서 "동맹관계를 스스로 결정할 수 있다"고 말했다. 또한 "나는 독일인들이 NATO를 지지할 것이라고 명백히 설명했다"고도 말했다. 콜은 고르바초프가 "그의 뒤에 있는 다리를 불태웠다"고 보았다. 콜은 고르바초프가 "되돌아갈 수 없다"고 믿

3장 선을 넘다

었고, 따라서 고르바초프가 앞으로 나아갈 수 있도록 도와줄 서방 파트너가 필요했다. 부시의 참모들 중 일부는 콜의 양보에 대해 그다지 흥분하지 않았는데, 한 기자가 "스타브라팔로" 정상회담이라고 말했던 이전의 독일과 러시아 간의 거래에 대한 기억을 떠올리게 했기 때문이다. 하지만 미국도 이제는 되돌아갈 수 없었다.[113]

이러한 사건의 여파로 여전히 당의 통제를 받고 있던 소련 언론은 지도자의 양보를 국내 청중들에게 어떻게 홍보할지 확신하지 못하는 듯했다. 1990년 7월 17일자 소련 신문에는 이틀 전의 고르바초프-콜 회담에 대한 보도는 없었다.[114] 아마도 소련에서 가장 씁쓸했을 반응은 예상대로 팔린으로부터 나왔는데, 그는 아르키즈의 소식에 대한 본인의 반응을 "격노"라고 묘사했다. 그는 자신뿐만 아니라 소련의 모든 기관들이 포커 게임의 이 중요한 핸드에서 어둠 속에 갇혀 있었다고 불평했다. 그는 고르바초프가 통일을 "훨씬 더 높은 가격"으로 "팔아야" 한다고 느꼈지만, 너무 늦었다.[115] 그때쯤 팔린은 이미 자신의 최선의 행동 방침은 "기차 선로 위에 가로로 드러눕는 것"이라고 결론을 내렸다.[116]

9월의 투쟁

2+4 조약과 관련된 다양한 협약의 문제를 마무리해야 했던 소련 하위 전문가들은 팔린의 공포를 공유했다. 콜과 고르바초프는 대략적인 윤곽을 그렸지만 여전히 서면으로 된 설명이 필요했고, 모스크바의 협상가들은 그러한 세부 사항을 가능한 한 악마처럼 만들었다.[117] 서독측 협상 담당자들은 소련 전문가들이 아르키즈에서의 고르바초프의 양보를 "실패"로 보았고, 또 그로 인해 소련군이 "굴욕을 당하고", "따라서 소련군의 후퇴에 따른 재정적 여건이

더욱 어려워졌다"는 것을 재빨리 깨달았다.[118] 협상은 8월까지 질질 끌다가 9월로 이어졌다.[119]

회담이 진행됨에 따라 소련 강경파들은 그들이 막판에 유리한 고지를 점했다는 사실을 깨달았다. 콜은 통일을 완료하고 1990년 12월 2일로 예정된 다가올 총선을 위한 선거 운동 기간 동안 자신에게 확고한 지지를 보내던 동독 유권자들을 추가적인 유권자 집단에 넣기를 원했다. 그를 위해 콜은 이상적인 시기인 10월 초까지는 그의 나라를 하나로 통합하기를 원했다. 따라서 통일을 방해하는 모든 외국 장애물이 9월까지 제거되어야 했다. 이 기한에는 소련의 협조가 필요했고 덕분에 모스크바는 영향력을 행사할 기회가 생겼다.[120] 군사 반동주의자들은 서독 사람들뿐만 아니라 그들이 싫어하는 자국 외무장관인 셰바르드나제에 대해서도 반복적으로 요구했다.[121] 오랫동안 끓어오르던 긴장감이 폭발했다. 낙담한 셰바르드나제는 공개적으로 자국 군부와 전쟁을 벌이고 있었고, 사임 직전이었다.[122]

소련 측은 또 다른 새로운 이점을 가지게 되었다. 워싱턴이 주의가 산만해진 것이다. 부시 행정부가 여전히 독일 통일을 위한 마지막 회담에 관심을 가지고 주시하고 있지만 그것이 부시 행정부의 최고 우선순위는 아니었다. 사담 후세인Hussein, Saddam이 쿠웨이트로 2천 대의 탱크와 15만 명의 이라크군을 보낸 8월 2일 이후 워싱턴의 관심은 점점 더 페르시아만으로 향했다.[123] 후세인의 기습 공격과 부시의 대응은 1991년 제1차 걸프전Gulf War으로 이어졌고 미국이 수십 년 동안 이 지역에 대해 집착하는 결과를 낳았다.[124] 학자에서 정책입안자로 전향한 안젤라 스텐트Angela Stent가 지적했듯이 만약 장벽이 "6개월 후에 무너지고 1990년 가을에 협상이 시작되었다면, 고르바초프는 그의 강경파 비판자들에게 훨씬

3장 선을 넘다

더 신세를 졌을 것이고 미국과 그 동맹국들은 걸프전으로 방향을 틀었을 것"이라고 말했다. 통일은 훨씬 더 어려웠을 것이고, 심지어 불가능했을 수도 있다. 그녀는 "이 사건에서는 타이밍이 핵심이었다"고 결론 내렸다.[125]

종반전에서 새로운 고려사항이 생겼다. 체코슬로바키아는 미국에 조용히 NATO 가입을 타진했다. 체코 대통령의 전기 작가가 말했던 것처럼 "하벨과 미국이 첫눈에 반한 사랑 이야기였다." 전직 반체제 인사이자 정치범(하벨)은 "이 나라의 제한 없는 자유와 개성"에 감탄했고, 미국인들은 "그의 의심할 여지없는 용기, 눈에 띄는 겸손함, 그리고 그의 냉정한 면모에 크게 반응했다"고 말했다.[126] 그리고 그의 보좌관 중 한 명이 그 사랑 이야기를 이용하려고 시도했다. 하벨의 안보 보좌관은 (1990년 8월 16일 NSC의 동유럽 전문가인 로버트 허칭스가 스코크로프트에게 보고한 대로) "만약 체코슬로바키아가 가입을 신청하면 NATO가 어떻게 대응할 것인가"라고 질문했다. 허칭스는 그들이 그렇게 왜 그렇게 묻는지 알고 있었다. 그는 "동유럽인들이 바르샤바조약에서 탈퇴하고 싶지만 NATO에 가입할 수 없다면, 미래의 유럽에서 그들의 안보는 어디서 찾을 수 있겠느냐"고 물었다.[127] 겐셔와 미테랑은 이전에 일종의 범 유럽적 기구를 통해 두 군사 협정을 대체하는 걸 제안함으로써 그 질문에 답하려고 했지만, 미국의 NATO에 대한 선호를 이기진 못했다.[128] 허칭스는 답하기 쉬운 문제가 아니라고 생각해 "우선적인 관심은 폴란드에 집중되어야 한다"고 제안했다. 그는 또 "체코슬로바키아가 그 다음이고 헝가리가 그 뒤를 잇는다. 이 세 국가는 그 순서대로 서방(그리고 모스크바)에게 전략적으로 중요하다"고 말했다.[129]

그러나 위협이 다가오고 있었다. 허칭스는 또한 스코크로프트에게 소련 측이 서독의 도움과 워싱턴의 최선의 노력에도 불구하고 최종 2+4 조약의 일부로서 NATO의 미래를 제한하는 데 성공하고 있다는 놀라운 소식을 전했다. "독일의 절반은 NATO에 가입하고 절반은 탈퇴한 상태가 되었고 이는 미군이 계속해서 주둔할 수 있는 기반을 약화시킨다."[130] 대처도 마찬가지로 놀랐다.[131] 이 위협에는 3개의 공격 라인이 포함되어 있었는데, 각각은 기술적으로 1994년 소련 군대의 최종 철수에 이어질 세부 사항 속에 숨겨져 있었다. 하지만 종합해 보면 그들이 끝내 얻어낸 것은 엄청났다.

첫째, 협상 테이블에 있던 모든 사람들은 1994년으로 예정된 철수 이전에는 독일 영토 방위 부대(NATO에 통합되지 않은 부대)만이 모스크바의 군대와 함께 동독 영토에 배치될 수 있다는 데 동의했다. 그 이후에는 NATO에 통합된 독일군도 주둔할 수 있게 된다. 그러나 소련군은 이러한 배치 논의로 인해 생긴 틈을 교묘히 이용해 냉전 시대 동부 국경 너머로 독일군 이외의 군대가 배치되는 걸 영구적으로 금지하는 조항을 추가했다. 더 나쁜 점은 서독이 거래를 성사시키려는 의도로 이에 동의했고, 당시 최종 조약 초안에 그러한 취지의 문구를 삽입했다는 것이다. 독일 통일과 NATO의 동쪽으로의 확장 능력은 분리할 수 없이 융합되었다는, 본과 워싱턴 사이의 전략적 신뢰의 근본적 기반이 갑자기 무너지는 듯했다. 공포에 질린 허칭스는 스코크로프트에게 이 금지 조항은 "독일 이외의 NATO군이 훈련의 목적이나 독일 안보에 대한 미래의 위협에 대처하기 위해 '선線을 넘을' 수 없다"는 것을 의미한다고 경고했다.[132]

둘째, 소련의 강경파들도 그들에게 남은 수단을 통해 NATO의 핵 존재를 제한하기 위해 늦게나마 최선을 다하고 있었다. 아르키즈에서 콜은 옛 동독 영토에 서방의 핵무기가 없을 것이라는 점을 인정했고, 워싱턴도 그 제한을 존중했다. 그러나 소련은 이제 재래식 탄두와 핵탄두를 모두 장착할 수 있는 "이중용도" 장비도 제외해야 한다고 요구하고 있었다. 이 금지 조치는 너무 광범위해서 실제로는 엄청나게 넓은 범위의 군사 장비와 차량을 금지할 것이다. 대부분의 야포들은 핵무기를 장착한 포탄을 발사할 수 있었고, 거의 모든 현대 전투기들은 핵무기를 탑재할 수 있었다. 그들은 잠재적으로 모두 그 금지 아래 놓일 것이다.[133]

셋째, 본의 외무부는 여러 냉전 시대 합의의 미래 범위와 타당성에 의문을 제기했다. 이는 동구권뿐만 아니라 서방의 외국 군대에도 영향을 미칠 수 있는 잠재적인 문제들이다. 이런 협정 중에는 1954년 체결된 '외국군 주둔에 관한 협약'과 이와 관련된 군사 지위 협정이 있었는데, 이 협정은 무기한이었다. 독일의 NATO 동맹국들은 이를 단순히 동독 영토로 계속 확장해야 한다고 생각했는데, 이는 서독이 동부 영토를 추가하고 새로운 통일 독일이 된 후 기존 조약을 유지하려는 의도가 있었음을 보여줬기 때문이다. 그러나 본은 독일이 통일됨에 따라 소련 군대와 서방 군대가 모두 계속 주둔하는 것에 대한 새로운 협정이 필요하다고 주장했다. 독일 주재 미국 대사의 말을 빌리자면 이 주장은 "독일의 요청에 따른 우리의 주둔과 소련의 주둔 사이에" 불필요하고 불편한 "도덕적 동등성"을 만들었다. 더 안 좋은 건 8월 16일 베이커가 서독 외무장관에게 이 문제에 대해 편지를 썼을 때, 겐셔는 처음에는 아무 반응도 보이지 않았다는 점이다. 당황한 서방 열강들은 일부 조건에 대해 협상할 용의가 있다고 밝혔지만, 근본적으로는 협약 및 관련 합의의 효력을 유지하기를 원했다. 특히 외국 군대에 부여된 공적인 특권에 대한 잠재적으로 해로운 논쟁이 대중에

게 알려지는 것을 피하기 위해서였다.[134]

서방 동맹국들은 독일이 누구 편인지 의심하기 시작했다. 9월 12일로 예정된 2+4 조약 서명 날짜가 다가옴에 따라, 베이커는 겐셔에게 계속해서 불만을 전달했고, 본은 외국 군대의 지위에 관한 세 번째 문제에 대해 약간의 융통성을 보였다.[135] 겐셔는 베이커에게 설명한 대로 복잡한 공식을 내놓았는데, 외국 군대에 관한 합의에서 가장 중요한 조항은 서방에서 계속 적용될 뿐만 아니라 동독으로 이동하는 모든 군대에도 적용된다는 것이다. 그러나 이는 모스크바에 대한 양보로서 동독 영토가 아닌 개인에게만 적용된다. 다시 말해서, 기존의 외국 군대와 관련된 조약은 단순히 국가가 통일됨에 따라 동독 전역에 걸친 포괄적 정책으로 확대되지는 않을 것이다. 대신 본은 임시방편으로 해당 지역의 관련 부대를 포함하도록 조항을 확대할 수 있다. 하지만 그렇게 하지 않을 선택권도 있다.[136]

베이커와 NSC는 마지못해 따라갔지만, 첫 번째와 두 번째 논란, 즉 NATO의 외국군이 독일 내부에서 옛 동독 영토의 경계를 넘어서는 것을 영구 금지하는 것과 이중용도 문제는 여전히 애매한 채로 남아 있었다. 허칭스는 이 상황이 매우 중대하다고 생각하여 쿠웨이트 위기의 압박에도 불구하고 대통령의 즉각적인 관심을 요구했다. 스코크로프트도 동의했다. 1990년 9월 5일, 국가안보보좌관은 부시에게 "독일 통일에 대한 최종 합의문을 위한 협상에서 중대한 문제가 발생했다"고 보고했다. "짐 베이커가 겐셔에게 보낸 서한을 포함한 여러 차례의 외교적 교섭에도 불구하고 독일의 입장을 바꾸는 데 실패"했기 때문에 이는 이제 부시의 개인적 관심이 필요한 사안이 되었다. NSC의 견해에 따르면, 소련이 새로 들고 나온 금지 조항은 아르키즈 협정을 훨씬 뛰어넘었다. 스코크로프트는 현재 상황이 "독일의 완전한 NATO 가입과 양립할 수 없다"고 결론지었고, 최고위급의 개입이 없다면 "우리는 이 중요한 지점을 잃을 수 있다"고 말했다. 그는 또한 대통령에게 1990년 10월 3일로 예정된 독일 통일 기념행사에 대한 어떠한 초청도 수락하지 말라고 조언했다.[137]

대통령은 9월 6일 목요일 오전 8시 6분에 콜에게 전화를 걸어 독일 지도자에게 남은 분쟁 분야에 대해 베이커와 직접 협의하도록 설득했다. 부시 자신은 9월 9일 일요일 헬싱키에서 있을 고르바초프와의 짧은 정상회담을 위한 준비로 바빴다. 이 정상회담은 걸프만 위기에 대한 논의를 위한 것이었고, 아마도 그는 가능한 한 많은 다른 문제들을 먼저 해결하고 싶어했을 것이다. 예상대로 총리는 부시에게 10월 3일에 있을 통일 기념행사에 참석해달라고 청원할 기회를 잡았다. "물론, 우리는 가능하다면 몇 시간 동안이라도 베를린에서 미국 대통령을 보고 싶다." 콜은 내키지 않아 하는 대통령을 설득해 "당신과 고르바초프, 대처, 그리고 미테랑이 베를린에서 사진을 찍으면 매우 인상적인 이미지가 될 것"이라고 주장하며 화합과 협력의 강력한 신호를 보내도록 했다. 그러나 이 설득은 실패했다. 부시는 스코크로프트의 조언에 따라 참석에 대해 "낙관적이지 않다"고 답했다.[138]

콜은 다음 날인 9월 7일 금요일 고르바초프에게 전화를 걸었다. 2+4의 최종 서명이 이제 며칠 앞으로 다가온 가운데, 그 당시 소련 측은 대가로 360억 마르크를 요구했다. 이는 서독이 기대했던 금액의 8배였다. 콜은 이미 전화 통화를 통해 부시에게 모스크바가 "자금 조달에 대해 비현실적인 기대를 하고 있다"고 알렸다.[139] 서독 외무부도 "소련의 놀라울 정도의 요구 규모"에 비슷하게 반응했다.[140] 콜은 아르키즈에서 자금 조달이 하위 부하들에 의해 정리될 수 있다고 생각했지만, 그의 재정 및 자금 전문가들은 소련이 제안한 숫자에 주저했다. 서독 재무장관 테오도어 바이겔 Theodor Waigel은 통일 관련 지출이 이미 서독에 미치고 있는 영향을 염두에 두고 콜에게 60억 마르크 이상의 금액을 제공하지 말라고 강력히 권고했다.[141] 총리는 바이겔의 조언을 무시하고 대신 80억 마르크를 제안하면서 고르바초프와의 통화를 시작했다. 소련 지도자는 이를 "막다른 골목"이라고 일축하고 "함정에 빠진 것 같다"고 불평했다.[142] 콜은 그에게 진정하라고 촉구했고, 이 문제를 다시 생각해 보겠다고 말했으며, 9월 10일 월요일에 다시 전화하겠다고 했다. 부시의 요청에도 불구하고, 총리는 고르바초프에게 '이중용도' 문제나 동서독 국경의 '선을 넘는' 문제를 밀어붙이지는 않은 것으로 보인다.

그러한 문제들이 여전히 해결되지 않았다는 소식을 듣고, 미국 대통령은 같은 것을 두 번이나 요청해야 하는 굴욕적인 입장에 놓였다. 그는 헬싱키 회담이 끝난 주말에 콜에게 다시 한 번 연락을 취해 "소련이 외국 군대의 주둔에 대한 더 이상의 제한을 기대하지 않는 것이 특히 우려된다"고 말했다.[143] 같은 날 부시는 고르바초프에게 10월 3일 독일에서 열리는 통일 기념행사에 참여해달라는 콜의 요청을 거절할 생각이 있다고 말했다.[144] 한편 콜의 걱정스러운 조언자들은 총액을 확고하게 지키라고 주말에 총리에게 말했다.

통일이란 목표를 위해 이런 경고를 다시 무시한 콜은 월요일에 소련 지도자에게 소련 군대의 재배치와 재수용에 드는 비용 120억 마르크 제공에 더해 30억 마르크의 무이자 대출을 제안했다.[145] 고르바초프는 그 금액에 동의했다. 그러나 두 사람은 여전히 군사적인 문제를 해결하지 못했다.[146]

9월 11일, 모스크바에서 예정된 서명 전 날까지 2+4 조약의 최종 본문은 미완성으로 남아 있었다. 서방 국가 대표들은 영국 협상가인 P. J. 웨스턴Weston이 설명한 것처럼 "옥티아브르스카야 호텔의 하얀 무덤에" 모였지만, "FRG 대표단이 이미 러시아와 양자회담을 갖고 최종 쟁점에 대한 거래를 성사시키려 했고, 미국의 견해를 (적어도 우리에게는) 왜곡해서 전달했다"는 사실을 알게 되었다.[147] 6개국 대표들이 모두 마침내 그곳에 도착했을 때(베이커와 다른 많은 미국 대표단들은 헬싱키에서 직접 왔지만), 그들은 어떤 무기 체계든 동독 지역에서는 재래식 무장만을 장착하는 것으로써 '이중용도' 문제를 해결할 수 있었다.[148] 이 합의를 통해 동독 지역은 유럽에서 유일하게 핵무기가 없는 곳이 되었다.[149]

그러나 '선을 넘는' 문제는 여전히 해결되지 않았다. 겐셔는 그의 동맹국들이 그 지점에서 버티고 있다는 사실에 정신이 나갈 것 같았다. 그는 자신의 동맹국들이 2+4 조약의 체결뿐만 아니라 통일 일정 전체, 그리고 심지어는 통일 자체를 망가뜨리고 있다고 느꼈다. 그러나 NATO의 미래 이동의 자유 문제는 너무나 중요했기 때문에 서방 동맹국들은 기꺼이 그 모든 위험을 감수했다. 특히 영국과 미국은 독일 내에서 냉전의 경계선을 넘는 것을 영구적으로 금지하는 조치를 받아들이지 않을 것이다. 이는 독일에 미치는 영향을 우려하는 측면도 있지만, 장기적으로 미칠 영향도 고려했기 때문이었다.[150] 중부와 동부 유럽인들은 이미 NSC를 포함한 여러 문을 두드리고 있었는데, NSC는 그들의 우려가 "우선적인 관심"을 받을 만하다고 생각했다.[151] 결과적으로 서방 열강들은 웨스턴의 말에 따르면 "예측할 수 있는 상황을 훨씬 넘어 확장되는 옵션들을 무기한으로 봉쇄하는" 조약을 받아들이는 것을 꺼려했다.[152]

9월 11일 저녁, 겐셔는 셰바르드나제와의 사적인 대화를 위해 계속 사라졌다. 베이커의 수석 보좌관인 로버트 졸릭은 겐셔가 마지막 몇 시간 동안 다른 곳에서의 "비밀스러운 독일/러시아 양자 활동"에 탐닉하면서 동맹국들에게 그가 다시 나타나길 기다리게 한 행동을 보고는 "저급하다"고 생각했다.¹⁵³ 그들은 대략 오후 7시부터 9시까지 겐셔와 셰바르드나제가 일대일로 대화를 나누고 타협에 동의하는 것을 기다렸다. 소련이 떠난 후에도 외국 NATO군은 동독 지역에 영구적으로 주둔하거나 배치할 수 없었지만, 그럼에도 불구하고 독일 정부의 재량에 따라 냉전의 경계선을 넘을 수 있었다. 셰바르드나제는 이 협정이 협상 의정서의 공식적인 부분이 되어야 하는지 물었지만, 겐셔는 아니라고 대답했다. 대신 그는 이 합의를 다른 외무장관에게 구두로 간단히 진술하고, 요청이 있을 경우 조약의 서명을 위해 열릴 기자회견에서 다시 알릴 것이다.¹⁵⁴

그것으로는 충분하지 않았다. 화가 난 영국인들이 말했듯이, "구두 보증은 안 된다." 웨스턴의 말에 따르면, 소련은 이제 콜에게 120억 마르크를 받아 "금고에 넣고 있고 세계는 12시간 이내에 서명을 기대하는 만큼 우리는 러시아에게 더 이상 양보할 필요가 없었다." 서방 국가들은 이 중요한 문제에 대해 서면으로 무언가를 주장했다. 이에 대해 겐셔와 그의 참모들은 동맹국들을 맹비난하며, "유럽에 평화가 시작된 이후로는 전혀 비현실적"이라고 말했다. 독일 외무장관은 고향을 서독과 통일시키려는 자신의 꿈이 막판에 사라져 버릴지도 모른다는 생각에 제정신이 아니었다. 불화를 감지한 그날 밤 소련 측은 서명을 연기하거나 아예 취소하겠다고 위협했다.¹⁵⁵ 그 위협을 전달하는 책임을 맡은 소련 외교관 크비진스키는 몇 년 후 그가 그것을 전달하는 것을 얼마나 즐겼는지를 회상했다.¹⁵⁶

겐셔는 서명이 지연되면 2+4가 완전히 무너질까 두려워했

3장 선을 넘다

다.[157] 이미 자정을 넘은 시간에도 불구하고 그는 미국 국무장관과 대표단이 하룻밤을 묵었던 호텔 인터내셔널에 전화를 걸어 베이커와 직접 통화하고 싶다고 요구했다. 그는 졸릭에게 연락했는데, 졸릭은 국무장관이 수면제와 독한 술을 마신 후 이미 잠자리에 들었다고 말하며 겐셔를 저지하려고 했다. 외무장관은 "맙소사, 우리는 더 이상 위험을 감수할 수 없다"고 주장하며 조약과 독일의 미래가 앞날을 알 수 없게 되었다고 말했다.[158]

베이커의 참모들은 겐셔에 굴복하여 국무장관을 깨웠다. 겐셔가 도착하자마자, 새벽 1시가 조금 지나서 미국 대표단이 운동복과 목욕가운을 입은 채 그를 맞이했다. 수면제와 알코올에 취했음에도 불구하고 베이커의 협상 감각은 살아 있었다. 베이커와 겐셔는 졸릭이 그 날 일찍 제시한 아이디어, 즉 조약에 대한 서면 부록을 사용하여 교착 상태를 타개할 수 있었다.[159] 더 정확하게 말하면, 공식 조약은 모스크바가 원했던 대로 1989년 독일 내부 분할 경계선의 동쪽에 외국 군대가 주둔하거나 배치하지 않을 것이라고 계속 명시할 것이다. 그러나 '배치'는 새로운 부록 또는 "합의된 의사록"에 따르는 통일 독일 정부의 재량에 의해 정의된다. 그 의사록은 결국 외국 NATO 군대가 냉전의 경계선을 넘을 수 있다는 서면 확인을 제공하였다.[160] 졸릭이 나중에 설명했듯이, "우리는 그 가능성을 확보할 필요가 있었다. 결국 두 번째 단계로 폴란드가 NATO에 가입한다면, 미국 군대가 폴란드에 주둔하러 가는 길에 동독을 통과할 수 있기를 원했기 때문이다."[161]

그 아이디어는 다른 서명국들도 만족시켰다. 모든 당사자들은 결국 서명이 진행되기 직전 조약에 "합의된 의사록"을 추가하는 데 동의했다. 후대에 복제된 조약들 중 일부는 회의록을 완전히 생략했는데, 이는 회의록이 사소한 것이라고 오해했기 때문이다.¹⁶² 전혀 그렇지 않았다. 서방 동맹국들은 모든 당사자들이 조약 뿐만 아니라 의사록 아래에도 서명해야 한다고 주장했고, 따라서 최종 공식 문서에는 두 개의 완전히 동일하게 타이핑된 표제와 손으로 쓴 서명이 있었다.¹⁶³ 셰바르드나제는 관련 문서 두 장에 모두 서명하며 소련의 법적 권리를 포기하고 소련 군대의 점진적인 철수를 시작했으며, 철수 완료 후에는 NATO의 외국 군대가 독일 정부의 재량에 따라 냉전의 경계선을 넘을 수 있도록 허용했다.¹⁶⁴

의식이 진행되는 동안 겐셔는 고르바초프에게 소련 국민들이 그들이 한 일에 결코 실망하지 않을 것이라고 엄숙히 약속했다.¹⁶⁵ 소련 지도자는 서명 후 연회장에 모인 사람들에게 허드가 "호화로운 점심"이라 부른 식사를 대접했고, 미래에 대해 낙관적인 말을 했다. 그러나 그는 잃은 것이나 약점을 숨길 수 없었다. 허드가 회고록에서 썼듯이, 러시아인은 "홀의 네 벽 안에서는 자신감이 넘쳐 납득시킬 수 있었지만 밖에서는 모든 것이 미끄러지고 있었다." 다음 날인 9월 13일, 고르바초프는 베이커에게 10억에서 12억 달러의 무이자 대출을 요구했다. 베이커는 "제3국"이 대신 소련 지도자를 도울 수 있는지 알아보자고 제안하면서, 이의를 제기했다. 그러나 그는 고르바초프가 이스라엘에게 그런 도움을 요구하지 말아달라는 요청을 덧붙였다. "그들의 돈은 궁극적으로 우리의 돈이기 때문이다." 한편 같은 날 허드는 "권력이 손에 들어오는 사람", 즉 "잠재적 독재자-옐친"을 호출했다.¹⁶⁶

1990년 10월 3일, 독일은 계획대로 통일할 수 있었다. NATO 헌장 제5조의 보장을 포함한 NATO의 완전한 법적 관할권은 통일 직후 옛 동독 영토 전체로 확장되었다. 동맹은 냉전이 끝난 동쪽으로 확장하기 시작했다.

1990년 12월, 콜과 고르바초프는 대중으로부터 찬사를 받았

3장 선을 넘다

다. 콜은 독일 총선거에서 압도적인 승리를 거두었고, 소련 지도자는 노벨 평화상을 받았다. 그러나 러시아에서는 씁쓸함이 깊었다. 고르바초프가 소련을 거지 국가로 전락시킨 공로로 상을 받은 것이 얼마나 인상적이었는지 많은 소련 시민들은 그에게 빈정대는 "축하" 편지를 보냈다. 군부 강경파들은 평화상에 대한 고의적인 반론으로 핵실험을 실시했다.[167]

서방 지도자들 또한 9월에 있었던 서독인들과의 논쟁으로 상처를 입었다. 영국은 특히 겐셔의 측근인 프랭크 엘베Frank Elbe가 "매우 불쾌"한 태도로 "어떤 사람들이 얼마나 '모든 것을 망칠 뻔 했는지'에 대해 온갖 종류의 허튼소리"를 했던 것에 분노했다. 그리고 그가 말한 '어떤 사람'은 소련이 아니었다.[168] 역사책에 부시, 고르바초프, 미테랑, 대처와 콜이 함께 찍은 사진은 없다. 그 누구도 10월 3일 베를린에서 있었던 공개 축하행사에 참석하려 하지 않았기 때문이다.[169] 부시에게 1989~1990년의 사건들은 분명히 독일보다는 NATO에 관한 것이었던 듯하다. 그는 독일의 통일을 직접 목격할 만한 가치가 없다고 생각했기 때문이다. 콜은 결국 독일의 통일을 NATO의 확장과 결합시켜 그와의 약속을 지켰지만 말이다. 대신 새로 통일된 독일의 총리는 부시와 다른 사람들에게 감사 편지를 보내는 정도의 정치적 대응책으로 만족했다.[170]

통일이 공식화되자 모스크바는 긴 지출 일정을 가진 이전의 협정과는 달리 본으로부터 즉각적인 지불을 요구했다. 소련 군사 지도자들은 또한 약 60만 명의 병력과 부양가족의 물리적 철수를 질질 끌고 있었다. 동독의 소련군은 높은 방어 태세를 유지하고 있었고 미국 중앙정보국CIA에 따르면 그들은 1994년 "마지막 소련 군대가 떠날 때까지 독일 동부에 최소한의 몇몇 핵무기를 유지"하기로 결정했다.[171] 2+4에서 있던 합의는 어떤 서방 핵무기도 동독에 들어갈 수 없다고 명시했다. 하지만 이미 그곳에 있는 소련 핵무기 문제에 대한 해결책을 제시하지는 못했고, 소련 군부 지도자들이 유용한 기회를 이용하기 위해 최후의 수단을 동원할 수 있게 했다. 고르바초프는 또한 콜에게 편지를 써서 소련이 2+4에 서명했지만 아직 비준은 하지 않았다고 지적하면서, 그것이 아직 유효하지 않을 수도 있음을 암시했다.[172]

적어도 그 마지막 위협은 공허한 것으로 판명되었는데, 이는 소련이 본의 재정 지원을 필요로 했기 때문이다. 이에 따라 소련의 비준은 1991년 3월에 이루어졌고, 소련군 철수를 규정하는 조약은 그다음 달에 비준되었다.[173] 그러나 9월의 고군분투 이후 불길한 징후가 나타났다. 1990년 12월 20일, 분노한 셰바르드나제가 모든 것을 포기한 것이다. 그는 외무장관직에서 갑자기 사임함으로써 고르바초프를 어리둥절하게 만들었다.[174] 9월 조약 체결 이후 이어진 군비 통제 회담은 교착 상태에 빠져 있었다. 미국과 소련 협상단 모두 상부에 진전이 불가능하다고 불평했기 때문이다.[175] 그리고 2+4 조약 체결을 가능하게 했던 "금고에 넣은 120억"은 아마도 소련 국경을 넘어오자마자 사라져 즉시 부패한 사람들의 손에 들어갔을 것이다. 1991년 베이커가 모스크바를 다시 방문했을 때, 고르바초프는 "우리는 독일 통일을 위해 많은 돈을 받았는데, 내가 우리 사람들에게 전화를 걸었더니 모두 그게 어디에 있는지 모른다고 말했다"고 불평했다. 그의 참모들은 "그냥 없어졌다"라고 말할 수밖에 없었다. 그 자금이 "흔적도 없이" 사라졌다는 것을 알게 된 것은 미국의 지원금도 "같은 길로 갈 것"이라는 스코크로프트의 의심을 확인시켜 주었다. 그 결과 부시 행정부는 "소비에트 연방에 대한 진지한 지원에 대해 조금도 생각하지" 않았다.[176]

상세한 사후 요약에서 영국 외무부는 1990년 9월 통일된 "독일은 단순히 연방공화국의 플러스가 아니라 다른 실체"가 될 것이라고 밝혔다. 독일 지도자들은 가능한 한 빨리 통일을 이루기 위해 "중요한 동맹의 이익이 위태로울 수 있다는 주장"에 직면했을 때 기꺼이 "일반적인 둔감함"을 보여주었다.[177] 서독은 NATO의 외국 군대가 옛 냉전의 경계선을 넘는 것을 영구적으로 금지하는 방안을 진지하게 고려했다. 부시는 미국이 그 중요한 선례를 차단하고 본이 냉전 이후 세계에서 NATO의 선택을 지키도록 강요하기 위해 마지막 순간에 개인적으로 개입해야 했다. 독일 통일과 NATO의 동쪽으로의 확장은 마침내 분리할 수 없게 융합되었다.

하지만 소비에트 연방이 그 라운드에서 패하더라도 모스크바는 여전히 문제를 일으킬 방법을 유지하고 있었다. 소련 군대와 그들의 핵무기가 떠날 때까지, 본은 모스크바의 욕망과 정치 과정에 계속 주의를 기울여야 했다. 1991년 소련에 마침내 콜이 예측했던 폭풍이 몰아치면서 그 과정은 더욱 위험해졌다. 총리조차도 그것이 그렇게 심각할 것이라고 예상하지 못했다. 그것은 고르바초프뿐만 아니라 소련의 중앙집권화 된 권위를 완전히 없애버리고, 그들이 가진 엄청난 양의 핵무기들을 수많은 잠재적 적대 세력들의 손에 들어가게 할 것이다. 선견지명이 있는 국무부 분석가 시커먼은 이미 1990년 초에 서방의 실수가 냉전 이후의 시대를 또 다른 1920년대로 만들 수 있다고 경고한 바 있다. 겉보기에는 "좋아 보이던 민주주의와 자본주의의 시대가 얼마 지나지 않아 10년 만에 독재, 불황, 전쟁으로 변했다."[178] 이제 베를린 장벽뿐만 아니라 핵무기로 무장한 제국이 무너지면서 실수의 대가代價는 더욱 높아지려 하고 있었다.

4장
망각과 기회

"위대한 제국은 우아하게 잊혀지지 않는다." 1991년 8월 쿠데타가 한창일 때 도착한 신임 모스크바 주재 미국 대사 로버트 스트라우스Robert Strauss는 이 말을 통해 그해 말까지 소련을 파괴할 폭풍에 대해 워싱턴에 경고했다. 조지 H. W. 부시 대통령은 스트라우스 본인이 인정했듯이 그가 "러시아에 대한 실제 지식이 전혀 없는" 민주당원이었음에도 불구하고 텍사스 출신의 화려하고 사교적인 변호사이자 그의 오랜 친구인 스트라우스를 그 자리에 임명했다. 그 변호사는 72세인 본인은 너무 늙었다고 항의했지만 부시는 고집을 꺾지 않았다. 덕분에 스트라우스는 모스크바에서 난처한 상황에 처했다. 그가 본국에 보낸 상황을 환기시키는 전보 내용 역시 예상을 벗어나지 않았다.[1] 스트라우스는 워싱턴에 이렇게 썼다. "볼셰비키 당의 전복은 소련이라는 국가와 대륙 전역에 걸친 대국 즉, 여러 세대에 걸쳐 러시아 제국 건설자들이 만든 거대한 세력까지도 함께 침몰시키고 있다." 대사는 미하일 고르바초프가 소련 공화국이 초래하는 분리주의 위협에 대해 왜 그렇게도 눈멀어 있는지 이해할 수 없었다. "어떤 이유에서든 – 러시아 우월주의든 그가 받은 마르크스주의 훈련이든 – 고르바초프는 민족주의라는 동력의 강력함을 이해하지 못하고 있었다."

개인적 야망과 적대감, 경제 붕괴의 망령이 그랬듯이 민족주의와 분리주의 또한 실제로 폭풍을 부채질하고 있었다. 1991년 12월 러시아, 우크라이나, 벨라루스가 연합하여 연방 해체를 요구했고 결국 성공했다. 그리고 그 결과로 소비에트 연방은 사라졌다. 반면 서방과 NATO에게는 기회가 되었다. 대서양동맹은 통일 후 독일에서의 역할을 공고히 하고 중부와 동부 유럽 국가들 간의 관계 가능성을 모색하는 과정에서 소련 붕괴 이후의 지역까지도 포함하는 보다 과감한 움직임을 고려할 수도 있었다.

1991년에 생겨난 새로운 기회는 아주 엄청났기에 당시 딕 체니 국방장관은 가능한 극적인 방법으로 그 기회를 잡으라고 조언했다. 브렌트 스코크로프트 국가안보보좌관에 따르면 체니는 "우리가 소련을 해체하기 위해 할 수 있는 모든 것을 해야 한다고 생각했다"고 말했다고 한다. 국무장관 제임스 베이커는 이에 동의하지 않았고 "핵무력에 대한 지휘와 통제를 위해선 우리가 소련을 함께 유지하려고 노력하는 것이 중요했다"고 주장했다. 베이커가 보기에 모스크바의 핵무기가 여러 후계 국가들에게 나누어지면 미국의 안보에 대한 위협이 급증할 수 있었다.[2]

체니와 베이커 사이의 의견 불일치는 소련의 잠재적 붕괴가 어떻게 워싱턴에 심오한 딜레마를 제기했는지를 보여주었다. 한편으로 소련의 붕괴는 더 이상 소련의 뜻을 고려하지 않고도 냉전 이후의 질서를 미국의 취향에 맞게 구축하는 데 훨씬 더 관대한 환경을 만들어 낼 것이다. 그러나 다른 한편으로 그러한 붕괴의 위험은 역설적으로 서방 지도자들이 소련을 유지하거나 적어도 러시아가 유일한 핵 후계 국가가 되도록 하는 동기를 증가시켜 확산 혼돈의 위협에 대응할 수 있게 할 것이다. 그리고 NATO의 확장을 향한 극적인 움직임은 만약 러시아가 핵 문제에 대한 협력을 거부함으로써 동맹 확대에 대응할 경우 이러한 노력을 좌절시킬 수 있다. 마치 그 딜레마로는 충분하지 않은 것처럼 부시는 1992년 대선이 국내에서 시작되었을 때 해외에서의 핵 혼란이 국내 정치에 미칠 잠재적인 영향까지도 고려해야 했다. 베이커는 "3만 개의 핵무기가 포함된 소련의 붕괴 시나리오는 미국인에게 엄청난 위험을 안겨줄 것이고, 국민들은 그 사실을 알고 있으며 우리가 대응하지 않으면 책임을 물을 것"이라고 확신했다. 체니와 베이커의 견해 사이에서 갈팡질팡한 부시 행정부는 스코크로프트의 말에 따르면 무엇을 해야 하는지에 대해 "분열, 심하게 분열"되었다.³

후세인을 제거한다면, 고르바초프는?

1990년 말에 두 독일을 통일하는 법적 절차가 마무리될 때도 그러한 사건들은 아직 남아 있었다(모든 측면에서 통일을 실현하는 데는 수년이 걸렸다). 헬무트 콜 총리는 비밀리에 여전히 문제를 예상하고 있었지만 공개적으로는 독일인, 유럽인, 그리고 미국인들은 어느 정도 일이 끝났다고 생각하고 있었다. 비록 그가 갈망했던 최고위급 외국 손님들은 참석하지 않았지만, 콜은 다양한 통일 축하 행사를 마무리하고 정치적 통일을 현실로 만들기 위한 힘든 작업을 시작했다. 그리고 부시는 이라크의 쿠웨이트 침공에 대한 미국의 대응이라는 새로운 외교 정책의 우선순위에 그의 에너지를 집중했다.

워싱턴은 1990년 말과 1991년 초에 걸프만을 향해 초점을 돌리게 되면서, 중부와 동부 유럽 국가들이 NATO와 더 긴밀한 관계를 맺어야 하냐고 질의했을 때 신중한 반응을 보이게 됐다. 부시 대통령이 11월 18일 체코슬로바키아 대통령 바츨라프 하벨에게 한 답변이 그 예시다. 하벨은 중부와 동부 유럽에 대한 "모든 오래된 연결고리가 사라지는" 상황에서 대서양동맹은 그들에게 팔을 벌려야 할 의무가 있다고 느꼈다. 체코는 부시 대통령이 본인들과 NATO와 협력 협정을 고려해줄 수 있는지 물었다. 부시는 "단언하건대 우리는 폴란드, 헝가리, 체코슬로바키아를 유럽의 무인지대에 두고 싶지 않다"고 대답했다. 그러나 지금은 체코슬로바키아가 동맹으로 가는 길에만 집중하자고 제안했다.[4] 이 미온적인 발언에도 불구하고 바르샤바와 부다페스트는 비슷한 발언을 했다. 레흐 바웬사 폴란드 대통령은 부시에게 폴란드인들이 "계속해서 도움을 간청하고 있기" 때문에 "당혹스러운 상태에 있다고 고백했다. 그러나 그들은 "우리는 정치적·경제적·군사적 측면에서 서유럽과 미국에 합류하기를 단호히 희망한다"는 이유로 멈추지 않았다.[5] 헝가리인들도 비슷하게 서구의 모든 종류의 제도적 회원 가입을 위한 선택들에 열심이었다.[6] 1990년 6월 7일 헝가리 총리 안탈 요제프Antall József는 바르샤바조약의 군사 조직을 "즉각적으로 청산"할 것을 촉구했고 그해 여름 그와 외무장관 예센스키 게저 Jeszenszky Géza는 브뤼셀에 있는 NATO 본부를 정중히 방문했다.[7]

이러한 행동은 국무부가 1990년 10월 22일에 "동유럽과 NATO"에 대한 분석을 내놓도록 자극했다. 이 분석의 일부는 유럽 담당 차관보 대행인 제임스 도빈스가 작성했다. 그의 주요 결론은 "이러한 국가에 NATO 정회원 자격을 부여하고 안전 보장을 하는 것은 NATO나 미국에 이익이 되지 않는다"는 것이었다. 사실 미국은 "소련과 국경을 마주하는 반-소련 연합"을 조직하는 것을 명시적으로 삼가야 한다. 워싱턴이 그런 연합을 만들었다면 그것은 약탈적으로 보일 뿐만 아니라 심지어 "동유럽과 소련의 현재 긍정적 추세의 반전으로 이어질 수 있다." 동맹은 대통령이 하벨에게 말한 대로 연락사무소 구축에 초점을 맞춰야 한다.[8] 밥 게이츠 백악관 국가안보부보좌관이 이후 말했듯이 베이커, 체니, 스코크로프트, 콜린 파월 합참의장의 "가장 가깝고 신뢰받는 조언자"들의 모임이었던 유럽전략운영위원회European Strategy Steering Group도 비슷한 결론에 도달했다.[9] 당면한 질문은 "미국과 NATO가 이제 동유럽의 새로운 민주주의 국가들에게 NATO의 미래 회원 자격을 고려할 준비가 되어 있다는 신호를 보내야 하는가?"였다. 1990년 10월 모임의 한 세션에서 준비한 분석에 따르면, 그 대답은 다음과 같았다. "모든 기관은 동유럽 국가의 정부가 가까운 미래에 NATO에 가입하도록 초대받아서는 안 된다는 것에 동의한다."[10]

펜타곤의 체니와 국방부 직원들은 의견이 달랐다. NSC에 보고된 바에 따르면, "OSD(국방장관실)는 문을 조금 열어두고 싶어 한다"며 "현재로서는 논의할 수 없다"는 단서로 NATO 확장에 대해 가볍게 논의하는 것을 선호한다고 말했다.[11] 이러한 선호는 체니의 이전 발언과 일치했다. 그는 1990년 7월 3일에 NATO가 스스로에게 부과한 "지역 밖" 제한을 재고해야 한다고 제안한 바 있다. 그는 또한 이전의 바르샤바조약 기구 국가들에 대한 일종의 참관국 또는 "준회원 지위"에 대해 말했다고 한다.[12]

체니와 마찬가지로 중부와 동부 유럽 국가들 또한 이에 반대했다. 독일의 통일에 따라 유럽 기구들이 이전과 크게 다르지 않을 것이라는 점이 더 분명해지고 있었다. 유럽 중부에 비무장지대를 만들자는 제안 중 어느 것도 성공하지 못했고, 실효성 있는 범유럽 안보체계도 만들어지지 않았다. 프랑스인들은 아직도 일종의 유럽 연맹을 지지하고 있었다. 그러나 그것의 전망은 불확실했다.[13] 대조적으로 NATO와 EC는 동부 경계를 옛 동독 지역으로 약간 확장했다.[14] 만약 냉전 이후의 질서가 냉전 당시의 질서와 같다면, 즉 NATO/EC와 비NATO/비EC로 나뉜다면, 독일의 새 자유로운 이웃들은 결국 오랫동안 이어온 분열의 올바른 편에 서기를 원했다.

당연하게도 모스크바는 여전히 명목상 동맹국이었던 국가들이 서방에 그러한 간청을 보내는 것을 별로 좋아하지 않았다. 그들의 긴 비통함에 더 많은 것이 더해졌다. 소련의 경제 상황은 여전히 끔찍했고 불만이 치솟고 있었다. 1990년 11월 7일 붉은 광장에서 열린 10월 혁명의 날 퍼레이드에서 고르바초프에게 총격이 가해졌다.[15] 소련의 외교 정책은 해외에서의 문제를 최소화하는 것으로 축소되었고 이는 소련의 새로운 외무부 차관인 율리 크비진스키가 심혈을 기울이던 일이었다. 바르샤바조약이 무너지고 있다는 사실을 알고 있던 그는 헝가리가 요구했듯이 1991년 2월에 군사 활동을 종식함을 선언할 것이라며 중부 및 동유럽 국가들이 선택할 수 있는 미래 옵션을 제한하기 위한 외교적 수완을 발휘했다. 그는 다른 바르샤바조약 회원국들과의 양자 "안보 조항"이라는 아이디어를 지지했는데, 한 분석가의 말에 따르면 "다른 쪽에서 본인의 이익에 반한다고 생각하는 어떤 조직에도 가입하는 것을 금지"했다. 결론은 그 조항이 불충한 조약 회원국들의 NATO 가입을 막을 것이라는 것이었다.[16]

체코슬로바키아, 헝가리, 폴란드는 연합하여 양자협정에 서명하는 것을 모두 거부했다.[17] 대신 그들은 1991년 2월에 일명 비세그라드Visegrad 협력을 설립했는데, 이는 EC와 NATO에 대한 그들의 호소를 조화시키기 위한 3자 파트너십을 의미했다.[18] 그러나 단기적으로 그들이 얻은 것은 1991년 6월에 발표된 다소 모호한 NATO의 선언뿐이었다.[19] 만프레드 뵈르너 NATO 사무총장은 그 직후 미국의 부통령 댄 퀘일Dan Quayle에게 알렸다. "중부 및 동부 유럽 국가들은 이 선언에 일시적으로 만족하고" 있는 반면, "만약 기회가 주어졌다면 그들은 지금 모두 NATO에 가입했을 것이다."[20]

소련의 반대뿐만 아니라 서방의 망설임 덕분에 즉각적인 NATO나 EC 가입은 여전히 고려되지 않았다. 프랑수아 미테랑 프랑스 대통령은 1991년 3월 마르티니크에서 부시 대통령과 둘이 만났을 때 "유럽은 20개국보다 많이 필요가 없다"고 말했다.[21] 미테랑이 꺼렸던 이유 중 하나는 통일 문제로 정신이 팔린 독일이 EC 확장비용을 부담할 여력이 부족할 수 있었기 때문이다. 부시는 "콜은 동독에 대한 기념비적인 임무 때문에 재정적인 문제가 있다"고 동의했고, 이는 "누구나 생각했던 것보다 더 큰 문제"로 판명되었다. 한 전문가는 나중에 독일이 동독에 쏟아 부은 투자와 보조금이 궁극적으로 1조 9천억 달러는 될 것이라고 추정했다.[22] 미테랑은 EC를 급속히 확장하는 대신 여전히 느슨한 유럽 연맹의 창설을 장려하고 있었고, 이후 1991년 6월 12일 프라하에서 하벨과 함께 그 제안에 중점을 둔 대규모 회의를 주최했다.[23]

미테랑은 외무장관 롤랑 뒤마를 마르티니크 회의에 데려왔다. 뒤마는 부시 대통령에게 유럽 안보 측면에서 "과거 바르샤바 조약 국가들과 협상하는 데" 가장 적합한 방법은 EC가 아니라 NATO라고 말했다. 두 프랑스 지도자들은 EC가 중부와 동부 유럽으로 빠르게 확장되는 것을 피하고 싶었다. 그래서 대신 NATO가 그 지역에 보상적인 지원을 하는 방법에 관심이 있었다. 뒤마는 "그들은 NATO에 가입하기를 원한다"고 강조했다. 독일과의 국경 문제가 해결된 지금 "폴란드가 특히나 원한다"고 말했다. 그들은 "유럽에서 유일하게 확고한 것은 대서양동맹뿐이라는 점을 깨닫고 있다."

미태랑은 "유럽 통합을 막으려는 인상을 전달하고 싶지는 않다"고 하며 뒤마를 지지했다. 그럼에도 불구하고 "우리는 NATO를 주요 안전 보장 주체로 본다."²⁴ 유럽인들은 유고슬라비아에서 증가하고 있는 폭력에 대처하기 위해 에너지를 아낄 필요가 있었다. 1991년 6월, 슬로베니아Slovenia와 크로아티아Croatia가 독립을 선언하자 세르비아의 지도자 슬로보단 밀로셰비치Slobodan Milošević가 침공해 이 지역을 전쟁으로 몰아넣었다.²⁵ 프랑스 대통령은 이어 "21세기에는 유럽이 스스로를 방어할 수 있기를 바라지만, 미국과의 위기라는 대가를 치러야 한다면 그 대가는 너무 크다"고 덧붙였다. 대신 "NATO와 새로 태어날 유럽 방위 기구가 공존할 수 있는 방법을 찾아야 한다"고 말했다. 그러나 현재 "유럽은 자체 안보를 제공할 수 있는 충분한 힘을 가질 준비가 되어 있지 않다. 오직 NATO만이 실재하는 힘이다."²⁶

콜은 1990년 11월 고르바초프에게 가해진 충격으로 인해 생길 수 있는 선례에 대해 크게 걱정했다. 폭력적이고 혼란스러운 소련의 붕괴는 독일에 남아 있는 소련 군대에 심각한 결과를 초래할 것이다. 그리고 콜은 이 변화를 가능한 한에서 최대한 통제하고 합의에 따라 유지하기를 희망했다. 그 전략의 일환으로 모스크바에서 동독을 해방시킨 총리는 리투아니아에게 스스로 독립을 시도하지 말라고 조언했다. 그는 또 1991년 초에 공화국 지도자에게 소련의 해체를 시도하는 것은 "핵무기가 영토의 여기저기에 널려 있는 대제국"의 해체를 수반하기 때문에 위험하다고 조언했다.²⁷

이 청하지도 않은 조언은 일부 소비에트 공화국들이 처음에는 소비에트 연방 내에서 "주권적 실체"가 되고 나중에는 독립 국가가 되는 것을 막는데 거의 도움이 되지 않았다. 체르냐예프는 일기에서 고르바초프가 1990년 8월 초에 소련이 해체될 가능성을 제기했다고 언급했다.²⁸ 1991년 초까지, 분리주의 운동에 대해 공포에 질린 소련 지도부는 KGB의 수장인 블라디미르 크류치코프와 다른 반동세력들에게 폭력적인 진압을 허락했다. 고르바초프는 발트 분리주의자들에 대한 무력행사를 잠시 미루었다. 그 이유 중 일부는 서방 국가들의 지원이 필요했기 때문인데, 서방 국가들은 그러한 잔혹한 처사에 반발했을 것이기 때문이다. 또 일부는 페레스트로이카 정신 때문이었다.²⁹ 예두아르트 셰바르드나제는 베이커에게 "발트 3국에서는 아무도 무력을 사용할 의도가 없다"고 말한 적이 있다. 그러한 폭력은 "페레스트로이카의 종말을 의미할 것"이기 때문이다.³⁰ 이제 크류치코프와 같은 사람들 때문에 리투아니아 수도 빌뉴스는 1991년 1월 13일 "피의 일요일"을 경험했다. 탱크가 시위대를 공격하여 15명이 사망하고 수백 명이 부상당했다. 그러나 이 개입은 고르바초프의 이미지를 더 손상시키는 것 외에는 별다른 성과를 거두지 못했다.³¹ 부시가 갑작스러운 폭력적인 전환에 대해 비난의 메시지를 보냈을 때, 소련 지도자는 본인이 "때때로 지그재그로 움직이는 것처럼 보인다면" 그것은 단지 "대학살을 막고 내전을 피하고 싶었기 때문"이라고 답했다.³²

국내에서의 실패 이후 고르바초프는 소련의 국제적 위치를 향상시키기 위해 그가 할 수 있는 모든 것을 했다. 그는 다른 조약에 우선해서 독일과 새로운 우호 협력 조약에 서명했다.³³ 그는 또한 유럽안보협력회의의 중요성을 계속 강조했다. 유엔 안전보장이사회를 제외하고 모스크바가 미국과 그 동맹국들과 동등한 지위를 가지고 있던 유일한 회의였다.³⁴ 여전히 유럽안보협력회의가 서유럽과 동유럽 국가 모두를 포함하는 범 유럽 안보 시스템의 중심이 되기를 바라면서, 그는 1990년 11월 19일 파리에서 열린 정상회의에서 그 조직을 홍보하기 위해 그가 할 수 있는 일을 했다.[35] 그곳에서 그는 또한 소련에게 많은 단점이 있음에도 불구하고 CFE(유럽 재래식 무기 감축)조약에 서명했다. 특히 여러 군비통제 전문가들이 말했듯이 가장 주목할 만한 점은 "유럽에서 재래식 무기에 대한 소련의 압도적인 양적 우위"를 제거했던 것이다. 구체적으로 그 조약은 NATO와 바르샤바조약이 대서양과 우랄산맥 사이에 배치할 수 있는 장갑차, 공격헬기, 전투기, 중포와 전차의 수를 제한했다. 이 협정의 배경은 "어느 한 동맹도 핵무기의 사용을 촉발할 수 있는 전격적인 공격을 위해 병력을 모으는 것을 막기 위함"이었다.[36] 그것은 지금까지 만들어진 것 중 가장 포괄적이고 법적 구속력이 있는 재래식 무기 통제 협정이었다.[37]

그러나 기자들은 반항적인 소련군 지도자들이 조약의 제한이 적용되지 않는 우랄산맥 뒤에 장비를 재배치함으로써 새로운 CFE 조약을 약화시키려 했다는 것을 재빨리 알아차렸다. 파이낸셜 타임스가 발견한 바와 같이 이 대규모 재배치를 수행하기 위해 소련군은 "지난여름 수천 대의 철도 화차를 징발하여 소련 역사상 최대의 곡물 수확 달성을 심각하게 방해했다."[38] 그 규모를 감안해보면 이 행동은 조약 체결 훨씬 전부터 계획되고 시작되었음을 보여 준다. 이는 소련 군부가 고르바초프의 하고 있는 일에 동의하지 않는다는 분명한 징후였다.

고르바초프는 이런 국내외의 비판론자들을 누르기 위해 외교에서 또 다른 승리를 거두고자 했고 서방 세계에서 여전히 강력한 자신의 도덕적 권위를 이용해 쿠웨이트 위기에 개입하려 했다. 그는 이라크 지도자 사담 후세인과 협상하기 위해 그의 조언자 예브게니 프리마코프Yevgeny Primakov를 보냈다. 그러나 부시는 고르바초프에게 그러한 외교적 노력에 동의하지 않는다고 편지를 보내며 개입했다. 만약 모스크바가 협상된 합의를 도출하는 데 성공한다면, 후세인은 "아랍 세계에서 영웅적인 지위를 얻을 것"이다.[39]

그런 일이 일어나지 않도록 무력을 사용하겠다는 부시의 의지는 냉전 이후의 현실을 보여주는 강력한 도입부였다. 1989년 이후 미국이 재래식 전쟁에 참여하지 않은 지 1년이 채 되지 않았다.[40] 부시의 전기 작가인 제프리 엥겔 Jeffrey Engel은 후에 대통령이 "새로운 세계 질서"를 의미했던 것은 "주권과 영토를 침범한 비협조적인 약소국들에 대해 강대국들이 국제적 의지를 이행하는 것"이라는 생각이라고 결론지었다.[41] 그 견해에 따라 부시는 후세인이 유엔 결의안에 따라 쿠웨이트에서 철수해야 하는 데드라인을 1991년 1월 15일로 정했다. 고르바초프는 후세인과 추가 협상을 위해 48시간을 연장하려고 했지만 부시는 거절했다.[42]

걸프만에 전쟁의 천둥소리가 울리기 시작하고 있었다.[43] 예상대로 후세인은 1월 15일까지 결의안을 따르지 않았다. 다국적군은 다음 날 공습을 시작했고, 그다음 달에는 지상군이 진격하기 시작했다.[44] 체니 장관은 이후 "독일의 통일과 러시아가 동독군을 위해 구매해줬던 중장비 수송 차량에 감사한다"고 말했다. 그 차량들은 미군 탱크를 운반하기에 이상적이었다. 이 수송 차량들은 통일의 일환으로 독일의 장비가 되었고, 독일은 걸프전에서 미국이 그 차량들을 사용할 수 있게 해 주었다. 체니의 말에 따르면 결과적으로 미국은 손쉽게도 "모든 에이브럼스와 브래들리를 사막으로 이동시켜 7군단이 사담 후세인을 상대로 우회 기동을 실행할 수 있었다."[45]

걸프전과 그 결과에 대한 국제적인 우려와 부시의 1990년 증세 이후 나타난 불경기와 반발로 인해, 대통령은 소련에 재정적 지원을 제공하는 것에 대해 신중한 태도를 유지했다. 1991년 7월

15일 런던에서 열린 주요 7개국 모임G7 회의에서 대통령은 "미국을 겨냥하는... 장거리 미사일"을 보유한 국가에 그러한 자금을 제공하는 것은 옳지 않다고 생각한다고 말했다. 그는 또한 진행 중인 소련의 생물학 무기 프로그램에 대해 비공개적으로 우려를 표명했다. 캐나다 총리 브라이언 멀로니도 그의 의구심을 공유했다. 1985년에 고르바초프가 "나는 동유럽을 해방시킬 것이고, 바르샤바조약을 해체할 것이며, 통일된 독일은 NATO에 있을 것이고, 안보리는 페르시아만에서 조치를 취할 것이며, 우리는 CFE에 서명할 것이며, 선거와 민주주의가 있을 것이다"라고 말했다면 멀로니는 그를 위해 "서둘러 수표를 가져왔을 것"이라고 말했다. 하지만 이제 "제 딜레마는 이겁니다. 제가 묻고 있는 건 최근에 당신이 나를 위해 무엇을 해줬는지입니다."[46] 그리고 많은 서방 국가들은 통일 당시 독일이 소련에 제공했던 재정적 지원이 순식간에 사라졌던 경고적인 선례에 대해 걱정했다.

G7 정상회의의 후반에만 참석하도록 초청받은 고르바초프가 도착했을 때 그는 워싱턴이 걸프만에서 "지역 전쟁을 위해 1천억 달러를 쓸 수는 있지만 소련을 새로운 나라로 만들 수 있는 사람은 아무도 없냐"고 물었다. 부시는 그 이유로 모스크바의 핵무기를 제시했다. "우리는 미사일이 뉴욕을 겨냥하고 있다고 느낀다."[47] 결국 사임하지 않기로 결정한 고르바초프의 외교 정책 고문 아나톨리 체르냐예프는 그의 상사가 G7로부터 더 많은 원조를 받지 못하는 것을 지켜보며 절망에 빠져 다시 고군분투했다.[48] 체르냐예프는 고르바초프가 "메시아로 역사에 남을 것"이라고 이미 결정했지만 "정치인으로서 길을 잃었다"고 말했다.[49]

비슷한 맥락에서 NSC는 그때까지 CIA에 "고르바초프의 연속성에 대한 분석 요청"을 보내며 매우 제한된 사람들만 그 요청을 알고 있게 하도록 했다. CIA는 1991년 4월 29일 "현재 정치 시스템을 빠르게 쓸어버릴 수 있는" 정권 교체를 위한 "모든 요소가 이제 존재"한다고 보고했다.⁵⁰ 부시 행정부 관리들은 또한 뵈르너로부터 고르바초프의 가능성에 대해서 비슷한 비관적 평가를 들었다. 뵈르너는 고르바초프를 "물에 빠진 사람"이라고 부르기 시작했다. 그는 "국민들은 고르바초프를 싫어하고 투표를 하면 그는 기껏해야 20%, 아마도 12% 정도의 지지를 받을 것"이라고 추측했다. 사무총장은 상황이 얼마나 위태로운지를 감안할 때 "중부와 동부 유럽 국가들이" 서방에 지나치게 관심을 보임으로써 "소련군을 자극하게 두지 말라"고 적극적으로 권고했다.⁵¹

미국 대통령은 1991년 5월 헝가리 대통령 괸츠 아르파드Göncz Árpád와 함께 소련의 영향력 감소의 결과에 대해 추측했다. 부시는 "소련이 언젠가 발트 3국의 독립을 허용하고 혹시 더 움츠러들게 된다면, 그것이 당신에게 도움이 될까요?"라고 물었다. 헝가리인은 "그렇게 생각한다"고 답했지만 위축된 소련도 "열강이 될 것이고, 1~2세대 후에는 다시 영향력을 확립하기 위해 노력할 것"이라고 말했다. 그럼에도 불구하고 그 두 세대 동안은 "우리에게 약간의 숨 쉴 수 있는 여유"가 생겨서 자신이 해야 한다고 생각하는 일을 할 수 있게 되길 원했다. 즉 "소련을 유럽에 통합해서 우리가 다시 유럽의 국경 지대가 되지 않도록 하는 것"이다.⁵²

그러나 소련은 그들 중 어느 한쪽이 예상했던 것보다 더 빨리 사라지고 있었다. 곧 다가올 쿠데타 시도에 대한 경종이 1991년 6월에 워싱턴에서 울리기 시작했다. 백악관은 모스크바 주재 미국 대사관에서 고르바초프에게 경고해야 할 정도로 쿠데타가 임박했다는 충분히 신뢰할 만한 보고를 받았다.⁵³ 부시는 또한 워싱턴에서 고르바초프의 라이벌인 보리스 옐친을 맞이함으로써 베팅에 따른 위험을 분산하기로 결정했다. 러시아는 6월 12일 여전히 소련의 일부였음에도 불구하고 자체 선거를 치렀고 그 선거에서 승리한 옐친은 이제 러시아의 대통령 당선자라는 타이틀을 과시했다.[54] 고르바초프는 소련 공화국들에게 자신들의 지도자의 역할을 구성하는 데 어느 정도의 자유를 허용했는데 그들이 미국의 주지사와 비슷한 정도가 되길 바랐던 것으로 보인다. 지도자들 중 일부는 그 대신 대통령이라는 직함을 가져갔고 특히 옐친을 따라 행동하기 시작했다.

옐친은 대통령에 당선되기 전부터 이미 텔레비전에서 고르바초프의 사임을 외쳤다.[55] 아직 외교 관계가 개념적으로는 아직 소련 전체의 책임이었음에도 불구하고 그는 안드레이 코지레프Andrei Kozyrev라는 이상주의적인 젊은 외교관을 "러시아 외무장관"으로 임명했다. 코지레프는 1975년부터 뉴욕에 있는 유엔 주재 소련 대표부에서 근무하면서 깊은 영향을 받았다. 그는 회고록에서 한때 고국에서 금지된 소설인 《닥터 지바고》 한 권을 어떻게 샀는지를 회상했다. 센트럴 파크에 있는 벤치에서 그 책을 가능한 한 많이 읽었는데 소련 공관에 있는 그의 방에서 발견될 것을 두려워해 그날 저녁 책을 거기에 남겨두고 왔다.[56] 이제 코지레프는 그의 새로운 상사가 문을 여는 것을 돕고 있었다. 부시는 1991년 6월 20일 워싱턴에서 러시아 대통령 당선자를 만나기로 결정했다. 부시가 그의 손님에게 말했듯이 고르바초프가 여전히 소련을 책임지고 있었다는 사실은 "우리가 비즈니스를 할 수 없다는 것을 의미하지는 않는다."[57]

옐친은 부시에게 자신이 공산당과 국가의 기업 통제에 대한 생각으로부터 완전히 "결별"했고 시장 경제로 이동하는 것을 고려해왔다고 설명하였다.[58] 1989년 9월 텍사스를 방문하는 동안 옐친은 휴스턴의 식료품점에서 매일같이 풍부한 상품들이 제공되는 광경에 충격을 받았고 자국민들도 같은 것을 누리길 원했다.[59] 부시 대통령은 이 모든 것이 사업을 찾고 있는 서방 석유회사들이 이제 소련이 아닌 "러시아와 거래"해야 한다는 것을 의미하는지 물었다. 옐친은 그에 긍정적으로 응답했고 "우리는 더 이상 중앙으로부터 서비스를 필요로 하지 않는다. 우리는 지휘 체계를 원하지 않는다. 우리는 그것을 파괴하고 싶다"고도 말했다. 그는 거기다 "우리가 모든 핵무기를 보유하고 있다"는 그릇된 발언을 하며 국방 문제까지 다룰 것임을 시사했다.[60] 옐친은 이제 자신을 모스크바의 거물이라고 생각하고 고르바초프를 어떤 식으로든 처리할 계획을 세운 것이 분명했다.

"누가 핵무기를 통제하는가?"

옐친은 두 달 후에 소련 지도자를 제거할 기회를 잡았다. 부시 행정부가 고르바초프에게 반동 쿠데타가 오고 있다고 한 경고는 맞았지만, 그 시기는 알아내지 못했다. 쿠데타는 6월이 아니라 고르바초프가 크림반도에서 휴가를 보내고 있던 1991년 8월 19일부터 21일에 일어났다. 스트라우스 대사는 8월 20일로 예정되어 있던 "중앙 소비에트 정부의 역할을 크게 줄이고 공화국을 위해 권력을 크게 확대"하는 "새로운 연합 조약"의 체결을 막기 위한 욕망이 쿠데타의 촉매제가 되었다고 나중에 보고했다.[61] 그러나 쿠데타 모의자들이 공개적으로 밝힌 이유는 소련 지도자가 아프기 때문이었다. 부시는 그것이 고문을 당했다는 완곡한 표현이 아닐까 궁금해하며, "어쩌면 그것은 고르바초프의 손톱이 뽑히지는 않았다는 뜻일지도 모른다"라고 말했다.[62]

반란군은 고르바초프를 휴가지에서 가택 연금하는 데 성공했다. 모스크바에 돌아온 옐친과 그의 수행원들은 러시아 의회 건물로 향했고, 거기서 옐친은 반란군이 의회를 위협하기 위해 보낸 탱크에 올라가 러시아 국기를 흔들었다. 이 장면은 전 세계에 텔레비전으로 방영되었고 강력한 이미지를 만들어냈다.[63] 옐친의 전기 작가 티모시 콜튼Timothy Colton이 나중에 언급했듯이, 이 광경은 러시아인들에게 "어린 시절에 읽은 역사 교과서를 통해 머리에 박혀 있던 또 다른 혁명의 토템적 이미지"를 떠올리게 했다. 즉, 레닌이 "1917년 4월 장갑차에서 프롤레타리아에게 영감을 불어넣는 모습" 말이다.[64] 멀로니와 사건에 대해 논의하고 있던 부시는 옐친이 "탱크 위에 서서 이 쿠데타를 반드시 되돌려야 한다고 말하는 것"을 보고 엄청 놀랐음을 인정했다며, "당신은 옐친이 엄청난 배짱을 가지고 있다는 것을 인정해야 한다"고 덧붙였다.[65]

CIA 국장 출신인 부시 대통령은 이 극적인 8월 사건과 관련된 정보가 부족했다는 점에 화를 냈다. 그가 멀로니에게 불평했듯이 "우리 대사관은 아무것도 몰랐다. 우리도 다른 사람들과 똑같이 놀랐다." 3주 전까지만 해도 6월의 쿠데타 위험이 끝났다고 생각했고, 대통령은 소련을 방문하여 소련 부통령인 겐나디 야나예프에게 "모스크바에 머무는 동안 나의 호스트 역할"을 하도록 허락했었다. 그런데 이제 야나예프는 쿠데타의 지도자 중 한 명으로서 본인이 대통령 권한대행임을 주장하고 있었다.[66]

쿠데타가 벌어지는 동안 부시는 외부와 연락이 끊긴 고르바초프로부터 어떤 정보도 얻을 수 없었다. 하지만 부시는 옐친과 반복해서 통화했고, 옐친은 크류치코프와 KGB의 다른 관계자들 그리고 군부와 협상해 폭력을 종식시키려 하고 있다고 설명했다.[67] 1990년 게이츠가 고르바초프에게 등을 돌렸다고 의심했던 크류치코프가 쿠데타의 핵심 인물임이 드러났다. 잭 매틀록Jack Matlock 전 모스크바 주재 미국대사의 말을 빌리자면 "고르바초프를 타도하려는 시도가 성공할 거라는 믿음은 KGB 지도자의 지원 없이는 불가능했다"고 말했다.[68] 코지레프에 따르면 옐친은 크류치코프와의 협상의 일환으로 시위대가 KGB 본부를 점령하는 것을 막았다고 한다.[69]

보도에 따르면 KGB의 특수부대 스페츠나츠는 의회를 공격하라는 구두 명령을 받았다. 하지만 어느 기자에 따르면 아무도 서면 명령을 내릴 준비가 되어 있지 않았기 때문에 부대는 주저하며 즉시 공격하지 않았다.[70] 옐친은 (미국 동부 시간으로) 1991년 8월 21일 아침 부시에게 스페츠나츠 부대가 "내 명령을 따르지 않고 공격을 할 수 있다"고 경고했고 상황은 아직 유동적이라고 말했다. 모스크바에서 벌어진 전투에서 사망자가 발생했으며, 옐친 대통령은 부시 대통령에게 발트 3국의 "여러 도시와 지역을 점령하기 위해 30대의 스페츠나츠 항공기가 가고 있다"고 말했다.[71] 크림반도에는 고르바초프를 향해 질주하는 항공기가 최소한 3대는 있었다. 옐친은 그의 편이 탄 항공기가 제일 먼저 도착하기를 희망했다.[72]

그때 이미 성공적으로 비행을 마친 사람은 젊은 러시아 외무장관 코지레프였다. 쿠데타가 성공할지 모른다는 두려움에 옐친은 만일을 대비하여 러시아 망명 정부를 선언하기 위해 그를 파리로 파견하였다. 프랑스 호스트들은 그를 환영하며 쿠데타를 지지하는 다른 프랑스 주재 소련 외교관들로부터 그를 보호하기 위해 최선을 다했다. 그러나 그들은 KGB가 모스크바에 있는 가족을 위협해 호텔 드 크리용(Hôtel de Crillon)에 있는 코지레프의 방으로 전화하는 것은 막을 수 없었다. 그리고 호스트들의 세심한 배려에도 불구하고 코지레프는 프랑스 외교관들이 "일관되게 자신을 회피했다"고 언급했다. 그는 헛된 환상을 갖지 않았다. "서방은 러시아의 민주주의자들에게 동정적이긴 하지만 크렘린의 통치자들을 화나게 하지 않도록 조심할 것이다. 러시아의 운명은 워싱턴이나 파리가 아닌 모스크바에서 결정될 것이다."[73] 그럼에도 불구하고 그는 쿠데타에 대한 대중의 저항에서 러시아 국민들의 잠재적인 승리의 징후를 보았다고 느끼며 희망을 품었다.[74]

모스크바에 돌아온 옐친은 점차 우위를 점하고 있었다. 그는 부시에게 그가 성공적으로 일부 병력과 탱크를 "모스크바 외곽"으로 후퇴하도록 명령했다고 전했다. 그 군대들이 실전에 투입될 가능성을 줄이기 위함이었다.[75] 스코크로프트는 쿠데타 지도자들이 "무능했다"는 것을 점차 깨닫고 안도했지만 "쿠데타가 더 신중하게 계획되었거나 더 일찍 시작되었다면 결과는 상당히 달랐을 수 있다"고 회상했다.[76] 미국 동부 시간으로 8월 21일 늦은 시간에 옐친은 워싱턴과 더 많은 좋은 소식을 공유했다. 그의 편이 탄 항공기가 고르바초프를 구출하는 데 성공했고 이제 소련 지도자를 "다치지 않고 건강하게 모스크바로 데려오고" 있었다. 더 좋은 것은 쿠데타 시도가 무너지고 있다는 것이다. 크류치코프 국방장관과 다른 모의자들은 "체포됐다." 1990년 워싱턴 정상회담 이후 오랫동안 내리막길을 걷던 세르게이 아흐로메예프 원수는 얼마 지나지 않아 자살했다.[77] 그는 "조국이 멸망하고, 삶의 의미라고 믿는 모든 것이 파괴되고 있는 지금 나는 살 수 없다"는 내용의 메모를 남겼다.[78]

쿠데타가 끝나고 고르바초프는 다시 모스크바로 돌아왔다. 하지만 그가 책임자로 복귀했는지는 분명치 않았다.[79] 8월 23일 옐친은 TV연설에서 극적으로 소련 대통령을 무대에 올렸고 고르바초프는 약해 보였다.⁸⁰ 또한 옐친은 쿠데타에 저항한 지도자로서 자신의 새로운 카리스마적 이미지를 이용하여 러시아 공산당을 정지시켰다.⁸¹ 그는 사실상 자신의 역-쿠데타를 시작했다.⁸²

쿠데타 실패의 충격파는 유럽으로 퍼져나갔다. 덕분에 일종의 범 유럽 연합을 만들려는 미테랑의 시도는 큰 타격을 받았다. 모스크바는 이제 바람직한 파트너라기보다는 불안정한 위험 요소에 가까워 보였다.⁸³ 쿠데타는 또한 소련 전역의 분리주의 운동을 가속화했다. 1991년 8월 이전까지는 리투아니아와 그루지야(조지아)만이 독립을 선언했다. 이후 우크라이나를 포함한 9개 공화국이 뒤를 이었다.⁸⁴ 카자흐스탄의 지도자 누르술탄 나자르바예프Nursultan Nazarbayev는 1991년 8월 29일 핵 독립을 보여주기 위해 카자흐스탄 영토에 있는 소련의 핵실험 시설인 세미팔라틴스크 핵실험장을 폐쇄한다고 간단히 선언했다. 그곳에서 소련이 최초로 핵실험을 한 지 42년이 지난 다음 날이었다.⁸⁵

멀로니 총리는 부시와 쿠데타에 대해 이야기를 나누며, 1991년 7월 15일부터 17일까지 런던에서 열린 G7 회의에서 고르바초프를 경제적으로 돕기 위해 거의 아무것도 하지 않았다는 이유로 둘 다 비난을 받고 있음을 염려했다. 정치평론가들은 "당신들이 런던에서 좀 더 관대했더라면, 아마 이런 일은 일어나지 않았을 것이다"라고 말하고 있었다.⁸⁶ 러시아 전문가이자 저널리스트인 스트로브 탤벗은 이미 〈타임〉에서 "소련은 많은 것을 양보했고 미국은 단순한 이유에서 거의 보답하지 않았다. 고르바초프의 혁명은 역사상 가장 큰 특가 판매이고 그런 판매에선 항상 매우 싸게 팔기 때문이다"라는 주장을 펼친 바 있었다.⁸⁷ 그럼에도 불구하고 부시와 그의 조언자들은 모스크바에 대한 많은 양의 원조에 계속해서 반대했다. 이런 견해는 본, 파리, 런던의 견해와 점점 더 차이를 보였다. 영국의 총리인 존 메이저가 G7에 고르바초프가 다시 일어설 수 있도록 돕기 위한 지원책을 고려할 것을 제안했을 때 NSC는 여전히 "우리는 광범위한 결정에 내몰리지 않을 것"이라고 말하며 그것에 반대할 것을 권고했다.[88]

대신 부시가 멀로니에게 말한 것처럼 쿠데타 기간 동안 가장 시급한 질문은 "누가 핵무기를 통제하고 있는가?"였다.[89] 그것은 실존적인 관심의 문제였다. 당시 하버드대 전문가 애슈턴 카터 Ashton Carter의 증언에 따르면 소련은 1991년 말까지 2만 7천 개의 핵무기를 보유하고 있었으며, 더 많은 핵무기를 만들 수 있는 생산 시설과 핵분열성 물질을 보유하고 있었다.[90]

부시만 관심을 가졌던 것도 아니다. 콜이 당 동료들에게 말했듯이 소련의 핵무기, 특히 군비통제 회담의 미래는 "원초적인 관심사"였다. 그는 민간 원자력 발전소에 대해서도 걱정했다. 부시보다 모스크바에서 훨씬 더 가까운 곳에 살고 있는 총리는 유럽이 "제2의 체르노빌"을 겪지 않도록 보장하기를 원했다. 체르노빌 발전소 사고는 1986년 4월 소련과 유럽 주민 수백만 명을 방사능 물질에 노출시킨 참사였다.[91] 서방은 또한 중부와 동부 유럽에서 소련군이 규정을 잘 지키고 있는지에 대해서도 경계해야 했다. 혼란 속에서 소련 핵무기 부품이 도난당하고 암시장에서 판매될 수 있었다. 1991년 하버드 대학에서 진행된 한 연구에서는 "모든 품목 판매 가능"이라는 문구가 걱정스러울 정도로 널리 퍼져 있음을 지적했다.[92] 〈뉴욕 타임스〉기사는 소련 중개인들이 "무기 등급의 재료를 가장 높은 입찰자에게 판매하려 노력하고 있다"고 보도했다.[93]

부시와 그의 보좌관들은 고르바초프뿐만 아니라 소련의 다른 모든 중앙 권력도 큰 위협을 받고 있음을 깨달았다. 대사관 직원은 "긴급히 높은 수준의 지도가 필요하다"고 전보를 쳤다. 왜냐하면 쿠데타가 일어나든 말든 소련은 "30분 안에 미국을 파괴할 수 있는 세계에서 유일한 국가"이기 때문이다. "핵무기의 지휘통제 및 보안"의 상태를 확인하는 것이 필수적이었다.[94] 미국 국무장관은 1991년 9월 모스크바로 달려갔다. 부시 대통령의 친구이자 베이커의 거위 사냥 친구였던 스트라우스 대사는 베이커가 모스크바에 있는 동안 거의 모든 미국인을 죽일 수 있는 힘을 가진 사람이 누구인지 알아내기 위해 도시를 함께 돌아다닐 운전사로 동행했다. 베이커는 언젠가 차창 밖을 내다보며 "밥, 너는 정말 거지 같은 도시에 살고 있구나"라고 말했다고 한다. 스트라우스는 "엿 먹어, 짐"이라고 대답했다.[95]

두 사람은 궁지에 몰린 고르바초프와 마주했고 베이커는 그에게 "모든 종류의 핵무기에 대한 통제"가 유지되어야 한다고 말했다. 소련 지도자는 별로 설득력 없어 보이는 모습으로 "그와 관련해서는 모든 것이 전과 같을 것이다. 중앙정부와 대통령은 여전히 최고 명령 계통에 남아 있다"라고 말하며 베이커를 안심시켰다.[96] 그럼에도 불구하고 베이커는 여러 소비에트 공화국 수장들과 함께 만찬에 참석하기로 결정했다. 왜냐하면 그게 꼭 필요할 거라고 생각했기 때문이다.[97] 국무장관은 고르바초프를 몰락하는 인물로 평가한 뵈르너의 평가에 공감하기 시작했다. 베이커가 회고록에서 나중에 회상했듯이 "그를 불쌍히 여기지 않기가 힘들었다."[98] 쿠데타와 핵문제 외에도 겨울이 오면 소련은 과거보다 더 심각한 식량 공급 문제에 직면할 것이다. 서방의 도움이 없다면 정말 힘들 것이다.[99] 식량 문제는 또 다른 문제를 제기했다. 부시 행정부는 서방의 지원(비상식량과 의약품 포함)과 옛 소련의 채무 이행 사이에 연관이 있다고 주장했다. 소련이 도움을 원한다면 모스크바는 신용도를 유지하고, 금 보유량의 투명성을 유지해야 했

으며, 빚에 대한 책임을 져야 했다.[100]

워싱턴으로 돌아온 국무장관은 백악관으로 가서 부시, 체니, 스코크로프트와 함께 아침 식사를 하며 소련 방문 소식을 공유했다. 베이커가 밑줄을 그은 메모는 비록 그가 여러 공화국 지도자들을 만났지만, 그들에게 너무 일찍 접근하는 것은 현명하지 않다고 생각했음을 보여 준다. 그는 "팀을 공화국으로 보내는 작전을 너무 급하게 진행하는 것은 핵무기에 대한 결속력을 유지하려는 우리의 목적을 약화시킬 가능성이 있다"라고 말했다. 궁극적인 목표는 "핵의 중앙집권적 통제"여야 한다는 게 그의 생각이다. 미국은 "중앙을 보존"하기 위해 할 수 있는 일을 해야 한다.[101]

공화국에 대한 일부 잠정적인 후속 조치가 있었지만 대부분 국무장관과의 회담보다는 낮은 수준에서 이루어졌다. 베이커는 자신의 차관 레지널드 바솔로뮤Reginald Bartholomew에게 소련 전략 무기의 일부를 가지게 된 공화국, 즉 러시아, 우크라이나, 벨라루스, 카자흐스탄과 회의를 주선하는 임무를 맡겼다. 바솔로뮤는 이들 모두에게 미국은 "공화국이 자국의 영토에서 핵을 독점적으로 이용하거나 장악하려는 노력"에 반대할 것이라고 강조했다.[102] 코지레프가 나중에 회상했듯이, 부시와 베이커는 핵무기에 대한 우려 때문에 소련 중앙의 권위를 끝내려는 옐친의 열망을 꺼려하는 것이 분명했다.[103]

부시와 베이커는 혼자가 아니었다. 소련의 쿠데타와 그것이 핵 안전에 미치는 영향에 대한 우려는 초당적이었다. 조지아 주의 민주당 상원의원인 새뮤얼 넌Samuel Nunn은 모스크바를 방문해 고르바초프가 쿠데타 기간 동안 소련의 핵무기에 대한 지속적인 통제권을 유지했는지를 물었다. 상원의원은 솔직한 대답을 듣지 못하자 몹시 당황했다.[104] 고르바초프는 핵가방의 통제권을 일시적으로 상실했다는 것을 인정하고 싶지 않았다. 그 핵가방은 발사 명령을 내리기 위해 필요한 세 개 중 하나였다. 당시 국방부가 소련 핵 부대의 유일한 지휘관이 된 것은 이미 두 개의 핵가방을 가지고 있었고, 고르바초프의 핵가방도 잠시 가지고 있었다고 보도되었기 때문이다.[105] 이런 문제의 결과로 넌 상원의원은 하원 군사위원회의 민주당 의장 레스 애스핀Les Aspin의 도움으로 소련 무기의 보안을 강화하기 위한 지속적인 노력을 시작했다. 1991년 11월 27일 상원에서는 투표 결과 86 대 8로 구소련핵위협감소법Soviet Nuclear Threat Reduction Act을 통과시켰다.[106]

이 투표는 1991년 9월 소련 핵무기의 지위에 대한 부시의 관심을 키웠을 뿐이었다.[107] 특히 우려되는 것은 소련과 미국의 전술 핵무기로 생산량이 적고 사정거리도 짧게 설계된 것이었다. 스코크로프트가 나중에 언급했듯이 그 무기들은 "정치적으로는 점점 더 문제가 되었고 군사적으로는 점점 더 무의미해졌다." 게다가 그러한 무기들이 테러리스트들의 손에 들어가면 끔찍한 일이 벌어질 것이기 때문에 백악관은 가능한 한 많은 소련 핵무기를 확인하기를 원했다. 해체되고 있는 소련에는 약 2만 2천 개의 핵무기가 있었는데, 그중 일부는 더플 백에 들어갈 수 있을 정도로 작았다. 고르바초프는 전술 핵무기들을 제거할 수 있는 아이디어를 떠올렸다. 미국이 그렇게 해준다면 소련도 그와 똑같이 전술 핵무기들을 제거할 것임을 발표하는 것이다. 국가안보보좌관은 체니 국방장관에게 전술 핵무기를 제거하는 것이 바람직하다고 설득하는 데 상당히 어려움을 겪었다. 국방장관의 처음 반응은 "절대 안 된다"는 것이었다. 하지만 스코크로프트는 결국 설득에 성공했다.[108]

4개 소련 공화국에 분산된 대규모 전략 무기 시스템 역시 당연히 걱정거리로 남았지만, 국가 안보 고문은 이 문제에 대한 조치가 필요한지에 대해 양면적인 태도를 보였다. 스코크로프트는 소련 붕괴 이후 관리 능력이 부족한 약소 공화국들로 분산된 4개의 소규모 핵보유국이 중앙 집권적인 통제하에 있는 원래의 소련 핵보다 미국에 덜 위협적일 수도 있다고 생각했다. 그러나 스코크로프트는 "국가의 대량살상무기에 대한 물리적 통제력의 상실은 위험했다"고 인정했다. 그럼에도 불구하고 그는 모든 공화국에 미국 외교 영사관을 즉시 설치하는 등 소련의 붕괴에 대해 더 "공격적"인 접근법을 주장한 체니와 다시 갈등을 겪었다. 부시와 스코크로프트는 후에 체니의 권고를 "소련의 붕괴를 조장하려는 얕게 위장된 노력"이라고 비판했다.[109]

체니는 특히 우크라이나와의 관계 강화를 주장했다.[110] 우크라이나가 소련에서 독립에 성공한다면 그들은 즉시 세계에서 세 번째로 거대한 핵보유국이 될 것이다.[111] 체니는 키이우와 함께 "지상층"에 들어가는 것이 바람직하다고 생각했다.[112] 부시는 1991년 8월 1일 쿠데타 직전 소련을 방문하여 전략무기감축조약 Strategic Arms Reduction Treaty, START에 서명했다.[113] 당시 그의 주요 관심사는 고르바초프를 지원하고 소련 중앙의 권위를 유지하는 것이었다. 그는 완전한 독립이라는 꿈에 대한 미온적인 공개 발언으로 우크라이나 민주주의 야당을 실망시켰고, 이 연설은 곧바로 "치킨 키이우" 연설이라는 별명이 붙었다.[114]

쿠데타 직후인 1991년 9월 25일 부시는 체니와 워싱턴을 방문한 우크라이나 지도자 레오니드 크라우추크Leonid Kravchuk의 말을 경청하게 되었다. 당시 우크라이나 의회(라다)는 독립 선언문을 통과시켰고, 12월 1일 대통령 선거의 일환으로 독립 선언문에 대한 국민투표를 실시하기로 예정했다.[115] 크라우추크는 부시에게 직설적으로 말했다. 소련의 중앙 권위가 "붕괴"되고 있으며 소련

에는 미래가 없다는 자신의 견해를 분명히 밝혔다.[116]

　　대통령은 핵무기 제한에 대한 극적인 조치를 취해야 할 때가 왔다고 생각했다. 그는 아직 소통할 수 있는 중앙 소비에트 당국이 있는 동안 가능한 한 많은 군비통제를 달성해야 한다는 것을 깨달았다. 그는 이를 위한 최선의 방법은 전술 핵무기뿐만 아니라 다른 무기들에 대해서도 일방적으로 감축하고 모스크바가 그의 행동을 따라해 주기를 바라는 것이라고 생각했다. 체니는 여전히 이 접근법에 회의적이었지만 이번에도 스코크로프트의 의견이 더 지지를 받았다.[117] 국가안보보좌관과 그의 참모들은 이 극적인 도박이 고르바초프가 아직 무언가를 할 수 있는 동안 본인들을 잘 따라오도록 하는 가장 빠른 방법이라고 생각했다. 뵈르너 사무총장은 전화로 이러한 상황을 통보받았을 때 "유럽에 공중 기반 핵무기가 계속 존재할 것"이 확실하다면 그러한 계획을 지지할 것이라고 선언했다. 스코크로프트는 "물론이다"라고 대답했다.[118]

　　대통령은 텔레비전 방송을 통해 미국 국민에게 자신이 일방적으로 행동하고 있음을 발표하기로 결정했다. 베이커의 말에 따르면 사건이 너무 빠르게 진행되고 있어 또 다른 장기적이고 형식적인 협상에 "발목이 잡히는" 것을 피하려는 의도였다. 베이커는 NATO 동맹국들에게 미리 브리핑하면서 미국은 "핵포탄과 단거리 탄도 미사일에 탑재된 핵탄두를 모두 철수하고 해체할 것"이라고 말했다. 부시 대통령은 또 "수상함과 공격 잠수함에서 모든 핵무기를 제거하고 해군의 지상기지 운용 항공기에 장착된 핵무기를 철수할 것"을 계획했다. 전략 폭격기는 "경계 태세"를 해제했다. 경계 태세는 "폭탄을 장전하고 몇 분 안에 이륙할 준비가 되어 있다"는 것을 의미했다. 부시 대통령은 또 START에 따라 감축될 예정인 모든 대륙간탄도미사일(ICBM)의 경계 태세도 해제할 예

4장 망각과 기회

정이다. 그러나 베이커는 동맹국들에게 "우리는 유럽을 비핵화할 의도가 없다"고 안심시켰다. 부시와 그의 고문들은 "공중 기반 핵무기가 불확실한 미래에 없어서는 안 될 역할을 할 것"이라고 보고, NATO의 핵 억제력을 현대화하는 데 전념했다. 그 대가로 부시는 "소련이 비슷한 조치를 취하도록" 고무되기를 바랐다.[119]

　미국 대통령은 1991년 9월 27일 아침에 고르바초프를 불렀다. 그가 이 텔레비전 방송 발표를 계획했던 날[120] 부시는 이러한 움직임이 일방적이기는 하지만 백악관은 소련이 같은 방향의 조치를 취하길 바랐다고 강조했다. 놀란 고르바초프는 원칙적으로만 대응할 수 있지만 "그의 답변은 긍정적인 것"이라고 말했다. 그는 부시 대통령에게 핵실험도 줄일 것이냐고 물었지만, 부시 대통령은 "우리도 실험은 꺼린다"고 대답했을 뿐 아직 그에 대해서는 협상할 준비가 되지 않았었다.[121] 그 문제에도 불구하고 고르바초프는 부시의 구상을 그와 전 미국 대통령 로널드 레이건이 레이캬비크에서 고려했던 것과 비슷한 역사적인 구상이라고 선언했다. 백악관 관계들이 옐친에게도 묻자 러시아 대통령도 부시 대통령에게 그의 계획은 "아름다운 개념"이라고 말했다.[122] 이 극적인 움직임은 효과가 있었다. 10월 5일, 고르바초프는 그가 요청을 받아들일 것이라고 발표했다.[123] 소련은 핵포탄과 전술 탄도 미사일에 탑재된 핵탄두를 해체하고, 해군의 수상함과 잠수함에 탑재된 모든 전술 핵무기를 제거하며, 다른 많은 무기들은 감축할 것이다.[124]

옐친, 소련을 쓸모없게 만들다

1991년 가을, NSC는 "고르바초프의 장기적 역할" 가능성을 "없음"이라고 결론 내렸다.[125] 스코크로프트는 1991년 10월 "소련의 붕괴"

를 마치 기정사실처럼 언급하기 시작했다. 2000년에 그는 당시를 돌이켜보며 이렇게 설명했다. "내가 알기로는 옐친이 우크라이나를 소련 붕괴의 근원적인 원인이 되도록 공작하고 있다는 것이 분명했다." 그러나 진짜 이유는 러시아 지도자가 우크라이나의 독립에 대한 열망을 자기가 하려는 일을 위한 변명으로 삼은 교활함이었다. 다르게 표현하면 "소련은 붕괴되고 있었다"고 스코크로프트는 믿었다. 그것이 "옐친이 고르바초프를 깔끔하고 완벽하게 제거할 수 있는 방법이었기 때문"이었다. 즉, 고르바초프를 "더 이상 존재하지 않는 정치적 실체의 지도자"로 만들었던 것이다. 국가안보보좌관은 "분열의 힘이 상당히 강했다"는 것을 깨닫긴 했지만, 옐친과 고르바초프 사이에 "그런 적대감이 없었다면 오늘날에도 여전히 소련이 존재할 수 있었을 것이라고 생각한다"고 추측했다.

그러나 그 적대감은 매우 현실적이었고 그래서 1991년 10월 스코크로프트는 소련의 붕괴가 NATO의 미래에 무엇을 의미하는지 평가하기 시작했다. 특히 중부와 동부 유럽 지도자들이 이제 공개적으로 동맹의 품으로 도망치려고 했기 때문이다.[126] 하벨은 부시에게 "일종의 준회원국 형태"로 NATO에 가입시켜 줄 것을 재차 요청했다.[127] 스코크로프트는 이 요청을 보고 "실패한 쿠데타가 동방에서의 NATO의 역할을 확인해 주었다"고 생각했다. 그는 부시 대통령에게 "동맹과 행정부 내에서 NATO 가입국을 확대하는 이점에 대해 논의해 왔다"고 상기시켰다. 이제 찬반양론이 점점 분명해지고 있었다. 찬성 측은 NATO가 확장하지 않으면 "변화하는 유럽"과 점점 무관해지는 위험을 감수해야 한다는 것이었다. 반대 측에서는 확장이 "공동방위에 대한 NATO의 구조와 협력 패턴을 희석시킬 위험이 있다"고 주장했다. 또 다른 요소는 프랑스인의 생각이었다. "프랑스인들은 EC가 동쪽으로 확장하는 것을 꺼리고 NATO의 동쪽으로의 확장도 반대했다." 스코크로프트는 그 문제를 신중하게 고려한 후, 반대 측 의견이 더 설득력이 있다고 느꼈다. 그는 10월에 방문한 뵈르너 사무총장에게 "NATO의 안전보장을 동쪽으로 확장할 시기가 무르익었다고 느끼지는 않는다"고 조언했다.[128]

이와는 대조적으로 뵈르너는 "중부 및 동부 유럽 국가들과 NATO의 관계를 어떤 식으로든 개선할 필요가 있다"고 느꼈다.[129] 베이커와 한스 디트리히 겐셔 독일 외무장관의 보좌관들은 공동으로 확장이 아닌 개량을 제안했다. 중부와 동부 유럽 국가들이 가입할 수 있는 일종의 NATO 산하 기구를 만들자는 것이었다.[130] 그 아이디어는 동맹 가입이라는 까다로운 문제를 피하면서 NATO와 가까워질 새로운 기회를 주는 것이었다. 미테랑은 이와 같은 일이 EC와 그가 제안한 연맹에서도 일어나길 바랐다. NSC는 베이커-겐셔가 구상한 새로운 조직이 "상설적인 2등 대기실"로 보이지 않도록 "NATO 가입 가능성을 열어둬야 한다"고 덧붙이며 이 생각에 동의했다. 한편 미국의 정책은 확대된 관계를 각국의 실제 "민주화" 수준에 따라 조정할 것이었다.[131]

1991년 10월 11일 베이커-겐셔의 개량안에 대해 뵈르너와 논의하면서 부시는 잠재적 구성원들의 집합에 "발트 3국을 포함시켜야 하는지" 물었다. 미국은 소련의 에스토니아Estonia, 라트비아, 리투아니아 점령을 인정하지 않았다. 그러나 이 세 국가는 사실상 모스크바의 지배하에 있었기 때문에, 그걸 인정하는 것은 여전히 존재하는 소련에 대한 극적인 모욕이 될 것이었다.[132] 뵈르너는 "그렇다, 발트 3국이 수용한다면 그들을 환영해야 한다"라고 대답했다. 사실 그는 이미 그들과 접촉하고 있었다. 리투아니아 대통령 비타우타스 란츠베르기스는 "NATO에서 나를 만나고 싶어 했지만, 나는 오늘 여기 있어야 해서"라며 대신 부통령을 보좌진들과 함께 브뤼셀에 보냈다.[133] 그것은 소련의 붕괴가 NATO의 기회를 얼마나 극적으로 확대하고 있는지를 보여주는 신호였다.

부시의 지지와 함께 뵈르너는 베이커-겐셔의 계획을 실제 조직으로 만들기 위해 브뤼셀로 돌아왔다. 1990년 7월 NATO 정상회의는 과거의 적들에게 수사적으로 "우정의 손"을 내밀었다. 이제 북대서양협력이사회North Atlantic Cooperation Council, NACC는 새로운 대화와 협력을 위한 포럼이 되어 그 수사법을 현실로 바꾸게 되었다. 이 목표를 달성하기 위해 사무총장은 NATO 주재 미국대표부와 긴밀히 협력했다. 새 기구는 옛 바르샤바조약 회원국들과 "발트 3국까지 포함"에 초점을 맞추어야 한다는 데 모두 동의했다.

그 정책은 합리적이었다. 중부와 동부 유럽에 문을 열기 시작했지만 모스크바를 적대시하는 방식은 아니었다. NACC에 가입하는 것이 특정 국가가 NATO에까지 가입할 가능성에 정확히 어떤 영향을 미칠지는 불분명했다. 그런 모호성이 큰 장점이었다. NATO 주재 미국대표부가 지적했듯이 "현 시점에서 NATO, EC, CSCE 간의 정확한 업무 분담을 정의하는 것은 실행 가능하거나 바람직하지 않았다." 모호성을 더욱 심화화기 위해 뵈르너는 동맹국들이 NACC 가입 신청을 처리할 때 적용할 일명 비차별화 접근 방식을 들고 왔다. 즉, 구소련 공화국의 신청은 구 바르샤바조약 국가의 신청과 동일한 대우를 받는다는 뜻이다.[134] 분명히 중부 및 동부 유럽에게 반가운 소식은 아니지만, 그러한 접근 방식은 유럽 전역에 더 적합한 지역과 덜 적합한 지역을 구분하는 새로운 선이 그어지는 것을 막는 데 도움이 되었다. 최종적으로 1991년 11월 NATO 정상회의에서 새 협의회를 발표하고, NACC는 12월에

4장 망각과 기회

첫 번째 전체 회의를 소집한다는 계획이 세워졌다.

하지만 마찰도 있었다. 우크라이나도 NACC에서 환영 받을까? 키이우에 NATO 연락 사무소를 요청하면 어떻게 될까? 1991년과 같은 격동의 시기에 우크라이나의 충성심이 모스크바에서 서쪽으로 이동하는 것은, 심지어 NACC에 대한 관심을 표명하는 것과 같은 사소한 방법만으로도, 엄청난 영향을 미칠 것이다.

당시 우크라이나의 인구는 약 5천 2백만 명으로, 소련에서 두 번째로 큰 공화국이자 유럽 주요 국가 수준의 규모였다. 당시 영국과 프랑스의 인구가 각각 5천 7백만 명과 5천 8백만 명이었다.[135] 우크라이나는 동 슬라브 국가이며 정교회가 지배적인 국가로서 오랫동안 러시아의 역사와 깊게 얽혀 있었다. 수백만 명의 러시아인들이 우크라이나인들과 함께 살고 있었고, 러시아인들은 우크라이나인들과 결혼하는 일도 많았다.[136] 만약 우크라이나가 1991년 12월 1일 국민투표에서 완전한 독립을 결정한다면 우크라이나는 즉시 동료 슬라브인들과 고통스러운 경제적·정치적 이혼을 시작할 것이고 또한 영국이나 프랑스보다 더 큰 핵보유국이 될 것이다. 우크라이나의 선택은 분명히 광범위한 영향을 미칠 것이다. 모스크바에서 스트라우스 대사는 워싱턴에 "1991년 러시아에서 가장 혁명적인 사건은 공산주의의 붕괴가 아니라, 정치적 성향에 관계없이 모든 러시아인들이 그들의 정치적 신체의 일부로 생각하는 무언가를 잃는 것, 특히 그 심장이라고 볼 수 있는 우크라이나를 잃는 것일지도 모른다"라고 조언했다.[137]

간단히 말해 우크라이나의 NATO에 대한 잠재적 관심을 대할 때 무엇을 해야 하는지에 관한 질문은 중요한 의미를 갖고 있었다. 그것은 어떻게 보면 유럽의 동쪽 끝이 어디인지에 관한 질문이었다. 또한 거대하고 실질적인 문제가 있었다. 고르바초프는 부시가 키이우와 직접 거래하는 것을 맹렬히 막으려 했다. 러시아와 우크라이나 모두의 후손인 그는 조상들의 땅이 갈라지는 것을 막기 위해 최선을 다하고 있었다.¹³⁸ 소련 지도자는 그 노력의 일환으로 현재 국경 그대로 우크라이나가 분리되면 불안정한 구조가 될 것이라고 주장했다. 그는 부시에게 현재 국경은 단지 지역의 볼셰비키 유력자들이 그들의 권력을 보장하기 위해 만들어 놓은 것이라고 말했다. 그들은 우크라이나에 "하리코프와 돈바스"를 편입시켰고, 니키타 흐루쇼프Nikita Khrushchev는 나중에 "친애의 표시로 크림반도를 러시아에서 우크라이나로 넘겼다"고 말했다.¹³⁹ 그러나 고르바초프가 독립을 위한 어떠한 시도에도 저항할 것이라고 암시했던 강성 친러 지역들을 제외하곤 우크라이나의 독립을 반대하는 곳은 없었다. 이러한 모든 우려 때문에 이 지역의 정책에 대한 부시 행정부 내부의 "옵션 문서 초안"은 "우크라이나가 NATO 연락 프로그램에 나중에 합류할 가능성"을 탐색할 것을 권고했다.¹⁴⁰

그러나 그 문제는 해결되지 않을 것이다. 우크라이나의 미래는 1991년 11월 19일 부시가 고르바초프의 고문인 알렉산더 야코블레프Alexander Yakovlev를 접견했을 때 논란을 일으켰다. 핵무기에 초점을 맞춘 부시는 러시아 밖에 있는 소련 핵무기의 약 25%, 특히 우크라이나의 무기에 대한 계획을 물었다.¹⁴¹ 야코블레프는 "물론 우리는 (핵)무기를 포기하지 않을 것이다. 그건 중앙 당국의 보호를 받고 있다." 베이커가 "일부 군대가 공화국으로 이동했다"고 언급하면서 핵무기를 지키는 부대가 모스크바에 충성하지 않을 수도 있다고 지적하자, 야코블레프는 "일부 지휘관들이 매우 과장되게 말할 수 있다는 것을 알고 있다"면서 그러나 "그것이 말하는 대로 실제로 행동할 것임을 의미하지는 않는다"고 우려를 일축했다. 베이커는 우크라이나가 분리 독립하면 러시아와의 우크라이나 사이에 공개적인 충돌이 일어날지 우려된다는 핵심을 다시 지적했다. 야코블레프는 우크라이나에 1천 2백만 명의 러시아인이 있고 "많은 혼혈인들도 있다"며 "어떤 종류의 전쟁이 벌어질 수 있는가?"라고 반문했다. 베이커는 "평범한 전쟁"이라고 간략히 대답했다.[142]

소련의 미래는 확실히 점점 더 예측 불가능해지고 있었다. 8월의 쿠데타 모의자들은 모스크바의 중앙 권위를 회복하기를 바랐지만 오히려 소련의 해체를 재촉하게 되었다. 스트라우스 대사는 "러시아는 지금과 같은 반전에 직면한 적이 없다. 로마노프 왕조 초기부터 러시아의 종주권하에 있던 영토와 인구가 총 한 발 쏘지도 않고 손실되고 있다"고 말했다.[143] 특히 우크라이나가 떨어져 나간다면 남은 연합 전체의 생존이 의심스러울 수밖에 없다.

추진력은 여전히 옐친에게 있었다. 그는 8월 쿠데타를 막았던 개선장군의 역할을 계속하고 있었다. 1991년 11월 26일 옐친은 자신의 외무장관 코지레프에게 러시아의 미래에 대한 본인의 비전을 담은 편지를 부시에게 전달하도록 하였다. 편지에서 옐친은 "러시아는 공산주의 과거와 단절하고 있다"고 썼다. 그는 "연말 이전이라도 물가 통제 완화, 엄격한 통화 금융 및 신용 정책, 세제 개혁, 루블화 강화"를 시행할 계획이었다.[144] 그는 NACC 아이디어를 환영했고 러시아가 "밴쿠버에서 블라디보스토크까지 새로운 안보 시스템을 구축하려는 NATO의 노력에 대한 지원"의 일환으로 "우리도 이 기구에 참여할 의향이 있다"고 분명히 밝혔는데 이는 이미 베이커와 겐셔가 사용한 문구를 반복한 것이다.[145] 러시아 대통령은 또한 부시에게 우크라이나 및 다른 주권 공화국과의 "정치적 연방"을 재구성하는 것을 고려하고 있다고 털어놓았다. 아

마도 그가 혐오하는 고르바초프를 완전히 배제했을 것이다.[146]

옐친은 부시에게 소련의 연장이든 완전히 새로운 실체이든 특정 형태의 연방에 대한 그의 관심은 전적으로 우크라이나의 참여 의지에 달려 있다고 표현했다. 러시아 지도자가 1991년 11월 30일 미국 대통령에게 후속 통화에서 설명했듯이 만약 우크라이나가 불참하여 "슬라브 국가와 이슬람 국가 간의 연방의 균형이 극적으로 바뀌는 것"은 받아들일 수 없을 것이다. 그는 민족적인 이유로 "러시아와 벨라루스가 슬라브 국가로서 2표를 행사하고 이슬람 국가들은 5표를 행사하는 상황"을 용인하지 않을 것이다.[147] 옐친은 또한 만약 러시아가 우크라이나 없이 훨씬 더 작은 공화국들의 정치적 연방에 홀로 남겨진다면, 러시아는 다른 공화국의 빚더미에 시달릴지도 모른다는 것을 깨달았다. 러시아는 다른 공화국에 보조금을 지원할 여유가 없었기 때문에, 옐친은 나머지 연방 국가가 폭풍 속으로 가라앉는 동안 자신의 국민을 물 위에서 지켜줄 일종의 정치적 방주가 필요하다고 생각했다. 역사학자 세르히 플로히는 "옐친과 그의 측근들은 제국의 부담을 스스로 계속할 것인지 혹은 제국을 그만둘 것인지 선택해야 했다"며 그들은 후자 쪽에 가까워지고 있었다고 보았다. 그리고는 "러시아 방주가 소련 부두를 떠나고 있다"고 말했다. 그로부터 이틀 후인 12월 1일에 예정된 우크라이나의 독립 투표는 새로운 의미를 갖게 되었다. 옐친은 이 순간을 소련 전체의 미래를 결정할 순간으로 삼기로 결심했기 때문이다. 결론은 옐친이 부시에게 말했듯이 우크라이나인들이 70% 이상의 차이로 독립에 투표한다면 그는 즉시 우크라이나를 별개의 국가로 인정할 것이라는 것이었다.

놀란 부시는 러시아가 소련에서 두 번째로 인구가 많은 공화국의 독립을 그렇게 빨리 인정하는 극적인 조치를 취하는 이유를 물었다. 옐친은 자신이 어떤 입장을 취하는지 당장 분명히 밝히고 싶다고 답했는데, 그 이유는 "12월 초"에 우크라이나의 새 대통령과 함께 긴급한 다음 단계에 관해 협력해야 했기 때문이다. 이는 고르바초프의 권위를 최종적으로 파괴하는 작업이었다. 러시아 대통령과 그의 참모들은 또한 새로운 수도 키예프(지금은 우크라이나어 명칭 '키이우'로 점점 더 많이 알려지고 있다)에 지역 군대가 이미 충성을 맹세하기 시작했기 때문에 러시아가 독립을 막으려 한다면 싸움이 일어날지도 모른다고 걱정했다. 그는 또한 우크라이나 영토 내 "전략 핵무기의 중앙 통제"에 대해서도 우려를 표명했는데 특히 우크라이나가 "매우 현대적인 시설, 즉 대형 사일로"를 가지고 있기 때문이었다. 옐친은 비용이 많이 들고 "몇 년"이 걸리더라도 "우크라이나 영토에서 핵무기를 제거하는 것"을 추진할 작정이었다. 마지막으로 그는 부시에게 이 모든 것을 비밀로 유지해달라고 간청했고 부시는 그렇게 하겠다고 약속했다.

12월 1일 투표에서는 84%의 투표율로 90%의 우크라이나인이 독립을 선택했다.[148] 부시는 같은 날 대통령 선거에서 승리한 크라우추크를 축하하기 위해 전화를 했다. 대통령 당선자는 고르바초프가 잘못 예측한 우크라이나 일부 지역을 포함해 "우크라이나에서 단 한 지역도 우크라이나 독립 지지율이 50%를 밑돌지 않았다"고 자랑스럽게 보고했다. 부시는 크라우추크가 군축과 같은 문제들을 논의하기 위해 국무부 특사들을 기꺼이 받아들일 것인지 물었고, 크라우추크는 그럴 것이라고 암시했다.[149]

이 소식을 듣고 부시는 옐친의 예를 따르기로 결정하고 우크라이나를 "신속하게" 인정하겠다고 밝혔는데, 이는 군비통제 전문가 윌리엄 포터가 12월 4일에 쓴 〈월스트리트 저널〉 사설에서 현명하지 못하다고 비판한 조치다. 포터는 부시가 우크라이나의 독립에 대한 "무조건적인 인정"을 "근시안적"이라고 여겼다. 그 이유는 부시가 인정의 대가로 우크라이나가 핵확산금지조약Treaty on the Non Proliferation of Nuclear Weapons, 이하 NPT에 가입해야만 한다는 조건을 내걸어야 했기 때문이다.¹⁵⁰ NPT는 1970년에 발효되었고 국제 원자력 기구와 협력하여 위반을 방지하고 준수 여부를 확인하기 위한 복잡한 제도 및 합의 시스템을 개발했다.¹⁵¹ 포터는 부시에게 "우크라이나에 대한 미국의 외교적 인정 조건을 명확히 하고" 우크라이나가 그 규칙을 준수하도록 한 다음에 미국으로부터 전면적인 인정이라는 고가의 선물을 받을 수 있게 하라고 조언했다. 대통령은 그러한 구속력 있는 조건 없이 그달 말까지 완전한 법적 인정을 진행했다. 아마도 이전에 우크라이나가 핵무기를 포기하겠다고 선언했던 태도가 유지되기를 바랐을 것이다.¹⁵²

그러나 충격적인 12월 국민투표 결과가 부시에게 한 걸음을 놓치게 만들었다면 고르바초프에게는 더 많은 걸음을 놓치게 했다. 소련 지도자는 쿠데타로 인해 무너졌던 새로운 "연방 조약"에 대한 논의를 재개하려고 노력해왔다.¹⁵³ 크라우추크는 더 이상 그 조약에 서명하려 하지 않았고 옐친도 우크라이나 없는 반쪽 연방에 들어가는 데 관심이 없었다.¹⁵⁴ 고르바초프는 마지막 남은 통제력의 흔적마저 잃고 있었고, 다음에 무슨 일이 일어날지는 분명하지 않았다. 연방이 사라지고 있는데, 무엇이 연방을 대체할 것인가?

그 답을 찾기 위해 옐친은 모스크바와 고르바초프로부터 멀리 떨어져야 한다고 생각했다. 그와 크라우추크, 벨라루스 지도자 스타니슬라우 슈시케비치Stanislav Shushkevich, 즉 핵무기를 보유한 세 슬라브 국가의 지도자들은 옐친이 벨라루스를 방문하기로 예정된 시간을 이용해 폴란드 국경 근처 벨라베자 숲에 있는 사냥터인 비스쿨리로 후퇴했다. 옐친은 다른 공화국과 소비에트 지도자를

제외하고 오직 그들과 함께 미래를 계획하기로 결정했다.[155]

압력을 가하고 브레인스토밍을 하고 술도 마시며 이틀이 지난 후, 옐친은 1991년 12월 8일 갑자기 부시를 불러 그들이 결정한 내용에 대한 소식을 전했다. "현재의 시스템을 고수하는 선택지와 모든 사람이 우리에게 서명을 강요하는 연합 조약은 우리를 만족시키지 못합니다."[156] 서류상 1922년에 소련을 창설할 때부터 존재하던 3개 공화국의 수장으로서, 그들은 연방을 해체할 권리가 있다고 생각했다.[157] 그들은 비스쿨리 주 정부 청사의 화려한 방에서 그에 대한 합의의 서명식을 갖고 소련을 새로운 독립국가연합Commonwealth of Independent States, CIS으로 대체하기로 결정했다. 놀란 미국 대통령은 "알겠습니다"와 "으흠" 이상의 반응을 보일 수 없었다.

옐친은 부시에게 CIS 국가들이 "군에 대한 통합 지휘권을 확립하고 발전시키고 성문화할 것"이라고 약속하였다. 그들은 "핵무기를 단독 제어할 것"이다. 놀란 부시는 옐친에게 그 소식에 감사하고 그의 보좌관들과 상의한 후에 그에게 다시 연락하겠다고 약속할 수밖에 없었다. 러시아 대통령은 "이것은 정말, 정말 최신 언론에서 나온 최신 정보이다. 솔직히 고르바초프도 모른다"고 말했다.[158] 옐친은 슈슈케비치가 모스크바에 전화하게 함으로써 고르바초프에게 알릴 의도를 가지고 있다는 것을 부시에게 말하지 않았다.

이 소식을 들은 고르바초프는 크라우추크에게 모스크바로 오라고 명백히 요구했지만 크라우추크는 거절했다. 그러나 옐친은 모스크바로 돌아가야만 했기에 예방 조치를 취했다. 옐친은 마침내 고르바초프를 직접 대면했을 때 고르바초프가 자신을 체포할까 두려워 무장 경호원과 동행했던 것으로 알려졌다. 그러나 소련의 지도자는 짐작건대 대중의 반응을 확신할 수 없었기 때문인지 그런 시도는 하지 않았다.

    그 후 사냥 오두막에서 했던 거래가 세상에 알려졌고 옐친은 벨라베자 합의Belavezha accords를 이행하기 위해 빠르게 움직였다. 우크라이나와 벨라루스의 의회가 1991년 12월 10일에 비준하였고, 러시아 의회에서는 12월 12일에 비준하였다.[159] 옐친은 부시에게 자신이 하고자 하는 모든 움직임을 미리 부시에게 이야기하는 남다른 개방성을 계속 유지했다. 그는 부시에게 "통일된 전략 군사 지휘부"를 만들 것이기 때문에 "핵무기에 대해 걱정하지 말라"고 요청했다. 새롭게 창설된 CIS에 고르바초프가 설 자리는 없었지만, 러시아 대통령은 고르바초프를 "매우 존경스럽게 대할 것이며, 모든 것은 급진적인 조치 없이 점진적으로 진행될 것이다"라고 약속했다. 워싱턴은 (아마도 그달 말까지) 곧 "중앙의 구조들이 더 이상 존재하지 않을 것"이기에 준비를 해야 했다.[160]

    이러한 진행에 관한 베이커의 평가는 냉혹했다. 12월 10일 그는 대통령에게 "전략적으로 소련의 붕괴 이후 핵무기의 미래보다 관심과 시간을 더 많이 할애해야 할 다른 외교 문제는 없습니다"라고 말했다. 스코크로프트는 여전히 이에 동의하지 않았다. 그가 나중에 말했듯이 구소련의 핵무기들이 잘 관리되는 통합 체계에 속하는 것보다 여러 조각으로 나뉜 상황이 낫다고 느꼈다. 그는 우크라이나나 카자흐스탄이 미국을 표적으로 삼을 것이라고 믿지 않았기 때문에 이 문제에 대해 "상당히 편안했다." 반대로 베이커는 구소련 국가들 간의 핵 경쟁은 워싱턴에게 아무런 가치가 없으며 오직 하나의 핵보유국(러시아)만이 남아야 한다고 주장했다.[161]

    부시는 베이커의 충고를 마음에 새기며 넌 상원의원이 최초로 추진한 구소련핵위협감소법에 서명했는데, 이는 소련의 무기 수송, 저장, 보호 및 제거를 용이하게 하기 위한 것이었다.[162] 또한

1991년 12월 12일 베이커는 프린스턴 대학교에서의 연설에서 "정신 없고 혼란스러운" 소련 사람들을 돕기 위한 국제 원조 회의를 요청했다.¹⁶³ 그는 또한 모스크바, 상트페테르부르크, 그 외 다른 도시들로 식량을 공수할 것이라고 선언했다.¹⁶⁴ 이것은 순전한 자선 사업이 아니었다. 국방부와 국무부는 합동참모본부와 협력하여 식량 공수를 하는 동시에 오랫동안 미국의 전략가들이 관심을 가져왔던 소련의 특정 지역을 면밀히 조사하는 방안을 생각했다.¹⁶⁵

프린스턴 대학에서의 연설 이후 베이커는 12월 12일에서 15일 사이에 핵무기를 보유한 4개 공화국의 지도자들과의 회담을 위해 죽어가는 소련으로 날아갔다.¹⁶⁶ 그는 이 문제에 대해 자신이 개인적인 주의를 기울여야 한다고 판단했다. 그는 소련에 도착하자마자 소련 붕괴의 실질적인 결과를 확인할 수 있었다. 그가 나중에 회고록에서 회상했듯이 "아에로플로트(소련 항공사)는 대부분 운항이 중단됐고, 우리 대사관은 차에 넣을 휘발유를 찾는 데 어려움을 겪고 있었다. 이 모든 것이 세계에서 가장 많은 석유 매장량을 가진 나라에서 일어났다!"¹⁶⁷

베이커가 출장 중에 직접 쓴 메모는 그가 대부분의 참여자들에게 핵 문제에 대해 동일한 압박을 가했다는 것을 보여 준다. "당신은 누구로부터 지시, 정치적 지도, 명령을 받나?"¹⁶⁸ 그는 또한 곧 독립할 국가들은 "NPT 가입 절차를 시작"해야 한다며 1월부터 외부 전문가들의 방문을 받아들여야 한다고 강조했다.¹⁶⁹ 그의 목표는 명확했다. 핵무기를 가진 공화국들이 독립적인 지휘권을 포기하도록 하고 핵무기를 비활성화하거나 러시아로 옮겨 해체하는 것이었다.¹⁷⁰ 모스크바에서 그는 또한 협상 파트너들에게 "당신들은 생물학 무기 프로그램을 종료하고 이러한 시설의 해체 시한에 동의하기로 합의했다"고 강조했다.¹⁷¹

그의 출장에서 가장 극적인 날이었던 1991년 12월 16일 베이커는 고르바초프와 옐친을 둘 다 만났으나 다 같이 만나지는 않았다.[172] 이제 옐친이 훨씬 더 중요했다. 증오하는 정치적 라이벌에 대한 승리를 확신한 옐친은 기분이 좋아져 모스크바의 핵 발사 절차의 내부 작동 방식을 자세히 밝히려 했다. 몇 년 전 같으면 상상도 할 수 없었던 대화였다.[173]

러시아 대통령은 베이커를 환영하며 이제 그가 소련의 운명을 손에 쥐고 있다는 것을 미국인에게 알렸다. 그는 한때 연합을 보존하는 쪽으로 기울었지만 "우크라이나 없이는 어떤 연방도 말이 되지 않았기 때문에 결국 결정적인 요인은 우크라이나 국민투표였다"고 말했다.[174] 옐친 대통령은 베이커에게 국방 문제에 대해 CIS를 통해 "핵 억제력을 포함한 전략 군을 통합하기를" 원한다고 말했다. 그러나 그는 고르바초프가 "그 군대의 총사령관이 될 수도 있다"는 견해를 부인했다. 그는 대신 1991년 8월 소련 국방장관임에도 불구하고 강경파의 쿠데타에 반대했던 "'우리'의 국방장관 예브게니 샤포시니코프Yevgeny Shaposhnikov"가 잠재적으로 그 역할을 수행할 수 있기를 희망했다. 옐친은 또한 "CIS에 속할 군사 조직"이 "NATO와 긴밀한 관계를 형성"하기를 희망했다. 옐친은 심지어 NATO 본부에 러시아도 동맹 가입을 희망한다는 내용의 서한을 보낸 것으로 알려졌다.[175]

베이커는 과거에 소련이 NATO에 가입해야 한다는 고르바초프의 제안에 대해 자세히 논의하는 것을 피했고, 마찬가지로 옐친에게도 일반적인 방식으로 응답했다. "NATO가 CIS와 연계할 수 있을 방법이 있을 것이다."[176] 국무장관은 그가 관심을 갖고 있는 문제인 핵무기 통제와 지휘로 대화 주제를 교묘히 돌렸다. 그는 CIS가 모든 핵무기를 단일 권한 아래에 두고 미국과 러시아가 핵무기의 안전과 START의 이행을 보장하기 위해 협력하기를 강력히 희망한다고 밝혔다. 옐친은 이에 대한 응답으로 이전의 주장을 되풀이했다. 그는 "장기적인 과정이 될 것"이지만, "CIS의 방위 연합이 NATO와 합병할 수" 있기를 분명히 희망했다. 회의록에는 옐친이 NATO의 광범위한 협력을 희망하는 것에 대한 베이커의 반응이 적혀 있진 않았다.

베이커는 대부분의 보좌진이 방을 나가야 할 만큼 민감한 주제를 다루어야 한다고 이전에 말했으며, 이제 그들이 나갈 시간이 왔다고 말했다.[177] 대표단 대부분이 방을 나간 후 그는 옐친에게 소련의 전시 핵무기 사용 절차에 대해 설명해달라고 요청했다. 놀랍게도 옐친은 그 질문에 답해 주었다. 베이커는 옐친의 말을 들으며 직접 받아쓰고 밑줄도 쳤다. 소련 지휘부는 3개의 핵가방과 "회의용 전화기 시스템"을 사용한다고 적었다. 옐친 대통령은 전화 "시스템은 오직 결정"에만 사용된다고 설명했다. 발사 명령을 내리기 위해서는 핵가방이 필요했다. 이 핵가방은 "고르비, 옐친, 샤포시"가 가지고 있었다. 이는 소련의 대통령, 러시아의 대통령, 그리고 국방장관을 의미한다. 옐친에 따르면 "그중 하나가 분실되거나 실종되지 않는 한 모두 발사에 동의해야 한다"며 그렇게 될 경우 "다른 두 개를 가지고 발사할 수 있다. 또한 두 개가 분실된다면 한 개만 가지고도 발사할 수 있다"고 말했다. 러시아 대통령은 베이커에게 "12월 말 이전에 고르비의 가방"을 제거할 것이며 따라서 "결과적으로 오직 러시아 대통령과 샤포시만 가지게 될 것"이라고 말했다. 샤포시니코프는 아마도 CIS의 새 국방장관으로 임명될 것이며 "버튼을 누를 가방"을 갖게 될 것이다. 옐친은 샤포시니코프가 "혼자서는 발사 명령을 내리지 못하는" 시스템을 구축하고 싶다고 덧붙였다.[178]

마침내 옐친은 베이커에게 이전에 합의했듯이 "전술핵의 대다수가 이미 우크라이나에서 제거되었다"는 반가운 소식을 들려주었다. 전략 핵무기는 다른 문제였다. 보좌관들이 옆에서 듣고 있는 와중에 옐친은 "소련이 우크라이나에 가장 현대적인 MIRV 전략 시스템을 갖추게 했다는 것은 '비밀'이 아니다"라고 설명했다.[179] MIRV(Multiple Independently Targetable Reentry Vehicle, 다탄두 각개목표설정 재돌입 비행체)는 기본적으로 하나의 미사일이 여러 개의 분리되는 탄두를 사용하여 다수의 목표물을 타격할 수 있게 설계된 특히 위험한 무기 체계였다. 옐친은 일대일 대화에서 베이커의 두려움을 가라앉히기 위해 소련 핵무기를 영토에 둔 다른 공화국들처럼 우크라이나도 "세상이 어떻게 돌아가는지 모른다"고 털어놓았고 "그래서 내가 당신들에게만 말하는 것이다"라고 덧붙였다. 결국은 그는 우크라이나는 핵가방은 필요 없으며 오직 "전화기만 있으면" 만족할 것이라고 확신했으며 "핵무기가 그들의 땅에서 나가면 전화기도 제거될 것"이라고 말했다.[180]

베이커는 그 정보에 감사했지만 시간을 내 키이우에도 방문해야 했다. 그는 크라우추크에게 핵무기 사용의 위험을 피하는 것보다 더 중요한 문제는 없다고 말했다.[181] 국무장관은 또한 벨라루스 및 카자흐스탄 지도자와 이야기를 나눴고 브뤼셀로 가서 NATO 동맹국들에게 본인이 알아온 내용을 알렸다. 그는 도착하자마자 영국 동료에게 "경제 상황 악화로 사회적 폭발이 일어날 수 있다"며 "인도적 지원을 제공하기 위해 조직적인 대규모의 국제적 노력"이 필요하다고 말했다.[182]

베이커는 12월 21일 브뤼셀에서 집으로 돌아오는 비행기 안에서도 쉴 수가 없었다. 베이커가 비행 중일 때 나자르바예프 카자흐스탄 대통령은 비밀리에 입수한 최신 정보를 가지고 전화를 걸어왔다.[183] 옐친은 가능한 한 빨리 소련을 없애기로 결심하고 그 날 카자흐스탄 수도 알마아타에서 CIS 정상회담을 열기로 했다.[184] 그 정상회담에서 CIS는 새로운 조직에 8개의 소련 공화국을 더 추가했고 총 11개국이 소위 공동 창립자가 되었다.[185] 나자르바예프는 참가자였지만 지금은 비밀 정보원 역할을 하고 있었다.

베이커와 나자르바예프는 특히 석유 산업 분야에서 사업을 함께 할 수 있다는 것을 깨달았다. 이전에 알마아타를 방문했을 때 국무장관은 미국의 거대 석유 회사인 셰브론이 카자흐스탄의 유전 개발에 투자할 수도 있음을 암시함으로써 나자르바예프를 설득한 것이 분명했다.[186] 그 방문은 매우 잘 진행되었다. 베이커 장관과 스트라우스 대사는 손님들의 등을 유칼립투스 잎으로 두들기는 전통 사우나를 함께 하자는 대통령의 제안까지 받아들였을 정도였다. 그 후 사우나에서 나온 스트라우스는 베이커의 경호원에게 "국무장관이 벌거벗은 채 카자흐스탄 대통령에게 맞고 있다!"고 알렸다.[187]

1991년 12월의 혼란 속에서 이제 그 우호적인 관계는 배당금을 받게 되었다. 나자르바예프는 옐친이 핵을 가진 다른 슬라브 공화국과만 소련의 운명을 결정한 것에 화가 났다. 더 나쁜 것은 옐친이 나자르바예프에게 함께 모스크바로 날아가자고 요청했었다는 것이다. 하지만 나자르바예프는 비행기가 공항에 착륙한 이후에야 옐친이 슬라브 공화국 동료들과 함께 비스쿨리의 "숲 한가운데"로 갔다는 사실을 알게 되었다. 러시아 대통령은 나자르바예프를 달래기 위해 카자흐스탄 수도에서 정상회담을 가졌지만 전혀 효과가 없었다. 나자르바예프의 12월 21일 기내 전화 통화의 발언은 그가 여전히 분노하고 있다는 것을 보여 준다. 그리고 그와 베이커는 정상회담의 결과를 구체화하기 위해 공모했다.[188]

"나는 당신과 내가 논의했던 것을 완수하기 위해 최선을 다했다"고 나자르바예프는 베이커에게 말했다. 비록 "쉽지는 않았다." 정상회담에서는 장기적으로 "전략 핵무기를 담당할 단 하나의 지도부"만 있을 것이라는 합의가 성사됐다. 베이커는 그 소식을 듣고 기뻤지만, 가까운 미래에 4개의 핵무장 공화국이 남게 될 것이라는 사실과 "신이 금하셨지만, 이 무기를 사용해야 한다는 결정이 내려진다면" 그 결정은 "이 4개 국가에 의해 내려질 것"이라는 내용을 알고는 그다지 기뻐하지 않았다. 그러나 이 상황은 일시적이었다. "우크라이나와 벨라루스는 1998년까지 그들의 핵무기를 러시아에 이전할 것이다." 나자르바예프는 여전히 버티고 있었지만 결국 그 또한 본인이 가진 핵무기를 포기하기로 동의했다.[189]

옐친 대통령은 미국이 이미 카자흐스탄을 통해 상황을 전해 들었다는 것을 알지 못한 채 12월 23일 부시에게 전화를 걸어 상황을 설명했다. 그는 나자르바예프가 베이커에게 말한 것, 즉 4개의 핵무장 공화국만이 핵무기 배치에 발언권이 있을 것이라고 되풀이했다. 옐친은 "러시아 대통령은 다른 세 명과 협의한 후 핵 버튼을 통제할 것"이라고 밝혔지만 러시아 대통령이 비상시 협의 없이 혼자서도 무기를 발사할 수 있도록 비밀 포고령을 내려놓았던 것으로 알려졌다. 지휘 계통에 있어서 옐친은 고르바초프가 핵가방에 대한 통제권을 포기하고 약 48시간 안에 (12월 25일) 사임할 것으로 예상했다. 옐친과 샤포시니코프는 이제 그 세 개의 가방을 독점하게 될 예정이었다. 러시아 정부는 고르바초프에게 "돈, 의료 보험 및 치료, 시골집, 경비원, 교통"을 제공할 것이다.[190]

자리를 잃을 사람은 소련의 지도자뿐만이 아니었다. 모스크바 곳곳에서 스위트룸의 주인이 빠르게 바뀌고 있었다. 12월 24일 코지레프는 소련 외무장관이 급하게 비우고 떠난 새 집무실에서 외교 방문객들을 맞이하기 시작했다. 영국 대사 로드릭 브레이스웨이트는 직접 환영의 인사를 표하고 코지레프가 "모든 옛 외무부 차관을 해임했으며 좋은 입지를 굳힌 것 같다"고 본국에 보고했다.[191] 여러 소련 언론 기관의 관리자들도 러시아의 후임자들에게 자리를 내주었다.

그러나 가장 극적인 이탈은 고르바초프의 탈당이었다. 그는 1991년 12월 25일 사임하는 시간이 다가올 때까지 여러 차례 우울한 전화를 했다. 서방 파트너들을 국내 반동 세력에 대항하는 중요한 동맹국으로 생각하던 그의 태도는 더욱 심해져서 지도자로서의 마지막 순간에 위안을 구할 정도였다. 어쩌면 어리석게도 그들을 동료가 아니라 친구로 여겼기 때문일 것이다.[192] 그는 크렘린궁 스위트룸을 강제로 떠나기 직전 부시 대통령에게 전화를 걸어 "모든 것이 엄격한 통제하에 있다"고 말했다. 그는 그날 사임하고 옐친에게 "핵무기 사용 권한을 양도"하여 "옐친이 아주 조용한 크리스마스 저녁을 보낼 수 있게" 했다.[193]

고르바초프는 전국에 송출되는 TV 방송에 출연해 사임 연설을 할 예정이었다. 그는 방송 시작 30분 전 겐셔에게 전화를 걸었다. 독일 외무장관은 통일 과정 전반에 걸쳐 서방 동료들은 물론 콜조차도 받아들일 수 없을 더 큰 양보를 일관되게 요구했다. 이제 고르바초프는 마지막으로 그의 목소리를 듣고 싶어 했다. 그들의 대화는 말로 표현될 수 없는 희망에 대한 상실감으로 가득 차 있었다.

겐셔는 소련 지도자에게 마지막 인사를 할 때 1990년 고르바초프의 사랑하는 아내 라이사와 아르키즈에서 나눈 사적인 말을 떠올렸다. 라이사는 회담 도중에 외무장관을 옆으로 불러냈고 회담은 소련 지도자가 통일 독일이 NATO에 가입하는 것을 허용하면서 끝났다. 남편처럼 방어적인 그녀는 소련이 성공적인 미래로 전환하는 데 도움이 될 수 있도록 독일인들이 그들의 부와 전문 지식을 공유하기를 원했다. 겐셔는 라이사의 손을 잡고 그녀에게 약속했다. "우리는 역사의 모든 면에서 교훈을 얻는다. 당신 남편이 여기서 뭘 하는지 잘 알고 있다. 모든 것이 잘 될 것이다."[194] 고르바초프가 역사의 무대를 떠나는 지금 겐셔는 그 약속을 떠올렸다. 그가 차마 꺼내지 못했던 말이 무엇인지는 분명했다. 고르바초프와 소련에게는 모든 것이 잘 되지 않았다.[195]

고르바초프는 오후 7시경부터 12분 동안 사임 연설을 했다. 연설은 서방 방송사들이 참석한 가운데 TV로 중계되었다. 직무를 수행하지 않은 지 오래된 소련의 지도자는 사직서에 서명하기 위해 새 펜이 필요하다는 것을 뒤늦게 깨달았다. 스트라우스 대사의 친구인 톰 존슨Tom Johnson CNN 사장이 마침 역사적인 행사를 위해 카메라 팀과 함께 크렘린에 와있었는데, 고르바초프는 그의 몽블랑 만년필을 빌렸다.[196] 존슨의 펜에서 잉크가 흘러나오면서 러시아는 유엔과 여러 다른 기구에서 소련의 후계국이 되었다.[197] 그 후 브레이스웨이트는 고르바초프를 위한 찬사를 런던으로 보냈다. 결국 브레이스웨이트는 "그의 끝없는 말과 절대적 실패에 대한 분노가 결국 그에게 남은 대중의 지지를 무너뜨렸다"고 결론 지었다.[198]

텔레비전으로 지켜보던 옐친은 고르바초프의 연설이 자신에게 충분한 존경심을 보여주지 않았다고 느끼고 격분했다. 러시아 대통령은 여전히 크렘린 상공에 휘날리고 있는 소련의 국기를 가능한 한 빨리 내리라고 명령함으로써 불쾌감을 드러냈다.[199] 고르바초프가 방송을 시작한 지 불과 38분 만에 소련 국기가 러시아 국기로 바뀌며 극적인 시각적 전환이 이루어졌다.[200]

4장 망각과 기회　　215

1991년 구소련에서 독립한 국가들

이는 소련의 지도자에 대한 존경심을 보이겠다고 했던 부시와의 약속을 어긴 것이었다. 심지어 그것은 옐친이 패배한 적에게 그날 했던 유일한 모욕도 아니었다. 고르바초프 부부는 크리스마스와 새해 연휴 동안 관저를 비우기로 계획했지만 옐친은 대신 그들을 바로 쫓아내기로 결정했다. 8월 쿠데타 당시 뇌졸중을 앓은 후 아직 회복 중이던 라이사는 그날 공황에 빠져 남편에게 전화를 해 갑자기 남자들이 나타나 그들을 집에서 쫓아냈다고 말해야 했다.[201]

"고통이 심하다"

부시 역시 곧 대통령직에서 물러나는 고통을 느끼겠지만, 1991년 12월 당시에는 아직 모르는 일이었다. 지금으로서는 또 다른 승리의 순간이었다. 수십 년 동안 미국의 정책 입안자들은 냉전이 핵 갈등 이외의 다른 방식으로 끝날 수 있다는 것을 거의 상상할 수 없었다. 대신 훨씬 작은 폭력을 통해 소련은 갑자기 사라졌다.[202]

러시아는 상당수의 옛 소련군 핵무기를 계속 통합하고 해체했다. 1992년 상반기에 모스크바는 대부분의 소련 전술 핵무기를 확보하고 해체할 수 있었다. 어떤 경우에는 단순히 독립한 공화국 영토에서 가져오는 것만으로도 충분했다. 그러나 옐친은 벨라루스와 카자흐스탄의 지도자와는 그들의 영토에 남아 있던 전략 핵무기의 운명에 대한 양자 협정을 맺기 위해 소통했다. 베이커와 구소련 공화국 간의 합의에 따라 워싱턴은 관련된 수많은 기술적 문제들을 돕기 위해 대표단을 보냈다.[203] 또한 1992년 1월 23일 워싱턴에서 국무장관은 기대하고 있던 원조 회의를 소집했다.[204]

그러나 베이커는 부시 행정부 내부의 큰 다툼에서 처음으로 패배했다. 그는 이처럼 어려운 시기를 겪는 소련에게 부채 상환을 강제하는 것이 우선순위가 되어서는 안 된다고 생각했다. 그러나 니콜라스 브래디Nicholas Brady 재무장관은 동의하지 않았고 부시를 그의 편으로 끌어들였다. 스코크로프트가 나중에 회상했듯이 베이커와 브래디는 사이가 나빴다. "그들은 특히나 잘 협력하지 못했는데, 이는 국무장관이 이전에 재무장관을 지냈기 때문이다." 이는 장관과 직원들이 "자신들끼리 하는 것 말고는 조율과 협력이 무엇인지도 모른다"는 "재무부가 가진 독특한 내부 문화"의 문제와 더불어 "기저의 갈등"을 조성했다. 1991년에 650억 달러로 추정되는 모든 소련의 부채에 대한 책임이 모스크바에 있다고 주장하며 새로운 대 러시아 경제 정책을 장악한 것은 베이커의 부하들이 아니라 브래디의 부하들이었다. 재무장관과 그의 고문들은 1917년 볼셰비키 혁명을 통해 새로 나타난 소련 정권이 러시아 제국의 부채에 대한 모든 책임을 포기했다는 것을 기억해냈고, 그 일이 되풀이되는 것을 원하지 않았다.

이러한 태도는 논란의 여지가 있었다. 리처드 펄Richard Perle과 같은 저명한 공화당원들조차도 "우리는 장부를 지워버리고 옐친에게 싸울 기회를 줄 방법을 찾아야 한다. 최소한 우리가 할 수 있는 것은 그의 비민주적인 전임자들의 차용증을 취소하는 것이다"고 주장했다. 모스크바는 구 소련의 빚을 갚지 않으면 미국이 곡물 수송을 중단할 것을 우려했는지 빚을 갚겠다고 했고 심지어 러시아 제국 시절의 부채에 대한 책임도 떠맡았다.[205]

이러한 극적인 전환을 기념하기 위해 유엔 안전보장이사회는 1992년 1월 31일 모든 정부 수반과 국가 원수가 참석한 가운데 정상급 회의를 처음으로 개최했다. 그해는 국제 협력이 절정에 달한 해였다.[206] 러시아 대통령은 더 이상 핵무기로 미국을 겨냥하지 않겠다고 발표했다(전문가들은 표적을 다시 미국으로 돌리는 것이 어렵지 않을 것이라고 지적했지만).²⁰⁷ 옐친은 캠프 데이비드에 초대를 받았고 1992년 2월 1일 그와 부시는 미국과 러시아가 더 이상 적대국이 아니며 냉전은 종식되었다고 선언했다.²⁰⁸ 그해 말 옐친과 부시는 2019년 첫 유인 달 착륙 50주년을 기념하기 위해 화성에서의 공동 임무를 고려하기도 했다. 옐친은 "먼저 그곳에 도착하겠다고 경쟁해서는 안 된다. 우리는 협력해야 한다"고 말했다.²⁰⁹

　　스웨덴의 러시아 전문가 안데르스 오슬런드Anders Åslund가 나중에 말했듯이 "서방 국가들은 1992년 초에 변화를 만들 수 있는 하나의 큰 기회를 잡았다. 서방, 특히 미국은 러시아에서 엄청난 호의와 영향력을 누렸다."²¹⁰ 러시아는 미국의 지원과 국제통화기금 지원 패키지를 모두 받았다.²¹¹ 하지만 미국이 보유한 28억 달러 규모의 소련 부채를 포함하여 어떤 방식의 부채 면제가 위기에 처한 1992년의 러시아에 도움이 될 수 있을지에 대한 의문은 여전히 남아 있었기에 아무런 조치도 나오지 않았다.²¹²

　　1992년에는 유럽에서 또 다른 중요한 변화가 있었다. 마스트리히트 조약이 2월 7일에 체결되었고, 이후 1993년 EC는 유럽연합European Union, EU으로 전환되었다. 그러나 유럽의 연합으로 가는 콜의 추진력은 부족했다. 파리 주재 미국 대사관의 보고대로 그는 "정부 간 협력과 완전한 정치적 통합 사이"에서 타협하기를 강요받았다.²¹³ 그럼에도 불구하고 콜은 그 타협을 받아들였다. 그는 지난 3월 부시 대통령에게 유럽연합이 스웨덴, 핀란드, 오스트리아, 노르웨이를 더 높은 우선순위로 보고 있기 때문에 중부와 동부 유럽이 EU에 가입하기 위해서는 1990년대 말까지 기다려야 할 것이라고 말했다.²¹⁴ 총리는 또한 구소련 공화국들이 "유럽에서 아시아로 가는 다리"로서 그들 자신의 경제 구역을 형성해야 한다고 말하면서, 그들이 합류할 가능성은 낮다고 암시했다."²¹⁵ EU는 또한

4장 망각과 기회

유고슬라비아에서 계속되는 폭력을 다룰 필요가 있었다. 1992년 5월에는 사라예보 시장에 박격포가 떨어져 16명이 죽고 수십 명이 다친 적이 있었다. 그해 유엔은 UNPROFOR라는 약자로 알려진 보호군을 창설하고 안전한 지역을 설정하려고 노력했지만 그럼에도 그 지역은 위험에 취약한 채로 남아 있었다.[216]

EU가 자체 변혁과 보스니아 사태로 바쁜 가운데, 중부와 동부 유럽은 다시 NATO로 눈을 돌려 가입 문의를 했지만 실망만 남았을 뿐이었다. 동맹은 NATO 가입 대신 NACC를 구축하기 위해 움직이는 것을 선호했다. 1992년 3월 10일 그 기구는 조지아를 제외한 모든 구소련 공화국을 가입시켰고 조지아는 한 달 후에 따로 가입했다. 그렇게 그들은 1991년 12월 이미 NACC의 일부가 된 발트 3국과 중부 및 동부 유럽 국가들과 함께하게 됐다.[217] 이는 포용 정책의 승리였지만 (주된 동기는 재래식 군사 협정에 포함된 국가를 한곳에 모으는 것이었다) 이 광범위한 움직임은 체코, 헝가리, 폴란드의 눈에는 NACC의 중요성을 약화시키는 것처럼 보였다. 미국 의회의 한 의원이 나중에 말했듯이 NACC는 이제 "미지의 목적지로 가는 느린 기차처럼 보였다." 비셰그라드 국가와 "우크라이나가 이미 크로아티아와 보스니아에서 NATO '파트너'와의 실제 활동에서 협력하고 있었을 때" NACC는 단순히 그들이 원하던 보답을 제공하지 않았다. 1992년 5월 6일 프라하에서 열린 회의에서 비셰그라드 지도자들은 자신들의 목표가 완전한 NATO 가입이라고 선언했다.[218]

이러한 음해는 부시 국무부가 NATO를 중부 및 동부 유럽으로 확장하는 것에 대한 찬반 논쟁을 다시 일으키게 했다.[219] 토머스 나일스 국무부 차관보의 말을 빌리자면 가장 큰 문제는 "NATO의 확장은 러시아를 포함한 모든 신청국에게 개방할 것인지, 아니면 유럽에 오래된 냉전의 경계선을 대체할 새로운 선을 그을 것인지 둘 중 하나를 선택할 수밖에 없다"는 것이었다. 엄연한 진실은 "정치적으로 받아들일 수 있는 선을 그을 만한 방법이 없다"는 것이었다. 만약 그 경계선이 러시아를 배제한다면, "내부 혁명과 소련-바르샤바조약 제국 포기의 최종 결과가 NATO가 본인들의 국경선 코앞까지 확장되는 일이라는 것을 모스크바에게 실제로 알려주는" 셈이 될 것이다.[220] 러시아의 새로운 민주주의의 취약성을 감안할 때, 1992년 12월 인플레이션이 2,000%를 넘어서고 있던 옐친 정부는 무너질 것 같았다. 당시에는 모스크바에 더 많은 스트레스를 줄 때가 아닌 것처럼 보였다. 그러나 또 다른 문제는 "우리는 유럽에 새로운 선을 긋는 것 외에 정치적으로 지속 가능한 확대를 멈출 수 있는 방법이 없다고 본다"는 것이었다. 나일스는 당시 16개국의 "NATO 회원국 수를 유지"하라고 권고했다.[221]

그의 견해는 국무부의 격렬한 반대를 불러일으켰다. 정책 기획 참모의 일원인 스티븐 플래너건 Stephen Flanagan 은 그러한 우려가 완전히 잘못되었다고 생각했다: "지금은 동맹을 확대할 때"이다. 그는 특히 NATO 확장에 대한 어떠한 논의도 "즉각적으로 수문을 열 것"이라는 개념에 동의하지 않았다. 플래너건은 새로운 회원국들이 "순차적으로" 합류할 수 있다고 확신했다. 현재의 중립국들과 소련 붕괴 이후의 블록 국가들을 포함하는 신규 회원국들 모두가 그렇다. 그가 추천한 순서는 다음과 같다: "먼저 이미 관심 있던 이전의 중립국들, 그다음으로는 '삼각동맹'(아마도 체코슬로바키아, 헝가리, 폴란드), 불가리아, 러시아, 우크라이나, 벨라루스, 루마니아, 기타 초기 공산주의 붕괴 이후 국가들"이다. 플래너건은 심지어 일부 중부 및 동부 유럽 국가들의 동맹 가입이 키이우와 모스크바의 "경제와 사회 시스템을 변화시키면 가능한 일"에 대한 "본보기"가 될 수 있다고 생각했다. 확대된 동맹은 또한 유고슬라비아 폭력의 여파를 억제하는 데 도움이 될 수 있다. 그리고 "독일인들은 유럽에 배치된 우리 군대의 95%를 더 이상 계속 머물게 할 것 같지 않다"는 점을 감안할 때, 진실은 "우리는 다른 부동산이 필요하다"는 것이었다. 사실 "폴란드의 옛 소련 기지는 싸게 살 수 있고, 우리는 그것을 인수하고 주변 지역 경제를 도와줌으로써 지역의 영웅이 될 것이다." 간단히 말해 만약 그가 "1995년에 특정 미 육군 여단이 독일이나 폴란드 중에 어디서 더 환영받을지에 내기를 한다면" 그는 "후자에 돈을 걸 것"이다. 플래너건은 부시 행정부가 "합의된 기준과 새로운 회원국을 위한 로드맵"을 개발해야 한다고 결론지었다.[222]

플래너건 혼자 그런 의견을 가진 것은 아니었다. 1992년 3월 〈뉴욕 타임스〉에 유출된 정보에 따르면 체니와 그의 고문들 또한 더 공격적인 접근 방식에 동조했음을 암시했다. 타임스가 "지금까지 집단적 국제주의에 대한 가장 분명한 거부"라고 부르는 내부 펜타곤 전략 문서에서 냉전 이후 미국의 사명은 러시아와 협력하는 것이 아니라 "어떤 경쟁 초강대국도 등장하지 못하도록 하는 것"이라고 단호하게 주장했다.[223] 그리고 우크라이나 장관은 나중에 1992년에 국무부 차관보가 워싱턴 주재 우크라이나 대사에게 연락해 우크라이나가 NATO 가입을 추진하도록 촉구했다고 주장했다.[224]

한편 싱크탱크인 RAND 연구소의 소규모 분석가 그룹도 NATO가 확장을 시도해야 한다고 주장했다.[225] 분석가 중 한 명인 리처드 쿠글러Richard Kugler 전 공군 장교는 폴란드 동료들과의 대화에서 영감을 얻었다. 그들은 그에게 만약 폴란드가 NATO에 가입하지 않는다면 핵무기를 만들 것이고, 그리고 러시아로부터 자신들을 방어하기 위해 그 무기를 사용할 것이고, 그러면 독일인들은 그들의 도움을 받을 것이라고 말했다. 그 결과 쿠글러는 "독일군이 러시아군과 대치하는 핵무장 폴란드를 요새화하는 비전을 갖게 되었다. 아무도 그런 것을 원하지 않았을 것이다!"라고 말했다.[226]

하지만 부시는 신중을 기해야 한다고 주장하는 사람들의 편에 섰다.[227] 그는 1992년 7월 5일 바르샤바에서 폴란드와 다른 나라들을 NATO에 가입시키는 데 지지를 표명할 수 있는 주요 연설을 할 예정이었다. 로런스 이글버거 국무부 부장관은 6월 4일 NATO 각료회의에서 "동맹의 구성 자체가 확대될 필요가 있을 수 있다"고 시사했다.[228] 대통령 연설의 초기 초안에는 NATO 확장에 관한 언어가 포함되었지만 부시 대통령이 연설을 할 무렵에는 그것이 사라졌다.[229] 대조적으로 러시아가 소련의 핵무기를 통제할 수 있는 능력에 대한 우려는 1992년 봄과 여름에도 계속해서 우선순위로 남아 있었다. 베이커는 소련 핵무기를 보유한 4개국 모두를 5월 23일 리스본에서 만나도록 설득했고 러시아 이외의 3개국은 가능한 한 짧은 시간 안에 비핵 국가 및 NPT 회원국이 된다는 내용을 담은 협정에 서명했다.[230]

그해에 다가온 미국 대선 때문에 (러시아에 대한 대응이 선거 운동에 도움이 되긴 했지만) 부시는 국내 문제에 주력할 수밖에 없었다. 예상대로 부시의 상대인 민주당 대선 후보 아칸소 주지사 빌 클린턴은 그가 소련에 대한 원조에 너무 신중했다고 비판했다. 클린턴이 이와 같은 내용을 담은 중요한 연설을 하기 20분 전, 부시는 G7이 모스크바에 240억 달러를 제공할 것이라고 발표했다.[231]

그러나 이번 선거에서 외교 정책보다 더 중요한 것은 침체된 경제와 부시의 동료 텍사스 사업가 로스 페로Ross Perot의 행동이었다. 그는 부시의 증세에 대해 유권자들이 가진 분노를 이용하며 경쟁에 뛰어들었다. 대통령 선거에서 유력한 경쟁자는 아니었지만 별난 후보였던 페로는 부시가 클린턴과 싸워 이길 확률을 갉아먹었다. 이 어려운 시기에 부시는 오랜 친구인 베이커 장관에게 다시 한번 도움을 바라며 핵 비확산에 대한 노력을 정치 캠페인으로 바꿔달라고 요청했다. 1992년 7월 25일 영국 동료에게 설명했듯이 베이커는 "국무장관직을 그만두고 싶지 않았다." 하지만 대통령은 "여론조사에서 크게 뒤처졌다는 사실을 전혀 고려하지 않은 채 일상을 계속하고" 있었다. 베이커는 "클린턴의 약점은 아칸소 주지사로서 나쁜 평가를 받았던 것이기 때문에" 부시가 대신 "큰 이슈와 장기적인 문제를 다루어야 한다"고 보았다. 또 다른 문제는 "지지율을 4%는 끌어내리는" 부통령 퀘일이었다.[232] 심지어 베이커가 지지했던 아이디어대로 부시가 퀘일을 해임하고 체니, 파월 또는 베이커 본인으로 교체할 것이라는 추측도 있었다. 결국 베이커는 지명은 받지 않고 1992년 대선 캠페인에 합류하게 되었다.[233]

그것만으론 충분하지 않았다. 미국의 경제 방향에 대한 미국 대중의 우려, 페로의 도전과 클린턴의 선거 운동 기술의 조합은 11월 3일 아칸소 주지사에게 승리를 안겨주었다. 부시 대통령은 3일 후 메이저 총리와의 인터뷰에서 페로를 "그 지독하고 미치광이 같은 작은 사람"이라고 말하며 "자신의 돈 8천만 달러를 써서 여러 주에서 나를 다치게 했다"고 불평했다. 이제 부시는 "기어를 바꾸고 남은 인생을 어떻게 해야 할지 생각하기 시작했다"고 말했다.[234] 그의 행정부의 마지막 외교 정책 성과는 1993년 1월에 이루어졌다. 레임덕이 온 대통령은 모스크바로 가서 START II 협정을 마무리하고 화학무기금지협약에 서명했다.[235]

메이저는 또한 스코크로프트에게 그의 임박한 퇴임에 대해 애도를 표했다. 평소에는 냉담했던 국가안보보좌관이 1992년

11월 8일 이례적으로 감정을 드러내며 대답했다. 그는 메이저에게 "우리가 함께 무엇을 이룰 수 있었는지 알게 되면 큰 상실감이 든다"고 하며 "아픔이 심하다"고 말했다.[236]

소련 붕괴의 유산을 처리하는 일은 클린턴 행정부로 넘어갔다. 스트라우스 대사는 1945년 이후와 같은 수준의 도전이 될 것이라고 믿었다. 나치 독일을 떠나 텍사스로 간 유대인의 자녀로서 그는 그 분쟁에 대해 강한 관심을 가지고 자랐다. 그는 제2차 세계대전이 끝날 때 미국이 "이전 적대국들을 동맹국, 친구, 그리고 평화로운 경쟁국으로 바꾸기로 결정했다"는 방식을 항상 존중했다. 이제 그는 "냉전이 끝난 지금 우리는 다시 그렇게 할 수 있다"고 희망했다.[237]

하지만 그 목표를 달성할 방법을 찾는 것은 엄청난 도전이었고, 실패할 위험도 높았다. 스트라우스의 전임 모스크바 대사인 조지 케넌은 위대한 승리에 제기된 도전에 대해 자신만의 견해를 가지고 있었다. 승리하는 나라가 저지를 수 있는 모든 실수들 중에서 "역사상 가장 중대한 실수"는 패배한 적들을 착취하는 어리석음이다.[238]

서방 지도자들은 1989년과 1992년 사이 격동의 시기에 큰 승리를 거두었다. 중부와 동부 유럽의 평화적 혁명과 고르바초프가 제공한 기회를 포착하여 그들은 콜이 예측한 폭풍이 예상치 못한 격노로 터지기 전에 수확을 확보했다. 독일은 통일되었고 유럽은 공동통화를 위한 길로 가고 있었다. 미국 대통령과 독일 총리는 이 과정이 발생한 장소를 통제하고 독일과 NATO의 운명을 결합함으로써 공동으로 이 과정을 주도했다. 그러나 부시는 이 과정에서 독일의 전략적 대안을 일부 억누르지 않을 수 없었다. 이러한 중대한 임무를 완수하기 위해 대통령과 총리는 "힘든 게임"을 했다. 그들은 재정적 유인책과 NATO 개혁의 조합을 통해 소련을 매수했지만 그들이 고르바초프뿐만 아니라 소련의 핵무기에 대한 중앙집권적 통제권도 완전히 잃고 있다는 사실을 깨닫고서야 한 발 후퇴하여 뒤늦게 모스크바를 지원하려고 했다.

둘 다 구할 수는 없었다. 이상주의적 선지자였던 고르바초프는 소련 체제의 압도적인 실패와 지도자이자 협상가로서 자신의 무능함으로 인해 좌절했다. 그는 1991년의 정치적 폭풍을 견뎌낼 수 없었다. 그러나 서방은 운이 좋았다. 콜이 예견한 폭풍은 예상보다 심각했지만 모스크바의 반동분자들이 다시 권력을 잡지는 못했다. 대신에 옐친은 자신이 러시아를 민주화하고 세계 시장에 러시아 경제를 개방할 것이라는 신호를 보내며 소련의 중앙 권위를 없애버렸다. 이제 그 결과를 다루는 도전은 클린턴에게 돌아갔다. 이 젊은 미국 대통령은 NATO에 가입하고자 하는 중부와 동부 유럽의 기대를 충족시킬 수 있을까? 소련 붕괴 이후의 국가들, 일부는 핵무기로 무장한 새로운 민주주의 국가들을 화나게 하거나 버리지 않고 말이다. 그건 무리한 주문이었다.

2부
철수, 1993~1994

5장 삼각형을 사각형으로
6장 흥망성쇠

5장
삼각형을 사각형으로

미국 대통령 취임식은 숨 막힐 듯한 대치를 보여준다. 국가가 직면한 위험과 기회는 바로 몇 분 전이나 지금이나 똑같지만 의사당 앞에서 서로 대화를 나누며 이에 대응하는 주인공들은 한순간에 바뀐다. 청중의 눈앞에서 이 세상의 무게가 아직 검증되지 않은 다른 어깨로 옮겨가고, 새로운 현직자는 자신의 모든 전임자가 직면했던 질문에 전략적으로 대답할 책임을 즉시 짊어지게 된다. 우리의 관심사는 무엇이고 그들을 위협하는 것은 무엇인가? 어떻게 하면 위협에 가장 잘 대응하고 그 대응을 정당화할 수 있을까?[1]

이제 빌 클린턴의 차례가 왔다. 그는 이제 자신의 임기 동안 주어진 상황에 맞는 답을 찾아야 한다. 여기에는 미국의 주적의 붕괴에도 불구하고 계속 이어지고 있는 강력한 요소가 포함되어 있다. 소련은 더 이상 존재하지 않았지만 엄청난 수의 핵미사일이 여전히 미국 영토를 겨냥하고 있었다. 러시아와의 새로운 협력 관계를 통해 그것을 없애는 일은 명백한 전략적 과제처럼 보였다. 그러나 '비셰그라드 그룹'이라 불리는 폴란드와 헝가리, 지금의 체코와 슬로바키아 등 구 바르샤바조약 국가들이 NATO 가입을 요구하고 있는 상황에서, 그리고 구 유고슬라비아에서의 폭력 사태에 대한 대응이 요구되는 상황에서, 러시아를 소외시키더라도 동맹과 임무를 확대하는 일이 절실해 보였다. 구소련 국경 내에 등장한 새로운 민주주의 국가들에 의해 제기된 위협도 있었다. 특히 우크라이나는 적어도 1,200개의 전략 핵탄두를 보유하고 있었으며 그 대다수가 미국 도시를 목표물로 삼고 있었다.[2]

러시아와 우크라이나, 그리고 비셰그라드 국가를 각각 하나의 모서리로 삼는 삼각 전략과제들이 있었다. 클린턴은 서로 상충하는 이 전략과제들을 다루면서 이들을 균형 있게 조정할 수 있는 정책 대응을 모색해야만 했다. 힘든 도전이었다. 이 전략과제들은 모두 나름대로의 존재 이유가 있지만 그래도 해결의 희망은 있었다. 원과 달리 삼각형은 사각형이 될 수 있다. 달리 말하면 미국과 이 세 지역이 서로 협력해 실행 가능한 해결책을 찾을 수 있었다. 그 해결책은 비셰그라드 국가가 원했던 대로 동독 영토 너머로 동맹을 확장하는 데 있었다. 유럽 전역에 새로운 선을 긋지 않는 신중한 방식으로, 우크라이나와 다른 옛 소련 국가들에 대해서는 미래의 정책적 선택권을 배제하지도 않았고, 핵무기 제거를 위한 광범위한 협력에서 러시아를 소외시키지도 않았다. 가능한 오랜 기간 자유로운 재량권을 주면서 세 개의 삼각형 모서리 중 어느 하나라도 그 모서리를 없애기 위해 지나치게 성급한 선택을 하는 것을 피하는 것이 성공의 열쇠였다.[3] 클린턴과 그의 참모진은 취임 초기에는 아마추어와 시골뜨기라고 조롱을 받았고 여러 재앙들 사이에서 비틀거렸지만 1993년 말 결국 그 해결책에 도달하고 냉전 이후의 협력적 모멘텀을 유지하는 데 아슬아슬하게 가까이 다가갔다.

힐빌리에게 조언하기

1993년 1월 20일 클린턴의 백악관 입성은 정권 교체뿐만 아니라 세대교체를 의미했다. 45세의 민주당원은 공화당 전임자의 장남인 조지 부시George W. Bush와 같은 나이였다. 두 대통령은 출신 배경도 매우 달랐다. 조지 H. W. 부시 대통령은 광범위한 정치적 인맥을 가진 부유한 뉴잉글랜드 가문의 아들이었다. 클린턴은 아칸소주의 가난한 집에서 태어났고 어머니 배 속에 있을 때 아버지를 여의었다. 서로 다른 인생 여정을 걷던 부시와 클린턴이 만나게 된 것은, 걸프전이 한창이던 1991년 당시 현직 대통령의 엄청난 인기를 감안할 때, 결코 이길 수 없을 것 같았던 대선 경선에 클린턴이 합류하면서부터였다. 현직 대통령의 인기는 겁을 먹은 다른 저명한 민주당 인사들은 대선 경선판을 떠났고 덕분에 아칸소주의 젊은 주지사에게 길이 열렸다. 젊은 정치인 클린턴은 대선에 실패하는 것은 경력을 끝내는 어리석은 짓이라기보다는 변명 가능한 용감한 행동이라고 생각해 위험을 감수하기로 결정했다. 그의 선거 캠페인 참모들은 승리를 결정짓는 슬로건을 재빨리 만들어냈다. "바보야, 문제는 경제야." 클린턴 캠프는 경기 침체와 높은 실업률의 여파로 인한 유권자들의 불안을 성공적으로 이용했다. 무소속 후보인 로스 페로가 부시의 표를 빼앗으면서 클린턴과 그의 "상황실war room"은 승리할 수 있었다. 이제 그들이 워싱턴에 입성하면서 이들로부터 무엇을 기대할 수 있을지 전 세계가 궁금해했다.[4]

코미디언 짐 캐리는 1993년 방영된 인기 TV 코미디 쇼에서 새로운 행정부에 대해 붉은 주먹코와 충혈된 사팔눈의 늙은 술주정뱅이이자 여자라면 사족을 못 쓰는 시골뜨기가 자신의 동료 "캐피톨 힐빌리즈Capitol Hillbillies"와 함께 나라를 접수해 간다고 묘사했다.⁵ 사람들은 그 묘사가 과장되었지만 정확하다고 생각했다. 비평가들은 이 촌뜨기들이 과연 그들 앞에 높인 도전과제들을 감당할 수 있을지 몹시 궁금해했다. 그들은 워싱턴의 위험한 기류 속에서 어떻게 지낼 것인가?⁶ 그리고 그들은 나머지 세계를 어떻게 다룰 것인가? 한편 지구 반대편에서는 러시아의 외무장관 안드레이 코지레프가 클린턴과 그의 경험 없는 참모들이 "러시아에서 진행 중인 개혁 노력에 대해 전혀 이해하지 못했다"라고 말하며 클린턴의 당선으로 "끔찍한 현실"이 만들어졌다고 느끼고 있었다.⁷ 코지레프가 워싱턴에 걸었던 희망이 추락한다는 것은 미국에 대한 러시아의 기대가 줄어드는 것을 반영했다.

다른 많은 것들과 마찬가지로 그런 기대도 경제적 부패와 혼란이 러시아에 가져온 타격과 함께 사라져가고 있었다. 미 재무부에 따르면 1993년 초 러시아의 인플레이션은 "월 40%씩 급증하고 있었다."⁸ 미국 전문가들의 조언에 따라 급진적인 개혁을 추진한 모스크바는 이제 깊은 후회를 하고 있었다. "지적 구원"이 미국에서 흘러나온다는 러시아의 믿음은 독일의 총리 헬무트 콜이 건조하게 언급했듯 "사라지기 시작했다." "하버드로부터" 필요한 모든 조언을 얻을 수 있다고 생각했던 모스크바의 지도자들은 이제 "자신들이 속았다"고 느꼈다.⁹ 러시아는 권위주의 체제에서 민주주의로의 정치적 전환과 계획 경제에서 시장 기반으로의 경제적 전환, 다민족 국가에서 훨씬 더 작은 국가로의 제국적 전환 등 세 가지 큰 전환점을 맞고 있었기에 총리는 그 속임수가 비극이라고 생각했다. 그는 새 정부, 보다 일반적으로는 서방 세계가 "유럽의 한 조각"이라고 그가 부르곤 했던 이 나라를 돕기 위해 "가능한 모든 것을 해야 한다"고 믿었다.¹⁰

모스크바 주재 영국 대사 로드릭 브레이스웨이트 경은 클린턴의 팀에게 비슷한 조언을 했다.¹¹ 그의 견해에 따르면 탈냉전 시대의 가장 큰 목표는 안정되고 민주화된 러시아를 건설해 그들이 제국의 붕괴 이후 축소된 국경에 만족하고 이웃 국가들과 평화롭게 지낼 수 있도록 도와주는 것이었다.¹² 따라서 그가 무엇보다 염두에 두고 있는 질문은 다음과 같았다. 러시아가 완전히 민주화되도록 돕기 위해 "우리가 무엇을 할 수 있을까?"¹³ 브레이스웨이트의 상사인 영국 총리 존 메이저는 클린턴과 함께 논의하면서 "천년의 러시아 역사상 유일한 선출직 지도자 보리스 옐친 대통령을 최대한 지지해야 한다"고 말했다.¹⁴

클린턴은 외교 정책 경험이 별로 없긴 했지만 그럼에도 핵심을 직관적으로 파악했다. 옐친이 "악어들 속에서 허우적대고 있다"며 "국내에 적이 너무 많다 보니 해외 친구가 필요하다"고 보았다. 정책적 처방은 "옐친을 계속 집권하게 만드는 것"이었다.¹⁵ 하지만 곧 장애물이 나타났다. 옛 유고슬라비아 지역에서의 유혈 사태였다. 콜의 묘사에 따르면 1993년 1월 보스니아에서의 다툼은 "극소수만이 상상할 수 있는 야만적인 행위로의 회귀"를 드러냈다.¹⁶ 또한 이는 클린턴에게 몇 가지 딜레마를 안겨주었다. NATO가 폭력을 진압하기 위해 공격적으로 움직이면 러시아의 저항을 받을 위험이 있었기 때문이다.

감정적인 문제도 있었다. 새 정부에 합류한 많은 정책 입안자들은 베트남 전쟁에서 외교관, 언론인, 또는 군인으로 일하며 얻은 젊은 시절의 상처를 가지고 있었다. 클린턴이 군 복무를 회피한 것은 다른 종류의 상처를 남겼는데 선거 운동 기간 동안 반대 세력에서 그 이력을 가지고 조롱했기 때문이다. NSC 직원 한 명이 나중에 회상했듯이 그 조롱으로 인해 그는 대통령으로서 자신의 군사적 재능을 증명하고자 더욱 노력했다. 그래서 중부 및 동부 유럽과 발칸 반도에서 NATO의 새로운 역할을 적극적으로 지지했다고 한다. 과거에 대한 상처 때문이라도 그와 참모들은 현재, 특히 보스니아만큼은 실패를 피하고 싶었다. 베트남은 유고슬라비아의 붕괴와 공통점이 거의 없었지만 클린턴이 받은 조언에는 베트남의 트라우마가 물들어 있었다. 일부 조언자들은 개입을 완전히 피하고 싶었고 다른 조언자들은 그들이 전쟁을 제대로 할 수 있다는 것을 증명하기를 희망했다. 어느 날 "고성이 오간 백악관 회의"가 끝나고 제임스 스타인버그James Steinberg 국무부 정책기획국장은 "도대체 베트남에서 저 사람들에게 무슨 일이 있었던 거냐"고 물었다고 한다.[17]

"그들" 중 한 명은 '토니'라고 알려진 58세의 윌리엄 앤서니 레이크William Anthony Lake였는데, 그는 젊었을 때 외교관으로 베트남에서 근무했었다. 하버드를 졸업한 레이크는 명문 정치가 집안 출신으로 그의 할아버지는 허버트 후버Herbert Hoover 대통령의 참모였고 어머니는 한때 조지 케넌과 약혼을 한 적이 있었다.[18] 당시 클린턴의 국가안보보좌관으로 그는 보스니아에 대한 고뇌가 "언론의 모든 관심과 미국의 외교 정책 기계의 많은 시간을 빼앗고 있다"고 영국 동료들에게 불평했다. 레이크는 이것이 신임 대통령의 최우선 과제가 되어야 한다는 것을 확신하지 못했다. 그는 "행정부가 다른 항목, 경우에 따라서는 더 근본적으로 중요한 항목들에 집중할 시간을 갖기를 원했다."[19]

그러나 레이크는 스스로 우선순위를 정하지 못했다. 그는 카터 시대 외교 정책의 베테랑 워런 크리스토퍼Warren Christopher 국무장관과 위스콘신주의 민주당 전 하원의원인 레스 애스핀 국방장관과 함께 정책을 조정해 나가야만 했다.[20] 1993년 3월 26일 영국 외무장관 더글러스 허드는 메이저 총리에게 전하는 보고에서 이 새로운 팀을 이렇게 평가했다. "참 개성적인 인물들이다. 크리스토퍼는 거북이고 애스핀은 토끼이며, 만약 그들이 경주를 한다면 그 결과는 우화 속 내용과 같을 것이다."[21] 허드의 예측은 딱 들어맞았다. 똑똑하지만 업무에 압도당해버린 애스핀은 너무나 열정적으로 일에 뛰어들었는지 몇 주 후에 결국 병원에 입원하게 되었다. 메이저로부터 쾌유 기원 편지를 받은 애스핀은 "당신의 편지는 매우 고무적이었다. 나는 지금 기분이 훨씬 나아졌고 더 이상 공화당원들에게 소리치지 않겠다고 의사들에게 약속했다"고 답장했다.[22]

그 약속에도 불구하고 애스핀의 고함은 멈추지 않았다. 1993년 말 선임 장교들과의 갈등과 소말리아에서의 비극은 결국 토끼를 쓰러뜨렸다. 애스핀은 66세의 엔지니어이자 방위산업 전문가, 그리고 스탠퍼드 대학교의 교수인 빌 페리Bill Perry로 대체되었다.[23] 또한 허드는 "정책수립"에 대해 정말 열정적이었던 앨 고어Al Gore 부통령 역시 핵심 멤버가 될 것이라고 정확하게 예측했다. 반면 레이크는 좀 더 지켜봐야 할 존재라고 생각했는데, 왜냐하면 그는 "매스컴의 주목을 원하지 않으면서 약삭빠르기" 때문이었다.[24] 그의 지지자들조차 그가 변덕스럽다는 것을 인정했다. 클린턴은 그를 가리켜 "비열하고 고약하다"고 묘사한 것으로 전해진다. 레이크는 중요한 초기의 관료주의적 다툼에서 승리함으로써 자신이 얼마나 효과적일 수 있는지를 보여주었다. 그는 NSC가 모든 '주요 회의'를 주재하도록 보장했는데, 여기서 '주요 회의'는 특정 사안에 대해 관련된 모든 고위 자문들이 참석하는 회의를 일컫는 워싱턴식 표현이다.[25]

그러나 한 가지 중요한 문제가 레이크의 손아귀에서 벗어났다. 클린턴은 러시아와 관련된 모든 문제에 관한 가장 중요한 조언자의 역할을 맡기기 위해 오랜 친구인 스트로브 탤벗에게 문을 두드렸다. 탤벗은 그의 할아버지가 미식축구팀의 주장을 맡기도 했던 곳인 예일 대학교의 학부생으로서 러시아어와 러시아 문학에 대한 전문 지식을 쌓기 시작했다. 그는 로즈 장학생을 수상한 후 1968년 옥스퍼드 대학교로 옮겨 또 다른 로즈 장학생인 클린턴과 금세 친구가 되었다. 졸업 후 클린턴은 예일대 로스쿨에 진학했고 탤벗은 해외 특파원이 됐지만 둘은 계속 연락을 주고받았다.[26] 탤벗의 러시아에 대한 관심은 그가 러시아에서 보낸 세월과 함께 커졌다. 그는 러시아에서 평생의 친구들을 얻었으며 한때는 니키타 흐루쇼프의 회고록을 번역하기도 했다.[27] 이런 배경 때문에 대통령은 탤벗을 "구소련의 신생 독립국 대사"로 임명했다. 대사라는 직함은 가장 높은 직함은 아니었지만, 클린턴은 옐친에게 탤벗이 다른 책임에 얽매이지 않고 오로지 지역 정책에만 집중할 수 있기를 바란다고 설명했다. 클린턴은 옐친에게 이 합의가 "당신과 나 모두에게 좋을 것"이라고 약속하면서 그는 미국-러시아 관계에서도 "높은 수준의 개인적 관여"를 유지하고자 한다고 덧붙였다.[28]

클린턴 정부의 유엔 주재 대사인 매들린 올브라이트Madeleine Albright는 러시아와 관련된 모든 문제에 대해 탤벗이 대통령의 귀가 되어주었다고 나중에 회상했다. 이 주요한 외교 정책의 책임을 국무장관이 아닌 다른 사람에게 맡기는 것은 원칙적으로 문제가 될 수도 있었지만 크리스토퍼는 그를 기꺼이 받아들였다. 대통령이 그렇게 하기를 원했다. 러시아를 상대하는 일은 시간도 많이 들 것이고 덕분에 다른 문제에 집중하지 못할 수 있었기 때문이다. 그리고 부하들이 자신과 경쟁할 수도 있다는 점은 68세의 크리스토퍼에게는 별로 문제가 되지 않았다. 그는 이것이 자신의 경력에서 마지막으로 맡는 큰일이 될 것임을 알고 있었다. 그의 느긋한 태도는 축복이었다. 장관의 수석 보좌관 토머스 도닐런Thomas Donilon는 이렇게 말했다. "이 건물에서 대통령이 일요일 밤에 전화를 걸어 그가 어떻게 지내는지 알아보는 사람은 오직 한 사람뿐이며, 그 사람은 워런 크리스토퍼가 아니었다."[29]

새로 부임한 팀에게는 사방에서 요청된 혹은 요청되지 않은 조언이 쏟아졌다. 그중 적어도 한 가지 주제에 대한 의견은 최적이 아니었다. 바로 NATO의 확대 현황에 대한 의견이었다. 1993년 3월 NATO 사무총장인 만프레트 뵈르너는 동맹 문제가 너무 오랫동안 뒷전으로 밀려 있었고 "지난 6개월 동안 미국의 리더십을 기다리는 것이 썩 달갑지 않았다"며 클린턴 팀에 불평을 털어놓았다.[30] 그리고 대통령 교체 기간 동안 하급 공무원과 서류 보관함은 그대로 유지되었지만, 무슨 일이 일어났는지 진정으로 알고 있는 "아주 소수의" 사람들은 모두 다른 곳에서 일자리를 찾기 위해 떠나버렸다. 다른 정당으로의 정권 교체 또한 도움이 되지 않았다. 브렌트 스코크로프트 전 국가안보보좌관이 나중에 회고했듯이 후임자들에게 정보를 전달하려 할 때 "나는 상당히 차가운 대응을 받았다"라고 말했다. 결론은 클린턴 정부의 정책 입안자들이 종종 불완전한 지식을 바탕으로 수많은 느슨한 부분들을 빨리 메꿔야 하는 상황임을 알게 되었다는 것이다.[31] 옐친이 2+4 조약을 NATO 확장 금지 조항이라고 언급하기 시작하면서 그 문제의 심각성이 곧 드러났다. 새 행정부는 옐친의 주장이 타당성이 있는지 알아내기 위해 급히 노력해야 했다.

첫 번째와 두 번째 꼭짓점: 러시아와 우크라이나

옐친이 원하는 것이 무엇인지 파악하는 것은 여러 가지 이유에서 전략적 우선순위로 남아 있었다. 그 이유 중 하나는 1993년 미국 추산에 따르면 소련 해체 이후의 러시아도 여전히 2만 5천에서 3만 5천 개의 핵무기와 280만 명의 군대를 보유하고 있었다는 사실이었다.[32] 당시 아직 차관이었던 페리는 모스크바가 핵 문제를 관리할 수 있도록 돕는 것이 새 행정부의 최우선 과제가 되어야 한다고 자기 생각을 간결하게 요약했다.[33] 그를 위해 클린턴은 옐친에게 2개의 엄청난 핵무기 협정들, START I과 START II를 이행하기를 원했다고 말했다.[34] 두 협정 모두 부시 행정부 시절 합의되었지만 아직 러시아 의회의 비준을 받지는 못했다. 클린턴에게는 특히 미국과 러시아 핵무기의 약 3분의 2를 제거하는 START II를 추진하는 것이 우선순위였다.[35]

한편 페리는 미 국방부와 러시아 국방부 관리들 간의 정기적인 접촉을 시작했다. 그는 또한 이제 막 모스크바에서 국방장관이 된 아프가니스탄 참전용사이자 그보다 스무 살은 어린 파벨 그라체프Pavel Grachev와 개인적인 유대감을 형성하기 위해 열심히 노력했다.[36] 심지어 국방부는 그라체프에게 호의를 베푸는 의미로 그의 우상이었던 영화배우 아놀드 슈워제네거Arnold Schwarzenegger를 소개해 주는 자리를 마련하기까지 했다. 할리우드 스타의 등장으로 슈워제네거 측의 스태프와 관계자들 외에도 엄청난 수의 인파가 모여들면서 펜타곤 관료들을 곤경에 빠뜨렸다. 하지만 그 결과 얻어지는 외교적 이익은 그 번거로움을 충분히 상쇄할 만한 것이었다.[37]

더 큰 도전은 새로운 미국 대통령을 러시아 대통령과 같은 방에 앉히는 것이었다. 두 정상은 1993년 4월 3~4일 밴쿠버에서 대면하기로 했다. 그들이 가진 총 18번의 정상회담 중 첫 번째 만남이었다.[38] 옐친과의 만남 직전에 클린턴은 콜에게 조언을 받았다. 그 조언에서 콜은 새로운 미국 대통령에게 모스크바를 지지하는 편에 서도록 촉구했다. 콜은 전직 대통령인 해리 트루먼이 제2차 세계 대전 이후 독일을 다루던 방식으로 러시아를 보아야 한다고 제안했다. 즉, 패배한 적대국으로서 필수적인 도움이 필요한 나라로 보는 것이다. 당시 미국의 정책이 성공적이었음을 설명하기 위해 1930년에 태어난 콜은 자신의 아내를 만난 이야기를 꺼냈다. 1940년대 말 학교 댄스 수업에서 두 사람이 처음 서로를 보았을 때, 그는 "미국 퀘이커 보조원이 기증한 양복을 입고 있었고 미래의 아내는 다른 미국 단체가 기증한 드레스를 입고 있었다." 콜 부부는 "그것을 결코 잊지 않았고," "독일의 모든 사람"도 마찬가지였다. 콜의 의견은 패배한 적에 대한 그러한 관대함이 미국과 독일 관계에 있어 장기적인 이익을 가져다주었다는 것이다. 총리는 로널드 레이건 대통령과의 첫 만남에서 가진 작은 게임에 관해서도 이야기했다. 그들은 20세기 미국 대통령 중 가장 위대한 대통령이라고 생각하는 사람을 각자 종이에 쓰고 나서 그것을 서로 교환했다. 두 종이 모두 "해리 트루먼"이라고 쓰여 있었다. 콜의 경우에는 마셜 플랜 때문이었다.[39]

    1993년 밴쿠버 정상회담에서 콜은 클린턴에게 현재 힘겨운 상황에 처한 러시아에도 같은 우정의 손길을 내밀 것을 조언했다. 물론 1945년 이후의 독일과 1991년 이후의 러시아 사이에는 엄청난 차이가 있음을 인정했다. 가장 중요한 차이는 의심할 여지없이 "나치의 범죄"와 그들이 남긴 유산이었다. 또 다른 점은 나치 시대 이전의 독일은 민주주의 국가였다는 것이다. 총리는 그의 고향이 "미국인에 의해 점령된" 후 미국 점령군이 지난 자유선거에서 공직에 올랐던 모든 사람의 목록을 작성하고 "마을을 점령한지 일주일 후에" 아직 살아 있는 "생존자들을 다시 자리에 앉혔다"고 회상했다. 러시아에서는 "우리는 그렇게 할 수 없다"고 말했다. 하지만 그가 말하기를 "우리가 옐친을 돕지 않으면, 옐친에게는 기회가 없기" 때문에 두 정상은 무언가를 해야만 했다. 콜은 "독일이 스스로 할 수 있는 최대치에 이미 도달했다"고 말하며 옐친의 실패를 막기 위해 러시아에 대규모 원조를 보내는 데 함께 협력할 것을 제안했다. 현재까지 "러시아에 대한 지원의 53%는 독일에서 왔다"고 했고 대부분은 "옛 소련군을 동독에서 철수시키기 위한 것"이었다. 이러한 지원은 계속될 수 없었다. 모스크바가 제기한 또 다른 질문은 러시아의 상품이 EC의 시장에 더 많이 접근할 수 있게 도울 수 있냐는 것이었다. 무역 기회가 많아지면 러시아가 자립하는 데 도움이 될 수 있었다. 클린턴은 이 모든 이슈에 대해 "시도하고 실패하는 것이 아무것도 안 하는 것보다 훨씬 낫다"는 데 동의했다.[40]

3월 26일 밴쿠버 정상회담을 위한 준비회의에서 그들은 아름다운 우정이 시작되었음을 곧 깨달을 수 있었다. 콜은 이후 동료들에게 말하기를 사람들과 터놓고 잘 지내지 못하는 자신을 바로 무장 해제시키는 클린턴의 개방성을 발견했고, 방대한 양의 정보를 종합하는 대통령의 능력을 높이 평가한다고 했다.[41] 반면 클린턴은 회고록에서 "나는 헬무트 콜을 많이 좋아했다"라고만 간단히 언급했다.[42]

대통령은 곧 밴쿠버로 향했다. 정상회담이 시작되자 이후의 수많은 만남에서 볼 수 있는 특징들이 빠르게 나타나기 시작했다. 첫 번째, 과거 적이었던 두 초강대국이 수십 년간 이어진 냉전을 뒤로 하고 이제는 우호적인 관계로 만날 수 있다는 정당한 만족감이었다. 국무부의 표현대로 "수십 년간의 대립과 수년간의 불확실성과 탐색 끝에 두 나라가 이제 문턱을 넘었다는 느낌이 들었다."⁴³ 불확실성에 기반한 수년간의 적대감이 끝내 해소된 느낌은 분명했다. 이제 냉전은 끝났고 모스크바와 워싱턴 모두 잠재력이 충분한 지도자를 앞에 두고 있었다.

그리고 개인적인 관계도 있었다. 옐친은 그의 회고록에서 "나는 힘 있고 활기차고 잘생긴, 이 젊고 항상 웃는 이 남자를 만나고 대단히 놀랐다"고 회상했다.⁴⁴ 두 대통령은 서로를 빌과 보리스라고 부르기로 했고, 그들의 관계는 곧 정상회담의 또 다른 특징으로 발전했다. 즉, 활기찬 친밀감을 보여주는 것이다. 그 쇼맨십 부분 때문에 탤벗은 옐친을 매우 그릇이 큰 남자인 동시에 매우 나쁜 소년으로 생각했다. 그런 묘사는 클린턴에게도 적용될 수 있었던 만큼 그들이 잘 지내는 것은 놀라운 일이 아니었다.⁴⁵

새로운 미국 대통령은 또한 옐친의 취기에 대해 놀라운 관용을 보여주었고, 이는 또한 그들의 만남의 주요 요소가 되었다. 밴쿠버에서 시작된 정상회담의 전통 중 하나는 클린턴의 부하들이 옐친이 술을 얼마나 마셨는지 비공개적으로 계속 기록하는 것이었다. 이 특별한 정상회담에서 옐친이 가장 많이 마신 때는 밴쿠버 섬을 둘러보는 여행을 위하여 바가 있는 보트에 탑승했을 때였다. 옐친은 배가 부두를 떠나기도 전에 스카치위스키 3병을 비웠다. 그리고 나서 그는 다른 음식은 거의 입에 대지도 않고 엄청난 양의 와인을 계속 마셨다.⁴⁶

클린턴은 흔들리지 않았다. 그는 알코올 중독자인 의붓아버지와 함께 자랐고 나중에 탤벗에게 말했듯이 취기는 더욱 심해졌다. 어렸을 때 클린턴은 술에 취한 의붓아버지가 어머니에게 총을 쏘는 것을 목격했다. 그가 14세였을 때, 더 이상 술에 취한 의붓아버지가 그의 어머니를 때리는 것을 참을 수 없었을 때, 그는 골프 채로 그 나이든 남자를 위협했다.⁴⁷ 탤벗은 대통령이 "최소한 옐친은 비열한 술주정뱅이가 아니다"라고 말하며 러시아 대통령의 취기를 대수롭지 않게 여겼다고 회상했다.⁴⁸

클린턴은 또한 다른 세계 지도자들에게 옐친의 음주를 변호해줬다. 메이저에게 그들이 관용을 베풀어야 한다고 설득하면서 대통령은 미국 남북전쟁Civil War 당시의 이야기를 들려주었다. "(율리시스 S.) 그랜트Ulysses S. Grant 장군이 전투에서 승리하기 시작했을 때, (에이브러햄) 링컨Abraham Lincoln 대통령의 보좌관들은 그에게 그랜트가 만취한 사람이라고 말했다. 링컨은 '그가 무엇을 마시는지 알아내서 다른 사람들에게도 주어라'고 대답했다."⁴⁹

요지는 클린턴이 옐친이 러시아의 민주주의 대 독재, 서방과의 협력 대 경쟁이라는 두 가지 중대한 문제에서 올바른 편에 섰다는 이유로 그를 높이 평가했다는 것이다.⁵⁰ 클린턴은 술 취한 옐친이 술에 취하지 않은 다른 대부분의 러시아 지도자들보다 미국에 더 낫다고 생각했다. 미국 대통령은 메이저에게 "아마도 나는 그를 좋아하기 때문에 편파적일 수 있다. 그러나 러시아 대통령으로 그보다 더 나은 사람을 얻는 것은 상상하기 어렵다"고 말했다.⁵¹

클린턴의 주장을 증명하기 위해 밴쿠버에서 옐친은 현재 그들의 두 나라의 핵심 시설들을 파괴하도록 계획되어 있는 그들의 핵무기에 대한 상호 "조준 해제"를 제안했다.⁵² 클린턴은 그 구상 및 그와 비슷한 계획들을 환영했다. 한때 탤벗은 옐친이 그러한 제안들로 정상회담을 주도할지도 모른다고 걱정하여 상사에게 메모를 보냈지만 클린턴은 걱정하지 말라고 답장을 보내며 "그는 우리가 필요하다"고 말했다.⁵³ 미국 대통령은 아칸소 출신이긴 하지만 러시아와의 관계에서 무슨 일이 일어나고 있는지 잘 알고 있었다. 클린턴은 콜과의 전화 통화에서 조준 해제 및 기타 제안에 대한 대가로 "약 16억 달러 규모의 양자 패키지를 발표했다"고 설명했다.⁵⁴ 그는 또한 IMF와 세계은행이 이를 따르도록 촉구했다. 콜은 이후 클린턴이 G7 도쿄 회의에서 "민영화 기금"을 주장하는 걸 도왔다. G7은 기금에 30억 달러 제공을 약속했다.⁵⁵

밴쿠버 정상회담은 향후 미국과 러시아 관계의 본질적인 요소들을 자리 잡게 했다. 즉, 외적으로는 협력 관계로 보이지만, 그 이면에는 국가적, 개인적 약점과 필요라는 어두운 기류가 흐른다는 것이다. 이러한 분위기는 우크라이나뿐만 아니라 클린턴의 러시아와의 거래 전반에 걸쳐 존재했다.⁵⁶ 그는 첫 임기 초반에 우크라이나 영토에 있는 구소련의 핵무기를 제거하는 것이 최우선 과제 중 하나임을 분명히 했다. 또한 이른바 '유실 핵무기'의 암시장 거래를 막는 것도 중요한 목표였다.

그 우선순위의 표현으로 새 미국 대통령은 취임 첫 주에 우크라이나의 지도자 레오니드 크라우추크에게 전화를 해 가능한 한 빨리 비핵화를 해야 할 필요성을 강조했다. 이에 대해 클린턴은 미국이 넌 상원의원이 제안한 법안에 따라 "최소 1억 7,500만 달러"를 제공할 준비가 되어 있으며 안보 보장도 함께 제공할 것이라고 밝혔다.⁵⁷ 1986년 4월 체르노빌 사고 이후 모든 핵에 대한 광범위한 반발에도 불구하고 우크라이나가 자국 영토에 있는 무기를 포기하고 러시아에 이전한다는 초기의 의향이 점점 줄어들고 있었기 때문에 이러한 당근은 필요했다.⁵⁸ 체르노빌에서의 끔찍한 사고로 인한 낙진은 벨라루스 영토의 약 23%와 우크라이나 영토의 5%를 오염시켰다.⁵⁹ 영향을 받은 지역의 소들은 그 후 몇 년 동안 오염된 우유를 생산하게 될 것이었다.⁶⁰ 재난의 전모를 밝히기를 꺼려했던 소련 당국은, 1986년 5월 1일 주민들이 야외 휴일 퍼레이드를 진행해야 한다고 주장함으로써 상황을 악화시켰다. 참가자들이 방사능 먼지를 뚫고 행진하고 있었음에도 불구하고 말이다.⁶¹ 그런 행동은 모스크바의 중앙 권력에 대한 분노를 증가시키는 데 기여했다. 이 사건 이후 5년 동안 우크라이나 어린이들 사이에서 암이 90% 이상 증가했을 때 그 분노는 더욱 심해졌다.

이런 역사와 우크라이나 경제의 지속적인 붕괴를 고려하면 (1991년에서 1996년까지 우크라이나 경제는 매년 9.7%에서 22.7%까지 감소함) 폭탄을 버터로 바꾸는 일은 합리적인 거래로 보였다.⁶² 그러나 클린턴이 취임할 무렵 우크라이나 의회(라다)의 의원들은 "우크라이나가 이전에 비핵화에 대해 한 약속의 타당성"에 의문을 제기하기 시작했다.⁶³ 크라우추크는 스페인 총리에게 "미국의 핵우산"을 요구하면서 단순하게 "핵무기 협정을 준수하지는 않을 것"이라고 말했다.⁶⁴

이러한 우크라이나의 사고방식 변화의 일환으로 1993년 2월 2일 키이우의 외무부는 다음과 같은 세 가지 옵션의 장단점을 분석하는 내부 연구를 진행했다. 완전한 비핵 국가가 되는 것, 핵 보유를 유지하는 것, 중간에서 절충하는 것. 마지막 절충안의 경우 우크라이나는 "ICBM의 일부"를 최소한의 억제력으로 보존할 것이다.⁶⁵ 한편으로 외무부는 핵무기 보유, 유지, 개발은 비용이 많이 들고 어려울 것이라고 인정하기도 했다. 핵무기의 작전 지휘와 통제 권한은 키이우가 아닌 모스크바에 있었지만 핵무기 자체는 우크라이나 영토에 있었다.⁶⁶ 핵무기 관리를 책임지고 있는 키이우의 장관 중 한 명은 나중에 "우크라이나가 물려받은 (세계에서 세 번째로 많은) 비축 핵무기의 구체적인 특성을 정말로 알지 못했다"고 인정했다.⁶⁷ 게다가 다른 전문가의 말에 따르면 대륙 간 전투를 목적으로 설계된 무기를 모스크바나 상트페테르부르크를 (우크라이나가 억제하려는 대상인 러시아를) 타격하기 위해 재조정하는 것은 "기술적으로 어려운 작업"이 될 것이었다.[68] 그리고 마지막으로 핵무기를 유지하면 필연적으로 "서방과의 관계가 급격히 악화"되고 러시아와의 긴장이 "급격히 고조"될 것이었다.

다른 한편으로 핵무기는 우크라이나에게 "국제 사회의 강대국"의 지위는 물론 서방 국가와 중부 및 동부 유럽 국가, 그리고 1991년에 설립된 독립국가연합과의 협상에서까지 "강력한" 입장을 제공할 것이다.[69] 독립국가연합 회원국들 간의 관계 악화는 우크라이나인들이 비핵화를 재고해야 하는 또 다른 이유였다. 연방 국가 간의 공동 방위라는 헛된 실체가 무너진 상황은 (서류상으로는 CIS의 군 사령관이었던 에브게니 샤포시니코프는 실제로는 명목상의 대표에 불과했고 1993년 6월 그 자리를 버리고 옐친의 최고 안보 고문이 되었다) 대안 마련을 부채질했다. 우크라이나인들은 1993년 봄 탤벗을 만난 자리에서 "중부 및 동부 유럽의 안보 구역"을 원한다고 말했고 그 목표에 대한 미국의 지원을 요청했다.[70] 상황은 그해 7월에 더욱 악화되었다. 옐친이 클린턴에게 설명한 바에 따르면 "우리의 최고 소비에트"가 크림반도의 도시 세바스토폴(독립한 우크라이나의 영토였지만 여전히 러시아 해군의 주요 모항이었다)을 "러시아의 도시"라고 결의했기 때문이었다. 옐친은 이 사건을 가볍게 여기며 "다행히도 아무도 최고 소비에트를 진지하게 받아들이지 않는다!"고 덧붙였다. 그렇지만 탤벗이 이런 전개에서 얻은 교훈을 부정하기는 어려웠다. 즉, 우크라이나인들은 "실제 적을 가진 편집증 환자"였다.[71]

애스핀과 그의 조언자들은 문제를 해결하는 동안 우크라이나 측에 미국을 겨냥하고 있던 미사일을 치우라고 압력을 가했다.[72] 하지만 장기적으로 미국의 전략은 명확했다. 레이크의 부하들이 조언했듯이 "어떤 상황에서도 우크라이나가 '클린턴 행정부가 핵 우크라이나를 수용할 것'이라고 생각하게 만들어서는 안 된다." 왜냐하면 "그러한 결과는 이 지역의 안정과 지난 25년간 협상해온 전체 군비 통제 체제에 잠재적으로 치명적인 타격을 입힐 것"이기 때문이다.[73] 미 군축청(ACDA)은 "우크라이나가 자국 영토에 있는 핵무기의 적극 통제권을 얻지 못하는 것이 미국의 중요한 이익"이라고 분류했다.[74] 클린턴은 크라우추크에게 편지로 이렇게 알렸다. "제가 이 문제에 최고의 정치적 중요성을 부여하고 있다는 것을 직접 그리고 개인적으로 알려드린다."[75]

당근과 채찍은 명확했다. 만약 우크라이나가 비핵화 약속을 이행한다면 미국은 그 대가로 원조를 제공하고 우크라이나를 유용한 양자 및 다자 관계에 넣을 것이다. 대신 핵무기를 계속 가지고 있는 행위는 우크라이나를 러시아와 미국 모두의 적으로 만들 것이었다. 이는 이제 막 독립한 국가에게는 큰 부담이 될 것이며, 향후 어떤 핵 재앙이 닥쳐도 우크라이나가 직접 감당해야 하는 상황이 될 것이었다. 이 두 슬라브 국가 간의 관계를 관리하는 것은 새 행정부가 직면한 가장 큰 도전 중 하나가 될 것이 분명했다. 1993년 5월 NATO 확대의 강력한 지지자인 레이크는 입이 닳도록 영국 동료들에게 급진적인 해결책을 제안했다. "우크라이나를 NATO에 가입시킨다면 핵문제는 당연히 저절로 해결될 것이다." 그와 대화했던 사람들은 나중에 그것이 "진지한 제안"인지 궁금해했다. 우크라이나까지 NATO를 확장한다는 아이디어는 러시아의 가장 최후방 레드 라인을 넘을 것이기 때문이다. 하지만 레이크는 아마도 진지했을 것이다. 국가안보보좌관은 자신을 세계 어느 곳에서나 동맹 확대를 가장 강력하게 지지하는 사람 중 한 명이라고 생각하고 있었기 때문이다. 게다가 그는 대통령의 귀를 가

지고 있었다.[76]

세 번째 꼭짓점: 비셰그라드

삼각형의 세 번째 모서리인 중부와 동부 유럽도 NATO 가입이 답이라고 생각했다. 이 지역의 지도자들은 소련의 통제에서 벗어나는 과정에서 그들이 보여준 민주적 용기 때문이라도 유럽과 대서양 기구들이 그들을 환영해야 주어야 한다고 정당하게 느꼈다. 구소련 핵무기에 대한 워싱턴의 집착으로 인해 자신들의 문제가 뒤로 밀려서는 안 된다고 여긴 그들은 부시 시절의 노력을 계속 이어갔다. 1991년 비셰그라드 정상회담 이후 그들은 비우호적으로 행동하는 서방 기구들의 문을 열기 위해 하나의 협력체로 움직였다.[77]

비셰그라드 국가들은 지금까지 NATO와의 노력으로 NACC 회원 자격만 얻었을 뿐, 이로는 충분하지 않다고 생각했다. 탤벗도 이에 동의했다. 대사는 NACC가 "철의 장막 양쪽에서 서로 대치하던 38개 국가"를 하나로 모았기 때문에 시각적으로는 "감동적"이긴 하지만 실제로는 별로 쓸모없다고 생각했다. 탤벗은 NACC 회담을 의사결정을 위한 유용한 구조라기보다는 부시 행정부가 자신에게 물려준 "이틀 동안의 지루한 시간"이라고 여겼고 곧 다른 대안들에 대해 고민하기 시작했다. 비셰그라드 국가들 또한 EC 확대가 느리게 진행되고 있다고 생각하며 비슷한 감정을 느꼈다.[78] NACC를 넘어서는 뭔가 새로운 협의체의 필요성이 커지고 있었다. 1993년 비셰그라드에서 내린 결론은 헝가리의 한 외교관이 말했듯 그들에게 "액셀러레이터"가 필요하다는 것이었다.[79]

1993년 4월 미국 홀로코스트 기념관United States Holocaust Memorial Museum의 개관식에서 3국의 지도자들은 각자 자신들의 주장을 펼칠 기회를 얻었다. 동년 1월 1일 슬로바키아와 분리된 체코에서 대통령 자리에 오른 바츨라프 하벨은 이 행사를 위해 미국을 방문하면서 4월 20일 가까스로 클린턴과 둘만의 대화시간을 확보했다.[80] 하벨은 자신의 도덕적 위상을 빌려 "우리가 진공 속에 살고 있다"며 "그렇기 때문에 우리는 NATO에 가입하고 싶어 한다"고 안타까움을 표했다. 프라하가 이전 부시 행정부에 어떤 일종의 준회원 자격을 요청했던 것을 넘어서 이제 자신의 나라가 "정회원으로서 가입을 하게 된다면" 얼마나 많은 이득이 있을지 강조했다.[81] 그뿐 아니라 체코 대통령은 중부와 동부 유럽도 집단적으로 "안전보장이사회의 비상임이사국"의 자격을 유지할 필요가 생각하고 이를 논의하기 위해 올브라이트와 협력해 나갈 것을 제안했다.[82]

폴란드의 반체제 인사에서 폴란드의 대통령이 된 레흐 바웬사 역시 미국 대통령과의 양자회담에서 하벨과 같은 취지의 발언을 했다. 바웬사는 "우리 모두 러시아를 두려워한다"라며 "러시아가 다시 공격적인 외교 정책을 취한다면, 그 공격은 우크라이나와 폴란드를 향할 것"이라고 경고했다. 또한 "폴란드를 무방비 상태로 둘 수는 없다. 우리는 미군의 보호를 받아야 한다"고 강력하게 주장했다. 불행하게도 "서유럽은 아직 우리를 받아들이지 않고 있으며" 의심할 여지없이 "역사상 가장 큰 승리"인 공산주의의 패배를 "이용하지 않고 있다"고 안타까워했다.[83] 에스토니아의 대통령 렌나르트 메리Lennart Meri 역시 나중에 탤벗과 만났을 때 비슷한 발언을 했다. "이 지역에는 안보 공백이 존재한다"라고 불평하며 "탤벗이 에스토니아의 NATO 가입에 서명하기 위해 에스토니아를 방문했으면 좋겠다"고 말했다.[84]

클린턴은 후에 이러한 탄원들이 그에게 깊은 영향을 미쳤다고 말했다. 그들은 "NATO가 여전히 유럽의 안정을 유지하는 데 핵심"이라는 그의 믿음에 불을 붙였다.[85] 하지만 그의 참모들은 새로 독립한 민주주의 국가들의 압력에 미국이 너무 빨리 굴복한다고 느껴 꺼려했다. 그들은 두 가지 주요 이슈에 우선 관심을 기울여야 한다고 생각했는데 바로 국내 스캔들과 보스니아라는 두 이슈였다.

국내 스캔들의 기원은 클린턴이 취임한 지 100일 내에 겪었던 곤경에서 비롯됐다. 영국 외무부는 당시 자체 평가에서 클린턴이 "젊고 경험이 부족하며 갈피를 못 잡고 있는" 자신의 참모들을 보완하기 위해 "쓰러질 정도로 열심히 일하고 있다"고 보았다.[86] 미국 대통령은 가족휴가법과 운전면허 신청과 동시에 유권자 등록을 가능하게 한 "자동차유권자"법의 성공으로 초기에는 잘 나가는 듯 보였다. 하지만 본인도 나중에 인정했듯 그는 백악관의 직원들을 고르는 데 더 많은 시간과 주의를 기울였어야 했다.[87] 예를 들어 홀로코스트 기념관의 개관식은 완전히 실패였다. 영국의 의견에 따르면 "말할 수 없을 정도의 혼란스러운 장면"이 연출되면서 행사 자체뿐 아니라 새 행정부의 위상을 손상시켰다.[88] 백악관 여행국에서도 스캔들이 터졌다. 처음에는 사소해 보였지만 리틀록(아칸소주의 주도)에서 백악관으로 옮겨왔던 대통령의 평생지기인 빈스 포스터Vince Foster가 스캔들을 처리한 방식에 대해 엄청난 비난을 받다 총으로 자살하며 문제가 심각해졌다.

포스터의 폭력적이고 예상치 못한 죽음은 '화이트워터'로 알려진 부동산의 공동 개발을 포함해 대통령이 리틀록의 지인들과 했던 금융 거래에 대한 조사와 관련이 있었다. 여행국의 스캔들은 화이트워터와 직접적 관련은 없었지만 클린턴의 반대파에서는 이 충격적인 자살을 기회 삼아 두 이슈를 병합하여 선정적으로 만들었다. 대통령과 영부인에 대한 공격이 커지자 결국 클린턴은 아

무엇도 숨길 것이 없다는 사실을 증명하기 위해 특검 수사에 동의하게 되었다.[89]

그럼에도 불구하고 클린턴의 반대파 리처드 멜론 스카이프Richard Mellon Scaife가 소유한 신문사들은 공세를 계속 펼쳐 나갔다. 특히 후에 우익 미디어인 〈뉴스맥스〉의 소유주가 되는 크리스토퍼 러디Christopher Ruddy는 기사를 통해 포스터의 죽음은 자살이 아니라 살인이었다고 주장했다.[90] 부시 행정부 때부터 백악관에서 근무해 오다가 포스터의 보좌관이 된 린다 트립Linda Tripp이라는 직원이 있었는데 마침 러디의 열렬한 추종자였다.[91] 1993년 7월 20일 포스터가 자살한 날 그를 마지막으로 본 사람 중 한 명인 트립은 어떤 확실한 증거를 가지고 있지 않음에도 불구하고 뭔가 사악한 은폐가 있었다고 확신했다. 그녀는 신임 대통령에 대한 증오심을 계속 키워 나갔다.[92]

이러한 국내 문제와 더불어 보스니아에서는 폭력사태가 이어지고 있었다.[93] 1992년 클린턴은 보스니아 유혈사태에 직면한 부시가 소극적인 태도를 보인다고 비판했지만 이제 그의 정권하에서 상황이 더 악화되고 있었다.[94] 그곳에서의 전투는 클린턴뿐만 아니라 NATO의 신뢰성에 의문을 제기하는 것처럼 보였다. 그들이 구 유고슬라비아의 분쟁조차 처리할 수 없다면 어떻게 유럽 안보에 리더십을 제공할 수 있을까? 유혈사태를 막기 위한 노력의 일환으로 1993년 4월 NATO는 보스니아-헤르체고비나Bosnia-Herzegovina 상공에서 유엔의 비행금지구역을 강제하기 위한 "비행 거부" 작전을 개시했다. 이 작전은 NATO에게는 분수령이 되는 순간이었다. 사상 처음으로 방어 책임이 있는 지리적 영역을 벗어나 "역외"에서 비행한 것이다.[95] 하지만 이로 인해 국내에서는 많은 미국 유권자가 클린턴이 과연 당초의 공약대로 국내 경제에 집중하고 현재 직면한 백악관에서의 혼란을 극복할 수 있을지 의문을 가지기 시작했다. 국가안보부보좌관 제임스 스타인버그는 클린턴 행정부는 두 번째 임기에 들어서도 "매우 험난했던 첫해 때문에 계속해서 대가를 치르고 있었다"고 회고했다.[96]

이러한 국내외의 우려 때문에 클린턴의 고위 보좌관들은 비셰그라드 국가들에 NATO의 문호를 개방하는 것보다 더 높은 우선순위의 일들이 있다고 생각했다. 합참의장인 콜린 파월 장군은 "그런 상황에서 NATO가 무엇을 의미할지 확신하지 못했고" 따라서 "개인적으로는 동유럽 국가들이 NATO 가입의 다리를 건너는 것을 꺼렸다"고 말하곤 했다. 파월은 또한 "우크라이나에 대해 걱정"하면서 만약 그들이 무시당했다고 느낀다면 "우크라이나인들은 서방으로부터 가능한 가장 큰 양보를 끌어내기 위해 핵 문제를 이용할 것"이라고 우려했다.[97] 파월의 뒤를 이어 합참의장이 된 전 유럽 연합군 최고 사령관 존 샬리캐슈빌리 장군은 러시아가 "NATO의 늘어난 회원 수의 의미를 이해할 만큼 성숙하지 못했다"고 우려했다.[98] 크리스토퍼 국무장관은 1993년 6월 NATO 외무장관 회의에서 비슷한 우려를 표명하면서 "적절한 시기에 우리는 NATO 회원국 수의 확대를 선택할 수 있다. 하지만 지금은 때가 아니다"라고 말했다.[99] 그는 또한 우크라이나를 잠재적 문제로 보았다. NATO가 확장되면 "우크라이나가 NATO와 유럽, 러시아 사이의 완충 역할을 어떻게 받아들일 수 있을지 알 수 없었다. 이것은 우크라이나의 핵무기를 제거하려는 우리의 노력에 악영향을 미칠 것이다."[100]

따라서 비셰그라드 국가들의 최선을 다한 집단적 노력에도 불구하고 1993년 여름 그들의 NATO 가입 문제는 뒷전으로 밀렸다. 클린턴이 7월 도쿄에서 열린 G7 정상회의에서 옐친을 만났을 때 그들은 대신 우크라이나 문제를 우선으로 다뤘다. 러시아 대통령은 클린턴에게 "오늘은 합의하고, 내일은 후퇴"하므로 "우크라이나를 상대하는 것은 항상 어렵다"라고 강조했다. 클린턴은 "우리도 마찬가지"라고 답했다.¹⁰¹ 문제는 우크라이나가 핵무기를 포기하게 만들 방법이었고 결국 NATO의 확대가 그 해답처럼 보였다. 국무부는 동맹의 확대를 "동유럽의 민주주의와 개혁을 촉진하기 위한, 특히 우크라이나의 비핵화를 보장하기 위한 우리의 노력을 펼쳐 나감에 있어 궁극적인 '당근'으로 사용할 것"을 제안하는 보고서를 만들기도 했다.¹⁰²

로버트 헌터Robert Hunter NATO 주재 미국 대사는 그 확대가 저절로 일어날 것이라고는 생각하지 않았다. 이제는 움직여야 할 때라고 느꼈다. 헌터는 1993년 8월 3일 워싱턴에 "우리가 동유럽에 대해 '태도를 분명히 해야 할' 시점이 빠르게 다가오고 있다"고 조언했다.¹⁰³ 워싱턴으로 돌아온 국무부 고위관료 린 데이비스Lynn Davis도 같은 의견이었다. 그녀는 "확대에 대한 토론을 더 이상 연기하는 것"이 불가능할 것이라고 여겼고 설사 가능하다 하더라도 "그렇게 하는 것이 우리에게 이익이 되지 않을 것"이라고 생각했다.¹⁰⁴

한편 바웬사는 NATO 이슈가 뒷전으로 밀리는 것에 대해 훨씬 더 탐탁지 않게 생각했다. 동료들이 "액셀러레이터"가 작동하기만을 기다리는 데 지친 그는 직접 이 문제를 밀어붙이기로 결정했다. 그는 자신을 유명하게 만든 정치적 감각을 맘껏 뽐내며 물론 단기적으로는 실패할 수도 있지만 궁극적으로는 자신과 이웃의 나라를 위해 NATO 확대를 앞당길 극적인 도박을 시도했다.¹⁰⁵ 바르샤바 주재 미국 대사관의 보고에 따르면 "바웬사는 8월 24일 옐친과 저녁 술자리를 함께하면서 그가 러시아는 폴란드가 NATO에 가입하는 데 반대하지 않는다는 성명을 발표하도록 꽤 쉽게 설득했다." 옐친은 폴란드의 NATO 가입이 "러시아를 포함한 어떤 국가의 이익에도 반하지 않는다"는 주목할 만한 선언을 하는 데 동의했다.[106]

하지만 옐친은 다음 날 아침이 되자 곧 자신의 말을 후회했고 참모들의 압박을 받으며 이를 철회하기 위해 애썼다.[107] 폴란드 대통령은 갑자기 번뜩이는 생각이 떠올랐다. 그는 옐친에게 "폴란드가 주권 국가"임을 믿느냐고 물었다. 러시아 대통령은 "물론이다"라고 대답했다.[108] 바웬사는 "주권 국가로서" 폴란드는 NATO에 가입할 것이라고 말을 이었다. 옐친에게 "지금 당장 합의하자"는 공개적인 발언을 받아내면 미래에 갈등이 생기는 것을 막을 수 있다고 본 것이었다. 옐친은 마지못해 수긍하며 폴란드의 NATO 가입에 대한 자신의 말을 확언했지만 그 대가로 자신이 원하는 것을 요구했다. 바르샤바 주재 미국 대사관은 바웬사와 옐친이 부차적인 거래로 "폴란드는 군사 공격이 있는 경우를 제외하고는 러시아와 관련된 어떠한 분쟁에도 우크라이나 문제에 개입하지 않겠다는 암묵적인 합의"를 보았다는 사실을 알게 되었다. 이런 "우크라이나와 관련된 보상은 널리 소문이 났고 그럴듯했지만, 확인되지는 않았다."[109]

이런 생각은 워싱턴에도 이미 분명하게 알려져 있었다. NSC는 "많은 동유럽 국가들이 경제 및 정치 개혁에 대한 진지한 노력이 성과를 거둘 때까지는 우크라이나와 너무 밀접하게 연관되는 것에 유보적인 입장을 표명했다"는 사실을 알고 있었다. 중부와 동부 유럽 사람들은 우크라이나가 "소련과 함께 했던 과거와 질적으로 단절하지 않았기 때문에, 현재 상태로는 그들 자신의 발전에 장애가 될 것"이라고 생각했다. 다시 말해 비셰그라드 국가들은 우크라이나가 이 드문 기회의 창을 허비하고 있다고 생각했고,

그것을 기다려 줄 의향이 없었다.¹¹⁰ 클린턴은 이런 태도에 대해 보고받고 나서 보다 더 큰 의미가 있음을 깨달았다. 폴란드가 서쪽을 바라볼수록 우크라이나는 점점 더 고립되고 절박해질 것이라는 점이었다.¹¹¹

바웬사와 옐친 사이에 맺은 계약의 진정한 범위가 어떻든 간에 이는 옐친이 잠깐이나마 폴란드의 입장에 동의하는 태도를 보이도록 했다. 바르샤바를 방문한 직후 그는 구소련 군대가 마침내 폴란드를 떠날 것임을 확인해 주었다. 환영할 만한 발표였다. 철수에 대해서는 오랫동안 이야기로만 나돌고 있었기에 현지인들은 과연 철수가 완료될 수 있을지 궁금해했다. 독일 역시 비슷한 의구심을 가지고 있었다. 레이크가 클린턴에게 상기시켰듯 국무부는 "1990년 이후의 G7 지원금 총 750억 달러 중 약 3분의 2 정도"에 해당하는 막대한 금액이 러시아에 대한 독일의 원조로 충당되었다고 추정했다. 그리고 이는 대부분 "(1994년) 8월 31일로 예정된 동독 내 러시아군의 철수가 계획대로 이행"하는 데 사용되었다.¹¹²

이런 가운데 1993년 9월 RAND 연구소의 수석 분석가 로널드 애스무스Ronald Asmus와 리처드 쿠글러, 스티븐 래러비Stephen Larrabee가 함께 쓴 〈포린 어페어스Foreign Affairs〉기사는 세간의 많은 관심을 끌었다. 이 세 명의 전문가들은 "NATO의 집단 방위 및 안보 체제"를 더 남쪽과 동쪽으로 확장해야 한다고 강력하게 주장했다.¹¹³ 같은 달에 레이크는 대서양동맹 관계에 대해 주목할 만한 연설을 하며 "봉쇄 정책의 계승은 확대 전략이어야 한다"는 강한 확신을 밝혔다.¹¹⁴

코지레프가 나중에 회상했듯 이러한 상황들이 모여 NATO 확장의 역사에서 중요한 분수령이 되었다. 비셰그라드 국가들은 이제 주도권을 잡았고 모스크바는 "이 문제를 차분하게 다룰 수 있는 능력을 잃었다." 일련의 사건들은 "NATO의 공포를 조장"하는 강경파들이 붙여 놓은 불길에 기름을 끼얹게 되었고 이는 러시아 내부에서 옐친에게 새로운 긴장으로 다가왔다. 코지레프는 "성급한 확대 반대, 파트너십 찬성!"이라는 자신의 정책 슬로건을 홍보하기 위해 노력해왔다. 하지만 바웬사의 도박은 모스크바의 강경파를 충격에 빠뜨렸고 NATO의 확장은 느리고 합의에 따른 과정으로 진행된다는 사실을 설득하고자 했던 코지레프의 주장을 약화시켰다. 1993년 가을 코지레프의 주요 경쟁자이자 해외정보국의 수장인 예브게니 프리마코프가 했던, 코지레프가 확장의 진실에 대해 그 자신 스스로와 국가 모두를 기만하고 있다는 주장은 설득력을 얻게 되었다.[115]

뵈르너 사무총장은 바웬사가 "NATO 확장과 관련된 지형을 성공적으로 변화시켰다"는 데 동의했고 이를 긍정적인 발전이라고 보았다. 폴란드 대통령의 재치 있는 행보 덕분에 "현재 NATO의 동쪽으로의 확장과 관련해 역사적인 기회가 생긴 것"이라며 "이 순간을 놓치면 언제 다시 이런 기회가 다시 올지 누가 알겠는가?"라고 말했다. 뵈르너는 동맹이 "이 순간을 포착해야" 하고 "북쪽에서 남쪽까지 중부 및 동부 유럽의 모든 구 바르샤바조약 국가를 단계적으로 받아들이는" 것을 즉시 시작해야 한다고 주장했다. 게다가 "러시아가 구소련 소속 국가를 다르게 본다"고 하더라도 "동맹은 이들 구소련 소속 국가를 무시할 수 없었다."[116] 기회를 감지한 헝가리 역시 비셰그라드 국가들이 우선순위에 있다는 명시적인 발언을 포함해 나토 확대에 대한 "적극적인" 메시지를 워싱턴에 요구하기 시작했다.

순방 대표단을 이끄는 국방부 관계자는 클린턴 행정부나 NATO 내에서 "아직 중요한 결정이 내려진 것은 아니다"라고 불평하며 비셰그라드 국가들을 저지하려 노력했다. 그리고 "마치 '미국에서 온 부자 삼촌'이 현지 군사 시설에 선물을 나눠주는 것 마냥, NATO가 자선단체로 여겨져서는 안 된다"라고 말했다.[117] 여느 때와 마찬가지로 우크라이나는 여전히 걱정거리였다. 탤벗의 말에 따르면 "NATO 확장에 대한 심의 속도가 상당히 높아졌기 때문에" 워싱턴은 "우크라이나가 북쪽의 털북숭이 이웃과 함께 추위 속에서 소외되고 있다고 느끼게 하는 방식을 택하지 않도록 매우 조심해야 한다"고 말했다. 만약 그렇다면 "우크라이나에도 핵 억지력이 필요하다고 주장하는 키예프의 강경파에게 새로운 주장을 펼칠 기회를 무심코 줄 수 있다."[118] 탤벗은 우크라이나의 외무차관 보리스 타라슈크Borys Tarasyuk가 "우크라이나가 NATO의 회원이 되지 않는 상황에서 NATO가 확장하는 것은 절대 용납할 수 없다"라고 선언했다는 사실을 알게 되었다.[119] 이는 클린턴이 부시로부터 물려받은 두 가지 전략적 과제 사이의 딜레마를 더욱 부각시켰다. NATO를 중부 및 동부 유럽 전체로 확대하는 것 (NATO가 우크라이나까지 확장하는 것)은 우크라이나의 핵 문제를 해결할 수는 있지만 러시아를 소외시킨다. 반면 NATO의 확장을 우크라이나 서부까지로 한정한다면 많은 인구를 가진 핵무장 국가(우크라이나)를 불확실한 상태로 두게 된다. 중부 및 동부 유럽과 러시아, 그리고 우크라이나 사이의 긴장이 최고조로 치닫고 있었다.

모스크바의 유혈사태

1993년 가을 러시아의 강경한 입장은 모스크바 거리의 유혈사태와 결합되면서 NATO 확장 진행 과정의 균형을 깨뜨렸다. 모스크바 주재 미국 대사 토머스 피커링Thomas Pickering은 이처럼 상황이 경색될 수 있다는 점을 워싱턴에 경고한 바 있다. 피커링은 모스크바의 반동주의자들이 폴란드의 NATO 가입을 승인한 8월 성명을 옐친으로 하여금 철회하게 할 것이라고 확신했다. 사실 그는 옐친이 자신의 논평을 바로 직후에 철회하지 않은 것에 놀랐다. 왜냐하면 "우리가 모든 러시아 대화 상대로부터 들은 바에 따르면 이전 동맹국들 사이에서의 NATO의 역할에 대해 극도로 민감하게 반응하는 건 변함없는 사실"이기 때문이다.[120] 대사가 코지레프에게 바르샤바 방문에 대한 그의 생각을 묻자 러시아 외무장관은 "NATO가 확장된다면 러시아가 먼저여야 한다"라고 쏘아붙였다.[121]

이 철회에 대해서는 피커링의 예상이 맞았지만 예상보다 시간이 오래 걸렸다. 9월 7일 모스크바에서는 더 고무적인 소식이 전해졌다. 옐친은 클린턴에게 우크라이나의 비참한 경제 상황이 양보를 강요하고 있다고 조언했다. 크라우추크는 적어도 문서상으로는 "24개월 안에 핵탄두를 러시아를 통해 완전히 제거"하자는 데 동의했다. 옐친은 그 대가로 "우리는 우크라이나에 원자력 발전소에서 사용할 저농축 우라늄을 제공할 것"이라고 밝혔다. 더군다나 "우리는 마침내 흑해 함대 문제도 해결했다." 옐친의 견해에 따르면 "우크라이나는 러시아에 25억 달러의 빚을 지고 있다. 우리는 그들의 함대 일부를 지불금으로 받을 것이다." 최종적으로 "함대는 러시아에 속하게 될 것이며 우리는 세바스토폴 기지를 유지할 것이다." 이 소식을 들은 클린턴은 기뻐하며 그 합의가 잘 이행되기를 희망했다. (한 번 합의했다 하더라도 쉽게 그 결정을 뒤집곤 했던 과거 우크라이나의 행동을 고려할 때, 아직 확신할 수는 없었다.) 미국 대통령은 리투아니아에서 구소련 군대를 철수한 것을 두고 옐친에게 축하의 인사를 전하며 동시에 에스토니아와 라트비아에 대해서도 동일한 조치가 언제 이루어질지 알고 싶어 했다. 옐친은 클린턴에게 "다음 주에 우리는 폴란드에 있는 모든 군대를 철수할 것"이라고 상기시키며 "에스토니아와 라트비아에서는 그곳에 거주하고 있는 러시아계 주민들의 인권이 잘 지켜지지 않기 때문에 더 어려운 상황이다"고 덧붙였다. 그들은 일단은 이 문제를 미해결 상태로 남겨두었다. 다만 클린턴은 "러시아를 위한 25억 달러 지원 패키지를 통과시키기 위해 열심히 노력하고 있다"고 덧붙였다.[122]

이러한 긍정적인 신호에도 불구하고 1993년 9월 15일 피커링이 예상했던 철회가 표면화되었다. 폴란드의 NATO 가입 승인은 결국 지나치게 큰 도약이었다.[123] 그날 크렘린이 옐친의 서명을 받아 클린턴에게 보낸 편지에는 모스크바가 "바르샤바조약의 틀 안에서 이루어진 과거 '협력'을 동유럽이 결코 그리워하지 않는다는 감정에는 공감하지만" NATO의 확장은 답은 아니라고 적혀 있었다. "진정한 범 유럽 안보 시스템"이 그 답이었다.

게다가 옐친은 편지에서 폴란드로의 확장은 1990년 9월 12일 체결된 2+4 조약의 "정신"을 위반하고 있기 때문에 수용할 수 없다고 불평했다. 해당 조약이 "독일연방공화국의 동부 영토 내에 외국 군대의 배치를 금지"하고 있기 때문에 "NATO의 관할권을 동쪽으로 확장하는 선택권 자체를 배제하고 있다"는 의미를 내포하고 있었다. 이로써 옐친은 향후 수년 동안 계속될 공격을 시작했다. 1990년 논의와 조약의 중부 및 동부 유럽과의 관련성을 주장함으로써 냉전의 경계선을 넘나드는 싸움을 부활시켰다.[124]

놀란 국무부는 서둘러 상황 파악에 착수했다. 이러한 주장이 얼마나 타당한 것인지 알아보기 위해 크리스토퍼와 뵈르너는 독일 외무장관 클라우스 킨켈Klaus Kinkel과 그의 수석 보좌관인 디터

카스트루프Dieter Kastrup와의 점심 식사 자리를 마련했다. 전 외무장관 한스 디트리히 겐셔의 후임이었던 킨켈은 은퇴한 전임자와 정기적으로 연락을 주고받는 사이였다.[125] 카스트루프는 1993년 10월 5일 그들에게 "조약에 따르면 독일의 운명에 대해서는 독일만이 결정을 내릴 수 있고, 따라서 옐친이 편지에서 '2+4' 조약에 대해 언급한 내용은 '공식적으로' 잘못된 것"이라고 말했다. 하지만 그럼에도 불구하고 러시아의 주장은 "우리가 진지하게 받아들여야 하는 정치적, 심리적 실체"를 가지고 있었다. 카스트루프는 겐셔가 이에 많은 노력을 기울이기는 했으나 실제로 정책화 하지는 못했다는 견해를 밝히며 "NATO가 동쪽으로 확장하지 않는다는 것이 합의의 '기본 철학'이었다"고 주장했다. 카스트루프는 "왜 옐친이 서방이 NATO를 1990년의 한계선을 넘어 확장하지 않기로 약속했었다고 생각했는지" 이해할 수 있었다.

이에 대해 뵈르너는 동료 독일인들의 견해에 강한 반대를 표명하며 모든 동맹국은 "2+4 협정이 NATO 확장과 관련이 있다는 생각을 강력히 거부해야 한다"고 말했다. 이것은 사실이었다. 그날 모두가 함께 앉아서 만든 그 협정은 1994년 하반기로 예정된 소련군의 철수 이전에는 NATO의 통합군사령부에 배정되지 않은 통일 독일의 영토방위군(미국 주방위군과 비슷한 성격) 부대만이 동독에 주둔하는 것을 허용했다. 그러나 NATO에 통합된 독일군은 소련군 철수 이후에야 동쪽으로 이동할 수 있었다. 왜냐하면 그들은 "러시아군이 남아 있는 동안"에는 옛 동독 영토로 갈 수 없었기 때문이다. 합의된 회의록에는 소련군의 최종 철수 이후에도 옛 동독 영토에는 외국 군대가 주둔하거나 배치돼서는 안 된다는 내용이 포함되어 있었다. 그럼에도 불구하고 외국 군대가 독일 정부의 재량에 따라서는 그 지역에 머물 수 있다는 내용 또한 있었다. 결론은 모스크바가 두 번이나 법적 구속력이 있는 조약에 서명했다는 것이다. (서방측은 당시 조약의 효과에 의심의 여지가 없도록 합의된 의사록에 따라 소련의 서명을 별도로 하나 더 받았다.) 이 조약은 독일 정부의 승인하에 NATO군이 옛 냉전의 경계선을 넘는 것을 허용하는 내용이다.[126]

뵈르너는 더 세게 밀어붙이며 "이들 나라들 중 일부를 서방에 영원히 정박시킬 수 있는 드문 역사적 기회"를 바웬사가 제공했다고 덧붙였다. 킨겔은 크리스토퍼에게 클린턴 행정부가 NATO 확장에 대한 결정을 내렸는지 물었다. 이에 대해 국무장관은 "미국은 아직 NATO 확장에 대한 결정을 내리지 못했다"고 답했다. 행정부는 "NATO 확장 가능성에 대해 긍정적으로 보고 있지만, 성급한 행동은 선호하지 않을 것"이었다. 그의 견해로는 "러시아와 우크라이나가 이 과정에 참여하는 것이 매우 중요하다. 비록 지금이나 향후 5년 동안은 아니다 하더라도, 미래에는 NATO 가입의 가능성이 있다는 전망을 그들에게 줄 수 있어야 한다." 그는 "NATO의 확장 접근 방식은 발트 3국을 배제해서는 안 되지만, 제5조의 안보 보장보다 낮은 수준의 무언가가 필요하다"고 덧붙이며 대신 "제4조의 협의 약속"을 제안했다. "발트 3국은 NATO가 어떻게든 개입하지 않고도 침략당하지 않을 것이라는 보장이 필요했기 때문"이라고 그 이유를 설명했다.[127]

NATO 확장에 대해 워싱턴이 여전히 결정을 미룬 채 우유부단한 상태로 남아 있던 것은 어려움을 야기하고 있었다. 특히 1994년 1월로 예정되어 있던 NATO 정상회담 때문이었다. 클린턴은 개인적으로 회담에 참여하고 싶어 했지만 그렇게 하면 미국의 대통령으로서 NATO 확대에 대해 어떤 입장이던 밝힐 필요가 있었다. 그는 모습을 보일 수 없었고 그 이슈에 대해서도 아무 말도 할 수 없었다. 프라하 주재 미국 대사관에서 근무를 막 시작한 고위 외교관 에릭 에델만Eric Edelman은 탤벗에게 이 문제를 해결할 방법으로 10년에 걸쳐 4단계로 진행하는 NATO 확장 계획을 제안했다.

1단계에서는 NACC에 아직 참여하고 있지 않은 잠재적 회원국들에게 참여를 촉구하며 해당 기구에서 기대되는 모든 성과 기준을 충족하도록 요구한다. 이러한 조치는 "우즈베키스탄과 카자흐스탄 등을 긴장시킬 것"이다. 2단계에서는 NATO에 가입하기 위한 협상을 수년 동안 개별적으로 진행한다. 3단계에서는 성과가 높은 국가들이 준회원 자격을 얻을 수 있으며 이 과정은 3년에서 5년 더 지속될 수 있다. 마지막 단계에서는 대략 7년에서 10년 안에 NATO 헌장 제5조의 보장을 받는 정회원국이 될 것이다. 물론 이는 시간이 지나면서 자동으로 얻어진 결과라기보다는 절차를 잘 따라온 국가에 대한 보상으로서 이루어져야 할 것이다. 에델만은 "후보 국가들을 그룹으로 나누는 것이 유용할 수 있다"고 덧붙였다. "A 그룹은 비셰그라드 국가들이다. B 그룹에는 러시아/벨라루스/우크라이나가 포함된다. C 그룹은 발칸반도 국가 혹은 발트 3국이 될 것이다." 그는 또한 부수적인 조치로 "옐친과 그 지지자들이 러시아 국내에서 좀 더 힘을 얻을 수 있도록 별도의 NATO-러시아 헌장"을 제안했다.[128]

에델만의 아이디어는 국무부의 고위관료 데이비스에게 지지를 받았다. 그녀 또한 NATO 헌장 제5조의 보장이 마지막 단계에서야 신생 회원국에게 부여되는 방식을 선호했다. 그녀는 자신의 생각이 독일의 국방장관 폴커 루헤Volker Rühe의 견해에서 나온 것이라고 언급했다. 그는 NATO 확장의 강력한 지지자로 확고한 자리를 잡았고 심지어 RAND 연구소에 연구비를 지원하기까지 했다. 그 결과 1993년 8월 NATO 확장에 대해 우호적인 글이 〈포린 어페어스〉에 게재되었다. RAND 연구소가 외국으로부터 연구비를 지원받은 것은 이번이 처음이었다.[129] 루헤에 이어 데이비스 또한 "독일은 중부 유럽의 불안 최전선에 서 있고, 이런 문제를 일방적으로 처리할 자원도, 정치적 의향도 없다"고 우려를 표명했다.[130]

독일의 동쪽 측면도 취약했다. 콜은 아르키즈 회담에서 옛 동독 영토에서 핵무기를 영구적으로 금지하는 데 동의했고 마가릿 대처가 예측했듯 독일은 그들의 정부가 위치할 곳으로 가장 취약한 도시인 베를린을 선택했기 때문이다. 덕분에 독일은 약점을 가지게 되었고 이는 통일 이후에도 모스크바의 의지에 주의를 기울여야 하는 또 하나의 이유가 되었다. 그런 이유에서 폴란드가 독일 대신 NATO의 최전선을 맡게 된다면 독일의 안보는 훨씬 더 개선될 것이었다.[131] 루헤의 수석보좌관 중 한 명이었던 울리히 바이저Ulrich Weisser 중장은 "독일을 방어하는 것은 독일 땅보다는 폴란드 땅에서 하는 편이 더 낫다"고 말했다.[132]

콜 역시 이러한 고려사항에 대해 알고 있었고 클린턴에게 언급하기도 했다. 총리는 통일 이후 자신의 나라가 여전히 많은 어려움에 대처하고 있는 동안 동맹의 가장 동쪽 끝에 노출되는 것을 꺼렸다. 반면 정부는 또한 미국 국무부가 요약한 바와 같이 "유럽에 '새로운 선을 그리는' 것 같지 않은" 방식으로 새로운 구성원을 추가할 필요성을 강하게 느꼈다.[133] 모스크바에서는 내부 갈등이 계속되고 있었고 유혈사태로 번지기 직전이었기 때문에 총리는 옐친의 상황을 더 어렵게 만들 수 있는 모든 것에 특히 민감했다.

인플레이션과 실업률이 치솟으면서 옐친과 러시아 의회의 의원들은 서로를 비난하고 있었다.[134] 1993년 9월 21일 러시아 대통령은 헌법상 권한이 없음에도 불구하고 의회를 해산했다고 선언했다.[135] 이에 대응해 의원들은 알렉산드르 루츠코이Aleksandr Rutskoi를 새로운 대통령 권한대행으로 선출했다고 선언했다. 옐친은 클린턴에게 의회가 "완전히 통제 불능 상태가 됐다"고 말했다. 그들은 "개혁 과정"을 지지하지 않으며 다시 한번 "공산주의자가 됐다"고 불평했다. 그는 12월에 새로운 선거를 시행하고 그때까지 "대통령령에 따라" 나라를 통치하는 것 외에는 선택의 여지가 없다고 말했다.[136]

콜과 클린턴은 "평화롭게 진행"하겠다는 옐친의 약속에 주목하면서도 이러한 걱정스러운 상황 전개에 대해 이해하려고 노력했다. 독일 총리는 "우리 측 누구도 실제로 무슨 일이 일어나고 있는지 말할 수 없었다"라며 회의적이었지만 "그곳에서 역할을 하는 모든 사람 중에서 그래도 나는 그를(옐친을) 가장 신뢰한다"고 말했다. 옐친의 결점이 무엇이든 간에 "만약 그가 제거된다면, 상황은 훨씬 더 나빠질 것이다"라고 콜은 덧붙였다.[137]

10월이 되자 클린턴은 유럽에 계속 관심을 둘 수 없었다. 소말리아에서 자신의 행정부에 심각한 정치적 결과를 초래한 예상치 못한 비극이 발생했기 때문이다. 소말리아 장군 모하메드 파라 아이디드Mohamed Farrah Aidid와 그의 추종자들이 유엔 평화유지군을 살해하고 있었다. 미군은 에이디드를 진압하기 위해 1993년 10월 3~4일 모가디슈에 진입했다. 하지만 저항세력이 RPG 로켓포로 블랙 호크 헬리콥터 2대를 격추했고 미군 희생자가 나오게 됐다.[138] 18명의 미국 군인이 또 다른 먼 곳에서 벌어지는 피할 수도 있던 전쟁에서 죽어가는 광경은 베트남 전쟁이라는 고통스럽고 생생한 기억이 남아 있는 세대에게는 매우 불편했다. 대중은 "블랙 호크 다운Black Hawk Down"으로 널리 알려진 이 대참사를 누구 탓으로 돌릴 것인지를 요구했다. 미국의 외교관 리처드 홀브룩Richard Holbrooke은 자신의 음성 일기에 이렇게 기록했다. 국방장관 애스핀의 "자제력 상실, 짜증, 유아적인 행동"은 "토니 레이크와 워런 크리스토퍼가 유혈 사태 이후 그를 자신들을 구하기 위해 배의 옆으로 밀어낼 희생양으로 삼는 데 쉽게 동의하도록 만들었다." 그들은 연말까지 애스핀을 해임하라고 클린턴을 설득했다. 알려진 바에 따르면 애스핀은 울면서 자신을 내보내지 말라고 간청했지만 결국 해임되었고 곧이어 뇌졸중으로 사망했다.[139]

    이 비극에 미국의 관심이 집중되면서 옐친은 평화적으로 진행하겠다는 자신의 서약을 어겼다. 10월 4일 대립 세력들 사이의 긴장과 산발적인 폭력이 있고 난 뒤 며칠 후 옐친은 그라체프에게 군에서 탱크를 가져오게 하였다. 그라체프는 탱크 승무원들에게 백악관이라고 불리던 러시아 의회 건물에 발포하라고 명령했다. 결과적으로 그들은 동료 시민 약 145명을 죽이고 800명을 다치게 했다. 루츠코이는 투옥되었다.[140] 일부 군사 지도자들은 이런 식으로 피를 흘린 것에 대해 그라체프에 분개했으나 페리가 지적했듯이 그라체프는 "분명히 옐친의 귀와 지지를 얻고 있었"고 상부의 명령을 따르고 있었다.[141] 옐친은 시행령 통치를 시작했고 1993년 12월 12일에 있을 총선을 준비했다. 또한 미국이나 프랑스 대통령이 보유한 것보다 훨씬 더 많은 권한을 그에게 부여해 줄 새 헌법을 통과시키기 위한 지지를 모색했다.[142]

    국내에서는 단기적으로 성공할 수 있었지만 해외에서는 그의 폭력 사용이 "상처뿐인 영광"일 뿐이었다. 의회 포격 사건은 유럽 전역, 특히 독일을 오싹하게 했다. 콜이 자신의 동료 당원들에게 지적했듯이 "내년 여름까지, 우리는 연방공화국의 영토 내에 여전히 러시아 병사들, 즉 옛 소련 병사들이 주둔해 있을 것"이라는 사실을 잊어서는 안 된다.[143] 〈뉴욕 타임스〉 기자의 표현을 빌리자면 그 군대는 "기죽고 사기가 저하됐"으며 "소련 제국의 가장 다루기 힘들고 골치 아픈 유산"이 되었다.[144] 그들 사이에 조직적인 범죄가 뿌리내리고 있었다. 1994년 그들의 암시장 활동을 조사하던 한 기자는 서류 가방에 들어 있던 폭탄이 터지면서 사망했다.[145]

1990년 독일 통일 당시 중앙정보국(CIA)의 보고서에서 소련군은 1994년 마지막으로 철수할 때까지 독일에 핵무기를 보유할 계획이라고 밝혔던 것을 고려했을 때, 모스크바의 불안정성이 자국에 미칠 결과에 대해 걱정한 콜의 우려는 옳았다.[146] 러시아 군대와 핵무기의 지속적 존재는 독일의 가장 좋은 시기에도 위험으로 남아 있었다. 그러나 옐친이 예상치 못하게 자신의 정치적 목적을 달성하기 위해 폭력을 사용하고, 극단적 민족주의자들이 12월 선거를 위한 캠페인을 시작하면서 독일 내에 여전히 무장한 러시아 군인이 있다는 사실은 더욱 우려스러웠다. 콜이 러시아에 대한 원조를 아끼지 않았을 뿐만 아니라 옐친과 점점 더 자주 통화를 하게 된 것은 놀라운 일이 아니었다.[147] 그리고 러시아가 떠날 때까지 독일은 NATO 확장을 지원하는 데 적극적일 수 없었다. 콜은 10월 위기 당시 당 동료들에게 "우리는 여전히 관련되어 있다는 사실을 잊어서는 안 된다"고 조언했다.[148]

옐친의 무력 사용과 극단주의자들의 인기는 또한 부다페스트에게도 악몽이었다. 헝가리 총리 안탈 요제프는 클린턴에게 편지를 보내 "모스크바 충돌이 벌어진 몇 시간 동안" 헝가리인들은 러시아의 불안정이 "전환기 동안 우리 지역을 심각하게 위협하고 있다"는 사실을 분명히 알게 되었다고 직설적으로 말했다. 총리는 NATO가 "우리 지역의 안보를 개선하기 위한 임무를 피할 수 없다"고 강하게 느꼈고 목표를 달성하는 가장 좋은 방법은 "이 지역의 민주적이고 가장 성숙한 국가들로 그 관할권을 확장하는 것"이라고 말했다. 10월의 폭력 사태 이전에는 언털의 걱정을 과장된 것으로 치부할 수 있었겠지만 지금은 그 우려가 매우 적절해 보였다. 서구인들은 러시아가 개혁한다 하더라도 평화적으로 그 목적을 달성할 수 있을지 의심하기 시작했다. 모스크바로부터 보호를 요청하는 중부와 동부 유럽의 간청에도 뭔가 있을지 모른다고 생각하기 시작했다. 역사학자 세르게이 라드첸코Sergey Radchenko가 절묘하게 표현한 것처럼 이러한 의구심은 12월 12일 선거의 결과가 "자유주의도 민주주의도 아닌 파시스트로 악명 높은 러시아 자유민주당Liberal Democratic Party"의 승리로 나타났을 때 더 커졌다. 당 대표인 블라디미르 지리노프스키Vladimir Zhirinovsky는 선거 직전 "파시스트와 인종차별주의자, 민족주의자, 제국주의자의 주장들을 모아 말도 안 되는 내용"의 선언문을 발표해 러시아 주변국들의 불안을 더욱 고조시켰다.[149]

이러한 상황에서 EC는 1993년 6월 21~22일 코펜하겐 정상회의를 개최하고 중부 및 동부 유럽의 회원 가입이 장기적인 절차가 될 것임을 분명히 했다. 대신 오스트리아와 핀란드, 스웨덴, 여기에 노르웨이까지를 가입시키는 것을 우선시했다. 이제 비셰그라드 국가들에게는 NATO 가입이 훨씬 더 중요해졌다.[150] 1990년대에 들어오면서 그들은 EC 확장 과정에서 자신들이 포함하지 않으리라는 점을 더 분명히 알게 되었다. 특히 그들이 참여하기 전부터 가입을 희망했던 국가들의 태도 때문이었다. 1994년 초 오스트리아의 총리 프란츠 브라니츠키Franz Vranitsky는 오스트리아가 이전에 부시 행정부에 표명했던 우려를 클린턴에게 다시 전달했다. "우리는 구 바르샤바조약 회원국들과 같이 취급되고 싶은 마음이 전혀 없다."[151]

평화를 위한 동반자 관계

NATO의 확장 문제가 새로운 탄력을 받으면서 1993년 10월 18일 개최된 주요국 회의에서 그 개념적 돌파구가 마련되었다. 그 돌파구는 (미국 국무부가 얘기한 대로) "1월 정상회담에서 NATO의 확장에 대해 확실한 약속을 제공할지, 아니면 단순히 그 막연한 가능성에 대해서만 언급하고 넘어갈지" 논쟁하는 과정에서 마련되었다.[152] 레이크의 영향력이 점점 커지고 애스핀은 잘리지 않고 겨우 버티고 있었음에도 국방부의 입장이 좀 더 우세했다.

애스핀 장관과 샬리캐슈빌리 장군은 1993년 9월 13일 이미 NATO 확대와 관련한 논쟁이 "미국이 아닌, 중부와 동부 유럽의 이익에 초점이 맞추어져 있다"는 자신들의 우려를 중개자를 통해 국무부에 표명했다. 그들이 보기에 이는 전략적 실수가 분명했다.[153] 국방부는 "현재로서는 (NATO의) 회원 자격을 제공하는 데 있어 어떠한 요건이나 이점도 없다"고 보았다.[154] 펜타곤은 또한 그들이 동맹이 제공하는 안보의 소비자가 아닌, 기여자가 될 수 있을 때까지는 그들을 새로운 구성원으로 받아들이는 것에 반대했다.[155] 대신 그들은 단계적 확장이라는 개념을 기반으로 하는 훌륭한 새 대안을 제시했다. 바로 평화를 위한 동반자 관계(PfP)였다.[156]

애스핀의 대리인이자 곧 후임자가 될 페리는 후에 이 제안에 대해 묘사하기를 "단순하지만 절묘한, 신중히 계산된 아이디어"라고 말했다.[157] 유럽담당 차관보였던 조셉 크루젤Joseph Kruzel과 같은 국방부 내 민간 전략가와 NSC 직원, NATO 주재 미국 외교관들과 함께 개발한 샬리캐슈빌리의 아이디어였다. 이 아이디어를 개발하면서 샬리캐슈빌리는 부시 행정부 시절 국무부의 생각에 기반을 두었다. 그는 1991~1992년 동안 전 국무장관 제임스 베이커와 함께 전 세계를 순방하면서 군과 핵무기에 대한 소련의 중앙집권적 통제가 붕괴하는 것을 막기 위해 애썼기 때문에 그러한 생각에 대해 잘 알고 있었다.[158]

샬리캐슈빌리는 뜻을 같이 하는 정책 입안자들과 함께 NATO 내 별도의 조직 형태로 존재하는 평화 유지 조직의 창설을 목표로 삼았다.[159] 장군은 이전의 적들 사이에 다리를 놓을 실용적인 방법으로서 군 사이의 협력을 강력히 지지했다. 그는 PfP가 바로 그런 종류의 접촉을 가능하게 할 것이라고 생각했다. 즉, 옛 바르샤바조약 국가들이 동맹의 가장 중요한 제5조 보장을 받기 전에 NATO의 진흙을 군화에 묻히게 하는 것이다.[160] 펜타곤은 PfP가 NATO 회원 자격에 대한 "어떤 보장된 연결 관계도 가질 필요가 없다"고 지적했다. 대신 "일반적인 조건으로 그러한 연결 관계"를 확립함으로써 유용한 모호성을 제공할 수 있었다. 그러면 PfP에서 높은 성과를 낸 국가가 나중에 NATO 헌장 제5조의 보장을 완전히 받을 수 있게 하는 선택지가 생긴다. 하지만 서두르지 않는 것이 현명했다. NATO 미국 대표부의 표현대로 "잠재적 NATO 회원을 파악하는 타이밍이 러시아와 우크라이나를 효과적으로 고려하는 기본적인 지정학적 구조를 만드는 것보다 앞서 나가지 않는 것이 중요하다."[161]

이 제안으로 다섯 가지 큰 문제가 해결 가능했다. 먼저 이는 국방부의 민간 및 군사 지도자들이 제기한 NATO를 단순히 가입할 수 있는 단체로 취급하는 논의가 지나치게 많다는 불만을 해소할 수 있었다. NATO는 장비를 표준화하고 군대를 훈련시키며 서로의 안보 증진에 기여해야 하는 군사 동맹이었다. 준비되지 않은 새로운 구성원들에게 제5조의 전면적인 보장을 너무 빨리 제공함으로써 대서양동맹을 약화시킬 수 있었다. 이는 펜타곤이 가장 피하고 싶은 시나리오였다. PfP는 신규 회원국이 개별적으로 NATO와의 파트너십을 맺어가는 속도와 강도를 결정할 수 있기 때문에 실질적인 문제를 정리할 수 있는 시간과 유연성을 제공할 것이었다.¹⁶²

둘째, PfP는 유고슬라비아에서 계속되고 있는 비극적 분열 사태에 대한 대응책이 될 수 있었다. 발칸반도의 위기는 해법을 요구하고 있었고 그 해법으로 NATO 산하 평화유지 파트너십을 활용하는 것은 자연스러웠다. 따라서 PfP는 지리적으로 (구 바르샤바조약 국가들과 구소련 공화국까지) 그리고 기능적으로 (평화 유지의 역할까지) 동맹을 확대함으로써 보스니아 폭력에 대처할 수 있었다.¹⁶³ NATO 헌장 제5조에 의한 안보 보장이 적용되지 않는 상황에서도 비상사태에 대처할 수 있는 수단을 제공함으로써 NATO의 군사 구조를 보다 유연하게 만들 수 있을 것이다. 그리고 이를 통해 유럽 국가들이 그러한 상황에서 보다 주도적인 역할을 할 수 있는 새로운 기회를 창출할 수 있다.

셋째, PfP는 새로운 최전선이 생기는 것을 계속 피하면서도 중부 및 동부 유럽과의 관계를 심화했다. 대신 "중립 및 비동맹 국가뿐만 아니라 러시아와 우크라이나를 포함한 중부 및 동부 유럽 국가에도 개방될 것이었다." 희망국의 가입 여부는 그들의 지리적 위치보다는 이 체제에 참여하고자 하는 의지와 능력에 달려 있었다. 유럽은 "지리적 경계가 아니라, 서로 공유하는 원칙"과 "NATO의 평화를 위한 동반자 관계 체제로의 적극적인 참여"에 의해 정의될 것이다.¹⁶⁴ 다시 말해 PfP는 (NACC의 가장 좋은 측면인) 포용성을 기반으로 구축될 것이지만, 국가 간 협력을 "실제 군사 접촉"을 포함하는 또 다른 수준으로 끌어올릴 것이다. 섈리캐슈빌리

빌리(그리고 탤벗과 마찬가지로)가 "말뿐"이라고 본 NACC와는 대조적이다.[165] PfP는 미테랑이 한때 홍보했던 범 유럽 안보 조직과 동일하지는 않다(PfP는 그러기에는 너무 미국 중심적이다). 그럼에도 불구하고 PfP는 이처럼 광범위하고 포괄적인 조직이 될 잠재력을 가지고 있었다.[166]

넷째, PfP는 러시아를 소외시키지 않는 방식으로 우크라이나를 유럽의 안보 체제에서 자리 잡을 수 있게 했다. 우크라이나는 다른 어느 나라보다도 금방 PfP를 맺을 수 있었지만 NATO 가입 가능성은 훨씬 적었다. 그리고 마지막으로 PfP는 러시아의 최악의 반응을 피했다. 왜냐하면 가까운 시일 내로 NATO에 새로운 정회원을 추가하려 하지 않았기 때문이다. 이 마지막 특징은 대단히 바람직한 결과였다. 모스크바 주재 미국 대사관이 조언한 것처럼 "지금은 구 바르샤바조약 국가(러시아 포함)의 동맹 확대 문제에 대해 일을 진전시킬 때가 아니기 때문이다." 왜냐하면 러시아의 민주주의는 "여전히 약한 실체로 남아 있고, 우리와 NATO 동맹국들은 그것을 위태롭게 하는 어떤 것도 해서는 안 되기 때문이다."[167]

추가적으로 PfP는 워싱턴으로 하여금 잠재적 회원국의 NATO 가입을 장기적인 과정의 시작 단계가 아니라 마지막 단계에서 고려할 수 있도록 해 주었다.[168] 동맹을 확대하는 과정에서 엄청난 복잡성이 생겨났는데 이 때 PfP는 예상치 못한 문제를 해결하고 필요한 경우 동맹 가입을 단계적으로 진행할 수 있는 장을 제공했다. 올브라이트가 1994년 1월 26일 클린턴과 고어, 크리스토퍼, 레이크에게 "우리는 모스크바가 다른 나라보다 먼저 NATO 가입의 자격을 얻을 수 있다는 현실적인 가능성을 다루고 있는가?"라고 물었듯, PfP는 러시아에 장기간 정박지를 제공함으로써

5장 삼각형을 사각형으로

비상사태를 관리하는 데도 도움이 될 수 있었다.

물론 PfP에도 단점은 있었다. 가장 큰 단점 중 하나는 NATO가 너무 인기를 얻었고 모두가 참여하기를 원했다는 것이다. 완전 보장 회원 자격과는 대조적으로 PfP는 지정학적으로는 크게 매력적이지 않은 대기실처럼 보였다. 헨리 키신저 전 국무장관도 PfP의 지지자들이 소련 붕괴 이후의 모든 동유럽 국가들을 위해 자리를 제공한 방식을 PfP의 가장 큰 이점으로 보는 관점을 비판했다. 그는 이러한 특징이 불필요하게 "소련과 러시아 제국주의의 희생자들"을 모스크바의 "가해자"와 공존하도록 강요하고 있다고 느꼈다. 이런 반대 의견 때문에 PfP 체제 판촉은 힘든 일이 될 것이었다. 또한 모든 핵심 이해 관계자들이 PfP의 성공을 위해 필요한 노력을 기울일 것인지도 명확하지 않았다.

그러나 이런 단점에도 불구하고 PfP는 거의 불가능에 가까운 것을 달성했다. 즉, 대립하는 정치적 요구 사항을 조정하고 미국이 비셰그라드 국가, 러시아, 우크라이나에 존재하는 도전과 기회를 해결할 수 있을 전략을 제공했다. 이런 이유로 1994년 초 올브라이트는 이에 대해 칭찬을 아끼지 않았다(그리고 수년 후의 회상에서도 이를 여전히 절묘한 아이디어라고 생각했다). 체코 출신의 한 외교관은 대통령의 요청으로 알바니아와 불가리아, 루마니아, 슬로베니아, 그리고 비셰그라드 국가를 방문해 PfP에 대한 반응을 살폈다. 그녀는 "PfP는 대부분의 비평가들이 예상했던 것보다 훨씬 더 효과적인 것으로 판명되었다"라고 보고했다. 그녀가 동유럽을 순방할 당시 이 정책이 지지를 받았던 한 가지 이유는 완전한 NATO 회원 자격을 부여하는 것은 아니었지만 그럼에도 "우크라이나가 이 구도에 어떻게 들어맞을지에 대해 모두가 우려했고, 우크라이나를 배제하는 것의 위험을 이해하고 있기 때문"이었다.

PfP를 대기실이라고 폄하하긴 했지만 "결국 모두가 단기적으로 '유럽의 새로운 인공적 구분선'을 피해야 할 필요성에 대해서는 뜻을 같이했다고 말했다." 그녀의 견해에 따르면 PfP는 "상반되는 것처럼 보이는 세 가지 목표, 즉 NATO를 재활성화하는 것, 민족주의 성향을 부추겨 러시아의 반감을 사는 것을 방지하는 것, 중부 및 동부 유럽에서 커지는 두려움을 진정시키는 것"을 달성하는 데 성공했다.[169]

또한 탤벗도 PfP를 지지하게 되었다. 탤벗은 국무부가 "(적어도 암묵적으로는 배타적인) NATO의 회원 자격을 확대하기보다는 PfP를 우리 입장의 중심축으로 삼아야 한다"고 생각했다.[170] 그는 특히 중부 및 동부 유럽 국가들에게 NATO 가입에 대해 비공개적이라도 "행복한 암시"를 하는 것은 좋지 않다고 조언했다. "그러한 암시가 결국 우리의 최우선 과제인 러시아에서 이루어지는 개혁을 지지하는 우리의 입장을 약화할 수 있기 때문이다." 또한 "앞으로 6개월에서 9개월은 우크라이나와의 관계, 더 구체적으로는 핵무기를 포기하도록 하는 우리의 시도에 있어 매우 중요한 시기다. 이는 우리가 직면한 가장 중요하고 위험한 비확산 과제다." 탤벗은 "크라우추크의 장관들은 NATO 회원 자격과 핵무기를 교환하려 했다"며 실망을 감추지 않았다. 이제 PfP는 워싱턴에게 이를 피할 기회를 제공해 줄 것이었다.[171]

1993년 10월 18일에 있던 회의에서 국무부의 지원을 받은 국방부의 계획이 최종적으로 통과되었다.[172] 클린턴은 이 계획을 재빨리 승인해 국무장관과 국방장관이 이를 바로 추진하고 홍보할 수 있도록 했다. 그 계획은 1994년 NATO 정상회담에서 "유럽 동부의 새로운 민주주의 국가들을 포함하도록 NATO가 확대될 것이라는 원칙 성명"을 발표하면서도 "기준이나 일정은 정하지 않고" 동맹국들을 설득하는 것이었다. 비셰그라드 국가들은 실망하겠지만 이런 모호함은 전략적으로 꼭 필요했다. "이 단계에서 NATO의 국경이 러시아와 우크라이나에 더 가까워질 것이라고 암시하는 어떤 조치를 취하면서 동시에 두 국가를 포함하지 않는다면 이들 두 국가 모두에 중대한 부정적인 결과를 초래"할 수 있고, 이로써 결국 "중앙 유럽의 안보가 취약해지기" 때문이었다.[173] 따라서 1994년 NATO 정상회담에서 나온 정책 권고안은 기본적으로 PfP를 출범시키면서도 향후 NATO 확장과의 연관성이나 그 일정에 대해서는 모호한 상태를 유지했다.[174]

한편 레이크는 실패한 토론 끝에 화가 났다고 알려졌다. 그해 말 카터 대통령 때 국가안보보좌관을 지냈던 즈비그뉴 브레진스키Zbigniew Brzezinski가 부시가 독일을 NATO에 가입시켰기 때문에 클린턴도 폴란드에 대해 똑같은 조치를 취해야 한다고 불평했을 때는 더욱 화가 났다고 한다.[175] 브레진스키는 곧 〈포린 어페어스〉에 글을 게재하고 PfP가 "지정학적으로 위험한 결과를 초래할 수 있다"고 비판했다. 그의 견해로는 "역사의 무게 때문에 러시아의 민주주의가 안정화될 수 없을 가능성(누군가는 개연성이라고 볼 것)에 대해 보험이 필요했다." 오직 NATO 확장만이 그 보험을 제공할 수 있었다.[176]

이에 굴하지 않고 크리스토퍼는 1993년 10월 22일 러시아에서 옐친과 코지레프에게 PfP의 아이디어를 제시했다.[177] 과거 브레즈네프의 사냥 산장이었던 자비도보Zavidovo의 대통령 전용 다차(러시아의 시골 저택)에서 국무장관은 박제된 사냥감으로 가득 찬 과열된 일광욕 테라스에 앉아 PfP에 대해 설명했다. 회의적이었던 코지레프는 NATO가 "지금 두세 개의 새 회원국을 받아들일 것인가"라고 질문했다.[178] 크리스토퍼는 "아니다"라고 대답하면서 미국은 이제 회원국을 추가하기 전 "상호운용성과 협력의 관계"를 위해 "평화를 위한 동반자 관계를 강조하고 있다"고 말했다.[179] 옐친은 그에게 "CEE(중부 및 동부 유럽)의 모든 국가와 NIS(구소련의 새로운 독립 국가들)이 동등한 지위에 있을 것"을 명확히 해달라고 요청했다. 크리스토퍼는 "그렇다. 이 경우에는 준회원 자격도 없을 것이다"라고 대답했다.

대답을 들은 러시아 대통령은 "훌륭한 아이디어고, 천재의 한 획이다"라고 선언했다. 그는 "이는 동유럽 국가들과 그들이 가지고 있는 NATO에 대한 열망과 관련해 현재 러시아에서 가지고 있는 모든 긴장을 해소하는 데 기여할 것"이라고 덧붙였다. 크리스토퍼가 혹시 요점을 놓쳤을까봐 옐친은 "정말 좋은, 좋은 생각이다"라고 반복해서 말했다. 그는 또한 클린턴이 NATO 정상회담 후 모스크바를 방문했으면 좋겠다는 러시아의 초청을 수락했다는 소식을 듣고 흥분했다. 의회와 싸움을 벌이고 있는 와중에 NATO 확장 문제에 브레이크가 걸리고 클린턴과도 좋은 관계로 발전함에 따라 옐친은 "내가 묻어야 할 유일한 것은 레닌"뿐이라고 생각했다. 그는 클린턴에게 자신의 말을 전해 달라고 국무장관에게 반복해서 말했다. "빌, 이처럼 훌륭한 한 수를 놓다니, 정말 감격했다."[180]

그들의 대화가 끝날 무렵 크리스토퍼는 "우리는 조만간 적절한 때가 되면 보다 장기적인 관점에서 NATO 회원 자격을 다룰 것이다"라고 짧게 언급했다. 그러나 그 경고가 옐친에까지 미친 것 같지는 않았다. 그러나 코지레프는 나중에 언급하기를 자신은 그를 놓치지 않았고 그 의미에 대해 깊이 걱정했다고 말했다. 국무장관의 이야기가 당시 미국의 정책을 정확히 묘사하고 있음에도 불구하고 외무장관은 뒤늦게 미국인들이 옐친 앞에서 보여준 행

보가 "연막에 불과할 뿐"이며 의도적으로 러시아를 "기만"한 것이라고 판단했다.[181]

그럼에도 불구하고 이 사건은 워싱턴에 대한 코지레프의 태도를 강경하게 만들었고 이는 주목받지 않을 수 없었다. 탤벗은 이후 클린턴에게 러시아 외무장관이 "해결책의 일부가 아니라 문제의 일부가 되었다 … 코지레프는 자신과 러시아 모두의 이익을 위해서는 좀 더 강경하고 국수주의적인 어조가 필요하다는 결론을 내린 것 같았다"고 털어 놓았다. 지금까지 코지레프는 미국-러시아 협력에 대해 상당히 우호적이었기 때문에 탤벗은 "이 당혹스럽고 예상치 못한 전개"가 "비극"이 되었다고 느꼈다.[182]

그러나 옐친은 만족해 하며 대화를 마쳤다. 심지어 그는 후에 뵈르너와 모스크바의 NATO 가입 가능성에 관해 이야기하면서 "러시아의 동맹 가입을 준비하고 논의하기 위해 함께 모이자"라고 제안했다.[183] 코지레프가 표현한 것처럼 주된 우려는 "위대한 국가인 러시아가 다른 모든 지원자와 함께 가입을 위해 경쟁하는 대기실에 앉아있는 자신의 모습을 바라보는 데 어려움을 겪을 것"이었다.[184] 그러나 옐친은 이러한 문제들은 해결될 수 있다는 낙관적인 태도를 유지했다. 이 주제에 대한 그의 "주요한 걱정은 중국의 반응"이었는데, 러시아가 NATO 회원국이 된다는 것은 중국이 거대한 범 유럽 안보 조직과 세계에서 가장 긴 국경을 맞닿는 것을 의미하기 때문이었다. 그러나 옐친은 "이에 상관없이 우리는 관계를 맺을 준비가 되었다"고 말했다.[185]

PfP를 통해 클린턴과 그의 참모들은 전 행정부로부터 물려받은 전략적 문제에 대한 실행 가능한 해결책을 제시할 수 있었다. 춥지만 화창했던 1월의 첫날부터 주요 과제는 명확했다. 러시아의 요구와 과거 러시아가 통제했던 지역의 주요 국가들의 요구를 균형 있게 조정함으로써 특히 구소련의 핵무기 해체와 같은 미국의 외교 정책적 이익을 어떻게 증진할 것인지가 문제였다. 클린턴의 팀은 국내외의 많은 문제에 부딪혔고, 때로 이러한 문제는 비극적이기까지 했으나, 결국에는 많은 사람이 만족할 수 있는 PfP라는 현명한 구상을 만들어 낼 수 있었다. 미국은 러시아와 우크라이나, 또는 비셰그라드 국가 중 어느 쪽이 가장 중요하냐는 질문을 던지기보다 여러 선택지를 열어두는 단계적 과정을 통해 동맹의 확대를 주도해 나갈 것이었다.

NATO 헌장 제5조를 확장하는 것보다 훨씬 덜 극적이기는 했으나 실제로 PfP는 놀라울 정도로 잘 작동했다. 크리스토퍼가 회상했듯 초기에 "PfP는 우리의 가장 희망적인 기대치를 넘어섰다." 그를 통해 "NATO 회원국과 비회원국 사이의 연결고리"를 만들었고 참가국에게는 "군을 현대화하고 민주화 개혁을 추구할 인센티브"를 제공했다.[186] PfP는 심지어 오스트리아와 핀란드, 스웨덴, 스위스와 같은 NATO 가입을 꺼려하던 서방과 북유럽의 중립국들까지 끌어들였다. 또한 이 개념은 중부 및 동부 유럽과 우크라이나, 러시아 등도 어느 정도 수용 가능한 것으로 판명되었다. 가장 불만이 컸던 이들은 비셰그라드 국가였다. 하지만 최종적으로라도 NATO 회원국 자격을 받을 수 있다면 PfP를 수용할 의향이 있었다.

하지만 미국 내에서 PfP를 반대하는 사람들은 그런 수준의 타협에 동의하지 않았다. NATO 헌장 제5조를 비셰그라드 국가까지 확장하고 싶어 했던 클린턴 행정부의 정책 입안자들은 어느 지역이 가장 중요한지를 묻고자 했고, 이제 막 생겨난 PfP 체제에 즉각 이의를 제기했다. 한편 공화당은 1994년 미국 중간선거에서 중서부의 핵심 주에 사는 폴란드계 미국인과 다른 동유럽계 후손들을 끌어들일 좋은 방법을 찾아냈다.[187] 그리고 옐친은 크고 피비린내 나는 실수를 계속하면서 의도치 않게 PfP의 적들을 도왔다. 이런 사건들이 겹치며 PfP는 급부상했던 만큼 빠른 속도로 추락하게 되었다.

6장
흥망성쇠

클린턴 대통령은 다수를 위한 느슨한 파트너십이라는 전략을 선택했지만, 소수만을 위한 완전한 회원국 지위 전략을 지지하는 국내외 인사들은 즉시 상황을 뒤집으려 시도했다. 그들은 20세기의 전쟁으로, 또 수십 년 동안 철의 장막 뒤에 있으며 많은 고통을 겪었던 중부 및 동부 유럽 국가들이 가능한 한 빨리 완전한 제5조의 보장을 받아야 할 역사적, 도덕적 권리를 가지고 있다고 생각했다. 러시아의 저항과 새로운 회원국의 군사적 준비와 같은 문제는 나중에 해결하면 되고, 지금 중요한 것은 과거를 바로잡는 것이었다. 완전한 보장의 확대를 지지하는 사람들은 보통 낙관적이거나 비관적인 (가끔은 양쪽 모두의) 동기를 가지고 행동했다. 낙관론자들은 NATO의 확대가 국경이 더 이상 중요하지 않을 정도로 많은 협력을 촉진할 것이라고 믿었기 때문에 유럽에 새로운 경계선을 긋는 것에 대해 걱정할 필요가 없다고 보았다. 동맹과 대륙은 손쉽게 과거의 분열과 봉쇄 정책을 넘어설 것이다. 비관론자들은 여전히 러시아를 위협으로 보았기 때문에 유럽을 가로지르는 새로운 전선을 저주라기보다는 이점으로 여겼다. NATO의 신속한 확대를 통해 새로 그어질 경계선은 냉전 이후 시대의 새로운 봉쇄 정책을 제공할 것이다.[1] 두 세력 모두 똑같은 전략을 노리고 있었다. 평화를 위한 동반자 관계(PfP)의 싹을 자르고 대신 특정 국가들에게 완전한 제5조의 보장을 주는 것이다.

그 전략은 성공했다. 1994년 PfP는 급격한 흥망성쇠를 겪었다. 1월 빌 클린턴 대통령이 PfP를 개시한 이후 토니 레이크 국가안보보좌관과 리처드 홀브룩 국무부 차관보와 같은 숙련된 관료들은 즉각 전방위적인 공격에 나섰다. 독일 국방장관 폴커 루헤와 폴란드 대통령 레흐 바웬사 같은 외국 지도자들의 열렬한 지지를 받던 그들은 모스크바와 워싱턴 사이의 불협화음을 PfP를 약화시키는 데 이용했다. 1994년 11월 미국 중간선거에서 민주당이 NATO 확대를 지지하던 공화당에 참패하자, 흔들리던 클린턴은 레이크와 그의 동료들에게 전적으로 의지하게 되었다. 그해 일어난 사건들은 선거 직후 클린턴이 PfP를 포기하게 된 결정적인 요인으로 작용했다. 러시아 대통령 보리스 옐친이 체첸의 분리주의 세력을 침공한 비극적인 결정과 국방장관 빌 페리가 마지막까지 PfP를 지키려 했으나 실패한 일 등이 그 예이다. 클린턴 대통령은 이후 사랑하는 어머니의 죽음까지 겪었던 1994년이 그의 인생에서 "가장 힘든" 해였다고 회상했다.[2]

선을 긋지 않는 것의 중요성

대통령이 1994년 1월 유럽을 방문할 계획을 세웠을 당시만 해도 이 모든 변화는 먼 미래의 일이었다. PfP의 당면한 정책적 목표는 1월 정상회담에서 있을 클린턴의 공식 발표에 앞서 사전 준비를 하는 것이었다. 1993년 10월 25일 국무장관 워런 크리스토퍼가 우크라이나 대통령 레오니드 크라우추크를 예방했다.[3] 크리스토퍼는 크라우추크에게 우크라이나 때문에 PfP를 완전한 제5조 보장 확대보다 앞서 진행한다는 점을 이해시키려 했다. 이는 꽤 의미 있는 일이었다. 크리스토퍼는 우크라이나가 이 노력에 대해 비핵화로 답해야 한다고 말했다.

키이우에게는 미국의 뜻을 따른다는 선택지 밖에 없었다는 점이 크리스토퍼에게 큰 도움이 되었다. 우크라이나는 여전히 핵무기를 보유하고 있었지만, 붕괴되고 있는 경제를 살리기 위해 핵무기를 대가로 내놓아야 한다는 주장이 힘을 얻고 있었다.[4] 미국 외교관들은 "길가에서 중고 가정용품을 팔기 위해 서 있는 노인들"과 수도의 주요 기차역에 있는 "좌석 아래에 버려진 아이들" 같은 우크라이나인들이 절망과 굶주림을 겪는 가슴 아픈 장면이 우크라이나 전역에 흔하게 나타났다고 본국에 보고했다. 한 대사관 직원은 키이우 주립 대학교 근처의 식당에서 연금 생활자들이 "학생들이 버리는 음식을 먹기 위해 휴지통 주변에서 싸운다"고 보고했다. 또 다른 미국 외교관은 식료품점에서 흐느끼는 한 여성에게 붙잡혔는데, 여성은 자신이 더 이상 사워크림 한 통도 살 수 없다는 것을 깨닫고 도움을 간청했다. 버스와 트램이 운행을 중단하면서 대사관 직원들은 출근에 어려움을 겪었다. 또한 노후 산업에서 나오는 매연은 공기와 땅을 오염시켰다. 미국 외교관들은 대부분의 우크라이나인들의 삶에 "어떠한 여유도 존재하지 않는다"고 결론지었다.[5]

키이우는 점점 더 다른 선택권이 없어지고 있다고 생각했지만 비셰그라드 국가들은 그 반대였다. 그들은 더 잘할 수 있고 더 잘해야 했다. 부다페스트 주재 미국 대사관은 10월 29일 헝가리인들이 "비셰그라드 그룹과 그들이 덜 발전되었다고 느끼는 동쪽의 국가들," 즉 우크라이나 및 다른 구소련 공화국들과 차별을 두지 않는다는 파트너십에 대해 "강함 실망감"을 느낀다고 워싱턴에 보고했다.⁶ 바웬사는 기자들에게 그가 PfP를 "협박"으로 본다고 알렸고 폴란드 외교관들은 그 메시지를 확산시켰다.⁷

미 국무부는 이런 반발에 대해 내부적으로 실망감을 표시하며 이런 "격렬한 반응"은 중부 및 동부 유럽의 이익에 별로 도움이 되지 않는다고 말했다.⁸ 크리스토퍼는 1993년 12월 14일 폴란드의 불평에 대해 "동맹의 안보 경계를 확장하는 것은 미국이 취할 수 있는 만큼 중요한 외교 정책 결정"이라고 지적했다.⁹ 그러나 그는 충격을 완화하기 위해 PfP가 "NATO 가입을 보장하지는 않을 것"이긴 하지만 NATO는 "점진적인 과정의 일부로서 미래에 새로운 회원국을 기대하고 환영할 것"이라고 모든 비셰그라드 국가들에 알렸다.¹⁰

클린턴 행정부는 비셰그라드 국가들뿐만 아니라 미국 내 동유럽계 유권자들에게도 비슷한 압력을 느꼈다. 왜 유권자들의 조상 국가들이 그들 자신의 군사 동맹을 선택하고 미국의 도움을 받을 수 없는가? 미국 의회의 의원들은 폴란드나 여타 다른 동유럽 국가들이 원한다면 그 지역에 미국의 힘을 가져다 두어야 한다고 생각했다. 왜냐하면 미국은 냉전에서 승리했고 여분의 힘이 있었기 때문이다. 1994년에도 약 325,000명의 해외 영구 주둔 미군이 있었고 그 외에도 일시적으로 배치된 미군 60,000명이 있었다.¹¹

뉴욕주의 공화당 하원의원 벤자민 길먼Benjamin Gilman은 즈비그뉴 브레진스키의 성원과 함께 확장 찬성 결의안을 후원했다. 일리노이 출신의 공화당원인 그의 동료 하원의원 헨리 하이드Henry Hyde도 비슷하게 움직였다. 1994년 여름 그들의 보좌진들은 공화당의 "미국과의 계약"에 여러 문구를 집어넣기 시작했다. 이는 11월 중간선거를 위한 당의 캠페인의 일환으로 만들어진 계획 모음집이었다.¹² 또한 그해 말 PfP의 강력한 반대자인 리처드 루거

Richard Lugar 상원의원은 PfP가 "연기 정책"을 지지한다고 말하기 시작했다.¹³

클린턴은 국내외에서 PfP를 판촉할 필요가 있다는 것을 깨닫고 합참의장인 존 샬리캐슈빌리 장군을 중부 및 동부 유럽에 보내 PfP를 지지하는 것이 그들의 이익에 부합한다고 설득하게 했다.¹⁴ 체코 태생의 유엔 주재 미국 대사인 매들린 올브라이트와 헝가리 태생의 미국 외교관 찰스 가티Charles Gati는 샬리캐슈빌리 합참의장과 함께 여러 차례 동유럽을 순방했다. 그들은 불가리아, 루마니아, 알바니아, 슬로베니아뿐만 아니라 비셰그라드 국가의 지도자들과도 모두 이야기를 나누었다.¹⁵

특히 폴란드인들은 현명하게도 샬리캐슈빌리의 방문을 자신들에게 유리하게 만들려 했다. 그의 아버지 드미트리 샬리캐슈빌리Dmitri Shalikashvili는 소련 조지아에서 폴란드로 이민을 왔고 존이 태어날 무렵 폴란드 육군에서 복무하고 있었다. 나중에 샬리캐슈빌리 가족은 미국으로 이주했다. 장군의 방문을 준비하기 위해 폴란드 주재원들은 군사 기록 보관소를 뒤져 1936년 아들이 태어났을 당시 아버지 샬리캐슈빌리가 상급 장교들에게 제출한 서류를 발견했다. 그들은 합참의장에게 사본을 선물했고 샬리캐슈빌리는 그 선물에 크게 감동했다.¹⁶

그럼에도 불구하고 샬리캐슈빌리 장군은 1994년 1월 7일 순방 중에 바웬사를 치켜세우며 그가 PfP를 받아들이도록 설득했다. 장군은 폴란드의 지도자에게 "그를 유명하게 만든 정치적 용기와 지혜를 보여줄 것"을 촉구했다. 바웬사는 "서방은 곰을 우리에 가두어 둘 중요한 역사적 기회를 잃고 있다"고 말했다. 그는 "NATO는 이미 NATO를 동쪽으로 확장할 두 번의 쉬운 기회를 놓쳤다"고 생각했다. 하나는 소련 붕괴 직후였고, 다른 하나는

1993년 8월 자신의 취중 선언에 "옐친이 서명하고 나서 30분 후"였다. 바웬사의 말에 따르면 이미 "독립국가연합에 대한 러시아의 완전한 통제를 멈추기에는 너무 늦었지만", "구소련 국경" 너머에 있는 국가들을 구할 시간은 아직 있을지도 몰랐다.

미국 인사들이 NATO의 확대는 모스크바를 화나게 할 것이라고 말하면서 그들의 행동을 옹호하자 바웬사는 일갈했다. "러시아 장군들이 화를 내도록 내버려 둬라. 그들은 핵전쟁을 일으키지 않을 것이다."[17] 그는 폴란드의 '연대' 노조가 소련의 지배를 전복시키기 위해 했던 모든 활약에도 불구하고 동독만이 서방으로 가는 입장권을 받은 것에 실망했다. 섈리캐슈빌리는 바웬사를 달래려고 노력하면서 "PfP는 NATO군과의 상호운용성을 증진시키기 위해 전례 없는 방식과 수준의 군사협력을 확립할 것"이라고 지적했다. 폴란드 측을 달래기 위해 그는 NATO가 "최근에는 동쪽으로 확장할지 말지에 대한 것이 아니라 언제 어떻게 확장할지"를 논의하고 있다고 덧붙였다.

그 양보는 바웬사를 재고하게 만들었고, 폴란드 주재 미국 대사는 바웬사가 결국 굴복할 것이라고 장담했다.[18] 그가 옳았다. 폴란드인들은 마지못해 돌아왔다. 임시 각료회의에서 PfP는 "미비한 조치"라는 비판을 받았지만, 폴란드 정부는 그럼에도 불구하고 이를 지지하는데 동의했다.[19]

그러한 노력의 결과로 클린턴은 NATO 정상회담이 열리는 벨기에로 가게 되었다. 1994년 1월 9일 벨기에에 도착한 클린턴은 벨기에의 총리 장뤼크 데하네Jean-Luc Dehaene에게 PfP에 대한 공격은 잘못된 것이라고 말했다. 클린턴은 "왜 우리가 유럽에서 이전보다 조금 더 동쪽으로 선을 그어야 하는가? 우리가 왜 우크라이나를 소외시켜야 하느냐"고 말했다. PfP는 그 두 가지 문제를 모두 피할 수 있는 방안이었다. 그 후 클린턴은 미국이 "러시아에 대해 계속해서 주도권을 잡아야 한다"고 제안한 반면 "유럽은 동유럽에 대한 대부분의 주도권을 가져야 한다"고 말했다.

데하네는 "지금 빨리 그들을 데려가는 것은 EU를 약화시킬 것"이라며 반발했다.[20] 유럽연합 회원국이 되는 것은 철저하고 까다로운 과정이었으며, 그가 보기에 이를 서두르는 것은 현명한 처사가 아니었다. 이 견해에 찬성하는 이는 데하네뿐만이 아니었다. 헬무트 콜 독일 총리도 "실제로 유럽연합 회원국 중 상당수는 확대를 원하지 않는다"며 워싱턴에 항의했다. 그는 중부와 동부 유럽 국가들의 유럽연합 조기 가입을 추진하던 그의 개인적인 노력이 회원국 지도자들 사이에서는 별로 인기가 없다는 것을 알게 되었다. 이유는 다양했다. 서유럽과 스칸디나비아 반도 국가들에 먼저 초점을 맞추기로 한 결정이 그런 저항의 원인 중 일부였다. 또한 남유럽의 회원국들은 너무 많은 새로운 회원국이 등장할 경우 이점을 잃게 되리라 우려했다.[21] 그리고 유럽 국가들은 보스니아 위기에 압도되었다.[22] 미국과 NATO는 동부 유럽 국가들에게 문을 열어야 할 것이다. 왜냐하면 EU가 당장은 문을 열지 않을 것이기 때문이다.

1994년 1월 10일 동료 NATO 지도자들에게 한 공식 연설에서 클린턴은 "민주적인 우크라이나"를 잘못된 편에 서게 할 수 있는 "유럽을 조금 더 동쪽으로 가로지르는 새로운 선"을 그리지 않는 것의 중요성을 다시 한번 강조했다. 그는 PfP가 최고의 선택이라고 설명했다. 왜냐하면 PfP는 동유럽에 문을 열어주었을 뿐만 아니라 "우리에게 러시아와 이 전체 토론에서 거의 무시당했던 구소련의 다른 국가들에 다가갈 시간을 주었기" 때문이다.[23] 그는 동맹국들을 설득하여 PfP를 공식적으로 채택하고 실질적인 측면을 이행하도록 했다.²⁴ NATO는 군사 연습과 훈련을 계획하기 위해 "파트너십 조정 셀"을 열었다.²⁵ 여러 국가가 거의 즉시 가입에 관심을 표명했다. 특히 1월 NATO 정상회담이 있고 나서 몇 주 만에 리투아니아 대통령은 브뤼셀을 직접 방문해 파트너십 조정 셀에 가입했다.²⁶

정상회담 직후 프라하에서 바웬사와 체코의 바츨라프 하벨 대통령을 만난 클린턴은 동맹국들과 함께 다시금 같은 주장을 펼쳤다. 1월 11일 클린턴이 바웬사와 하벨에게 말했듯이 PfP는 "지금 당장 합동 훈련과 연습을 시작하고 중부 및 동부 유럽에 NATO군을 투입"하도록 하지만 "동쪽으로 수백 마일 떨어진 곳에서 유럽을 나누는 또 다른 경계선을 그어서는 안 된다." 그는 또 "우크라이나가 특히 러시아의 궤도로 밀려나기를 원치 않는다"고 반복했으며 전선의 잘못된 쪽에 홀로 남겨지는 것도 원하지 않는다고 말했다. 그는 "세계의 모든 나라들 중에서" 특히 비세그라드 국가들은 "경계선이 그어지는 피해, 구소련 공화국들을 러시아의 궤도로 밀어 넣는 피해를 이해해야 한다"고 덧붙였다.²⁷

올브라이트와 함께 대통령을 수행했던 크리스토퍼와 스트로브 탤벗 대사는 더욱 직설적이었다. 탤벗은 특히 PfP의 "가장 좋은 점 중 하나"는 PfP가 "어느 방향으로든 갈 수 있다"는 것이라고 보았다. 그의 말에 따르면 "'착한 곰'이 등장하면 러시아를 받아들이는 쪽으로 기울 수 있지만, 필요하다면 냉전 이후를 위한 변형된 봉쇄 정책으로 이어질 수도 있다."²⁸ 하벨과 그의 동료들은 여전히 반격을 계속하고 있었다. 바웬사는 클린턴에게 러시아가 협정에 서명할 때마다 "한 손은 펜을 들고 다른 손은 수류탄을 들고 있다"고 말했다. 비셰그라드 국가들은 "그들의 약속을 지켰다"면서 본인들은 "서구 문화를 가지고 있었지만 러시아는 그렇지 않기" 때문이라고 밝혔다.²⁹ 하벨은 클린턴이 "PfP는 NATO 정식 가입을 위한 첫걸음"이라는 점을 분명히 해야 한다고 주장했다.³⁰

클린턴은 지금까지 대본을 고수해왔지만 반발이 거셌다. 바웬사와 하벨 정도의 도덕적 지위를 가진 지도자들에게 거절한다고 말하는 것은 쉽지 않았다. 후자는 특히 미국 대통령과의 따뜻한 관계를 발전시켜 클린턴을 지역 주최국으로서 아낌없이 대접하고, 클린턴뿐만 아니라 그의 동료인 프라하 출신의 올브라이트에게 체코인들이 서구의 일부가 되기를 얼마나 원하는지를 충분히 밝혔다.³¹ 체코와 폴란드 지도자들은 저항하기 어려웠고, 그들의 우려는 클린턴이 가능한 최대한 많은 합의를 이루기 위해 노력하도록 만들었다. 항상 낙관주의자였던 클린턴은 외교 정책의 과제를 제로섬 게임으로 보지 않으려고 노력했다. 대신 그는 설득이 필요한 모든 상황에서 모든 사람이 상호 동의하는 결론으로 이끌려고 노력했다.³² 또한 전 민주당 대통령 프랭클린 루스벨트와 해리 트루먼의 전기를 탐독했던 클린턴은 "미국의 리더십을 어떻게 발휘할 것인가에 대한 거창한 전략은 둘 다 없었다"고 생각했다. 오히려 그의 전임자들은 "무엇을 해야 할 지에 대한 강력한 본능"을 가지고 있었다. 그들은 선택을 요구 받을 때마다 실용적인 방법으로 본능에 따랐다. 지금이 그렇게 해야 할 시간들 중 하나인 것 같았다.³³ 그는 모든 측면의 주장을 공감할 수 있었다. 그렇게 가능한 최대한의 협력을 촉진하려는 그의 본능이 PfP의 출범을 복잡하게 만들었다.

프라하의 무대가 얼마나 극적이었는지를 고려해보면 그곳에서 어떤 공개적인 논평이 나오더라도 굉장한 관심을 받을 것이 확실했다. 클린턴은 심지어 할리우드 제작자 모트 엔젤버그Mort Engelberg를 고용해 프라하의 놀라운 건축물을 배경으로 하는 멋진 걸음을 선보였다.³⁴ 사진기자들은 올브라이트, 클린턴, 그리고 하벨이 찰스 브리지Charles Bridge의 동상과 놀라운 경치에 감탄하는 사진을 찍었다. 이 사진은 체코와 이 지역의 다른 나라들에 대한 미국의 지지에 강력한 시각적 상징을 제공했다. 올브라이트는 나중에 클린턴이 이 놀라운 프라하 방문에서 큰 감동을 받았다고 회상했는데, 그 이유는 그 방문을 통해 5일 전에 있었던 사랑하는 어머니의 죽음을 잠시 잊을 수 있었기 때문이었다.³⁵

1월 12일 정상회담 기자 회견에서 클린턴은 샬리캐슈빌리가 5일 전에 바웬사에게 개인적으로 했던 말을 공개적으로 반복하기로 결정했다. 그는 "PfP는 NATO 회원이 아니지만 영구적인 대기실도 아니다. 이제 문제는 더 이상 NATO가 새로운 회원국을 받을지 여부가 아니라 언제, 어떻게 할 것이냐의 문제이다. 이는 NATO 대화 전체를 바꾼다"고 말했다.³⁶ "여부가 아니라 언제, 어떻게"라는 표현은 듣는 이들에게 다양한 해석의 여지를 남겼고, 덕분에 새로운 복잡성이 순식간에 만들어졌다.

한편 PfP의 지지자들은 이를 이미 결정된 사안을 지지하는 것이라고 해석했다. PfP가 "어떻게"를 제공했다는 것이다. 한 NSC 소속 인사가 나중에 회상했듯이 유럽 동맹국들은 NATO 정상회의의 결과가 PfP를 통해 향후 10년에 걸쳐 NATO가 서서히 확장될 수 있는 길을 분명히 제시했다고 생각했다. 반면 PfP의 반대자들은 "어떻게"라는 단어를 지운 "여부가 아니라 언제"라는 표현이 본인들의 세력을 규합하는 데 매우 유용한 슬로건이라는 것을 깨달았다. 레이크는 프라하에서 기자회견을 마친 후 이렇게 말했다. "드디어 우리는 대통령의 표식을 얻었다."³⁷ 이와 비슷하게 신속한 NATO 확대를 강력히 지지하던 독일 국방장관 루헤 또한 클린턴 자신이 이 노선을 반복할 때 늘 덧붙였던 "어떻게"를 버리고, 모든

기회에 이 슬로건을 사용하기 시작했다.38

이 단어들은 또한 클린턴의 다음 방문지인 모스크바를 더욱 어렵게 만들었다.39 안드레이 코지레프 러시아 외무장관은 그의 최악의 공포가 확인되었다고 느꼈다. 클린턴이 "NATO 확장과 관련하여 입장을 바꿔가며" 움직이는 동안, 코지레프는 PfP가 NATO의 신속한 확대를 모스크바에게 숨기기 위해 만들어진 사기극임을 점점 더 확신하게 되었다.40 클린턴의 참모들은 그의 저항을 예상하고 PfP가 왜 옳은 정책인지, 러시아에 왜 유리한지를 증명할 두꺼운 브리핑 책자를 준비했다. 그들의 논점에서 볼 수 있듯이 PfP의 주요 가치는 "새로운 유럽 안보 구조에 러시아를 통합하는 것을 진전시키는 데" 있다. 그것은 "러시아뿐만 아니라 미래의 문"이었다. PfP는 "뭔가 주어지지 않는다면 핵무기를 포기할 의사가 없을지도 모르는 우크라이나, 카자흐스탄 같은 국가들을 위한 안보 기반"을 제공했다.41 클린턴은 옐친과 만나 이렇게 설명했다. "미국과 유럽의 많은 사람들은 내가 비셰그라드 국가들을 위한 조기 회원 자격을 주었어야 했다고 생각했다." 그러나 그는 "근대 국가 그 자체가 생겨난 이후 한 번도 이루어진 적이 없는 일, 진정으로 통합되고 분열되지 않는 유럽을 만드는 일"을 포기하고 싶지 않았다.42

옐친은 코지레프보다 더 관대했다. 그는 단계적 접근을 고수하는 것의 중요성을 이해하면서도 "러시아는 NATO에 가장 먼저 가입해야 한다. 그러면 중부와 동부 유럽에서 온 다른 사람들이 들어올 수 있다"고 강조했다. 그러나 옐친 대통령은 러시아가 아직 NATO에 가입할 준비가 되지 않았다고 말했다. 그는 여전히 "중국의 잠재적인 반응"에 대해 걱정했기 때문이다.43 클린턴은 우크라이나의 비핵화라는 공동의 성공 사례로 주제를 전환해 비판

을 피했다.⁴⁴

우크라이나의 절망적인 경제 상황은 크라우추크를 3자 구도에 동의하도록 만들었다.⁴⁵ 1996년 중반까지 러시아로 무기를 이전하고 비핵보유국으로 NPT에 가입하는 대가로 우크라이나는 "ICBM, ICBM 사일로, 폭격기 및 우크라이나 영토의 다른 기반 시설의 폐기를 돕기 위한" 미국의 재정적 혹은 다른 형태의 지원을 받게 될 것이다.⁴⁶ 미국, 러시아, 영국은 NPT 기탁국으로서 공식적인 역할을 수행하면서 우크라이나의 영토 보전을 보증(guarantee)하지는 않겠지만, 이를 보장(assure) 하겠다고 약속했다.⁴⁷ '보증'과 '보장'이라는 단어의 차이는 미미해 보일 수 있지만, 안보 측면에서는 꽤 중요하다. '보증'은 우크라이나 위기에 대응하여 미국 제82공수사단이 나타날 가능성이 높다는 것을 의미했고, '보장'은 그럴 가능성이 낮다는 것을 의미했다. 그럼에도 불구하고 크라우추크는 다른 선택의 여지가 없었고 결국 협정에 동의했다. 그리고 이 거래의 단점에도 불구하고 우크라이나 의회의 의원들이 협정을 지지하도록 설득해야 했다. 그는 키이우의 미국 대사에게 기꺼이 "정면으로 맞서" 해낼 것이라고 말했다.⁴⁸ 이 세 나라는 1994년 1월 14일 미국 대통령의 모스크바 방문 기간 동안 3국협정Trilateral Accord에 서명했다.

워싱턴으로 돌아온 클린턴은 이탈리안 식당 필로메나 리스토란테Filomena Ristorante에서 콜과 함께 푸짐한 점심을 먹으며 유럽 순방을 재검토했다. 클린턴은 콜에게 우크라이나의 발전에 대해 어떻게 생각하는지 물었다. 총리는 "나는 옐친에게 러시아가 우크라이나를 합병하기를 원한다는 어떤 의혹도 재앙이 될 것이라고 말했다"고 답했다. 클린턴은 "우크라이나가 러시아의 영향력이나 우크라이나 내의 호전적인 민족주의자들 혹은 다른 이유들로 인해 붕괴된다면, NATO의 평화를 위한 동반자 관계는 약화될 것이다. 우크라이나는 그 구상의 핵심이다"라고 말했다. 콜은 실제로 "모든 바르샤바조약 국가들이 기꺼이 (PfP를) 지지한 한 가지 이유는 그들이 우리가 우크라이나에 대해 말하는 것을 이해했기 때문"이고 유럽 전역에 새로운 구분선을 그리지 않는 것의 중요성을 이해했기 때문이라고 말했다.

콜은 유럽에 새로운 전선을 만들지 않는 것의 중요성에 동의했다. 그는 유럽연합을 빠르게 확장하지 못하고 있는 자신의 무능함에 좌절감을 가지고 있었다고 덧붙였다. 그는 유럽연합의 다른 국가 지도자들에게 실망했지만, 그 주제는 어느 정도 수준까지 밖에 밀어붙일 수 없었다는 것을 알고 있었다. 당시 독일은 재정적으로 궁핍했다. 러시아, 신독립국(NIS), 그리고 중부 및 동부 유럽에 약 750억 달러를 지원하기로 약속한 상태였기 때문에, 비용이 많이 드는 EU 회원국 추가에 필요한 자금을 조달하는 데 어려움을 겪고 있었다. 그의 국가는 잠재적인 새로운 회원국으로 인해 추가될 EU 농업 보조금, 구조 조정 지원, 결속 기금을 감당할 수 없었다.[49] 따라서 콜은 그와 반대로 클린턴이 대서양동맹의 확장을 천천히 시작하는 실행 가능한 전략을 발견한 것에 더욱 기뻐했다.[50] 콜은 클린턴의 유럽 방문은 대통령으로서 "큰 성공"이었다고 말했다.[51]

평화를 위한 동반자 관계의 싹을 자르다

그 성공의 결과로 1994년 3월 페리는 우크라이나를 방문해 핵 발사장을 시찰했다. 그가 처음 방문했을 때 우크라이나군은 700개의 핵탄두를 관리하고 있었으며 벽에는 그 핵탄두들의 목표가 그려져 있는 지도가 걸려 있었다. 그는 근무 중인 장교들이 모의 발사를 수행하는 것을 지켜봤고, 시카고, 로스앤젤레스, 뉴욕, 샌프란시스코, 워싱턴의 파괴를 관찰하면서 "부조리한 상황에 압도당했다"고 말했다. 페리는 "냉전의 초현실적인 공포가 그 순간만큼 생생했던 적은 없었다"고 말했다.[52] 그는 구소련 국가들이 그러한 무기를 해체하고 PfP를 통해 협력하고 있다는 사실에 기뻤다.

그러나 1994년 초의 성공은 너무나도 짧았다. PfP는 옐친의 실수와 반대파들의 공격적인 책략의 조합에 의하여 실행 단계에서 파멸되었다. 워싱턴의 강한 실망감에 모스크바는 PfP 내에서 러시아의 특별 지위를 공격적으로 주장하기 시작했다.[53] 옐친과 그의 참모들은 핵보유국으로서 그리고 유엔 안전보장이사회의 일원으로서 러시아는 일종의 최고 수준의 파트너십을 가질 자격이 있다고 생각했다.[54] 이미 에스토니아가 PfP에 최초로 가입한 반면 러시아는 여전히 훨씬 뒤쳐져 있다는 사실은 그들에게 소름 끼치는 일이었다. 특히 러시아와 에스토니아가 여전히 구소련 군대의 철수를 협상하고 있었기 때문이다.[55] 옐친이 콜에게 털어놓았듯이 그는 "러시아가 PfP에 가입한 다른 모든 국가와 다르다는 것을 분명히 하는 성명 또는 '의정서'"가 필요했다. 왜냐하면 러시아는 "위대한 군대와 핵무기를 가진 위대한 나라"였기 때문이다.[56] 6월까지 PfP에는 19개의 회원국이 있었지만 러시아는 어떠한 최고 회원권 제안도 받지 못했다.[57]

그 결과 옐친의 참모들은 PfP를 희석시키고 약화시키는 방향으로 돌아섰다. PfP를 약화시키는 한 가지 방법은 CSCE를 강화하는 것이었다.[58] 코지레프는 러시아가 동맹이 "동쪽으로 향하는 '승리의 행군'"을 하고 있다고 생각하는 걸 막기 위해 "NATO와 CSCE 서로 간의 역할"을 더 명확하게 해야 한다고 생각했다.[59] 그는 미

국 측 상대편에게 훨씬 더 환멸을 느꼈고, 한 동료에게는 "서구 깡패들"이라고 말하기까지 했다.[60]

보스니아에서 NATO의 역할이 증가한 것은 역설적이게도 PfP를 소외시키는 요인이 되었다. PfP의 명분 중 일부는 보스니아 사태를 다루기 위해 NATO 인접 기관을 두는 것이었지만 이제는 NATO가 그 역할을 직접 맡게 된 것이다. 1994년 2월 28일 NATO 소속 미군 F-16 전투기들이 UN 비행금지구역을 위반하여 폭격 임무를 수행하는 세르비아 항공기 4대를 격추했다. 1949년 창설 이래 NATO의 첫 전투 행동이었다.[61] 그 후 논란이 된 회의에서 만프레드 뵈르너 사무총장(당시 그는 말기 암을 앓고 있었으며 회의를 마치기 위해 의사가 필요했다)은 동맹국들을 설득하여 보스니아에서 NATO의 역할을 더욱 확장하는 데 합의하게 했다. (뵈르너는 그해 8월에 사망했고 전임자의 정책을 이어온 벨기에 외무장관 빌리 클라스 Willy Claes가 그 뒤를 이었다.)[62] 그리고 NATO와는 관련이 없음에도 불구하고 1994년에 일어난 르완다 대학살은 다른 곳에서도 그런 비극이 일어나지 않도록 시기적절한 개입이 필요하다는 인식을 강화했다.

클린턴은 1994년 4월 10일 옐친과 보스니아 문제로 통화를 했다. NATO의 지나치게 공격적인 행동에 실망한 러시아를 달래기 위해 클린턴은 "나는 NATO 공군력이 지상에서 전쟁의 방향을 바꾸거나 전쟁의 균형을 바꾸는 것에 관심이 없다"고 말했다. 그는 옐친과 협력하여 모든 당사자들이 "적대 행위를 중단하도록 협상"하기를 원했다.[63] 옐친은 여전히 확신이 없었다.

크리스토퍼는 모스크바의 강경한 입장을 확인했다. 그리고 크리스토퍼 본인은 물론이고 영국 외무장관 더글러스 허드, 그리고 허드의 정치국장 폴린 네빌 존스 Pauline Neville-Jones 모두 그것이 좋은 징조가 아니라는 데 동의했다. 네빌 존스는 모스크바가 "CSCE를 NATO와 구소련의 공간을 모두 포용하는 가장 중요한 틀로 생각하는 것 같다"고 못마땅한듯 언급했다. 또한 그는 러시아가 "보스니아에 대한 NATO의 결정에 화가 났다"는 이유로 "우리 기관을 장악하고, 그들의 기관에서의 동등한 지위를 얻고 싶어했다"고도 말했다.[64] 러시아의 이런 요구는 선거 운동이 가열되던 1994년의 워싱턴에서는 썩 환영받지 못했다.[65] 공화당은 NATO의 신속한 확대를 촉구할 것임을 분명히 했다. 덕분에 모스크바의 행동은 별로 달갑지 않은 시기에 이루어졌다. 더욱이 1994년 러시아의 첩보원으로 전향한 CIA 요원 올드리치 에임스Aldrich Ames의 체포로 긴장이 고조된 시기였다.

비셰그라드 지도자들은 정회원 가입을 추진하기 위해 모스크바의 실수를 붙잡았다. NATO와는 크게 상관은 없었지만 그해 봄에 있었던 북한 핵 위기 또한 전반적인 위협감을 키움으로써 간접적으로 그들을 도왔다. 1994년 6월 10일에는 미국 주재 폴란드 신임 대사 예지 코즈민스키Jerzy Koźmiński가 당시 국무부 부장관인 탤벗을 만나 폴란드는 "러시아가 '나빠질' 때"나 NATO에 들어갈 수 있을 것이라고 불평했다. 탤벗은 폴란드 대사에게 반박하여 PfP에 대한 개인적인 견해를 밝혔다. 펜타곤과는 달리 그는 PfP를 코지레프와 같은 관점으로 보았다. 즉, 임시방편에 불과할 뿐이라는 것이다. 그는 PfP가 1990년 동독의 처리에 기반을 둔 더 큰 계획의 한 부분일 뿐이라고 설명했다. 탤벗은 코즈민스키에게 "소련은 처음엔 옛 동독이 동맹의 일부가 되는 것을 거부했지만, 시간이 지나면서 적절한 보증을 통해 그들도 결국 동의하게 되었다"고 말했다. 이제 그는 다른 옛 바르샤바조약 국가들에 대해서도 같은 전략을 사용하고 있었다.[66]

행정부 내의 다른 사람들도 PfP를 불필요한 임시방편으로 보았다. NSC 유럽 담당 선임 국장이자 완전한 보장의 확대를 강력히 지지하는 알렉산더 버시바우는 클린턴 대통령이 폴란드에서 했던 연설과 러시아의 실책을 이용하기로 했다. 1994년 7월 7일 폴란드를 방문한 클린턴은 "내가 여러 번 말했듯이, 새로운 회원국을 NATO에 끌어들이는 것은 더 이상 여부가 아니라 언제, 어떻게 하는가의 문제이다"라고 되풀이했다.[67] 그 연설 이후 버시바우는 NSC 동료인 니콜라스 번스Nicholas Burns와 대니얼 프라이드(이들은 확장 찬성 3인조로 알려져 있었다)의 지원을 받아 PfP를 폐기해야 한다고 설득력 있게 주장했다.[68] 그는 1994년 7월 15일 자신의 상사에게 유럽과 구소련 공화국들의 "눈에" PfP를 명백히 평가절하하는 것처럼 보이지 않으면서도, 일부 국가들에게 러시아와 달리 그들에게는 NATO와 함께 할 수 있는 미래가 열려 있다는 것을 비밀리에 알려야 한다고 조언했다. 그가 볼 때 "결국 러시아는 NATO 가입 자격을 얻지 못할 것"이므로 모스크바를 위한 별도의 "동맹과의 동맹"을 만드는 것이 목표였다. 이 논평은 러시아가 결코 NATO에 가입하지 않을 것이라는 최초의 내부 서면 성명 중 하나였다. 그리고 이 성명은 1994년 1월 모스크바의 잠재적 가입 가능성에 대해 진지하게 고민해본 적이 있는지에 대해 올브라이트가 제기한 질문에 답을 제공했다.[69] 이 특별한 '동맹과의 동맹'이 가져온 결과 중 하나는 이제 막 등장한 PfP가 소외되며 우크라이나 문제를 어떻게 할 것인가에 대해 또다시 끝없는 의문이 이어지는 것이었다. 1994년 여름 크라우추크는 로켓 기술자이자 미사일 공장의 관리자였던 레오니드 쿠치마Leonid Kuchma에게 우크라이나 대통령 선거에서 패배했다. 쿠치마는 워싱턴에 도전하려는 새로운 의지를 보여주었다. 취임 직후 그는 클린턴 대통령에게 그해 초에 약속했던 3억 5천만 달러를 전달하기 위한 "실질적인 조치"가 취해지지 않은 이유를 날카롭게 물었다.[70] (클린턴은 상황을 알아보겠다고 약속했고, 10월 13일 쿠치마에게 연말까지 1억 3천만 달러를 보낼 수 있을 것이라고 알렸다.)[71] 새 우크라이나 대통령은 자국의 비핵화와 NPT 가입을 전임자가 이미 받아들였음에도 불구하고 그것이 "자신에게는 최우선 순위는 아닐 것"이라는 점도 분명히 했다.[72] 덕분에 우크라이나는 클린턴의 우선순위 목록에 다시 올라왔다. 클린턴은 쿠치마와 "친구가 되기" 위해 노력해야 했다.[73]

쿠치마의 압력에도 불구하고 버시바우의 (우크라이나를 위한 정박지가 없는) 확장 접근 방식은 구소련 군대가 독일에서 철수를 완료한 덕분에 성공할 확률이 높아졌다. 1994년 8월 31일 베를린에서는 최종 철군식이 있었다. 철수의 마무리는 원래 12월로 예정되어 있었다. 하지만 콜은 러시아에 군대를 몇 달 더 일찍 철수한다면 5억 5천만 달러를 추가로 제공하겠다고 제안했고 옐친은 그 돈을 받아갔다.[74] 독일을 떠난 이들의 숫자는 어마어마했다. 1990년 10월 3일 독일 통일 이후 소련군 338,800명, 피부양자 163,700명, 민간인 44,700명이 모두 독일을 떠났다.[75]

이 고별식은 러시아 외교의 굴욕적인 밑바닥을 보여주었다. 나치에 대한 승리는 수십 년 동안 소련과 러시아의 정체성, 정치, 삶의 중심 요소였다. 이제 모스크바는 러시아인들이 이번 철수를 있어서는 안 될 퇴각이라고 느끼는 상황을 이겨내야 했다. 러시아 전문가 안젤라 스텐트가 말했듯이 "집도 직장도 가지지 못한 장교들은 한때 위대했던 소련군의 극적인 굴욕을 상징했으며, 우익 세력의 잠재적인 주요 지지 원천이었다."[76] 콜 총리는 10년 전, 심지어 6년 전에도 소련군의 철수는 생각할 수도 없는 일이었다는 엄숙한 발언을 했다. 그는 제2차 세계 대전의 비극과 "독일의 이름으로" 비극적으로 죽은 수백만 명에 대해 가슴 아프게 말했다.[77] 불행히도 옐친은 행사 전날 밤부터 술을 잔뜩 마시기 시작했는데, 심지어 행사가 진행되던 오전까지도 계속 마시고 있었다. 군악대가 연주를 시작하자 그는 비틀거리며 지휘봉을 잡고 지휘를 시작했다. 그리고 그는 청중들과 함께 민요 "칼린카 말린카"를 부르려고 했다. 그의 측근들 중 일부는 너무 놀라 이후 옐친에게 공동으로 탄원서를 써서 그가 "유명한 러시아의 악덕"에 대해 의존하고 있다는 사실을 밝히도록 했다.[78]

아마도 옐친은 소련의 철수가 상징적인 의미 이상을 가지고 있다는 것을 알았기 때문에 평소보다 더 많이 술을 마실 필요성을 느꼈을 것이다. 이제 2+4 조약의 NATO군의 동부 독일 영토 진입 금지 조항은 해제되었다. NATO 소속 독일군은 이제 이 지역에 완전히 접근할 수 있었고 독일 정부의 허락을 받으면 NATO의 외국 군대도 진입할 수 있었다.[79] 그 병력들 중 어느 누구도 핵무기나 핵무기 투발 수단을 가지고 진입하거나 영구 주둔할 수는 없었지만, NATO군은 이제 냉전의 전선 동쪽에서 활동할 수 있었다. 옐친은 정통한 정치인이었고 그것이 중요한 선례라는 것을 직감적으로 이해했다.

미군 또한 그해 여름 베를린에서 철수를 감행했지만, 러시아군과 달리 일부 병력을 독일에 남겨 놓았다. 남겨진 군대는 미군과 독일 사회가 만들어온 수십 년간의 관계를 계속 이어갈 것이다. 1945년에서 1990년 사이에 무려 1,500만 명의 미군과 그 가족들이 분단된 독일에 거주하면서 군사적으로는 물론 문화적으로, 정치적으로도 국가를 재편했다. 1990년에도 여전히 미국은 227,586명의 군인, 254,710명의 부양가족, 32,203명의 민간인을 서독과 서베를린에 두고 있었다.[80] 일부 미군 기지는 이미 오래 전부터 상당한 규모의 도시가 되어 있었다. 독일 땅에 있음에도 불구하고 미국 우체국, 경찰, 학교가 있었고 미국 달러가 법정 통화로 사용되었다. 1995년 말까지 미국은 통일 독일에 주둔하는 군인과 지원 인력을 83,000명, 그들을 포함해 유럽 전체에 주둔하는 병력을 109,000명으로 줄였다.[81]

서방 연합군의 베를린 철수를 기념하는 행사의 일환으로 1994년 9월 9일 독일은 미국과의 관계에서 "새로운 전통"을 기념하기 위한 기념식을 개최했다. 이 행사의 배후는 당시 퇴임을 앞둔 독일 주재 미국 대사였던 리처드 홀브룩이었다. PfP의 가장 격렬한 반대자 중 한 명이었던 그는 이미 다음 직장인 국무부의 유럽 및 유라시아 담당 차관보로 자리를 옮길 준비를 하고 있었다. 탤벗 국무부 부장관이 홀브룩을 그 직책에 기용한 이유는 홀브룩이 민주당 외교 정책 그룹에서 불도저 같은 정책결정자로 잘 알려져 있었기 때문인데, 이는 탤벗이 원하는 바이기도 했다. 탤벗은 홀브룩에게 일자리를 제안했을 때 이렇게 말했다고 한다. "우리는 당신이 공격적일 것이라고 생각한다." 홀브룩은 또한 베트남에서 젊은 외무 장교로 있을 때부터 레이크를 알고 있었다. 비록 그들의 우정은 깨졌지만 (홀브룩이 레이크의 아내와 불륜을 저질렀다는 소문이 돌았다) 그들은 프로페셔널하게도 같은 목표를 공유했다. 즉, NATO의 확장을 공격적으로 추진하는 것이다. 홀브룩의 새 직장에서의 주요 관심사는 구 유고슬라비아였다. 그가 회고록에서 말했듯이 "보스니아가 다른 모든 이슈를 압도하지 않은 날은 거의 없었다." 그럼에도 그는 PfP를 공격할 타이밍을 찾아냈다. "새로운 전통" 행사는 앞으로 이어질 공격의 시작을 알렸다.[82]

홀브룩은 그 공격을 위해 루헤와 공모했다. 두 사람은 폴란드가 가능한 한 빨리 NATO에 가입해야 한다는 신념을 공유하고 있었다.⁸³ 그들은 기념식 연설 기회를 이용해 NATO의 확장에 반대하는 각 정부 구성원들을 상대로 우위를 차지하려 했다. 앨 고어 Al Gore 부통령은 기조연설자가 되는 것에 동의했지만, 다리 부상으로 인해 그의 연설을 영상으로 전달해야만 했다. 홀브룩은 내부 힘겨루기에서 승리하여 고어의 연설 대부분을 작성할 기회를 얻었다.⁸⁴ 그는 부통령에게 "소련의 붕괴 자체가 우리에게 단순히 손쉽게 차지할 수 있는 새로운 평화로운 세계 질서를 제공한 것은 아니다"라고 강조하게 했다. 오히려 "이는 우리가 힘겹게 지켜온 세계가 나타날 수도 있고, 아니면 새로운 악몽에 잠긴 세계가 나타날 수도 있는 심오한 전환의 시기를 만들어냈다." 그러한 악몽을 피하는 가장 좋은 방법은 "NATO를 군사적 안정과 안보에 대한 최고의 희망"으로 여기는 "중부 및 동부 유럽 국가"와 협력하는 것이었다.⁸⁵

다음 순서로 발언한 루헤는 고어의 말을 강화했다. 그는 "중부 및 동부 유럽의 모든 나라가 통합의 후보인 것은 아니다"라고 선언했다. 헝가리, 폴란드, 체코, 슬로바키아 공화국은 고려할 가치가 있었지만, 러시아는 "유럽연합이나 NATO에 통합될 수 없다"고 그는 말했다. 독일 국방장관은 다음엔 PfP와 미래 NATO 회원국 지위 간의 모호한 관계를 공격했다. "가능한 가장 높은 수준의 모호성에 의해 결정되는 정책을 추진하는 것은 잘못된 일"이라는 것이었다.⁸⁶ 요약하자면 홀브룩과 루헤는 PfP가 아직 초기 단계에 있음에도 불구하고 (그달 말에 폴란드에서 첫 번째 다자간 훈련이 예정되어 있었다) 이미 그것을 약화시키고 있었다.⁸⁷

이 연설은 행사 무대에 앉아 있던 페리 장관을 깜짝 놀라게 한 공격이었다. 미 국방부에 따르면 연설문 정리 과정에서 홀브룩의 도발적인 문구를 지웠다고 했지만 홀브룩은 이를 다시 집어넣어 페리를 기습했다.⁸⁸ 페리는 그 직후의 발언에서 방금 홀브룩이 말한 것을 되돌리려고 노력했다.⁸⁹ 페리 장관과 그의 보좌관들은 여전히 PfP에 강한 신념을 가지고 있었다. 그들에게 PfP는 임시방편도 사기극도 아니었으며 러시아를 통합하는 하나의 방법이었다. 물론 PfP는 초창기에 약간의 문제가 있었다. 첫 방문 사례에서 루이지애나에 왔던 알바니아군의 파견 인원들이 근처 숲으로 사라져 고국으로 돌아가려는 것을 피하려 했다는 보도가 나오기도 했다.⁹⁰ 그럼에도 불구하고 페리와 미군 지도자들은 PfP의 이익에 비하면 경미한 사건일 뿐이라고 보았다.

홀브룩의 돌출행동은 페리와 그의 국방부 동료들을 모두 화나게 했다. 그리고 그들뿐만 아니라 다른 이들도 비슷한 느낌을 받았다. 기념식에서 있던 페리의 무대를 목격한 영국은 워싱턴에 "러시아의 민감성을 고려하여 PfP를 통해 비셰그라드 국가들을 점진적으로 NATO에 흡수하려는 조용한 접근"을 강력히 선호한다고 강조했다. 그러나 페리는 홀브룩에 대항하는 데 집중할 수 없었다. 그 이유는 국방부가 아이티에서 민주적으로 선출된 대통령을 끌어내렸던 쿠데타를 뒤엎기 위해 유엔이 승인하고 미국이 주도한 민주주의 유지 작전Operation Uphold Democracy에 참여하고 있었기 때문이다.⁹¹ 그 작전 때문에 페리는 심지어 미군과 러시아군 사이의 최초의 합동 평화유지군 훈련에 빠질 수밖에 없었다. 이는 러시아의 국방장관 파벨 그라체프에게 깊은 씁쓸함을 남겼다. 훈련을 시작하기 위해 나타난 그라체프는 미국 국방장관이 불참한 것을 보고 버림받았다고 느꼈을 것이다.⁹²

NATO의 신속한 확장을 위한 홀브룩의 캠페인은 통제되지 않은 채로 계속 이어졌다. 그는 확장에 관한 중요한 기관 간 프로세스의 의장직을 맡았는데, 이 직책을 맡을 때도 탤벗의 도움을 받앉다고 알려졌다.[93] 내부자들에게는 국무부 부장관이 처음에 봤던 것처럼 NATO 확대에 반대하지 않는다는 사실이 분명해지고 있었다. 오히려 탤벗은 NATO의 완전 보장 확장에 대해 모스크바가 단계적으로 익숙해지도록 만들려고 했다. NACC와 PfP 모두 유용하고 선도적인 기구였으며 "진정으로 포괄적인 냉전 이후의 안보 구조"라는 시각적 상징성을 제공했다. 이제 그는 확장을 진전시킬 때라고 느꼈지만, 그는 이 생각을 너무 널리 알리고 싶지 않았다. 그렇게 하지 않으면, 1994년 9월 12일 크리스토퍼 국무장관에게 "NATO의 확장이 실제로 이루어지면 나쁜 곰에 대한 처벌 또는 '신 봉쇄 정책'이 될 것"이라고 털어놓았을 듯이, 너무 명백해질 수 있었다.[94]

이런 목표들을 달성하기 위해 홀브룩은 그의 기관 간 절차를 공격적으로 시작했다. 9월 22일 첫 회의를 위한 준비 문서에는 새로운 직설적인 태도가 드러나 있었다. 단계적이고 부분적인 연합에 대한 논의는 사라졌다. 브리핑 문건에서 "목표는 NATO 확대를 달성하는 것"이라고 직설적으로 밝혔다. 조지 H. W. 부시가 독일 통일 과정에서 그랬던 것처럼 미국은 이 정책에 대한 "필연성"을 개발할 필요가 있었다. 반대론자들에게 "피할 수 없는 것을 막는 데 드는 비용이 너무 크다"고 생각하게 하고, "먹기 싫은 것을 맛있게 만드는 것"에 집중하는 것이 비결이었다. "보상"에 대한 모든 이야기는 피해야 했다. 오히려 미국은 다른 나라들이 NATO가 확대되는 것을 "자신들에게 이익이 된다"고 생각하게 만들어야 한다.

여느 때처럼 우크라이나는 여전히 주요 이슈로 남아 있었다. 홀브룩은 브리핑에서 "확장은 아마도 절대 들어갈 수 없을 동맹과 러시아 사이에 쐐기를 박을 것"이라고 인정했다. 그러나 우크라이나의 비핵화가 만족스럽게 마무리되면 키이우의 불편한 상황은 그다지 걱정거리가 되지 않을 것이다. 심지어 러시아의 반대도 그렇게 중요하지 않았다. "우리는 확장의 근거를 러시아나 다른 나라에게 팔 수 있을지 여부에 연연해서는 안 된다. 그들은 어떤 상황에서도 지금 그걸 사지 않을 것이고 차단하거나 지연시키려고 할 것이다." 따라서 "목표는 때가 되면 우리가 사용할 수 있고 그들이 함께 일할 수 있는 무언가를 그들에게 주는 것"이다.[95]

이 직설적인 발언은 즉각적인 갈등을 야기했다. 30여 명의 참가자의 설명에 따르면 (참가자 중 일부는 이 발언을 바로 〈워싱턴 포스트〉에 누설했다) 홀브룩은 대통령으로부터 NATO를 확대하라는 명령을 받았다고 주장했다고 한다. 펜타곤 참석자들이 대통령이 왜 그 명령을 다른 누구에게도 알리지 않았냐고 묻자 홀브룩은 '여부가 아니라 언제'라는 슬로건과 7월 유럽에서 대통령이 했던 발언, (대부분의 내용을 홀브룩 본인이 썼던) 고어의 '새로운 전통' 연설을 증거로 들었다고 한다.[96] 합동참모본부의 웨슬리 클라크Wesley Clark 장군은 여전히 반대했고, 홀브룩은 그의 입장이 "내게는 불복종처럼 들린다. 우리는 지금 당장 이걸 해결해야 한다. 당신은 대통령의 프로그램에 참여하거나 혹은 참여하지 않거나 둘 중 하나다"고 반격했다. 클라크는 과거에 본인은 불복종 혐의를 받은 적이 전혀 없다고 대답했다. 참가자들은 두 사람이 주먹다짐을 할까 걱정했다(혹은 그러길 바랐다). 그들은 주먹다짐을 하지는 않았지만 국방부는 다른 방식으로 반격했다. 즉, 구 바르샤바조약 국가들을 동맹에 통합하는 데 필요한 막대한 비용과 작업량을 보여주었다. 국방부 대표단은 언젠가 홀브룩과 그의 동료들 앞에서 1미터가 넘는 종이 더미를 탁자에 쏟아 부었다. 그 안에는 잠재적 회원국이 충족해야 할 "헬리콥터 이착륙 패드부터 가솔린 노즐의 둘레"까지의 모든 NATO 표준이 들어 있었다.[97]

신新 봉쇄 정책

홀브룩이 러시아를 따돌릴 방법을 앞세워 달려들던 바로 그 주에 클린턴과 옐친은 전략 무기 감축에 진전을 이루고 있었다. 1994년 9월 27일 워싱턴에서 만난 그들은 페리가 제공한 계획의 개요를 들었다. 페리는 "우선 START I과 II를 비준하고 발효하는 데 협력할 것"이라고 말했다. 일단 그것이 달성되면 "우리는 비공식적인 합의를 통해 감축 속도를 더욱 가속화할 것이며, 이를 위해 넌-루가 기금(역주: 1991년 넌-루가 법(소련 핵 위협 감소법)에 의해 조성된 기금)을 사용할 것이다." 마지막으로 새로운 협정인 START III에 따라 "어떤 감축이 가능한지에 대한 논의를 시작할 것이다."[98]

클린턴은 또한 전 소련의 지도자 미하일 고르바초프가 중단했다고 주장한 러시아의 생물무기 개발에 대해 옐친을 압박하고 있었다.[99] 옐친은 후일 "고르바초프가 거짓말을 했거나 그의 군대가 그에게 거짓말을 했다. 1988년에 무기 개발은 멈춰 있지 않았다"라고 인정했다. 옐친은 자신이 집권한 후에 "모든 활동을 중지하고 모든 문을 잠그고 봉인하라고 명령했다. 그러나 "우리는 이 프로그램에서 일하던 사람들에게 일자리를 찾아주는 데 어려움을 겪었다. 이 사람들은 세균으로 사람들을 죽이는 데 전념하고 있는 사람들이다. 이 사람들을 상대하는 것은 쉽지 않다"고도 말했다. 그러나 NATO의 확대가 옐친의 군비 통제 추진 의지를 약화시킬 수 있음에도 불구하고 클린턴은 9월 정상회담에서 옐친에게 이렇게 말했다. "NATO는 확장될 것입니다. 우리는 이 문제를 계속 추진할 것입니다."[100] 언제나 그랬듯이 모든 사람을 끌어들이기 위해 노력한 클린턴은 옐친에게 세 가지 "않다"가 있다고 안심시켜서 충격을 완화했다고 한다. 놀랍지도 않고, 서두르지도 않고,

확대된 동맹에서 어떤 국가도 제외하지 않았다.[101]

옐친은 이에 대해 격노하지 않았다. 아마도 그가 클린턴과 이전에 회동했을 때보다 국내에서 더 유리한 입장에 있었기 때문일 것이다. 러시아의 인플레이션은 하락했고 옐친은 그의 권위에 도전하는 몇 가지 어려움들을 잘 버텨냈다. 그는 몇 주 전에 발트 3국에서 구소련 군대를 모두 철수시켰다. 하지만 이는 옐친의 말에 따르면 "소련 붕괴로 고립된 수천만 명의 러시아인"을 버리는 것을 의미했다. 옐친은 이 사람들이 발트 3국에서 "우리나라에 살고 있다"고 생각했지만 갑작스럽게 "그들은 손님이고 항상 환영받는 것은 아니다"는 것을 깨달았다고 지적했다.[102] 소련군이 철수한 후에도 모스크바와 발트 3국 사이의 긴장은 여전히 높았다. 클라크 장군은 나중에 1994년 러시아를 방문했을 때 그가 받은 첫 번째 질문 중 하나를 떠올렸다. NATO 함선이 우리 항구 리가에 나타날 때까지 대략 얼마나 걸릴까 하는 것이었다. 클라크는 다음과 같은 취지의 말로 대답했다고 회상했다. 그곳은 러시아의 항구가 아니라 라트비아의 항구였고, 그러한 선도적인 질문은 함선의 도착을 재촉할 뿐이었다.[103]

옐친은 방문을 마무리하며 모든 문제가 해결될 수 있다는 낙관적인 태도를 유지하였고 이번이 "그가 했던 미국 방문 중 최고의 방문"이었다고 외쳤다.[104] 베를린에서 보여줬던 불규칙한 주정뱅이 행동보다 더 심한 일을 겪은 미국 관계자들은 도저히 그렇게 생각할 수 없었다. 옐친의 미국 방문 첫날 밤 미국 비밀경호국 요원들은 그가 술에 잔뜩 취한 채 백악관 근처의 길가에서 속옷만 입고 택시를 부르려고 손을 흔드는 것을 발견했다고 한다. 덕분에 동트기 전 대규모 경보가 발령되었다고 알려져 있다. 요원들이 블레어 하우스에 있는 옐친의 숙소까지 그를 호송하려 할 때, 그는 피자가 필요하다고 크게 소리 질렀다. 그는 마지못해 침실로 돌아 갔지만 다음 날 밤 다시 몰래 침실을 빠져나왔다. 그리고는 블레어 하우스의 복도를 배회하고 있었는데 한 경비원이 그를 발견하고는 침입자로 오인했다. 요원들은 옐친이 구금되거나 혹은 그보다 더 나쁜 일이 일어나기 전 그가 누구인지 밝히기 위해 다시 한 번 나타났다. 백악관 직원들은 그가 더 이상 사고를 치지 않고 출국했을 때 정말 안도했다.[105]

옐친은 행복하다고 공언했지만 실제로는 최종적으로 유럽에서 철수했다는 현실과 본인의 내적 갈등 때문에 분명히 어려움을 겪고 있었다. 프랑스는 이제 그에게 관대한 조치를 취할 때가 되었다고 주장했다. 특히 1995년에 프랑스 대통령이 되는 자크 시라크 파리 시장은 젊은 시절 러시아어를 공부하며 러시아에 대한 깊은 관심을 가지게 되었고 옐친과 친밀한 관계를 맺었다. 그는 옐친보다 조금 앞선 1994년 9월 24일 백악관을 방문해서 더 많은 이해를 얻으려고 노력했다. 시라크는 옐친이 "그의 군대를 발트해 국가에서 철수시켰다"며 "다른 공화국들의 비핵화에 대해 우리와 협력하고 있다"고 지적했다. 그것이 합리적으로 기대할 수 있는 전부였고 "그는 우리가 NATO를 확장하는 것을 원하지 않는다"고 말한 것은 놀라운 일이 아니었다.[106]

NSC 내부의 반응은 시라크와 정반대였다. 1994년 9월 클린턴의 발언에 대한 옐친의 온건한 대응은 PfP를 치워버리는 게 낫다고 느끼던 사람들에게 더 많은 힘을 실어주었다. 확장 찬성 3인조 버시바우, 니콜라스 번스, 프라이드는 그들의 보스인 레이크에게 앞으로 일어날 일에 대한 로드맵을 주었는데, 제목은 "NATO 확장을 향해 나아가다"였다. 심지어 그들은 이 충분히 빨리 움직이지 않았다고 주장했다. "많은 기대를 모았던" 이 문제에 대한 그의 개입은 "느리고 혹독한 출발"을 보였다. 동맹은 단순하게 확대하고 새 회원국들에게는 "현행 회원국의 모든 권리와 책임(완전한 제5조 보장)"을 주어야 한다. 고려해야 할 부분은 기껏해야 "외국군 주둔 등 작전 현안에 대한 유연성" 정도뿐이다. NATO는 EU와 조율해야 하지만 EU의 확장을 기다려서는 안 된다. "이 '보험 정책' 혹은 '전략적 헤지'의 근거(즉, 러시아에 대한 신 봉쇄 정책)는 배후에서 존재할 것이고 밖으로는 거의 드러나지 않을 것이다." 확장 찬성 3인조는 제5조 보장의 확대를 통해 그어질 유럽의 새로운 전선이 본질적으로 저주가 아닌 혜택이 될 것이라는 비밀스러운 주장을 하고 있었다. "민주주의 러시아"의 "가입 가능성"은 명시적으로 배제해서는 안 되지만 "장기적으로"만 가능할 것이다.[107]

이 3인조는 NSC의 동료 구성원인 리처드 쉬프터Richard Schifter의 격렬한 반대에 맞서 싸워야 했다. 쉬프터는 15세 때 홀로 미국으로 이민을 와 성공한 변호사이자 난민이었다. 홀로코스트로 폴란드계 오스트리아인 부모를 잃은 그는 NSC 내부의 강력한 도덕적 목소리였다. 그는 레이크에게 반대 의견을 내보이며 신속한 완전 보장 확대 추진을 반대했고 3인조의 의견이 "군사적 요인보다는 정치적 요인"에서 나왔다는 점을 유감스럽게 여겼다. 그는 확장 정책이 주로 "국내적인 압력"에 의해 추진되었으며, 특히 "폴란드계 미국인 의원, 헨리 키신저, 그들이 '또 다른 얄타'라고 부르는 것이 만들어지고 있다고 주장하는 다른 비평가들로부터" 나왔다고 보았다.[108]

샬리캐슈빌리의 경우와 비슷하게도 NATO의 신속한 확장에 반대하는 쉬프터의 의견은 그의 가족 배경을 고려할 때 반 폴란드 정서로 치부될 수 없었다. 쉬프터와 샬리캐슈빌리 두 사람은 모두 20세기의 갈등으로 인해 혼란과 이주를 개인적으로 경험한 바 있어, 21세기의 갈등을 피하기 위해 할 수 있는 모든 것을 하겠다는 의지가 분명했다. 그들의 눈에는 유럽에 새로운 전선을 만들려고 서두르지 않는 것이 중요했다. 비록 그들의 가족의 나라(폴란드)가 원치 않더라도 미국 정부는 PfP의 점진적인 접근 방식을 고수해야 한다고 보았다. "1997년이나 1998년이라는 시한의 압박을 받지 않는다면" 쉬프터는 PfP와 NATO가 "유럽 경제 공동체 지역 전체를 유럽 평화 지대로 통합하는 포괄적인 프로그램"을 수행할 수 있다고 썼다. 그는 공격적인 확장이 "러시아 국내 정치에 긍정적인 영향보다는 해로운 영향을 더 많이 끼칠 것"이라고 확신했다. 더 나쁜 것은 워싱턴은 그러한 피해를 줄 필요가 없었다는 것이다. 중부와 동부 유럽 국가들이 더 절실하게 원했던 것이 "EU 회원국"이었기 때문이다. 미국은 그들에게 고작 제도적인 위로상을 제공하기 위한 비용을 부담해서는 안 된다. 그의 반대파들은 PfP를 "가식일 뿐"이라고 일축했지만 쉬프터가 보기에 그것은 "현실"일 뿐만 아니라 새로운 민주주의 국가들이 "상호운용성"을 달성하는 데 도움이 될 비용 효율이 높은 방법이었다. 결론은 부정할 수 없었다. "국내 비판론자들에게는 NATO 가입 결정을 연기할 것을 요구하는 건전한 정책 논쟁으로 대답해야 한다."[109]

그러나 레이크 국가안보보좌관은 설득당하지 않았다. 그는 중부와 동부 유럽 국가들이 NATO 가입을 설득력 있게 주장하고 있으며, 이를 줄 수 있는 가장 좋은 시기는 바로 러시아와의 관계가 좋을 때라고 느꼈다. 모스크바가 다시 호전적인 태도로 돌아선다면, 러시아의 침략 위협을 받는 국가들을 포기할 것인지, 아니면 그 국가들을 NATO에 가입시켜 적대 행위를 더욱 심화할 것인지 고민해야 하는 상황에 직면하게 될 것이다.

1994년 10월 13일, 레이크는 쉬프터의 반대 의사를 기록에 남기지 않은 채 3인조의 신 봉쇄 정책 제안을 대통령에게 전달했을 뿐만 아니라 그 수준을 더욱 높였다. 국가안보보좌관은 클린턴에게 작업 문서의 더 신랄한 버전을 제출했는데, 여기에는 "우크라이나와 발트해 국가들의 NATO 가입 가능성"이라는 문구가 여러 곳에 추가되어 있었다.[110] 발트 3국은 이미 9월에 북유럽 이웃 국가들의 도움을 받아 발트 대대Baltic Battalion, BALTBAT를 창설했다. 발트 대대 창설의 명시적인 목표는 NATO 가입을 위한 적합성을 높이는 것이었다. 이 계획의 대담함은 서방 국가들에게 깊은 인상을 주었고 발트 3국의 NATO 가입 가능성이 높은 듯 보이게 만들었다. 클린턴은 이 제안을 개인적으로 강조하면서 레이크가 새로 추가한 "우크라이나, 발트해 국가들, 루마니아, 불가리아에 대한 가입의 문호를 열어두자(비셰그라드 국가들을 '선호하는' 동맹의 성향에 대응하여)"는 권고 옆에 두 개의 굵은 선을 그었다. 국가안보보좌관이 말했듯이 미국은 "그들을 회색지대나 러시아의 영향권에 두면 안 된다."[111]

레이크는 또 "NATO군과의 표준화는 장기적인 목표가 되어야 한다. 가입 시점에 달성해야 할 필요는 없다"고 덧붙였다. 잠재적인 신규 회원국들은 모두 오래된 바르샤바조약 기준의 장비를 가지고 있었는데, 덕분에 NATO의 장비와 함께 운용하기 어려울 가능성이 높았다. 신규 회원국들의 장비를 NATO 기준에 따라 표준화하려면 확장 속도가 크게 느려질 수 있었다. 그래서 레이크는 장비 표준화의 필요성은 일부러 경시했다. 대신 그는 대통령에게 다가오는 1994년 12월 NATO 장관 회의를 이용해 "동맹 내에서 공식적인 절차를 시작"하라고 조언했다. 목표는 회의의 쟁점을 "NATO 확장에 관한 선언"으로 하는 것이었다. 클린턴은 추천 제안 목록 맨 위 페이지에 큰 체크 표시를 하고 "좋아 보인다"고 썼다.[112]

그것은 레이크가 필요로 했던 청신호였다. 이는 아마도 1994년 미국 중간 선거 캠페인 기간의 마지막 몇 주와 무관하지 않았을 것이다. 당연히 대통령은 1996년 선거에서 재선을 바랐고, 따라서 1994년의 유권자들이 무엇을 원하는지 주시해야 했다는 점을 감안하면 자연스러운 일이었다. 클린턴은 또한 총기 규제와 같은 분야에서 선거 위험을 감수하기로 결정했다. 전미총기협회National Rifle Association의 격렬한 저항에도 불구하고 클린턴은 그해 8월 돌격 무기(assault weapons)를 10년간 금지하는 법안을 통과시키기 위해 공화당 온건파들과 협력했다. 이에 투표한 공화당원 중 한 명인 미시간주 하원의원 프레드 업튼Fred Upton은 이후 이어진 위협 때문에 6개월 동안 경찰의 신변 보호를 받았다. 전미총기협회는 이 금지 법안에 투표한 민주당 의원들을 1994년 11월 선거에서 떨어뜨리기 위해 열심히 싸웠다.[113] 이런 반대 세력들은 NATO의 확장과 직접적으로 관련이 있지는 않았지만 의회에서의 클린턴의 지지 기반을 위협함으로써 그를 옭아맸다. 이는 또한 유권자들이 등을 돌릴 수 있을 위험을 감수하고 정책을 펼쳐 나갈 동력을 약화시켰다. 여론조사에서 대다수 미국인들이 클린턴 행정부의 외교 정책에 동의하지 않는 것으로 나타났다는 점을 감안할 때, 그는 자신의 행동이 선거에 미칠 결과를 고려해야 했다.[114]

한편 길먼과 하이드의 보좌진은 비셰그라드 국가들의 신속한 NATO 가입을 촉구하는 내용을 담은 NATO 확장 법률 초안을 공화당 선거 캠페인 전략인 '미국과의 계약'에 포함시키는 데 성공했다. '미국과의 계약'은 기대한 만큼의 효과를 발휘했다. 1994년 11월 8일 선거에서 공화당은 아이젠하워 시대 이후 처음으로 상원과 하원을 모두 장악했다.[115] 클린턴과 그의 참모진은 큰 충격을 받았다. 크리스토퍼는 사임을 고려했다.[116] 클린턴은 나중에 선거 결과를

접하고 "마치 내가 죽어버린 것 같은 기분이었다"고 밝혔다.[117]

브뤼셀과 부다페스트의 폭발

반면에 레이크는 정당한 결과라고 생각했다. 그리고 그는 이후 극적인 결과를 가져오게 될 작업들을 시작했다. 그는 계획한대로 1994년 12월 북대서양이사회(NAC)의 세션을 완전한 보증 확장을 위한 장소로 바꾸었다. 페리의 말에 따르면 이런 세션은 대개 "일상적인 일"이었고 논란이 되는 것은 무엇이든 워싱턴을 포함한 핵심 구성원들이 사전에 잘 정리하곤 했다. 그 회의가 해야 할 일은 "허구적인 자발성"을 가장한 채로 미리 작성된 미국이 승인한 공동 성명을 발표하는 것이었다.[118] 그러나 브뤼셀에서 치열한 예비 토론이 길어지면서 이 NAC 회의는 일상적인 방식으로 흘러가지 않았다. 결국 장관 회의에서는 토론 끝에 레이크가 클린턴에게 제안했던 방식에 동의했다. 공식적으로 확장의 문을 여는 공동 성명을 발표하는 것이었다. 1994년 12월 1일 발행된 보고서에는 "우리는 NATO의 확장을 기대하고 환영한다"는 내용이 담겼다.[119]

크리스토퍼가 나중에 회상했듯이 이 장관 회의는 "동맹을 확장하려는 우리의 노력에 있어서의 중요한 전환점"이 되었고 세계는 이에 주목했다.[120] 발트 3국과 우크라이나는 모두 깊은 불안감을 느꼈다. PfP는 그들 모두에게 분명히 열려 있었다. 반면 NATO 정회원이 되는 것은 그보다 훨씬 가능성이 낮았다. 러시아 국경 지역에서 NATO 헌장 제5조의 약속을 이행하는 것은 대단히 어려운 일이 될 것이기 때문이었다. 발트 3국은 신속하게 미 국무부에 연락하여 "신속하고 선별적인 NATO 확장에서 제외"되는 것에 대한 우려를 표명했다.[121] 그들은 "발트 3국은 방어가 불가능하다는 일부 유럽 국가들의 의견에 반대"하며 서방 국가들은 동독 영토에 깊숙이 묻혀 있던 분단된 베를린의 절반도 방어하기로 약속했었다고 지적했다.[122]

발트 3국과 우크라이나가 겁을 먹었다면 러시아는 격노했다. 장관 회의에서 논쟁적인 공동 성명에 대한 토론이 진행되던 동안 코지레프 러시아 외무장관은 브뤼셀에 있는 러시아 대사관에서 대기하고 있었다. 그는 자국을 PfP에 완전히 참여시키기 위한 추가 문서에 NATO 지도자들과 함께 서명하기 위해 브뤼셀에 왔다. 러시아는 1994년 6월 22일에 이미 PfP의 대략적인 뼈대를 잡을 문서에 서명하긴 했지만 아직 공식화해야 할 세부 사항이 더 있었다. 코지레프는 토론이 진행되는 동안 아무것도 알 수 없었다. 기다림에 지친 그와 러시아 대사는 시간을 보내기 위해 대사관 구내에서 테니스를 치기 시작했다. 한창 공을 주고받던 중 NATO 지도자들도 아니고 옐친이 그들을 불렀다. 옐친은 국제 뉴스에서 NATO의 확장을 알리는 보도를 들었다고 하며 도대체 무슨 일이 일어나고 있는지 알아볼 것을 요구했다. 코지레프와 대사는 무방비 상태에서 당했다.[123]

모스크바에 있는 코지레프의 적들은 피 냄새를 맡았다. 당시 코지레프는 러시아 대외정보국(SVR)의 수장인 예브게니 프리마코프와 영향력 싸움 중이었는데, 프리마코프는 이 실패를 이용해 코지레프를 약화시킬 수 있다고 생각한 것 같았다.[124] 프리마코프는 1993년 11월 25일 미국의 항의에도 불구하고 NATO가 "소련에 그랬던 것만큼 러시아에도 위협적"이라는 내용의 대외정보국 보고서를 공개하는 이례적인 조치를 취한 바 있다. 기자 회견에서 발표된 이 보고서는 미국에 협력적이던 코지레프의 입장에 대한 공격이었다.[125] 그로부터 1년 후 브뤼셀에서 벌어진 사건들은 프리마코프의 의심이 옳았고 코지레프는 틀렸음을 보여주는 것 같았다.

옐친은 1996년에 있을 선거에서 재선을 원했기 때문에 그전에 NATO의 확장이 의미 있는 방법으로 언급되는 것을 원하지 않았고, 프리마코프도 이 점을 알고 있었다. 사실 옐친의 재선은 NATO의 확장이 발표되지 않았더라도 어려운 상황이었다. 옐친이 새로운 헌법을 통과시키긴 했지만, 러시아의 기대수명 감소, 알코올 중독과 노상 범죄의 증가, 그리고 보건 시스템의 붕괴를 막는 데 아무것도 하지 못하고 있었다.[126] 당시 옐친은 분노했고 속았다고 느꼈다.[127] 클린턴은 세 가지의 "않다"를 약속했지만(놀랍지도 않고, 서두르지도 않고, 확대된 동맹에서 어떤 국가도 제외하지 않는다), 옐친은 이제 그 세 가지 모두와 마주했다. 그는 결국 PfP 세부 협정에 서명하지 않기로 결정했다.[128]

이 사건이 단순한 외교적 마찰에 그치지 않았다는 사실은 1994년 12월 5일 부다페스트 정상회담에서 드러났다. 정상회담의 목표는 유럽안보협력회의(CSCE)를 유럽안보협력기구Organization for Security and Cooperation in Europe, 이하 OSCE라는 이름으로 바꾸는 것이었다. 이를 통해 단순한 회의가 아닌 조직으로서 더 중요한 미래를 가질 것이라는 신호를 보내려 했다.[129] 이는 러시아를 달래기 위한 또 다른 방법이었다. 모스크바가 오랫동안 이 단체를 홍보해왔기 때문이다. OSCE는 러시아가 미국과 동등한 지위를 가지고 있는 기구 중 하나였다.

10월에 크리스토퍼는 이번 정상회담에 50명 이상의 국가 원수와 정부 수반이 참석한다는 점을 고려할 때, OSCE로의 새출발에 좀 더 무게감을 더해주기 위해서 클린턴도 직접 참석해야 한다고 주장했다. 부다페스트에서 만날 쿠치마 대통령도 일종의 서면 각서 등을 통해 오랫동안 약속해온 안보 보장을 받는다면 우크라이나 비핵화에 대한 최종 결의안에 동의할 가능성이 있었다.[130] 크리스토퍼는 그러한 합의가 "만약 이루어진다면 그 자체로 방문을 정당화할 것"이라고 생각했다.[131] 우크라이나의 핵무기는 여러 면에서 여전히 위험했다. 모스크바 주재 미국 대사관은 1994년 11월 16일 "러시아, 독일 및 기타 지역에서 압수된 핵물질"은 아마도 구소련이 가지고 있던 물품 중에서 탈취되었을 가능성이 높다고 보고했다. 이 핵물질 압수 사태는 우크라이나 등에 있는 비축 핵물질을 "도난이나 전용으로부터" 보호해야 할 필요성을 냉혹하게 일깨워주었다.[132] 심지어 우크라이나가 북한 및 이란과의 무기 거래에 개입했다는 소문도 있었다.[133]

클린턴은 1994년 11월 중간선거 직후 외국 순방 계획을 잡는 걸 꺼렸다. 그런 클린턴을 설득하기 위해 크리스토퍼는 탤벗의 도움을 구했다. 탤벗은 "우리 국내 정치와 관련된 직설적이지만 중요한 한마디"를 덧붙였다. 그는 클린턴에게 "우리가 이 문제를 제때, 그러니까 굉장히 빨리 해결해버린다면, 96년에는 공화당으로부터 이 문제의 주도권을 사실상 빼앗을 수 있을 것"이라고 말했다.[134] 클린턴은 이 주장에 휘둘렸고 결국 설득당했다. 미국 측의 누구도 그들이 대통령을 대립으로 몰아넣고 있음을 알아차리지 못한 것 같았다.

클린턴이 부다페스트 방문에 동의하자 OSCE 정상회담의 주변부에서 수많은 합의를 한데 모으는 계획이 시작되었다. 먼저 미국, 영국, 러시아가 오랫동안 약속해온 우크라이나의 영토 보전에 대한 안보 보장을 드디어 제공한다는 내용의 이른바 부다페스트 양해각서Budapest Memorandum가 작성되었다. 그리고 우크라이나가 비핵 국가로서 NPT에 가입하는 문서와 핵을 가진 모든 구소련 공화국의 START I 비준 문서를 교환하여 마침내 발효되도록 했다.[135]

하지만 이 모든 협정을 하나로 모으는 것은 어려운 일이었다.

우크라이나인들은 여전히 그 각서에 보증이 아닌 약한 보장이 포함되어 있다고 걱정했다. 부다페스트에 있는 미국 대표단의 한 구성원은 심지어 "보장을 쓸모없는 종잇조각"이라고 불렀고, 우크라이나 외무차관 보리스 타라슈크는 키이우에 있는 미국 대사관에 이 발언에 대해 우려한다고 전했다.[136] 서명자들은 동요하지 않고 "이러한 약속에 대해 의문을 제기하는 상황이 발생할 경우에만 협의"하기로 합의했다.[137] 심지어 그 약한 보장마저도 의심스러웠다. 우크라이나 외교관들은 미국 관계자들에게 "러시아가 자신들이 서명한 합의를 이행할 것이라는 환상을 갖고 있지는 않다"고 말했다. 오히려 우크라이나 정부는 단순히 "러시아가 협정을 위반할 때 국제 포럼에서 지원을 호소할 수 있을만한 근거를 바라고 있었다"고 말했다.[138] 한편 브뤼셀에서의 굴욕에 여전히 경악하고 있던 러시아는 클린턴이 OSCE가 아니라 NATO가 "유럽 안보 시스템의 중심"이 될 것이라고 분명히 밝히며 (코지레프의 말에 따르면) 이 사건을 더 부각시킬까봐 걱정했다.[139]

이 모든 불안이 충돌하며 냉전 이후 볼 수 없었던 논란이 일어났다. 클린턴은 연설에서 "NATO가 유럽 안보의 근간으로 남아 있다"고 말하며 OSCE를 외면했고 코지레프가 우려했던 일이 벌어지게 만들었다. 그는 이를 더욱 강조하기 위해 동맹 밖의 어떤 나라도 "확장에 거부권을 행사"할 수 없다고 덧붙였다.[140] 러시아 대표단은 그 말을 듣고 클린턴이 브뤼셀의 모욕에 의도적으로 더한 상처를 내고 있다고 생각했다.[141] 옐친은 이에 대응하여 자신의 좌절감을 공개적으로 표출하였다. 그는 클린턴이 NATO의 확장을 바라며 "차가운 평화"를 위험에 빠뜨렸다고 신랄하게 비난했다.[142]

부다페스트 각서 서명 계획은 거의 무산될 뻔했다. 탤벗은 나중에 "마지막 순간 우크라이나와의 3자 협정을 구하기 위해 우리 대통령이 옐친과 완전히 개인적인 접촉을 해야 했다"고 밝혔다.[143] 클린턴의 구제 노력으로 각서와 비준 절차가 간신히 마무리되었고, 그 결과 전략 폭격기와 9천 개 이상의 탄두를 탑재한 미사일 발사대를 제거하는 START I이 마침내 발효되었다. 또한 양측은 START II 비준의 진전에 관심을 보였으며, 이를 통해 추가로 5천 개의 핵탄두가 폐기될 예정이었다. 만약 두 조약이 모두 발효된다면 양국은 냉전 시기 핵무기 최대치의 60% 이상을 감축할 것이다.[144]

그러나 미국과 러시아의 협력은 결렬되었다. 러시아의 PfP 가입 절차를 마무리하는 데는 진전이 없었다. 콜은 정상회담 중에 클린턴에게 "매우 우울한 상황"이라고 털어놓았다. 특히 "보스니아에 대해 아무것도 하지 못하기 때문"이라고 말했다.[145] 보스니아 대통령 알리야 이제트베고비치Alija Izetbegović의 고통스러운 호소는 별다른 변화를 가져오지 못했다.[146] 러시아 대표단은 보스니아가 세르비아를 공격자라고 부당하게 지목했다고 생각했고 보스니아에 대한 선언문을 발표하기를 거부했다. 그라체프는 세르비아인들이 "이슬람 극단주의자와 테러리스트"를 저지하고 있다고 생각했다. 그는 1980년대 아프가니스탄에서 싸웠기에 이러한 위협을 잘 알고 있었다.[147] 한편 콜은 클린턴에게 "NATO 문제"에서 물러나라고 촉구했다. 그 이유로 "우리는 옐친을 무너뜨릴 수 없다. 그렇게 해서 얻을 건 아무것도 없을 것"임을 들었다 그는 "결국 우리에게는 고무나 파편 밖에 남지 않을 위험성이 있다"고 우려했다.[148]

그날 이후로도 씁쓸함은 가시지 않았다. 탤벗은 부다페스트에서 워싱턴으로 돌아오는 비행기에서 대통령이 "자신을 옐친의 샌드백 역할로 세우려고 대서양 건너로 끌고 온 외교 정책 팀에 분노했다"고 회상했다.[149] 클린턴은 이후 콜에게 옐친이 부다페스트에서 그에게 했던 말이 "나를 정말 다치게 했다"고 털어놓았다.[150] 모스크바 주재 미국 대사관은 옐친이 회담 이후 보여준 분노에 대해 "그의 파트너가 그들의 사업이 실패할 경우에 대비해 새로운 보험에 가입했다는 것을 막 알게 된 사업가의 분노"라고 묘사했다.[151]

부다페스트 정상회담은 코지레프가 어떤 식으로든 NATO 확장을 옹호할 수 있을 만한 상황을 사실상 끝내버렸다. 그는 이전에 옐친에게 러시아가 점진적인 확장과 함께 갈 수 있다고 조언해왔다. 그러나 부다페스트 정상회담 이후 그는 자신이 "NATO의 성급한 확장에 반대하는 모스크바의 유일한 목소리"가 되었다고 생각했다. 왜냐하면 "대통령을 포함한 다른 모든 사람들이 '성급하다'는 단어를 빼고" 단순히 확장에만 반대하게 되었기 때문이다.[152]

탤벗은 코지레프를 비난하며 무엇이 그렇게 심하게 잘못되었는지 평가하려고 노력했다. 그는 러시아 외무장관이 브뤼셀에서 자신이 겪은 굴욕에 대한 보복으로 옐친을 자극하여 폭발하게 만들었다고 생각했다. 그리고 탤벗은 코지레프가 서유럽 측 인사들에게 격려를 받았다고 의심했다. 그는 서유럽 관계자들이 "우리 입장을 상당히 비난하며 러시아인들에게 '당신들의 문제는 우리 때문이 아니라 미국인들 때문이야. 그들이 확장을 추진하고 있어'라고 말했다"고 주장했다. 탤벗은 코지레프가 의도적으로 옐친을 자극했고, 덕분에 화난 옐친이 "차가운 평화" 연설을 했을 것이라고 추측했다.[153]

옐친은 아직 끝나지 않았다. 부다페스트 정상회담이 끝난 직후, 그는 일련의 비극적인 행동을 취했고 그로 인해 다른 피해는 물론 스스로 자초한 상처까지 입게 되었다. 그는 1994년 11월 30일 이미 러시아 체첸 지역의 분리주의 반군에 대항하기 위한 조치를 승인하는 법령에 서명했다. 옐친은 코지레프의 지지와 함께 이제 분리주의자들을 상대로 "고도로 정밀한 치안 활동"을 실행할 수 있을 거라고 생각했다.[154] 그러나 12월 11일 체첸으로의 진격은 주변 국가들의 지도자들을 공포에 떨게 할 장기적이고 유혈이 낭자하는 충돌을 일으켰다.[155] 루헤는 러시아 군대가 막 징집되어 제대로 훈련도 받지 못한 "반쯤 취한 병사들"을 그로즈니로 보내서 형언할 수 없을 만큼 잔혹한 행위를 저질렀다는 사실을 알게 되었을 때 엄청난 혐오감을 느꼈다.[156] 제1차 체첸 전쟁으로 이어지는 이 끔찍한 사건은 모스크바 주재 미국 대사관의 표현대로 "러시아라는 국가의 약점과 민주적으로 선출된 최초의 대통령의 비극적인 결함"을 드러냈다.[157]

이 유혈사태는 광범위한 결과를 가져왔다. 군부가 체첸에서 크게 실수했음에도 불구하고 옐친은 여전히 "권력 부처", 즉 군부와 KGB 후계자들에게 점점 더 의존하게 되었다. 이들은 모두 서방과의 협력에 반대했다.[158] 러시아 개혁주의자들의 해외 지인들(뉴욕에서 코지레프와 함께 지내며 친해졌던 헝가리 태생의 미국 외교관인 가티 등)은 제1차 체첸 전쟁을 보고 절망에 빠졌다. 가티는 나중에 그 전쟁이 분수령이었다고 보았다. 당시 그를 포함한 서방 국가의 사람들은 러시아의 미래에 대해 낙관적이었지만, 러시아는 결코 코지레프가 바랐던 방향으로는 발전할 수 없다고 확신하게 되었다고 한다.[159] 〈뉴욕타임스〉의 어느 기자는 체첸 침공에 대해 "러시아의 자유주의적 꿈의 끝"이라고 말했다.[160]

이 분쟁은 또한 러시아가 NATO 확장에 반대할 여력을 더욱 악화시켰다. 이는 러시아가 여전히 군사적 위협으로 남아 있다고 주장하는 국가들이 옳음을 증명하는 것처럼 보였기 때문이다. 이제 러시아의 위협으로부터 자신들을 방어하기 위해 동맹국을 찾는 것은 과도한 걱정이 아니라 오히려 합리적인 행위로 여겨졌다. 코지레프는 그의 회고록에서 체첸 전쟁이 "수년간 서방 파트너들과의 관계"를 악화시켰다고 후회했다.[161]

앨 고어 부통령은 부다페스트 정상회담과 체첸 침공으로 상황이 암울해졌다고 생각하고 피해 복구에 나섰다. 그는 모스크바를 방문하여 병실에 있던 아픈 옐친에게 1995년부터 1996년 옐친의 재선을 위한 선거까지는 어떤 확장도 일어나지 않을 것이라고 확신시키려했다. 고어는 "1995년에 NATO는 확장되지 않을 거라는 거래를 성사시키기 위해 악수를 하자"고 제안했고 그 둘은 손을 맞잡았다. 클린턴은 또한 옐친에게 편지를 써서 고어의 말을 뒷받침했다. "1995년 NATO는 확장되지 않을 것이다." 그해에는 러시아와의 관계 발전과 "병행적으로" 진행될 내부 연구만 있을 것이다.[162]

고어는 러시아의 자존심을 자극할 만한 은유를 가져왔다. 즉, 미-러 관계와 NATO 확장 과정을 동시에 추진하는 것은 우주선을 우주 정거장에 정박하는 도킹 절차와 유사하다는 것이었다.[163] 이 은유와 클린턴의 노력 덕분에 관계를 어느 정도 회복하는 데 성공했다. 그들은 옐친이 "NAC 공동 선언을 NATO가 1995년에 확장 일정에 대해 결정을 내릴 것이라는 의미로 잘못 해석했다"고 설득하는 데 성공했다.[164] 다소 누그러진 옐친은 PfP에 합류하기 위한 절차를 재개했지만 NAC 공동 선언과 부다페스트 사태가 미국과 러시아 관계를 크게 후퇴시킨 것은 분명했다.

워싱턴으로 돌아온 페리는 백악관이 브뤼셀과 부다페스트에서 충돌을 일으킨 이유를 이해할 수 없었다. 그가 알기로 대통령은 "아직 NATO 확장에 대한 최종 결정을 내리지 않았다." 거기다 그 모든 피해를 통해 얻은 대가는 어디에 있는가? 국방장관은 또한 1994년 12월 1일자 "NAC 공동 선언"의 핵심 구절이 공개되기 전까지 "말 그대로 국방부에서 아무도 아무것도 몰랐다"는 사실에 화가 나서 탤벗에게 불평했다. 그는 아직 NATO 헌장 제5조의 적용 범위를 확대할 때가 아니라고 강력하게 생각했다. 특히 북핵 위기의 여파로 전략적 군비 통제 분야에 있어서 많은 진전을 이루고 있었기 때문에 더욱 그랬다. 당시는 클린턴이 군사 공격으로 영변 원자로의 핵심 시설들을 파괴하는 것을 승인하기 직전까지 갔던 상황이었다.

탤벗 국무부 부장관은 페리의 견해가 "지적으로는 방어 가능한 입장"이라고 생각했지만 이제 되돌아가기에는 너무 늦었다고 주장했다. 탤벗의 견해는 "그것은 우리 행정부의 정책이 아니며, 1년이 넘도록 그렇게 하지 않았다"는 것이었다.[165] 그는 비세그라드 국가들이 20세기에 겪은 고통을 생각하면 NATO 회원국 자격을 가져야 한다는 도덕적 주장이 너무나 강해서 거부할 수 없다고 믿었다. 탤벗은 또한 의회를 장악한 공화당원들이 '미국과의 계약'을 흔들며 압력을 가하고 있던 터라 확장이 더욱 공격적으로 추진될 수밖에 없었다는 선거 이후의 현실을 페리가 일부러 무시했다고 생각했다.

페리는 미국 정부의 정책이 도대체 무엇인지 대통령에게 직접 들을 기회를 얻었다. 1994년 12월 21일 페리는 고어, 크리스토퍼, 탤벗, 레이크, 그리고 레이크의 부하였던 새뮤얼 '샌디' 버거 Samuel "Sandy" Berger 국가안보부보좌관와 함께 백악관에서 대통령 개인 서재 모임에 참석했다. 확장 찬성 3인조 중 한 명인 니콜라스 번스가 부통령의 모스크바 방문 비평 내용을 듣고 자필 메모를 작성했다.[166] 번스의 메모에 따르면 고어가 보기에 부다페스트 참사의 원인 중 하나는 "유럽인들이 미국의 움직임에 대해 러시아인들을 선동"하여 옐친의 불안을 증가시킨 것이었다고 말했다고 한다.

고어는 그리고 나서 문제의 핵심이라고 생각했던 것을 말했다. 그는 방에 있던 사람들의 귀에 잘 들리도록 "진실은 이렇다. 우리는 중부 및 동부 유럽 국가들과 러시아에 대해 상충되는 충동을 가지고 있다"고 말했다.[167] 그는 워싱턴이 둘 중 하나를 선택해야 했다고 주장했다. 페리의 말을 빌리자면 클린턴과 고어는 토론 끝에 "곧 NATO에 가입하기를 원하는 동유럽 국가 쪽이 옳다는 것을 깨달았고, 10년이 넘는 시간 동안 확장을 연기하는 것은 실행 불가능하며, 러시아는 확장이 자신들을 겨냥한 것이 아님을 확신할 수 있을 것이다"고 말했다고 한다.[168]

모임은 그 다음으로 진행 방법의 일정에 대해 논의했다.[169] 클린턴과 그의 고문들은 4~5년의 기간을 정했지만, 크리스토퍼가 지적했듯이 "우리 중 누구도 공개적으로 이를 말할 것 같지는 않았다."[170] 이 결정은 본질적으로 러시아와 우크라이나에서 (특히 우크라이나가 진정으로 비핵화에 나선 지금) 중부 및 동부 유럽으로 우선순위를 옮기는 것이었다.[171]

모임 이후 페리는 사임을 고려했다.[172] 그는 "가장 중요한 것"은 여전히 엄청난 숫자를 자랑하는 러시아의 핵무기를 줄이기 위한 협상이라고 생각했다.[173] 1990년대 초의 군비 통제가 진전되는 과정은 놀라운 수준이었다. 핵을 가진 초강대국이 쪼개졌지만 핵 보유국은 단 하나만이 남았다. 다른 모든 후계 국가들은 NPT에 가입했다. 통제된 장소에서 멀리 떨어진 곳에서 핵물질이 약간 누출되었을 뿐이다. 어떤 이유로든 폭발한 무기는 없었다. 심지어 핵탄두와 핵분열 물질의 양과 위치에 대한 투명한 공개, 안전조치, 그리고 핵실험 금지에 관한 새로운 합의들까지 이루어졌다. 이런 실존적 중요성을 지닌 문제들에 대해 역사적인 진전이 진행되고 있었지만, 클린턴 행정부에 있는 페리의 반대자들은 러시아가 PfP보다 훨씬 더 위협적이라고 여길 정책을 추진함으로써 그 작업을 방해하고 있었다.

페리는 고민 끝에 유임하기로 결정했다. 만약 NATO의 확장이 일어나더라도 그는 적어도 확장 과정에 '페리 원칙'이라고 알려진 현실적인 조건을 부과하기 위해 최선을 다하려 했다. 예를 들면 어떤 일이 벌어졌을 때 동맹 내에서 합의를 유지해야 할 필요성 같은 것 말이다.[174] 그러나 페리는 회고록에서 당시 더 극적인 행동을 취하지 않았다고 개탄했다. 그는 "이 중대한 결정을 돌이켜보며 NATO의 결정을 늦추기 위해 더 효과적으로 싸우지 못한 것을 후회한다"고 썼다. 그가 말하길 자신이 사임했다면 "어쨌든 러시아와의 관계 단절이 일어났을 가능성이 있었다. 하지만 나는 그것을 양보할 의향이 없었다."[175]

대신 그는 12월 모임 이후 대통령의 서재를 떠나 자신의 사무실로 돌아와서 팀에 NATO 확장이 "빠른 일정으로 진행될 것"이며 미-러 협력을 올바른 방향으로 유지하는 것은 "힘든 투쟁"이 될 것이라고 알렸다. 그는 이런 일련의 사건을 "비극적"이라고 여겼다. 특히 그와 같은 사람에게는 더욱 그랬다. 그는 나중에 말했던 것처럼 "1990년대에 러시아와 장기 협력 관계를 구축할 기회가 있었다"고 진심으로 믿었다.[176]

얼마 지나지 않아 대중들에게도 무슨 일이 일어났는지가 알려졌다. 1994년 크리스마스에 독일 대사가 NATO에 보냈던 전보가 유출되어 미국이 러시아 우선 전략을 포기하고 있다는 사실이 세계에 알려졌다.[177] 1995년 1월 13일 클린턴은 클리블랜드에서 열린 중부 및 동부 유럽 무역과 투자 관련 회의에서 연설을 했다. 그는 연설에서 NATO의 확장을 "불가피하다"고 묘사했다.[178] 이는 대중의 여론에 큰 변화를 가져왔다.[179] 같은 달 국무부는 NATO의 미국 대표부에 "미국이 동맹 확대에 대한 내부 심의에서 빠져나와야 한다고 믿는"다는 텍스트를 보내 "차상위 수준의 안보 보장은 없을 것"이라고 선언했다. 이로써 PfP는 몰락했다.[180]

　1994년 말 다수를 위한 파트너십 전략은 소수를 위한 회원국 지위 전략에 패배했다. 대략 1년 전 클린턴은 미국의 국익에 가장 좋은 방법은 구소련 공화국들과의 광범위한 협력을 촉진하는 것이며, 특히 구소련 공화국들로부터의 핵 위협을 줄이는 것이라고 결론 내렸다. 그러한 사고방식은 발칸반도의 평화유지에 대한 필요성과 더불어 PfP의 창설에 기여했다. 이는 또한 중부 및 동부 유럽으로의 동맹 확대의 시작을 의미했는데, 모스크바는 이를 막기 위해 열심히 노력했다. 처음 그 과정은 비셰그라드 지도자들이 바랐던 것보다 느렸지만, 그럼에도 불구하고 PfP를 추진하기로 한 결정은 이 동맹이 돌이킬 수 없이 독일을 넘어 확장되고 있다는 것을 분명히 보여주었다.

　점진적인 확장의 수단으로 창설된 PfP는 처음에는 러시아와 관련된 확장에 드는 비용을 완화하는 데 도움이 되었다. 그러나 PfP는 NATO 확장주의자들의 공격, 모스크바의 실수와 (특히 체첸) 침략에 의해 약화되었다. 이런 실책들은 하필 소련이 독일에서 뒤늦게 철수하면서 더 강경한 대응을 원했던 이들이 새로운 기회를 얻었던 시점에 일어났다. 우크라이나는 비핵화로 인해 워싱턴에게 전략적으로 더 이상 중요하지 않게 되었다. 거기에 START I에 따라 핵무기 감축도 시작되면서 훨씬 더 좋은 조건이 조성되었다. 마지막으로 냉전 이후 유럽은 자연스럽게 평화로워질 것이라는 생각이 널리 퍼졌었지만, 보스니아에서의 유혈사태는 그것이 순진한 생각이었음을 보여주었다. 미래에 있을 폭력에 대비해 보험을 드는 것은 이제 과도한 걱정이라기보다는 현명한 처사로 보였다. 결과적으로 미국인들이 가진 러시아와 우크라이나에 대한 우려는 줄어들었다. 중부 및 동부 유럽 국가들은 이 변화를 현명하게 이용했다. 중간선거에서 공화당이 압승한 것도 PfP의 반대 세력이 대통령을 자기편으로 끌어들이기 위한 힘을 북돋아 주었다.

　이 결과는 페리뿐만 아니라 그의 부하이자 미래에 국방장관이 된 애슈턴 카터에게도 괴로움을 안겨주었다. 카터는 자신의 경력 내내 많은 의견 불일치를 겪었지만, 다른 어떤 문제에서도 이 문제만큼 상대방의 입장을 이해하는 데 어려움을 겪은 적이 없었다고 회상했다.[181] 그럼에도 불구하고 1994년 말 PfP 반대 세력은 승리했고 PfP를 무대 밖으로 밀어냈다.[182] 올브라이트, 레스 애스핀, 크리스토퍼, 페리, 쉬프터, 샐리캐슈빌리, 심지어는 클린턴에까지 이르는 수많은 정책 입안자들이 PfP에 대한 주장을 내놓았지만 모두 무산되었다. 이제 완전 보장 확장을 지지하는 사람들은 미-러 관계를 손상시키지 않으면서 정책을 시행해야 한다는 부담이 생겼다. 올브라이트가 말했듯이 "핵심적인 문제는 러시아가 제국에서 평범한 국가로 퇴보하는 것을 어떻게 관리할 것인가"였다.[183] 클린턴 행정부는 이제 워싱턴의 '관리'에 점점 더 거세게 저항하는 러시아를 상대해야 했다.

3부
냉담, 1995~1999

7장 무거운 책임
8장 인치당 비용
9장 오직 시작뿐
10장 미래를 위하여

7장
무거운 책임

클린턴 행정부는 결국 완전한 보증 확장 전략을 통해 NATO를 확장하기로 결정했다. 다음 질문은 시기의 문제였다. 하지만 그 질문은 대답하기 까다로운 문제였다. 1996년 여름에는 러시아 대선이 예정되어 있었고, 빌 클린턴 대통령 또한 재선을 위한 선거에 나서야 했기 때문이었다. 클린턴은 보리스 옐친에게 부다페스트에서 입은 피해를 복구하기 위한 노력의 일환으로 1996년 대통령 선거 이전까지는 NATO가 확장하지 않을 거라고 확신을 주었다. 그 보증에 따라 1995년 NSC는 소위 "느리고 조용한 전략"으로 움직이고 있었다. 그에 따라 "모든 중요한 단계는 러시아 선거 이후"에 실행하기로 했다.[1] 클린턴이 존 메이저 영국 총리에게 말했듯이 전략의 핵심은 "러시아 선거 이후까지 결정을 미루는 것"이었지만 "유출되지 않는 것이 필수"였다. 만약 이 전략이 유출된다면 마치 러시아에게 거부권이 있는 것처럼 보일 것이다.[2] 그 결과 1995년에는 흥미로운 이분법이 생겨났다. 한편으로는 상황을 의도적으로 지연시켜 아무 일도 일어나지 않게 했다. 다른 한편으로는 미국의 사고방식에 상당한 진전이 있었다. 특히 NATO 헌장 제5조의 적용 범위를 가능한 한 빨리 폴란드로 확장하는 것이 옳다는 믿음이 상당히 커졌다.

그런 믿음은 클린턴 행정부에게 유럽의 미래를 완전히 바꿀 수 있는 기회가 있다는 확신이 커지면서 나타났다. 1995년에 폴란드 대통령 레흐 바웬사도 같은 확신을 갖고 이 기회를 "무거운 책임"이라고 불렀다. 왜냐하면 그것은 너무나도 막대한 영향을 미칠 것이었기 때문이었다.[3] 그러나 클린턴은 이 거대한 도전을 더 긍정적인 언어로 표현했다. "여기서 우리는 근대 국가의 부상 이래 처음으로 유럽 대륙 전체가 평화롭게 살 수 있는 기회를 얻게 되었다."[4] 클린턴과 참모들은 점차 그 큰 목표를 달성하기 위해서는 모스크바의 항의에도 불구하고 완전한 보증 확장 전략을 밀어붙여야 한다고 믿게 되었다. 1995년 안드레이 코지레프 러시아 외무장관은 "아직 아무도 NATO에 가입하지 않았지만, 산속 계곡에서 메아리가 울려 눈사태를 일으키는 것과 같이…확장의 가속화에 대한 수다와 칭찬이 너무 많았다"고 불평했다. 그리고 그 결과로 "무언가가 실제로 일어나기 전에 '돌이 우리 머리 위로 떨어지고' 있다"고 말했다.[5]

만족과 공포의 스펙트럼

이 새로운 현실(일시적인 정지 이후 빠르게 완전 보증 확장으로 나아가는 상황)에 대한 인식이 대서양 양측의 이해 관계자들 사이에서 확산되자, 만족에서 공포에 이르기까지 다양한 스펙트럼의 반응이 나타났다. 스펙트럼의 가장 긍정적인 끝에 폴란드가 있는 것은 놀라운 일이 아니었다. 워런 크리스토퍼Warren Minor Christopher 국무장관은 발데마르 파블라크Waldemar Pawlak 총리를 만나서 "폴란드 국민들은 처음에 NATO 클럽 가입이 느리게 진행되더라도 놀라지 말아야 한다"고 설명했다. 파블라크는 이해한다고 답했다.[6] 심지어 바웬사조차도 남다른 유연성을 보이기 시작했다. 폴란드를 NATO에 가입시키는 꿈을 이룰 수 있다는 자신감이 커졌기 때문이다. 1995년 1월 27일 아우슈비츠 해방 50주년 기념행사에서 있었던 리처드 홀브룩 국무부 차관보와의 회담에서 바웬사는 "폴란드는 핵 보장이 없어도 NATO 가입을 받아들일 것"이라고 말했다. 그와 홀브룩은 또한 제5조를 완화하고 "완전한 안보 보장이 없는 NATO의 정치적 회원 계층"을 만드는 것을 제안했던 전 국무장관 헨리 키신저의 아이디어에 대해서도 논의했다. 키신저는 2+4 조약에서 동독에 외국 군대를 영구적으로 주둔하는 것을 금지하는 내용이 폴란드와 다른 지역에도 적용할 수 있는 모델이 될 수 있다고 암시한 것으로 보인다.[7]

바웬사의 남다른 유연성은 그의 정치적 인기가 떨어지면서 생겨났을지도 모른다. NSC 전문가 대니얼 프라이드의 말에 따르면 바웬사는 "대통령 선거가 다가옴에 따라 정치적 생존을 위해 싸우고 있다"고 말했다. 재선을 위한 선거는 1995년 말로 예정되어 있었다. 바웬사가 국가적 영웅이긴 했지만 유권자들은 변화를 원하는 기미를 보이고 있었다. 그래서 그는 자신의 재선을 돕기 위해 아마도 폴란드를 제때 NATO 회원으로 만들 지름길을 바라고 있었을 것이다.[8] (물론 그럼에도 그는 재선에 실패했다.) 미국 의회조사국이 보기에 폴란드는 군의 '문민 통제에 대한 법적 근거'가 부족했기 때문에 NATO 가입을 위한 준비가 완전히 되어 있지 않았다는 문제도 있었다. 이후 이 지적이 유출되며 폴란드 관계자들을 부끄럽게 했고 폴란드군 참모총장은 축출됐으며 군부에 대한 더 큰 문민 권위가 요구되었다.[9] 바웬사는 아마도 자신이 집권하고 있으면서 국내적으로 이런 가입 기회를 망칠 만한 문제가 더 이상 발생하기 전에 폴란드를 NATO에 가입시키고 싶었을 것이다.

홀브룩은 그 어느 때보다 전면 보장 확대를 강력히 지지했으며 다양한 조건의 회원국에 대한 모든 논의를 완전히 일축했다. 그는 이에 대해 단호하게 "NATO는 다양한 등급의 회원 자격을 허용하지 않는다"고 말했다. 이는 덴마크, 프랑스, 노르웨이, 스페인(및 기타 국가)이 모두 동일한 제5조 보장을 누리고 있음에도 각자가 맞춤형 회원 자격 조건을 가지고 있다는 현실을 무시한 것이다.[10] 이런 냉전 시대의 사례 외에도 최근 동독으로의 확장 또한 냉전 이후 우발적 확장의 예시였다.[11] 그러나 1995년이 되자 미국 국내 및 외교 정책의 우선순위에서 NATO의 확장이 너무 앞으로 와버렸고, 국제정치의 맥락도 너무 편안해진 탓에 더 이상 그런 양보를 요구할 수 없게 되었다. 특히 폴란드에 대해서는 더욱 그랬다. 홀브룩이 말했듯이 "NATO 확장의 과정은, 결국 정말로 폴란드에 관한 것이다."[12]

다른 국가들이 어떻게 될 지는 아직 불분명했지만 하여튼 폴란드가 마침내 NATO의 정회원이 되는 길로 향하고 있다는 것은 명백해졌다. 그 결과 스펙트럼에서 폴란드 다음으로 만족했던 국가들은 완전 보장의 확대가 가능해진다는 소식에 기뻐했다. 하지만 과연 그것이 자신들에게도 적용될 수 있을지 대해서는 불안해 했다. 어색한 미인 경연 대회가 이어졌고 1996년까지의 달력 페이지가 모두 넘어가기 전에는 경연이 끝날 수 없다는 사실이 밝혀지면서 더욱 논란이 커졌다. 체코 외무장관 요제프 지엘레니에츠 Josef Zieleniec는 NATO 본부에 체코가 구 공산권 국가 중 가장 좋은 기록을 가지고 있으므로 "자연스러운" 국가가 될 것이라고 알렸다.[13] 루마니아는 또한 소수민족의 권리를 둘러싼 헝가리와의 분쟁을 해결하라고 말한 홀브룩에게 조언을 구하며 좋은 인상을 남기려고 노력했다.[14] 헝가리는 NATO 항공기가 자국 영공을 이용하

1997년 NATO 회원국으로 초청된 국가들

여 보스니아에 공습을 할 수 있도록 허용함으로써 그들의 NATO 가입 가능성을 높이기 위해 어필했고, 미국은 이에 감사했다.[15]

이 경연의 결과 PfP 내에서 경쟁하는 것은 더 이상 의미 없는 것처럼 보였다. PfP가 NATO 회원 가입의 문지기였을 때는 그럴 가치가 있었지만 지금은 아니다. 그럼에도 불구하고 앨 고어 부통령은 아직 제외된 국가를 위해 PfP에 대한 자금 지원을 유지하는 것이 필수적이라고 생각했다. "우리가 PfP를 더 많이 개선할수록 초기에 NATO에 가입하지 않은 이들의 기분도 나아질 것이다."[16] 이 무렵 NATO 주재 미국 대표부는 그 제외된 국가 중 하나인 우크라이나와 관련하여 키이우가 PfP에서의 활동에서 "뒤쳐지고 있다"고 보았는데 이는 "자기 차별화" 행위처럼 보인다고 지적했다.[17] 우크라이나의 당혹감은 이해할 만하다. 만약 NATO 가입으로 가는 길이 더 이상 PfP를 통해 이루어지지 않는다면, 경제 위기를 겪고 있는 우크라이나가 PfP 참여에 돈과 노력을 투자할 이유가 무엇인가? 우크라이나는 적어도 워싱턴이 경제 지원을 전혀 잊지 않았다는 사실을 위안으로 삼을 수 있었다. 우크라이나는 1994년과 1995년에 9억 달러 이상의 지원을 약속받으면서 미국의 원조와 기술 지원을 네번째로 많이 받는 나라가 되었다.[18] 1986년의 끔찍한 사고에도 불구하고 아직 폐쇄되지 못했던 체르노빌을 우크라이나가 완전히 폐쇄할 수 있게 하는 국제적인 노력도 있었다. 1995년 12월 G7 국가들과 EU는 서방 세계가 우크라이나의 체르노빌 폐쇄를 위해 지원해주기로 합의했고 결국 2000년 12월에 최종적인 폐쇄가 이루어졌다.[19]

이제는 우크라이나가 더 이상 세계 3위의 핵 강국이었을 때만큼 중요하지 않더라도 여전히 대통령의 관심을 끌 수 있던 측면

이 있었다. 특히 크림반도에 주둔하던 구소련의 흑해 함대를 둘러싼 러시아와의 긴장이었다.[20] 클린턴은 이 문제에 대해 개인적으로 걱정했기에 1995년 5월 11일 쿠치마 우크라이나 대통령에게 이렇게 말했다. "우리는 21세기에 우크라이나가 유럽 전체에 미치는 전략적 중요성을 유럽인들보다 일찍 인식하게 되었다." 그는 "이 광범위한 지역의 평화는 우크라이나와 터키에 무슨 일이 일어나느냐에 달려 있다"고 확신했다. 그리고 클린턴은 "우크라이나계 미국인이 꽤 많이 있다"고 덧붙였다. 비록 대통령이 명시적으로 그렇게 말하지는 않았지만 많은 우크라이나계 미국인들이 클린턴의 재선이 달린 선거에서 중요한 주에 살고 있다는 것은 분명했다.[21]

이런 현실에도 불구하고 우크라이나의 NATO 가입은 중부 및 동부 유럽 국가들의 가입만큼 신속하게 이루어지지 못했다. NATO 확장의 가장 열렬한 지지자들조차도 여전히 러시아와 거대한 육상 국경을 맞대고 있고 문화적·역사적 연대감을 광범위하게 공유하고 있는, 구소련 공화국에서 두 번째로 인구가 많은 국가에 NATO 헌장 제5조를 보장한다는 생각에는 겁을 먹고 있었다.[22] 당시 홀브룩은 NATO 확장을 위해 특정 국가를 가입시키려 할 때 나오던 온갖 반대를 전부 무너뜨리곤 했는데, 우크라이나에 대해서는 평소에 하던 일을 아무것도 하지 않았던 것이 의미심장한 점이다. 홀브룩은 "우크라이나는 가장 민감한 사안이다"라고 말했다. 그가 보기에 "미래에 대한 선택지 혹은 모델은 폴란드, 벨라루스, 냉전 시대의 핀란드라는 총 세 가지 경우밖에 없었다." 홀브룩의 생각에는 그 세 가지 결과 중 어떤 것이 가장 가능성이 높은지 아직 명확하지 않았기 때문에 우크라이나는 여전히 "분류해야 할 일이 많았다."[23]

또한 키이우의 민감한 반응 때문에 스트로브 탤벗 국무부 부장관은 크리스토퍼 국무장관에게 그들 모두 "확장에 대한 헤지 논리를 지나치게 과장하는 것"을 피해야 한다고 조언했다. 이는 NATO가 러시아의 부활에 대한 보험 또는 새로운 봉쇄의 형태로 기능해야 한다는 논리였다. 그러한 동기를 드러내는 것은 "러시아뿐만 아니라" 다른 구소련 국가들, "특히 우크라이나와 아마도 발트 3국"에게도 역효과를 낼 수 있었다. 왜냐하면 그들은 점점 더 예측할 수 없어지는 곰(러시아)과 함께 NATO의 문밖에 갇혔다고 생각할 수 있기 때문이다. 러시아 개혁의 성공 가능성은 날이 갈수록 낮아지는 것처럼 보였고 러시아는 결국 새로운 공격성을 가진 국가가 될 가능성이 높아졌다. 탤벗은 러시아의 가까운 이웃들이 결국 NATO의 문밖에 놓이게 될 수도 있는 방법을 광고해서는 안 된다고 제안한 것 같았다.[24]

그럼에도 불구하고 우크라이나 지도자들은 대서양동맹의 미래에 우크라이나의 자리가 있을 것이라는 희망을 계속 가지고 있었다. 보리스 타라슈크 외무부 차관은 그 희망을 살리기 위해 최선을 다했다. 타라슈크는 미국에 분명히 말했다. "우리가 공개적으로 어떤 말을 하든 관계없이 우리는 반드시 NATO에 가입하고 싶다고 말할 수 있다."[25] 아마도 그는 우크라이나가 러시아의 적대감을 피하기 위해 동맹에 대한 관심을 공개적으로 표현하는 것을 제한했다는 의미였을 것이다. 그러나 우크라이나의 진짜 바람은 분명했다. 그리고 우크라이나만이 그 욕망을 가진 것이 아니었다. 발트 3국도 같은 욕망을 공유했다. 에스토니아의 지도자 레나르트 메리는 1995년 6월 9일 클린턴에게 편지를 보내 "베를린과 모스크바 사이의 지역은 서방 강대국이 초기 개입을 거부한 덕분에 이번 세기에 두 번이나 전쟁과 폭력을 목격했다"고 회상했다.[26] 이 지역의 비극적인 역사를 고려해보면 에스토니아도 당연히 NATO에 참여하고 싶었을 것이다.

NATO의 인기는 구소련 공화국뿐만 아니라 다른 곳에서도 상승하고 있었다. 냉전이 끝날 무렵 실시된 유럽 여론 조사에서 NATO의 지지도는 27%까지 내려앉았다. 그러나 1995년 당시의 여론조사는 놀라운 반등을 보여주었다. 심지어 독일 환경주의 녹색당을 지지하는 유권자들도 자국의 NATO 가입에 65%나 찬성했다.[27] 그러나 그 반등은 NATO 확장 과정과 유럽연합 확장 과정 사이의 관계를 정의할 필요성을 만들었다.

유럽연합 역시 대서양동맹의 확장 전략 변화에 대한 반응 스펙트럼의 중간 어딘가에 있었다.[28] 한편으로 EU는 본인들의 과거 바르샤바조약 국가들에 대한 잠재적 확장을 NATO의 확장보다 더 복잡하고 까다롭고 비용이 많이 드는 과정으로 보았기 때문에 NATO가 동쪽으로 확장하는 데 앞장서고 있다는 사실에 안도했다. 그리고 그것은 러시아를 완전히 배제했다. 1995년 상반기에 프랑스가 EU의 순회 의장국을 맡고 있을 때 EU를 대표하기도 했던 프랑스 외무장관 알랭 쥐페Alain Juppé는 1995년 3월 22일 미국 국무장관에게 "러시아는 EU에 가입할 수 없다고 EU는 이미 결정했다"고 털어놓았다. 그는 또한 "평화를 위한 동반자 관계가 잘 작동하고 있는데 왜 갑자기 뒷전으로 밀려났느냐"고 물었다.[29]

반면에 NATO가 주도권을 잡으면서 EU는 대서양동맹은 급속히 확장되는 데 반해 유럽연합은 왜 그렇게 하지 않는지에 대한 불편한 질문에 직면하게 되었다. 몇 년 후 한 역사학자는 왜 EU는 NATO가 "유럽 전체를 재통합하고 안정시키려는 시도를 하게 내버려 두었는지" 질문을 던졌다. 그는 이것이 마치 "멍키 스패너로 컴퓨터를 수리하려는 것과 비슷하다"고 비유했다. 그는 EU의 "기존 회원국 간에 단일 통화를 달성하려는 한결같은 추진력"이 EU 확대보다 우선시되고 있기 때문이라고 추측했다.³⁰ 미국 외교관 토머스 사이먼스 Thomas Simons는 더 관대한 견해를 제시했는데 그는 단순히 EU를 확장하는 것이 더 어렵다고 주장했다.³¹

그러나 미국의 강력한 확장 옹호자들은 NATO와 EU의 확장을 분리하는 것에 대해 매우 기뻐했다. 1995년 2월 28일 피터 타노프Peter Tarnoff 국무부 정무차관은 EU의 자체적인 확장에 진전이 없는 것에 대해 "인위적인 제약에 의해 NATO 확장이 지연되어서는 안 된다"고 주장했다.³² 홀브룩은 더 나아가 NATO가 곧 확장될 뿐만 아니라 "첫 번째 확장이 마지막이 아니라는 것을 확실히 해야 한다"고 강조했다.³³

확장에 대한 반응의 스펙트럼에서 가장 불행한 끝에는 모스크바가 있었다. 코지레프는 1995년을 "미국과 러시아의 '허니문'"의 끝이라고 묘사하기 시작했다.³⁴ 1995년 봄에 탤벗이 클린턴에게 "옐친이 이 문제를 직접 맡았다"고 조언하자 클린턴은 당혹했다.³⁵ 러시아 대통령이 이 문제를 직접 맡겠다고 한 것은 대부분의 외교 문제를 코지레프와 같은 부하들에게 맡기던 그의 평소 성향과 극명하게 대조되었는데, 이는 그가 NATO를 얼마나 중요하게 생각했는지를 보여준다.³⁶

"나는 러시아를 매수할 수 있다고 생각한다"

하지만 코지레프는 현명하게도 워싱턴 덕분에 허니문 기간이 아직 끝나지 않았다는 것을 알고 있었다. 체첸을 침공한 옐친의 결정은 또 다른 상처를 남겼다.³⁷ 클린턴 행정부는 체첸이 러시아의 일부라는 공식 입장을 채택했지만 (심지어 어느 시점에서는 옐친과 분리주의자들의 싸움을 에이브러햄 링컨의 싸움과 비교하기도 했지만) 워싱턴과 NATO 동맹국 간의 사적인 논평은 매우 달랐다.[38]

미국 국무장관은 1994년 체첸 침공이 "러시아와의 관계에 어두운 그림자를 드리웠으며, 민주주의가 자처하는 가치와도 일치하지 않는다"고 생각했다.[39] 그는 곧 프랑스 외무장관 쥐페도 같은 견해를 갖고 있다는 걸 알게 되었습니다. 쥐페는 이 침공이 40만 명이 집을 잃고 2만 명이 억울하게 죽은, "엄청난 폭력으로 수행된 엉터리 아마추어 작전"이라고 생각했다. 이로 인해 크리스토퍼도 "체첸 사태는 NATO 확대에 대한 현재의 접근 방식이 옳다는 확신을 증가시켰다"고 말했다.[40] 체첸 침공은 러시아에게 스스로 상처를 입히는 결과를 낳았고 그로 인해 NATO의 확장 가능성은 더 커졌다. 크리스토퍼의 말에 따르면 체첸 침공은 "중부 유럽 전체에 경종을 울렸으며, 탱크가 수도로 진입하는 장면을 시각화"했다. 그 결과 대서양동맹에 가입해야 할 필요성을 입증하기 쉬워졌다.[41] 메이저의 국제 역학적 관점도 그와 같았다. 체첸은 "NATO 회원국이 되고 싶어 하는 나라들의 두려움을 부추기고 있었다."[42]

심지어 코지레프는 1995년 2월 영국 외무장관 더글러스 허드에게 체첸 침공 결정이 "큰 실수"였다고 인정했다. 코지레프에 따르면 옐친은 원래 "정밀한 외과수술 같은 작전을 수행할 수 있을 것"이라고 생각했으나 군 지휘관들이 그렇게 할 수 없다는 것을 뒤늦게 깨달았고, 그 방만함과 수많은 사상자를 군의 탓으로 돌렸다. 코지레프는 "이와 비슷한 일은 예를 들어, 발트 3국 같은 러시아 외부의 지역에서는 절대 일어나지 않을 것이다"고 허드를 안심시켰다. 그러나 허드는 코지레프의 해명을 받아들이려 하지 않았고, 그 문제에 대해 잊어버리고 싶어 하지 않았다. 그는 "'옛 러시아'가 체첸을 침공했다면 서방에는 전혀 놀라운 일이 아니었을 것이다. 그러나 우리는 '새로운 러시아'가 이렇게 할 것이라고는 전혀 예상하지 못했다"고 지적했다.[43]

체첸 침공은 체첸 지역에 대한 피해는 말할 필요도 없고 미러 관계에도 피해를 끼쳤을 뿐만 아니라 새로운 문제를 야기했다. 체첸 사태는 모스크바가 고르바초프가 1990년 11월 19일에 서명했던 재래식 군사 조약을 준수하는 것을 훨씬 더 어렵게 만들었다. 서방은 이 조약을 통해 대서양과 우랄 산맥 사이에 배치된 장비의 양을 제한함으로써 소련이 가진 재래식 전력의 이점을 없애려고 했다. 또한 한 쪽이 다른 쪽의 측면을 타격하는 것을 방지하기 위해 측면으로 지정된 특정 지리적 구역에 대해서는 추가적인 제한을 두었다. 그러나 소련의 붕괴는 조약의 완전한 이행을 매우 복잡하게 만들었다. 러시아 군 지도자들은 (여러 다른 측면 중에서도) 조약이 러시아가 자국 내에서 장비를 배치할 수 있는 곳을 제한하는 방식에 분개했다.[44] 그리고 조약 조건 준수의 예정 시한인 1995년 말이 다가오면서 체첸(측면으로 지정된 구역이었다) 전쟁에 투입된 러시아 군사 장비라는 새로운 문제가, 탤벗의 말을 빌리자면 "CFE에서의 열차 충돌"을 일으킬 위기에 처했다.[45]

당시 CIA는 재래식 무기도 아니고 측면도 있지도 않지만 또 다른 특이한 장비가 이동 중이라고 보고했는데, 이는 "1991년 카자흐스탄의 지하 현장에 배치된 폭발되지 않은 핵 장치"였다. 모스크바는 그것이 묻힌 채로 놔두는 대신 땅에서 파내고 재배치하기 위해 약 15억 루블을 지출하고 있었다. CIA는 "배치된 핵장치가 몇 년 만에 복구된 것은 전례가 없는 일"이라고 언급했다.[46] 이러한 회복은 이론적으로는 소련 시절에 남겨진 "느슨한 핵"이 발견되고 확보되어야 한다는 노력 측면에서는 긍정적인 발전이 될 수 있었지만, 1996년 초의 핵 전선에서는 분명히 좋은 징조가 아니었다. CIA는 모스크바가 노바야 제믈랴Novaya Zemlya 핵시설에서 실험을 했을 가능성이 있다고 보도했다. 러시아 관리들은 부인했지만 핵실험 중단을 고수하는 것은 전적으로 "러시아 대통령의 특권"이라고 지적했다.⁴⁷

러시아 경제 개혁도 바닥을 치고 있어 우려는 더욱 커졌다. 소수의 올리가르히는 엄청난 부를 축적한 반면, 평범한 러시아인들은 실업, 빈곤, 연금 가치 하락에 시달렸다. 1995년 탤벗은 옐친이 올리가르히들과 악마의 거래를 했다는 사실을 알게 됐다. 크렘린은 그들이 러시아 대통령 "선거 자금 금고"에 자금을 지원한 대가로 "올리가르히들에게 내부 거래에 관한 방대한 기회를 제공"했는데, 여기에는 국가 자산을 부패한 경매를 통해 팔아 치우는 것으로 악명 높던 주식 담보 대출 거래도 포함되었다.⁴⁸ 게다가 《포린 어페어스Foreign Affairs》기자의 말에 따르면 "소련 공산주의의 잔해에서 나타난 가장 폭발적인 세력"이 된 조직범죄도 나타났다. 이런 범죄는 "정부 관료 조직의 핵심부서와 연결되어 있기 때문에" 더욱 위협적이었다. "이 복잡한 범죄 조직은 모든 계층의 공무원의 지원과 격려 없이는 성공할 수 없었기 때문이다."⁴⁹

미국 외교관 빌 번스Bill Burns가 회고록에서 밝혔듯이 이러한 관계로 인해 모스크바는 "1990년대 중반" 비즈니스 장소로서의 "독특한 매력"을 갖게 되었다. 그는 어느 날 모스크바 시장 집무실에 약속이 있어 방문했다가 "러시아인들이 정장 차림으로 눈 위에 널브러져 있고, 검은 스키 마스크를 쓴 남자들이 그들 위로 총을 겨누고 있는" 광경을 목격한 기억이 있다고 밝혔다. 그는 나중에 복면을 쓴 사람들이 알렉산더 코르사코프Aleksandr Korzhakov가 이끄는 "옐친 대통령 경호원의 일부"라는 것을 알게 됐다. 그들은

"러시아에서 가장 부유한 올리가르히 중 한 명인 블라디미르 구신스키Vladimir Gusinsky가 운영하는 모스트 그룹Most Group의 간부들을 예방하고 있었다." 구신스키는 코르사코프와 갈등을 겪고 있었는데, 이는 당시 러시아에서 권력자들을 화나게 하지 말라는 "상냥한 경고"를 전달하던 방식이었다.[50]

다른 한편에서는 극명한 대조를 볼 수 있었다. 러시아가 새로운 "고난의 시기"(17세기 초의 역사적 격변기를 흔히 일컫는 말)를 향해 내려가고 있을 때, 미국에서는 역사상 가장 긴 경제 호황이 시작되고 있었다.[51] 1990년 당시 이보다 더 큰 격차는 볼 수 없었다. 미국은 국내적으로는 번영을 누리고 있었고 해외에서도 국가적 임무를 수행하는 데 있어서 선택의 폭이 넓어졌다. 클린턴의 고문인 제임스 스타인버그가 NATO의 확장에 대해 나중에 말했듯이 "그것을 강제하는 어떤 행동도 없었다." 다만 "지금 가입을 원하는 국가들이 있지만, 굳이 그렇게 할 필요는 없었다는 느낌만 있었다"고 밝혔다. 그는 세계를 어떻게 구성할지에 대해 고민할 수 있다는 것이 얼마나 황홀한 느낌이었는지 떠올렸다. 꼭 해야 하는 일이 아니라 하고 싶어서 하는 일이었다. 그는 바로 그 이유 때문에 확장이 매력적이라고 느꼈다. "반드시 해야 하는 일은 아니지만, 그럼에도 하고 싶어지는 것, 그것이 세계를 형성하고 있다고 생각되기 때문"이라는 것이다.[52] 압박이 아닌 여유 속에서 미국의 힘을 과시할 선택은 일종의 사치처럼 느껴졌다.

이런 관점이 실제적 표현으로 나타난 하나의 예시는 미국이 NATO의 확장 과정에서 모스크바에 체면을 차릴 만한 정치적 옵션을 제공할 필요가 없다고 생각하게 된 것이다. 슈타인버그에 따르면 크리스토퍼는 처음에 러시아를 상대로 "공손하고 배려심 있는" 접근 방식을 지지하는 실수를 저질렀다. 그 결과 그들은 "훨씬 더 요구가 많아졌고" 장관은 회의적이 되었다.⁵³ 1995년 무렵에는 크리스토퍼의 태도가 바뀌었다. 워싱턴은 "러시아를 쫓아다니며 양보를 제공하는 것으로 보이지 않도록 매우 조심해야 한다." 왜냐하면 "장기적으로는 양보 없이도 그 관계를 바로잡을 수 있기 때문이다."⁵⁴ 그 대신 미국은 러시아와의 양자 관계에서 경제적 힘을 사용하여 정치적 전략 목표를 달성할 것이다.

슈타인버그가 나중에 말했듯이 "우리는 70년대 초반부터 시도해 온 것, 즉 경제를 국가 안보 의사결정의 핵심으로 끌어들이는 데 성공했다."⁵⁵ 1993년에서 1996년 사이 클린턴은 경제 개혁을 촉진하고 인플레이션을 억제하고 루블화를 안정시키기 위해 러시아에 45억 달러의 양자 지원을 고안했다.⁵⁶ 그의 임기 동안 미국은 러시아의 가장 큰 외국인 투자자가 될 것이고 수출입은행, 해외민간투자공사, 무역개발청 등 많은 기업들이 40억 달러 이상의 모스크바와의 상거래를 지원하도록 할 것이다.

간단히 말해서 모스크바의 경제적 약세는 미국 대통령에게 필요한 영향력을 만들어 주었다. 클린턴은 1995년 3월 방문한 네덜란드 총리 윌렘 콕Willem Kok에게 이러한 접근 방식을 설명하면서 "우리가 NATO를 확장함에 따라" 그의 행정부는 미-러 관계를 균형 있게 유지하기 위해 "NATO와 러시아 간의 관계를 병행적으로 강화"할 방법을 찾아야 한다고 말했다. 클린턴은 "어렵긴 하겠지만 적어도 원칙적으로는 러시아를 매수할 수 있다고 생각한다"고 결론지었다.⁵⁷

결과적으로 확장의 세부 사항에 대한 러시아의 선호도는 거의 고려할 필요가 없었다. 허드 영국 외무장관에 따르면 모스크바가 진정으로 원했던 것은 "얻을 수 없는 것", 즉 "프랑스나 스페인의 노선을 따라 NATO에 부분적으로 가입하는 것"이었다.⁵⁸ 그러나 전면적 보장 확대를 주장하는 미국의 지지자들을 짜증나게 한 것은 중부 및 동부 유럽 국가에 그러한 부분적 회원 자격을 제공한다는 아이디어가 프랑스의 지지를 받았다는 사실이었다. 1995년 3월 7일 NATO 사무총장 빌리 클라스가 클린턴에게 설명했듯이 파리는 "신규 회원국에 다양한 회원 자격 방식", 즉 "프랑스 모델, 스페인 모델" 또는 "완전한 통합"을 선택할 수 있는 권한을 부여하기를 원했다.⁵⁹

영국은 강력히 반대했다. 국방부가 워싱턴에 조언했듯이 "특별한 지위를 가진 프랑스, 스페인, 노르웨이는 더 이상 없어야 한다."⁶⁰ 파리의 영향력은 약해지고 있었고 결국 논쟁에서도 패배했다. 프랑수아 미테랑 대통령의 장기 집권은 1995년 4월 대선과 암 투병으로 인해 끝나갈 듯했다. 프랑스의 선호도는 다음 정권 수립 전까지는 별 의미 없는 것으로 간주되었고 그 때까지 계속 무시되었다.⁶¹

그럼에도 불구하고 러시아 외무장관은 그의 고국이 받아들일 수 있는 확장을 위한 실용적인 방안을 만들기 위해 계속해서 노력했다. 코지레프는 확장이 필요하다면 모스크바에 최소한 방위 산업 협력의 기회를 제공해 달라고 요청했다. 산업 협력 아이디어는 특히 독일에서 호응을 얻었다. 독일은 EU의 전자 공학 전문가와 미국과 구소련의 엔지니어가 함께 거대한 수송기를 만든다는 아이디어를 추진했다.⁶² 더 좋은 점은 우크라이나의 안토노프 항공기 설계국이 이미 성공적으로 운항에 투입된 역사상 가장 큰 항공기인 An-225를 제작한 경험이 있어 전문성은 입증 받은 상황이었다는 것이다. 그래서 이 계약을 통해 우크라이나에도 일자리를 제공할 수 있을 예정이었다. 그 아이디어는 잠재적으로 경제적으로 어려움을 겪고 있는 구소련 공화국들을 포함한 광범위한 국가에

일자리와 혜택을 가져다주었을 것이다.⁶³

1995년 2월 14일 코지레프의 방위 산업 협력 기회에 대한 질문에 허드는 "상상속에만 있을 수 있는 일"이라고 냉정하게 말했다.⁶⁴ 미국과 유럽연합의 항공기 산업 임원들로 구성된 로비 연합은 이 아이디어에 반대하며 자신들의 보잉 C-17과 에어버스 A400M 항공기 생산 계약을 확보하고자 했다. 러시아인들도 스스로를 약화시켰다. 처음에는 모스크바와의 대립 대신 협력이라는 참신함에 들떠 있던 서방 방위 전문가들 일부가 러시아 대표단을 초대하여 협력 기회를 모색했다. 특히 미국 국방부는 수많은 러시아 관계자들의 미국 방문을 후원했다. 그러나 나중에 한 민간 국방부 관리가 회상했듯이 러시아에서 온 방문객들은 종종 회의에서 술에 취한 모습을 보였고, 일부는 천문학적인 호텔 미니바 요금과 전화 요금이 담긴 청구서까지 남기고 갔다. 덕분에 러시아 방문객들에게는 빈 미니바와 펜타곤 교환대를 통해 연결된 전화기가 있는 호텔 객실을 제공하는 정책이 수립되어야 했다. 이런 부정적인 소규모 상호 작용 덕분에 대규모 협력에 대한 희망은 사라졌다.

코지레프는 또한 핵무기와 외국 군대 주둔에 대한 법적 구속력 있는 금지를 의미하는 2+4 합의와 관련된 타협안을 협상하려고 시도했지만 마찬가지로 성공하지 못했다. 국무부와 NATO 주재 미국 대표부가 반발했다. 잠재적 신규 회원국은 "전방 배치 부대의 영구 주둔에 대한 장애물도, 사전 요구 사항도" 없어야 했다. 그리고 물론 "신규 회원국에 대한 핵 보장"도 확대될 것이었다. 미국무부의 한 가지 우려는 새로운 회원국들이 "새 동맹국의 정보 조직에서 KGB/GRU와 연관된 지도자들을 제거하는 것"이 중요하다는 점이었다. 이는 상당한 양의 서방 군대나 무기가 배치되기

전에 이루어져야 했다.⁶⁵

　간단히 말해 러시아 외무장관은 타협을 위한 이러한 제안들로 거의 진전을 이루지 못했다. 그러나 러시아 지도자들이 반격할 방법이 완전히 부족한 것은 아니었다. 워싱턴은 그 때 당시 종말단계고고도지역방어Terminal High Altitude Area Defence, THAAD(사드)로 알려졌던 대기권 밖에서 단거리 및 중거리 탄도미사일을 요격할 수 있는 신속하게 배치 가능한 트럭 탑재 시스템의 시험을 발표했다. 당시 이 시스템은 1972년 탄도탄요격미사일조약Anti-Ballistic Missile(ABM) Treaty의 적용을 받는지를 놓고 모스크바와 워싱턴 사이에 논란을 일으켰다.⁶⁶ 클린턴 행정부는 처음에 THAAD가 ABM 조약을 위반했다고 결론을 내리고 실험을 자제해 왔다. 그러나 크리스토퍼 국무장관이 1995년 4월 26일 러시아 관계자들에게 "새 다수당인 공화당이 놀랍게도 ABM 문제에 대해 강경한 입장을 취한다고" 알렸듯이, 행정부는 그 압력을 받고 판단을 재고하여 일부 THAAD 시험을 실제로 허용할 수 있다는 결정을 내렸다.⁶⁷ 모스크바는 이에 불평했고 또한 미국 대사에게 START II 비준을 뒤로 미뤄야 할 것이라고 알렸다.⁶⁸ 빌 페리 미 국방장관이 우려했던 것처럼 미국과 러시아 사이의 군비통제 과정은 어려움을 겪기 시작했다.⁶⁹

　미국과 NATO 모두는 분명히 지연되는 시간 동안 모스크바와 불안한 동맹국들을 바쁘게 유지할 방법을 찾아야 했다. 그 대답은 시간을 벌려는 모든 대규모 조직이 내놓는 뻔한 대답이었다. 워싱턴에서 이미 대부분이 작성된 연구를 의뢰하는 것이었습니다. 페리 장관이 워싱턴이 사전에 초안을 써 놓았던 텍스트를 두고 NATO가 발행한 "가상의 자발성"이라고 부른 것과 일맥상통하게도 국무부는 1995년 후반 "확대에 대한 동맹의 내부 심의에서 나와야 하는" 계획을 배포다. 새로운 회원국의 영토에 "외국군과 핵무기를 주둔시키는 방법"과 이를 막으려는 새로운 회원국의 시도 가능성 등 현실적인 고려 사항이 많았던 만큼 이런 문제를 연구하는 것은 시간을 보내기도 좋았다.[70] 클린턴에게 클라스 사무총장이 한 말처럼 "1번 후보인 폴란드와 관련해서도 할 일이 너무 많아" 시간을 쉽게 흘려보낼 수 있었다.[71]

그러나 어떤 연구에도 금지되는 한 가지 주제가 있었다. 국무부가 NATO 주재 미국 대표부에 조언했듯이 "안보는 모든 동맹국에 평등해야 한다." 다시 말해 이 연구는 "차상위 안보 보장은 없을 것"이므로 준회원, 단계적 또는 계층적 회원 지위에 찬성하는 어떠한 주장도 제기해서는 안 됐다.[72] NATO 주재 미국 대표부는 이러한 지시를 이해했으며 1995년 지연 동안의 광범위한 역할에 대해서도 이해했다는 점을 분명히 밝혔다. 그들은 "올해의 작업"을 "NATO의 강력한 결정"이라기보다는 오히려 확장된 신뢰 구축 연습이라고 보았다. 목표는 단순히 "동맹국이 새로운 동맹국을 갖는 생각에 익숙해지고 그 후에 생겨나는 동맹이" 약화되지 않을 것이라는 사실에 편안함을 느끼도록 하는 것이었다.[73] 1995년 봄까지 크리스토퍼 장관은 이런 상황에 만족하며 탤벗에게 연장된 보류 기간 동안 NATO 동맹국과의 접촉은 "하위 수준에서" 이루어질 수 있다고 알렸다. "주요 참여자들을 워싱턴에 더 많이 유지해야 하기 때문"이었다.[74]

실제 확대는 지연되고 있었음에도 불구하고 코지레프는 워싱턴에서 여론이 강경해지고 있다는 것을 정확하게 감지했다. 그와 외무부 동료들이 탤벗에게 NATO를 "봉쇄 수단이 아닌 집단 안보 조직"으로 바꾸도록 설득하려 했을 때 그걸 느꼈다.[75] 탤벗은 "우리는 러시아에 '보상'하거나 매수해야 할 필요가 없다"며 거절했다. 비록 클린턴이 정확히 그렇게 한다고 말하긴 했지만 탤벗은 그런 양보가 불필요하다고 보았다. 탤벗 부장관은 상사에게 비밀리에 말했던 것처럼 "러시아가 NATO의 확장을 허용한다고 해서 우리에게 은혜를 베푸는 것은 아니다"는 이유로 더 강경한 입장을 취해야 할 때가 왔다고 믿었다.[76] 탤벗의 사적인 견해는 1990년 조지 H. W. 부시 대통령이 "소련은 동맹이 할 수 있는 것과 할 수 없는 것을 지시할 수 있는 위치에 있지 않다"고 말한 것과 똑같았다.[77] 탤벗도 같은 심정으로 냉전 종식에 대한 자신의 견해를 크리스토퍼에게 다음과 같이 설명했다. "사실, 우리와 소련은 서로 타협하지 않았고, 우리와 러시아도 그렇게 하지 않을 것이다."

대신 탤벗은 미국은 모스크바의 등대로서 "민주선거, 언론자유, 다원주의, 개방시장, 시민사회, 법치주의, 사법부의 독립, 견제와 균형, 소수자 권리 존중, 군대의 문민통제"로 향하는 길을 보여줘야 한다고 생각했다. 결과적으로 미국의 전략은 "악취 나는 선체, 변덕스럽고 독재적인 선장, (대부분 의족을 하고 검은 안대를 쓴) 반항적인 선원들을 태우고, 엉성하고, 물이 새고, 너무 크고, 대포를 잔뜩 실은 함선인 러시아가 지평선에 뚜렷이 보이는 지점을 향해 방향을 잡을 수 있도록 하는 것"이어야 했다. 탤벗은 크리스토퍼가 이 넓은 은유에 대해 어떻게 생각하든 간에 코지레프의 "허니문의 끝"이라는 진부한 표현보다 "최소한 더 낫다"고 결론지었다. 미국의 러시아 관계가 어떻든 간에 그건 사랑과 결혼은 아니었다.[78]

이런 날카로운 발언은 확장에 대한 의사 결정 과정에서 탤벗의 역할이 1993년 10월 PfP를 지지했던 이래로 상당히 변화했음을 보여준다. 당시 PfP 지지자들은 그가 자신들의 편이라고 여겼는데 이는 당연히 잘못된 생각이었다. 이제 탤벗은 반대편에서 레이크와 함께 완전 보장 확장을 추구하는 사람들의 편에 서 있다는 것이 분명해지고 있었다. 탤벗 부장관이 의견이 달랐던 점은 순서에 대한 그의 우려였다. 부시는 동독이 NATO에 들어가는 것을 모스크바에게 익숙해지게 만들었다. 탤벗은 그런 점에서 부시를 존경했다. 이제 탤벗은 부통령과 같은 관점을 공유했다. 고어는 "러시아가 나토에 가입할 이론적 가능성조차 영원히 배제한다고 말하는 것은 우리에게 별로 의미가 없다"고 느꼈다. 러시아가 가입할 "가능성"은 거의 없었지만, 많은 러시아인이 여전히 서방에 대해 가지고 있는 "고르바초프가 '적대적인 이미지'라고 부른 것"을 완화하기 위한 방법으로 그 가능성을 열어두는 것은 여전히 유용했다.[79] 부통령의 발언은 원래 러시아의 회원 가입에 개방적이었던 행정부 내부의 생각이 더 이상 그렇지 않게 가고 있다는 또 다른 신호였다.

이런 토론이 전개되면서 러시아가 어떻게 생각하는지 전혀 관심이 없는 공화당이 장악한 상원과 하원이 새로운 주요 참여자로 등장했다.[80] 1995년 1월 취임 선서를 한 하원의원들은 확장을 가속화하기 위한 행동을 시작했다. 그들은 확장을 지지하는 "국가안보활성화법National Security Revitalization Act"을 신속히 발의했다. 인디애나주의 리 해밀턴Lee Hamilton과 같은 민주당 의원들은 반발했다. 해밀턴은 1990년 이후 미군 병력이 3분의 2로 감소했고 국방비 지출도 더욱 줄어들 전망인 상황에서 유럽에서 막대한 비용을 들여 새로운 안보 공약을 이행하는 것은 말이 안 된다고 지적했다. 그리고 확장의 뒤에는 더 큰 의문이 맴돌았다. "미국이 슬로바키아를 방어하기 위해 핵 보장과 참전을 약속하는 것이 왜 이익이 되는 건가?" 간단히 말해 해밀턴은 "미국 국민들이 이러한 약속에 준비가 되어 있는지 확신하지 못했다"고 말했다.[81] 상원은 아무런 조치도 취하지 않았고, 그 법안은 무산되었다.[82] 하원은 또한 1995년 NATO확장법NATO Expansion Act을 통과시켜 확장에 대한 그 기구의 지지를 공식화했다.[83]

대통령의 정치 고문 중 한 명인 딕 모리스Dick Morris는 NATO 확장에 대한 여론 조사를 실시했다. 이 조사는 대중들이 NATO 확장의 연기에 반대한다는 것을 보여주었다.[84] 모리스의 말에 따르면 클린턴의 외교 정책 전문가들은 그가 그들에게 가까이 다가갔을 때마다 "연못 위의 거위처럼 울부짖었다"고 한다. 그들은 국내 압력에 굴복해서는 안 된다고 경고했지만 대통령은 개인적으로는 모리스에게 의지하고 여론에 주의를 기울였다.[85] 똑똑한 정치인 클린턴은 선거인단의 40%에 가까운 14개 주에 2천만 명의 동유럽계 미국인이 살고 있다는 사실을 절대 잊지 않았다.[86]

기념일의 비극

탤벗은 허니문 비유를 좋아하지 않았을지 모르지만 기념일 비유는 강력했다는 것을 인정해야 했다. 1995년 5월은 제2차 세계 대전 종전 50주년이라는 큰 비유를 제공했다. 이 기념일은 워싱턴과 모스크바가 협력하여 무엇을 이룰 수 있을지에 대한 새로운 초점을 맞추는 순간일지도 몰랐다. 하지만 실제로는 양측의 협력에 반대하는 의견이 굳어지는 것을 늦추지는 못했다.

기념일에 내재된 복잡성은 일찍이 1995년 2월 9일 독일을 방문한 헬무트 콜 총리가 클린턴과 자세히 논의할 기회를 요청했을 때부터 드러났다. 콜은 1994년 6월 6일 프랑스에서 있었던 노르망디 상륙작전 50주년 기념식에 독일인들이 초대되지 않았을 때의 어색함을 피하고 싶었다.[87] 총리는 개인적으로 1995년 기념일을 기념하기 위해 소규모 행사를 개최하고 싶어 했지만 미테랑은 그렇게 생각하지 않는다는 사실을 들었다. 콜이 클린턴에게 설명했듯 미테랑은 이 행사를 단순히 "직위에서의 작별 인사일 뿐만 아니라 삶에서의 작별 인사"로 활용하기를 바랐는데, 그의 암은 치료할 수 없었기 때문이었다(결국 그는 1996년 1월에 사망했다.) 프랑스 대통령은 전쟁 포로이자 레지스탕스의 일원으로서 "전쟁을 실제로 경험한" 마지막 주요 지도자였기 때문에, 미테랑은 신체적인 고통에도 불구하고 독일의 콜 총리와 함께 단상에 올라 전쟁 후 50년 만에 이루어지는, 과거 적대 국가 사이의 긴 화해의 신호를 보여주길 원했다. 콜은 통일된 유럽을 위한 호소와 함께하는 미테랑의 마지막 인사에 클린턴도 참석한다면 적절한 헌사가 되리라 생각했다.

    클린턴은 확실한 입장을 밝히지 않았다. 그는 종전 50주년을 맞아 유럽에 간다면 모스크바에도 가야 한다고 주장했는데 "그렇지 않으면 옐친에게 엄청난 타격이 될 것"이기 때문이었다. 그러나 모스크바 방문은 큰 문제를 야기할 것이다. 옐친이 기념일을 위해 대규모 군사 퍼레이드를 조직한다면 "체첸 사태 이후다 보니 보기 좋지는 않을 것"이기 때문이었다.[88] 또한 옐친이 부다페스트에서 했던 것처럼 클린턴을 만났을 때 NATO 확대에 대한 불쾌한 요구를 할 가능성도 우려되었다. 예를 들어 새로운 NATO 회원국 영토에 군대를 전진 배치하거나 핵무기를 배치해서는 안 된다는 요구를 할 수도 있었다.

    콜은 클린턴의 망설임을 이해했다. 총리는 대통령에게 체첸 때문에 "매주 옐친에게 전화를 걸어 러시아의 이미지가 어떻게 나빠지고 있는지 설명해 주는 것"이 얼마나 싫었는지 털어놓았다.[89] 콜은 옐친의 군대가 그를 속이고 있다는 비극적인 사실을 깨닫게 되었다. 한때 독일은 체첸 폭격을 중단하도록 설득했지만, 24시간 후 옐친 모르게 또는 허락 없이 폭력이 재개되었다고 콜은 말했다. 총리는 폭격이 멈출 것이라고 옐친이 말했을 때 "보리스 옐친이 거짓말을 하지 않았다고 백 퍼센트 확신"했기에, 그 대신 옐친의 군 장교들이 "아마도 그를 쓰러뜨리기 위해" 더 이상 그에게 복종하지 않는다고 의심했다.[90] 콜은 "옐친이 우리와 함께하는 것이 보스니아를 위해 꼭 필요하다. 그가 없으면 우리의 모든 계획이 망가질 수 있다"고 말하며 러시아를 최대한 배려하기를 원했다.[91] 유엔 평화유지군은 그 지역의 평화를 유지하거나 심지어 인질극을 막는 데도 실패했다. NATO는 보스니아에 2만 명의 미군을 배치할 수 있는 계획을 승인했다.[92] 러시아 의회의 민족주의자들 사이에는 세르비아의 지도자 슬로보단 밀로셰비치Slobodan Milošević의 지지자들이 있었다. 그래서 서방은 그 민족주의자들을 막기 위해 옐친이 필요했다. 그러나 옐친이 그렇게 해줄지는 의문이었다.[93]

    클린턴은 모스크바 방문의 모든 장단점을 고려하면서 공화당이 장악한 의회가 "체첸 문제를 놓고 내게 큰 압력을 가하지 않았다"고 말했지만 이는 바뀔 수 있다고 덧붙였다. 대신 "많은 의원들이 NATO의 즉각적인 확장을 추진하고 있다"는 사실이 알려졌다. 클린턴은 NATO의 확장을 러시아 대선 이후로 연기한 것이 여전히 옳은 조치이며 현재의 시간표가 "적절하다"고 생각했다.[94] 콜은 이에 동의했고 클린턴은 "중부 및 동부 유럽과 러시아는 우리가 말하는 것을 돋보기로 읽으며 1밀리미터라도 차이가 나는지 확인할 것"이라고 기뻐했다.[95]

    옐친의 압력에 클린턴은 미국에서 일부 기념일 행사에 참석한 후에 서유럽을 완전히 우회하고 모스크바로 직접 가서 러시아의 기념일 행사에 함께하기로 결정했다. 그러나 러시아 행사가 "군사적 색채가 강하지 않을 것"이며 예정된 퍼레이드에 체첸 관련 부대가 없을 것이라는 확신을 받은 후에야 수락했다.[96] 1995년 4월 러시아군이 사마슈키 마을에서 학살을 자행한 직후였기 때문에 후자의 보장은 특히 중요했다.[97] 대통령은 그런 방문으로 인한 여러 가지 문제에도 불구하고 그가 기념일을 의미 있게 만들 수 있다는 것을 깨달았다. 그는 자신의 방문을 통해 모스크바가 늦게나마 PfP에 전면적으로 가입하도록 촉구할 수 있었고, 이는 러시아가 NATO의 확대 과정에서도 NATO와 계속 협력할 것이라는 일종의 암묵적 승인으로 작용할 것이다.[98] 그리고 러시아가 PfP에 가입하면 미국은 NATO와의 특별한 관계를 제공할 수 있었다. 클린턴은 이번 방문 조치가 단점을 무릅쓸 가치가 있다고 생각했다.[99] 그는 우크라이나도 경유하기로 결정했기 때문에 러시아에만 집중하는 것처럼 보이지는 않겠지만 메인 이벤트는 모스크바의 행사임이 분명했다.

클린턴이 이 결정을 내리자 NSC 대의원 위원회는 이번 방문에 대한 미국의 목적을 정의하는 과제를 받았다. 그들은 백악관 내부에서 강경한 여론이 득세한 것을 보여주며 클린턴이 방문 중에 러시아에게 압력을 가하는 데 주저해서는 안 된다는 것을 분명히 했다. 옐친은 전쟁 중이던 어린 시절 다른 모든 러시아인들처럼 굶주림에 시달렸다. 제2차 세계 대전은 그들에게 감정적으로 비극적인 시기였다. 미국이 나치와의 갈등을 돌아보고 연약함과 슬픔이 뒤섞인 승리감을 느낄 것이라는 사실에도 불구하고 클린턴은 계속해서 나아가 이 행사에서 "NATO 확장은 불가피하다"는 것을 "명확히 밝혀야" 했다. 그의 고문들은 또한 그가 "핵 주둔 정책이 NATO 비회원국과의 협상이나 약속의 주제가 될 수 없다"는 점을 분명히 해야 한다고 생각했다.[100] 페리는 대통령이 그곳에 있는 동안 비핵화를 촉진하기 위한 행사라도 열어서 그 우선순위가 계속 유지되도록 노력해야 한다고 못박았다.[101] 러시아 정부는 위협했던 대로 START II의 비준을 막기 위해 조약안을 의회에 제출하지 않았다. 설사 제출하더라도 의회 의원들이 비준할 가능성은 낮아 보였다. 설상가상으로 모스크바는 새로운 확산 우려를 낳았다. 클린턴이 행사를 위해 만든 브리핑북에 따르면 러시아는 "테헤란에게 여러 개의 경수로와 관련 기술을 제공할 것"이라고 발표했다.[102]

정상회담 전략 전반의 관리 업무는 결국 탤벗에게 주어졌는데, 탤벗은 이 행사를 클린턴에게 "진실의 순간"이라고 묘사했다. 왜냐하면 "냉전 이후 유럽에 대한 당신의 비전에 중요한 두 가지 전략, 즉 NATO에 새로운 회원국을 받아들이고, 동맹과 러시아 간의 평행 안보 관계를 발전시키는 것을 계속하려는 당신의 결의를 시험할 것"이라고 약속했기 때문이다.[103] 대통령의 가장 큰 걱정은 부다페스트 사태의 반복을 피하는 것이었다. 클린턴의 표현에 따르면, 그런 일이 일어난다면 "부다페스트보다 더 나쁠 것이다. 그건 그저 희극적인 해프닝이었다. 18시간 동안 비행해서 6시간 동안 쥐어 터지고 왔으니 말이다." 그러나 제2차 세계 대전 종전 50주년을 기념하는 모스크바에서의 "잘못된 회담"은 훨씬 더 심각한 결과를 초래할 것이다. 클린턴은 그것은 "정치적으로 나에게 나쁘고, 또한 NATO 확장에 대한 압박을 더욱 가중시킬 것"이라고 말했다. 그는 부정적인 결과가 나올 가능성은 높다고 보았다. 러시아인들이 "보스니아 문제와 나토 확장 때문에 우리에게 격노하고 있고," 또한 "내가 96년에 있을 선거의 폴란드계 미국인 표심에 의해 움직이고 있다는 우려가 있다. 공화당은 이 상황을

더욱 악화시키고 있다"고 보았기 때문이다.[104]

클린턴은 일단 기념일 행사를 위해 모스크바에 도착하자 부정적인 결과를 피하기 위해 그가 자랑하는 광범위한 설득 기술을 사용했다. 그는 모스크바 방문의 시작이 좋다고 생각했고 그게 효과가 있을지도 모른다고 보았다. 옐친은 체첸에 대한 군사 침공을 축소하겠다는 약속을 지켰다. 클린턴과 비밀리에 만난 옐친은 또한 군비 통제에 대한 미-러 협력의 중요성과 확대가 초래하는 위험도 인정했다. 러시아 대통령은 "우리는 모든 전술 무기를 파괴했다. 이제는 전략 무기를 파괴하기 시작했다"고 지적했으며, 마지막으로 "우크라이나와 카자흐스탄에서 전략 무기를 제거했다"고 말했다. 하지만 "여기서 우리를 걱정하게 만드는 것은 범 유럽 안보와 NATO에 대한 공통된 견해가 필요하다는 것이다. 이는 복잡한 문제이다. 우리는 오늘 매우 솔직하게 논의해야 한다"고 덧붙였다.[105]

옐친이 보기에 NATO와 범 유럽 안보 시스템은 본질적으로 반의어였다.[106] 그는 "당신들이 계속한다면 러시아에 대한 굴욕 외에는 아무것도 얻지 못할 것이다"라고 경고했다. 그는 "바르샤바조약이 붕괴된 상태에서 한 블록만 계속 존재한다면 우리에게는 어떻게 보일 것 같은가?"라고 지적했다. 그는 유럽에 "오래된 것 말고 범 유럽 안보를 위한 새로운 구조"가 필요하다고 거듭 주장했다. 러시아 대통령은 이 문제를 전반적으로 평가하기 위해 2000년까지 시간을 갖자고 제안했다. 한편 러시아는 "NATO에 가입하려는 모든 국가가 우리가 자국의 안보를 침해하지 않는다는 보장을 줄 것"이라고 덧붙였다. "그렇게 하면 그들의 동쪽에는 두려워해야 할 어떤 것도 존재하지 않을 것이다."[107]

클린턴은 뛰어난 수사적 설득 기술을 발휘해 큰 그림을 보아야 한다고 주장하며 반박했다. 냉전이 끝난 지금 러시아가 미국에게 아직도 "유럽과의 정치 및 경제 관계를 포함한 안보 관계"가 필요하냐고 묻는 것은 공정했다. 그러나 클린턴의 생각에 제2차 세계 대전 종전 50주년은 오히려 그 필요성을 명확히 볼 수 있던 순간이었다. 미국과 유럽이 함께 협력할 때 가장 강력하다는 것을 분명히 보여주었기 때문이다. 이제 문제는 그 관계를 유지하고 "러시아가 유럽에 통합되고 합당한 역할을 수행할 수 있도록 하는 방식"으로 동맹을 확대하는 방법을 찾는 것이었다. 클린턴 대통령은 미국이 여러 국제기구에 러시아를 위해 문을 열 것이라는 점을 분명히 했지만 "당신은 우리가 당신을 위해 열어주는 문을 통과해야 한다"고 덧붙였다.[108] 그는 체첸에서의 참사가 계속되는 한 러시아인들은 "유럽의 나머지 지역과의 관계를 발전시킬 수 있는 기회를 놓쳐 엄청난 대가를 치르고 있다"고 강조했다.[109]

옐친은 "1996년 선거에 임하는 내 입장이 그렇게 괜찮지 않았기 때문에" 자신의 운신의 폭이 제한적이라고 답했다. 클린턴은 "당신들이 받고 있는 정치적 압력을 알고 있다"고 공감하면서도 자신 또한 선거 문제를 고려해야 한다고 말했다. 클린턴은 확장을 지지하는 공화당이 "위스콘신, 일리노이, 오하이오에서 매우 좋은 성적을 거두었다…그들은 지난번 선거에서 내가 근소한 차이로 이긴 여러 주에서 다수당을 차지했고" 그곳들은 다시 이겨야 할 주라고 말했다. 클린턴 대통령은 또한 옐친에게 중부 및 동부 유럽 국가들이 스스로 강력하게 가입을 원하고 있다고 지적하며 "그들은 당신을 신뢰한다, 보리스, 그러나 당신이 없다면 러시아에서 무슨 일이 일어날지 잘 모르겠다"고 말했다.[110] 그는 또한 뒤늦게 모스크바가 PfP와 관련된 나머지 서류에 서명하도록 만들 수 있었다. 정상회담은 그렇게 좋은 분위기로 끝나지 않았지만 클린턴은 적어도 장기간의 체류 목적에 맞게 그 분위기를 충분히 활용했다.

회담에서 다뤄지지 않은 유럽의 한 지역이 있었는데 그곳은 비극적이게도 보스니아였다. 1995년 세르비아인이 저지른 잔혹 행위는 추가적인 개입이 절실히 필요하다는 생각을 굳건하게 만들었다. 1984년 동계 올림픽을 개최했던 보스니아의 도시 사라예보는 1994년 2월 수십 명의 목숨을 앗아간 포격 사건의 현장이 되었다. 연합군은 이에 대응하여 그달 말에 제한적인 공습을 시작했다.[111] 1993년 유엔 안전보장이사회는 보스니아의 또 다른 도시인 스레브레니차에 안전지대를 설정하려고 했다. 하지만 불행하게도 1995년 7월 스레브레니차에서는 약 8천여 명이 학살당했다. 미국 국무장관에게 보낸 전보에는 "스레브레니차가 세르비아계 보스니아인에게 항복한 것은 인도주의적, 인권적 비극을 초래했다"고 한탄하는 내용이 담겨 있었다. "보스니아 여성에 대한 즉결 처형과 납치, 강간에 대한 믿을 만한 보고"가 있었고 "세르비아인의 손에 넘어가는 위험을 무릅쓰느니 스스로 목숨을 끊은" 사람들에 대한 설명도 있었다. 이러한 "터무니없고 불법적인 행위"는 이미 "제2차 세계 대전 이후 유럽에서 가장 큰 난민 위기"를 불러오고 있었다.[112] 독일은 이후 자국에서만 40만 명 이상의 난민을 수용했다고 추정했다.[113]

또한 홀브룩과 함께 그 지역으로 파견된 세 명의 미국 관리, 국무부 부차관보 로버트 프레이저와 국방부 부차관보 조셉 크루젤 그리고 NSC의 넬슨 드류Nelson Drew 대령이 사라예보 근처의 험난한 이그만 산Mt. Igman의 도로에서 교통사고로 사망하며 미국 정책 결정자들에게 개인적인 비극이 덮쳤다.[114] 미국으로 관이 돌아오는 광경은 베트남 전쟁 시대의 또 다른 쓰라린 기억을 불러일으켰다. 이는 클린턴 행정부에서 일하던 그들의 친구와 동료들이 조치를 취하고자 하는 의지를 더욱 불태웠다. 탤벗은 시신을 실은 비행기를 활주로에서 맞이한 후 보스니아 외무장관 무함마드 사치르베이Muhamed Sacirbey와 "더 이상 UN과 장난치는 일은 없어야 한다!"는 데 동의했다.[115] 1995년 다른 어떤 나라보다 4배나 많은 국방비를 지출하고 있던 미국(다른 15개 NATO 국가들을 합친 것보다 거의 2배나 많음)은 보스니아를 돌봐야만 한다는 강한 인식이 있었다. 사치르베이가 탤벗에게 말했듯 "너희들은 당장 NATO의 공습을 불러와야 한다!"[116]

1990년대 중반의 유고슬라비아

스타인버그는 나중에 그와 레이크, 그리고 다른 사람들이 스레브레니차에서 일어난 학살에 대한 대응 계획을 세웠을 때 공기 중에 감돌았던 결의의 기운을 회상했다. 분명한 느낌은 "이걸 잡아야 한다, 해결해야 한다"였다. 스타인버그의 견해에 따르면 그 결과는 적절하게 "공격적인 전략으로, 유엔과 결별할 준비를 하고 압력을 가하는 것을 포함"했다. 이는 동맹이 "실시간 도전"에 대응할 수 있음을 보여주는 "터닝 포인트"가 될 것이다.[117]

1995년 8월 30일 NATO의 딜리버레이트 포스 작전Operation Deliberate Force이 시작되었다. NATO 8개국에서 온 300여 대의 항공기가 약 2주 동안 3,500번 이상 출격했다.[118] 페리는 러시아 외무장관 파벨 그라체프에게 정기적으로 전화를 걸었지만 그에게 사전 공습 소식을 전하지 않아 모스크바의 분노는 더욱 깊어졌다.[119] 미국은 또한 모든 당사자들에게 11월 오하이오주 데이튼에서 홀브룩이 조정하는 회담에 참석하도록 강요했다. 그들은 결국 1995년 12월 14일 파리에서 협정에 서명했다. 그 협정을 이행하는 데 도움이 되도록 UN은 NATO에 위임을 부여했으며, 이를 통해 당시 NATO 역사상 가장 큰 군사 작전인 이행군(IFOR)의 길을 열었다. IFOR은 NATO 회원국과 모든 파트너 국가에서 모인 약 6만여 명의 병력으로 구성되었다.[120] 이는 또한 존 샬리캐슈빌리John Shalikashvili 장군의 집무실에서 나온 또 다른 개념인 연합 합동 태스크포스(CJTF)의 성공을 보여주었다. CJTF는 NATO와 비NATO 회원국 모두가 동맹의 지리적 영역을 넘어 협력할 수 있게 했다. (유럽 국가들이 NATO 전체가 협력하지 않기로 선택한 다른 작전을 위해 CJTF 형식을 사용할 수 있다는 고려까지 있었지만, 그 생각은 동맹의 최고 군사 지휘관인 미국 장군의 저항을 불러일으켰다.)[121]

1995년 7월 25일 클린턴과 콜은 비밀리에 지상군 투입 작전에 대해서도 논의했다. 콜은 "전적으로 잘못된 생각"이라며 "누구도 땅 위로 올라갈 생각 말라"고 단호히 반대했다. 총리가 보기에 "그곳에서 전쟁을 벌여 승리할 수 있다고 생각하는 것은 말도 안 된다"고 말한 이유는 "수십만 명의 병력이 필요할 것이고 아무도 그런 약속을 하고 싶어 하지 않기" 때문이었다. 콜이 본 대로 결론은 "서방에는 그것을 위한 내부 지원이 없다"는 것이었다.[122]

아이러니하게도 그들이 NATO의 중요성을 증가시켰음에도 불구하고 이런 발전은 PfP의 장점을 보여주었다. NATO 주재 미국 대표부의 로버트 헌터가 말했듯이 "평화를 위한 동반자 관계는 현명하게 진행되고 있었다." PfP는 보스니아 작전을 수행하는 데 필요한 훈련 및 연습 행사에 관련 군대를 정확히 모아놓았다.[123] 그들 덕분에 보스니아에서 중부 및 동부 유럽 국가들과 우크라이나는 서로 혹은 NATO 국가들과도 성공적으로 함께 임무를 수행할 수 있었다.[124] 그리고 동맹 역사상 처음으로 다양한 의견 차이에도 불구하고 NATO 지상군은 러시아인들과 같은 편에서 나란히 배치되며 서방과 모스크바의 관계가 아직 모든 것을 잃지 않았음을 보여주었다.[125]

발병發病과 스캔들

이러한 위기 속에서 탤벗은 1995년 8월 초에 "NATO가 성장해야 하는 이유"라는 제목의 〈뉴욕 리뷰 오브 북스〉 기사를 널리 유포하여 대중에 공개하기로 결정했다. 스레브레니차에 대한 그의 공개적인 반응이 NATO 확장에 찬성하는 강력한 성명이었다는 사실은 그가 "유럽 안보 시스템의 심장"은 다른 조직이나 단체가 아니라 NATO라고 보았음을 시사했다.[126] 아마도 러시아 사람들을 위해 글을 썼을 탤벗은 "확대가 일어날 것"이라고 강조했고 "자국민에게 NATO 확대를 선동적인 용어로 설명하는 것은 역효과가 날 것"이라고 말했다. 그는 러시아가 동맹에 가입할지 여부는 여전히 "열린 질문"이라고 말하며 "NATO가 대비해야 하는 비상사태 중 하나는 러시아가 민주주의를 포기하는 것"이라고 덧붙였다.[127]

탤벗의 글은 내부 의사 결정이 이루어졌음을 알리고 그 결과를 더 넓은 대중에게 전달하기 위한 것이었다. 이후 러시아 주재 미국 대사가 되는 마이클 맥폴Michael McFaul 같은 민간인들이 그 메시지를 받았다. 그는 이 기사가 공개된 때를 돌이킬 수 없는 지점이라고 보았다. NATO는 동쪽으로 확장되고 있었고 이제 돌아갈 수 없었다.[128] 다른 사람들도 그 메시지를 받았고 다들 그렇게 행복한 반응을 보이지는 않았다.[129] 폴란드 주재 전 미국 대사인 리처드 데이비스Richard T. Davies는 해당 기사에 날카로운 어조로 응답했다. 그는 탤벗 부장관이 현재 지지하고 있는 전략의 위험성을 이미 지적했던 많은 저명한 정책 입안자들을 무시했다고 불평했다. 데이비스는 특히 확산 문제를 강조했다. "NATO가 동쪽으로 이동함에 따라, 현재와 같이 대규모 재래식 병력을 모집하고 무장시킬 수 없는 군사 및 경제적으로 취약한 러시아는 아마도 핵미사일에 크게 의존해야 할 것이다." 이 결과로 "이러한 범주의 무기들을 다루는 많은 서방-동구권 및 미국-러시아 군비통제 협정의 섬세한 망"이 되돌릴 수 없는 손상을 입을 수도 있다. 그는 "NATO의 비셰그라드 지역으로의 확장과 그것이 앞으로 일어날 일들의 첫 시작일지도 모른다는 러시아의 두려움은 그 망이 닳고 시들어지게 할 수 있다"고 말했다.[130]

위험에 처한 것은 과거의 합의들만이 아니었다. 1995년 8월까지 클린턴과 그의 참모들은 "무수율" 제한zero yield limit을 추구했다. 이는 "모든 핵무기 실험 폭발 또는 핵 수율이 있는 다른 모든 핵폭발"을 금지하는 것을 의미한다.[131] 이 아이디어는 1970년 핵확산금지조약(NPT)을 무기한 연장하는 데 170개국 이상이 동의하게 된 최근의 성과를 바탕으로 했다.[132] 협력적위협감소Cooperative Threat Reduction, CTR 프로그램이라고 불리는 러시아의 비핵화를 돕기 위한 지속적인 노력 또한 위협받기 시작했다. 이 프로그램을 통해 1995년 10월까지 벨라루스, 카자흐스탄, 우크라이나에서 2천 개 이상의 전략 탄두를 러시아로 이전했다. 또한 약 8천 명의 옛 소련 원자력 기술자와 과학자들에게 일자리를 구해주었고 카자흐스탄에서는 위태롭게 보관되던 약 600킬로그램의 무기급 우라늄을 구입하여 미국으로 이송했다.[133] 군비통제 전문가들은 이후 1987년 중거리핵전력조약Intermediate Range Nuclear Forces(INF) Treaty과 10년 후 포괄적핵실험금지조약Comprehensive Test Ban Treaty, CTBT 협상 사이의 기간을 "핵무기 통제의 정점"으로 보았다.[134] 데이비스가 보기에 탤벗의 기사는 당시 꼭 필요했던 군비 통제 과정의 상당 부분을 위험에 빠뜨리는 일이었다.

이런 경고는 이미 NATO 확대에 전념하고 있던 클린턴 행정부와 NATO 관계자들을 설득하는 데 효과적이지 못했다. 이제 평화가 왔고 NATO 국가들은 군대를 감축하고 있었기 때문에 정책 입안자들에게 핵무기와 러시아에 대해 다시 걱정하라고 설득하는 것은 힘든 일이었다. 대신 탤벗의 〈뉴욕 리뷰 오브 북스〉 기사가 발표된 직후인 1995년 9월 3일 NATO의 확장에 대한 자체 연구가 대중에 공개되었다. 최종 보고서는 "새로운 회원국은 워싱턴 조약에 따라 모든 권리를 누리고 모든 회원국의 의무를 떠맡게 될 것"이라는 점을 분명히 했다.[135]

NATO 본부에서 새로 발표된 연구에 관한 토론에 초대받은 벨기에 주재 러시아 대사 비탈리 추르킨Vitaly Churkin의 반응은 의미심장했다. 그는 행사 자체에서는 연설하지 않았지만 이후 기자회견에서 "지금까지 본 것만으로는 NATO 확대에 관한 우리의 생각을 바꾸기에 충분하지 않다. 러시아에서는 이에 대한 감정이 매우 강하다"고 밝혔다.[136] 이 발언은 워싱턴의 NATO에 대한 기대와 모스크바의 불안을 조화시키려는 코지레프의 시도가 점점 희미해져 가고 있음을 암시했다. 옐친은 1995년 가을 기자회견에서 더 이상 외무장관을 신뢰할 수 없다는 뜻을 내비쳤다.[137] 이어지는 다음 미-러 정상회담은 뉴욕 하이드 파크에 있는 루즈벨트 가문의 옛 저택에서 열릴 예정이었고 이는 프랭클린 루즈벨트 대통령 시절의 전시 협력에 관한 생각을 불러일으킬 것이었다. 1995년 9월 27일 클린턴은 옐친에게 전화로 전화하여 다음 정상회담에서 무슨 이야기를 하고 싶은지 물었는데 옐친은 분명하게 "NATO, NATO, NATO, NATO"라고 대답했다.[138] 선거가 다가오면서 잠재적인 확장이 국내의 정치적 반대자들에게 주는 영향력은 분명 그의 마음속에서 결코 사라지지 않았을 것이다.

그러나 10월 23일 정상회담에서 탤벗이 표현한 대로 옐친은 신체적 허약함과 술 때문에 "어떤 종류의 심각한 비즈니스"도 수행하기 어려운 상태임이 명백해 보였다. 여느 때처럼 미국 측은 그의 알코올 섭취량을 주시했다. 오전에는 토론할 기회가 있었는데 옐친이 점심을 먹기도 전에 캘리포니아 러시안 리버 와인을 세 잔이나 마시고 식사 내내 몇 잔을 더 마시며 진전 가능성은 더욱 낮아졌다. 탤벗은 클린턴이 옐친을 옹호하려 했다고 회상했다. 클린턴이 과시하듯이 옐친의 행동을 비웃으며 옐친이 아프고 취해 있는 것이 아니라 마치 "농담을 하는 것"처럼 보이게 만드는 허세를 부렸기 때문이다. 클린턴의 견해는 재임 초기와 변함이 없었다. "취한 옐친이 취하지 않은 다른 대부분 러시아 정치인들보다 낫다"는 것을 절대 잊지 말라는 것이었다.[139] 클린턴은 실질적인 문제를 진전시키기 위해 최선을 다했으며 보스니아 문제와 NATO 확장 문제를 결합할 방안도 모색했다. 그는 러시아가 보스니아에서 NATO와 협력함으로써 확장에 대해 편안함을 느끼게 만들고자 했다. 그 부산물은 병든 옐친이 유권자들에게 헌신적인 세계 지도자처럼 보이게 하여 그가 재선을 할 수 있게 해줄 것이다. 콜은 클린턴에게 발칸반도의 평화가 "러시아를 방정식에 포함시키는 경우에만" 지속될 것이므로 그렇게 하는 게 워싱턴의 이익에도 부합한다고 조언했다.[140]

클린턴은 이 주장에 따라 러시아 대통령에게 "러시아는 최소한 보스니아 재건을 돕기 위한 보조 작전은 수행해야 할 것"이라고 말했다.[141] 옐친은 그 임무는 보조 작전이라기보다는 특수 작전이라고 부르는 게 옳으며 러시아는 그보다 훨씬 더 많은 것을 원한다고도 말했다. 클린턴은 NATO 확장의 주요 반대자가 되어가고 있는 페리와 그라체프가 이 문제에 함께 협력할 것을 제안했다.[142] 그들의 성공적인 협력은 국무부 내에서 잠시나마 낙관론을 불러일으켰다. 특히 "빌 페리가 그라체프와 가졌던 회담들은 러시아 측이 NATO와 건설적으로 협력하려는 새로운 의지를 보여준다"는 평가가 있었다. 또한 탤벗이 홀브룩에게 말했듯이 발칸에서의 협력이 "NATO-러시아 관계를 원활하게 하는 데 도움이 될 수 있다"는 관점도 있었다.[143]

1995년 10월 하이드 파크 정상회담이 있고 사흘 후 옐친은 심장 마비를 겪었다.[144] 이제 확장의 지연에는 두 번째 측면이 생겼다. 옐친의 재선은 물론이고 그가 겪고 있는 심각한 병을 극복하는 것도 기다려야 했다. 당시에는 아무도 옐친의 병을 모르고 있었다. 그는 1997년 봄이 되어서야 병을 이겨냈다. 그 사이에 이후의 확장 정책뿐만 아니라 미국 정치 전반에 영향을 미치는 새로운 정치적 상황을 만들어 냈던 두 가지 스캔들(하나는 대중적이고 하나는 개인적)이 있었다.

1995년 10월 벨기에 의회 하원은 클라스의 위조 및 사기 스캔들 기소에 대해 면책권을 박탈하기로 결의했다. 그는 NATO 사무총장직에서 물러나야 했다.[145] 그의 후임으로 유력한 후보는 뤼트 뤼버르스Ruud Lubbers 전 네덜란드 총리였다.[146] 스타인버그는 "예정된 대관식이 막 열리려던 순간"에 뤼버르스가 크리스토퍼와의 "끔찍한" 점심 식사에서 그는 NATO의 미래와 관련된 미국의 우선순위를 전혀 공유하지 않았음을 밝혔다고 회상했다.[147]

콜에게는 마치 데자뷰와도 같았다. 콜은 뤼버르스가 독일 통일을 반대한 것을 용서할 수 없었고 그 보복으로 그가 유럽 위원회의 위원장이 되는 것을 성공적으로 저지했다.[148] 이제 또 다른 "매우 민감한" 상황이 발생했다. 스타인버그는 "우리는 나중에 뤼버르스에게 그 자리를 맡기지 않기로 결정했지만, 이론적으로는 모든 동맹국이 함께 결정해야 할 문제를 미국이 단독으로 무너뜨리고 있다는 사실을 감추어야 했다"고 회상했다. 그가 말했듯이 "고삐 풀린 망아지처럼 보이고 싶지는 않았다."[149]

그들은 뤼버르스를 낙마시키기 위해 그가 NATO의 두 공식 언어 중 하나인 프랑스어를 하지 못한다는 사실에 대한 파리의 불안감을 더욱 악화시키기로 했다. 그리고 대안으로 "라틴 국가 출신이면서 프랑스어를 유창하게 구사하는 인물"인 스페인 외무장관 하비에르 솔라나를 내세웠다. 그러나 솔라나의 언어 능력보다 워싱턴에게 더 중요한 것은 NATO를 위해 워싱턴과 공유하는 우선순위였다. 그 계획은 효과가 있었다.¹⁵⁰ 1995년 11월 뤼버르스는 자신이 입후보하더라도 미국의 반대를 견딜 수 없음을 감지했고 결국 사퇴하였다.¹⁵¹ 대신 솔라나가 동맹을 이끌 사무총장이 되었다. 그는 크리스토퍼가 동맹의 "역대 최대이자 가장 중요한 작전"이라고 칭한 IFOR를 설립하고 확장을 시작했다.¹⁵² 솔라나는 초기에 NATO 확장에 대한 그의 접근 방식이 "미국의 시각과 일치할 것"이라고 분명히 말했다.¹⁵³ 워싱턴은 브뤼셀에 똑똑하고 효과적인 파트너를 얻었다.

클레스의 사임은 1995년 가을의 유일한 스캔들이 아니었다. 이는 공개적으로 드러난 스캔들 중 하나에 불과했다. 1995년 11월 14일 공화당이 주도하는 의회는 클린턴과의 대립의 일환으로 미국 정부를 폐쇄하기로 결정했다. 이로 인해 대통령을 에워싸고 보호하던 사람들을 포함한 유급 직원들은 강제 휴가에 들어갔고 무급 인턴들이 결근한 직원들의 일을 대신하느라 애쓰게 되었다. 루이스 앤 클라크 대학을 막 졸업한 모니카 르윈스키는 그 인턴들 중 한 명이었다. 그녀는 부모님의 인맥 덕분에(그녀의 아버지는 베벌리힐스에 사는 유명한 유방암 전문의였다) 22세의 나이에 백악관 직원들을 위해 비교적 사소한 업무를 하는, 모두 탐내지만 무급인 직책을 얻었다.¹⁵⁴ 정부 폐쇄 덕분에 그녀는 대통령과 직접 교류했다. 르윈스키는 나중에 정부 폐쇄 둘째 날인 11월 15일에 대통령과 처음으로 둘만 있게 되었을 때 두 사람이 2년간에 걸친 관계를 시작했다고 증언했다. 처음에는 기밀이었지만 폴라 존스 등이 클린턴을 괴롭혔다는 혐의를 조사하는 과정에서 이 사실이 밝혀지자 극적인 반향을 불러일으켰다.¹⁵⁵

그러나 아직은 그 충격이 퍼지지 않았다. 1995년 12월 초 NATO의 16개 외무 및 국방 장관이 모두 모여 보스니아 사태에 맞설 단결된 의지를 보여주었다.[156] 확장을 지연하기로 했던 시간이 거의 다 지나간 지금 NATO는 새로운 리더십하에 마침내 토론 이상의 것을 할 준비가 되었다. NATO는 이제 행동할 준비를 시작했다. 보스니아에서 IFOR를 성공시키고 NATO의 확대를 현실로 만드는 것이다. 장관 회의는 회원 자격을 얻고자 하는 국가와의 "집중적인 협의"를 승인했다.[157] NATO 주재 미국 대표부는 "행동의 시간이 다가왔다"고 보고했다.[158] 클린턴에게 이 사건에 대해 비공개로 보고한 국무장관은 "무력함이 결단력으로 대체되었다는 안도감이 느껴졌다"고 언급했다.

심지어 프랑스의 새 대통령 자크 시라크도 새로운 시대에 NATO의 군사 구조에 재결합할 필요가 있다고 생각했다.[159] 그는 특정한 개혁이 수행될 수 있다면 기꺼이 NATO의 군사 지휘부에 재통합할 용의가 있었다. 로버트 헌터가 보기에 프랑스가 NATO에 다시 관심을 가지게 된 것은 유럽연합이 "안보와 방위에서의 정체성을 구축하는 데 무능하다는 것이 증명되었고, 당분간 그럴 가능성도 없다"는 인식을 반영한 것이었다. 그는 "서유럽연합은 NATO나 유럽에서의 미국의 역할에 대한 대안으로서 공허한 것으로 입증되었다"고 덧붙였다. 간단히 말해 "NATO 열차는 역을 떠났고, 프랑스는 (공유) 제어장치를 손에 쥐고 함께 탑승하기를 원한다"는 것이다. 프랑스는 개혁(혹은 프랑스가 좋아하는 말로 적응)이 이루어지는 동안 확대를 늦추기 위해 이런 통제를 활용하고자 했다. 확대 속도를 늦추는 것이 독일의 이익에도 부합했기 때문에 프랑스는 이에 성공할 수 있기를 바랐다.[160]

바웬사는 1995년 1월 아우슈비츠 해방 50주년 기념식에 홀브룩을 초대해 대접하며 미국이 "무거운 책임"에 직면했다는 자신의 생각을 그와 공유했다.[161] 유럽은 과거 너무 오랜 세월 동안 전쟁과 (아우슈비츠를 비롯해 여러 곳에서 행해진) 대량 학살의 고통을 겪었다. 이후에도 1995년 일어난 스레브레니차의 비극이 유럽에서 대량 학살이 일어날 가능성은 베를린 장벽 붕괴 이후에도 사라지지 않았음을 보여줬다. 이제 항구적인 평화를 정착시킬 수 있는 소중한 기회가 왔다. 1983년 노벨평화상 수상자인 바웬사는 "그런 기회가 오는 것은 역사적으로 비교적 드문 순간"이라는 것을 이해했기에 그것이 거대하고 벅찬 책임이라고 생각했다.[162] 클린턴도 그 도전을 인식했다. 아우슈비츠 기념식 한 달 후에 그는 "우리는 이제 세계 역사의 새로운 장을 쓸 기회를 얻었다"고 말했다.[163] 잠시 멈추었던 NATO의 확장은 1996년부터 재개될 예정이었다. 이제 클린턴과 옐친이 함께 역사의 새로운 장을 쓸 수 있을지, 그리고 그에는 어떤 대가가 따를 것인지 확인할 때가 되었다.

8장
인치당 비용

만약 러시아가 1996년에 NATO의 확장을 방해할 수 있는 입장에 있었다면 그렇게 했을 것이다. 그러나 모스크바는 과거 위성국들이 서방 동맹과의 영구적인 연결을 모색하는 것을 막기에는 너무 약한 상태였다. 그렇지만 빌 클린턴 대통령과 그의 참모들은 1996년에 확장을 진행할 수 있었음에도 그렇게 하지 않았다. 모스크바는 확장을 거부할 수 없다고 거듭 말했지만, 그럼에도 불구하고 그들은 어떤 형태로든 사실상 러시아의 동의를 사전에 확보할 필요가 있다고 생각했다. 이유는 두 가지였다. 첫째로 그들은 그해 여름 보리스 옐친 대통령의 재선 가능성을 위험하게 만들지 않는 것이 여전히 필수적이라고 생각했다. 3%의 지지율을 기록한 옐친은 미국이 훨씬 덜 매력적이라고 생각하는 경쟁자들에 비해 여전히 취약한 모습을 보였다.[1] 두 번째로 그들은 확장의 전체 비용을 제한하고 싶었다. 이는 부분적으로는 달러로 측정되는 자금의 문제였지만 대부분은 미-러 관계에 대한 피해였다.

 1996년과 1997년 초의 가장 중요했던 질문은 옐친이 어떤 형태로든 그의 동의를 얻는 대가로 무엇을 원할 것인가의 문제였다. 클린턴 행정부는 동의를 얻어낼 수 있는 적정 가격을 추정하기 위해 얼마나 많은 국가를 추가할지 결정해야 했다. 국가가 많을수록 비용이 높아지기 때문이었다. 그러나 그 믿을 수 없을 정도로 간단한 수학은 더 깊은 복잡성을 숨기고 있었다. 러시아의 민감성을 감안해보면 특정 국가(발트 3국 및 우크라이나 등)로의 확장이나 특정 기능(대규모 외국군과 핵무기를 새로운 동맹국 영토로 이동시킬 수 있는 능력 등)을 갖춘 확장은 인치당 비용이 훨씬 더 많이 들 것이었다.

클린턴의 참모들 중 국무부 부장관 스트로브 탤벗이 이 문제에 있어서 주도적인 역할을 했는데, 그들은 새로운 회원국 수를 적게 유지하고 NATO 전체와 러시아 사이의 특별 헌장 협상을 병행함으로써 전반적인 가격과 인치당 비용을 모두 낮출 수 있다는 결론을 내렸다. 그러나 그들은 사방에서 거센 비판에 직면했다. 중부 유럽과 동부 유럽 지도자들은 의회를 장악한 공화당과 함께 클린턴이 시간을 너무 많이 지체하고 있다고 비판했다. 한편 모스크바는 신임 외무장관 예브게니 프리마코프가 분명히 밝혔듯이 클린턴이 무서운 속도로 움직이고 있다고 느꼈다. 프리마코프는 냉전 이후 KGB의 대부분을 무사히 지켜낸 인물로 1996년 1월 9일 안드레이 코지레프를 대신하여 러시아 외무장관으로 임명되었다. 그는 즉시 새로운 형태의 확장에 대한 저항을 시작했다.[2] 이후 확장의 가격을 정하기 위한 1년 반의 갈등이 이어졌다. 이 기간 동안에 1996년 여름과 가을에 치러진 러시아와 미국의 대선이 있었고, 독일 통일 당시의 '1인치도 양보하지 않겠다' 논쟁이 되살아났으며, 결국 1997년 5월 파리에서 협상이 타결되었다.

"죽이거나 때리거나 망치거나?"

이 갈등이 시작될 무렵에도 한 가지 사실만은 분명했다. NATO에 가입하려는 나라는 한둘이 아니었다. 하비에르 솔라나 사무총장과 미국 NATO 대표부 외교관들에게 전달된 정보가 정확하다면 가입을 희망하는 국가는 꽤 많았다고 한다.³ NATO 가입을 열망하는 국가들 중에서는 빅3(폴란드, 헝가리, 체코)가 성공 가능성이 가장 높았다. 그리고 미국의 상황도 점점 그들에게 더 유리해지고 있었다. 완전한 보장을 통한 확장을 지지하는 세력이 우세해지고 있었고, 마침 또 다른 미국 선거의 해가 다가오면서 민주당과 공화당 모두 폴란드계 미국인과 중부 및 동부 유럽 출신 유권자들의 지지를 얻기 위해 구애하고 있었다. 제조업이 발달한 미국 북동부와 중서부 주(러스트 벨트)에서는 그런 유권자들의 영향력이 강했는데, 클린턴이 재선에 성공하기 위해서는 그곳에서 반드시 승리해야만 했다.

만약 모두가 참여하고 싶다는 걸 인정한다면 갈등의 다른 모든 문제에 의문의 여지가 생긴다. 클린턴 행정부에 있어 가장 까다로운 질문 중 하나는 발트 3국과 우크라이나를 NATO에 추가하기 위한 관심을 유지할 것인가 하는 것이었다. 이에는 분명한 대가가 있었다. 모스크바는 탤벗에게 구소련 영토의 "1제곱인치"도 NATO에 가입해서는 안 된다고 경고했다. 그러나 미국은 오랫동안 발트 3국이 자신들의 운명을 스스로 선택할 수 있는 주권적 권리를 지지해 왔으며(물론 가장 주목할 만한 것은 제2차 세계대전 당시 이 지역이 소련에 강제로 편입된 것을 인정하지 않은 것이다) 우크라이나가 더 이상 핵 강국이 아니더라도 우크라이나의 의사는 존중 받을 권리가 있다고 믿었다. 이 난제 때문에 솔라나는 1996에 미국 측과 자주 접촉하며 반복적으로 자문을 구했다. 탤벗과 그의 상사인 워런 크리스토퍼 국무장관, 제임스 스타인버그 국무부 정책기획실장, 리처드 홀브룩의 후임인 유럽 및 캐나다 담당 차관보 존 콘블럼John Kornblum, 그 외 다수의 국무부, NSC, 국방부 관리들과 만났다.⁴ 솔라나가 보기에 발트 3국과 우크라이나의 회원 자격은 "확장의 가장 어려운 부분"이었다.⁵

콘블럼은 공격적인 확장을 선호했다. 그는 "발트 3국과 우크라이나가 새로운 NATO 회원국 1차 그룹에 포함되지 않더라도" 최소한 "서방 국가들과 더 광범위한 안보 관계에 관한 보다 구체적인 확신을 받을 필요가 있다"고 생각했다.⁶ 크리스토퍼 장관은 그들이 일찍 합류할 수 있을 가능성에 대해서는 "비현실적"이라고 생각했다. 하지만 그는 특별히 발트 3국을 "보호할 필요"가 있다는 점에는 동의했다. 그는 이를 표현하는 방법으로 "그들에게 NATO 가입 자격이 있음을 조기에 자주 상기시키는 것"을 생각했다.⁷ 스타인버그는 1996년 3월 16일 솔라나에게 "발트 3국의 자체 방위를 돕기 위한 방안을 구상하고 있다"고 알렸다.⁸

빅3의 NATO 가입이 점점 확실해지는 상황에서 이런 대화는 분쟁 지역이 동쪽으로 이동하고 있음을 보여주었다. 발트 3국은 폴란드와 그 주변 국가들이 거의 끝마친 일, 즉 NATO와 협정을 성사시켜야 할 책임이 있었다. 발트 3국의 지도자들은 서방 국가들이 그들을 NATO에 집어넣게끔 설득하기 위해 그들이 사용할 수 있는 모든 수단(심지어는 문학적인 수단까지도)을 동원했다. 발디스 비르카우스Valdis Birkavs 라트비아 외무장관은 크리스토퍼와의 회담에서 체코 소설가 밀란 쿤데라Milan Kundera가 말한 작은 나라에 관한 정의를 인용했다. "그것은 언제든 사라질 수 있다는 것을 알고 있었다."⁹ 크리스토퍼는 그가 말하고자 하는 바를 이해했다. 다른 발트 3국의 외교관들도 그들의 열의와 진지함으로 미국 측 관계자들을 감동시켰고 점차 우크라이나보다 우위를 점하게 됐다. 우크라이나의 강력한 지지자인 클린턴 대통령도 합의를 자꾸 후퇴시키는 키이우의 행보에 좌절했다. 대조적으로 발트 3국은 본인들을 파트너로서 더 매력적으로 보이게 할 신뢰감을 보여주었다.[10]

NATO에 가입하기 위해 발트 3국이 벌인 무절제한 작전은 미국과의 관계에서는 성공했지만 북유럽 국가들의 지도자들을 불안하게 만들었다. 북유럽 국가들은 이웃의 작은 국가들에게 소련에 인접해 있지만 소련의 통제를 받지 않는 지역에서 수십 년간 생존해 온 본인들의 경험을 보고 배우도록 독려했다. 스웨덴 외교관인 얀 엘리아손Jan Eliasson이 미국 측 관계자에게 털어놓은 바에 따르면 스웨덴은 "러시아와 잠정 협정을 맺고 관계를 정상화해야 한다는 메시지로 발트 3국을 끊임없이 공격했다." 스웨덴은 특히 "에스토니아와 라트비아에서 러시아어 사용자의 권리라는 민감한 문제"에 대해 "러시아인들에게 불만을 제기할 정당한 핑계거리를 주지 않는 것"이 필수적이라고 생각했다.[11]

핀란드 대통령 마르티 아티사리Martti Ahtisaari는 크리스토퍼와 헬싱키 주재 미국 대사데릭 시어러Derek Shearer(탤벗의 처남이자 예일대 동창)에게 비밀리에 비슷한 발언을 했다. 대통령이 보기에 발트 3국은 경솔한 행동이나 일방적인 선언을 피할 필요가 있었다. 그는 특히 영토 경계와 관련하여 "발트 3국에게 장기적으로 이익이 되지 않는 입장을 취하도록 부추긴 몇몇 개인"에 대해 우려를 표했다. 예를 들어 "에스토니아는 러시아와의 국경 분쟁에 대해 일방적인 선언을 발표하는 것을 고려했으며, EU와 미국이 그들의 입장을 지지하기를 바랐다." 그는 "그래서는 안 된다. 이웃을 선택할 수는 없기 때문"이라고 지적했다. 오히려 "우리(이 지역의) 모두는 러시아인들과 사업적인 관계를 맺어야 한다"고도 말했다. 이

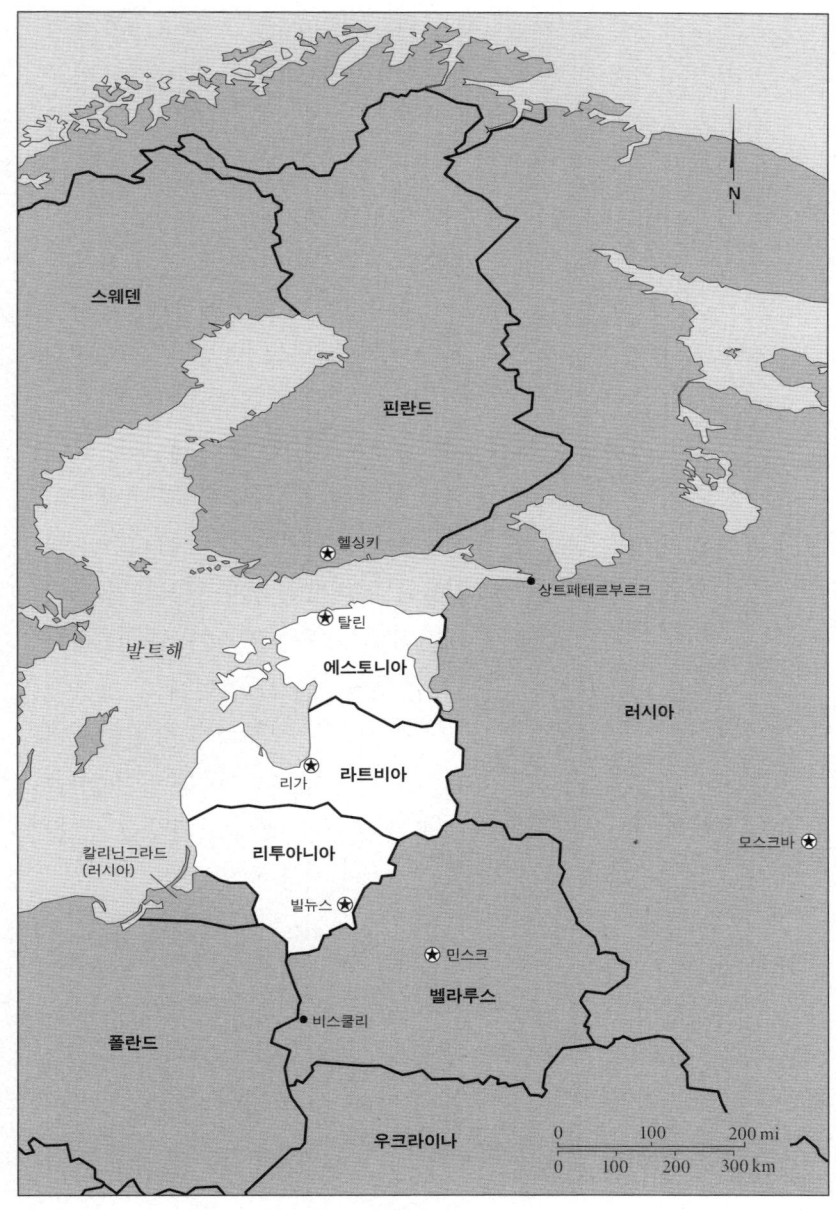

발트 3국

후 노벨평화상을 수상하게 되는 아티사리는 또한 (당시 점차 소외되고 있던) 평화를 위한 동반자 관계(PfP)를 특별히 칭찬하며 "이는 탁월한 발명품이었다"고 말했다.[12] 그의 암시대로라면 PfP는 러시아와 새로운 제5조의 경계를 만들지 않고도 이 지역의 안보를 증대해 실용적인 관계를 촉진할 수 있었을 것이다. 또는 발트 3국이 참여하는 북유럽 방위 연합 개념을 부활시키고, 이들 국가 전체가 이후 NATO와 연결되는 방식이 아티사리의 국경에 관한 우려를 해결할 수 있었을 것이다. 그러나 그런 생각은 대사의 매부의 생각과는 맞지 않았다.

또 다른 거대하고 까다로운 문제는 NATO와 그 동쪽에 있는 국가들 간의 관계 변화뿐 아니라 서쪽에 있는 국가, 즉 프랑스와의 관계를 어떻게 관리할 것인가였다. 프랑스는 이미 NATO의 일원이긴 했지만 샤를 드골 대통령의 부분적인 철군 덕분에 1966년부터는 통합 군사 지휘부 소속은 아니었다. 프랑스가 NATO 재통합의 일환으로 추구했던 구체적인 조정 사항들이 이제 더 명확해지고 있었다.[13] 1996년 2월 1일 자크 시라크 대통령이 클린턴에게 말했듯이 동맹은 "미국이 병력을 파견할 때에도, 미국이 '그럴 가치가 없다'고 생각해 병력을 파견하지 않을 때에도 작동할 수 있는 하나의 시스템을 찾아야 한다"고 강조했다.[14]

다시 말해 그는 NATO의 전면적 개입 수준 이하의 행동 옵션을 원하는 프랑스의 오랜 바람을 재확인한 것이다. 이를 통해 NATO는 전면적 개입으로 인해 발생할 수 있는 러시아와의 더 광범위한 문제와 갈등을 피할 수 있게 되었다. 시라크는 특히 1954년에 설립되었던 서유럽연합(WEU)이 이 역할을 수행하도록 재편될 수 있기를 희망했다.[15] 이론적으로 시라크의 "완전히 분리되지는 않지만 분리 가능한 군대"라는 개념은 워싱턴이 비상 상황을 더 잘 관리하거나 위임할 수 있는 능력을 제공할 수 있었다. 이는 NATO의 일부가 관련 비용 없이 작은 분쟁에 개입할 수 있게 할 것이다.[16] 베트남에서의 잘못된 선택으로 실패한 전쟁의 트라우마를 가지고 있는 고위 관료들로 가득 찬 대통령 행정부에게는 이것이 유용한 해결책이었을지도 모른다. 그러나 클린턴은 회의적이었다. 미국은 "더 큰 유럽 안보 정체성의 발전을 결코 반대하지 않았지만" 그는 그러한 문제들이 기존의 "동맹 체제 내에서 해결될 수 있다"고 생각했다.[17] WEU에 대한 미국의 의심은 시라크의 기회를 더욱 약화시켰다. 한 국무부 관리가 말했듯이 "아무도 WEU를 심각한 안보 조직이라고 오해한 적이 없다."[18]

이런 실질적인 문제들과 함께 국내에서는 큰 위험이 떠오르고 있었다. 이는 NATO 확장과는 관련이 없었지만, 국내외를 가리지 않고 클린턴이 정책을 밀고 나갈 능력, 나아가 그의 대통령직마저 위협하고 있었다. 처음 그 위험은 대통령 주변에 있는 소수의 관찰자들만이 제대로 알 수 있었다. 클린턴과 모니카 르윈스키의 관계는 1995년 11월 15일에 시작되었고 1996년 봄 가장 심각한 단계에 접어들었다. 이는 미국 대선이 본격적으로 시작되고 그 관계가 드러날 경우 가장 큰 피해가 예상되는 시점이었다. 그럼에도 불구하고 클린턴은 이 관계를 계속 유지했으며 1991년 5월 대통령이 자신을 성희롱했다고 주장하는 폴라 존스가 제기한 소송이 대법원으로 향하고 있는 상황이었다. 존스의 변호사가 르윈스키에 대해 알게 되고 그녀의 증언을 얻을 수 있다면 부적절한 행동의 패턴을 입증하는 데 도움이 될 수 있었다. 그렇게 되면 그의 후보 자격과 대통령직은 치명적인 손상을 입을 것이었다. 옐친의 회고록이 정확하다면 그 부정행위에 대한 소문은 심지어 러시아 정보기관에까지 전해졌다고 한다. 그는 "러시아 정보기관이 잠재적으로 미국 대통령을 다루는 데 사용할 수 있을 암호화된 보고서를 나에게 보냈다"고 썼다. 그 보고서는 공화당원들이 클린턴의 "아름다운 젊은 여성에 대한 편애"와 특히 "그의 수행원 중 한 명인 젊은 공작원"을 이용하여 그를 끌어내리려는 의도를 가지고 있음을 시사했다.[19]

아마도 위험을 알고 있었을 백악관 하급 직원들은 르윈스키가 클린턴과 얼마나 자주 함께 있었는지 서로 날카롭게 지적하기 시작했다. 1996년 부활절 연휴 동안 백악관 비서실 부실장은 대뜸 그녀를 펜타곤에 있는 백악관 연락사무소로 보내버렸는데, 보도에 따르면 그곳은 행정부가 문제아들을 보내는 곳으로 알려졌다. 르윈스키는 충격을 받았고 클린턴에게 불평했다. 그는 그녀에게 정기적으로 전화하고 선거 후에 백악관에 다시 고용하겠다고 약속하며 그녀를 달랬다.[20]

덕분에 1996년 선거운동 시즌은 대통령이 여러 위험과 미해결 문제를 동시에 해결하면서 시작되었다. 러시아와 관련하여 클린턴과 그의 참모들은 〈뉴욕 타임스〉기사에서 썼듯이 "잘 어울리지 않는 정책, 즉 파트너십과 봉쇄의 균형을 맞춰야 했다."[21] 그 균형을 맞추는 것은 까다로웠다. 그들은 옐친을 지지하는 한편 그가 확대된 NATO를 수용하도록 만들어야 했다. 더 나쁜 점은 국무장관이 모스크바에 대해 "수십억 달러 규모의 양자 지원, 공무원 숙소 건설 또는 국제 금융 기관에 대한 개입"을 포함해 "무엇을 하든 충분하지 않다"고 생각했다는 것이다.[22]

대통령은 언제나 그렇듯이 모든 사람을 하나로 모으는 방법을 찾으려고 노력하며 러시아 대통령과의 접촉에서도 계속 윈-윈 결과를 추구했다. 그는 옐친에게 "우리는 분열을 허용할 수 없다"고 말했다. 두 사람 모두 양국 관계의 긍정적인 흐름이 지속될 수 있기를 희망했다. 특히 러시아군과 미군이 "보스니아에서 잘 협력하고 있다"며 두 사람 모두 협력이 계속되기를 희망했다. 옐친은 "새로운 NATO 국가들의 영토에 핵무기를 배치하는 것"은 그러한 협력을 해체할 것이라고 대답했다.²³ 그러나 러시아는 약해졌고 도움을 받아야 했기에 핵무기 배치에 대해 저항할 능력은 별로 없었다. 옐친은 1996년 2월 15일 재선 출마를 공식 발표한 직후 클린턴에게 IMF가 검토 중인 패키지에 "조금만 더, 90억에서 130억 달러 정도만" 추가해 달라고 간청했다. 이 지원은 "매우 중요한 선거 전 상황에서 사회 문제를 처리하고" 무엇보다도 밀린 급여를 지불하는 데 도움을 줄 수 있었다.²⁴ 클린턴 행정부는 IMF가 러시아에 102억 달러를 대출해 주도록 설득하는 데 성공했다. 더 좋은 일은 모스크바가 대출의 대가로 IMF가 통상적으로 요구하는 부담스러운 경제 개혁 사항들을 준수하지 않아도 됐다는 것이다. 대신 어느 분석가가 나중에 말했듯이 "이 IMF 대출의 정치적 목적은 모든 사람들에게 명백했다: 강력한 공산주의 위협에 직면한 옐친 대통령의 재선하도록 돕는 것이다. IMF는 신뢰를 잃었다."²⁵

이렇게 간단히 벌어온 돈 덕분에 옐친은 선거 운동 중에 러시아 도시들을 방문할 때마다 집회를 열고 "내 주머니가 꽉 찼다"고 말할 수 있게 됐다. 그는 가는 곳마다 지역 단체에 후한 은혜를 베풀었다. 여기에는 문화 센터를, 저기에는 수도원을, 심지어 개별 유권자들에게 전화 시설을 지어 주기도 했다.²⁶ 그의 선거 참모들은 "내일 무엇을 나눠줄까"라는 별칭의 야간 기획 회의를 열기도 했다.²⁷ 그의 지지율이 상승하기 시작했다.

독일의 총리 헬무트 콜도 봉쇄보다는 파트너십을 선호했던 만큼 옐친을 돕는 방향을 지지했다. 그는 1996년 2월 3일 미국 국방장관 빌 페리에게 "만약 우리가 '2년간의 평온함'을 만들어 낼 수 있다면" 그 후에 "러시아와의 관계 진전"이 더 적은 위험으로 가능할 것이라고 말했다.[28] 페리는 콜의 말을 깊이 이해하고 공감했다. 페리는 물론 오랫동안 모스크바와의 관계를 NATO의 확장보다 더 중요한 문제로 여겨왔으며 근래에도 우크라이나를 또 한 번 방문해 빈 미사일 사일로의 파괴를 목격했다. 그는 나중에 "사일로에서 연기가 피어 오르는 것을 보는 것은 장관으로서 내 임기 중 가장 기억에 남는 순간 중 하나"라고 썼다.[29] 그는 후에 수백만 명의 미국인을 죽일 수 있는 무기를 가지고 있던 들판에 "아름답고 수익성이 좋은 해바라기 작물"을 심는 데 참여했다.[30]

콜은 페리에게만 말하지 않았다.[31] 독일 총리는 이 문제를 미국 대통령에게도 제기했다. 클린턴 대통령은 선거 운동의 압박에도 불구하고 콜과 정기적으로 전화 통화를 하며 연락을 유지하기 위한 특별한 노력을 기울였다. 한 번은 2월 17일 뉴햄프셔로 비행기를 타고 가는 도중 활주로가 얼어붙어 대기하게 되자 클린턴은 에어포스원(미국 대통령 전용기)에서 콜 총리에게 전화를 걸어 모스크바에 대한 전략을 논의했다. 콜은 만약 옐친이 "약속한 대로 연체된 급여를 지급하면 문제가 없을 것"이라고 생각했다. 한편 서방이 취할 수 있는 유일한 합리적인 방안은 "너무 드러나거나 강압적이지 않게 그를 지원하는 것"이었다. 클린턴은 이에 동의하며 "우리가 그에게 상처 주지 않는 방식으로 지원하는 것이 중요하다. 만약 우리가 너무 많은 일을 하거나 너무 눈에 띄게 행동한다면, 그것이 그에게 불리하게 이용될 수 있다"고 말했다. 콜은 "정확하다"고 답했다.[32]

그들은 또한 옐친이 NATO 확장에 대한 간접적인 보상으로 G7에 가입하고 싶어 한다는 까다로운 문제도 다루었다.[33] 클린턴과 콜은 러시아가 G7에 가입한 후 옐친이 대선에서 패배하면 세계에서 가장 발전된 국가들의 긴밀한 모임이 공산당 후보인 겐나디 주가노프Gennady Zyuganov와 함께해야 할 상황에 처할까 걱정했다. 그러나 러시아를 G7에 가입시키지 않으면 동맹 확장이 지연될 수 있었고 클린턴은 이를 현명하지 않다고 보았다. 그는 "이곳이나 중부 및 동부 유럽 국가들 모두에서 격렬한 반발이 있을 것"이라고 생각했다. 특히 레흐 바웬사나 바츨라프 하벨과 같은 널리 존경받는 지도자들이 있는 국가들의 NATO 가입은 매우 인기가 높아져서 늦어질 경우 정치적 비용이 발생할 수 있었다. 콜은 "폴란드가 나토에 가입하고 싶어 하는 권리가 있다"는 데 전적으로 동의했지만, "우리는 이를 영리하게 진행해야 한다"고 생각했다.[34] 독일 총리와의 후속 대화에서 클린턴 대통령은 폴란드가 동맹에 대해 이해할 만한 관심을 표명하는 것을 수용하면서도 옐친을 보호해야 하는 과제가 있다고 덧붙였다. "만약 러시아 국민들이 내가 옐친의 재선을 얼마나 원하고 있는지 알게 된다면, 실제로 그의 당선 가능성에 해를 끼칠 수 있다"고도 했다.[35] 클린턴은 또한 옐친과의 전반적인 관계에 대해 낙관적인 견해를 표현하며 "보리스는 비합리적이지 않고, 단지 가끔 잘못된 정보를 얻을 뿐이다"고 말했다. 콜은 "보리스는 우리의 말을 듣는다"고 하며 동의했다.[36]

콜은 개인적으로 당의 동료들에게 NATO 확장을 지지하는 미국 측 인사들, 특히 "공화당의 특정 그룹"의 행동을 얼마나 위험하게 생각하는지 털어놓았다. 그는 이들이 러시아 대선 기간 동안 현명하지 못하게 행동하고 있다고 느꼈다. 콜은 동료들에게 시베리아 주민들이 자신들의 선출된 대표들에게 NATO의 공습에 대비하는 방법을 묻고 있다고 말했다. 이 문제에 대한 감정은 분명히 비이성적인 수준에 이르고 있었다. 총리는 독일이 모든 측면에서 이성적인 대화를 촉진하기 위해 최선을 다해야 한다고 생각했지만, 확장이 "무엇보다 폴란드와 관련된 문제"라고 보았기 때문에 쉽지 않을 것이라 판단했다. 또한 공화당이 동맹을 충분히 빠르게 확장하지 못하는 대통령을 상대로 폴란드계 미국인들을 다시 "활성화"시켜 1996년 11월 대선에서 클린턴을 응징하려 한다고 생각했다. 비록 콜 자신도 중도 우파 정당을 이끌고 있었고 중도 좌파 지도자를 물러나게 하려는 공화당의 노력에 이론적으로는 공감할 수 있었지만 이런 상황이 그에게는 불안하게 느껴졌다. 왜냐하면 옐친은 "한 번도 우리를 곤경에 빠뜨리지 않았기" 때문이었다. 오히려 러시아 대통령은 매번 중요한 순간마다 독일에게 "절대적으로 신뢰할 수 있는 파트너"가 되어 주었다. 그 신뢰 덕분에 "러시아 병사들이 마지막 세부 사항까지 합의한 대로 철수했다"는 사실에 대해 콜은 깊이 감사하고 있었다.[37]

프리마코프 외무장관은 러시아에 더 나은 대우를 원한다고 분명히 밝히며 미국은 "러시아를 동등하게 대해야 한다"고 말했다.[38] 프리마코프가 1996년 초에 취임했을 때 탤벗은 그가 가장 먼저 할 일은 뻔하다고 보았다. 바로 "그가 전임자와 얼마나 다른 사람인지 보여주는 것"이었다. 탤벗에 따르면 코지레프는 "그의 가장 극심한 적들이 그에게 제기한 비난, 즉 그가 친서방적이라는 비난에 실제로 책임이 있었다." 코지레프는 진정으로 "러시아의 가장 큰 희망"은 "무엇보다도 미국이 제공하는 기회를 활용해 서방과 통합하는 것"이라고 믿고 있었다.

탤벗이 생각하기에 프리마코프는 그와 정반대였다. 탤벗이 보기에 그는 "우리와의 대결을 즐기고, 우리를 공격하면서 점수를 얻으며" 우리의 "진짜 의도"를 드러내는 데 기쁨을 느꼈다. (그가 생각하는 바에 따르면, 러시아의 정책과 전략을 뒷받침하는 동기와 마찬가지로, 미국의 동기 또한 똑같이 냉소적이고 경쟁적이라고 보았다.) 따라서 프리마코프는 외무장관으로서 자신의 임무를 분명하게 인식하고 있었다. 그것은 "러시아의 약점을 감추고 러시아의 힘을 재건하는 것"이었다. 탤벗은 그가 NATO의 확장에서 최대의 대가를 얻어내기 위해 모든 수단을 동원할 것이며 워싱턴의 최악의 상황을 가정하고 행동할 것이라고 보았다. 탤벗은 프리마코프를 "역사는 '누가 누구를 죽이고 때리고 망치느냐'라는 질문에 답함으로써 모두 설명될 수 있다"는 레닌의 격언을 진정으로 믿는 인물이라고 여겼다.[39]

깨진 약속과 독약?

외무장관실에 "더 이상 착한 사람은 없다"는 분위기가 감돌면서 탤벗은 1996년 2월 초 크리스토퍼에게 프리마코프와 맞붙을 때 경계하라고 조언했다.[40] 아티사리는 헬싱키에서 두 사람을 초대하는 데는 동의했지만 왜 크리스토퍼가 러시아 인사를 미국으로 초대하지 않으려 하는지 의아해하며 "냉전 시대로의 후퇴인가?"라고 물었다. 크리스토퍼는 그렇지 않다고 답하며 단지 양국이 격식을 갖춘 공식 방문이라는 압박 없이 편하게 만날 수 있는 방법으로 헬싱키를 선택한 것뿐이라고 설명했다.[41]

크리스토퍼는 프리마코프와 대화를 시작했을 때 (이후 클린턴에게 말했듯이) 러시아 외무장관의 "상당한 재능이 단 하나의 목표를 위해 집중되어 있다는 것"을 깨달았다. 그 목표는 바로 6월에 있을 옐친의 재선이었다.[42] 프리마코프만이 이 목표를 우선시한 것은 아니었다. 러시아의 올리가르히들 또한 자신들의 부가 옐친과 밀접하게 연결되어 있었고 그래서 1996년 1월 다보스 포럼에서 옐친의 승리를 돕기 위한 별도의 회의를 열었던 것으로 보인다.⁴³ 러시아 전문가들은 대통령의 선거운동이 "올리가르히들과의 정치적 지원 거래" 때문에 "더러워졌으며" 이들은 "정치를 조종하고, 옛 국유 자산을 매입하기 위해 서로 싸우고 있다"고 전했다.⁴⁴

그러나 1996년 2월 9일부터 10일까지 헬싱키에서 열린 회담 동안 크리스토퍼와 프리마코프는 외교 정책에 집중했다. 프리마코프는 최소한 보스니아에서 미국 및 NATO와 함께 했던 "러시아의 협력에 관해 긍정적인 입장"을 취하긴 했다. 하지만 외무장관은 "러시아를 '동등한' 존재로 대우하는 것(그는 과거에는 그런 일이 없었다고 주장했다)이 자신의 러시아 외교 정책을 이끌 기준이 될 것이라는 주제를 반복해서 언급했다."⁴⁵ 한편 크리스토퍼 국무장관은 우크라이나 문제를 강조했다. 우크라이나의 대통령 레오니드 쿠치마는 최근 클린턴에게 "러시아가 공개적으로는 우정을 선언하면서도, 우리를 억누르고 무릎 꿇리기 위해 할 수 있는 모든 일을 하고 있다"고 불평했다. 쿠치마는 핵무기 해체를 위한 거래에서 자신이 받아야 할 돈을 받지 못했을 뿐만 아니라 모스크바가 노동 불안을 조장하고 있다고 생각했다. 그는 러시아가 "우크라이나 탄광의 거의 모든 곳에 대표를 보내" 우크라이나 석탄 광부들의 파업을 "유발"했으며, "우리의 공동 전력 시스템을 차단해 우리가 더 많은 천연가스를 사용하도록 강요했다"고 말했다. 그 결과 우크라이나는 "기업의 절반을 폐쇄해야 했다." 쿠치마는 이를 러시아가 우크라이나를 다시 "러시아의 통제 구조"로 되돌리려 하는 시도라고 보았다.⁴⁶ 이에 크리스토퍼는 프리마코프에게 "러시아는 우크라이나에게 1991~1992년에 이전된 전술 핵무기에 대한 보상을 이행해야 한다"고 강조했다.

그러나 프리마코프는 우크라이나 문제나 NATO의 확장에 동의하지 않았다. 대신 그는 확장에 대한 네 가지 공격을 시작했다. 첫 번째는 "NATO의 기반시설을 중부 유럽으로 이동하는 것은 미사일을 러시아에 더 가까이 가져오게 될 것이고 이는 INF 조약의 폐기나 다름없다"는 주장이었다. 러시아 입장에서는 이를 용납할 수 없었다. 다시 말해 NATO의 새 동부 기지로 이동한 단거리 미사일은, 이전에는 INF 조약 제한 무기로만 도달할 수 있었던 "목표물을 위협할 수 있기 때문에" 금지되었다는 것이다.[47] 두 번째 노선은 포괄적 핵실험 금지에 대한 미국의 관심을 협상 카드로 이용했다. 다른 많은 것들과 마찬가지로 백악관은 (내부 요약문에 따르면) "CTBT 감시 및 검증"은 "긍정적인 미-러 관계"가 있을 때만 성공할 수 있다는 것을 알고 있었다.[48] 클린턴은 이미 옐친에게 시험 금지 이니셔티브에 협조해줄 것을 요구하며 "당신만이 중국에 무수율 CTB를 판매할 수 있는 유일한 사람일지도 모른다"고 추켜세웠다.[49] 세 번째 공격 노선은 확대를 핵 확산과 연결하는 것이었다. 프리마코프는 "NATO가 확대된다면, 우리가 이에 대응하는 가장 저렴한 방법은 이 지역에서 핵 능력을 확대하는 것"이라고 말했다.[50] 그 공격의 결과로 모스크바는 군비통제 협정 또한 의심하게 되었다. 프리마코프는 "NATO가 확장되면 START II와 INF 조약을 모두 포기할 것"이라고 말한 두마 의원의 발언을 찬성조로 언급했다. 미국 상원은 1996년 1월에 START II를 비준했지만 러시아는 아직 조약을 방치하고 있었다. 페리는 이 조약이 "NATO 확장의 희생양"이 되어 간다고 우려했다.[51]

그러나 모스크바의 가장 끈질긴 네 번째 공격 노선은 1990년의 2+4 조약을 무기로 사용하는 것이었다. 러시아 외교관들은 협정의 "정신"과 함께 "측면 보장"이 독일 동부 국가들이 NATO에 가입하는 것을 금지한다고 주장했다.⁵² 이 공격에 대한 영감의 일부는 아이러니하게도 옐친의 적수 미하일 고르바초프로부터 왔다. 소련의 마지막 지도자인 고르바초프는 1995년 9월 22~28일자 〈모스크바 뉴스〉에서 "러시아는 2번 바이올린 역할을 하지 않을 것"이라는 제목의 영향력 있는 인터뷰를 하면서 서방이 러시아를 이용하고 있다고 한탄했다.⁵³ 그는 또한 회고록을 써서 출판하는 중이었던 만큼 이 한탄은 수많은 나라에서 여러 다른 언어로 퍼져 나갔다. 고르바초프의 회고록은 1990년 2월 제임스 베이커 전 국무장관이 NATO가 동쪽으로 1인치도 이동하지 않을 것이라고 발언한 것에 대해 새로운 관심을 불러일으켰다.⁵⁴ 고르바초프의 회고록에 의해 야기된 이 논쟁의 신호탄은, 이제 동쪽으로 몇 인치까지 움직일 수 있는지 밀어붙여 보려는 서방 세계와 직면한 옐친과 프리마코프에게는 적시에 들어온 선물이었다.

러시아가 했던 그 어떤 주장도 이보다 서방 지도자들을 더 격분하게 만든 적은 없었다.⁵⁵ 전현직 정책입안자들은 이 주장을 경쟁적으로 맹렬히 비난했다. 본 주재 미국 대사관은 퇴임 후 변호사로 복귀했던 베이커의 주장을 일축하는 발언을 유포했다. "당연히 이 조약은 독일만을 다룰 뿐이고, 다른 국가들은 다루는 척도 하지 않는다."⁵⁶ 독일 국방장관 폴커 루헤는 독일의 정치적 통합에 관한 조약이 중부 및 동부 유럽의 독립국들이 원하는 동맹을 맺을 수 있는 권리에 영향을 줄 수 있다고 주장하는 것은 "어처구니없는 일"이라고 말했다.⁵⁷

그것이 그렇게 터무니없는 일인지 확신하지 못한 베이커의 후임자는 러시아의 주장에 대한 자세한 내부 조사를 의뢰했다. 크리스토퍼는 구소련 국가들의 임시 조정관이었던 존 허브스트John

Herbst와 콘블럼을 조사 담당자로 선정했다. 그는 최종 보고서를 널리 배포하여 미국 외교관과 언론 대변인이 프리마코프와 그의 팀을 상대로 대응할 방법을 제공했다. 허브스트와 콘블럼의 설명은 공식적으로 인가받고 광범위하게 배포되어 정설로 여겨지게 되었고, 수년 동안 그들의 견해는 1990년에 정확히 무슨 말이 있었는지에 대한 논란에 대응하는 미국인들의 태도를 형성하는 데 도움을 주었다.

조사 과정에서 두 사람은 1990년에 있던 구두 협상과 제한된 서면 협상 사이의 불일치에 초점을 맞췄다. 첫째로 그들은 서독 외무장관 한스 디트리히 겐셔가 NATO의 "공격용 부대를 동쪽으로 옮기지 않을 것"이라는 "일방적 성명"을 구두로 발표했다는 것을 시인했다. 물론 그는 여러 번 다양한 형태로 이 말을 했지만 대체적인 요점은 정확했다. 그러나 겐셔의 구두 성명은 법적 강제력이 없었고, 정말 중요한 것은 서면으로 남은 조약뿐이었는데, "이 조약은 독일의 경계를 넘어선 NATO 배치에 대해 전혀 언급하지 않고 있었다." 미국 외교관들은 "러시아인들에게 이 기본적인 사실을 분명히 상기시켜 주어야 했다."[58]

둘째로 미국 특사들은 러시아인들에게 모스크바가 서명한 1975년 헬싱키 최종 협약Helsinki Final Act과 1990년 파리 헌장Charter of Paris에서 모든 주권국가 서명국이 자유롭게 군사 동맹을 선택할 수 있다는 것을 확인했다는 점 또한 상기시켜야 했다.[59] 특별히 독일에 관해 다루고 있는 2+4 조약에서 그 권리가 별도로 명시된 유일한 이유는 분단된 독일에 대한 "전후 합의의 독특한 성격" 때문이었다. 1945년 독일이 4개 동맹국에 무조건 항복한 결과 "모스크바는 독일 통일에 법적 역할을 했다." 반면 "중부 및 동부 유럽에 대한 상황은 크게 다르다." 미국이 "'그들에 대한, 하지만 그들 없이'(다른 나라들이 그들의 미래를 결정할 때 흔히 쓰는 폴란드식 표현) 거래를 할 준비가 되어 있다"는 어떤 암시도 "우리의 정치적 입장과 신뢰성에 파괴적일 것이다."[60]

마지막으로 가장 의미심장한 것은 2+4 조약과 조약의 서명 직전 새벽에 추가된 합의의 조합은 소련군이 철수한 후에 NATO 군이 옛 냉전의 경계선을 넘을 수 있도록 명시적으로 허용했다는 것이다. 이는 모스크바가 지금 주장하는 것과 반대되는 행위를 허용하는 협정에 서명했다는 것을 의미한다. 프리마코프는 나중에 회고록에서 이 점을 인정했다. 그는 고르바초프가 확장을 않겠다는 보장을 어떤 식으로든 법적 구속력을 갖게 만들지 않은 점을 유감스럽게 여겼다. 고르바초프가 "조약이나 법적" 형태의 보장을 받지 못한 것은 프리마코프가 심각한 문제를 물려받았다는 것을 의미했다. 1996년에 허브스트와 콘블럼이 했던 주장은 공식적인 서면 기록의 측면에서는 정확했다.[61]

두 미국인들도 당시에는 인정하지 않았던 문제가 하나 있었다. 그들은 본인들의 입장을 고수하려 했기에 1990년 NATO가 조건부로 확대됐던 일의 중요성을 인정할 수 없었다. 그런 선례를 인식했더라면 미-러 대화의 악화를 막는 데 도움이 되었을지도 모른다. 대신 두 사람은 모스크바의 주장을 "우리가 분명히 반박해야 할 터무니없는 주장"이라고 조롱했다. 비록 2+4 조약은 공식적인 조약이었지만 그들은 그것이 "어떤 법적 또는 정치적 선례도 세우지 않았다"고 주장했다. 그들은 모스크바의 아이디어가 법적으로 너무 우스꽝스럽다고 생각해서 뭔가 다른 일이 일어나고 있다고 의심했다. "러시아는 좀 더 교묘한 결과를 모색하고 있을지도 모른다." 다시 말해 프리마코프는 타협을 위한 토대를 마련하고 있었다. NATO는 "동맹국의 주권 영토"(즉, 독일)에 "외국군 또는 핵무기의 주둔 또는 배치"에 대한 법적 구속력이 있는 금지령을 수용했기 때문에 "러시아는 결국 NATO 자체의 동맹 확대와 관련해서도 유사한 제한을 추출해내기를 바랄 것이다." 프리마코프는 "새로운 동맹국이 2+4의 독일에 대한 제한과 동일한 회원 자격 제한을 받아들여야 하는 거래를 추진하는 것으로 러시아를 포지셔닝"했을 가능성이 가장 높았다.62 1995년 1월 레흐 바웬사가 리처드 홀브룩에게 기꺼이 받아들일 수 있다는 신호를 보낸 것은 본질적으로 타협이었다.

탤벗과 크리스토퍼는 이런 가능성에 놀라 클린턴에게 이것은 "극도로 독성이 강한 독극물 알약"이라고 말했다. 그들이 보기에 중부 및 동부 유럽에까지 2+4를 적용한다는 전망은 NATO 억제력의 핵심뿐만 아니라 궁극적으로 미국 핵무기의 전진 배치에 의존하던 NATO의 존재마저 위협했다.63 국무부의 결론은 명확했다. "우리는 중부 및 동부 유럽인들의 머리를 둘러싼 어떤 거래도 중단할 준비가 되어 있지 않다는 것을 모스크바에 강력하게 상기시켜야 한다."64

이들 국가의 지도자들은 1996년 3월 13일 러시아가 실제로 "핵무기도 없고 주둔군도 없다"는 2+4 방식의 제한을 암시하고 있다고 보고함으로써 허브스트와 콘블럼의 의혹을 확인해 주었다. 프리마코프는 명백히 그런 제한 없이 "러시아 국경까지 이르는 NATO의 '무제한적'인 확장과 발트 3국 또는 우크라이나의 NATO 가입"으로 이어질까 봐 걱정했다.65 허브스트는 프리마코프가 "중부 유럽 국가나 다른 동맹국 중 어느 국가에서든 완전한 확대보다 덜한 확대에 만족할 것이라는 권위 있는 인정을 얻기 위해 단순히 트롤링을 하고 있었다"고 결론지었다.66 크리스토퍼는 잠재적인 새로운 동맹국들에게 "NATO 확대 방해에 있어서 코지레프보다 더 교묘하게 움직이는 프리마코프"를 감안할 때 "동맹의 잠재적 회원국들 사이에 갈등을 조장하려는 프리마코프의 시도를 막아야 한다"고 조언했다.[67] NSC는 또한 "새로운 NATO 회원국에 대한 '노르웨이' 지위"에 반대했는데, 이는 노르웨이가 전쟁 중 외에는 자국 영토에 군대를 주둔시키지 않고, 그곳에 핵무기를 배치하지 않으며, 모든 훈련은 소련(이후 러시아) 국경에서 일정 거리 떨어진 곳에서 실시되어야 했던 것을 의미했다.[68]

승리를 감지한 체코, 헝가리, 폴란드는 미국의 요구대로 독극물 알약에 저항했다.[69] 유일한 부분적인 예외는 슬로바키아였다. 저명한 노조의 지도자였던 얀 슬로타Ján Slota와 얀 류프타크Ján Ľupták는 NATO의 핵무기가 전략적인 균형을 달성하는 데 별 의미가 없고 러시아와의 관계에도 큰 피해를 줄 것임을 고려할 때 과연 슬로바키아 영토에 핵무기를 배치하는 것이 꼭 필요한지에 대해 공개적으로 의문을 제기했다.[70] 이는 유럽인들이 단거리 핵무기의 필요성에 의문을 제기해 온 오랜 역사의 일부였으며, 그 반응은 냉전이 지나간 뒤에도 이 문제가 여전히 민감한 문제라는 것을 보여주었다. 슬로바키아 국민들이 독극물 알약을 복용할 수도 있다는 암시와 슬로바키아의 민주화가 불균등하게 진행되고 있던 점이 합쳐지면서 슬로바키아의 NATO 조기 가입 가능성은 하락하는 것 같았다. 미국 외교관들은 그해 여름 브라티슬라바에 "미국 정부가 보기에 슬로바키아가 우리와 같은 가치를 공유하는지는 명확하지 않다"고 알렸다.[71]

러시아에서의 선거운동이 막바지에 접어들며 이런 문제에 대한 논쟁은 분명히 문제를 일으킬 가능성이 있었다. 그래서 1996년 6월 16일 러시아 총선 1차 투표 직전인 6월 3~4일 베를린에서 정기 NATO 각료회의(NAC)가 예정되어 있던 것은 더욱 문제였다.

엉뚱한 발언은 덮어두어야 했다. 가벼운 입 때문에 NATO의 확대라는 배가 출발하자마자 가라앉아서는 안 됐다. 솔라나는 미국 NATO 대표부와 동맹국들이 확대 이외의 다른 것에 관해 이야기하느라 시간을 쓰게 만들 방법에 대해 논의했다. 그들은 "프랑스인들에게 NATO 군사 구조가 실제로 어떻게 작동하는지 '교육'하는 데" 시간을 보내기로 결정했다.[72]

클린턴은 개인적으로 솔라나에게 장관 회의에서 확대가 논의될 때 참석한 모든 사람이 "체계적이고, 꾸준하고, 심지어 관료적으로" 행동해야 한다고 말했다. "러시아와 중부 및 동부 유럽뿐 아니라 미국과 유럽의 확장을 지지하는 국가들"에게서도 "NATO 확대 문제에 쓸 감정 에너지를 빼앗는 것"이 필수적이었다. 그는 이전에 탤벗에게 말했던 것처럼 옐친에게 확장을 "당신이 피할 수 없는 것 중 하나"로 받아들일 시간을 주고 싶었다. 결론은 "우리는 웃으며 앞으로 터벅터벅 걸어가야 한다"는 것이었다. 그는 NATO 동맹국들도 PfP의 성공을 강조해야 한다고 덧붙였다. PfP는 그 중요성에 대한 타격에도 불구하고 지속되고 있었다. PfP는 무대에서 밀려났음에도 불구하고 대통령이 언급했듯 여러 국가 간의 실질적인 협력의 현장이었다.[73]

클린턴의 참모들은 또한 보스니아에서 IFOR 임무의 성공을 강조할 것을 권고했다. 1996년 6월 21일 NSC 평가에서 "첫 6개월 동안의 성공적인 성과를 통합하고 9월 선거를 지원할 준비를 하면서 순조롭게 진행되고 있다"는 결과가 나왔다.[74] 1996년 초 배치된 IFOR 병력 6명 중 1명이 NATO가 아닌 국가에서 왔다는 점에서 PfP는 NATO 파트너 국가들의 다양한 세트를 하나로 묶을 수 있는 지속 가능한 구조임이 입증됐다.[75] 소련이 해체된 지 불과 몇 년 만에 러시아군은 보스니아에서 NATO군과 어깨를 나란히 하는 데 성공했다. 러시아군은 미국이 주도하는 지휘구조 내에서 잘 기능하고 있었다.[76] IFOR는 적절한 조건에서 군사 차원의 실질적인 협력이 가능하다는 것을 보여주었다.[77]

그해 여름에는 광범위한 정치적 협력이 이루어졌다. 클린턴은 계속해서 옐친이 모든 대안보다 낫고 그가 미국에 NATO와 관련된 최상의 거래를 제공할 것이라고 믿었다. 그 믿음 덕분에 클린턴은 그해 초 IMF를 독촉해야 했다. 이 때문에 그는 과거에 자신과 함께 일했던 선거 컨설턴트 리처드 드레스너Richard Dresner에게 옐친의 선거운동에 조언을 해달라고 했다고 한다.[78] 드레스너는 클린턴의 당시 정치 고문인 딕 모리스와 긴밀한 연락을 유지하며 백악관에 직접 정보를 제공했다.[79] 한편 탤벗은 사태 추이를 예의주시하던 CIA의 존 도이치John Deutch 국장에게서 매주 러시아 선거에 대한 조언을 들었다.[80]

옐친은 워싱턴이 승리하는 데 자신을 필요로 한다는 사실을 완벽하게 잘 이용했다. 그는 1차 투표 한 달 전 클린턴에게 전화를 걸어 "빌, 내 선거운동을 위해 러시아에 25억 달러의 대출이 시급하다"고 말했다. 그는 여전히 "연금과 임금을 지불할 돈"을 원했지만 IMF의 조건 때문에 약속된 자금을 제때 받을 수 없었다. 클린턴은 "선거 전에 IMF로부터 약 10억 달러를 받을 것으로 알고 있었다"고 말하며 놀라워했다. 옐친은 "아니, 아니, 고작 3억 달러"라고 대답했다. 클린턴은 그가 할 수 있는 모든 것을 할 것이라 말했고 또 그렇게 했다.[81]

미국 대통령은 일련의 발표들로 더 많은 도움을 주었다. 그는 1996년 6월 1일 현재 러시아가 소련 붕괴 이후 우크라이나에 발이 묶인 모든 핵무기를 마침내 손에 넣었다고 선전했다. 클린턴은 공개 성명에서 "1991년 우크라이나에는 4천 개 이상의 전략 및 전술 핵탄두가 있었다"며 "이제는 없다"고 기뻐했다.[82] 그는 또한 체첸에서 일어난 전쟁으로 촉발된 CFE 측면 논쟁에 대한 타협안을 발표했다. 러시아의 작은 이웃들의 우려에도 불구하고 모스크바는 측면 지역에 더 많은 무기를 배치할 수 있게 되었고 새로운 기준을 준수하기 위한 마감시한은 1999년까지 연장했다.[83] 체첸 전쟁이 진정될 가능성도 있어 보였다. 1996년 5월 27일 옐친은 전투 작전의 중단에 동의한 반군 지도자와 협정에 서명하였다.[84] 마지막으로 이 모든 것들 위에서 러시아는 START II에서 요구하는 감축 완료 기한을 연장 받았다.[85]

1996년 6월 3일 개인 자격으로 미국을 방문한 바웬사는 클린턴에게 한 번 만나자는 초대를 받았다. 백악관에 들어간 후 그는 옐친을 지지하는 모든 노력에 대해 경고를 보냈다. 바웬사는 클린턴에게 "옐친은 정말 위험할 수 있다"며 "그는 이미 국민과 의회에게 총을 쐈다"고 상기시켰다. 이런 행동은 이미 상당한 한계를 넘어섰고 옐친이 앞으로도 폭력을 쓸 수 있다는 신호를 보내고 있었다. "그는 그런 행동을 수행할 의지와 구조를 가지고 있다." "평화로운 상황에서는 물론 옐친이 알려진 인물이기 때문에 선호되지만 … 러시아의 상황이 반드시 평화롭지만은 않다."[86]

바웬사의 간청에도 불구하고 미국의 정책은 거의 변하지 않았다. 옐친을 보호하려는 시도는 계속되었고 결국 성공적이었음이 증명되었다. 6월 16일 옐친은 35%의 득표율을 얻어 10명의 후보 중 1위를 차지했고 2차 투표에 진출했다.[87] 이후 지쳐버린 그는 또 다른 심장 발작을 겪었다. 그러나 그의 선거 운동 팀은 병의 심각성을 숨김으로써 가까스로 재난을 피했다. 대중의 시야에서 사실상 사라졌음에도 불구하고 옐친은 7월 3일 상대 후보인 공산당의 주가노프를 13% 차이로 꺾었다.[88] 재선된 러시아 대통령은 자신의 2번째 취임식에도 겨우 참석할 정도로 건강이 위태로웠지만 옐친을 계속 대통령 자리에 앉혀 놓으려던 서방의 구원 시도는 그의 공직에 대한 적합성과 선거의 더 의심스러운 측면들에 대한 모든 질문들을 묻어 버렸다.[89] 그러한 측면 중 하나는 옐친이 명령한 체첸에서의 수년간의 잔혹 행위에도 불구하고 (국제 감시단은 이 지역에 남아 있는 성인이 50만 명도 안 된다는 추정치를 발표했지만 그 누구도 언급하지 않았다) 100만 명이 넘는 체첸인이 투표했고 그 중 70%가 현직 대통령에게 투표했다는 러시아 선거 당국의 보고서였다. 이후 OSCE 선거 관찰 팀의 한 위원은 자신이 목격한 '광범위한 유권자 사기'를 폭로하지 말라는 압력을 받았다고 주장했다. 선거 당시 모스크바 대사관에서 근무했던 미국 외교관 토머스 그레이엄Thomas Graham은 클린턴 행정부는 선거가 공정하지 않다는 것을 알고 있었지만 "목적이 수단을 정당화한" 사례였다고 주장했다.[90]

"1인치도 안 된다" 문구의 재정의와
NATO의 새로운 활로 모색

러시아 선거가 진행 중인 상황에서도 NSC는 옐친의 신체적·정치적 약점에도 불구하고 "NATO 확대 계획: 96년 6월부터 97년 6월까지"를 마무리할 정도로 자신감을 가졌다.[91] 새로운 회원국의 수와 미-러 관계 손상 비용 간의 연관성을 의식하며 NSC는 가능한 한 빠른 시기에 NATO 확대를 시작하되 가장 유력한 후보국만 초청할 것을 권고했다. 이 계획에 따르면 당시 "핵 배치 금지, NATO 군사 인프라 확장 제한, 발트 3국의 NATO 가입 배제"와 같은 제한적인 중부 유럽 회원국 지위에 대한 러시아 측 제안은 러시아의 입장이 완화되고 있음을 시사했다. 프랑스와 독일의 확대 지지가 약화되는 상황에서 미국은 이 기회를 활용하여 발트 3국을 제외하고라도 나아가야 한다고 생각했다. 발트 3국은 "현 NATO 회원국들 사이에서 현재로서는 지지를 얻지 못하고 있는" 상황이기 때문이었다.

동맹의 창립 조약에는 새로운 회원국 초청을 위해서는 동맹국들의 "만장일치 합의"가 필요하다고 명시되어 있었다. 미국의 군사적 우위와 압박을 통한 협상으로 일부 국가들은 이를 달성할 가능성이 높았지만 발트 3국이나 루마니아는 예외였다. 프랑스의 강력한 지지에도 불구하고 이들은 단순히 "준비가 되지 않았다"는 평가를 받았다. 하지만 긍정적인 면도 있었다. 초기에는 소수만 초청함으로써 동맹에 추가 초청이 있을 것임을 분명히 했다. 이 전략은 클린턴의 팀이 "다음 차례 혹은 경쟁에서 탈락한 국가들"이 회색지대에 남겨지는 것을 염려하지 않도록 하며 참여를 유도할 수 있게 했다.[92] 독일에서는 루헤 국방장관이 이 전략을 지지했으며 나중에 그는 "발트 3국과 다른 국가들을 이후에 들이려면 먼저 세 국가를 들이는 것이 옳은 선택이었다"고 말했다.[93]

NSC는 그동안 미국이 발트 3국의 주권을 강화하는 방법을 찾아야 하며 "우크라이나에 대해서도 유사한 조치가 마련되어야 한다"고 덧붙였다. 클린턴은 러시아 선거 2차 투표가 열리기 전부터 NSC의 조언을 일부 실행에 옮겼다. 1996년 6월 25일 그는 백악관에서 발트 3국의 지도자들을 환영하며 이들에게 1년 전 탤벗이 전한 말을 되풀이했다. "동맹에 가입할 첫 번째 신규 회원국들이 마지막이 되지는 않을 것입니다." 국무부 부장관은 "첫 번째, 두 번째, 세 번째 확대도 마지막이 되지는 않을 것"이라고 덧붙이며 대통령의 말을 강조했다. 그러나 동맹은 발트 3국의 미래 회원국 가능성에 대해 너무 많은 지지를 드러내지 않도록 조심해야 했다. NSC는 "발트 3국이 다음 차수에서 특별한 고려를 받을 것이라는 인상을 주는 것은 너무 도발적으로 비춰져 NATO-러시아 관계가 영구적으로 악화될 수도 있다"고 언급했다.

이를 방지하기 위해 NSC는 한 가지 영리한 방안을 제안했다. 새로운 NATO 회원국들에게 가능한 한 많은 2+4 조약 조건을 적용하려는 프리마코프의 노력을 수사적으로 지지하는 것이었다. 동맹은 "현재의 안보 환경에서 NATO는 새로운 회원국 영토에 핵무기를 배치하거나 다국적 재래식 전력을 전진 배치할 의도가 없다"고 말할 수 있었다. 이는 러시아의 주장을 허위라고 조롱하는 허브스트와 콘블럼의 공격적인 접근보다는 덜 대립적이었지만 사실 워싱턴이 어떤 구체적인 약속을 한 것은 아니었다. NATO는 이전에 논의되었던 대로 미국과 러시아 간의 새로운 헌장 또는 "기본 틀 문서"를 제안할 수 있었다.[94] 유엔 대사였던 매들린 올브라이트가 나중에 요약했듯이 이 헌장은 "유럽 안보 논의에서 모스크바에 발언권은 주되 거부권은 주지 않기 위한" 것이었다.[95]

이 모든 논의의 목적은 러시아가 원하는 조건을 명확히 제시하고 행동에 나서도록 하는 것이었다. 탤벗 국무부 부장관은 크리스토퍼에게 이렇게 말했다. "외교, 전략, 정치 그리고 관료적으로 얼마나 복잡한 일인지 말할 필요도 없다." 이 중요한 시점에는 정보를 공유하는 범위를 최소한으로 유지하는 것이 필수적이었다. 부장관은 스타인버그를 "(콘블럼과 함께) 유럽 안보/NATO 확장 팀의 공동 선장"이라고 보고 있었다.[96] 탤벗이 원하는 건 분명했다. 그는 "더 이상 정보를 공유하는 범위를 확대하고 싶지 않았다." 만약 그렇게 하면 "정보 유출, 험담, 그 외 어떤 문제가 생길지 몰랐기 때문이다." 그러나 부장관이 팀을 매우 소규모로 유지한다면 생길 수 있는 가장 큰 문제 중 하나는 중부 및 동부 유럽의 협상자들이 직접 참여하지 않는 상황에서 유럽의 미래에 관한 새로운 얄타 회담 방식의 합의가 나올 가능성을 피해야 하는 것이었다. 크리스토퍼는 이를 미국-러시아가 그들 머리 위에서 결정하는 "공동 통치"를 피하는 일이라고 표현했다.[97]

또 하나의 어려운 결정은 러시아의 NATO 가입 자격에 대해 어떻게 말할 것이가였다. 탤벗에 따르면 "몇몇 영국 고위 인사들과 독일 국방장관 루헤"는 그에게 "스스로를 속이는 것은 그만두고 러시아가 NATO에 가입할 가능성은 전혀 없다고 분명히 말하라"고 했다. 탤벗은 이에 동의하지 않았고 이 문제를 열어두는 쪽을 선호했다. 그는 크리스토퍼에게 굵은 글씨로 조언했다. "어느 나라에도 절대라고 말하지 말라. 러시아를 포함한 어떤 PfP 국가도 언젠가는 NATO에 가입할 가능성이 배제되지 않았다." 다시 말해 "만약 러시아가 문을 두드린다면, 우리도 자물쇠를 걸고 '저리 가! 절대 들어올 수 없어!'라고 소리칠 필요는 없다." 그러나 그는 이탤릭체로 덧붙였다. "러시아가 문을 두드린다 해도, 당분간은 들어오지 않을 것이며 다른 국가들이 문턱을 넘을 것임을 이해해야 할 것이다."

여기서 언급된 잠재적 "다른 국가들"에는 구소련 공화국들도 포함되었다. 탤벗은 국무부 직원들이 "발트 3국의 궁극적인 NATO 가입 가능성"에 대해 이미 "훌륭한 작업"을 했으며 우크라이나에 대한 유사한 문서도 초기 단계에서 준비되고 있다고 보고했다.[98] 1996년 10월까지 NSC는 "우크라이나-조지아-아제르바이잔-우즈베키스탄 그룹과 NATO의 연계를 구축하여 이들이 CIS, 즉 러시아가 사실상 이끄는 구소련 국가들의 연합에 맞서 자유롭게 행동할 수 있도록 지원하는 방안"을 연구하기 시작했다.[99] 탤벗은 NATO가 이 모든 지역에 관심을 보이는 것에 대해 프리마코프가 불만을 제기할 것에 대비해야 했다. 이에 대한 최선의 반론은 러시아를 포함한 모든 국가들이 NATO 회원이 될 수 있는 동등한 기회를 가진다고 말하는 것이었고 탤벗은 이 선택지를 공개적으로 열어두기를 원했다. 프리마코프가 지금 당장 가입하고 싶다고 허세를 부릴 수도 있지만 탤벗은 "번호표를 뽑고 정원에서 기다려라"고 대응할 수 있었다.[100]

이렇게 전투 준비가 갖춰진 탤벗은 옐친의 재선 직후 모스크바로 날아갔다. 예상대로 프리마코프는 1996년 7월 15일 그에게 다시 2+4 조약을 들이대며 "1990년과 1991년의 자료를 우리 아카이브에서 검토하고 있었다"고 말했다. 러시아는 명백하게 베이커, 콜, 영국과 프랑스의 지도자인 존 메이저와 프랑수아 미테랑이 "모두 고르바초프에게 바르샤바 조약을 탈퇴하는 어느 국가도 NATO에 들어갈 수 없으며, NATO는 러시아 쪽으로 1인치도 나아가지 않을 것이라고 말했다"고 주장했다.[101] 1996년의 모스크바는 서방 세계가 1990년에 했던 약속이 무의미했기 때문에 현재 미국의 약속 또한 신뢰할 이유가 없다고 생각했다.[102]

프리마코프는 "우리에게는 실제 레드 라인이 있다: NATO의 인프라가 러시아 쪽으로 이동한다면 우리는 그것은 받아들일 수 없다"고 밝혔다. 탤벗은 "NATO에는 오직 하나의 회원 등급만 존재할 수 있다"고 말하며 이 불만을 무마하려 했다. 그러나 프리마코프는 "이미 NATO에는 서로 다른 등급의 회원국들이 존재한다"고 반박했다. 프리마코프에게 가장 중요한 문제인 "핵무기"에 대해, 예를 들어 "독일은 하나의 제한 사항을 갖고 있지만, 노르웨이는 또 다른 제한 사항을 가지고 있다"고 말했다. 동맹이 이러한 선례를 무시해야 할 이유는 무엇인가? 우크라이나조차도 자국이 핵무기를 포기했을 때 이웃 국가들이 핵무기를 갖는 것을 반기지 않았다. 탤벗은 직접적으로 대답하지 않고 대신 "유럽 안보 전체"에 집중할 것을 제안했다. 프리마코프는 "NATO라는 이름 자체가 러시아인들에게 문제"라며 "우리에겐 그것이 일종의 네 글자 단어"라고 말하면서, 그들이 "확장된 동맹의 버전을 새롭게 이름 붙이는 창의적인 타협을 찾을 수 있을 것"이라고 반박했다. 탤벗은 "폴란드가 가입한 후에는 NATO를 바르샤바조약으로 개명할 수 있을지도 모른다"고 응답했다.[103]

탤벗은 프리마코프가 "NATO 전선의 약점을 찾아내고" 미국과 일부 유럽 동맹국, 특히 프랑스 간의 의견 차이를 "악용"하여 "확장을 지연시키거나 심지어 중단시키려" 하고 있다고 생각했다. 사실 시라크는 러시아를 대하는 미국의 대우에 관한 불만을 점점 더 공개적으로 표현하고 있었다. 그는 1996년 11월 1일 국가안보보좌관인 토니 레이크에게 "우리가 그들을 너무 굴욕적으로 대했다", "러시아의 상황이 매우 위험하다" 그리고 "언젠가 위험한 민족주의적 반발이 있을 것"이라고 조언했다. 탤벗은 여러 유럽 지도자들이 러시아 외무부 관계자들과 공모하여 유럽 안보에 대한 대안을 개발하고 있다고 의심하기도 했다. 모스크바는 "유럽의 유연성을 악용하는 전술"의 일환으로 "핵무기 없는 구역과 '공동 안전' 지역 등으로 가득 찬 눈에 확 띄는 부분이 있는 제안"을 제시했다. 후자는 "러시아와 서방 사이에 옛 바르샤바조약에 대략 상응하는 거대한 완충 지역"을 만드는 것을 목표로 했다. 이 대안 계획은 또한 "발트 3국이나 우크라이나의 NATO 가입 가능성을 영원히 배제할 것"이었다.[104] 프랑스가 왜 이렇게 모스크바와 공모하는 것인지에 대한 답을 찾으려던 탤벗은 프랑스 외교관 자크 블로트Jacques Blot에 대한 "반대 심문" 후에 답을 얻었다고 보

8장 인치당 비용

고했다. 탤벗은 크리스토퍼에게 설명하면서 EU가 "러시아(및 기타 모든 구소련 국가들)"로의 확장을 배제했다고 말했다. 만약 워싱턴이 구소련 공화국들을 포함할 가능성이 있는 방식으로 NATO 확장에 대해 계속 이야기한다면 "EU는 그 입장을 변경해야 하는 압박을 받을 것"이라고 덧붙였다.[105]

서방 동맹국 간의 이러한 불화에 대해 잘 알고 있었던 프리마코프는 비셰그라드 이상의 문제들이 걸려 있다는 점을 이해하고 있다고 분명히 밝혔다. 그는 탤벗에게 러시아의 레드 라인에는 "발트 3국과 우크라이나와 같은 문제들이 포함된다"고 말했다. 탤벗은 프리마코프가 이들의 NATO 회원 가입을 배제하고 있다면 "우리는 교착 상태에 빠지거나 열차 사고가 발생할 것"이라고 단호히 말하며 워싱턴은 어떤 국가도 배제할 수 없다고 주장했다.[106] 클린턴은 탤벗을 지지하며 옐친에게 보내는 편지에 "유럽의 새로운 민주 국가들에 대해 미리 회원 가입을 배제할 이유가 없다"고 썼다.[107] 비록 미국 대통령이 이를 명시적으로 말하지는 않았지만 "1인치도"는 새로운 의미를 얻고 있었다. 동맹에게 1인치의 제한도 없다는 의미였다.

한편 콜 총리의 실망 속에 NATO 확장을 추진하려는 압박은 계속해서 커져갔다. 클린턴을 상대할 공화당 대선 후보인 로버트 돌Robert Dole 상원의원은 콜이 말했듯이 "러시아는 크고 중요한 나라"라는 사실을 잊어버린 듯했다. 옐친의 재선 캠페인과 병환 중에 공화당은 일부 민주당원들의 지지를 받아 NATO 확장촉진법NATO Enlargement Facilitation Act을 추진했다. 이 법안은 클린턴에 의해 통과되어 법으로 제정되며 폴란드, 헝가리, 체코에 6천만 달러를 지원하여 NATO 가입 가능성을 높이는 데 기여했다. 크리스토퍼는 9월 6일 슈투트가르트에서 연설하며 "첫 번째 새로운 회원국이

NATO의 열린 문을 통과한 후에도 그 문은 열려 있을 것"이라고 말했다. 콜은 확장 지지자들이 당시 러시아와 옐친의 "약한 상태"를 이용해 동맹을 확장하려는 이유를 이해했지만 장기적인 반응에 대해서는 걱정했다.[108]

콜 총리는 1996년 9월 7일 러시아를 방문했을 때 이 약한 상태를 직접 목격했다. 당시는 옐친이 심장 수술을 받기 전이었다. 옐친은 모스크바에서 약 1.6킬로미터 떨어진 숲 속에 있는 그의 별장에서 콜을 맞이했다. 병든 러시아 대통령은 대화에 콜의 통역사만 참석하도록 했다. 총리는 나중에 클린턴에게 "그것의 중요성을 이해하십니까?"라고 물었고 클린턴은 간단히 "네"라고 대답했다.[109] 이는 모스크바에서 1.6킬로미터 떨어진 숲 속에서도 옐친이 안전하다고 느끼지 못한다는 것을 의미했다. 그는 자신의 건강과 미래에 대한 이야기를 자신의 가장 가까운 보좌진과 통역사가 듣기를 원하지 않았다. 옐친이 수술을 무사히 마치지 못할 가능성은 아나톨리 추바이스Anatoly Chubais, 알렉산드르 레베드Alexander Lebed와 빅토르 체르노미르딘Viktor Chernomyrdin과 같은 부하와 경쟁자들 사이에 권력 투쟁을 촉발했고 결과적으로 옐친은 모두를 경계해야 했다.[110]

러시아 대통령은 콜에 대한 신뢰를 보여주며 자신의 신체적 문제와 다가오는 의료 절차에 대해 "매우 솔직하게" 이야기했다. 그는 이 수술이 "쉽지 않을 것"이라는 것을 잘 알고 있었다. 그는 자신이 병원에 있는 동안 서방이 뭔가 놀랄 만한 일을 시도해서는 안 된다고 강조했다. 심지어 그는 "수술을 독일이나 미국에서 받을까 고려했지만, 러시아 대중에게 이를 설득하는 것이 너무 어려울 것이라는 것을 깨달았다"고 인정했다.[111] 이 방문 이후 콜은 클린턴에게 러시아를 너무 강하게 압박하지 말고 1996년에는 NATO 신규 회원을 위한 초청장을 보내지 말아야 한다고 강조했다. 클린턴은 이에 동의했다. 그는 이후 시라크에게 편지를 보내 프랑스 대통령에게 옐친의 수술과 회복 기간 동안 러시아를 이용하려는 인상을 주지 말아야 한다고 알렸다.[112] 그러나 그들은 오래 기다리지 않을 것이었고 초청장은 1997년에는 발송될 예정이었다. 디트로이트 근처 폴란드계 미국인 인구가 많은 지역의 선거 운동 행사에서 클린턴은 "1999년, NATO의 50주년이자 베를린 장벽이 무너진 지 10년 뒤"에는 중부 및 동부 유럽 국가들이 "NATO의 정식 회원이 될 것"이라는 기대감을 드러냈다.[113]

그러나 1996년 9월에 옐친이 수술을 받기에는 몸이 너무 안 좋다는 것이 드러나면서 일이 더 복잡해졌다. 그의 의사들은 수술을 갑자기 11월로 미뤘다.[114] 옐친은 수술 후 회복을 위해 최소 두 달이 필요했기 때문에 1997년 초까지는 활동할 수 없었다. 그 사이 부유한 올리가르히와 마피아 인사들의 영향력에 대한 견제가 거의 이루어지지 않는 가운데, 내분과 부패가 더 심해질 것이 분명했다. 탤벗은 자신의 팀이 "조용하고 깊이 활동해야 한다"는 결정을 내렸지만 계속 작업을 하긴 해야 한다고 판단했다. 옐친의 병에도 불구하고 그는 이제 러시아와 NATO 간의 많은 논의가 있던 헌장을 만드는 데 집중하고 있었다.[115]

워싱턴에게는 불행히도 탤벗의 말에 따르면 옐친이 "자리를 비운" 상황에서 프리마코프가 러시아의 외교 정책을 주도하며 자신의 진짜 생각을 말하고 있었다.[116] 그는 러시아가 확장을 거부할 수 없다는 말을 듣는 것에 지쳤다. 1996년 9월 23일 뉴욕에서 열린 회의에서 그는 국무장관에게 "우리는 거부권이 없다는 것을 알고 있다"고 말했다. 하지만 워싱턴이 여전히 그와 대화하고 있다는 사실은 분명히 그에게 어떤 영향력이 있다는 것을 의미했다.[117] 미국 외교관들이 단순히 동맹을 확장해버리는 대신 그의 앞에 앉아 있다는 사실은 많은 것을 말해주었다. 프리마코프의 동료 중 한 명은 1997년 1월 탤벗에게 러시아에서 "반 서방주의의 강철 발톱"이 튀어나올 준비가 되어 있는 상황에서 확장을 추진하지 말라는 경고를 했다.[118]

프리마코프는 탤벗에게 솔라나와의 관계에 지쳤다고 말했다. 그는 탤벗에게 "우리는 당신들이 명령을 내린다는 것을 알고 있다. 당신들이 주도하지 않는다고 생각할 만큼 순진하지 않다"고 직설적으로 말했다. 프리마코프는 겉치레를 위해 솔라나와 대화할 의향은 있었지만 요점은 "우리가 (미국과 러시아) 결론에 도달하면, 그때 우리는 거래를 하게 될 것"이라는 것이었다. 탤벗은 이에 동의하지 않았다. 그는 "우리가 NATO에서의 리더십 위치를 자랑스럽게 생각하지 않는다고 말할 수는 없다"고 응답했지만 프리마코프가 NATO와도 직접 거래하는 것이 더 좋을 것이라고 생각했다.[119] 솔라나 자신은 나중에 프리마코프가 자신의 역할을 "경시하려" 하는 것에 대해 워싱턴에 불만을 표시했다.[120] 그러나 사무총장은 궁극적으로 누가 책임자인지를 알고 있었다. 이후 모스크바에서 있었던 중요한 협상 중에 NSC 선임국장 알렉산더 버시바우는 먼저 프리마코프를 만났다. 솔라나가 탄 차량 행렬이 러시아 외무장관과의 세션을 위해 도착할 때쯤 버시바우는 "측면 출구로 몰래 빠져나와 솔라나에게 전화해 그와 프리마코프가 방금 협상한 내용을 전달했다."[121]

그러나 프리마코프는 1996년 9월에 있던 크리스토퍼와의 회담과 탤벗에게 사적인 불만을 토로했던 1997년 3월 사이에 그가 공개적으로 한 발언을 재조정해야 했다. 클린턴이 새 임기를 시작한 날과 같은 날인 1996년 11월 5일 그의 상사는 새로운 삶의 기회를 얻었다. 옐친은 "7시간에 걸친 심장 우회 수술"을 무사히 마쳤고, 〈뉴욕 타임스〉에 따르면 의사들은 이후 그가 마침내 "완전한 업무"를 재개할 수 있을 것이라고 말했다고 한다.[122] 이로 인해 미 외교관 토비 가티Toby Gati는 레베드가 "심각하게 잘못 판단했다"고 결론짓고 "옐친은 레베드의 반항과 오만함을 쉽게 잊지 않을 것"이라고 말했다.[123] 모스크바에 있는 미국 대사관은 레베드와 다른 희망자들이 이제 "옐친의 현재 임기가 끝나는 2000년"을 목표로 하여 그들의 "시야를 바꾸고 있다"고 결론지었다.[124] 러시아 대통령이 점차 외교 정책에 다시 관여하게 되면서, 그는 또한 프리마코프가 옐친이 선호하는 서방에 대한 더 유연한 태도로 돌아오기를 요구했다.

같은 날 클린턴은 전체 538명의 선거인단 중 총 370명을 차지하며 재선에 성공했다.[125] 얼마 지나지 않아 대통령은 그의 두 번째 임기를 위한 참모진을 재구성했다. 공화당을 향한 제스처로 메인주 출신의 공화당 상원 의원 빌 코언Bill Cohen이 페리의 국방장관 직위를 계승했다.[126] 크리스토퍼 국무장관은 매들린 올브라이트 Madeleine Albright로 대체되었다. 이렇게 그녀는 첫 여성 국무장관이 되었는데, 이는 그녀가 선거운동 과정에서 열렬히 일한 덕분이었다. 그녀의 경쟁자를 지지하는 이들이 기자들에게 "여성 국무장관이 보수적인 아랍 지도자들과 효과적으로 일할 수 없을 것"이라고 설득하려 할 때, 올브라이트의 지지자들은 즉각 행동에 나섰고 "유엔의 아랍 외교관들에게 그 주장은 모욕"이라고 기자들에게 말했다.[127] 올브라이트는 또한 "모든 소녀를 자랑스럽게 만들" 외교관의 아이디어를 좋아했던 힐러리 클린턴Hillary Clinton의 지지를 받기도 했다. 클린턴 대통령은 또한 대안으로 거론되었던 홀브룩이 "확인 절차를 관리하거나 내각 동료들과 협력할 만큼 '자기

인식이 충분하지 않다'"고 의심했다고 전해진다.[128]

대통령이 올브라이트를 선택하기로 결정하자 키신저는 그녀가 유일한 외국 출생 국무장관이라는 자신의 지위를 빼앗아갔다고 불평했다. 올브라이트는 키신저가 여전히 뭔가 갖고 있다고 언급했다. 그는 "외국어 억양이 있는 유일한 국무장관"이었다. 올브라이트는 경쟁자들에게 인기가 없었지만 올브라이트는 노스캐롤라이나의 제시 헬름스Jesse Helms 등 여러 상원 의원들과 강한 관계를 맺고 있어 99대 0의 상원 인준 투표를 이끌어냈다.[129]

올브라이트는 탤벗에게 부장관으로 남아 주길 요청했지만, 그는 홀브룩을 지지했었다고 전해졌다. 그녀는 대통령의 가까운 친구를 해고하는 것이 자신의 임기를 시작하는 최선의 방법이 아니라는 것을 알고 있었다. 그러나 그녀의 NSC 파트너는 더 이상 레이크가 아니었다. 탤벗은 클린턴에게 레이크를 CIA로 옮기도록 설득했다고 전해지는데, 그가 NSC의 "합의 형성 및 팀 관리" 측면과 잘 맞지 않았기 때문이다.[130] (레이크는 헤일리 바버Haley Barbour와 윌리엄 크리스톨William Kristol과 같은 공화당원의 반대가 그의 지명을 무산시킬 것처럼 보이자 최종적으로 후보에서 물러났다.)[131] 클린턴은 레이크의 전 부보좌관이자 민주당 대선 선거운동 이래로 올브라이트와 오랜 친구였던 샌디 버거를 NSC의 수장으로 승진시켰다.[132] 코넬과 하버드에서 법학을 전공한 버거는 열정적이고 변덕스러운 레이크와 반대로 차분한 인물이라고 오래전부터 알려져 있었다. 그가 승진한 덕분에 NSC 수장의 성격은 극적으로 바뀌었지만 정책에서는 연속성을 제공했다.

새로운 팀이 처리해야 했던 첫 번째 사건 중 하나는 1996년 12월 10일의 NAC 장관 회의였다. 당시는 IFOR의 보스니아 임무가 시작된 지 대략 1년이 되는 시점이었다. 회의에 앞서 솔라나는

IFOR을 칭찬하며 "폭력의 재발을 방지하고 국가를 안정시키는 데 기여했다"고 말했다. 그는 "IFOR에서 러시아와의 협력이 실제로 큰 진전을 이루었다"고 생각했다. 솔라나는 또한 동맹국들에게 "우크라이나 정부의 도움으로 첫 번째 NATO 정보 사무소를 키예프에 세울 예정"이라고 알리며 동맹이 러시아와의 관계에 과도한 부담을 주지 않으면서 그곳에서 나아갈 수 있기를 희망했다.[133] 회의가 열리자 NATO의 외교 및 국방 장관들은 IFOR의 후속 조치로서 1996년 12월 20일부터 18개월간의 작업을 시작하기 위해 안정화군(SFOR)을 만들기로 함께 결정했다.[134]

가장 중요한 것은 NAC 공동 성명을 통해 1997년 7월 마드리드에서 NATO 정상회담이 열릴 것이라고 발표한 점이다. 이는 새로운 회원국의 공식 가입 절차가 언제 시작될 것인지에 대해 모든 이가 분명히 알게 된 사건이었다.[135] 워싱턴이 러시아의 수락을 얻을 수만 있다면 중부 및 동부 유럽의 기다림은 이제 곧 끝날 것이었다.

1997년 1월 4일과 5일 콜 총리는 모스크바로 돌아가 옐친의 상태를 확인했고 즉시 1월 6일 클린턴에게 전화를 걸어 옐친의 새로운 삶에 대한 보도가 잘못된 것임을 알렸다. 수술을 받았음에도 불구하고 "옐친의 생명력은 사실상 거의 남아 있지 않다"고 말했다. 콜은 "그가 매우 경직되어 보이고, 얼굴도 마비된 것처럼 보인다"고 언급하며 걱정할 만한 상황이라고 생각했다. 러시아의 지도자는 곧 폐렴으로 다시 병원에 입원해야 했다. 수술이 옐친의 건강에 거의 영향을 미치지 못한 것을 보고 콜은 클린턴에게 확장을 진행해야 한다고 말할 필요성을 느꼈다. 그는 "이것이 다소 직설적이거나 잔인하게 들릴 수 있지만" 옐친이 오래 살지 못할 수도 있다고 말했다.[136] 독일 총리는 당 동료들에게 워싱턴과 모스크바가 타협해야 한다고 털어놓으며 "러시아-폴란드 국경에 핵무기를 배치할 권리를 주장하는 것은 불필요하고 '우스꽝스러운 과정'"이라고 밝혔다.[137] 콜은 모스크바와의 대화가 간단히 진행될 방법이 있다고 느꼈지만 "정상적이고 공식적인 채널"을 통해서는 어렵다고 보았다. 대신 이 문제는 직접적이고 양자 간의 최고 수준 외교로 관리되어야 한다고 강조했다. 콜은 클린턴에게 "이 일을 담당하는 사람이 누구인가, 스트로브 탤벗인가?"라고 물었다.[138] 클린턴은 탤벗 부장관이 여전히 이 문제에 대한 최고 담당자라고 답했고 콜은 탤벗과 긴 대화를 나눌 시간을 마련했다.

콜 총리는 클린턴 대통령의 오랜 친구와 대화하며 1992년 12월 러시아 대통령 옐친이 EU 회의에 참석했을 때를 떠올렸다. 당시 옐친은 유럽 지도자들이 자신을 입학시험을 보는 학생처럼 대한다고 느꼈다. 콜은 "옐친이 테이블 아래로 내 손을 잡고 '헬무트, 그들은 나를 좋아하지 않아. 우리를 좋아하지 않아'라고 말했다"고 회상했다. 콜이 보기에 EU 회원국들 또한 중부 및 동부 유럽 국가들을 역시 진정으로 좋아하지 않았다. 그는 탤벗에게 "많은 이들이 중부 유럽 지원과 EU 확장 같은 문제에서 위선적이다. EU 동료들 사이에 비밀 투표를 한다면 확장이 과반수 찬성을 받을지 확신할 수 없다"고 털어놓았다. 독일 통일의 아버지일 뿐 아니라 유럽 통합의 아버지로도 기억되기를 바랐던 콜 총리는 이런 편견을 안타깝게 생각했고 "폴란드인과 체코인들이 공산주의에서 살아남기 위해 한 일을 생각하면 그들에게 환영받지 못한다고 말할 수 없다"고 생각했다. 그러나 그는 "차이점에도 불구하고" 공통 통화가 도입될 것이고 "유럽 공동의 집"이 건설될 것이라고 덧붙였다.[139]

콜 총리는 NATO 확장의 시기가 마침내 도래했다고 강조하며

"옐친이 임기를 끝까지 마치지 못할 것 같다"고 말했다. 러시아 대통령의 새로운 생명 연장은 착각일 뿐이었다. 따라서 신속하게 앞으로 나아갈 방법을 찾아야 한다고 주장했고 더 이상 지연하는 것에 대해서는 "절대 반대한다"고 덧붙였다. 탤벗은 이에 대해 "방금 나눈 대화는 나나 다른 미국 관리들이 이 주제에 대해 가진 대화 중 가장 유익한 대화 중 하나"라며, "클린턴 대통령에게 전하길 바랐던 바로 그 메시지가 담겨 있다"고 답했다.[140]

"이와 관련된 어떤 것도… 뇌물이 아니다"

탤벗은 또한 옐친이 수술을 성공적으로 마치고 외교 정책에 어느 정도 의견을 내는 상황에서 그의 부하들이 "우리의 해결책 개념"을 채택할 의향을 보인다는 점을 상사에게 조언할 수 있었다. 이 해결책은 NATO와 러시아 간의 일종의 헌장을 포함하는 것이었다. 추가적으로 "무기 통제 및 경제 협력과 같은 실질적인 문제들에 대한 합의"를 통해 세부 사항들을 다룰 수 있었다.[141] 하지만 주요 헌장이 정식 조약으로 채택될지 아니면 다른 형태의 협정이 될지가 문제였다. NSC는 "법적으로 구속되지 않고 정치적으로만 구속되는 문서"를 강하게 선호했다.[142] 또 하나의 쟁점은 러시아 측에서 2+4 조약과 유사한 조건을 새 회원국들에게 적용하려는 지속적인 요구였다. 이는 대략적으로 외국군이나 핵무기가 주둔하지 않는 조건을 의미했다.[143] 러시아 외교관들의 입장에 따르면 그들은 NATO가 새 회원국에서 새로운 시설(기지, 병기고, 공항 등)을 개발하거나 기존 시설을 개선하지 않기를 기대했다. 그들의 견해로 이는 러시아가 NATO 확장을 수용하기 위한 정당한 대가였다. 이에 대해 탤벗은 1997년 3월 6일 프리마코프에게 러시아가 "새로

NATO에 가입하게 될 나라들을 위해 회원국의 군사적인 차원을 무효화하려는 발언과 행동을 멈추라"고 말했다.[144]

이러한 관점은 NATO-러시아 기본 협정NATO-Russia Founding Act 에 대한 전반적인 전략, 즉 실질적인 타협은 없다는 전략을 따랐다. 탤벗은 3월 14일 올브라이트에게 "우리가 이번 합의로 처음부터 약속하는 것은 거의 없다"는 점을 확실히 하고 있다고 설명했다. 실제로 "헌장을 검토한 변호사 중 한 명이 말한 바와 같이, '우리가 실제로 약속하는 것은 월례 회의뿐이다'"라는 상황이었다.[145] 이러한 계획의 일환으로 NSC는 협의 및 의사 결정의 기본 메커니즘으로 "NATO-러시아 공동 위원회"를 설립할 것을 제안했다. 그러나 국방장관 코언의 조언에 따라 이 위원회의 의장은 NATO 사무총장이 맡고 "러시아 공동 의장"은 두지 않기로 했다.[146]

결론적으로 모든 내용이 그럴듯하게 들렸지만 실제로는 별 의미가 없었다. 왜냐하면 모스크바가 선택할 수 있는 다른 옵션이 거의 없었기 때문이다.[147] 이런 진행 상황에 대해 보고를 받은 클린턴은 "그럼 정리해 보자"라고 말하며 "우리가 그들에게 제안하는 이 훌륭한 거래"에서 러시아가 얻는 것은 그저 "우리 군사 장비를 그들의 옛 동맹국들, 이제는 우리의 동맹국이 될 나라들에 배치하지 않겠다는 보장"이며 "단 우리가 어느 날 아침 마음이 바뀌지 않는다면"이라는 정도라고 말했다고 한다. 러시아는 "NATO와 같은 방에 앉을 기회를 얻겠지만" NATO가 동의하지 않는 일을 할 때 이를 막을 "어떤 능력도 없고, 단지 "방을 나감으로써 그들의 불만을 표출할 수 있을 뿐"이라는 내용이었다.[148]

이는 정확한 요약이었다. 독일 통일 당시 서방 지도자들은 NATO가 동독 영토에 들어가기 전에 러시아가 법적 권리를 포기하고 주둔군을 철수하는 것이 필요했지만, 이제는 러시아로부터 얻어 낼 것이 훨씬 적었다. NATO가 중부 및 동부 유럽 영토로 확장하는 데 있어 모스크바의 동의는 필수적이지 않았던 것이다. 백악관 기자회견에서 올브라이트와 버거는 NATO 확장은 러시아가 좋아하든 말든 실행될 것임을 분명히 했다.[149] 프리마코프와의 비공개 회담에서 올브라이트는 더욱 직설적이었다. 프리마코프가 러시아와 절충하지 않으면 어떤 합의나 헌장도 불가능할 것이라고 말하자 올브라이트는 "좋다, 우리도 필요 없다"고 답한 것으로 전해진다.[150]

백악관은 성공에 대한 자신감이 넘쳤기에 1997년 2월 NATO와 러시아가 헌장에 대해 합의하기 전부터 이미 향후 상원 비준 과정을 준비하기 시작했다. 전 NSC 보좌관이자 당시에는 정치 컨설턴트로 활동 중이던 제러미 로스너 Jeremy Rosner는 올브라이트, 버거 등과 협력하여 향후 동맹국을 공식적으로 추가하는 절차를 구상했다. 그의 목표는 상원의원 3분의 2가 찬성하는 최소 기준을 훨씬 초과하는 "좋은 승리"를 거두는 것이었다. 그는 1차 세계 대전 이후 상원이 베르사유 조약을 거부했던 사례가 반복되지 않도록 사전 준비가 필요하다고 보았다. 그런 실패는 NATO와 미국이 해외 목표를 추구하는 능력에 "암울한 결과"를 초래할 수 있었다.[151] 또한 미국이 진정으로 원하지 않는 동맹국을 추가하라는 압력에도 저항해야 한다고 생각했다. 올브라이트의 다른 한 참모가 표현했듯 "우리는 루마니아를 원치 않았으나 프랑스 때문에 어쩔 수 없었다"는 상황을 상원에 설명하지 않도록 해야 한다는 점에서 그랬다.[152]

워싱턴에서 이런 일들이 전개되는 동안 옐친의 건강은 다소 호전되는 모습을 보였다. 버거 국가안보보좌관은 1997년 3월을 "옐친의 복귀의 달"로 만들려는 그의 결심을 언급하며 그가 심장 우회 수술과 폐렴을 극복하고 다시 러시아의 통제권을 완전히 장악했다는 것을 보여주려 한다고 설명했다. 옐친은 내각을 개편하여 1992년 이후 가장 개혁적인 정부를 구성했다. NSC는 또한 옐친이 미국과 러시아 관계에서 "성공을 위한 의지"를 다시 보이면서 프리마코프의 태도가 "뚜렷하게 변화"했다고 주목했다.[153]

러시아 대통령은 오랜만에 순풍을 타고 있었다. 1997년이 경제적으로 좋은 한 해가 될 조짐을 보이고 있었기 때문이다. 러시아 주식시장은 급등하고, 많은 러시아인이 해외 휴가를 갈 수 있게 되었으며, 모스크바 내 자동차 수는 1989년 대비 세 배 증가했다.[154] 또한 옐친은 1997년 11월 4일에 외국인 투자자의 석유 회사 주식 보유 제한을 해제하는 법령에 서명할 예정이었다.[155]

옐친은 1997년 3월 20일부터 21일까지 헬싱키에서 클린턴과 만날 것을 합의하여 미국-러시아 헌장을 최종 확정하고, 이로써 러시아가 NATO 확장을 수용하는 데 대한 사실상의 대가를 정하기로 했다. 이번 정상회담을 위한 대통령 보고서 작성에 참여한 올브라이트 국무장관은 대통령이 옐친을 만날 때 "정치적으로 그리고 육체적으로 다시 태어난, 자신의 대통령직을 되찾기 위해 치열하게 활동하고 있는 사람을 만날 것이다"고 예측했다.[156] 클린턴은 그 정신과 본인의 설득력, 재정적 유인을 활용하여 거래를 성공하려 했다. 하지만 프리마코프는 탤벗에게 말했던 것처럼 "사람들이 미국이 돈으로 러시아를 매수하고 뇌물을 주어 NATO 확대를 수용하도록 만들었다는 말은 할 수 없어야 한다"며 조용히 진행하기를 원했다.[157]

헬싱키에 도착한 클린턴은 핀란드 대통령 관저의 거실에 모여 발트해의 장관을 감상하며 옐친의 재탄생에 의문을 품기 시작했다. 이는 콜이 그를 직접 만난 후 느꼈던 감정과 비슷했다.[158] 이후 친구 테일러 브랜치Taylor Branch에게 정상회담을 회상하며 녹음하는 동안 클린턴은 자신과 옐친을 "비참한 존재들"이라고 불렀다. 옐친은 살이 많이 빠졌으며 수술 후 여전히 취약한 상태였다. 그는 결코 완전히 회복하지 못할 것이었다. 1997년 봄과 여름은 옐친의 재임 중 건강이 절정에 달한 시기였다. 이후 연말로 가면서 건강이 급격히 악화되기 시작했고 다시는 회복되지 않았다. 최상의 상태에서도 옐친의 보좌관들은 그를 제한된 일정에 맞추어 움직이게 했으며 항상 의료 팀이 가까이 있었고 카메라 앞에서 계단을 오르는 것도 허락하지 않았다.[159] 한편 그보다 훨씬 젊은 클린턴도 무릎 부상으로 휠체어에 앉아 있었다. 올브라이트는 이를 보고 "불구자들의 정상회담"이라고 표현했다.

    신체적인 불편함 때문에 짜증이 났던 클린턴은 자신과 옐친이 서로 "신경질적으로 말다툼"하며 여러 차례 "그건 개소리다, 당신도 알지 않나"라고 반복해서 말했다고 브랜치에게 전했다.[160] 옐친은 발트 3국의 NATO 가입을 저지하려고 했고 "확장은 구소련 공화국을 포함해서는 안 된다"고 솔직하게 말했다.[161] 그러나 클린턴은 요청을 거부하며 만약 자신이 그 요청에 동의하더라도 의회가 그것을 무효화할 것이라고 지적했다.[162] 옐친은 클린턴에게 "당신들이 크림반도 근처에서 해상 군사 훈련을 하고 있다"고 불평하며 이는 불필요하고 도발적이라고 주장했다. 그는 짜증을 내며 "우리는 세바스토폴Sevastopol을 점령하러 가는 게 아니다"라고 말했다.

    양측은 점심식사를 하면서 구체적인 논의에 들어갔다. 클린턴은 재무부 부장관 로런스 서머스Lawrence Summers에게 제공할 내용이 무엇인지 명확히 하도록 했다. 클린턴은 미리 서머스와 그의 상관인 로버트 루빈Robert Rubin 장관에게 그들의 의구심에도 불구하고 러시아에 NATO 확장을 대가로 G7 회원국 자격을 제공하는 것이 필수적이라는 신호를 보냈다. 보도에 따르면 클린턴은 "늙은 보리스를 NATO에 대해 옳지만 어려운 일을 하도록 압박하면서도, 그가 환영받을 다른 기구를 향해 열리는 문들의 따뜻하고 유혹적인 빛을 느끼게 하고 싶다. 다들 알겠나?"라고 말했다고 전해졌다.

헬싱키에서 클린턴은 마지막으로 서머스가 거래를 완료하도록 했다. 대통령의 신호를 받은 서머스는 만약 옐친이 NATO-러시아 기본 협정에 동의한다면 워싱턴은 모스크바가 "외국 투자자와 해외에 돈을 보낸 러시아인들로부터 자본을 유치하는 데 도움을 줄 것"이라고 설명했다. 클린턴은 1997년에 "정부에 40억 달러의 투자 지원을 지시할 준비가 되어 있다"고 덧붙였다. 이는 1992~1996년 동안의 지원금 총합과 같은 금액이었다. 그는 "그 숫자를" 이후 공동 성명에서 사용하지 않을 것이라고 덧붙였지만 "투자자들은 그것을 알아야 한다"고 말했다. 이러한 자금은 구소련 공화국을 위한 새로운 원조 패키지 형태로 제공될 것이며 범죄 및 세금 개혁과 양자 교류 프로그램에 대한 협력이 확대될 것이다.[163] 클린턴은 또한 "러시아의 세계무역기구(WTO), 파리 클럽, 경제협력개발기구(OECD) 그리고 G7 통합을 가속화할 것"이라고 약속했다. (그리고 1997에서 1998년 사이 러시아는 파리 클럽과 G7에 가입했다.)[164] 이런 발언을 곱씹어본 옐친은 그날 늦게 "당신이 제안한 이 경제 패키지가 러시아로 하여금 NATO 확장을 수용하도록 유도하기 위한 일종의 뇌물로 비춰질 수 있다"는 우려를 표명했다. 클린턴은 "이와 관련된 어떤 것도 뇌물이 아니다"고 응답했다.[165]

그 답변은 완전히 정확하지는 않았지만 효과가 있었다. 옐친은 재정 패키지와 워싱턴이 NATO-러시아 기본 협정에 포함시키고자 했던 내용 모두 동의했다. 그는 발트 3국의 회원국 가입 금지 보장을 고집하지 않기로 했다.¹⁶⁶ 클린턴은 브랜치에게 "옐친이 러시아 권위주의자들의 격렬한 반대에도 불구하고 이 모든 일을 해냈다는 사실에 놀랐다"고 말했다. "늙은 보리스는 죽어가고 있을지도 모르지만, 그의 뇌로 산소가 들어가고 있다는 것은 분명하다"고 덧붙였다.¹⁶⁷

이후 기자회견에서 두 정상은 이제 헌장이 아닌 NATO-러시아 기본 협정이라고 불리는 된 협상에서 성공적인 결론을 기대한다고 분명히 밝혔다. 옐친은 그 결과 문서가 "모두에게 구속력이 있을 것"이라고 주장했지만 이는 법적 구속력이 없고 정치적 구속력만 있을 것이라는 사실을 회피한 것이었다. NSC가 선호하는 방식이었다. 그는 또한 클린턴과 자신이 "중부 및 동부 유럽 국가들에 남아 있는 군사 인프라를 사용하지 않기로 합의했다"고 잘못 진술해서 미국 대표단을 놀라게 했다.¹⁶⁸ 나중에 탤벗이 한 러시아 대표단 관계자에게 이 오류를 지적하자 그들은 "그러한 합의가 없었다"라고 순순히 인정했다.¹⁶⁹ 잠재적인 기본 협정을 실제보다 더 좋아 보이게 하려는 노력의 일환으로 옐친은 공개 발언에서 자유분방한 태도를 보였으며, 그가 매수되었다고 하는 의혹을 불식시키기 위해 앞으로도 그렇게 계속할 것이었다.

나머지는 세부 사항들이었고 분명히 논란이 있는 부분이었지만 결국 관리 가능한 문제였다. 탤벗은 모스크바가 "우리의 요구를 점점 줄여갈까 우려했지만" 그는 자신의 부하들과 함께 1997년 7월 8일부터 9일에 열릴 마드리드 NATO 정상 회의에 맞춰 기본 협정을 최종 확정하는 데 성공했다.¹⁷⁰ 러시아에 전념하는 중요한 행사라는 대중적인 이미지를 부여하기 위해 기본 협정의 공식 서명식이 정상 회의 전 5월 27일 파리에서 열리기로 합의되었다.

그 서명식과 이후 마드리드 NATO 정상 회의가 순조롭게 진행되면서 이제 문제는 "2위 전략"을 어떻게 관리할 것인가가 되었다.[171] 우크라이나는 항상 특별한 범주에 있었고, 클린턴의 말에 따르면 쿠치마는 "자신의 NATO 협정을 체결하는 데 집착하고 있었다." (그는 "그럴 만한 이유가 있다"고 덧붙였다.) 그런 그를 위해 NATO-우크라이나 협정을 줄 예정이었다.[172] 부시 행정부 시절의 북대서양협력이사회(NACC)는 밴쿠버에서 블라디보스토크까지 모든 국가에 개방된 조직의 아이디어를 제시했지만, NATO 확장이 시작된 이후로는 쪼그라들어 있었다. 그래서 NACC는 유럽대서양동반자협정이사회Euro Atlantic Partnership Council, EAPC로 격상되었고 PfP와 협력하여 2위 국가들을 위한 활동을 제공할 수 있게 되었다.[173]

클린턴은 5월 27일 파리 서명식에 직접 참여할 계획을 세워 옐친에 대한 존중을 표할 예정이었다. 그는 이제 공식적으로 NATO와 러시아 연방 간의 상호 관계, 협력 및 안보에 관한 기본 협정Founding Act on Mutual Relations, Cooperation and Security between NATO and the Russian Federation라고 불리는 문서의 가장 중요한 조항에 대한 개요를 받았다. NSC는 이 행위가 "영구적인 NATO-러시아 포럼"을 만들면서도 "NATO의 독립적인 결정과 행동 능력을 전면적으로 유지"했다고 내부적으로 평가했다. 이 행위는 "현재 및 예측 가능한 안전 환경"에서 NATO가 "핵무기를 배치할 의도나 계획이 없으며, 새로운 회원국의 영토에 중대한 전투 부대를 배치할 이유가 없다"고 명시했다. NSC는 "향후 상황이 바뀔 경우를 대비해" 미국은 "절대적인 약속을 피했다"고 말해 클린턴을 안심시켰다.[174] "중대한"과 같은 용어의 정의는 의도적으로 모호하게 남겨놓았으며

서방 협상가들은 이를 정확히 정의하려는 모든 시도를 성공적으로 막아냈다.[175]

한편 옐친은 자신의 준비를 하고 있었다. 미국 대사관은 그가 러시아-NATO 기본 협정을 세일즈하고 국내의 비판자들에게 대응하기 위해 총력전을 펼치고 있다고 보고했다.[176] 이 노력의 일환으로 NSC는 옐친이 자신이 얻은 성과를 과장하고 모든 "주의 사항"을 생략하여 자신이 협상한 내용을 "최선의 경우로 만들려" 할 것이라고 예상했다. 따라서 그를 훼손하지 않기 위해 미국 외교관들은 공적으로 "극단적인" 공개 오류만을 바로잡을 때만 개입할 수 있었다. 그들은 공개적인 사실 확인으로 그를 곤란하게 만들어 결국 "옐친의 국내 정치적 과제를 더 어렵게 만들지 않도록" 주의해야 했다.[177]

하지만 아무도 준비되지 않은 한 가지 문제가 있었다. 클린턴이 프랑스에서 옐친을 만날 예정이던 바로 그 때 미국 대법원에서 현직 대통령이 민사 소송으로부터 일시적인 면책을 받지 못한다는 판결을 내렸다는 사실을 알게 되었다. 이 결정은 클린턴 재임 중에도 존스 사건이 진행될 수 있음을 의미했고 존스의 변호사들은 즉시 클린턴의 여성과의 부적절한 행동 패턴을 찾기 시작할 것이었다. 탤벗은 "이 소식을 듣고 난 순간부터" 클린턴이 파리 정상회담의 나머지 일정을 "꿈속을 걷는 것처럼" 보내는 것 같다고 언급했다.[178]

이 결정은 정상회담이 열릴 것을 예상했음에도 불구하고 클린턴을 정상회담에 집중하지 못하게 만들었다. 1997년 5월 24일 토요일 파리로 출발하기 직전 르윈스키를 백악관으로 호출했다. 그녀는 그가 준 핀을 착용하고 나타났다. 이는 두 사람의 관계와 관련된 모든 물건을 착용하고 계속해서 주의를 기울이는 그녀의 습관 중 하나였다. 클린턴은 그녀에게 그들의 친밀한 관계가 끝났다고 알렸다. 르윈스키의 후일담에 따르면 그녀는 울면서 그가 마음을 바꾸기를 희망하며 떠났다. 그는 이전에도 이별 이후 마음을 바꾼 적이 있었다.[179] 클린턴이 알지 못했던 것은 그녀가 그들의 은밀한 관계로 얼룩진 파란 드레스를 세탁하지 않은 채 보관하고 있었다는 점이다. 또한 그녀가 펜타곤에서 만난 새 친구인 빈스 포스터의 전 보좌관 린다 트립에게 그들의 관계에 대해 털어놓기 시작했다는 사실도 몰랐다. 백악관은 포스터의 죽음이 자살이라는 증거를 거부한 트립을 펜타곤 연락사무소로 보내버렸는데, 이후 르윈스키도 똑같은 사무소로 보내졌다. 클린턴을 경멸하며 복수의 기회를 찾고 있던 트립은 르윈스키가 신의 선물이라는 사실을 금방 알아차리고, 새로운 친구의 비밀을 대통령을 상대로 이용할 방법을 적극적으로 모색하기 시작했다.[180]

대통령이 파리에 있을 때 이 모든 것을 알았더라면 그는 지금보다 더 집중하기 어려웠을지도 모른다. 정상회담에서 클린턴이 비몽사몽하는 와중에 설상가상으로 옐친 또한 예측할 수 없는 행동을 보였다. 한순간 그는 자신이 갈망하던 큰 축하 행사에서 주연 역할을 맡은 듯 활짝 웃었고, 다음 순간에는 세상의 무게가 그의 어깨 위에 얹힌 듯 인상을 찌푸리며 지나치게 집중하는 모습을 연출했다. 그가 하는 과장된 발언은 심지어 NSC의 예상 수준을 뛰어넘었다. 옐친은 모인 청중을 대상으로 한 주요 연설에서 갑자기 "여기 있는 국가들을 겨냥한 모든 무기의 탄두가 제거될 것"이라고 선언했다.[181] 결과적으로 그에 대한 사실 확인의 부담을 짊어진 것은 미국 외교관이 아니라 그의 보좌관이었다. 나중에 그들의 발언으로부터 그의 부하들이 옐친의 발언에 대해 아무것도 알지 못했고 따를 의도가 없다는 사실이 명백해졌다.[182]

온종일 사적인 일과 공적인 드라마가 가득했던 하루가 끝나고 클린턴은 모두 발언에서 옐친에게 "유럽을 겨냥한 무기의 조준 해제에 관한 발언"이라고 신중하게 분류한 발언에 대해 감사를 표했다. 미국 대통령은 최소한 외교 정책 측면에서는 "좋은 하루였다"고 덧붙였다. 이에 옐친은 "그렇다, 이제 내 마음이 평온하다고 말할 수 있다"라고 응답했다.[183] 멀리서 지켜보던 민간인이 된 코지레프는 다르게 평가했다. 그는 기본 협정이 곧 "서명만큼이나 성의 없이 이행되는 선의의 선언 더미에 추가될 것"이라고 말했다.[184]

파리 서명 이후 일주일 동안 이어진 옐친의 행보는 1997년 5월을 러시아 외교의 분수령으로 만들기 위한 추가적인 시도였다. 그는 우크라이나와 중대한 합의를 이루었다. 이는 러시아가 세바스토폴 항구에서 구소련 흑해 함대의 일부를 20년간 유지할 수 있도록 허용하는 협정이었다. 이 돌파구 덕분에 옐친은 대통령으로서 처음으로 우크라이나를 방문했는데 이는 두 나라가 여러 마찰로 인해 여섯 차례나 연기해 온 매우 상징적인 조치였다.[185] 5월 31일 키이우에서 러시아 대통령은 우크라이나 대통령과 우정을 약속하는 조약에 서명하며 "영토 보전"과 "국경 불가침"에 대한 "상호 존중"을 약속했다.[186]

탤벗은 회고록에서 그달의 사건들에 관해 다른 견해를 제시했다. 파리 서명은 "주인공의 행보에 대해 자주 느꼈던 당혹감이 섞인 인위적인 승리감과 맥 빠진 결말 같은 분위기"였다고 묘사했다. 그는 당시 클린턴과 르윈스키가 관련된 일은 모르고 있었기 때문에 여기서 그가 말한 주인공은 러시아 대통령을 의미했다. 탤벗 부장관은 기본 협정을 덜 실질적으로 만든 데 가장 책임이 있던 미국의 정책 입안자였으므로 그 맥 빠진 결말의 일부 책임자이기도 했다. 그는 아무것도 모른 채 옐친이 "오늘이 러시아가 새로운 대서양 질서의 주요 자리를 차지하는 자신의 모든 꿈이 성취된 날인 것처럼 떠들어대는" 모습이 놀랍다고 생각했다.[187]

1997년 5월 28일 파리 정상회담 다음 날 유럽 지도자들과 대화를 나누던 클린턴은 즉흥적으로 "옐친은 훌륭한 정치인이다"라고 언급했다. 하지만 그는 러시아 대통령에게도 큰 약점이 있다고 생각했다. "옐친의 문제는 중간 단계들이 모두 사라진다는 것이다."[188] 옐친은 다시금 책임 있는 모습을 보이고 국내 개혁과 해외 협력을 재개하려고 서두르는 바람에 많은 중간 단계들을 간과했다. 반면 워싱턴은 이를 간과하지 않았다. 클린턴과 그의 팀은 옐친의 성과에 대한 열망을 이용해 점진적으로 협상한 후, NATO에 새로운 회원국들을 소규모로 추가하는 거래를 매우 낮은 인치당 비용으로 성사시켰다.

클린턴은 두 가지 핵심 전략을 통해 원하는 바를 달성할 수 있었다. 첫째, 발트 3국이나 다른 논란이 될 만한 국가들을 즉각 추가하는 대신 워싱턴은 점진적이고 지속적인 확대 절차를 마련해 그러한 국가들이 이후에 더 적은 정치적 비용으로, 덜 극적인 방식으로 가입할 수 있도록 했다. 둘째, 새로운 영토에 외국 군대나 핵무기를 배치하지 않는 대신 워싱턴은 모스크바가 월례 회의를 수락하도록 설득했다. 그 결과 단 1인치의 영토도 NATO에서 제외되지 않았고, 어떤 군대나 무기에도 제한이 없었다. 중부 및 동부 유럽 국가들은 마침내 NATO 동맹국이 될 주권적 권리를 행사할 수 있었다. 이는 큰 성공이었다. 그러나 클린턴과 르윈스키의 관계가 공개되면서 그 성공의 숨겨진 대가가 드러나기 시작했다.

9장
오직 시작뿐

1997년 2월 5일 봉쇄 정책을 최초로 제안한 미국의 외교관인 조지 케넌은 역사에 남을 〈뉴욕 타임스〉기고문을 통해 NATO의 확대를 "냉전 이후 미국 정책의 가장 치명적인 실수"라고 불렀다.[1] 그가 NATO 확대에 반대하는 이유는 NATO 창설에 반대한 이유와 동일했다. 케넌은 이 동맹이 모스크바와 경제적·정치적 합의를 이끌어야 할 과정에 지나친 군사화를 불러온다고 보았다.[2] 그는 1986년 미국 대통령 로널드 레이건과 소련 지도자 미하일 고르바초프가 레이캬비크에서 만났을 때, 이런 과도한 군사화의 폐해를 경고하는 사례가 나타났다고 보았다. 고르바초프는 레이건에게 상상하기 어려운 제안을 했는데 바로 미국이 제안한 "스타워즈" 미사일 방어Missile Defence, MD 체계를 실험실 연구로만 제한한다는 조건하에 양국의 핵무기를 상호 폐기하자는 것이었다.[3] 케넌이 보기에 이 체계는 미완성이었고 현실적으로 절대 구축될 수 없었기 때문에 이를 실험실 수준으로 제한하는 것은 합리적이었다. 고르바초프가 과도한 제안을 한다 하더라도 완전한 제거가 아닌 그보다 적은 수준의 교환은 이루어질 수 있다고 생각했다. 그러나 미국 대통령은 그 제안을 즉각 거절했다.[4] 케넌은 망연자실했다. 케넌의 전기 작가에 따르면 그는 같은 해 사적인 발언에서 고르바초프가 레이건과 협상하는 과정에서 "미국의 스탈린과 대면하고 있다"고 말했다고 한다. 스탈린과 레이건 두 지도자의 비타협적이고 의심 많은 태도가 비슷했기 때문이다.[5] 이제 1997년에 케넌은 다른 미국 대통령이 비슷한 방식으로 잘못된 우선순위로 인해 모스크바와의 또 다른 중대한 실수를 저지르고 있다고 공개적으로 비판했다.

    이 원로 정치가는 특히 클린턴 대통령이 "NATO를 러시아 국경까지 확장하려" 한다면 그것이 어떤 결과를 초래할지 우려했고 그 걱정은 근거 없는 것이 아니었다.[6] NATO-러시아 기본 협정을 통해 모스크바의 공식적인 수락을 얻은 클린턴 행정부는 1997년 5월부터 1998년 5월까지 동맹국들, 일반 대중 그리고 의회의 협력을 얻어내기 위해 힘썼다. 겉으로는 NATO 확장이 순차적으로 진행되는 듯 보였지만 실제로는 유럽 전역에서 단일한 전략적 추진이 이루어지고 있었다. 그 목표는 NATO 창설 50주년인 1999년 4월에 첫 신규 회원국을 추가하고 향후 더 많은 국가가 가입할 수 있을 여지를 두는 것이었다. 클린턴의 최측근들은 폴란드와 칼리닌그라드 사이의 짧은 러시아 국경까지 동맹을 확장한 후에도 최소한 발트 3국을 포함할 때까지는 확장을 계속해야 한다고 주장했는데, 그렇게 하는 것은 모스크바가 옛 소련 영토로 간주하는 지역 내부로 이르는 정치적으로 민감한 조치였다. 미국은 발트 3국이 소련에 강제로 편입된 것을 결코 인정하지 않았기 때문에 이 문제에서 여전히 클린턴의 핵심 인물이었던 스트로브 탤벗은 발트 3국의 NATO 가입을 강하게 주장했다. 그는 이 점을 매우 집요하게 고수하여 그의 참모들은 이를 "탤벗 원칙"이라 불렀다. 그러나 모스크바는 이 지역을 오랫동안 소련의 중요한 일부로 여겼고 또 많은 러시아계 국민들이 그곳에 거주하고 있었기 때문에 발트 3국이 NATO 동맹국이 될 가능성은 여전히 까다로운 문제였다. 이런 갈등의 역사를 고려해 발트 3국은 초기 초청 대상 그룹에 포함되지 않았다. 그러나 이 제외는 확장이 시작됐으니 클린턴이 그들에게 또 다른 기회를 보장해줄 필요가 있음을 의미했다.

이 목표를 달성하기 위해 클린턴 행정부는 두 가지 주요 장애물을 극복해야 했다. 첫째, 1997년 7월 8~9일에 열리는 NATO의 마드리드 정상회담에서 개방적인 확장이 분명히 추진되어야 했다. 유럽 내의 고조되는 긴장이 그것을 추진하는 데 도움이 될 수 있었다. 국가안보부보좌관 제임스 스타인버그는 "발칸반도의 부정적 사건들"과 "러시아 내 불안정"이 결합되어 "전진해야 할 또 다른 이유를 제공할 것이라는 인식이 있었다"고 말했다.[7] 둘째, 클린턴은 1998년 초 미국 상원에 이 전략을 설득해야 했는데, 확장을 진행하기 위해서는 상원의 비준이 필요했기 때문이다. 이는 확장 자체에 반대하는 상원의원들, 또는 특정 중부 및 동부 유럽 국가만을 NATO에 넣고 다른 국가들은 집어넣지 않으려는 상원의원들, 즉 NATO의 대륙 전반으로의 확장을 제한하거나 중단시키려는 의원들과 싸워야 한다는 의미였다. 요컨대 마드리드와 상원에서 클린턴 행정부의 궁극적 목표는 NATO 확장에 착수하면서도 그것이 시작일 뿐이라는 신호를 보내는 것이었다. 그러나 1998년 1월 클린턴과 모니카 르윈스키의 관계가 폭로되어 클린턴이 대통령직을 유지할 수 있을까 하는 더 큰 의문이 갑작스럽게 제기되면서 이런 모든 공작은 중단되고 말았다.

마드리드 정상회담 준비

NATO-러시아 기본 협정이 서명되고 마드리드 정상회담 예정일이 임박해오자 각 국가의 지도자들은 다가오는 몇 달 동안 어떻게 행동하는 것이 최선인지 가늠하려 했다. 독일 총리 헬무트 콜은 기본 협정이 그가 일생의 사명으로 삼아온 유럽 통합을 완수하는 데 도움이 되기를 바랐다. 유럽 통합을 위한 그의 노력 덕분에 단일 통화의 출범이 1999년 1월 1일로 예정되어 있었다. 유로화가 도입될 수 있었던 것은 이탈리아 총리 로마노 프로디가 클린턴에게 설명했듯이 콜 총리가 "독일인들의 홀로 서고자 하는 경향"을 극복할 수 있는 비전과 능력을 겸비하고 있었기 때문이었다.[8]

이제 콜 총리는 기본 협정이 러시아와 이웃 국가들 간의 '심리적 장벽'을 더욱 허물 수 있기를 바랐다. 이상적으로는 이 법안이 "유럽인들이 중부 및 동부 유럽을 무시했다는 느낌"도 없애기를 바랐는데, 이런 감정은 독일에 대한 제2차 세계 대전 배상 요구가 새롭게 제기되는 결과를 초래했다. 총리는 이 배상 요구에 크게 좌절했는데, 부분적으로는 배상금을 지불하기 싫었기 때문이기도 하지만, 전쟁이 끝난 지 반세기가 지났음에도 청구인들은 화해가 끝나지 않았다고 생각한다는 점 때문이었다.[9] 그는 과거를 재논의하는 대신 NATO가 확장되어 중부 및 동부 유럽이 서방이 그들을 위해 문을 열어주었다는 것을 알기를 원했다. 장기적으로는 NATO와 EU 확장이 서로를 보완하는 것이 목표였고, 콜은 그렇게 되면 독일이 가장 큰 수혜자가 될 것이라고 예측했다.[10] 하지만 이 계획이 실패해 독일과 폴란드 국경이 여전히 "동과 서를 나누는 경계선"으로 남는다면 독일은 끝없이 "인종차별의 병폐와 전투태세를 갖춘 국경을 끼고 사는 군국주의의 유혹에 취약해질 것"이라고 우려했다.[11] 콜 총리는 1982년부터 재임 중임에도 불구하고 이런 문제를 계속해서 해결할 수 있게 1997년 5월 재선에 출마하겠다고 발표했다. 그는 새로운 통화 동맹 기준을 맞추기 위해 예산을 삭감하며 대규모 항의를 불러일으킨 상황에서 출마를 결정한 것이었다.[12] 클린턴은 그에게 출마 결정을 축하하며 전화로 이렇게 말했다. "이제 (독일 전 총리 콘라드) 아데나워Konrad Adenauer를 넘어섰으니, (오토 폰) 비스마르크Otto von Bismarck도 넘어서겠군요!"[13]

그러나 양국 정상 간의 우호적 관계에도 불구하고 콜 총리의 부하들은 1997년 말 무렵부터 독일과 미국의 확장 방식에 대한 관점이 다르다는 것을 감지하기 시작했다. 독일은 러시아가 확장을 사실상 묵인한 상황에서 워싱턴이 모스크바에 대한 관심을 줄여가는 것을 우려했다. 러시아도 이 점을 간과하지 않았다. 외무장관 예브게니 프리마코프는 미국 국무장관 매들린 올브라이트에게 불만을 토로하며 모스크바가 CFE 조약 조항의 일부에 대해 명확한 설명을 원했으나 "당신네 관계자들"로부터 명쾌한 답변을 받지 못했다고 말했다.

프리마코프는 소련 붕괴 이전에 협상된 CFE 한도를 고수하고자 했다. 이렇게 하는 것이 냉전 이후 NATO의 미래를 둘러싼 경쟁에서 모스크바에 새로운 방식으로 유리하게 작용할 수 있음을 깨달았기 때문이다. 냉전 종식 이후 대서양동맹의 16개 회원국이 CFE의 1990년 원래 장비 한도 이하로 장비 보유량을 줄였기 때문에 프리마코프는 (워싱턴과는 달리) 새로운 회원국이 가입할 가능성을 고려해 더 높은 새 한도를 설정할 필요가 없다고 주장했다.[14] 러시아 관점에서는 기존 한도를 높여 신규 가입국의 장비를 수용하기 위해 공간을 만드는 대신, NATO가 이전 한도를 유지하고 신규 가입국의 장비 보유량은 16개 기존 회원국의 현재의 감소된 장비 보유량과 1990년 동맹 전체 한도 사이의 격차 안에서만 허용해야 한다고 보았다. 프리마코프는 또한 중부 및 동부 유럽을 비핵화 구역으로 유지하도록 설득하려 했다. 소련 핵무기가 철수한 덕분에 1990년대 중반까지 이 지역에는 더 이상 알려진 핵무기가 없었다. 러시아뿐 아니라 벨라루스와 우크라이나도 이 지역이 비핵화 상태를 유지해야 하며 NATO를 통해 재무장되지 않아야 한다고 주장했다.[15]

　미국 협상가들은 프리마코프의 노력을 "동맹의 군사적 영향력이 동쪽으로 확장되는 것을 제한하려는 마지막 시도"로 보았다.[16] 탤벗은 이에 강하게 반발했다. 클린턴 팀은 탤벗 원칙에 따라 결국 발트 3국까지 NATO를 확장하길 희망했기 때문에 1990년의 한도를 유지하는 것은 받아들일 수 없었다. "바르샤바조약과 소련이 붕괴되기 직전"의 CFE 한도를 NATO의 영구적 "단일 한도"로 고정한다는 것은 "확장을 단 한 번의 단계로 제한하는 것이나 마찬가지이며, 두 번째나 세 번째 확장을 고려하면 NATO가 그 한도에 부딪히게 될 것"을 의미했다.[17] NSC 보좌관 대니얼 프라이드는 "첫 번째 확장 못지않게 중요한 것은 첫 번째 그룹에 포함되지 않은 국가들과 NATO가 어떤 관계를 유지하느냐"라고 설명했다. 따라서 확장의 시작을 우크라이나, 루마니아, 발트 3국과의 지속적인 관계를 고려하여 신중하게 처리하는 것이 필수적이었다.[18] 1990년 수준으로 군사력을 영구히 제한하는 것은 이들 국가들의 선택권을 과도하게 제한할 수 있었다.

　보리스 옐친 대통령과 프리마코프는 CFE 한도에 대한 요청이 거부되자 NATO 확장을 더욱 지지하기 위해 마드리드 정상회담에 참석해달라는 워싱턴의 요청을 거부했다. 그들은 형식적으로 초대받은 큰 행사에 참석하는 가난한 친척처럼 대우받고 있다고 느끼는 것 같았다. 이 사태에 당황한 클린턴은 최소한 러시아가 "우리가 파리에서 한 일을 옐친이 진지하게 받아들이지 않고 있다는 결론을 내리지 않을 수 있도록 높은 직위의 인물을 보내달라"고 요청했다. 그러나 그들은 그 요청도 거부했다.[19]

러시아만 마드리드 정상 회담에 대한 우려를 가지고 있던 것은 아니었다. 첫 번째 확대에서는 가장 적은 수의 국가들만을 가입시키길 원하는 미국의 방침을 둘러싸고 갈등이 고조되고 있었다. 올브라이트 국무장관과 샌디 버거 국가안보보좌관은 마드리드에서 미국의 목표를 달성하는 최선의 방법은 세 나라, 즉 체코, 헝가리, 폴란드만을 받아들이고 "강력한 개방의 문 패키지"를 만드는 것이라고 의견을 모았다. 그들은 "첫 번째 신규 회원이 마지막이 아니며, 분명히 두 번째 확대 결정이 있을 것이라는 점을 분명히 하는 것"을 의미했다. 그러나 그 목표를 달성하려면 회의적인 NATO 동맹국들을 설득해야 했다. 일부는 확대 자체에 대해 주저했고, 일부는 한 차례 이상 확대하는 것을 반대했으며, 일부는 루마니아와 슬로베니아도 즉시 추가하길 원했다. 올브라이트는 대통령에게 그들이 "과장된 행동과 불만을 견뎌야 하며, 좁은 이해관계보다 큰 그림을 우선시해야 한다"고 조언했다.[20]

그녀는 공개적으로 자신의 주장을 펼칠 기회를 잡았다. 1947년 당시 국무장관이었던 조지 마셜은 하버드 대학교 졸업식에서 마셜 플랜을 발표했었다. 그리고 하버드 대학교는 마셜 플랜 50주년을 기념하기 위해 1997년 6월 5일 졸업식 연사로 매들린 올브라이트를 초청했다. 그녀는 이 행사를 이용해 "마셜이 제시한 비전이지만 냉전으로 인해 실현되지 못한", 즉 "유럽의 완전한 자유"라는 비전을 실현하는 최선의 방법은 NATO를 확대하는 것이라 주장했다. 워싱턴으로 돌아온 그녀는 정치적 및 인도주의적 목적을 위해 미군을 투입하는 문제를 두고 콜린 파월 장군과 충돌한 바 있었다. 파월이 여러 조건들을 나열하자 그녀는 "콜린, 이 엄청난 군사력을 대체 무엇을 위해 아끼고 있는 것인가?"라고 응수했다. 그리고 그녀는 하버드 연설에서 미국과 NATO 그리고 그들이 보유한 엄청난 군사력이 유럽 대부분에 걸친 안보를 증진하기 위해 사용될 것이라는 자신의 입장을 분명히 밝혔다. 그녀는 행정부가 구상하는 확장 계획이 광범위함을 보여주며 "우크라이나에서 미국에 이르기까지 유럽 안보를 위한 노력은 이제 제로섬 게임이 아니다"라고 주장했다.[21]

이 문제뿐만 아니라 모든 사안에 대해 클린턴의 고위 외교 정책 참모들은 계속해서 NATO 사무총장 하비에르 솔라나의 강력한 지지를 받았다. 탤벗은 물리학 교수에서 정치인으로 전향한 솔라나가 이 중요한 시기에 공통 목표를 위해 "복잡하고 구멍 난" NATO 관료 체제를 어떻게 마스터했는지에 대해 점점 더 깊은 인상을 받았다. 두 사람은 탤벗의 부엌 식탁에서 정책을 구상하며 친구가 되었다.[22] 올브라이트 역시 비슷한 감정을 느꼈고 그녀의 표현대로라면 "그는 물리학자였지만, 우리 관계에는 화학적 반응이 있었다."[23] 그 화학적 반응의 한 사례로 1997년 6월 솔라나는 그녀에게 보낸 메모에서 지난 14일 동안 "대서양 양쪽에서, 세 개의 다른 도시에서, 한 번의 정상 회담, 네 번의 장관 회의 그리고 한 번의 생일 파티에서" 그녀를 만난 것에 감탄을 표했다.[24] 그러나 솔라나의 가장 큰 팬은 클린턴이었다. 1997년 여름 대통령의 음성 일기에는 유럽인들이 그를 사무총장으로 임명한 것은 "여전히 현명한 결정"이며 그녀가 "없어서는 안 될 천재에 가깝다"는 사실이 분명해졌다고 말했다는 내용이 기록되어 있다.[25]

동시에 탤벗은 예상치 못하게도 발트 3국에서 고전하고 있었다. 그는 발트 3국이 NATO 내에서 장기적으로 안착할 수 있도록 많은 노력을 기울이며 확장은 "발트 3국의 열망이 실현되지 않는

한 완성되거나 성공적이라고 할 수 없다"고 말하고 있었다. 그는 "발트 3국이 포함될 때까지" 확장을 계속 추진하는 것이 임무라고 이해하는 로널드 애스무스 부차관보를 고용하기까지 했다.²⁶ 올브라이트도 애스무스가 첫 출근한 날 그에게 "발트 3국을 위한 전략을 구상해 주길 기대한다"고 말하며 이런 이해를 확인해 주었다.²⁷ 그녀와 탤벗은 적임자를 채용했었다. 애스무스는 이미 1996년 여름에 "발트 3국을 다루기 위한 신뢰할 만하고 일관된 전략 없이는 NATO가 확장을 성공적으로 구현하기 어려울 것"이라고 주장하는 글을 발표한 바 있었다.²⁸ 이런 모든 상황을 고려할 때 탤벗은 특히 렌나르트 메리를 포함한 이 지역 지도자들이 믿기 힘들 정도로 감사할 줄 모른다고 생각했다.²⁹

외교관의 아들이었던 에스토니아 대통령은 어렸을 때는 파리와 베를린에서 지내기도 했지만 1940년에 스탈린이 에스토니아를 합병했을 때 그의 가족은 모두 모국으로 돌아오게 되었다. 그들은 모두 시베리아로 추방되었고 그의 아버지는 옛 소련의 정치범 강제노동 수용소로 보내졌다. 젊은 메리와 그의 어머니는 살아남기 위해 붉은 군대 공장에서 감자 껍질 까는 일을 했다. 어린 시절 러시아 경비병들은 두 사람이 먹을 여분의 주머니를 챙겨주고 그를 도망치게 했다.³⁰ 메리 대통령은 취임 이후 어린 시절 자신이 알고 사랑했던 서방 세계와 에스토니아를 재결합시키려 노력해 왔다. 그러나 1997년 봄이 되자 그는 더딘 진전에 좌절감을 느끼고 있었다. 특히 7월로 예정되어 있던 미군이 참여하는 발트 지역 군사 훈련 계획의 축소는 그를 분노하게 했다. 그는 5월 28일 탤벗에게 "국민들이 더 많은 기대를 했지만 더 적은 것만을 받았다"며 불만을 표했다.³¹ 탤벗은 이에 대해 "그런 발언이 보여주는 신뢰 부족에 깊은 실망감을 느꼈다"며 이는 "부정확하고 불공평하며 도움이 되지 않는다"고 답했다. 1997년 7월 군사 훈련의 축소는 전술적으로 사소한 후퇴에 불과했으며 같은 시기에 열리는 마드리드 정상회담 일정 때문에 불가피한 일이었다. 예정대로 2,500명의 미 해병대가 발트 3국에서 군사 작전을 수행하는 동시에 마드리드에서 16개 NATO 동맹국이 확장을 논의하는 것이 왜 바람직하지 않은지는 설명할 필요가 없었어야 했다.

탤벗은 왜 발트 3국이 자신들을 위해 설계된 계획을 경시하고 심지어 그들의 발언으로 이를 위태롭게 만드는지 이해할 수 없었다. 미국은 제2차 세계 대전과 냉전의 오랜 세월 동안 그들의 소련 편입을 결코 인정하지 않음으로써 발트 3국을 지지해 왔다. 그는 이어 "이 행정부, 특히 이 대통령의 약속이 없었다면" NATO 확장은 "일어나지 않았을 것"이라고 말했다. 더 나아가 "미국이 없었다면 확장은 분명 단 한 차례로 제한되었을 것"이며 그 한 번의 확장에 메리의 나라가 포함되지 않았을 것이라고 강조했다.[32] 발트 3국의 지도자들은 마드리드 회담을 앞두고 부적절한 행동으로 일을 방해해서는 안 된다고 경고했다.

마드리드 회담 직전의 또 다른 잠재적 위험 요소는 확장 비용에 대한 미 의회의 반발이었다. 클린턴 대통령은 버거 국가안보보좌관에게 현실적인 비용 추산을 요청했다. 1997년 5월 30일 NSC는 새로운 회원국들이 "성숙한 집단 방위 능력"을 갖추기까지 13년이 걸릴 것이라는 미 국방부의 추산을 바탕으로 계산을 진행했다. 약간의 여유를 두기 위해 신규 회원국이 3개국이 아니라 4개국이라고 가정했고 NSC는 전체 비용을 향후 13년 동안 매년 약 21~27억 달러로 추산했다. 이 중 신규 회원국들이 약 8~10억 달러를 부담하고, 나머지는 NATO 동맹국들이 분담하되 미국의 부담액은 연간 1억 5천만~2억 달러가 될 것으로 예상했다.[33]

9장 오직 시작뿐

하지만 폴란드 측은 다른 수치를 제시했다. 당시 폴란드 대통령이었던 알렉산더 크바시니에프스키Aleksander Kwaśniewski는 클린턴에게 폴란드의 군사 현대화 비용만 해도 매년 2억 달러가 들 것이며 그 기간은 13년이 아닌 15년이 될 것으로 예상한다고 말했다. 그는 이 금액이 폴란드가 감당할 수 있는 수준을 넘어섰기 때문에 "미국으로부터의 차관"이 필요하다고 덧붙였다. 당시 폴란드 대사로 임명될 예정이던 대니얼 프라이드는 회의에 참석해 폴란드 대통령에게 "폴란드가 NATO 회원국의 책임을 스스로 감당할 능력이 없는 것처럼 보이는 인상을 주지 않는 것"이 중요하다고 조언했다. 그러자 클린턴은 "물론이다, 그렇지만 댄이 몇 억 달러 정도의 대출을 주선할 수 있을 거다"라고 답했다.[34]

NSC의 대략적인 수치를 이용해 클린턴은 1997년 6월 11일 저녁에 NATO 확장에 깊은 관심을 가진 약 20여 명의 상원 의원들로 구성된 상원 NATO 옵서버 그룹Senate NATO Observer Group, SNOG과 만났다. (이 그룹의 이름을 들은 영국 외교관들은 폭소를 터트렸다고 한다. 영국 속어에서 snog은 전혀 다른 것에 대한 깊은 관심을 표현하는 의미를 갖기 때문이다.)[35] 클린턴 대통령은 이 회의에 앨 고어 부통령을 비롯해 올브라이트, 버거, 탤벗, 스타인버그, 조셉 랄스턴Joseph Ralston 합참의장 그리고 비준 문제를 담당하는 백악관 선임고문 제레미 로즈너도 초청했다. 회의 내용은 로즈너가 수기로 기록했다. SNOG 회의는 탤벗이 나중에 "매우 긴장감 넘치는 만남"이었다고 표현할 정도로 치열하게 진행되었다.[36] 일부 상원의원들은 확장에 강력히 찬성했지만 다른 이들은 훨씬 더 신중한 태도를 보였다. 6일 후 클린턴이 영국 총리 토니 블레어에게 설명한 바에 따르면 많은 상원의원들이 러시아의 민족주의 반응을 자극할 가능성을 우려했는데 대통령은 이를 "어리석은 주장"이라고 여겼다.[37]

로즈너의 수기 메모에 따르면 클린턴 대통령은 논의의 초점을 현안에 맞추려고 노력했다. 즉, 확장의 범위를 얼마나 넓힐 것인지 또 몇 개의 신규 회원국을 추가할 것인지에 관한 문제였다. 대통령은 상원의원들에게 3개국 가입의 타당성을 설득하고자 하는 입장이 분명했다.³⁸ 그는 제5조의 안보 보장 조항이 주는 매력을 이해했고 많은 국가들이 NATO 가입을 원하는 이유도 알았다. "NATO 회원국은 한 번도 공격을 받은 적이 없다."³⁹ 그러나 모두가 즉시 가입할 수는 없었고 "발트 3국이 흥분하지 않도록 일정 수준의 모호성을 유지할 필요"가 있었다. 그의 해결책은 다음과 같았다. "3개국을 선택하면" 다른 국가들에도 "두 번째 라운드가 있을 것이고, 당신들도 그 안에 포함될 것임이 분명해진다"는 메시지를 전달할 수 있다는 것이었다.

하지만 얼마나 멀리 확장할 것인지와 상관없이 확장 자체에 대한 저항도 여전히 있었다. 버몬트주의 민주당 상원의원 패트릭 레이히Patrick Leahy는 "나는 NATO의 강력한 지지자"라고 밝히면서도 "(러시아의) 두마에서 일부가 이를 이용해 START II를 무산시킬까 걱정된다"고 말했다. 클린턴은 "그들이 곧 돌아설 것"이라고 응답하며 어떤 상황에서도 "유럽의 민주국가들과 가장 폭넓고 깊은 동맹을 갖는 것이 중요하다"고 강조했다. 버지니아주의 공화당 상원의원 존 워너John Warner가 클린턴이 역사상 최고의 군사 동맹을 망치려 한다고 주장했을 때 또 다른 긴장된 순간이 발생하기도 했다.⁴⁰ 하와이주의 민주당 상원의원 대니얼 이노우에Daniel Inouye는 합참의 의견을 듣고 싶다고 밝혔다. 랄스턴 합참의장은 "새로운 회원국을 통합하는 데 많은 노력이 필요할 것"이라고 예상하며 "우리는 3개국을 선호하고 잘 해낸 후에 다른 국가들을 영입하고 싶다"고 말했다.⁴¹

델라웨어주의 민주당 상원의원이자 이후 대통령이 되는 조셉 바이든Joseph Biden은 지지를 보냈지만 비용에 대해 우려를 표했다. 그는 폴란드가 "공항 사용에 대해 1억 달러를 받을 것으로 기대하고 있다"고 지적하며 대부분의 "미국인들은 V3(비셰그라드 3국)가 안보에 기여할 것이라고 생각하지 않는다"고 덧붙였다. 비용에 대한 그의 우려에 다른 여러 상원의원들도 공감했다. 클린턴은 이 문제에 대해 투명할 필요성을 인정하며 "우리는 국방에 필요한 자금을 제공하는 것에 대해 솔직해야 한다"고 말했다. 이어 그는 자신의 전반적인 비전을 설명했다. "러시아와 좋은 거래를 하고, PfP와 NATO를 강화할 수 있다면, 유럽에서 큰 격변의 가능성을 제거할 수 있고, 유럽의 변두리에서 무언가 발생할 경우—예를 들어 보스니아와 같은 경우—우리가 이를 처리할 메커니즘과 부담 분담을 갖추게 될 것이며, 이는 아시아를 위한 자원을 확보할 수 있게 해줄 것이다." 로즈너에 따르면 결정적인 순간이 찾아온 것은 사우스캐롤라이나주의 공화당 상원 의원 제임스 스트롬 서먼드James Strom Thurmond가 회의장의 분위기를 다음과 같이 간결하게 요약했을 때였다. "3개국부터 시작해서 빠르게 진행해 다른 국가들에게 희망을 줄 것이다." 클린턴은 이에 대해 농담으로 "내가 그렇게 간단하게 이야기할 수 있다면" 대통령의 임기를 2번으로 제한하는 "수정헌법 제22조를 폐지할 수 있을 것"이라고 응답했다.

다음 날인 6월 12일 클린턴은 "미국은 다음 달 마드리드 회담에서 폴란드, 헝가리, 체코 3개국을 초대하여 NATO 가입을 위한 협상을 시작할 것을 지지할 것이다"고 공식 발표하기로 결정했다. 하지만 클린턴은 블레어에게 개인적으로 "공화당 의원들은 사실 더 많은 국가를 즉시 가입시키는 것을 지지한다"고 전했다.[42] 그러나 NATO에 가입한 후에는 동맹국을 제명하는 절차가 없기 때문에 신중을 기하는 것이 좋았다.⁴³ 가장 중요한 것은 클린턴이 첫 번째 라운드에서 5개의 신규 회원국이 추가되면 "누구도 두 번째 라운드를 믿지 않을 것"이라는 점을 이해하고 있었다는 것이다.⁴⁴

국무부 관계자들은 대통령의 발표 내용을 NATO 국가 및 가입 희망국의 대사들에게 전달했다. 외교관들은 그들의 담당 국가에 "NATO 확장은 한 번의 사건이 아니라 과정이다"라고 알리도록 지시받았다.⁴⁵ 탤벗은 불만을 품고 있는 발트 3국 대사들을 상대로 직접 브리핑하며 클린턴 행정부가 "발트 3국의 열망이 충족될 때까지 NATO 확장 과정을 완성된 것이나 성공적인 것으로 간주하지 않을 것"이라고 다시 한 번 안심시켰다.⁴⁶

반발과 성공

클린턴의 보도 자료는 마드리드 회의 전에 3개국의 신규 회원국을 디폴트로 삼으려는 의도였겠지만 프랑스 측은 이를 받아들이지 않았다. 위베르 베드린Hubert Védrine 신임 프랑스 외무장관은 파리의 미국 대사관에 "모두에게 받아들이거나 떠나라고 할 수는 없다"고 알렸다. 모든 국가가 스페인에 도착한 후 신규 회원국의 수에 대한 진정한 논의가 이루어져야 했다.⁴⁷ 베드린의 견해는 새로운 난제였다. 그는 자크 시라크가 조기 총선을 결정한 이후 예상치 못하게 취임하게 되었다. 시라크는 조기 총선이 그의 입지를 강화하리라 예상했지만 그 대신 유권자들은 반대편인 베드린의 사회당과 그 동맹을 지지했다. 그 결과 우파 대통령이 좌파 장관들과 함께 일하는 '동거정부'가 되어버렸다. 각 장관들은 미국의 계획에 대해 다양한 관점에서 반대했다. 시라크는 초기 그룹에 루마니아를 추가할 것을 주장했으며 베드린은 그 어떤 확장이건 유럽을 종속시키기 위한 미국의 음모라고 확신하고 있었다.⁴⁸

클린턴의 선제공격에 반발한 사람은 프랑스 외무장관만이 아니었다. 애스무스는 나중에 "우리는 유럽 언론에서 미국의 오만함으로 널리 묘사된 것에 대해 정치적으로 큰 대가를 치렀다"고 회상했다.⁴⁹ 그러나 마드리드로 가는 길의 위험에도 불구하고 워싱턴은 정상 회의 전후로 동맹국들을 설득할 때 사용할 수 있을 여러 형태의 카드를 가지고 있었다. 미국 국방장관 빌 코헨은 NATO 감시 프로그램에 대해 독일 측과 소통하며 유럽 국가들이 "상당한 산업 참여"를 기대할 수 있다고 언급했다. 특히 "독일 산업은 NATO가 '적응하고 현대화'함에 따라 상당한 이익을 얻을 것"이라고 했다.⁵⁰ 당연하게도 미국의 방위 산업계 또한 신규 회원국에게 새로운 장비가 필요하게 해줄 확장을 반겼다.⁵¹ 항공 우주 산업 협회는 다른 종류의 항공기는 제외하고 오직 "전투기 시장만으로도 100억 달러"에 이를 것으로 추정했다.⁵² (체코 주재 미국 대사는 나중에 "두 개의 주요 미국 방위 계약업체"가 "각각 체코가 NATO 회원국으로서 미국 상원의 비준을 받기 위해 그들의 초음속 전투기를 구매해야 한다고 설득하려 한다"고 불평했다.) 몇몇 민간인들이 모여 확대를 촉진하기 위해 NATO 확대 미국 위원회를 결성했으며 그 수장은 록히드 마틴Lockheed Martin의 부사장인 브루스 잭슨Bruce Jackson이었다. 레이시온Raytheon의 한 대변인은 "신규 회원국들이 NATO 기준에 맞춰 장비와 인프라를 갖출 필요성이 커질수록, 이는 '미국 군수업체에 더 많은 혜택을 줄 것'"이라고 말했다.⁵³ 보다 일반적으로 보면 오랫동안 NATO는 사실상 유럽 방위를 위한 미국의 보조금으로 기능하며 유럽 정부들이 국가 예산을 방위가 아닌 다른 곳에 사용할 수 있도록 해주었다.⁵⁴ 이 보조금은 워싱턴이 동맹국의 반란 위험에 맞서 사용할 수 있는 강력한 유인책이었다.

더 까다로운 위험은 국내에서의 반발이었다. 케넌을 포함해 확장을 반대하는 목소리들이 점점 커지며 확장에 대한 가장 큰 저항 요인이 되고 있었다. 그 결과는 흥미로운 이분법을 낳았다. 클린턴 행정부 내에서는 의사 결정은 끝났고 이제는 실행할 시간이라는 강한 인식이 있었던 반면, 전문가들 사이에서는 의사 결정에 결함이 있었고 다시 생각할 때라는 강한 인식이 존재했다.[55] 외교문제 협의회의 비공식 여론조사 결과 전문가들은 확장에 대해 2대 1의 비율로 반대하는 것으로 나타났다.[56]

확장 반대파 전문가 중 한 명이었던 로널드 스틸Ronald Steel은 운명적인 질문인 "확장할 것인가, 아니면 확장하지 않을 것인가"에 대해 더 많은 논의를 해야 한다고 주장했다. 그는 "대규모 NATO 논쟁"이 기존의 정당 경계를 깔끔하게 따르지 않고 "양 극단을 가로지르고 중앙을 관통하여, 미친 탈이념적 모자이크를 형성하고 있다"고 지적했다. 한편에서는 헨리 키신저가 "앤서니 레이크와 같은 윌슨주의적 자유주의자들" 및 민주당 내 혁신파인 자유 민주당원들과 같은 목적을 공유하고 있었고, 또 다른 한편에서는 전혀 다른 정치적 이념을 가진 세력들이 모여 확장이 러시아에 미칠 영향에 대해 불평하고 있었다. 스틸은 NATO가 자존심을 지키기 위한 의식에서 확대되고 있다고 추측했으며 미국이 냉전 이후 유럽의 "감독자"가 아니라 "글로벌 균형자"로 자리 잡는 것이 더 나을 것이라고 생각했다. 그는 확장 과정에서 제5조를 삭제하거나 유럽이 더 많은 군사적 책임을 지게 하는 여러 변화 방식도 제안했다.[57]

전현직 정책 입안자들도 비판적인 목소리를 내며 여러 공개 서한을 조직했다. 그중 가장 주목할 만한 서한은 1997년 6월 26일에 발송된 어느 서한이었다. 그 안에는 50명의 전직 상원의원, 각료, 대사 및 기타 인사들의 서명이 담겨 있었다. 이들은 "NATO 확대 과정이 중단되어야 한다"고 요구했다. 아이젠하워 전 대통령의 손녀인 수잔 아이젠하워Susan Eisenhower가 공을 들여 조직한 이 초당적인 서명자 그룹은 아이젠하워 그룹Eisenhower Group이라고 알려져 있었다. 이 그룹에는 폴 니체 전 대사, 로버트 맥나마라Robert McNamara 전 국방장관, 잭 매틀록 전 대사, 그리고 클린턴이 첫 임기 동안 국방장관으로 유치하려 했으나 실패한 전 상원의원 새뮤얼 넌이 포함되어 있었다. 서명자들의 주장은 케넌의 주장을 반영했는데, NATO의 확대는 "역사적인 규모의 정책적 실수"이며 클린턴이 확대를 '무한정'으로 설정하고 있다는 사실이 불필요한 위험을 초래한다는 것이었다. 끝이 없는 확장은 불가피하게 "NATO의 주 임무를 수행하는 능력을 저하시킬" 것이며, "심각한 국경 및 민족 소수자 문제를 가진 국가들에게도 미국의 안보 보장을 제공해야" 하고, 핵무기가 오갈 수도 있을 대립의 위험을 증가시킬 것이라고 경고했다.[58] 이 서한은 공개적인 것이긴 했지만 이 시기에 작성된 CIA의 비밀 보고서는 "핵무기 관련 실험이 진행되고 있다는 강력한 증거"가 있다고 밝히기도 했다. CIA의 러시아 및 유럽 분석 사무소는 이러한 실험의 동기가 서명자들이 우려했던 바로 그것이라고 결론지었다. 즉, 러시아에는 "NATO로부터의 위협이 증가하고 있다는 광범위한 인식"이 있었다는 것이다.[59]

다른 반대자들은 중부 및 동부 유럽을 핵무기 없는 지역으로 유지하고 싶어 했다. NATO의 확대를 통해 새로운 동맹국들이 다시 핵무장을 할 수 있게 되었기에 핵 확산 문제는 NATO의 큰 논의에서 훨씬 더 많은 주의를 기울여야 했다. 또한 NATO의 확대는 또 다른 방식으로 군비통제 노력을 위험에 빠뜨렸다. 모스크바에서 비준을 기다리고 있는 START II 조약이 NATO 확대 계획의 희생양이 되고 있었다. 한 비판자는 러시아 의회가 NATO 확대와 START II 비준을 명시적으로 연계하고 있다고 한탄했다. 그는 1990년 독일 통일을 위해 서방이 "러시아의 동의를 얻었을 때 고르바초프와 (에두아르드) 셰바르드나제를 향한 보장 약속을 위반한 것"에 대한 보복으로 START II를 폐기해야 한다고 말했다.[60]

모스크바가 독일 통일을 계속 언급함에 따라 미국과 NATO의 관계자들은 어떻게 대응할지를 놓고 독일 동료들과 긴밀히 연락을 유지했다.[61] 1997년 6월 13일 NATO 사무총장 하비에르 솔라나는 독일 외무장관 클라우스 킨켈에게 현재의 분쟁과 관련하여 2+4 조약의 중요성에 대해 프리마코프에게 이야기한 내용과 똑같이 조언했다. 솔라나는 조약의 조건이 어떤 방식으로든 적용되지 않는다는 것을 분명히 했다.[62] 또한 그는 클린턴 행정부와 유용한 정보를 공유하기도 했다. 그는 NATO 회원국들에게 몇 개의 새로운 국가를 받아들일 것인지에 대해 조용히 여론조사를 실시했는데 대다수가 처음에는 단 3개국만 초대하자는 미국의 입장을 받아들였다고 한다. 클린턴은 7월 3일 콜과 미국의 입장에 대해 이야기했으며 이 문제에 관한 총리의 전반적인 동의를 받았다.[63]

3개국만을 초대하자는 의견이 힘을 얻고 있었지만 나쁜 소식도 있었다. 영국은 이번 라운드 이후 더 이상의 확대에 강력히 반대하고 있었다. 그들은 제5조 보장이 너무 강력하다고 보았고 이를 너무 광범위하게 제공하는 것은 위험하다고 생각했다. 영국 외무장관 말콤 리프킨드는 나중에 "전쟁 선포 가능성을 포함한 중대한 조약 의무에 들어가는 것은 단순히 그러한 의무를 이행하라고 요구받지 않을 것이라는 가정에 기반해서는 안 된다"고 말했다.[64] 런던만이 망설이는 것도 아니었다. 애스무스는 나중에 '여러 동맹국'들이 워싱턴과의 접촉에서 비밀리에 그런 감정을 표현했다고 회상했다.⁶⁵ 또한 시라크는 프랑스의 NATO 통합 사령부 복귀를 재고하고 있었기 때문에 루마니아를 (그리고 아마 슬로베니아도) 반드시 포함해야 한다고 주장하며 또 다른 문제를 제기했다.⁶⁶ 1997년 7월 8~9일 있을 모임은 분명히 논란이 될 것 같았다.

클린턴과 르윈스키의 관계는 주요 NATO 행사 직전 다시 한 번 위기를 초래했다. 르윈스키는 그녀의 펜타곤 동료인 린다 트립에게 클린턴과의 이별이 고통스럽다고 털어놓았다. "내가 다시 유부남과 바람을 피우고 싶어 한다면, 특히 그게 대통령이라면, 제발 나를 쏴버려라." 그녀는 트립이 자신의 불만을 듣고 있는 이유가 우정이 아니라 클린턴을 무너뜨리려는 의도라는 것을 알지 못했다. 이러한 목적을 위해 트립은 마드리드 회담 직전인 7월 초에 르윈스키가 직접 나서도록 유도했다. 트립은 르윈스키에게 클린턴에 최후통첩을 보내라고 부추겼다.⁶⁷ 르윈스키는 그 편지에서 클린턴에게 자신이 "96년 4월 착한 소녀처럼 백악관을 떠났다"고 상기시키며 선거 기간 동안 아무것도 밝히지 않았다고 말했다. 그녀는 클린턴이 선거가 끝나면 자신의 사무실에 일자리를 찾아주겠다고 약속했으니 이제 그 약속을 이행해줄 것을 원했다.⁶⁸ 클린턴은 7월 4일 금요일 스페인으로 떠나기 전날 백악관으로 그녀를 초대했다.⁶⁹ 르윈스키의 이후 증언에 따르면 클린턴은 그녀가 자신을 위협했다고 비난했지만 그녀가 울기 시작하자 위로해 주었다고 한다. 그녀는 나중에 "그가 나에게 그토록 애정 어린 적이 없었다"고 회상하며 "그가 나를 사랑하고 있다고 확신했다"고 말했다.⁷⁰

이 내용을 모두 들은 트립은 르윈스키의 비밀을 클린턴의 정치적 문제로 바꾸기 위한 방법을 찾기로 결심했다. 그녀는 빠르게 도움을 줄 사람을 찾았다. 출판 에이전트인 루시안 골드버그 Lucianne Goldberg였다. 트립은 이전에 자신의 옛 상사인 빈스 포스터의 살해에 관한 책을 쓰기 위해 골드버그와 연락을 취했지만 그 프로젝트는 증거 부족으로 실패했다.[71] 1997년 트립은 골드버그에게 본인이 베스트셀러가 될 만한 새로운 아이디어를 가지고 있다고 알렸다. 바로 르윈스키의 고백이었다. 골드버그는 그 아이디어에 흥분했지만 이 프로젝트가 포스터 때와 달리 성공하려면 더 많은 증거가 필요하다고 생각했다. 그녀는 트립에게 "라디오 상점에 가서 녹음기를 사라"고 지시한 다음 "전화기에 연결해서 르윈스키를 몰래 녹음하라"고 했다.[72] 이런 녹음은 트립이 살았던 메릴랜드에서는 불법이었지만 그녀는 어쨌든 그렇게 했고 그렇게 만들어진 녹음테이프는 이후 있을 클린턴의 재판 동안 증거의 일부가 되었다.[73]

에어포스원이 스페인을 향해 대서양을 가로지르는 동안 무대 뒤에서는 클린턴에게 위험이 될 일들이 쌓여가고 있었다. 클린턴은 스페인 해변에서 짧은 휴가를 보낸 후 1997년 7월 7일 월요일 올브라이트, 버거, 솔라나, 탤벗을 마드리드에 모아 정상회담 전날 마지막 전략 회의를 가졌다. 가장 큰 문제는 영국이 여전히 양보하지 않고 있다는 것이었다. 클린턴의 말에 따르면 그들은 "정말로 3개국 이외의 다른 나라는 원하지 않는다"고 했다. 버거는 런던에 향후 NATO 확장에 대한 일반적인 개방 정책을 지지할 수 있을 것이라고 제안했지만 "이름이나 날짜 없이"라고 덧붙였다. 즉, 워싱턴은 미래에 있을 다음 라운드에서 영국과 싸우던지 아니면 확장이 너무 많은 추진력을 얻어서 그런 논의를 무의미하게 만들던지 둘 중 하나였다. 날짜에 관해서는 솔라나가 1999년의 NATO 창설 50주년 기념일에 첫 번째 국가 그룹을 추가하는 방향으로 진행하는 것이 바람직하다고 강조했으며 이는 놓칠 수 없는 너무 좋은 기회라고도 했다. 그 매력적인 이벤트는 그 자체로도 동기 부여가 되는 힘이 되었다.[74]

정상회담에서 얼마나 많은 국가를 가입시킬 것인가를 놓고 신경전이 예상됐지만 의외로 짧게 끝났다. 가장 결정적이었던 순간은 콜이 클린턴에게 사적으로 전했던 내용을 공개적으로 밝히며 먼저 워싱턴이 선호하는 대로 3개국만 새로운 동맹으로 받아들이는 것을 지지한다고 말했을 때였다.[75] 올브라이트는 콜이 "모두에게 중화기를 치우도록 설득"할 때까지 "전선이 형성되었다"고 표현했다.[76] 이 승리를 정상회담 최종 공동 성명에 반영하기 위해 버거와 프랑스 및 독일 동료들 사이의 늦은 밤 협상이 필요하긴 했지만 미국은 원하는 바를 이루었다.

공동 성명에서는 동맹이 "새로운 회원들을 계속 환영할 것"이며 유럽의 어떤 민주국가도 배제되지 않을 것이라고 명확히 밝혔다.[77] 첫 신규 동맹국들은 50주년 정상회담에 맞춰 가입할 것이며 전체적인 확장 과정 역시 그 자리에서 재검토될 예정이었다. 이는 더 많은 초청이 있을 것임을 암시하는 내용이었다. 향후 지원국들은 그동안 NACC의 개정판인 EAPC에 "적극적으로 참여"하라는 권고를 받았다. 그러나 공동 성명에서는 미래 회원국의 구체적인 정체에 대해서는 신중을 기했으며 "발트 지역"을 "가입을 원하는 국가들이 있는 지역"으로 모호하게 언급하는 선에서 마무리되었다. 개별 국가를 거론하지 않고 이 지역에 있는 희망 회원국들을 언급하는 아이디어는 독일에서 나온 것으로 러시아의 우려를 고려한 절충안으로 받아들여졌다. 클린턴은 최종 언론 발표에서 독일의 아이디어를 사용하라고 스타인버그에게 지시했고 그는 지시를 따랐다.[78]

모스크바의 우려를 고려한 또 다른 조치로는 보도자료 첫 문단에서 기본 협정에 대한 찬사를 담고 하단에서는 보스니아에서의 러시아 협력에 대해 언급한 점이 있었다.[79] 클린턴은 그해 말 미군이 이 공동 평화유지 임무에 계속 참여한다고 발표했다. 올브라이트는 IFOR에 단 1년의 임무 기한만이 주어졌을 때부터 회의적이었다. 그는 그 후 "행정부는 성급한 기한을 한 번 철회하고는 곧바로 안정화군(SFOR)의 또 다른 기한을 설정했다"고 설명했다.[80] 이제 SFOR은 1998년 6월로 설정했던 원래 기한을 넘어서 무기한 지속될 것임이 분명해졌다.[81]

결론적으로 폴란드, 헝가리, 체코에 NATO 가입 초청장을 전달했고 발트 3국 및 기타 국가에는 가입의 문을 열어두되 너무 노골적이지 않게 접근한다는 방향이 결정되었다. 그러나 우크라이나의 경우는 NATO 가입이 시기상조라 판단되어 당분간 별도의 범주로 분류하는 것이 최선이라 여겨졌다.[82] 이에 따라 솔라나는 바르샤바, 부다페스트, 프라하에 공식 초청 서한을 발송했다. 그는 이들 3개국이 가을 동안 개별 가입 세부 사항을 조율하고 1997년 12월까지 이른바 가입 의정서에 서명하며 1998년에는 16개 동맹국이 이를 비준할 수 있도록 협력해 1999년 4월 이전에 전체 절차를 완료할 것을 요청했다. NATO의 동진은 이제 본격화되었다.[83]

반응 관리

워싱턴으로 돌아가기 전 미국 지도자들은 곧 NATO에 가입할 국가들을 방문하며 짧은 승리의 순간을 가졌다. 코헨 국방장관은 헝가리를 방문했다. 올브라이트 국무장관은 고향인 프라하를 찾아가 "눈물을 글썽이며 거리 곳곳을 걸었고, 눈물 젖은 눈으로 작은 체코 할머니들을 향해 손을 흔들며 그들 한 명 한 명에게 어머니의 모습이 비치는 것을 보았다"고 회상했다. 한편 클린턴 대통령은 폴란드를 방문했다. 백악관은 폴란드 정부와 협력하여 1997년 7월 10일 클린턴을 위한 미국식 캠페인 행사를 준비했다.[84] 깃발을 흔드는 약 3만 명의 열광적인 인파가 잠코비 광장에 모여 클린턴이 "폴란드가 집으로 돌아오고 있다"고 선언하는 모습을 지켜보았다.[85] 또한 클린턴은 폴란드의 전 대통령 레흐 바웬사와 만났다. 바웬사는 "마드리드에서 이뤄진 위대한 업적"에 깊은 감사를 표하고 "세상은 진공 상태를 좋아하지 않으며, 러시아는 정말로 그렇지 않다"고 덧붙였다.

이에 대해 클린턴은 "우리는 아직 끝나지 않았다"며 바웬사에게 답했다. 그는 "우리는 새로운 NATO 회원국들에게 2등급 지위를 줄 수 없기 때문에 여전히 러시아와 CFE를 두고 논쟁 중이다"고 언급했다. 미국 대통령은 모든 신입 회원국들이 완전한 동반자로서 영토에 병력이나 무기 제한 같은 2+4 조약 방식의 조건 없이 NATO에 가입하는 "완전한 승리"를 원했다. 클린턴은 "NATO의 다음 3개국 또는 4개국의 가입이 러시아로 하여금 더 이상 NATO 확장을 막으려는 시도를 포기하게 만들 수 있기를 바란다"며 자신에게는 "확장이 모든 국가에 대한 위협을 실질적으로 제거하는 것"으로 보인다고 덧붙였다. 유럽이 하나로 결속하고 자유롭게 통합될수록 지역의 평화 감각이 커질 것이고 이는 러시아와의 긴장 완화로 이어질 것이라는 그의 신념이었다. 러시아는 아직 이 논리를 받아들이지 않았으나 대통령은 언젠가 러시아가 이를 이해하기를 희망했다. 이에 대해 바웬사는 자신과 폴란드 국민들, 그리고 체코인과 헝가리인들이 "러시아가 NATO와 NATO의 확장

을 평화롭게 받아들이도록 최선을 다할 것"이라고 약속했다.⁸⁶

올브라이트는 체코를 떠난 후 러시아와 발트 3국을 방문하여 양쪽의 반응을 관리했다. 미국 상원을 비롯한 회원국 의회에서 있을 NATO 확장에 관한 비준이 위험에 처하지 않도록 이들 지역의 공개적인 반응이 허용 가능한 한도 내에 있어야 했기 때문이다. 만약 러시아가 지나치게 적대적이거나 발트 국가들이 지나치게 분노하면 상원의원들이 겁을 먹을 수 있었다. 1997년 7월 13일 상트페테르부르크에서 프리마코프를 만난 올브라이트는 "NATO 회원국 자격은 발트 3국을 비롯해 모든 유럽의 민주국가, 러시아까지 열려 있다"는 탤벗의 단골 발언을 반복했다. 이어 "미국이나 NATO는 어느 국가 혹은 국가들이 두 번째 확대 대상이 될 것인지에 대해 아무런 입장을 취하지 않았다"고 덧붙였다.⁸⁷

프리마코프는 회의적이었다. 그는 곧이어 발트 3국을 방문하게 될 올브라이트에게 NATO에 대한 언급을 피해달라고 요청했지만 그녀는 동의하지 않았다. 대신 그녀는 리투아니아 대통령 알기르다스 브라자우스카스에게 "첫 번째 확장은 마지막이 아니다"고 다시 한 번 확인했다. 브라자우스카스가 러시아의 반대에 대해 묻자 그녀는 변함없이 모스크바는 거부권이 없으며 "다른 NATO 국가들도 이 입장에 동의했고, 이는 마드리드 공동 성명에 반영되었다"고 강조했다.⁸⁸ 이어 리투아니아 측은 EU 가입을 위한 지지를 구하며 올브라이트에게 EU 내에서의 영향력을 발휘해달라고 요청했다.⁸⁹ 라트비아 외무장관은 마지막으로 NATO에 가입하기 전까지는 "잠을 이룰 수 없다"고 간절히 말했다.⁹⁰

라트비아의 잠 못 이루는 밤을 최소화하기 위해 마드리드 정상회담 몇 주 후 탤벗과 애스무스는 발트 3국을 NATO에 가입시키기 위한 "적극적인 전략"을 마련하기 시작했다.⁹¹ 1997년 가을 신임 미국 대사로 부임하게 된 스테판 세스타노비치Stephen Sestanovich는 발트 3국의 NATO 가입을 위한 준비 속도가 매우 빠르다는 사실에 깜짝 놀랐다고 회고했다. 첫 번째 확장안의 비준이 끝나기도 전에 이미 다음 확장을 위한 협의 회의를 소집하고 있었던 것이다. 세스타노비치는 왜 모든 것이 이렇게 빠르게 진행되어야 하는지 이해할 수 없었으나 자신이 도착하기 전에 이미 결정된 사안이라는 것을 느꼈다.[92] 결국 "64,000달러짜리 질문(가장 핵심적이고 중요한 질문)"은 그것을 어떻게 성공적으로 수행하느냐에 있었다.

또 일부 동맹국들이 발트 3국을 군사적으로 "방어 불가능"하다고 여기는 문제도 있었다. 애스무스는 북유럽 국가들이 오랜 세월 이와 같은 우려를 가볍게 무시했던 방식처럼 이런 우려를 넘길 것을 제안했다. 예를 들어 핀란드군 참모총장은 애스무스에게 "북유럽 국가들은 방어 불가능성 클럽을 만들어야 한다"며 농담을 건넸다. 애스무스는 동맹이 북유럽 국가의 군 지도자들로부터 배울 점이 많다고 생각했는데 이들은 "억지력에 대해 우리가 생각하는 것보다 더 미묘하게 접근한다"는 이유에서였다. 그는 1997년 7월 20일 탤벗에게 조언하면서 이들 지도자들이 "북유럽에서의 러시아 전력"을 분석하는 데 상당한 시간을 투자했으며 그 전력이 "사람들이 생각하는 것만큼 압도적이지는 않다는 것을 이해하고 있다"고 말했다. 더 나아가 동맹이 핀란드와 스웨덴을 가입시키면 전략적 깊이 문제를 완화하고 NATO가 발트 3국을 포함하는 방어 경계선을 실질적으로 고려하게 될 것이라고 덧붙였다. 애스무스는 발트 3국을 NATO에 가입시키기 위한 첫 번째 단계로 발트 대대를 여단급 부대로 격상해 발트 3국이 안보 소비자뿐 아니라 안보 생산자가 될 수 있다는 증거로 제시할 것을 제안했다.[93] 그러나 애스무스는 이러한 단계만으로는 충분하지 않으며

"발트 공포"를 예방할 다른 구체적인 결과물도 필요하다고 판단했다.[94]

발트 3국과 관련된 과정이 무대 뒤에서 진행되는 동안 동맹의 회원국들에서는 공적 비준 절차가 펼쳐졌다. 올브라이트, 탤벗, 애스무스, 그리고 NSC 관계자들은 이를 면밀히 모니터링했는데 1999년에 새로운 회원국이 가입하기 위해서는 모든 16개 NATO 동맹국이 제때에 이 절차를 완료해야 했기 때문이다.[95] 올브라이트는 1997년 8월 28일 로스너로부터 "주요 우려사항"이 비준을 잠재적으로 위험에 빠뜨릴 수 있다는 경고를 포함한 대담한 브리핑을 받았다. 이런 우려사항에는 "비용, 러시아, NATO 희석"이 포함되었다.[96] "NATO 희석"이라는 표현은 일부 상원의원들이 던진 질문을 줄여서 표현한 것으로 힘 있는 털북숭이인 NATO가 정말 많은 작은 국가들을 받아들일 필요가 있는지를 묻는 것이었다. 애스무스는 일부 비평가들이 "발트 3국 문제로 인해 러시아와의 군비통제 의제를 위험에 처하게 할 가치가 없다"는 주장을 통해 성과를 내고 있음을 알게 되었다.[97]

기본 협정에 의해 설립된 NATO-러시아 이사회(상설합동이사회Permanent Joint Council, PJC라고도 알려짐) 주변에서도 마찰이 있었다. 실질적인 시행에 참여한 동맹 직원들은 이 회의가 빠르게 정치적으로 주도되는 행사로 변모했으며 실질적인 내용이 부족하다고 느꼈다. 러시아 측도 같은 기분을 느꼈는지 러시아 언론도 이 회의를 거의 주목하지 않았다. 9월에 열린 PJC의 첫 번째 장관급 회의는 러시아 TV 뉴스에 보도되지도 않았다. 또한 1997년 9월 29일 미국 대사관은 "러시아 관료들이 침묵하고 있다"고 보고했다.[98]

보도나 공식적인 언급이 부족했던 이유는 러시아의 일반 대중들이 정치 엘리트들만큼 NATO 확장에 관심을 가지지 않았기 때문일 수 있다. 버거는 클린턴에게 "새로운 여론 조사 데이터에 따르면 NATO는 러시아에서 풀뿌리 문제로 자리잡고 있지 않다"고 조언했지만 대사관은 다른 일이 벌어지고 있다고 의심했다.[99] 모스크바의 공식적인 모습은 NATO 확장에 대한 공개적인 승인 의사를 제공할 의지가 점점 줄어드는 것처럼 보였다. 솔라나는 처음에 "'이유 없는' 문제들이 있을 것이라고 예상했지만" 1997년 12월 10일 동맹국들에게 보고한 바에 따르면, PJC의 문제는 예상보다 더 심각했다고 말했다. 예를 들어 그는 러시아가 "기본 협정의 범위를 시험하는 자문이나 협력을 위해 PJC 의제에 항목을 올리려고 하는 것"을 싫어했다. 그는 "러시아가 동맹 활동에 대해 간섭할 권리를 갖게 해서는" 안 된다는 것을 강조했다.[100]

올브라이트와 프리마코프 간의 긴장이 고조된 것은 미국이 새 회원국에 외국 군대나 영구 군사 기지를 배치하지 않겠다는 약속을 했는지 여부에 관한 것이었다. 클린턴 행정부는 NATO가 상당한 병력을 배치하지 않을 것이라는 점을 이미 충분히 명확히 했다고 느꼈지만 이는 당연히 아무 병력도 배치하지 않겠다는 것과는 다른 이야기였다. 프리마코프는 그 점을 충분히 이해할 수 있었다. 올브라이트는 군사 기지에 관한 자신의 입장을 고수하며 1997년 12월 17일에 NATO가 "3개국의 영토를 포함한 미래 인프라에 대해 논의하지 않을 것"이라고 말했다.[101]

마드리드 회담 결과에 관한 러시아의 반응을 관리하는 것이 어려워지고 있는 가운데, 최소한 새로 들어오는 회원국들은 할당된 과제에 대해 동맹과 열심히 협력하고 있었다. 폴란드 외무장관 브로니스와프 게레메크Bronisław Geremek는 가슴 아픈 말을 전했다. "200년 넘게 외국 지도자들이 폴란드와 관련된 문서에 서명할 때마다 재앙이 따랐다." 그러나 1997년 폴란드는 드디어 자신의 운명을 스스로 결정하는 주체가 되었다. 그는 이어서 말했다. "우리는 서방과 동구권 사이에 새로운 경계를 그으려는 것이 아님을 강조하고 싶다." 오히려 폴란드는 "무기와 동맹이 없는 유럽에서 살기를 원한다." 하지만 불행히도 "우리는 여전히 군사력이 궁극적인 안전 보장의 수단인 세상에 살고 있다."[102]

클린턴 행정부는 1997~1998년에 이런 발언을 활용하여 회의적인 상원의원들을 설득할 계획이었다. 행정부의 초점이 해외의 동맹국을 설득하는 것에서 국내의 상원의원을 설득하는 쪽으로 바뀌고 있던 상황에서 대통령은 상원이 자신에게 반대할 이유를 제공하고 싶지 않았다. 그는 자신의 르윈스키와의 관계가 공개되면 NATO 확장을 비롯한 여러 정책 목표를 구현하기 어려워질 것이라는 것을 알고 있었다. 애스무스는 나중에 확장 지지자들은 "대통령의 탄핵 심리가 그보다 빨리 시작되지 않아 운이 좋았다"고 결론지었고 "그런 배경 속에서 확장을 비준하는 것은 불가능했을 수도 있다"고 말했다.[103]

그 이유는 물론이고 다른 여러 이유 때문에라도 클린턴은 르윈스키와의 행동이 드러날 위험을 줄이려 했다. 특히 마드리드 NATO 정상회담 참석 중 르윈스키가 트립과 알고 있다는 사실을 어떻게든 알게 된 후에는 더욱 그랬다. 클린턴은 귀국 직후 르윈스키에게 백악관으로 와달라고 말했다. 1997년 7월 14일 그는 르윈스키를 만나서 "그들의 관계에 대해 트립에게 어떤 이야기를 했는지" 물었다. 그녀는 거짓말을 하며 아무것도 말하지 않았다고 대답했다. 이후 클린턴은 르윈스키를 한 시간 동안 기다리게 했고 그녀가 나중에 회상한 바에 따르면 그는 변호사들과 존스 사건에 관해 이야기하고 있었다고 한다. 그 후 그는 르윈스키에게 트립을 찾아가 본인의 변호사들 중 한 명에게 연락해줬으면 한다고 전해 달라 말했다. 클린턴은 트립이 그렇게 해줄 것인지 확인하기 위해 전화를 걸었다. 르윈스키가 아니라고 대답하자 그녀는 대통령이 "기분이 상했다"고 말했다.[104] 이후 클린턴은 백악관 비서실장인 어스킨 볼스Erskine Bowles를 통해 르윈스키를 백악관 옆의 구 행정 사무실에서 일하게 하도록 요청했다. 이는 아마도 그녀를 트립에게서 멀리 떨어뜨려 놓기 위함이었을 것이다.[105] 하지만 트립은 백악관의 한 연락망을 통해 클린턴의 측근들이 르윈스키의 복귀에 반대하고 있다는 이야기를 듣고 르윈스키에게 알렸다.

이 최신 전개를 들은 르윈스키는 클린턴에게 연락해 모든 것이 너무 심각해졌고 이제는 그만두고 싶다고 말했다. 그녀는 이제 어머니와 가까운 뉴욕에서 일하기를 원했다.[106] 클린턴은 도와주겠다고 약속했다. 그는 친한 친구인 버논 조던Vernon Jordan에게 그녀의 일자리 찾기를 도와달라고 요청했고 조던은 1997년 가을부터 그 일을 시작했다.[107]

그들 중 누구도 트립이 이미 르윈스키의 녹음을 골드버그에게 넘길 준비를 하고 있다는 사실을 알지 못했다. 골드버그는 클린턴의 반대자들 사이에 폭넓은 인맥을 가지고 있었다. 그 녹음은 보수주의 활동가인 조지 콘웨이George Conway, 앤 쿨터Ann Coulter, 짐 무디Jim Moody의 손에 넘어갔고 이들은 이를 폴라 존스의 변호사들에게 전달했다.[108] 르윈스키는 1997년 12월 19일 존스 사건 팀으로부터 소환장을 받고 깜짝 놀랐다.[109] 르윈스키, 클린턴, 조던 세 사람은 여러 번의 통화 및 회의 이후 결국 르윈스키가 "대통령과 성관계를 맺지 않았다"는 내용을 담은 진술서를 작성해야 한다고 결정했다.[110] 그들은 이러한 진술서가 존스의 변호사들에게 그녀의 유용성을 줄이고 증언할 필요성을 없애줄 것이라고 생각한 것으로 보인다. 르윈스키는 정확한 문구를 작성하는 데 적극적으로 참여했다.¹¹¹ 그녀는 대통령이 "항상 내 앞에서 적절하게 행동했다"고 썼다.¹¹² 이는 객관적인 관점에서 볼 때 잘못된 진술로, 그녀는 허위 진술서를 작성하는 범죄를 저지르고 있었다. 그러나 그녀는 그 문구가 자신의 관점에서는 충분히 정확하다고 느낀 듯했고 나중에 자신과 대통령이 서로 사랑하는 관계에 있었다고 믿는다고 증언하기도 했다. 결국 그녀는 1998년 1월 7일 그 진술서에 서명했다. 이틀 후 조던의 도움으로 그녀는 화장품 회사 레브론의 뉴욕 사무소에서 일자리 제안을 받고 이를 수락했다. 조던은 클린턴의 비서에게 "임무 완료"라고 말했다.¹¹³ 그들은 트립의 녹음이 점점 더 널리 퍼지고 있으며 케네스 스타Kenneth Starr 특별검사의 직원들에게까지 전해지고 있다는 사실을 알지 못했다.¹¹⁴

무도회 밤

1998년 1월 르윈스키가 진술서를 작성하고 있을 때 올브라이트 국무장관은 마크 그로스먼Marc Grossman 차관이 그녀를 위해 작성한 올해의 우선 사항 목록을 검토하고 있었다. NATO 확대 비준이 목록의 최상단을 차지하고 있었다. 진보와 보수 양 측의 반대자들이 힘을 합쳐 이를 저지할 수 있었기에 그로스먼은 자신의 상사에게 상원의원들과의 개인적 관계-특히 히틀러와 스탈린 모두로부터 피난해온 그녀를 존경하는 노스캐롤라이나의 공화당 의원 제시 헬름스와의 관계-를 활용하여 그러한 일이 발생하지 않도록 할 것을 권고했다. 그녀는 현재의 초청국들뿐만 아니라 미래의 회원국들을 위해서도 싸워야 했다. 그로스먼의 목록에서 두 번째와 세 번째 우선 사항은 "발트 3국이 NATO의 후보가 될 준비를 하도록 함께 작업하게 하는 것"과 "동남유럽", 정확히는 루마니아와 불

가리아였다.[115]

또 다른 문제로는 확대의 정확한 비용과 그 비용을 누가 지불할 것인지에 대한 논쟁이었다. 공개적으로 이용 가능한 전체 비용의 추정치는 13억 달러에서 1,250억 달러까지 천차만별이었다.[116] 1998년 1월 한 뉴스 기사에서는 클린턴 행정부가 비용이 얼마나 나오든 유럽이 90% 이상을 부담하라고 제안했을 때 "대서양 건너에서의 야유"가 나왔다고 전했다. 프랑스 대통령은 1센트도 지불하지 않겠다고 반박했다.[117] NATO 관계자들은 전체 비용을 그 범위의 하한선인 약 15억 달러까지는 낮출 수 있다고 발표했다. 하지만 그렇게 하려면 새로운 회원국의 영토에 있는 오래된 장비와 인프라를 고쳐서 재사용할 필요가 있다고 전해졌다. 이는 정확히 모스크바가 두려워했던 것이다.[118]

비평가들은 이러한 추정치가 인위적으로 낮게 책정되었고 확대의 비준을 위험에 빠뜨리지 않기 위해 조정되었다고 주장했다.[119] 1998년 초 논란에 대한 내부 평가에서 NSC 전문가들은 "10년 동안 15억 달러"라는 추정치를 지지했지만 동맹이 실제로는 새로운 회원국의 영토 내 기존 "시설과 인프라"에 의존해야 한다는 단서가 붙었다. 러시아는 저항할 것이지만 이런 인프라의 재사용은 합리적이었다. NSC는 이 인프라가 "예상보다 더 좋은" 상태라고 보았기 때문이다. 그리고 이런 재사용을 통해 미국은 연간 분담금을 3,700만 달러로 줄일 수 있을 것이었다.[120]

이 낮은 숫자들은 상원의원들을 설득하기에는 좋았지만 바르샤바조약 시절의 인프라를 사용하려는 계획은 예상대로 러시아의 분노를 초래했다. 옐친은 또한 클린턴에게 미국이 다른 종류의 인프라도 이용하고 있다고 불평했다. "당신들은 … 구 바르샤바조약의 특수 요원 인력을 일부 이용하고 있으며, 이를 러시아에 맞서 이용하고 있습니다." 설상가상으로 옐친은 미국이 구소련 공화국에서 정보 요원들을 적극적으로 모집하고 있다고 의심했으며 "이것도 러시아에 대한 타격이다"고 주장했다. 그는 대신 "우리의 특수 요원들이 어떻게 서로 도울 수 있는지 보자"고 제안했다. 클린턴은 양측 모두 자국의 정보 당국과 연관된 인원수를 줄여보자고 제안했고 옐친은 공정한 기준에 따라 그렇게 할 의향이 있다고 말했다.[121]

이 와중에 클린턴과 르윈스키의 관계가 갑자기 공론화되었다. 이 폭로는 클린턴이 1998년 1월 17일 존스 사건의 피고로 선서 증언을 하기로 예정된 직후에 나왔다. 스타 검사는 백악관과는 무관한 화이트워터 스캔들로 여전히 대통령을 조사하고 있었지만, 그와 일하는 변호사들은 트립의 테이프를 들었고, 곧 있을 존스 사건의 증언에서 대통령의 정직성에 대해 좀 더 의문을 제기할 수 있으리라고 판단했다. 이들의 계획은 대통령이 선서를 하는 동안 르윈스키와의 관계를 부인하면 즉시 반대 증거를 언론에 공개함으로써 그의 명예를 훼손한다는 것이었다. 그러나 스타 검사 측 직원의 말처럼 그들에게는 르윈스키가 클린턴과의 연애를 주장한 내용이 "젊고 감수성이 예민한 소녀의 상상에 불과한 것이 아님"을 증명할 자료가 필요했다.[122] 스타 검사의 대리인들은 클린턴의 1998년 1월 17일 증언에 앞서 르윈스키에게 도청 장치를 착용하게 하고, 대통령과 접촉하여 그의 말을 녹음하게 하려 했다. 이후 대통령이 거짓 증언을 할 경우 이를 전 세계에 공개해 그의 부정직함을 증명하려 한 것이다.

문제는 어떻게 해서든 르윈스키가 협조하도록 강제하는 것이었다. 스타 검사는 우선 법무장관으로부터 수사 범위 확대 허가를 받아야 했고 대통령이 증언하기 전날인 1월 16일에 그것을 승인받

앉다. 이후 트립은 같은 날 르윈스키와 점심을 함께하며 그녀에게 뜻밖의 사람들을 소개했는데 바로 FBI 요원들과 변호사들로 구성된 팀이었다.[123] 이들은 르윈스키가 작성한 허위 진술서를 내밀며 그로 인해 징역 27년형을 받을 수 있지만, 자발적으로 협력하면 그녀를 도울 수 있을 것이라고 말했다. 사실 27년형은 과장이었는데 스타 검사 측 변호사 중 한 명인 브루스 우돌프Bruce Udolf는 나중에 만약 그 혐의를 실제로 적용했다면 해당 관할구역에서 그런 죄로 기소된 첫 사례가 되었을 것이며 그런 형량이 선고될 가능성도 거의 없었다고 인정했다. 그러나 이들은 르윈스키가 이 사실을 모를 것이라 가정하고 있었다.[124] 이후 이들은 르윈스키를 사무실이나 회의실이 아닌 호텔 객실로 데려갔다.[125] 트립이 자리를 떠난 뒤 르윈스키는 이후 11시간 동안 차례로 등장하는 낯선 남성들을 마주해야 했는데 스타 검사가 추가 인원을 보낸 것은 초반의 겁박 시도가 실패했기 때문이었다.

스타 검사 팀이 1월 16일 사건에 붙인 내부 암호명은 "무도회 밤"이었다고 전해진다.[126] 이는 이후 사건 보고서에서 스타 팀의 구성원들이 사용할 성적으로 암시적인 언어의 일종을 처음으로 보여주는 신호였다. 〈뉴욕 타임스〉에 따르면 이런 암시적인 용어 사용을 강하게 주장한 인물 중 한 명은 팀에 있다가 나가기를 반복한 브렛 캐버노Brett Kavanaugh였다.[127] 그러나 그날 밤에는 아직 스타 보고서가 작성되기 전이었고 그들의 전술이 성공할지 여부는 여전히 미지수였다.

때로는 침착했지만 두려움에 의해 이성을 잃기도 했던 르윈스키는 일관되게 협조를 거부했다. 그녀는 어머니가 자신과 함께 있어야 한다고 주장했으며 어머니는 뉴욕에서 오는 데 몇 시간이 걸렸다. 어머니가 도착한 후 스타 검사의 요원 중 한 명인 스티브 빈핵Steve Binhak이 있는 자리에서 그녀는 딸에게 "이 사람들에게 그들이 알아야 할 모든 것을 말하고, 이 일을 끝내자"고 말했다. 그러나 르윈스키는 "나는 미국 대통령을 무너뜨리는 사람이 되진 않을 거다"라며 거부했다.[128] 교착 상태에 직면한 르윈스키의 어머니는 10년 전에 이혼한 전 남편에게 연락하기로 결심했다. 딸에게 벌어진 상황에 충격을 받은 그는 변호사인 친구에게 도움을 요청했고 변호사 친구는 협조하기로 했다. 그는 FBI 요원들과 변호사들에게 자신이 새로운 의뢰인과 이야기하고 상황을 더 알아볼 때까지 아무런 조치를 취하지 말라고 전했다.[129]

르윈스키는 얼마 지나지 않아 어머니와 함께 호텔을 떠났다. 이 과정에서 그녀는 대통령에게 경고하려고 시도했으나 실패한 것으로 알려졌으며, 어머니와 변호사가 개입한 후에는 더 이상의 시도를 하지 않았다. 다음 날 대통령은 "무도회 밤"에 대해 전혀 알지 못한 채 스타 검사가 예상한 대로 존스 측 법률팀에 선서 증언을 하면서 르윈스키와의 성관계를 부인했다.[130] 당시 〈드러지 리포트〉에서 트립의 테이프에 대한 정보를 입수했고 웹사이트를 통해 이 이야기를 처음으로 미국 대중에게 공개했다.[131] 이제 시계가 똑딱거리기 시작했다. 클린턴의 부적절한 행위에 대한 의혹은 세상에 드러났지만 그가 위증했다는 결정적인 증거는 아직 없었다. 이는 르윈스키가 스타 검사가 원했던 대로 도청 장치를 착용하지 않았기 때문이다. 스타 검사가 그녀의 소지품에서 추가 증거를 확보하기 전에 클린턴 행정부가 얼마나 더 성과를 낼 수 있을 것인가?

이 폭로는 수개월 동안 뉴스의 중심이 되었고 클린턴 행정부는 이를 상쇄하기 위해 성과를 내야 했다. 올브라이트는 이를 두고 "98년은 모니카의 해였다"고 표현했다.[132] 클린턴의 내각 구성원들은 각자의 업무에 집중하려 했지만 "그 소란을 무시하기는 불가능했다." 클린턴과의 사전 브리핑 시간이 줄어드는 등 실제적인 영향도 무시할 수 없었다. 이전에는 외국 정상과의 기자회견 전에 올브라이트와 다른 전문가들이 언론 대비를 위해 대통령을 준비시키는 역할을 맡았으나 폭로 이후에는 "대통령이 반드시 질문 받게 될 조사 관련 주제를 검토할 수 있도록" 방을 먼저 나와야 했다고 올브라이트는 전했다. 스캔들로 인해 모든 기자들의 질문이 르윈스키 사건에 집중될 것을 우려해 발트 3국의 나토 가입을 지지하는 행사가 연기되었을 가능성도 있었다. 이 사건은 일본 상공을 통과한 북한의 미사일 발사, 아시아 금융 위기, 에티오피아와 에리트레아 간의 전쟁 등 해외에서 벌어진 불안한 사건들이 겹쳐지면서 올브라이트가 1998년을 "모든 일이 잘못되는 해"로 라고 생각하게 만들었다.[133]

그러나 클린턴이 위증했다는 명백한 증거가 없었기에 대통령은 혐의를 부인하며 지지자들을 결집하게 할 수 있었다. NATO 확대 비준 팀의 일부는 초기에 충격이 가신 후 안도감을 느끼기도 했다. 처음에는 르윈스키 사건 폭로가 재앙처럼 보였었다. 로즈너의 말에 따르면 어떤 이슈에도 자동적인 경계선이 그어지지 않기 때문에 외교 정책 역시 국내 스캔들로부터 차단될 수 없었다.[134] 로즈너와 올브라이트 모두 비준이 결코 당연한 결과라고 생각하지 않았다. 르윈스키 사건의 폭로는 클린턴을 늘 싫어해 온 공화당에게 클린턴의 가장 취약한 지점, 즉 인격 문제와 관련해 새로운 공격의 빌미를 제공해 주었기 때문이다. 로즈너는 행정부의 "비준 대사"로서 최소 67명의 상원의원들이 대통령의 뜻에 동의하도록 전력을 다하고 있었다. 그는 상원의원들이 NATO 확대를 비준함으로써 클린턴에게 승리를 안겨주는 것을 꺼리게 될지도 모른다고 우려했다. 심지어 일부 의원들은 "절대로 그리 하지 않겠다"고 할 정도로 반대할 수도 있었다. 하지만 애스무스와 로스너는 결정적인 증거가 없다는 점이 클린턴의 반대자들을 약화시키고 있다는 것을 금방 깨달았다.[135] 그들이 몰랐던 것은 르윈스키가 얼룩진 파란색 드레스라는 증거를 가지고 있었다는 것이었다. 1998년 봄 내내 애스무스와 로스너는 스스로 의식하지 못한 채 그 증거를 확보하기 위해 르윈스키와 스타 사이의 협력 합의를 추진하던 변호사들과 경쟁을 벌이고 있었다.

변호사들이 합의에 이르지 못하는 동안 대통령은 1998년 정책 의제를 추진할 수 있는 여지를 유지할 수 있었다. 심지어 동정까지 받기 시작했다. 1998년 1월 27일에 있었던 국정연설에서 의회는 그에게 뜨거운 박수를 보냈다. 대통령은 연설에서 르윈스키에 대한 언급을 생략할 정도로 안도감을 느꼈다.[136] 해외에서도 지지를 받았다. 연설 이후 콜 총리가 전화로 연설의 반응이 좋았다고 칭찬하며 "미국 국민의 상식에 대한 신뢰가 다시 생겼다"고 말했다. 클린턴은 이에 감사하며 "우리가 성급한 대응을 피하고 공정한 대우를 받을 수 있다면 괜찮을 것"이라고 답했다.[137]

그러나 르윈스키의 침묵이 모두의 침묵을 의미하는 것은 아니었다. 대배심은 조던을 포함한 여러 사람들에게 증언을 강제했고 그 증언 대부분은 곧바로 언론에 유출되었다. 이런 유출과 함께 쏟아지던 언론 기사들을 상쇄하기 위해 NATO 확대에 대한 상원의 비준이라는 현실적인 대승이 더욱 중요해졌다. 로스너는 이 분야에서 좋은 소식을 전할 수 있었다. 1998년 2월 2일 캐나다가 가입 의정서를 비준한 첫 번째 국가가 되었고 다른 동맹국들도 이를 뒤따를 예정이었다는 점이다. 이는 상원에 유용한 선례가 되었다. 더욱이 로스너는 NATO 확대 비준을 위해 필요한 상원의 3분의 2를 설득하는 데 성공했다고 믿었다. 그는 더 큰 성과를 위해 추가적인 설득 작업을 계속하고자 했다.

로스너가 안전 마진이 필요하다고 느낀 이유는 클린턴과 르윈스키의 행동에 대한 논란뿐만이 아니었다. NSC는 새로운 위험을 인식하게 되었다. 그것은 워너 상원의원이 "두 번째 확대가 이루어질 시기를 지연시키는 법안을 제정하려는 시도"였다.[138] 워너는 SNOG 회의 이후 확대에 대해 불만을 품고 있었고 동맹의 50주년 기념일이 더 많은 회원을 초대하자는 "성급한 결정"을 촉발할까 우려했다. 그는 축하의 방식으로 신규 회원을 추가하기보다는 잠재적인 회원국의 자격에 대해 더 진지하게 고려해야 한다고 생각했다.[139] 그는 법안을 통해 동맹의 모인 발을 가속 페달에서 떼어내고자 했다. 이런 생각을 한 사람은 그뿐만이 아니었다. 1998년 2월 4일 전 상원의원 넌과 부시의 국가안보좌관이었던 브렌트 스코크로프트는 〈뉴욕 타임스〉의 양당 공동 기고문에서 지연을 의무화할 것을 권장했다. 스코크로프트는 물론 1990년 NATO의 동쪽으로의 확대를 성공적으로 열어준 부시 행정부의 노력에 기여했지만 당시 그는 후임자들이 지나치게 밀어붙이고 있다고 생각했다. 그와 넌은 "필요한 것은 분명한, 심지어 영구적이지 않은 확대의 일시 중단"이라고 주장했다. 그들은 제1차 세계 대전 이후의 오판에 대한 존 메이너드 케인스John Maynard Keynes의 발언을 인용했다. "사기가 꺾인 과거의 적을 어떻게 다뤄야 할지에 대한 치명적인 오판"은 "우리가 절대로 반복해서는 안 될 오류"이다.[140] 그러나 만약 상원이 이후의 확대를 지연시키거나 차단한다면 이는 탤벗 원칙을 약화시킬 것이었다. 국무부와 NSC는 이러한 의무적인 일시 중단에 반대했는데 이는 곧 NATO 회원국이 될 것이라는 약속인 "개방된 문을 약속하는 신뢰성을 파괴"할 것이기 때문이었다.

이런 반대에 대응하기 위해 민간 옹호 그룹은 상원의원들을 잠재적인 신규 회원국 대표들과 "편안한 사회적 환경"에서 만나게 하였다. 이들은 자신들의 활동에 대해 NSC에 계속 정보를 제공했다. 이 그룹의 주요 추진력은 줄리 핀리Julie Finley, 브루스 잭슨, 스티브 해들리Steve Hadley, 로버트 졸릭, 피터 로드먼Peter Rodman과 같은 인맥이 두터운 인물들이었다.[141] 상원 내에서는 바이든과 리처드 루거가 주요 청문회 전 만찬을 조직하고 애스무스와 그로스먼을 초대하여 상원의원들이 비공식적이고 친근한 대화 형태로 확대 찬성 의견을 들을 수 있는 기회를 제공했다. 그로스먼은 바이든과 루거에게 매우 감사하게 생각했다. 또 그들의 사교 모임이 확대 옹호자들과 상원 의원들 간의 신뢰를 형성하는 데 도움이 되었다고 회상했다.[142]

비준 드라마의 마지막 행위는 클린턴이 공식적으로 가입 의정서를 상원에 전달하면서 시작되었다.[143] 양측에서 다양한 논평이 쏟아졌지만 확대 지지자들은 여러 이유로 자신들이 우세하다고 확신했다. 폴란드, 헝가리, 체코의 대표들은 미국 내 동맹 세력들과 협력하여 상원의원들에게 본인들의 NATO 가입을 강력하고 설득력 있게 주장했다. 올브라이트는 양당의 많은 상원의원들, 특히 헬름스에게 효과적으로 로비를 했다. 애스무스와 그로스먼은 바이든과 루거의 사교 행사에서의 인맥을 잘 활용했다. 미국의 주요 사업가들과 중부 및 동부 유럽 출신 유권자들처럼 광범위한 인구 집단이 확대를 지지했다. 상원 같은 선출된 기관이 이러한 지지를 무시하기는 어려웠다. 마지막으로 르윈스키도 아직 자신이 가진 증거를 포기하지 않았다.

상원 외교위원회는 이 법안을 승인하여 상원 본회의로 옮겼다. 최종 토론은 1998년 4월 27일에 시작되었다.[144] 클린턴과 그의

9장 오직 시작뿐

참모들은 가능한 모든 연결고리를 능숙하게 작업했고 그들의 노력은 결실을 맺었다. 그들은 워너의 수정안이 59 대 41로 부결되었을 때 기뻐했다.[145] 그들은 또한 로스너가 또 다른 심각한 위협으로 간주하는 것을 막을 수 있었다. 그중 하나는 미주리주의 공화당 상원의원 존 애슈크로프트John Ashcroft가 동맹의 역외 임무를 제한하려 했던 것이다.[146] 또한 NATO 회원국이 먼저 유럽연합에 가입하도록 요구하는 수정안도 83 대 17로 상원에서 부결시켰다. 그리고 마침내 상원은 80 대 19로 NATO의 확장을 승인했다.[147] 비준 투표는 정당 노선을 뛰어넘은 투표였다. 35명의 민주당 의원과 45명의 공화당 의원이 찬성했고, 10명의 민주당 의원과 9명의 공화당 의원이 반대했다.[148]

정치적 구성이 이례적이었지만 그럼에도 불구하고 이는 큰 승리였다. 다양한 외교적 및 국내 정치적 위험에도 불구하고 클린턴과 그의 비준 팀은 NATO와 상원을 통해 확대를 성공적으로 이끌어냈으며 첫 번째 라운드가 시작에 불과하다는 점을 분명히 했다. 의무적인 일시 중단은 없었고 역외 활동에 대한 제한이나 신규 회원국의 영토에 대한 구속력 있는 제한도 없었다.

이 결과는 불만 많던 케넌에게 또 다른 실망을 안겼다. 소련의 붕괴 이후로 그는 모스크바와의 갈등을 제외한 다른 방법의 "해결책을 도출할 가능성"을 없애는 어떤 조치에도 반대해왔다. 그는 특히 NATO의 확대를 그러한 조치 중 가장 나쁜 것이라고 보았다.[149] 반면 NATO에 초대된 국가들은 자신들의 성공과 새롭게 열릴 지평선에 대해 매우 기뻐했다. 그들은 여러 차례에 걸친 확대의 시작에 참여할 수 있다는 확신이 점점 더 커졌다.

이들의 대표들은 클린턴 행정부와 동맹국과 협력하여 1999년

4월 NATO 창설 50주년 기념일까지 완전한 회원이 되기 위해 모든 실질적이고 법적인 장애물을 제거하기 시작했다. 그러나 그들은 여전히 안심할 수 없었다. 왜냐하면 더 많은 대통령의 스캔들이 기다리고 있었기 때문이었다. 1998년 7월 말 르윈스키와 스타 간의 수개월에 걸친 법적 협상이 마침내 끝났다. 그녀는 면책특권을 받았고 그 대가로 7월 29일 자신의 얼룩진 파란 드레스를 증거로 제출했다. 그리고 이틀 후 실험실에서 증거품의 인간 정자의 양성 검사 결과를 확인했다. 검사를 수행한 실험실에서는 조사 중인 "어떤 알려진 대상"과 DNA가 일치하는지를 확인하기 위해 혈액 샘플을 요청했다.[150]

클린턴은 이후 탄핵에 맞서 싸우게 되었고 권력을 유지할 수 있을지 확신이 서지 않았다. 러시아의 경제 붕괴와 코소보의 분쟁은 더 큰 혼란을 초래할 것이었다. 이런 이질적인 사건들은 21세기의 정치 지형을 형성할 1999년의 충돌을 향해 서서히, 하지만 거대하게 나아가고 있었다. 러시아에서는 이 충돌로 인해 옐친이 자리에서 물러나게 되었고 그 자리를 차지한 것은 어느 전직 KGB 요원이었다. 이는 그의 권력의 시작에 불과했다.

10장
미래를 위하여

클린턴 행정부는 1998년 여름까지 NATO 동맹국들과 미 상원에게 가장 유연한 버전의 NATO 확대 구상을 설득하는 데 성공했다. 그러나 그 정치적 결과를 다루는 일은 더 어려운 과제였다. 빙하가 천천히 지형을 가로질러 나아가며 광범위한 지역을 크게 변화시키는 것처럼, NATO의 동진 또한 냉전 이후 정치 지형의 여러 요소들을 이동하고 정착하게 만들며 21세기 정치 지형에 새로운 표지를 남겼다. 1998년 여름부터 1999년 12월까지 NATO의 확대는 다섯 가지 주요 사건들과 결합해 미래 시대의 윤곽을 만들었다. 러시아의 재정 붕괴와 그로 인한 후계 경쟁, 빌 클린턴 대통령의 탄핵, NATO의 신규 회원국 추가 시점에 발생한 코소보 유혈사태, 크렘린 내부에서의 블라디미르 푸틴의 급부상, 그리고 러시아 보리스 옐친 대통령이 갑작스럽게 사임하며 푸틴을 후계자로 지명한 결정까지. 이런 과정이 새로운 시대에 서방과 러시아의 관계를 모든 측면에서 규정하지는 않았으나 냉전 이후 가능한 질서의 범위를 좁히며 미래의 교착 상태를 예고하게 했다.

"러시아에서 과연 누가 우리의 파트너가 될 것인가?"

클린턴은 두 번째 임기 중에 다음과 같은 예언적인 발언을 했다. "러시아가 안정되지 않으면, 세계 나머지 국가들도 고통을 겪게 될 것이다."[1] 그러나 1998년의 러시아는 안정과는 거리가 멀었고 고통은 넘쳐났다. 그해 러시아의 GDP는 8월 17일 시작된 대규모 금융 위기를 포함한 여러 요인으로 인해 4.6%나 감소하였다.[2] 이 혼란은 러시아 내에 더욱 큰 불확실성과 변동성을 불러일으켰으며, 옐친의 후계자를 둘러싼 경쟁을 다시 점화시켰고, 러시아 엘리트들이 다른 도전에 대해 관용을 가질 수 없게 했다.

1993년부터 1998년까지 발생한 GDP의 8~9%에 달하는 재정 적자가 추락의 원인이었다. 옐친에게 아무런 중대 개혁 요구도 하지 않고 무조건적으로 제공했던 1996년 IMF 원조 패키지의 후유증은 더 많은 복잡성을 낳았다. IMF는 이 패키지를 통해 3년 동안 100억 달러의 대출 프로그램을 제공했고 덕분에 옐친의 재선을 보증하는 데 큰 도움을 줬다. 외국 투자자들은 이 대출금을 IMF가 무슨 일을 하든 모스크바를 구제할 것이라는 신호로 보았다. 한 분석가는 이렇게 말했다. "시장에 대한 신호는 명확했다. 러시아는 실패하기에는 너무 크고 핵이 너무 많았다." 대규모 국제 투자 포트폴리오가 러시아 루블화 표시 국채에 자금을 쏟아 부었고 민간 투자자들은 한동안 러시아 정부를 떠받쳤다. 1997년 민간 포트폴리오 유입액은 460억 달러에 달했으며 이는 GDP의 10%에 해당했다. 러시아 루블화 표시 국채의 실질 수익률은 100%에 이르러 러시아 재정에 막대한 비용을 초래했다. 이 상황은 지속 가능하지 않았지만 폭락 이전에 빠져나온 러시아 루블화 표시 국채 보유자들은 큰 수익을 거둘 수 있었다.[3] 이 문제에 더해 1997년 아시아 금융 위기는 상황을 악화시키는 파급 효과를 가져왔다.⁴ 국무부 차관보 마크 그로스먼은 이런 복합적인 어려움으로 인해 러시아인들이 NATO 확대와 같은 추가 위협으로 간주되는 사안에 대해 더 이상 관용을 가지려 하지 않는다는 점을 지적했다.⁵

1997년에서 1998년 사이 러시아의 국내 정책 결정들도 붕괴에 일조했다. 옐친은 정치적 파장을 생각해 고질적인 재정 적자를 줄일 능력도 의지도 없었다. 총리 빅토르 체르노미르딘은 오히려 그 적자를 확대하기로 결정하기도 했다. 1997년 10월 28일 러시아 증시는 하루 만에 19% 폭락했다. 이는 앞으로 다가올 사태의 징조였지만 이로 인한 정책 변화는 거의 없었다.⁶ 1998년 3월 옐친은 최소한 내각 개편은 필요하다고 판단하여 체르노미르딘을 해임하고 35세의 개혁가 세르게이 키리옌코Sergey Kiriyenko로 교체했으나 큰 효과는 없었다.⁷

다가오는 경제 재앙 속에서 1998년 5월 15일 영국 버밍엄에서 열린 경제 정상 회의에 러시아가 회원국으로 참석하며 G7은 G8로 확대되었다.⁸ 클린턴은 그곳에서 옐친을 따뜻하게 맞았으나 옐친의 권력 유지에 점점 더 우려를 표했다. 클린턴은 독일 총리 헬무트 콜에게 "러시아에서 옐친에 대한 불만이 상당히 커지고 있다"며 "우리가 도울 수 있는 일에도 한계가 있다"고 털어놓았다.⁹ 클린턴의 걱정은 타당했다. 7월 10일 금요일 옐친은 극도로 불안한 상태로 백악관에 전화를 걸었다. IMF가 추가 자금 지원을 고려 중이며 3주 안에 결과를 알려주겠다고 했으나 그는 "3주는 우리에게 너무 길다"며 "이번 주 안에 결정이 내려지지 않는다면 개혁의 종말, 기본적으로 러시아의 종말을 의미하게 될 것"이라고 말했다. 이 상황이 그의 나라뿐만 아니라 "세계 금융 시스템에도 재앙적이고 급진적인 결과"를 초래할 것임을 감안할 때 신속한 조치가 미국의 이익에도 부합한다고 했다. 클린턴은 그 주말 IMF에 연락하겠다고 약속했다. 이어 클린턴은 최근 이란 미사일 프로그램과의 연계로 인해 러시아에 제재를 가하는 법안을 거부한 사실을 언급하면서 러시아가 이란과의 관계를 재검토한다면 미국이 모스크바를 위해 더 많은 일을 할 수 있을 것임을 암시했다. 옐친은 "러시아와 이란 기업 간의 협력을 줄이거나 제한할 수 있는 모든 방안을 검토하겠다"고 맹세했다.[10]

클린턴은 약속을 지켰다. 7월 13일 월요일 IMF는 조치를 취하겠다고 발표했고 일주일 후 112억 달러의 금융 지원을 확정했다. 〈뉴욕 타임스〉는 이 금액을 171억 달러라고 보도했고 세계은행과 일본의 추가 지원으로 총액은 226억 달러에 이른 것으로 알려졌다.[11] 정확한 금액이 무엇이든 실질적인 효과는 거의 없었다. IMF 자금이 충분히 신뢰할 만한 재정 조치와 함께하지 않았기 때문에 자금은 빠르게 러시아에서 빠져나갔다. 기본 원칙은 명확했다. 신뢰할 만한 정책 없이 위기 상황에 있는 국가에 자금을 투입한다면 자금 유출이 합법일 경우—당시 러시아의 경우처럼—자금은 그 나라를 빠져나가게 된다는 것이다. 이후 반항적인 두마Duma, 러시아 의회가 IMF가 옐친에게 자금 지원 조건으로 요구한 법률 개혁의 추진을 저지했다. IMF는 이 반발에 불안감을 느꼈다. 48억 달러가 지급된 이후 IMF는 (한 전문가의 표현에 따르면) "뜨거운 벽돌처럼 러시아를 버렸다."[12] 클린턴의 참모들은 "IMF와의 역사적 합의와 야심찬 경제 개혁 프로그램에도 불구하고" 옐친 정부가 "매일 생존을 위협받고 있다"고 결론지었다.[13]

절박한 상황에서 민족주의 감정을 자극하고자 옐친은 1998년 7월 17일 상트페테르부르크에서 열린 니콜라이 2세 황제와 황후 알렉산드라, 그 자녀들의 재매장식에서 이를 "인간적 정의의 행위"라고 칭했다.[14] 그러나 시장과 투자자들은 큰 반응을 보이지 않았고, 러시아 전역의 노동자들은 여전히 임금을 받지 못해 분노했다. 백악관 국가안보회의(NSC)는 "악명 높은 올리가르히들이 여전히 공익보다 사익을 우선하고 있다"고 지적했다.[15] 수많은 위기에 압도된 옐친은 다시 한번 참모진 개편을 결심했다. 그 과정에서 여러 고위 비밀경찰 관료들을 제치고 비교적 무명이었던 45세의 푸틴을 러시아 연방보안국(FSB)의 수장으로 승진시켰다.[16]

 붕괴하던 동독의 KGB 지부에서 자신의 고향이자 붕괴 중인 소련으로 돌아온 푸틴은 레닌그라드국립대학 시절 법학 교수였던 아나톨리 솝차크Anatoly Sobchak 밑에서 일자리를 얻었다. 솝차크는 시 정치에 활발히 참여하며 곧 상트페테르부르크라는 이름을 되찾게 될 도시의 시장이 되기 위한 길을 걷고 있었다. 푸틴은 그의 필수적인 조력자가 되었으며 그중에서도 특히 솝차크가 헬무트 콜과 대화할 때 통역을 맡았다. 독일 총리의 러시아 역사에 대한 깊은 이해는 푸틴에게 깊은 인상을 남겼으며 콜이 "러시아 없는 유럽은 상상할 수 없다"고 말한 것도 푸틴을 만족시켰다. 역사학자 스티븐 코트킨Stephen Kotkin에 따르면 푸틴은 이 시기에 "레닌그라드의 자칭 민주주의자들이 거의 아무것도 성취하지 못하는 한편 자신과 측근들이 부유해지고 시의 문제를 해결하는 데 도움이 될 수 있도록 돈을 횡령할 수 있음을 깨달았다"고 한다.[17] 또한 파이낸셜 타임스 기자의 조사에 따르면 푸틴은 선출된 당국자, KGB 잔당, 지역 범죄 조직 간의 관계를 조율하는 데 능숙함을 발휘했으며 이는 이후 러시아 통치의 모델로 작용하게 되었다.[18]

 푸틴이 특히 두드러진 점은 시장에 대한 깊은 충성이었다. 솝차크가 1996년에 선거에서 패하고 부패 혐의로 법적 위험에 처했을 때도 그의 전 부하인 푸틴은 그를 보호했다. 또한 1997년 11월 전용기를 통해 솝차크를 빠르게 프랑스로 탈출시켰던 것으로 전해진다. 이런 충성심은 옐친의 비서실장 알렉세이 쿠드린에게 깊은 인상을 주었다. 쿠드린은 시장 시절 솝차크를 도와주었던 인물로 푸틴을 잘 알고 있었다.[19] 쿠드린과 기타 다른 인맥 등을 통해 푸틴은 옐친 행정부에 발을 내디디게 되었고 모스크바로 이동하게 되었다.[20]

　1998년 여름 러시아의 격변은 푸틴에게 기회를 제공했지만 클린턴에게는 딜레마를 안겼다. 클린턴 대통령은 이전에 9월 1일 모스크바를 방문하기로 약속했지만 이렇게 어려운 시기에 가야 할지 고민이 되었다. 금융 위기는 NATO 확대의 실질적인 실행이 모스크바에 특히 끔찍한 시점에서 이루어지고 있음을 의미했다. 그러나 옐친이 직면한 실질적인 위협에도 불구하고 클린턴의 참모들은 대통령이 가서 단호한 태도를 유지하여 개방적인 확장이 보장되도록 해야 한다고 생각했다. 첫 번째 NATO 초청국 그룹을 작게 유지한 결과로 미국이 폴란드와 칼리닌그라드(푸틴의 아내가 이곳 출신이다) 사이에 사실상의 새로운 경계를 그었다고 러시아가 믿어서는 안 된다고 했다. 또한 미국이 그 경계 동쪽의 모든 것을 모스크바의 영향권에 양보한 것으로 보여서는 안 된다는 것이었다. NATO는 NATO의 문이 열려 있음을 알렸고 클린턴은 입장을 고수해야 한다고 주장했다. 입장을 바꾸는 것은 NATO의 제한된 수의 자리를 두고 경쟁하는 잠재적 동맹국 간의 갈등을 촉발할 수 있다. NSC 보좌관 샌디 버거Sandy Berger는 1998년 7월 22일 클린턴에게 "발트 3국의 회원 가입은 논외다"라고 말하거나 "전통적 군비 조약이 NATO의 새로운 영토에 대한 장비의 양에 제약을 가할 수 있다"고 말해서는 안 된다고 경고했다. 러시아 경제가 무너지고 있는 상황에서도 이러한 입장을 포기할 이유는 없었다.[21] 요약하자면 NATO의 확대는 1998년 금융 위기의 절박한 시기에도 불구하고 미국에게 옐친을 돕기 위한 정치적 수단을 제한하게 되었다.

또 다른 문제는 옐친과 NATO의 미래와 얽혀 있었다. 그것은 코소보에서 있었던 세르비아의 공격적인 움직임이었다. NATO의 추정에 따르면 세르비아가 통제하는 군대와 알바니아계 코소보인 간의 전투로 인해 1,500명이 사망하고 수십만 명이 고향을 떠나야 했다. 클린턴은 1998~1999년에 세르비아군을 저지하기 위한 전략을 세우는 데 놀라울 정도로 많은 개인적인 시간을 투자하며 다양한 조언을 구했다. 루마니아 대통령 에밀 콘스탄티네스쿠Emil Constantinescu는 발칸반도 전체에 오래전에 시행되었어야 한다고 생각하는 해결책을 제안했다. 그는 "14세 어린이에게 컴퓨터를 제공하여 그들이 세상과 연결되도록 해야 했다. 그렇게 하면 그들은 총을 들고 싶어 하지 않을 것이다. 총은 그들을 세상과 분리시킨다"고 말했다.²² 코소보는 그러기엔 이미 늦었기 때문에 더 극적인 조치가 필요해 보였다. 클린턴은 1998년 8월 7일 콜과의 대화에서 밀로셰비치가 "체계적으로 폭력과 억압을 가하고 있다"는 사실을 싫어한다고 말했다. 밀로셰비치는 "NATO가 안전보장이사회 결의가 있어야만 행동할 것"이라고 생각했고 "러시아가 그것을 막을 것"이라고 여겼기 때문에 자신이 무사하리라 믿었던 것으로 보인다.

밀로셰비치의 생각대로 결의안은 옐친에게 큰 어려움을 안겼다. 만약 러시아 대통령이 유엔 대사에게 안보리 결의안 개입을 거부함으로써 모스크바의 강경파를 달래라고 지시한다면 그는 그가 절실히 필요로 하는 재정적 도움을 제공해줄 서방 국가들과 멀어질 것이다. 그러나 만약 그가 안보리 투표에서 기권하여 개입을 강행한다면 이는 NATO에 대한 명백한 항복이 될 것이고,

옐친을 국내적으로 약하게 만들 것이며, 민족주의자들은 그가 동료 슬라브인들을 팔아넘겼다고 비난할 것이다. 클린턴은 옐친이 공식적인 자리를 피하는 것이 더 낫다고 결론지었다. 미국 대통령이 콜에게 충고했듯이 "만약 우리가 유엔에 간다면, 우리는 옐친을 가능한 최악의 위치에 둘 것이다." 더욱이 "필요하다면 NATO가 안보리 결의 없이 행동할 수 있고, 행동할 것이라는 점을 분명히 해야 한다."[23] 이 과정에서 볼 수 있게 된 21세기 정치 지형의 새로운 주요 요소가 있다. 바로 미국이 유엔의 승인을 받지 않고 NATO 내에서든 스스로든 해외에 개입하려는 의지를 강화하게 된 것이다.[24]

이런 모든 논쟁의 와중에 러시아는 바닥을 치고 있었다. 8월 17일 정부와 러시아 은행은 "미국 달러 매수 및 매도 환율 형태로 정해진 루블 환율 변동에 대한 엄격한 일일 제한"을 종료한다고 발표했다.[25] 루블화의 가치는 급격히 떨어졌고 그 결과는 광범위했다. 러시아 은행의 절반이 파산했다. 러시아 중산층은 저축의 약 3분의 2를 잃었고 인플레이션은 급증했다.[26] 이때 모스크바를 방문한 스트로브 탤벗 부장관은 자신이 목격한 광경에 충격을 받았다. 외환 시장은 루블화 폭락 이후 바로 문을 닫았고 "다시 열리지 않았다." 주식은 폭락했고 "생필품 상점과 은행 앞에 줄을 서있는 모습이 다양한 도시에서 보고되고 있다."[27] 옐친이 사임하거나 사망했다는 소문이 돌았고 탤벗은 쿠데타가 일어날지도 모른다고 걱정했다.[28]

NSC는 "올리가르히들이 구제 금융을 요구하면서 매일 심화되는 국내 은행 위기가 옐친에게 눈에 띄게 영향을 미치고 있다"고 보고했다. 그러나 클린턴의 9월 모스크바 방문을 위한 전략은 바뀌지 않았다. 발트 3국에 대한 단호한 입장 외에도, 버거는 대통령에게 최근 아프가니스탄과 수단에 대한 미국의 폭격의 필요성을 옐친이 이해하도록 설득하라고 조언했다. 러시아 측은 이에 대해 공개적으로 불만을 표명하고 있었다. 버거의 관점에서 볼 때 이 폭격들은 21세기 초에 많은 영향을 끼친 오사마 빈 라덴Osama bin Laden이라는 테러리스트에 대한 공격이었기에 꼭 필요한 것이었다. "결정적인 증거"에 따르면 그는 1998년 8월 7일 케냐와 탄자니아의 미국 대사관 폭파 공격의 주범이었다. 이 사건으로 224명이 사망했는데 그중 12명이 미국인이었으며, 4,500명 이상이 부상을 입었다. "미국인의 생명이 위태로워졌고 다른 선택지가 없었기 때문에" 클린턴은 옐친에게 "우리의 행동의 논리를 이제 이해하고 있다고 공개적으로 발언해야 한다"고 강하게 주장해야 했다.[29]

모스크바로 떠나기 직전에 클린턴은 여름 휴가를 가지려 했지만 8월 25일 옐친이 그를 마서스비니어드섬으로 불러 새로운 문제를 제기했다. 의회가 그에게 사퇴를 압박하고 있었지만, 그는 이에 저항하고 대신 총리인 키리엔코를 해임하기로 결정했다는 것이다. 이는 그가 새로운 총리를 필요로 한다는 것을 의미했다. 옐친은 클린턴에게 조언을 구하고 싶었는데, 그 이유는 미국-러시아 정부 간 위원회에서의 공동 작업 덕분에 앨 고어 부통령과 잘 알고 있던 전임 총리 체르노미르딘을 다시 불러오고 싶었기 때문이다. 버거의 말에 따르면 "옐친이 사직서에 서명했지만 체르노미르딘이 총리로 확정될 때까지 날짜를 기재하지 않을 것"이라는 소문이 돌고 있었다고 한다.[30]

옐친은 클린턴에게 체르노미르딘과 고어가 "건설적인 방식으로 공동 작업을 재개할 수 있기를 바란다"고 말했다. 분명히 그 속뜻은 분명히 옐친이 잠재적으로 사임할 의사가 있다는 것이었다. 미국 부통령이 대통령직에 출마하기 위해 준비하고 있다는 점을 감안할 때, 러시아 대통령은 그들이 선호하는 후계자들 간의 협력을 구축하기 위해 클린턴과 협력하기를 원했던 것으로 보인다. 클린턴은 구체적인 내용을 언급하지는 않고 "러시아에 많은 것이 걸려 있는 상황에서 압박이 엄청날 것이라는 것을 안다"고만 말했다.[31]

하지만 이번 위기 때문에 클린턴은 8월 30일에 다시 한번 콜과 만나 이야기했다. 그는 모스크바 방문을 통해 현실적으로 무엇을 이룰 수 있을지에 대해 이야기했다. 클린턴은 "진짜 문제는 러시아 사람들이 자국의 돈을 빼내고 있다는 것"이라며 "최근 IMF가 러시아에 투입한 모든 돈은 이제 다 사라졌다"고 말했다. 클린턴은 "어떻게든 돈이 유출되는 대신 유입되도록 해야 한다"고 생각했다. 독일 총리는 옐친에게 코소보의 상황은 참을 수 없다는 점을 인식시키는 것이 중요하다고 조언했다. 밀로셰비치의 공격으로 인해 10만 명이 "숲속에 숨어" 있었고, 콜은 선거가 있는 해인 만큼 이전 유고슬라비아 위기 때 그랬던 것처럼 "독일이 15만 명의 난민을 추가로 수용할 수는 없다"고 말했다. 그는 클린턴에게 "우리는 이미 보스니아 헤르체고비나에서 30만 명 이상의 난민을 수용한 적이 있다. 선거 운동 중 공격이 있으면 재선에 도움이 되지 않는다"고 말했다. 총리는 그 난민들을 수용하기로 한 결정을 후회하진 않지만 "그런 일을 매년 계속 할 수는 없다"고 밝혔다.[32]

결국 클린턴은 무척 떨리는 마음을 안고 9월 1~2일에 있을 옐친과의 정상 회담을 위해 비행기에 탑승했다. 탤벗은 모스크바로 가는 비행에서 클린턴이 "만약 우리가 러시아를 잃게 된다면"이라는 말을 처음으로 꺼내는 것을 들었다고 회상했다. 모스크바에 도착한 클린턴은 NATO의 미래와 빈 라덴에 대한 여러 가지 엄중한 메시지를 전달하려 했으나 옐친은 클린턴과 함께 자신의 의회

보다 앞서 나가는 전략에 더 관심이 있었다.³³ 의회는 체르노미르딘의 복귀에 반대하고 있었다. 러시아 대통령은 의회를 해산하고 새로운 선거를 강행할 의지가 있는 것처럼 보였지만 그렇게 되면 또 다른 정치적 위기가 추가될 것임을 알았다. 클린턴은 옐친이 이 모든 것을 어떻게 관리할지에 관한 명확한 그림 없이 떠났다. 9월 9일 클린턴이 콜에게 전한 바에 따르면 그는 다음 러시아 총리 또는 대통령이 누구일지에 관한 "더 나은 정보"를 얻지 못했다고 한다.

　의회는 곧 옐친의 손을 강제로 끌어당겼다. 9월 7일 의회는 체르노미르딘의 총리 재임용을 거부했다. 며칠 동안 러시아의 미래 지도부는 불확실한 상태에 놓였고 백악관은 옐친의 몇몇 참모들이 그에게 선호하는 후보를 밀어붙이고 의회를 해산하도록 압박하라고 권유했음을 알게 되었다.³⁴ 그러나 9월 9일 옐친은 클린턴에게 자신의 후계 계획은 "이루어질 수 없다"고 알렸다. 대신 그는 의회의 압력에 굴복하여 의회에서 강력한 지지를 받고 있는 외무장관 예브게니 프리마코프를 임명했다.³⁵ 그러나 새로운 총리가 자신을 위해 최고 직책을 원한다는 것을 곧 알게 되면서 옐친은 프리마코프와 사이가 틀어졌다.³⁶

　1998년 9월 27일 다른 수도에서도 고위직이 교체되면서 일이 더 복잡해졌다. 독일에서 헬무트 콜은 사회민주당 도전자 게르하르트 슈뢰더Gerhard Schröder에게 패배해 16년간의 재임을 마감했다. 패배한 지도자는 유럽 통합과 공통 통화 창설에 너무 많이 집중한 것이 패배의 원인이라고 추측했다.³⁷ 그러나 그는 클린턴에게 "언제나 그랬듯 삶은 계속된다. 나는 이런 종류의 전투를 여덟 번 치렀고, 한 번 졌다. 나는 그냥 그것을 감수하고 살 것이다"라고 말했다. 클린턴은 콜에게 "지난 50년 동안 유럽의 미래에 당신보다 더 중요한 사람은 없었다. 당신은 그것에 대해 매우 자랑스러워해야 한다"고 말했다. 그는 "나는 당신의 영원한 친구가 될 것"이라고 말하며, "당신은 언제든지 여기에서 환영받을 것"이라고 덧붙였다.[38]

선거 이후인 10월 9일 클린턴은 슈뢰더와 처음으로 긴 대화를 나누며 상황이 크게 바뀌었음을 느꼈다. 콜은 EU 확장을 우선시했으나 슈뢰더는 클린턴에게 "우리는 추진 동력을 유지하고자 하지만 기대가 너무 과도한 것 같다"고 말하며 EU 확장에 우선순위를 두지 않을 수도 있음을 시사했다. "일부 후보국은 다른 나라보다 EU에 가입하는 데 시간이 더 오래 걸릴 것"이라는 점을 분명히 밝혔다. 슈뢰더는 프리마코프에 대해서도 회의적이었고 미국은 새 총리가 얼마나 오래 지속될 것이라고 보는지 궁금해했다. 이 대화에 참여했던 전 모스크바 주재 미국 대사인 토머스 피커링은 프리마코프 정부가 "향후 6~8개월 동안은 안정적일 것"이라고 추측했다. 그는 프리마코프가 "상상할 수 있는 그 누구보다도 경제적 능력이 부족하다"며 현재 위기 상황에 부적합한 인물이라고 언급했다. 다만 미국은 "현재쯤 2천만에서 4천만 명의 러시아인이 거리로 쏟아져 나올 것"이라 예상했으나 실제로는 백만 명도 되지 않는다는 사실을 인정했다. 이 낮은 수치는 러시아가 "회복력 있는 사회"임을 보여주었다. 피커링은 "러시아는 늘 우리를 속인다"고 덧붙였다.

슈뢰더는 여전히 깊이 우려하며 프리마코프가 경제 문제에 대한 이해가 있다고 해도 그와 그의 측근들에게는 아무 도움이 되지 않을 것이라 말했다. 그의 의견으로는 러시아는 훨씬 더 큰 문제에 직면해 있었는데 그것은 "그들에겐 국가가 없다"는 점이었다. 이것이야말로 "진정한 문제"이며 "경제적 진전이 모두 실패한 이유"라고 했다. 그의 지도하에 독일은 앞으로 "프로젝트 지향적 지원"만을 제공할 것이었는데 이는 "지원 자금이 낭비되거나 키프로스, 스위스, 다른 곳의 비밀 계좌에 들어가지 않게 할 유일한 방법"이기 때문이라고 설명했다. 그는 이제 모스크바와 관련해 정말 중요한, 하지만 답이 보이지 않는 질문 하나가 있다고 생각했다. 바로 "러시아에서 과연 누가 우리의 파트너가 될 것인가?"라는 질문이었다.[39]

답이 보이지 않는 또 다른 문제는 코소보에서 계속되는 폭력을 처리할 방법이었다. 클린턴은 이 문제에 대해 옐친에게 서면으로 압박을 가했다. 그는 밀로셰비치의 군대가 계속해서 "무의미한 학살"을 자행하고 있으며 서방은 "외교적 선택지가 고갈되고 있다"고 전했다.[40] 그러나 1998년 10월 5일 클린턴과 옐친의 전화 통화 이후 상황은 엉망이 되었다. 탤벗의 말에 따르면 옐친은 한번은 "영어 통역도, 클린턴의 답변도 기다리지 않은 채 12분 동안 분노를 쏟아냈다"고 한다. 그는 워싱턴의 "유고슬라비아에서의 나토의 불가역적 무력 사용"에 대한 "공격적 발언"을 비난했다. 클린턴이 양보를 거부하자 옐친은 전화를 끊어버렸다.[41] 과거의 시끌벅적한 우정이 (그것이 진심이었든 전략적이었든) 이제는 사라지고 없었다. 클린턴은 옐친의 반응을 예상하고 있었지만 NATO의 행동의 자유를 러시아의 감정보다 더 중요하게 여겼다. 이는 21세기가 가져올 상황을 예고하는 또 다른 전조였다.

1998년 10월 8일 NATO 주요 국가의 외무장관들이 런던 히드로 공항에 모여 위기 회담을 열었다. 연합군은 곧 "작전 개시 명령"(ACTORDs)을 발령했다. 이는 96시간 안에 공격이 시작될 수 있음을 의미했다.[42] 마지막 순간 외교적 노력으로 돌파구를 마련해 OSCE가 개입할 수 있게 되었고, 그로 인해 공습은 연기되었다.[43] 클린턴은 이 결과에 안도했다. 물론 그가 강력한 대응을 촉구해오

긴 했지만 이번 공습 연기 덕분에 당장 의회에서 군사 행동을 방어할 필요는 없게 되었기 때문이다. 그는 영국의 토니 블레어 총리에게 "이번 의회에서 이 문제를 다루기엔 정말 최악의 시기"라고 말했다.[44]

탄핵

그 시기가 최악이었던 이유는 모니카 르윈스키와의 관계가 다시 헤드라인에 올랐기 때문이었다. 1998년 7월 29일 르윈스키는 자신의 드레스를 제출했다. 케네스 스타 특별검사가 의뢰한 실험실 검사를 통해 그 드레스에서 정액이 발견되자 스타의 변호인단은 DNA 일치 여부를 확인하기 위해 대통령의 혈액 샘플을 확보하려는 치열한 협상에 들어갔다. 클린턴의 변호인들은 샘플을 제공하겠지만 스타가 "'동일 유형의 추후 외부 비교 검사를 위해' 드레스의 정액 샘플도 제공할 경우에만" 제출하겠다고 맞섰다. 스타는 결국 이에 동의했고 합의가 이루어졌다. 백악관 주치의가 요청된 혈액을 채취해 전달했고 실험실에서 고정밀 DNA 검사를 실시했다. 1998년 8월 17일 아침 실험실은 클린턴이 그 얼룩의 출처일 확률이 7조 8,700억 분의 1이라고 확인했다.[45]

비교 테스트에는 별다른 의미가 없어 보였다. 대통령은 그날 텔레비전을 통해 미국 국민에게 연설했다. 그는 불륜 사실을 고백하고 많은 사람, "심지어 아내까지도" 오도한 것에 대해 유감을 표명했다. 그러나 그는 또한 "대통령도 사생활이 있다"고 말하며 자신을 변호했다. 그는 "개인적인 파괴를 추구하는 것을 중단할 때"라고 말하며 "중요한 일이 남아 있고 당면한 안보 문제가 있다"고 덧붙였다. 그는 미국인들에게 "구경은 그만하고 국가 담론의 구조를 회복하자"고 요청했다.⁴⁶ 스타는 대통령이 폴라 존스 사건 법정에서 선서한 부정직함이 더 심각하다고 생각해 자신의 입장을 바꾸지 않았다. 그 부정직함을 서류로 입증하기 위해 그는 르윈스키의 증거와 그녀와 대통령 간의 신체적 관계에 대한 성적인 묘사를 포함한 증언을 퍼뜨리기로 했다.⁴⁷ 스타는 1998년 9월 9일 그해 가을 중간선거를 앞두고 공화당이 장악한 의회에 그 생생한 보고서를 전달했다.⁴⁸ 의회는 그 보고서를 놀란 대중에게 공개했다.

    소설가 필립 로스Philip Roth는 그의 소설 《휴먼 스테인》에서 이 일련의 놀라운 사건들을 다뤘다. 로스는 소설 등장인물들의 입을 통해 1998년 여름과 가을을 "구역질이 다시 시작되고, 농담이 멈추지 않으며, 추측과 이론화, 과장도 멈추지 않는 시기"라고 묘사했는데 이는 모두 "빌 클린턴의 뻔뻔함 때문"이라고 설명했다. 소설의 한 등장인물은 "여기에는 한 인간이 살고 있다"는 문구가 적혀 있는 "백악관의 한쪽 끝에서 다른 쪽 끝까지 드리워진 대형 배너"를 상상했다.⁴⁹ 이 소설 속 문구는 클린턴의 결점을 비난함과 동시에 공적 정치 담론의 거친 양상에 대한 한탄을 담고 있었으며 이는 21세기의 또 다른 전조였다.⁵⁰

    폭로 이후 하원은 1998년 10월 8일 미국 역사상 두 번째로 대통령 탄핵 절차를 시작하기로 했다. 또한 대통령이 허위로 증언하고 사법 방해를 했다고 고발했다. 하지만 모두 이를 확신한 것은 아니었고 이는 11월 3일 중간선거 결과에서도 나타났다. 유권자들은 대통령의 비행에도 불구하고 민주당에 계속 지지를 보냈다. 공화당은 하원에서 4석을 잃었고 상원에서도 의석을 더 얻지 못했다. 그러나 대중의 지지 표현은 공화당의 하원의원들이 탄핵 절차를 계속하는 것을 막지는 못했다. 존스 측이 그 과정에서 그의 사생활에 대한 더 많은 세부 사항을 공개하는 것을 막기 위해 클린

턴은 11월 13일 그녀의 사건을 해결하기로 하고 85만 달러를 지급하기로 합의했다.[51]

하원은 12월 16일에 탄핵에 대한 공식 논의를 시작할 예정이었다. 그날 클린턴은 유엔 무기 사찰 준수를 강제하기 위해 이라크에 대한 공습을 감행했다. 그는 방송 연설에서 공격의 시점이 탄핵과는 무관하다고 주장하며 "고작 며칠"도 연기할 수 없었다고 말했다. 그의 반대 세력들은 이를 문제 삼았다. 뉴욕주 공화당 하원의원 제럴드 솔로몬Gerald Solomon은 "그가 정치적인 이유로 이런 짓을 하고 있다는 것이 분명하며 나와 다른 사람들은 분노하고 있다"고 언급했다.[52] 하원은 3일 후 클린턴을 탄핵했다. 1999년 초 상원은 미국 역사상 두 번째로 대통령의 운명을 결정할 권한을 갖게 되었다.

일이 이렇게 되면서 모든 이해 관계자들은 갑작스럽게도 거의 전례 없는 위험을 감수해야 했다. NATO의 확장은 인기가 있었고 잘 진행되고 있었지만 정치적 환경이 예측할 수 없게 변하기 전에 가능한 한 빨리 새로운 회원국을 확실하게 가입시키는 것이 가장 안전해 보였다.[53] 그러나 이 빠르게 변화하는 정치적 맥락 속에서 확대의 이행과 관련하여 한 가지 측면의 중요성이 부각되었다. 폴란드, 헝가리, 체코는 회원국으로서 첫날부터 NATO군의 구조와 통합사령부에 완전히 통합할 수 있을 수준이 아니었다. 이들은 중요한 민주적 및 경제적 전환을 겪으며 많은 발전을 이뤘고 특히 체코의 화학전 부대, 헝가리의 군사 엔지니어, 그리고 폴란드의 특수부대만큼은 NATO의 높은 기준에 도달하긴 했지만 군사 준비 태세 전반에 대해서는 의문이 제기될만한 상황이었다.[54]

이 문제는 가입에 있어 기술적으로 문제가 되지 않았다. NATO 설립 조약에서는 새로운 회원국에 대해 일반적인 요구사항만을 명시하고 있었다. 즉, 현재 동맹국들이 만장일치로 수용할 수 있는 유럽 국가여야 하고 "북대서양 지역의 안보에 기여할 수 있어야 한다"는 것이다. 기존 동맹국들이 초청한 신규 회원국은 "미국 정부에 가입 문서를 제출함으로써" 공식적으로 가입하게 되며 어떤 공식적인 방식으로 군사 준비 태세를 증명할 필요는 없다. 그러나 이런 준비 부족은 클린턴의 반대자들에게 정치적 무기가 될 수 있었다.[55]

1998년 동안, 폴란드는 빌 코헨 국방장관에게 나토 의무를 이행할 수 있다는 것을 확신시켜야 했다. 헝가리와 체코에 대해서도 걱정했던 매들린 올브라이트 국무장관은 3개국 모두에게 "초청국의 가입 준비 상태에 관한 논의가 촉발되는 것을 피할 필요가 있다"고 조언했다. 워싱턴은 이들이 한 단계 낮은 등급의 대우를 받지 않도록 하기 위해 노력해왔다. 그렇기에 이들이 가진 능력이 그 정도 수준으로 보이지 않게 하는 것이 중요했다. 3대 신규 회원국은 모두 "그런 능력 향상을 위한 작업이 가속화될 것"이라고 그녀를 설득했다.[56]

그러나 주도권은 초청국 쪽에 있었다. 기존 동맹국들은 그들이 직면한 도전 과제를 이해하고 있었다. 동맹이 창립 50주년을 맞이한 지금 그들을 거절할 이유가 없었다. 특히 클린턴은 성과가 필요했다. 1999년 1월 29일 NATO 사무총장 하비에르 솔라나는 4월 워싱턴 정상회담보다 한 달 이상 앞서 새로운 회원국들에게 동맹 가입을 공식 초청했다. 3월 12일 미주리주의 트루먼 도서관에서 열린 이 초청 의식은 올브라이트 장관이 주관했다. 이 행사의 목표는 가능한 한 빨리 사안을 마무리 짓고 초청국들이 이후 1999년 50주년 기념 정상회담에 맞춰 정식 동맹국으로 참여할 수 있도록 하기 위한 것이었다. 이는 새로운 "동맹 전략 개념Alliance

Strategic Concept" 및 추가적인 새로운 회원국에 대한 결정 과정에 완전히 참여할 수 있게 된다는 것을 의미했다.[57]

워싱턴이 불편한 시기에 NATO의 확대를 관리하고 있던 동안 러시아는 여전히 자신의 혼란을 겪고 있었다. 1999년 2월 10일 미국 대사관이 보고한 바에 따르면 옐친의 동맹인 보리스 베레좁스키Boris Berezovsky가 워싱턴에 옐친과 프리마코프 사이에 러시아 대통령직을 둔 전면적인 "전쟁"이 시작되었음을 경고했다고 한다.[58] 베레좁스키는 명목상의 정부 직위를 가지고 있었을 뿐이었지만 그의 진정한 중요성은 그가 가진 엄청난 부와 비공식 조언자들의 모임인 옐친 패밀리에서의 관계에 있었다. 옐친 패밀리에는 그들 말고도 옐친의 딸 타티아나Tatyana와 곧 그의 세 번째 남편이 되는 발렌틴 유마셰프Valentin Yumashev와 같은 실제 가족까지도 포함되어 있었다.[59]

그들은 모두 포위된 기분을 느꼈다. 왜냐하면 러시아의 검찰총장인 유리 스쿠라토프Yuri Skuratov가 위험한 시기에 대통령의 부패를 조사하고 있었기 때문이다.[60] 여러 문제 중에서도 호화로운 크렘린 개조 계약을 체결한 스위스 회사가 가족에게 리베이트를 지급하고 있다는 주장이 있었다. 스위스 조사관들은 회사에 보관된 중요 서류나 증거들이 공개될 위험을 무릅쓰고 1999년 1월 22일 루가노에 있는 그 회사의 사무소를 급습했다.[61] 코트킨의 말에 따르면 패밀리 구성원들은 "가족의 이익, 그리고 어쩌면 러시아의 이익도 보호해줄" 누군가가 절실히 필요했다.[62] 스쿠라토프가 조사를 계속하는 것을 내버려둘 수 없었고 프리마코프가 이 중요한 순간에 옐친을 몰아내는 데 성공해서도 안 됐다. 그렇게 되면 패밀리의 구성원들이 체포될 위험에 처할 수 있었다.[63] 검찰 수사를 중단시키기 위한 막후 노력이 실패하자 스쿠라토프가 두 명의 나체 여성(둘 다 그의 아내가 아님)과 함께 침대에 누워 있는 모습이 담긴 테이프가 국영 TV 네트워크를 통해 전국에 방송되었고, 푸틴은 방송을 통해 진위 여부를 확인했다.[64]

프리마코프를 약화시키기는 더 어려웠지만 가족은 단호했다. 베레좁스키에 따르면 옐친은 총리와 "심각한 갈등"을 겪었고 전선이 형성되었다. 물론 베레좁스키는 무심하고 신뢰할 만한 관찰자는 아니었지만 프리마코프가 "5월까지는 직을 잃을 것"이라는 그의 메시지는 상당히 현실성이 있어 보였다. 베레좁스키는 대사관에 옐친이 "부드러운" 방식으로 새로운 총리를 교체하기 위해 최선을 다할 것이라고 조언했다. 그는 워싱턴에게 다가올 투쟁에서 옐친을 지지하라고 권하며 프리마코프는 여전히 "토마토처럼 붉은" 인물이라고 말했다.[65]

그리고 푸틴은 놀라운 타이밍 감각을 보여주었다. 그는 이 시점이 자신의 충성심을 드러내기에 좋은 순간이라고 판단한 듯했다. 그는 1991년 레닌그라드에서 베레좁스키를 만난 이후로 그와 알고 지냈다. 당시 FSB의 수장이었던 푸틴은 이제 베레좁스키 아내의 생일 파티에 나타나기로 결정했다. 도착하자마자 그는 베레좁스키에게 "프리마코프가 나를 어떻게 생각하든 전혀 신경 쓰지 않는다"고 선언했다고 한다.[66]

베레조프스키는 옐친을 짓누르고 있는 또 다른 부담에 대해서는 미국 대사관에 말하지 않았다. 이번에는 NATO와 관련된 문제였다. NATO는 러시아 대통령과 그의 우크라이나 동료인 레오니드 쿠치마 사이에 다시금 격렬한 논쟁을 일으키고 있었다. 두 슬라브 국가의 대통령은 우크라이나의 세바스토폴 항구를 모항으로 하는 러시아 흑해 함대 소속 해군 항공대의 장비를 현대화하는 문제를 놓고 줄다리기를 하고 있었다.[67] 협상의 일환으로 옐친은 키이우가 NATO와의 관계를 "제한하는 문서"에 서명할 것을 요구했다. 우크라이나가 "유럽-대서양 구조를 우선적으로 지향" 하는 것이 러시아에 "점점 더 큰 불안"을 일으키고 있었기 때문이다. 러시아 대통령은 NATO가 흑해 함대의 모항에 미 해군의 전투함을 배치하는 악몽을 막고 싶어 했던 것으로 보인다.[68] 쿠치마는 여기에 대해 확답을 피했고, 우크라이나가 1999년 4월에 열리는 NATO 창설 50주년 기념 정상회의에 초대받았음에도 러시아의 거부 압력에 저항했다.[69] NATO와 서방과의 관계를 둘러싼 모스크바와 키이우 간의 갈등은 21세기의 또 다른 중요한 이정표가 될 것이 분명했으며 그 여파는 양국 국경 너머로 미칠 것이었다.[70]

옐친의 위기에 대한 대책을 평가하기 위해 슈뢰더는 1999년 2월 11일 미 상원의 탄핵 표결 직전에 클린턴을 방문했다. 클린턴은 시간이 있을 때 일을 처리하고 싶었기에 갑작스러운 방문에 응해 준 슈뢰더에게 감사를 표했다. 두 지도자는 "러시아가 심각한 어려움에 처해 있다"고 입을 모았다. "보건 시스템은 붕괴됐고 기대 수명도 감소하고 있다"는 것이었다. 슈뢰더의 고문 중 한 명인 미하엘 슈타이너Michael Steiner는 러시아의 모든 문제를 그들이 자초한 것은 아니며 독일 역시 실수를 했다고 인정했다. "우리는 성급히 진입해 빠르게 돈을 벌었고, 이윤을 챙기고 나서 떠났다"는 것이다. 그 결과 서방은 신뢰를 잃었다. 클린턴도 이에 동의하며 "지난 6년간 내가 한 모든 일이 옳았다고 확신하지 않는다"고 말했다. 그가 보기에 러시아의 문제는 궁극적으로 "투자자를 보호할 법 없이 경제를 민영화한 방식"에 있었다. "마치 뼈대가 없어 몸을 지탱할 수 없는 상태에서 살만 부어 넣은 것" 같다는 것이다. 이에 대해 독일 총리도 러시아가 "지나치게 국가 통제된 상태에서 갑자기 거의 무정부 상태로 전환됐다"고 동의했다. 결국 슈뢰더는

"옐친에게 의지하는 사람은 어리석다"는 결론을 내렸다.

슈뢰더는 프리마코프 총리에 대해 초창기에 가졌던 자신의 부정적 견해를 수정하며 그는 "단순히 과도기의 인물이 아니라 중기적으로 안정의 역할을 할 수 있는 인물"이라고 결론지었다. 물론 프리마코프가 "자동차를 벽에 들이받으면 우리에게 안정성을 위한 비용을 부담하라고 할 것"이라고 말하면서도 베를린과 워싱턴은 그를 차기 러시아 대통령으로 대하는 것이 훨씬 나을 수 있다고 보았다. 클린턴도 동의하며 "난 그가 마음에 든다. 강하고 정직하며, 술도 마시지 않고 매일 출근한다. 꽤 괜찮은 인물"이라고 평가했다. 버거 국가안보보좌관은 옐친의 강한 반대 때문에 프리마코프가 대통령이 될 가능성은 거의 없다고 끼어들어 말했다. 국가안보보좌관이 보기에 프리마코프는 "자신을 속이고 있으며", 더 나쁜 것은 "우리도 속이고 있다"는 점이었다. 하지만 모두 러시아의 주요 문제는 "조직범죄"라는 데 동의했다. 클린턴은 이에 대해 암시장에서 밀거래업자들이 화학 및 생물 무기를 거래하면서 "콜롬비아 카르텔"을 "투자 은행가"처럼 이용하고 있다고 설명했다. 그러나 대통령은 옐친의 고통에도 불구하고 NATO의 행동의 자유를 제한하는 것을 피하는 것이 여전히 필수적이라는 점을 강조했다. 동맹은 "다른 국가들에 대해 문을 열어둬야" 한다는 것이다. 슈뢰더는 망설이며 "다음 순서에 있는 국가가 어디인지"에 대해 구체적으로 밝히지 말자고 제안했다.[71]

그날 첫 번째 초청국들을 진정한 동맹으로 변모시킬 인물이 클린턴이 될지는 아직 결정되지 않았지만, 오래 가지 않아 결판이 났다. 상원의 탄핵 심판 최종 투표는 1999년 2월 12일에 열렸다. 상원의원들은 두 가지 혐의에 대해 표결에 나섰다. 하나는 위증 혐의였고 다른 하나는 사법 방해 혐의였다. 둘 다 각각 55대 45, 50대

50으로 부결되어 유죄 판결에 필요한 3분의 2에는 한참 못 미쳤다.[72] 클린턴은 살아남았으나 고통의 계절이 불러일으킨 쓰라린 감정도 그대로 남았다.

새로운 회원과 새로운 미션

다음 달 트루먼 도서관에서 열린 기념식에서 보여준 새 NATO 회원국들의 환한 기쁨은 그동안의 쓰라린 감정을 잠시나마 잊게 해주는 반가운 휴식이 되었다. 체코, 헝가리, 폴란드의 외무장관들은 워싱턴에서 올브라이트와 합류한 후 그녀의 비행기를 타고 함께 미주리로 향했다. 비행 중에 폴란드 외무장관이자 역사학자이며 올브라이트의 절친한 친구인 브로니스와프 게레메크는 이 여정을 "꿈의 실현"이며 "폴란드에 기독교 도래 이후 가장 중요한 사건"이라고 표현했다. 올브라이트는 그녀의 보좌관 로널드 애스무스에게 "이보다 더 좋을 수 없다. 우리는 역사를 만들고 있다"고 말했다.[73]

기념식 중 3개국의 외무장관들은 트루먼이 마셜 플랜에 서명했던 테이블 위에서 가입 문서에 서명했다.[74] 이런 상징적인 제스처는 NATO에 대한 미국의 포부가 단순히 군사적 역할에 그치지 않음을 보여주었다. 동시에 부다페스트, 프라하, 그리고 바르샤바에서도 폭죽이 터졌다. 이후 올브라이트는 〈뉴욕 타임스〉 기자 제인 펄레즈Jane Perlez의 표현대로 서명된 협정문을 "승리의 트로피"처럼 들어 올렸다.[75] 이 감동적인 순간 장관은 연설에서 "자유를 위해 자신의 생명을 걸었던" 새로운 회원국들의 역사를 찬양하며, 새 동맹국들에게 "다시는 당신들의 운명이 포커 칩처럼 흔들리지 않을 것"이라고 약속하였고, 그들이 이제 "진정한 고향에 도착했다"고 확인했다. 그들은 함께 "스탈린의 잔인한 군홧발이 유럽에 그었던 경계선을 대체하는 것이 아니라 지우고" 있었다. 확장은 하나의 사건이 아니라 "하나의 과정"이었기에 그들의 다음 과제는 더 많은 국가들이 동맹이 될 수 있도록 돕는 것이었다.[76]

더 시급한 과제는 새로운 동맹국들의 군사적 준비 부족을 해결하는 일이었다. 확대의 실질적 실행을 담당한 NATO의 하급 관리들은 새로운 국가들이 아직 동맹과 협력할 수 없다는 문제를 처리하기 시작했다. 의회 평가에서는 이들이 "장비를 현대화"할 필요가 있을 뿐 아니라 "NATO의 시스템과 호환 가능한 통신 장비를 구입하는" 기본적인 조치를 취해야 한다고 밝혔다. 또한 "세 신규 회원국의 군대는 모두 문민통제 되는 국방부하에 있지만, 입법부에는 민간 국방 전문가가 부족하여 의회의 감시가 거의 이루어지지 않았다"고 지적하였다. 이들 세 국가는 아직 "상명 하달 중심의 중앙집권적 권력에 절대적으로 의존하는 바르샤바조약 모델"에서 벗어나지 못하고 있었다.[77]

하지만 그들은 실전에서 배우며 적응해야 했다. NATO가 다시 코소보에서의 군사 행동을 준비하고 있었기 때문이다. 1999년 2월 말 클린턴은 옐친에게 다시 한번 폭력의 재발로 인해 군사 행동이 필요하게 되었다고 전했다.[78] 영국의 로빈 쿡Robin Cook과 프랑스의 위베르 베드린 등 동료들과 함께 올브라이트는 프랑스 랑부예에서 다자 회담을 조직하여 3월 세르비아의 밀로셰비치 대통령에게 전달할 일련의 휴전 협정을 마련하였다.[79] 하지만 밀로셰비치가 이 협정에 동의할 가능성은 낮아 보였다. 이를 대비하기 위해 클린턴은 3월 15일 솔라나를 백악관에 초청하였다. 국방장관과 국무장관은 블레어와 자크 시라크 같은 유럽 지도자들과의 협의를 통해 밀로셰비치를 상대로 하는 무기한의 NATO 공습을 결정했다. 코언은 이 공습에서 어떤 중단도 피하고자 했다. 중단이 있을 경우 러시아와 중국이 이를 저지하기 위해 유엔 안전보장이사회에 신속히 개입할 기회를 주고 동맹 내에서도 논쟁을 일으킬 수 있기 때문이었다. 유럽 지도자들 사이에서는 코소보가 하나의 선례가 되어 NATO가 (또는 어쩌면 미국이 단독으로) 향후 제5조와 관련되지 않은 상황에서 유엔 안보리 결의 없이 개입할 수 있는 가능성을 열어줄 것이라는 우려가 컸고 베이징과 모스크바는 이를 활용할 수도 있었다.

사무총장은 3월 24일 워싱턴을 방문할 예정인 프리마코프가 방문 전이나 방문 중에 공습이 시작될 경우 "분명히 좋지 않은 반응을 보일 것"이라고 언급하였다. 따라서 "미국은 사후 수습을 준비해야 한다"고 덧붙였다. 클린턴은 이 점을 인정했지만 이후 블레어에게 설명한 바에 따르면 그가 보기에 프리마코프는 "돈이 필요하기 때문에 여전히 이곳에 와야 한다"고 생각했고 또 IMF를 설득해 더 나은 조건을 얻으려 하고 있다고 믿었다. 예상대로 IMF는 추가 자금 제공에 난색을 보였다. 클린턴은 블레어에게 "지난번에는 모든 돈이 48시간 만에 사라졌다"고 추정했다.[80]

NATO 공습의 위협이 다시 커지자 옐친은 극도의 분노에 휩싸였다. 옐친은 3월 23일 클린턴에게 전보를 보내 "NATO가 무력 사용을 준비하고 있다"고 반대 의사를 밝혔다. 그는 "코소보가 불길에 휩싸이면 그 불길이 지역 전체로 확산될 수 있다"고 경고했다.[81] 옐친과 그의 참모들은 NATO가 어느 한 나라를 폭격하기 위해 유엔 안전보장이사회를 우회하는 전례 없는 결정을 내린 것에 경악했으며 특히 그 이유가 제5조나 타국에 대한 공격이 아니라 한 국가의 내부 문제 때문이라는 점에서 충격을 받았다. NATO가 어느 한 나라의 내부 상황 때문에 이런 극단적인 조치를 취한 것은 그에

10장 미래를 위하여

게는 믿기 힘든 일이었다. 이것은 NATO 확장이 유럽에 평화를 가져올 것이라는 주장이 순전히 기만이었다는 것을 확실히 입증하는 것처럼 보였다. 한 미국 외교관의 말대로, "옐친의 비판자들은 그에게 '오늘은 베오그라드, 내일은 모스크바다!'라고 경고했다."[82]

러시아 대통령의 개입은 아무 소용이 없었다. NATO 대변인 제이미 시어Jamie Shea가 이후 회고한 바에 따르면 당시 러시아가 서방의 투자, 무역, 지원이 필요했기 때문에 모스크바가 거의 영향력을 발휘할 수 없다는 점은 모두에게 명백했다.[83] 밀로셰비치가 휴전 협정 서명을 거부하자 상황은 돌이킬 수 없게 되었다. 공습은 1999년 3월 24일에 시작되었다. 미국 방문을 위해 출발한 프리마코프는 비행 도중에 비행기를 되돌릴 것을 지시했으며 이 행동은 "프리마코프의 회전"으로 알려지게 되었다.

클린턴은 이후 옐친의 분노를 진정시키려 했으나 성공 가능성은 낮았다. 그 이유는 단지 코소보 상황 때문만은 아니었다. 러시아 대통령은 불과 6일 전 병원에서 퇴원한 상태였다. 공습이 시작된 날 버거가 표현한 대로 옐친은 코소보 상황에 더해 "맨 주먹의 정치적 위기"에 직면했다. 의회 내 공산주의자들이 "그의 가족과 측근들의 부패에 대한 신빙성 있는 폭로"를 제기하고 있었던 것이다. 옐친은 그 모든 일이 프리마코프의 소행이라 의심하고 있었다.[84] 클린턴은 압도된 옐친을 설득하려 애썼고 그에게 "밀로셰비치가 완강히 버티며 코소보로 병력을 계속 이동시키고 있다"고 말하며 "미국으로서는 선택의 여지가 없었다"고 설명했다. 옐친이 이를 반대한다는 것을 알면서도 클린턴은 "우리의 이견이 그동안 이뤄온 모든 것과 앞으로 할 수 있는 일들까지 망치지 않도록 할 수 있는 모든 것을 하겠다"는 결심을 밝혔다. 옐친은 쓸쓸하게 답했다. "두려운 것은 우리가 그럴 수 없을 거라는 점이다." 그는 클린턴에게 "우리 국민과 정치인들의 마음을 서방과 미국으로 돌리는 것이 얼마나 어려운 일이었는지"를 상기시키며 이를 위해 얼마나 큰 노력을 기울였는지를 강조했다. 그러나 이제 NATO의 개입으로 인해 "그 모든 것을 잃게 된" 것이 비극이라며 한탄했다. 옐친은 "물론, 당신과 나는 서로 대화할 것이다. 그러나 이전에 가졌던 그런 강한 추진력과 우정은 다시는 없을 것"이라고 덧붙였다. 앞으로는 "매우 어렵고 힘든 관계의 길만 남아 있다"고 내다보며 그런 관계조차 가능할지도 의문이라고 했다.[85] 얼마 지나지 않아 그는 불과 2년 전 성대하게 창설된 NATO-러시아 상설공동위원회를 통한 연락을 중단하게 된다.[86]

옐친은 심지어 위협까지 동원했다. 그는 클린턴에게 "당신의 결정에 맞서 우리가 취할 수 있는 여러 단계의 조치가 있다. 어쩌면 허용할 수 없는 조치들일 수도 있다"고 말했다. 그는 막 "START II와 관련하여 국가 두마와 합의에 도달했다"고 하면서, 의원들이 "그 조약을 비준할 예정"이었으나 "이런 상황에서는 더 이상 그렇게 하지 않기로" 합의했다고 밝혔다.[87] 옐친의 암시는 미국이 코소보 때문에 자국의 핵 안전을 희생하고 있다는 것이었다. 이런 위협은 21세기 세계에서 점차 비극적으로 자리 잡게 될 특징, 즉 1990년대에 이룩된 군비통제는 이전으로 돌아가고 수십 년 전의 조약들이 워싱턴과 모스크바에 의해 훼손되기 시작한다는 것을 예고하고 있었다. 1999년 4월 9일 〈뉴욕 타임스〉는 러시아가 "NATO 국가들을 핵탄두로 다시 겨냥하기 시작했다"고 보도했다. 외무부는 "우리가 아는 바로는" 그런 명령은 내려진 적이 없다고 어설프게 부인했다.[88]

러시아인들에게는 코소보에서 벌어진 사건들이 확대의 부정적인 결과를 너무나도 명백히 드러내는 것처럼 보였다. NATO의

10장 미래를 위하여

이름으로 미국이 슬라브 민족을 마음대로 폭격할 수 있게 된 것이다.[89] 모스크바에서는 속담 하나가 돌기 시작했다. 속담의 대략적인 의미는 세르비아와 러시아의 차이점은 후자가 핵무기를 보유하고 있어 미국의 공격에서 안전하다는 것이었다. 그렇지 않았다면 러시아인들도 세르비아인들과 같은 운명에 처했을지도 모른다는 의미였다. 혹은 1999년 5월 7일 미국의 폭격에 실수로 맞은 베오그라드 주재 중국 대사관에서 중국인들이 겪은 운명처럼 말이다.[90]

같은 달 옐친은 자신이 직면한 모든 위험을 고려할 때 더 이상 프리마코프를 용납할 수 없다고 결심했다.[91] 대통령은 베레좁스키의 예측대로 "부드러운" 방식으로 총리를 해임하는 데 성공했다. 옐친은 후임으로 비교적 무난한 인물인 세르게이 스테파신 Sergey Stepashin을 임명했지만 그가 대통령직을 계승할 만한 인물이 아니었기에 후계 문제는 여전히 미해결 상태로 남아 있었다.

한편 세르비아에 대한 공습은 4월부터 6월까지 계속되었으며 올브라이트는 이 과정을 적극적으로 관리했다. 주간지 〈타임〉에서는 "전쟁 중인 올브라이트"라는 제목과 함께 그녀를 표지에 실었다.[92] 올브라이트는 코헨 국방장관이 NATO의 유럽 연합군 최고사령관인 웨슬리 클락이 공격이 진행 중이던 당시 그녀와 종종 통화한 것을 알고 "분노했다"고 회상했다. 코헨은 이를 "지휘 체계를 무너뜨리는 것"으로 보았다. 그러나 클락과 올브라이트는 최고사령관이 타국의 외무장관들과 대화할 수 있는 만큼 자국의 외무장관과도 대화할 수 있다고 생각했다.[93] 그들은 밀로셰비치가 군대를 철수하고 버거가 표현한 대로 "가능한 한 빨리 랑부에 합의를 수용"하게 만든다는 목표를 공유했으며 이 목표를 달성하기 위한 모든 조치가 허용된다고 생각했다.[94] 클린턴은 클락이 "매일 절반 이상을 동맹국들에게 목표에 동의하도록 설득하는 데 써야 한다"

고 아쉬워하며 보다 직선적인 절차를 요구했다.⁹⁵ 특히 프랑스는 목표 목록을 제한하려 했고 이는 다른 지역, 즉 이라크에서의 행동 한도에 관한 미국 정부와의 충돌을 예고하고 있었다. 고위급 지도부 간의 응집력을 유지하는 것이 중요한 과제가 되고 있었다.⁹⁶

공화당과 하원의 일부 민주당 의원들도 불만을 느끼고 있었다. 4월 28일 그들은 의회 승인 없이 발칸 반도에 미국 육군을 배치하는 데 필요한 자금을 차단하는 법안을 249 대 180의 투표로 통과시켰다. 이들을 더욱 자극하지 않기 위해 클린턴은 미군을 보호하고 사상자를 피하는 것이 필수적이었다.⁹⁷ 그가 블레어에게 회상한 바에 따르면 "내 대통령 임기 중 최악의 순간"은 1993년 소말리아에서 미군의 "시신이 거리에서 끌려 다니는 것을 본 것"이었다. "그것은 지독한 악몽"이었고 다시 경험하고 싶지 않았다. "NATO가 우리 국민들을 지키는 것을 이해하도록 만들지 못한다면, 우리는 정원 파티의 바보처럼 보일 것이다."⁹⁸

클린턴은 다시 한번 옐친과의 화해를 시도하며 4월 3일 그에게 편지를 썼다. 미국 대통령은 IMF가 적어도 "모스크바로 전체 미션을 보내 협상을 계속할 것"에 대해 기뻐한다고 언급했다. 클린턴은 개인적으로도 옐친을 칭찬하며 "현재와 같은 어려운 시기에, 당신의 용기, 상식, 그리고 예지력은 나와 다음 세기를 위해 더 평화로운 새로운 세상을 만들고자 하는 모든 이에게 큰 격려가 된다"고 말했다.⁹⁹ 그러나 이 칭찬은 효과가 없었다. 옐친은 전화 통화에서 "미국과 NATO가 큰 실수를 저질렀다"고 응답하며 "러시아에서 반미 및 반 NATO 감정이 눈사태처럼 계속 커지고 있다"고 말했다.¹⁰⁰ NSC는 여론 조사에서 93%의 러시아인이 NATO의 행동에 반대한다고 보고했다.¹⁰¹ 러시아 대표들은 NATO의 50주년 정상회의 초청을 거부함으로써 그들의 불만을 드러냈다. 옐친 집

10장 미래를 위하여

권 초기의 개혁가 중 한 명으로 지금은 민간인이 된 예고르 가이다르는 탤벗에게 연락해 한탄했다. "이 전쟁이 러시아에 있는 우리들에게 얼마나 큰 재앙인지 당신이 알기만 했다면…."[102]

이런 사건들은 워싱턴 DC 역사상 가장 많은 국제 지도자들이 모인 행사였던 NATO 50주년 기념식을 무색하게 만들었다.[103] 1999년 4월 23일부터 25일 사이 우크라이나를 포함한 총 44개국의 동맹국들과 초청국들이 워싱턴 DC에 모였다.[104] 그들은 1949년 4월 4일 12개국의 최초 동맹국들이 북대서양 조약에 처음 서명했던 멜론 홀에서 열린 행사에 참석했다.[105] 〈워싱턴 포스트〉는 "나토 물리학"이 홀 주변에 안전예방조치를 취해서 "워싱턴 시내에 있는 대부분 사람들의 반발"을 불러왔다고 보도했다. 그들은 또한 드디어 "세상이 끝나가고 있을 때 워싱턴이 어떤 모습일지를 알게 되었다"고 사설에서 언급했다. 그것은 "바리케이드가 늘어서 있고 경찰, 군인, 장갑차가 순찰을 돌고 있는 오웰적 모습"일 것이라고 말했다.[106]

홀 안에 있던 "NATO 회원국 관계자들은 국가 원수들을 포함해 예외 없이 거의 모두 남성이었다." 그들은 정상 회담이 진행되는 동안 "실제로 전투를 하고 있는 전사들"이었다. 불행하게도 전쟁은 "그다지 잘 진행되지 않고 있었다." 이 갈등은 정상 회담에서 최우선 과제가 되었다.[107] 클린턴은 블레어에게 본인의 목표는 "NATO 동맹이 온전한 상태에서 처음부터 끝까지 나아가는 것"이라고 설명했다. 대통령의 관점에서 이것은 "50년 만에 NATO가 해야 했던 첫 번째 일"이었으므로 성공할 것이라고 보장할 수는 없었다. 물론 동맹은 보스니아에 관여한 적이 있었지만 클린턴은 "우리가 크로아티아와 무슬림 군대의 많은 도움을 받았기 때문에, 여기서만큼 많은 일을 할 필요가 없었다"고 느꼈다. 그는 코소보에서 민족 청소를 물리치고, 동맹의 결속을 유지하며, 이상적으로는 러시아와의 관계를 가능한 한 강하게 유지해야 했다. 그러나 그것이 "너무 큰 희망일지도 모른다"고도 말했다.[108] 클린턴의 정상회담 공개 발언은 자연스럽게 코소보에 초점을 맞추고 있었다. "밀로셰비치의 군대가 집을 불태우고 약탈하며 무고한 사람들을 살해하는" 동안 그는 NATO가 "음식과 주거, 그리고 희망을 제공하고 있다"고 말했다.[109]

그럼에도 불구하고 정상회담은 클린턴 행정부의 "강력한 개방 정책" 전략의 승리이기도 했다. 회담에서 동맹국들은 알바니아, 불가리아, 에스토니아, 라트비아, 리투아니아, 루마니아, 슬로바키아, 슬로베니아, 그리고 마케도니아 구 유고슬라비아 공화국Former Yugoslav Republic of Macedonia, FYROM을 포함해 동맹과 협력하고자 하는 최소 9개국의 관심을 공식적으로 환영했다.[110] 이는 명백히 NATO 회원 가입을 염두에 둔 것이었다. 정상회담은 NATO 확대의 무제한적이고 반복적인 과정이 시작되고 있음을 알리는 신호가 되었으며 다음 라운드에서 동맹이 얼마나 멀리 확장할 수 있을지 또는 새 영토에서 무엇을 할 수 있을지에 대한 제한은 없었다. 다가오는 확장은 곧 "빅뱅"이라는 별명을 얻었다. 올브라이트는 이 전략을 "21세기 NATO의 청사진"이라고 불렀다.[111] 동맹은 2020년까지 30개 회원국으로 확대될 것이다.

러시아와 미래의 회원국들이 스스로 준비하는 방법에 대한 더 많은 지도가 필요하다는 현실을 고려하여 하나의 양보가 있었다. 이는 3월에 새로 가입한 국가들이 군사적으로 준비되지 않은 상태로 남지 않도록 하기 위한 것이었다. 동맹은 회원국 가입을 위한 새로운 전단계로 이른바 회원 자격 행동 계획Membership Action Plan, MAP의 수립을 발표했다. 각 미래 회원국은 "향후 회원국 가입

을 준비하는 데 도움을 주기 위한 활동 프로그램"이라는 개별적인 MAP을 수립해야 했다.[112]

MAP은 또한 확대의 속도를 조절하여 러시아의 체면을 살려 줄 수도 있었다. 이는 1999년 4월 정상회담이 탤벗 원칙을 이행하고 발트 3국을 회원국으로 맞이할 준비를 하게 되면서, 그 헤드라인이 모스크바를 분노하게 할 가능성이 줄어든다는 것을 의미했다. 발트 국가들이 MAP을 받게 될 것이라는 소식은 회원국이 될 것이라는 소식보다 덜 모욕적이었다.[113] 실질적으로 결과는 동일하겠지만 더 나은 인상을 줄 수는 있을 것이다.

특히 우크라이나는 회원 가입을 원하는 9개국 중에는 포함되지 않았다. 이는 세바스토폴을 둘러싼 긴장감 등 여러 이유로 아직 한 걸음 더 나아가기에는 무리가 있다는 인식이 있었기 때문이다. 또한 서방 외교관들은 키이우와의 협력에서 있었던 끔찍한 이야기들을 계속해서 이야기했다. 이는 발트 3국의 지도자들과의 긍정적인 경험과 뚜렷한 대조를 이뤘다. 발트 3국의 지도자들은 이제 냉담에서 열정으로 돌아왔다. 한때 에스토니아는 자신의 내각 절반을 로비단으로 보내기도 했다. 라트비아, 리투아니아, 에스토니아는 우크라이나는 불행히도 하지 못했던 방식으로 대규모 부패와 싸울 수 있는 것으로 보였다.[114] 동맹은 우크라이나의 지도자 쿠치마에게 정상회담 내의 정상회담을 제안하기로 결정했다. 여기서 모든 19개 NATO 회원국과 우크라이나 간의 특별 회의를 개최함으로써 NATO가 단순히 우크라이나를 새로운 러시아의 영향권에 넘기지 않고 있다는 신호를 보냈다.[115] 그러나 이런 움직임으로도 우크라이나가 미래 회원국 목록에서 제외되었다는 사실을 감출 수는 없었다.

2020년 30개 회원국에 도달한 NATO

그 컨베이어 벨트가 이제 가동되면서 NATO는 코소보에서의 단기 임무에 집중하게 되었다. 1999년 5월 베오그라드의 중국 대사관에 대한 공습 이후 코소보에서의 어려움은 더욱 커졌다. 클린턴은 즉시 대중 앞에서 슬픔을 표명하며 "이 참사는 전적으로 우연한 것이었다"고 말했고 "중국의 국민과 지도자들에게 깊은 유감을 표한다"고도 말했다.[116] 모스크바는 이 기회를 놓치지 않았다. 체르노미르딘은 즉시 중국에 가서 NATO의 "침략 행위"에 대해 중국 지도자들에게 동정을 표했다.[117]

클린턴에게 있어 또 다른 문제는 얼마 지나지 않아 옐친의 건강이 다시 안 좋아졌다는 점이었다. 1999년 5월 11일 버거가 대통령에게 조언했듯이 이는 "그의 건강의 취약성과 조금만 음주를 재개해도 그가 심각하게 균형을 잃을 수 있다는 사실을 일깨워주는" 일이었다. 게다가 러시아 의회는 미국 의회를 따라하고 있었다. 옐친을 탄핵하려고 했으나 성공하지 못한 것이다. 그의 보좌진들은 열심히 표를 세고 있었고 그리고 소문에 의하면 의원들을 매수해서 그를 계속 직위에 두려고 애쓰고 있었다. 그는 결국 살아남았지만 그의 권위는 급속히 약해지고 있었다.[118]

이러한 약점에도 불구하고, 옐친은 클린턴이 미국과 러시아 대표들이 "코소보와 러시아-미국 관계의 막다른 골목을 해결하기 위해" 어떤 "제3국"에서 만나야 한다는 데 동의하도록 만들었다.[119] 체르노미르딘과 탤벗은 곧 EU 의장국을 맡게 될 핀란드의 대통령 마르티 아티사리와 함께 작업하며 그의 견해에 더 힘이 실리도록 했다. 이들은 NATO가 새로운 공동 코소보군(KFOR)의 핵심이 될 것에 동의했다.[120] 클린턴은 1999년 6월 8일 아픈 옐친과 전화로 세르비아 철수의 정확한 시기와 공습 중단에 대해 직접 협상했다.[121] 이 과정은 미국과 러시아 간의 긴장뿐만 아니라 러시아 민간 및 군 관계자 간의 워싱턴에 대한 태도에 대한 공개적인 논쟁 때문에 복잡했지만, 다음 며칠 동안 모든 협상은 터널 끝의 빛을 드러냈다.[122] 러시아의 압력이 세르비아를 굴복시키는 데 도움이 되었다. NATO는 국제 평화유지군이 해당 지역에서 작업을 시작할 준비를 하면서 1999년 6월 10일 목요일 11주간의 공습을 중단했다.[123] 미국 국가안보부보좌관 제임스 스타인버그는 나중에 행정부가 개입을 수행한 방식에 대해 칭찬하며 "민족 청소가 단지 반전되었을 뿐만 아니라 NATO를 유지하고, 이웃 국가의 불안정을 예방하며, NATO의 명시된 목표를 희생하지 않으면서도 러시아를 관여하게 하는 방식으로 반전되었다"고 말했다.[124]

푸틴을 홍보하다

1999년 6월 11일 탤벗의 여러 번에 걸친 모스크바 방문 중 발생한 사건은 코소보 개입이 여전히 미국-러시아 관계에 끼치는 위험을 드러냈다. 이번 방문에서는 신선한 소식이 있었다. 탤벗 국무부 부장관이 FSB의 수장이었던 푸틴과 처음으로 만났던 것이다. 탤벗은 푸틴이 "차분하고 부드러운 어조로 자기 통제와 자신감을 전달하는 능력"에 감명을 받았다.[125]

그들이 대화하는 동안 탤벗의 보좌관 빅토리아 눌런드Victoria Nuland가 미국과 러시아 간의 합의에 포함되지 않은 러시아군이 코소보의 일부를 일방적으로 점령하고 있다는 소문이 있다고 보고하는 메모를 그에게 전달했다. 탤벗은 즉시 러시아 측에 무슨 일이 벌어지고 있는지 물었다. 푸틴은 온화한 어조로 자신은 아무것도 모른다고 답했다. 하지만 이는 탤벗의 신뢰를 흔들기 위해 계산된 방식처럼 보였고 실제로 그렇게 되었다. 탤벗은 불안한 마음으로 비행기를 타고 즉시 모스크바를 떠났지만, 비행 중에 보스니아에서 출발한 러시아 군대가 실제로 코소보의 수도 프리슈티나를 향해 가고 있다는 사실을 알게 되었다. 버거는 비행중인 탤

벗에게 전화를 걸어 비행기를 되돌려서 "마구 화를 내며 항의하라"고 말했다.[126]

항의를 하기는 어려웠다. 탤벗은 미국 대사관에서 몇 시간 동안 "발을 동동 구르며" 러시아의 장갑차 대열이 코소보를 향해 가는 모습을 텔레비전으로 지켜보았다.[127] NATO 동맹국 간의 대화에서는 러시아가 "러시아 구역"을 확보하려고 한다는 소문이 돌았고 이는 옛 베를린 모델을 따른 것일 수 있었다. 나중에 이 군대가 코소보의 수도인 프리슈티나의 공항을 향하고 있다는 것이 분명해졌다.[128] 이 행동을 승인한 사람이 병든 옐친인지 아니면 협상 마지막 날 충분한 것을 얻지 못한 군 관계자들이었는지는 불확실했다.[129] 결국 탤벗은 외무부에서 저녁 회의를 조직할 수 있었지만 결과는 헛수고였다. 그는 그날 밤 대부분을 국방부에서 보냈고 때때로 그의 주최자들에 의해 갑자기 버림받기도 했다. 3시가 가까워지자 그는 부재중인 협상 상대를 찾기 위해 복도를 배회하기 시작했지만 만난 것은 술 취한 장군뿐이었다. 결국 오전 5시 30분에 그는 다른 대화를 나눌 상대를 찾아 국방부를 떠났다. 1999년 6월 12일 토요일 오후 탤벗은 푸틴과 다시 연락을 취할 수 있었다.

탤벗은 이후 푸틴의 사무실로 다시 돌아갔을 때 푸틴이 "그와 내가 지난 24시간 동안 전혀 놀랄 만한 일이나 놀랄 만한 일들이 없었던 것처럼 행동했다"고 보고했다.[130] 대신 푸틴은 이전과 같이 온화하고 과묵한 태도로 코소보에서의 사건을 축소하며 이야기를 이어갔다. 그는 막연하게 러시아의 강경파들이 더 큰 "선거 전 투쟁"의 일환으로 개입을 일으켰다고 언급했으나 구체적인 세부사항은 밝히지 않았다. 그리고 푸틴은 미국 대통령의 러시아 담당 최고 고문을 첫 만남에서 조금 낮추어 놓은 것에 만족했을지 모르지만 그는 이에 관한 어떤 표식도 남기지 않았다.

클린턴은 6월 13일 일요일과 6월 14일 월요일, 양일에 걸쳐 옐친과 전화 통화를 했다. 그 과정은 험난했지만, 두 사람은 "장군들에게 공항에서 만나 지휘권 문제를 해결하도록 지시하기로 합의"했다.[131] 장군들은 명령대로 행동했으나 동맹군과 러시아군 간에 충돌이 일어날 뻔한 긴장된 순간이 있었다.[132] 클라크 장군은 이미 공항 점거를 막기 위해 무력 사용을 명령했지만, 이후 팝 가수로 유명해진 제임스 블런트James Blunt를 포함해서 이를 실행할 임무를 맡은 영국 하급 장교들은 명령을 이행하기를 거부했다.[133] 영국 장군 마이클 잭슨Michael Jackson은 그의 부하들을 지지하며 제3차 세계대전을 일으킬 생각은 없다고 말했다고 전해진다. 이후 클라크와 잭슨은 기다리는 전략에 합의했다.[134] 클라크는 러시아가 병력을 보급하기 위해 상공 비행권이 필요한 국가들—여기에는 불가리아, 헝가리, 루마니아가 포함될 가능성이 있었다—과 접촉하여 해당 권리가 취소되거나 거부되도록 요청했다고 한다. 프리슈티나 공항에 주둔하던 러시아 군대는 물과 식량이 부족해졌다.[135] 블런트는 "며칠 후 러시아 군인들이 '잠깐만요, 우리에겐 음식도 물도 없어요. 비행장을 같이 사용할 수 있을까요?'라고 물었다고 보고했다.[136] 이는 잠재적으로 큰 문제가 될 수 있었으나 이 전략은 문제를 심화시키기보다 흡수하는 성공적인 사례가 되었다.

모스크바는 전 바르샤바조약 동맹국들을 협박하여 영공 개방을 계속 시도한 것으로 전해졌다. 그러나 그들은 새로운 혹은 미래의 NATO 가입을 염두에 두고 이를 거부했다.[137] 푸틴이 버거와 통화하던 당시 그는 탤벗과 대화할 때 사용한 것과 같은 온화한 어조로 말하며 버거에게 "나는 공항과 관련된 모든 것이 큰 문제가 될 것이라고 생각하지 않는다"라고 말했다. 그는 덧붙여 "우리는 투즐라에서와 같은 공동 경험을 가지고 있다"라고 온화하게 말했다. 이 도시는 러시아가 세르비아계 보스니아인을 압박해 공항을 개방하고 인도적 지원을 허용했던 곳이다. 그곳에서 "수용가능한 해결책을 찾는 데 성공"했기 때문에 지금도 같은 방식으로 해결할 수 있을 것이라는 뜻이었다.[138]

미국과 러시아는 실제로 그렇게 할 수 있었다. 보스니아에서처럼 러시아군은 코소보에서 다시 NATO와 함께 현장에 있었다.[139] 서방 국가들과 모스크바의 관계는 프리슈티나 공항 위기를 간신히 넘겼으나 그 상처는 깊었고 러시아는 국제적으로 자국의 약점이 드러난 것에 대해 씁쓸한 감정을 남겼다. 이견이 수습되었음에도 불구하고 워싱턴에서는 사고의 전환이 일어났다. 러시아를 친구로 보려던 국방부 정책 입안자들은 프리슈티나 사건 이후 그것이 쉬운 일이 아닐 수도 있겠다고 생각하기 시작했다. 새로운 중부 및 동부 유럽의 NATO 회원국들은 사실상 "우리가 그렇게 될 거라고 말하지 않았나?"라고 말했다.[140]

미국과 러시아의 대통령은 1999년 6월 19일에서 20일 독일 쾰른에서 열린 G8 정상회의에서 직접 만났다. 클린턴은 옐친에게 "관계를 포기하지 않고 이 어려운 시험을 통과할 수 있도록 해준 것"에 대해 감사의 뜻을 전했다. 옐친은 다소 기이하게도 클린턴에게 선물이 있다며 그에게 케네디 암살과 관련된 자료들을 건넸는데 그 출처는 불분명했다. 클린턴은 그 선물을 받았으나 본래의 논의에 집중하려 했다. 그는 옐친에게 START II 비준 논의를 재개하고, START III에 대해서도 논의할 것을 권유했으나 이 노력은 큰 성과를 거두지 못했다. 두 사람은 협력의 표시로 포옹을 했으나 서로가 이 우정이 약해지고 있음을 알고 있었다.[141]

문제는, 클린턴이 슈뢰더에게 말했듯이 "내 임기가 얼마 남지 않았고, 옐친의 임기도 마찬가지라는 것"이었다. 미국 대통령은 독일 총리에게 제안을 하나 했다. "나토 확대와 EU 확대를 앞당겨야 할까?"[142] 과감한 제안이었으나 슈뢰더는 그다지 열정적으로 반응하지 않았다. 대신 그는 EU에 가입하려는 국가들의 "대기 목록이 너무 많아서" 더 추가하는 것은 어렵다고 언급했다.[143] 이 아이디어에 대해 더 긍정적인 반응을 얻고자 클린턴은 그의 오랜 친구 콜에게 전화를 걸었다. 콜은 대통령에게 옐친이 있는 동안 가능한 한 많은 것을 성사시키라고 조언했다. 전 총리는 "지금 확실히 할 수 있는 것은 모두 확실히 해놓아야 한다"고 말하며 "다음 러시아 대통령과는 어떻게 될지 모르기 때문"이라고 덧붙였다.[144]

클린턴도 그에 동의하며 옐친에게는 "이 핵 관련 작업을 끝내야 한다. 그렇지 않으면 후임자가 이 모든 것을 무너뜨릴 수도 있다"고 말했다.[145] 클린턴은 START II, START III, 그리고 특히 CTBT에 대해 옐친을 움직일 수 있기를 바랐다. 이 조약은 모든 서명국이 어떤 핵 장치의 기폭도 금지하게 만든 수십 년에 걸친 캠페인의 정점을 의미했다. 클린턴은 1996년 미국을 대표해 이 조약에 서명할 당시 이를 "무기 통제 역사에서 가장 오래 추구되고 가장 치열하게 싸워온 상"이라고 칭찬했다.[146] 이 조약이 발효된다면 오랜 무기 통제 성공의 정점을 찍는 사건이 될 것이다. 한 미국 외교관이 말했듯이 초강대국 간의 경쟁 측면에서 "1990년대" 세계는 "핵무기가 발명된 이래로 아마도 핵전쟁에 가장 안전한 상태에 있었다."[147] 클린턴은 이런 상황이 계속되기를 원했다. 왜냐하면 방대한 양의 비축 핵무기가 여전히 남아 있었기 때문이다. 지난 10년간 감축과 조약이 이루어졌음에도 불구하고, 1999년 당시 러시아는 단독으로도 2만 5천에서 5만 개의 핵무기를 만들 수 있을 만큼의 플루토늄을 보유하고 있었다고 전해진다.[148]

그러나 모스크바는 START 협정들과 CTBT에 대해 눈에 띄는 저항을 보이고 있었다. 미국과 러시아의 핵무기 중 3분의 2를 폐기할 계획이었던 START II는 결국 비준되었으나 실제로 발효되지 못했다. START III는 서명 단계에도 이르지 못했다.[149] 1999년 7월 2일 CIA 보고서가 사실이라면 CTBT에 대한 반대는 푸틴으로부터 나왔다. 그의 역할을 강조한 볼드체와 이탤릭체로 된 보고서에 따르면 푸틴은 모스크바가 새로운 "실험 계획"을 추진 중이라고 발표했다고 하는데 CIA는 이를 "저위력 탄두"에 관한 계획으로 해석했다. CIA에 따르면 모스크바는 "NATO의 위협이 증가하고," "러시아의 재래식 군대의 전력"이 약화되는 상황에서 "미래의 충돌이 러시아 영토에서 벌어질 수 있다"는 우려 때문에 이런 무기가 필요하다고 생각했다고 한다. 따라서 푸틴과 그의 동료들은 그러한 무기를 개발하는 데 제약을 가할 수 있는 CTBT에 반대했다.[150] 2000년에도 이와 같은 논지를 이어간 CIA는 모스크바가 "'깨끗한' 저위력 핵무기"를 개발하려 한다고 덧붙였다. 이 무기는 "전장에 장기적인 오염을 최소화"하여 핵무기와 재래식 무기의 경계를 모호하게 만들고 큰 충돌을 방지하려는 의도였다. 2002년 미국의 ABM 조약 탈퇴와 함께 이런 모든 발전은 21세기 초반의 무기 통제에 심각한 타격을 줄 것으로 보였다. 2015년 전 국방장관 빌 페리는 당시를 회상하며 무기 통제가 "NATO 확대와 1990년대 크렘린과 두마 간의 분쟁의 희생양"이 되었다고 결론지었고 "동유럽 국가들의 조기 NATO 가입의 부정적 영향이 내가 우려했던 것보다도 더 컸다"고 말했다.[151]

또 다른 불안한 상황은 체첸에서 재래식 전쟁을 다시 시작하겠다는 모스크바의 결정이었다. 이 결정 역시 푸틴이 연루된 것으로 보인다. 체첸 전사들과 러시아 군대 간의 소규모 충돌은 1999년 여름에 재개되었으나 9월이 되자 상황은 훨씬 심각한 국면으로 접어들었다.¹⁵² 모스크바와 다른 도시의 주거 아파트에서 발생한 연쇄 폭발로 243명이 사망하고 1,700명이 부상을 입은 것이다.¹⁵³ 푸틴은 이 폭발 사건을 체첸 연계 테러리스트들의 소행이라고 선언한 후 러시아는 제2차 체첸 전쟁이라 불리게 된 전쟁을 시작했다. 이는 결국 이 지역에 대한 모스크바의 직접 통치로 이어졌다.¹⁵⁴ 이 전쟁 덕분에 푸틴은 그해 말 러시아에서 가장 인기 있는 정치인이 되었다.¹⁵⁵ 하지만 이후 비평가들은 FSB 자체가—아마도 푸틴까지도—아파트 폭발 사건에 연루되었을 가능성을 보여 주는 증거가 있다고 주장했다.¹⁵⁶ 옥스퍼드에서 탤벗과 같은 방을 썼던 모스크바 주재 미국 언론인 데이비드 새터David Satter는 "러시아의 현실을 이해하려면, 러시아 지도자들이 권력을 유지하기 위해 자국민 수백 명을 폭파하는 것도 불사할 수 있다는 사실을 받아들여야 한다"고 썼다.¹⁵⁷ 그는 이후 냉전 이래로 처음으로 러시아에서 추방된 미국 언론인이 되었다.¹⁵⁸

    1999년에 푸틴은 옐친의 신뢰를 계속 더 얻게 되었고 러시아 대통령은 1999년 8월 9일 푸틴을 다시 승진시켜 이번에는 스테파신을 대신해 총리직에 임명하기로 결정했다.¹⁵⁹ 푸틴을 잘 아는 사람들은 즉시 경계심을 가졌다. 여전히 카자흐스탄의 지도자였던 누르술탄 나자르바예프는 그해 후반 미국 대통령 집무실을 방문해 클린턴에게 푸틴에 대해 "체첸 전쟁 외에는 아무것도 내세울 것이 없다"고 말했다. 그의 의견으로는 "그에게는 카리스마도 없고, 외교 정책 경험도 없으며, 그만의 경제 정책도 없다. 그에게는 전쟁만 있을 뿐이다—자국민과의 싸움 말이다."¹⁶⁰ 러시아 개혁가 보리스 넴초프Boris Nemtsov는 푸틴의 임명을 "아주, 아주 큰 실수"라고 표현했다고 전해진다.¹⁶¹

    당시 푸틴이 총리가 된 것은 그 자체로 큰 의미는 없었다. 그 당시 러시아 총리는 쉽게 교체되는 직위가 되었기 때문이다.[162] 그러나 9월 8일 클린턴이 뉴질랜드 오클랜드에서 열리는 아시아태평양경제협력체(APEC) 정상회의에 참석하기 직전 백악관은 모스크바로부터 운명의 전화를 받았다. 옐친은 푸틴 총리를 뉴질랜드로 보내려 했으며 클린턴이 그 이유를 이해하길 원했다.[163]

옐친은 "2000년에 누가 다음 러시아 대통령이 될 수 있을지 오랜 시간을 들여 고민했다"고 말하며 "안타깝게도" 다른 후보자들은 적합하지 않았다고 덧붙였다. 많은 고민 끝에 옐친은 "그를 발견했다. 즉 푸틴을, 그리고 그의 경력, 관심사, 지인 등을 살펴보았다"고 말했다. 옐친은 푸틴이 "맡은 분야의 다양한 주제를 잘 알고 있는 견실한 사람"임을 알아차렸다. 그는 또한 푸틴을 "철저하고 강인하며, 매우 사교적인 사람"이라고 평가하며 "당신도 그를 훌륭한 파트너로 생각하게 될 것"이라고 확신했다. 러시아 유권자들이 자신의 후임을 선택해야 한다는 개념은 옐친에게 중요해 보이지 않았다. 옐친은 푸틴이 "2000년 대선 후보로 지지를 받을 것이다. 우리는 이에 맞춰 준비 중이다"라고 확신했다.[164] 여기서 말한 "우리"가 누구를 뜻하는지는 즉시 명확하지 않았으나, 전화 이후 옐친의 딸 타티아나가 탤벗에게 푸틴을 지원하는 데 있어 그녀와 옐친 패밀리가 한 막후 역할을 인정했다. 그녀는 그에게 "푸틴을 그 자리에 앉히는 것은 정말 힘들었다. 우리가 해낸 가장 어려운 일 중 하나였다"고 말했다고 전해진다. 옐친 패밀리는 푸틴이 "우리에게 등을 돌리지 않을 것"이라고 확신했기 때문에 이 일을 끝까지 해냈으며 실제로도 푸틴은 그렇게 하지 않았다. 그는 결국 옐친에게 기소 면제를 부여했다.[165]

러시아 대통령이 전화로 자국의 미래에 대해 설명하는 동안 클린턴과 그의 참모들은 이 순간의 중요성을 인식하고 있었다. 과거 조지 H. W. 부시 대통령이 옐친에게서 고르바초프 시대의 종말을 알리는 전화를 받은 적이 있었고 이제 클린턴과 그의 참모들은 비슷한 역사적 순간을 듣고 있었던 것이다. 부시가 그랬듯 클린턴도 러시아 대통령과 통화 중에는 신중한 답변만을 내놓으며 그 정보가 "매우 유용하다"고 말했다. 그는 "우리는 푸틴 씨와 좋은 교류를 해왔다"고 덧붙이며 "오클랜드에서 그를 만나길 기대한다"고 했다.[166]

이렇게 미리 정보를 얻은 클린턴은 1999년 9월 12일 오클랜드로 가서 푸틴 총리의 새로운 중요성을 상징적으로 보여줬다. 푸틴의 후일 회고에 따르면, 대통령이 그들이 다른 테이블에 앉아 있는 것을 보고 푸틴의 테이블로 다가가서 "그럼, 같이 갈까요?"라고 말했다고 한다. 이 제스처의 중요성을 감지한 각국 정상과 내빈들은 두 사람이 함께 행사장을 빠져나갈 때 기립해 박수를 보냈다.[167]

그러나 참모들만 남고 단둘이 있을 때 분위기는 다소 차가워졌다. 클린턴의 재임 기간 동안 "클린턴과 함께 시간을 보내고 그와 교류하며 연결되고 싶지 않은 지도자는 없었다"고 스타인버그는 설명했다. 왜냐하면 미국의 대통령은 "특히 다른 지도자들에게 매우 매력적인 존재"였기 때문이다. 그러나 푸틴은 클린턴의 매력에 "무관심"했다.[168] 올브라이트도 비슷한 점을 느꼈다. "빌 클린턴과 대화할 때 보리스 옐친은 과장되고, 열정적이며, 변덕스럽고, 화도 잘 냈지만 따뜻했다." 옐친은 클린턴과 "모든 것이 개인적인 문제인 것처럼 두 대통령이 단둘이 해결할 수 있는 것처럼 이야기했다." 반면에 푸틴은 "명확하고 친절하긴 했지만 차가웠다."[169]

클린턴은 대화를 시작하기 위해 공화당이 위협하고 있는 ABM 조약을 유지하기를 희망한다고 표현했다. 이에 푸틴은 조심스럽게 동의하며 "나의 개인적인 견해는 당신이 말한 것에 더 가깝고, 러시아 측의 다른 사람들이 언급하는 입장과는 다르다"라고 말했다.[170] 푸틴 총리는 또한 모스크바가 "START II 조약 비준에 매우 가까워졌다"고 덧붙이며 결국 비준할 수 있기를 희망한다고 밝혔다. 클린턴은 이어 아파트 폭탄 테러에 대한 위로의 말을 전했다. 푸틴은 이 기회를 잡아 "최근 모스크바에서 일어난 테러 행위가 체첸에서 기원했다"고 선언하면서 "그 배후자들은 미국을 공격한 자들과 동일하다"고 주장했다. 클린턴이 그의 의미를 확실히 알 수 있도록, 푸틴은 "오사마 빈 라덴이 체첸으로 이동하겠다고 선언했다"고 덧붙였으며 "그의 조직이 이미 그곳에 있다"고 했다. 다만 "우리가 체포하거나 다른 조치를 취할 것을 두려워하기 때문에" 아직 체첸에 나타나지 않은 것이라고 설명했다.

빈 라덴이 아파트 폭탄 테러의 배후라는 모호한 논의에 말려드는 것을 피하기 위해 클린턴은 선거 캠페인에 대한 조언을 자발적으로 건넸다. 그는 "당신이 가고 있는 길에 대안이 없다는 것을 보여줄 수 있다"고 말하며 "야당이 신뢰할 만한 제안이 없으면, 그것이 당신에게 도움이 될 것"이라고 덧붙였다. 이에 푸틴은 "불행히도 러시아에는 확립된 정치 시스템이 없기 때문에 그렇지 않다"고 반박했다. 그는 "사람들은 정책을 읽지 않는다"고 설명했다. 대신 "대중은 정치인들의 얼굴만을 보고, 그들이 어떤 당에 속해 있는지, 프로그램이 있는지 없는지에 관계없이 판단한다"고 말했다. 이런 행동은 "우리 국민 대부분이 그리 정치적으로 성숙하지 않다는 것을 보여준다"면서도 "하지만 이것이 우리가 다뤄야 할 현실"이라고 덧붙였다. 푸틴 총리는 "우리에겐 일정한 계획이 있으며 그에 따라 행동하고 있다"며 수수께끼 같은 말로 대화를 마무리했다. 이제 클린턴이 차분하게 응답할 차례였다. 그는 "어떻게 전개될지 기대하겠다"고 말하는 데 그쳤다.[171]

옐친의 퇴장

푸틴과의 첫 만남은 그 자체로 불안한 만남이었으며 미국 정치가 점점 더 불안정해져 가는 시기와 맞물려 있었다. 클린턴은 탄핵을 넘겼지만 자신의 행동이 불러일으킨 공분으로 인해 "상처 입은 상품"이 되었다. 그는 여러 가지를 신중하게 고려해야 했고 그중 하나는 부통령 고어의 미래를 어떻게 홍보할지에 대한 것이었다. 1999년 10월 13일, 블레어에게 설명한 바에 따르면, 현재의 "정치 문화" 때문에 "다른 선거 결과를 내가 조종하려는 것처럼 보이면 해로울 것이다. 나는 사람들이 어떻게 투표할지 말하지 않도록 조심해야 한다"고 말했다.[172] 대중의 비난이 거센 상황에서 클린턴이 NATO 확장을 통과시킨 것은 대통령과 대서양동맹 모두에게 다행이었다. 탄핵 이후 상원에 제출된 핵실험금지조약의 운명은 그가 상원에서 얼마나 설득력이 떨어졌는지를 보여주었다. 이 조약은 전 세계적으로 압도적인 지지를 받았고 거의 200개 국가가 서명했다.[173] 그러나 미국 상원은 1999년 10월 13일, 51대 48의 표결로 이를 거부했다.[174] 〈뉴욕 타임스〉는 이를 "베르사유 조약 이후 상원이 주요 국제안보 협정을 부결시킨 첫 번째 사례"라고 보도했다. 이는 로즈너가 우려했던 NATO 확장이 직면할 운명 중 하나였다.[175] 스타인버그는 이 실패를 "엄청난 피해를 입혔다"며 "클린턴 시대 전체 중 가장 큰 실망" 중 하나라고 평가했다.[176] 한편 NATO 확장 지지자들은 상원 비준을 탄핵 이전에 했던 점에 안도하며 한숨을 돌렸다.[177]

클린턴은 그 날 블레어와의 전화 통화에서 상원의 태도에 대해 분노를 표출했다. "공화당의 절반은 이 문제에 대해 그 자체로 반대하고 있으며," 나머지 절반은 "그저 정치적 이유일 뿐이다. 그들은 나를 방해하려고 하고, 나를 돕고 싶지 않으며, 앨(고어)도 돕고 싶어하지 않는다"고 말했다. 그는 공화당의 입장을 "어리석고 모순적"이라고 생각했다. 그들이 원하는 것은 "모든 것을 반대하는 것뿐"이었다. "그들은 UN 회비를 지불하지 않고자 하며, 원조 예산도 원하지 않는다." 그는 많은 공화당원들이 "진정한 고립주의자"라는 사실을 뒤늦게 깨달았다며 그들의 태도는 "우리 동맹국들은 신경 쓰지 말라며 '우리가 원하는 대로 하지 않으면 죽여버리겠다'는 것이었다"고 말했다. 그 결과 그는 "우리가 살고 있는 세상은 그냥 병적이다"고 덧붙였다. 그가 보기에는 그들이 정말로 원하는 것은 "폭탄과 미사일, 그리고 방어 시스템"이었지만 "그럼에도 불구하고 모두의 세금을 깎으려 한다. 그들은 부자들을 담장 뒤에 숨겨서 굶주린 사람들이 그들에게 다가가지 못하게 하려는 것"이라고 설명했다. 본질적으로 "그들은 미국을 고급화된 브라질처럼 만들고 싶어 한다. 끔찍하지만, 나는 우리가 그들을 물리칠 수 있다고 생각한다"고 말했다.[178] 이 분노 속에서 대통령은 21세기 미국 정치의 두 가지 주요 특징인 고립주의와 불평등을 지적했다.

그 국내 전투에서 패한 후 클린턴은 1999년 11월 2일 노르웨이 오슬로에서 열린 중동 정상회담에서 푸틴과 다시 논쟁을 벌여야 했다.[179] 그는 이 기회를 이용해 푸틴에게 체첸에서 증가하는 사상자에 대해 언급하며 "이 갈등은 국내에서는 당신에게 잘 먹히겠지만, 국제적으로는 그렇지 않다"고 말했다. 그는 푸틴에게 또 다른 불필요한 조언을 건넸다. "내 경험상, 정치와 현실은 결국 일치하게 된다. 이것을 염두에 두어야 한다." 푸틴은 클린턴에게 "우리의 의식을 일깨워 준 것에 대해 감사한다"고 말했다.[180]

클린턴은 또한 여전히 해결되지 않은 문제인 CFE 조약에 대해 언급하며 이 조약의 업데이트된 버전을 약 2주 후인 11월 18일이스탄불에서 예정된 OSCE 정상회담에서 서명할 수 있기를 희망했다.[181] 러시아는 여전히 조약의 재래식 무기군 한도를 초과하고 있었고 또한 조지아의 분쟁 지역에도 러시아군이 주둔하고 있기 때문이었다.[182] 미국 대통령은 푸틴이 "CFE 한도를 초과했다는 것에 대해 솔직하게 말했다"고 인정했다. 그 결과 "모든 것은 공개적으로 이루어졌으며 부인할 여지가 없었다"며 "그 점에 대해 감사하게 생각한다"고 말했다. 그럼에도 불구하고 과잉 배치된 군대는 CFE의 갱신을 막고 있었고 "이 조약을 이스탄불에서 완료할지 여부를 결정해야 한다"고 강조했다. 푸틴은 "우리는 체첸 작전 때문에 장비 한도를 초과하고 있으며, 이를 통보했으므로 CFE 조약을 위반한 것은 아니다"라고 답했다. 버거는 "러시아가 조약을 준수하지 않는데 어떻게 서명을 할 수 있냐"고 반박했다. 최소한 일부 감축 일정은 있어야 한다고 주장했다. 푸틴은 "우리가 얼마나 빨리 할 수 있을지 명확하지 않다"고 말했다.[183]

결국 모스크바와 워싱턴은 타협에 이르게 되었다. 새로운 조약은 구 조약처럼 다섯 가지 종류의 재래식 무기 한도를 설정했지만, 러시아는 그 한도를 "일시적으로" 초과할 수 있도록 허용되었다. 그러나 "일시적"이라는 정의는 모호하게 남겨져 있어 모스크바가 많은 여지를 갖도록 했다.[184] 한편 서방 협상자들은 "NATO가 새 회원국의 영토에 주둔한 군대"를 금지하는 조항을 추가하려는 러시아의 시도를 성공적으로 차단했다. 대신 NATO는 "위기 작전을 위한 배치 수준을 한도 이상으로 증가시키는" 능력을 유지하며 "항공기와 헬리콥터는 지리적 제약 없이" 배치할 수 있는 권한을 유지했다.[185]

각자 원하는 것을 얻었음에도 불구하고 양측에게는 씁쓸함만 남았다. 러시아 대통령은 1999년 11월 18일 이스탄불에서 열린

CFE 서명식에 자신의 건강 상태를 극복하고 클린턴에게 중요한 메시지를 전하기 위해 갔다. 나중에 옐친은 이렇게 설명했다. "클린턴은 러시아에 압박을 가할 수 있다고 생각했다"고 "1분, 1초, 잠시라도 러시아가 핵무기를 완비하고 있다는 사실을 잊어버렸다"고 했다.[186] 러시아 지도자는 미국과 세계에 모스크바가 여전히 중요하다는 것을 상기시키고자 했다. 그의 회고록에서 옐친은 자신이 이스탄불 연설을 직접 준비했다고 밝혔으며 "가장 강렬하고 날카로운 표현"을 삽입했다고 했다. 무대에 올라서자 그는 "강당에 불신과 오해의 조각들이 흩어져 있는" 것을 느낄 수 있었고 그 감각을 "내 피부에서 느꼈다"고 했다. 그러나 그는 자신의 강경한 연설이 "정확히 맞는 말"이라고 느꼈다.[187] 옐친은 서방을 비난하며 그들이 체첸에 대해 "설교"를 한다며 "강도와 살인자들과는 평화 회담이 없을 것"이라고 강조했다.

이 발언은 클린턴에게 불쾌하게 다가왔다. 미국 대통령은 준비된 발언을 버리고 체첸에서의 무력 사용을 옐친의 유산에 부합하지 않는다고 비난했다. 클린턴이 연설하는 동안 옐친은 화가 나서 통역 헤드셋을 벗어 던졌다.[188] 버거는 두 사람이 공개적으로 이렇게 격돌한 마지막 순간을 기억하며 이 사건을 "보스포루스에서의 부다페스트"라고 표현했다.[189] 하지만 1994년 부다페스트와 1999년 이스탄불의 차이는 클린턴이 그 후 옐친과의 관계를 회복할 시간이 없었다는 점이었다. 그는 이스탄불 방문이 20세기 미국 대통령의 마지막 유럽 방문임을 알고 있었지만 그것이 그의 마지막 옐친과의 만남이었다는 사실은 알지 못했다.[190]

두 지도자는 연설 후 짧은 만남을 가졌으며 이는 6년 정도 전에 밴쿠버에서 있었던 첫 만남에서의 유쾌함과는 거리가 멀었다.[191] 옐친은 탤벗이 표현한 대로 "제정신이 아니었고" 광범위한 요구를 했다. "유럽을 러시아에게 줘라. 미국은 유럽이 아니다. 유럽은 유럽인들의 일이 되어야 한다." 클린턴은 그 비난을 피하려 했지만 옐친은 계속해서 "유럽을 스스로에게 줘라. 유럽은 지금처럼 러시아와 가까운 적이 없었다"고 말했다. 클린턴은 "유럽인들이 이걸 좋아하지 않을 것 같다"고 응수했다.

갑자기 옐친은 일어나면서 "회의가 너무 길어졌다"고 선언했다. 그의 생각에 그들은 너무 많은 시간을 함께 보냈다. "우리는 20분을 말했는데 이제는 35분이 넘었다." 하지만 클린턴은 러시아 대통령을 보내기 전에 다가오는 선거에서 누가 승리할지를 물었다. 옐친은 짧게 대답했다. "당연히, 푸틴." 그는 옛 적수 미하일 고르바초프처럼 자신을 3인칭으로 언급하며 "그가 보리스 옐친의 후계자"이고 "그가 승리할 것"이라고 강조했다. 러시아 대통령은 "너희 둘은 함께 일할 것이다"라고 확신했다.[192]

모스크바로 돌아온 옐친은 퇴임할 때가 왔다고 결심했다. 그의 회고록에 따르면, 그는 1999년 12월 14일 푸틴에게 자신이 그해 마지막 날 푸틴을 임시 대통령으로 임명할 것이라고 비밀리에 털어놓았다.[193] 푸틴은 그 소식을 듣고 "상당히 어려운 운명"이라고 대답했다고 전해진다. 옐친은 "내가 여기 올 때도 다른 계획이 있었다. 인생이 그렇게 흘러갔다… 너는 잘 해낼 것이다"고 푸틴에게 확신을 주었다.[194]

옐친과의 대화가 있고 일주일 후 푸틴은 옛 소련 비밀경찰 창설 기념일에 열린 전 KGB 국장이자 소련의 지도자였던 유리 안드로포프Yuri Andropov의 복원된 명판 공개식에 참석했다.[195] 그 상징성은 분명했다. 안드로포프의 가장 중요한 경험은 1956년 헝가리 봉기였으며 그는 부다페스트에 있는 소련 대사관 창문에서 헝가리 봉기가 공산주의 정부를 전복시키고 헝가리를 바르샤바조약에서

10장 미래를 위하여

탈퇴시키려는 위협을 보며 경악했다고 한다. 안드로포프는 헝가리 비밀경찰의 처형된 시체가 가로등에 매달린 모습을 결코 잊지 않았다. 이 경험은 한 미국 전문가가 "안드로포프와 KGB의 '헝가리 콤플렉스', 즉 작은 비공식적인 그룹들이 지도자들을 전복시키는 운동을 일으킬 수 있다는 죽음에 대한 두려움"이라고 부른 사건의 시작이었다.[196] 안드로포프 명판은 1991년 8월에 철거되었지만 이제 다시 돌아왔고 푸틴은 그 복원을 공개적으로 지지하기로 결심했다.[197]

푸틴은 또한 탤벗과의 담담한 논평 사용 방식을 넘어서기로 결심했다. 탤벗은 1999년 크리스마스 3일 전 푸틴과 함께 다시 모스크바에 있었다. 두 사람의 회담 전에 열린 기자회견에서 탤벗은 푸틴과의 지난 방문이 얼마나 엉망이었는지 회상하며 비행 중간에 비행기를 되돌려야 했던 일을 언급했다. 기자들 앞에서 그 기억을 가볍게 넘기려 애쓰며 탤벗은 "이번 비행은 상업 비행이라 그런 선택지가 없었다"고 농담을 했다. 미국 대사관에 따르면 푸틴은 "건조하게" 반응하며 "그 사건을 잘 기억한다"고만 말했다.[198]

기자들이 떠난 후 탤벗은 분위기를 바꿔 "자기도 그 사건을 잘 기억한다"고 덧붙였다. 기자들이 모두 떠난 뒤 푸틴은 온화한 표정을 거두고 불만을 토로하기 시작했다. 그는 "구소련 국가들이 갱신된 CFE 조약을 이용해 모스크바의 군대를, 특히 조지아에서 내쫓을 방법을 찾을 수도 있다"고 불평하며, "당신의 친구 셰바르드나제는 바보"라고 말하며 러시아군의 철수를 원하는 셰바르드나제에게 비판적인 의견을 피력했다. 그는 이 지역이 너무 위험해져서 "러시아 군대가 동행하지 않으면 조지아의 군대도 자국의 일부 지역에 들어가기를 두려워할 것"이라고 예측했다. 분쟁 지역인 압하지야에서는 "체첸 용병들"이 이미 "그들의 포로 중 한 명의 잘린 머리로 축구를 하고 있다"고 언급하며 러시아의 보호 없이는 더 나쁜 상황이 올 것임을 암시했다. 탤벗이 군축 문제로 화제를 돌리며 진전을 기대한다고 말했을 때 푸틴은 "탤벗의 낙관주의를 나도 나누고 싶다"고 응답하며 실제로는 그렇지 않다는 뉘앙스를 내비쳤다.[199]

푸틴의 점차적인 강경한 태도의 이유는 1999년 12월 31일에 모두에게 분명해졌다. 그날 아침, 옐친은 자신의 사임을 알리는 간단한 비디오를 녹화했으며, 이는 정오에 전국적으로 방송되었다.[200] 워싱턴은 몇 달 전부터 후임자가 누구일지 알고 있었지만 그 때도 여전히 놀라운 일이었다. 모스크바의 미국 대사는 탤벗을 워싱턴 자택에서 깨워 TV를 켜라고 말했다. 두 미국인은 반대편 세계에서 전화로 연결된 채 방송을 지켜봤다.[201]

고르바초프의 슬픈 텔레비전 작별 인사의 여파가 강하게 남아 있었다. 옐친의 뻣뻣하고 약한 전달 방식은 그의 말의 우울함을 더했다. 그는 무심하게 장식된 크리스마스 트리 배경 앞에 앉아 "러시아 대통령으로서 마지막으로 여러분에게 말하고 있다"고 밝혔다. 그는 러시아 국민들에게 "용서를 구하며," "우리의 많은 공동의 꿈이 이루어지지 않았다"고 사과했다. 결국 "쉽다고 생각했던 일이 고통스럽게 어려운 일로 드러났다"고 말했다. "더 크고 더 나은" 일을 할 새로운 세대의 지도자들이 모든 것을 할 것이라고 약속하며 이미 푸틴을 대통령 권한대행으로 임명하는 명령을 서명했다고 밝혔다. 마지막으로 그는 동포들에게 작별 인사를 하며 "행복하길 바란다"고 마지막 소망을 표현했다.[202]

푸틴과 함께 크렘린에서 방송을 지켜본 후 옐친은 후임자에게 "러시아를 돌보라"고 말했다. 그는 오후 1시에 크렘린을 떠났다. 수십 년 만에 처음으로 의무에서 벗어나 매우 홀가분함을 느끼고 운전사에게 가족에게 데려다 달라고 말했다. 가는 길에 그의 리무진 전화가 울리며 클린턴의 전화가 걸려왔다. 옐친은 미국 대통령의 전화를 받지 않고 "나중에 5시쯤 다시 전화하라"고 말했다.[203] 클린턴은 약 4시간 후에 다시 전화를 걸었고 이번에는 옐친이 전화를 받았다.[204] 옐친은 자신이 푸틴에게 3개월을 주기로 예정된 2000년 3월 투표 전에 "대통령으로서 일할 기회를 주기로 했다"며 "사람들이 그에게 익숙해져서 스스로 대통령으로 선출될 수 있도록" 하겠다고 설명했다. 옐친은 "이것은 민주주의를 벗어나지 않는 방식으로 이루어질 것"이라며 "그가 곧 있을 선거에서 당선될 것이라고 확신한다. 나는 그것에 대해 확신한다. 그는 또한 민주주의자라고 확신한다"고 계속해서 반복했다.[205]

한편 러시아의 새로운 지도자는 클린턴에게 26시간을 더 기다리게 했다. 그는 마침내 2000년 1월 1일 모스크바 시각으로 저녁 7시 7분, 9분간의 통화를 허락했다. 클린턴은 일어나는 일에 대해 좋은 인상을 주려고 애쓰며 "나는 당신이 아주 좋은 출발을 했다고 생각한다"고 말했다.[206]

21세기의 또 다른 중요한 이정표가 자리 잡기 시작했다. 러시아에서 개인의 지배가 점진적으로 재개되기 시작했다. 대통령 권한대행인 블라디미르 푸틴은 1999년 12월 모스크바의 어느 밤 러시아의 권위와 자신의 동료들, 그리고 자신을 지키기 위해 무엇이든 하기로 결심했다.

중부 및 동부 유럽 국가들에게, 수십 년 간의 잔인함, 전쟁, 억압을 겪었던 이들에게, 21세기 초반 NATO에 가입하는 것은 서방과의 파트너십에 대한 꿈을 이루는 것이었다. 그러나 옛 세기에서 새로운 세기로의 전환에는 그늘이 드리워져 있었다. 올브라이트는 당시를 회상하며 "10년 전 베를린 장벽이 무너졌을 때 거리에 춤이 추어졌다. 지금은 그 열광이 사라졌다"고 언급했다.[207] 일련의 중요한 정치적 변화들이 동맹의 확장과 맞물려 미래를 조각했다. 냉전 이후 질서를 구분하는 일부는 인상적이었지만 일부는 위협적이었다. 클린턴 행정부의 성공적인 확장 전략은 부시 시대의 선례를 바탕으로 NATO의 미래에 최대한의 유연성을 보장했다. 그리고 그 유연성을 활용하여 1999년 이후 동맹은 결국 11개국을 더 추가하게 되었다.[208] 그러나 경제 붕괴, 끊임없는 질병, 부패 기소에 대한 공포의 타격은 옐친이 후임자를 선택하게 만들었다. 자신과 가족을 보호하려 했던 그는 러시아의 민주화 과정을 과거로 되돌릴 인물을 찾았다.[209] 한편 미국 대통령의 개인적인 부정직함과 그로 인한 탄핵은 미국 정치 환경을 거칠게 만들었다. 피 냄새를 맡은 클린턴의 가장 대담한 적들은 국내외 정치에서 허용 가능한 영역을 계속해서 확장해 나갈 것이다. 그리고 미국과 러시아의 협력은 고통스럽게 후퇴하며 수십 년 간의 군비 통제의 성과를 되돌리기 시작했다. 수십 년 간 이어졌던 추세가 중단되면서 클린턴과 옐친은 새로운 주요 군비 통제 협정을 체결하지 못했다.[210] 핵무기는 미국과 유럽의 도시들을 다시 겨냥하기 시작했고 1999년 12월 임기를 시작한 한 사내는 수십 년에 걸친 왕권을 누리기 시작했다. 이런 사건들은 미국과 러시아의 관계에서 모든 협력을 차단하는 냉전 시기로 돌아가는 수준까지는 아니더라도 앞으로 치명적인 서리가 내리기 시작할 것임을 의미했다.

10장 미래를 위하여

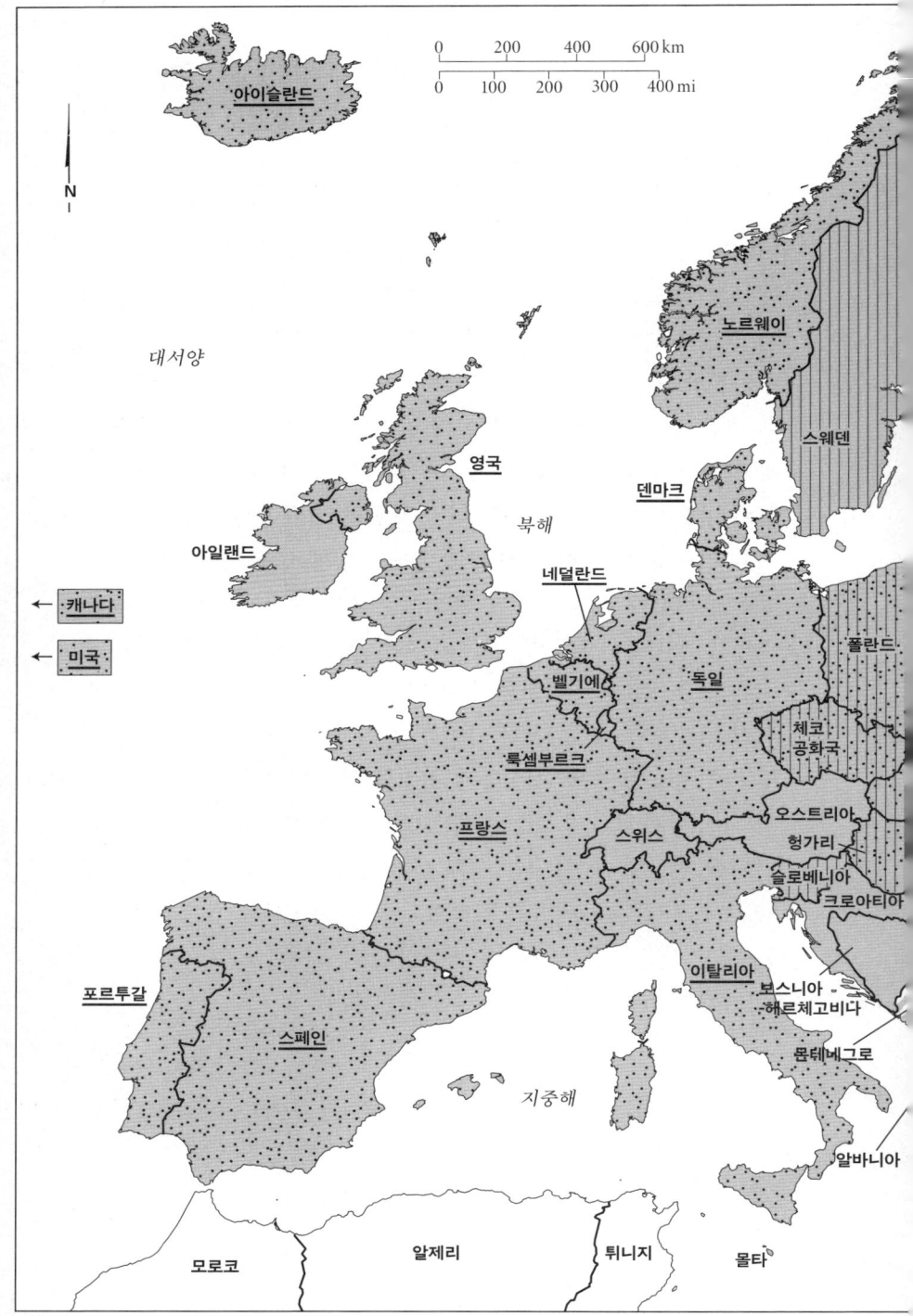

파트너십 잠재력: 1994년 국제기구 가입 현황을 독일 외무부에서 발행한 지도 기준으로 나타낸 것. 이 지도에서 유럽 중간에 명확한 정치적 경계선이 없는 점에 주목할 수 있는데, 이는 이런 기구들이 서로 겹치는 성격을 가지고 있고, 러시아가 NATO를 제외한 모든 기구에 회원국

으로 참여하고 있기 때문이다. [FYROM은 후에 북마케도니아North Macedonia로 국호를 변경하는 마케도니아 구 유고슬라비아 공화국이다. 비스듬히 음영이 표시된 막대는 CSCE가 1992년에 당시의 유고슬라비아 연방 공화국(즉, 몬테네그로와 세르비아)의 회원 자격을 중지시켰음을 나타낸다.]

결론

새로운 시대

우리는 1990년대의 기회를 놓쳤고, 이제 다시 새로운 기회를 기다려야 한다. – 스베틀라나 알렉시예비치Svetlana Alexievich

스트로브 탤벗은 은퇴 후 〈뉴욕 타임스〉와의 인터뷰에서 외교 정책 수행에 관해 배운 점을 다음과 같이 말했다. "어떤 나라의 지도자가 다음과 같은 생각을 가지고 있지 않다면, 그 나라의 지도자는 자리를 오래도록 지킬 수 없을 것이다. 우리는 우리의 이익에 맞는 일을 한다는 바로 이 생각 말이다."[1]

이 진술에 대해 반문해볼 필요가 있다. 이익이라는 단어의 의미를 누가 정의하는가? 탤벗의 정의는 명확했다. 미국의 이익은 제5조 보장을 최소한 발트 3국까지, 또는 가능하다면 그 이상의 지역까지로 확대하는 것이었다. 이 정의에 대한 그의 확신은 점차적으로 빌 클린턴 대통령에게 영향을 미쳤다. 이익의 정의에서 가장 중요한 사람은 바로 클린턴이었기 때문이었다. 클린턴은 모든 영토가 동맹 군대나 핵무기에게 제한 없이 열려 있어야 한다고 믿게 되었다. 클린턴은 미국의 이익을 위해 가능한 한 "가장 넓고 깊은 동맹"을 만드는 것이 필요하다고 믿었다. 그에 따라 그는

1999년 동맹의 50주년을 기념하는 행사를 주도하면서 NATO가 그 해뿐만 아니라 향후 수십 년간 제약 없이 지속적으로 확대될 수 있도록 보장했다.²

그렇게 해서 동맹은 러시아와 국경을 형성하게 되었고-폴란드의 영토는 러시아의 칼리닌그라드와 맞닿아 있다-동맹은 발트 3국을 포함한 많은 미래의 회원국들을 맞이할 문을 열었다.³ 그 후 에스토니아가 가입하면서 NATO와 러시아의 국경은 블라디미르 푸틴 대통령의 고향인 상트페테르부르크에서 채 160킬로미터도 되지 않는 곳까지 다시 한번 이동했다.⁴ 1989년 당시 NATO와 러시아의 거리가 대략 1,900킬로미터였던 걸 생각하면 이 결과는 과거에는 소련에게 억압당했고 미래에는 모스크바의 침략을 걱정하던 많은 국가들의 정당한 희망을 이루어 준 것이었다. 하지만 미국과 러시아의 선택이 일련의 누적된 상호작용 속에서 만들어 낸 덜 바람직한 결과도 있었다. 냉전 후의 질서가 과거 냉전 시대와 매우 유사해 보인다는 것이다. 단지 유럽을 나누는 경계선이 더 동쪽으로 이동한 것뿐이었다.

이제 이런 사건들의 이야기가 마무리되었으니 처음에 던졌던 질문들에 대해 생각해볼 시간이다. 미국은 왜 냉전 이후 NATO를 확대하기로 결정했으며, 미국의 그 결정은 당시의 러시아의 선택들과 어떻게 상호작용했으며, 과연 그런 상호작용이 두 나라 관계의 결정적인 악화를 초래했는가? 그들이 내린 결정에 대해 실현 가능한 대안은 없었는가? 그들이 추진한 확장의 비용은 무엇이었으며, 그것이 냉전과 COVID 사이의 시대 형성에 어떤 영향을 미쳤는가? 마지막으로 이 역사 지식이 더 나은 미래를 만들기 위한 노력에 어떻게 도움이 될 수 있을까?

첫 번째 질문에 답해보자. 이제 살펴볼 증거는 1989년과 1999년 사이에 "왜"와 "어떻게"가 함께 진화했다는 것을 보여준다. 이 과정은 대통령의 래칫 회전을 세 번이나 거쳤다. (래칫은 기계를 한 방향으로만 움직이게 해주는 부품이다.) 첫 번째 회전은 1990년에 일어났다. 베를린 장벽이 무너진 후 독일 통일을 이루기 위해 NATO의 미래에 대해 모스크바와 타협할 것인지 묻자 조지 H. W. 부시 대통령은 "그건 안 된다"고 대답했다. 그러한 태도를 취한 이유(부시의 "왜")는 확장된 대서양동맹이 냉전 이후 지배적인 안보 조직이 되어야 한다는 그의 확고한 믿음 때문이었다.

그 목표를 달성하기 위해 부시는 1989년 독일 내부에 대한 제5조 보장을 확장하는 것 외에는 모든 옵션을 반대했다. 그가 반대했던 옵션에는 서독의 동맹국들이 제시한 조건부 확대도 포함되어 있었다. NATO의 주요 역할을 유지하려는 그의 노력은 놀랍지도 불합리하지도 않았다. 왜냐하면 냉전 질서는 NATO에 의해 뒷받침되었고 그것이 워싱턴에 성공을 가져다주었기 때문이다. 또한 미국 주도의 기존 기구를 방어하는 데는 선례의 힘이 작용했다. 한 번 자리 잡은 국제기구는 지속되기 마련이기 때문이었다.[5] NATO가 유럽 안보에서 지배적인 조직으로 남는 것은 그 패턴에 부합했다. 그러나 놀라운 점은 부시가 그의 노력을 "새로운 세계 질서"로 홍보할 수 있었던 것이다. 사실 그것은 새로운 세계 질서가 아니었기 때문이다.

그의 전략은 또한 NATO 제5조를 동쪽으로 확장하려는 필요성을 흔들림 없이 고수하는 동시에 소련이 독일 통일을 허용하도록 설득하는 데 드는 비용이 얼마나 될 것인가라는 어려운 문제를 불러일으켰다. 부시는 현명하게도 독일 총리 헬무트 콜에게 그 비용을 지불해달라고 요청했다. 콜은 두둑한 지갑을 가지고 있었고 자신의 분단된 나라를 통합하기 위해 모스크바에게 기꺼이 대가를 지불할 의향이 있었다. 부시와 콜은 함께 1990년 10월 3일 냉전 국경을 넘어 독일 통일과 NATO 제5조의 확대를 이뤄냈다. 이 동시에 이뤄낸 성과는 중요한 선례였으며, 더 나아가 워싱턴과 본은 모스크바가 두 가지 요소를 서면으로 명문화하도록 만들었고, 그것은 독일 통일을 가능하게 한 조약에 포함되었다. 이를 통해 첫 번째 래칫 회전이 완료되었다.

하지만 1991년 소련에서 일어난 쿠데타와 그 뒤를 잇는 소련의 예상치 못한 붕괴는 엄청난 새로운 불확실성을 불러왔다. 특히나 그 불확실성은 그들이 가진 핵무기와 관련되어 있었다. 상황을 더욱 복잡하게 만든 것은 불행하게도 몇 가지 중요한 사건들이 일어난 타이밍이었다. 새로 탄생한 러시아는 1991년부터 1992년까지 미국과 협력을 가장 원했지만 미국은 그 시점에서 걸프전과 대선, 그리고 백악관의 주인 교체에 몰두하고 있었다. 워싱턴의 지도자들이 이런 극적인 사건들을 처리하던 동안 러시아와 협력적인 냉전 후 질서를 구축할 수 있을 기회의 창은 서서히 닫혀가고 있었다.[6]

그 창이 열려 있던 동안 할 수 있던 다양한 조치는 광범위한 영향을 미칠 수 있었을 것이다. 부시 시대의 정책을 재고하는 것, 예를 들어 러시아에 대한 부채 탕감을 하지 않았던 것이 모스크바의 새로운 민주주의에 도움이 되었을 수도 있다. 그러나 1993년 중반 클린턴이 그의 팀 구성을 마무리 지어갈 무렵 러시아의 초인플레이션과 부패는 이미 민주주의의 전망을 약화시키고 있었고 옐친과 의회 내 극단주의자들은 폭력적인 충돌로 향하고 있었다. 한편 바르샤바조약기구에서 막 해방된 중부 및 동부 유럽 국가들은 동맹 가입에 대한 욕구를 분명히 밝혔고 결국 클린턴은 그들과 함께했다. 그 이유는 동맹 확장이 냉전 후 유럽 전체의 안정을 가져올 것이라고 믿었기 때문이다.

취임 후 클린턴은 NATO의 확장을 시행하면서도 모스크바와의 협력을 유지할 방법을 생각했다. 바로 점진적인 파트너십 전략을 통해서였다. 이 전략은 임무를 잘 수행한 국가들에게 장기적으로 제5조 보장을 받을 가능성을 열어주었다. 이 전략은 국방부에서 나왔는데 특히 당시 합참의장이었던 존 샬리캐슈빌리John Shalikashvili 장군이 이 아이디어를 폴란드에 판매하는 임무를 맡아 주목을 받았다. 이 전략은 대중적으로 크게 인기를 끌지 않았지만 효과는 있었다. 평화를 위한 동반자 관계(PfP)를 통해 구현된 이 전략은 폴란드를 포함한 주요 국가들에게 충분히 수용 가능한 타협안을 제공했다(이는 샬리캐슈빌리의 개인적인 외교 덕분이었다). 이 동반자 관계는 소련 붕괴 이후 국가들에게도 선택지를 제공했으며 놀랍게도 모스크바의 동의 아래 이루어졌다. 이 전략은 발트 3국뿐만 아니라 아마도 우크라이나에 대해서도 장기적인 해결책이 될 수 있었고, 그와 동시에 러시아와의 협력을 유지할 수도 있었다. 이 시기 모스크바와 함께 했던 보스니아에서의 공동 행동은 실제 군사 협력과 PfP가 상호 보완적임을 보여주었다.

요컨대 PfP는 유럽이라는 예측 불가능한 체스판에서 냉전 이후의 온갖 상황들을 동시에 관리할 수 있도록 했다. 아마도 그 이유로 클린턴은 처음에 이 개념의 장점을 매우 높이 평가했던 것 같다. 1996년 NATO 사무총장 하비에르 솔라나에게 그는 PfP가 "우리가 예상했던 것보다 더 중요한 일이 되어, 더 많은 국가들과 더 실질적인 협력이 이루어졌다. 이제 그것은 자체적으로 중요한 것이 되었다"고 말했다.[7]

하지만 PfP의 성공은 역부족이었다. 행정부 내에서 PfP에 반대하는 이들은 대통령에게 여기서 멈추지 말라고 압박했다. 능숙한 관료 조직 내부 다툼 전문가들은 제5조 보장을 보류하는 것은 모스크바에 거부권을 주는 것이라고 주장했다. 그들은 대신 가능한 한 빨리 제5조를 자격 있는 새로운 민주국가들에게 확장하자고 주장했다. 여기서 러시아가 고른 선택지와의 상호 작용이 특히 중요했다. 옐친이 모스크바와 체첸에서의 반대자들에 대한 비극적인 폭력을 행사한 일과 개혁 반대 성향의 민족주의자들이 승리를 거둔 일은 러시아가 다시 공격적으로 변하는 것에 대비할 방법을 요구하는 목소리를 강화했다. 이런 요구는 폴란드의 레흐 바웬사 대통령과 체코의 바츨라프 하벨 대통령이 클린턴과 맺은 관계와 함께 점점 더 클린턴 대통령에게 영향을 미쳤다. 또한 그는 국내 정치적 압박까지 고려해야 했다. 그는 1992년 선거에서 간신히 승리했으며, 재선에 도전하려면 1994년 중간선거에서 확장 정책을 지지하는 공화당의 승리에 신경을 써야 했다. 이런 모든 고려 사항들이 결합되어 클린턴은 완전한 제5조 보장을 확장하는 것으로 방향을 틀게 되었다. 클린턴 행정부는 점진적인 파트너십이라는 선택지를 포기했으며, 1994년이 끝날 무렵 두 번째 "래칫 회전"을 실행했다. 그 이후로 클린턴 행정부는 일률적인 완전 보장 NATO 확장을 추구했다. 불행히도 그 결과 러시아는 PfP가 속임수였다고 결론지었지만 사실은 그렇지 않았다.

 시간이 지나면서 이 두 번째 회전이 얼마나 중요했는지가 드러났다. 클린턴은 대통령직을 시작할 때 냉전 질서의 재현을 피하는 것을 목표로 정했다. 즉, 유럽에 새로운 선을 그리는 것을 피하려 했다. 그는 대신 미래의 대서양 안보를 보장할 수 있는 다른 해결책을 찾기를 원했다. 그는 PfP를 통해 부시 시대의 밴쿠버-블라디보스토크 제안을 향해 나아갈 수 있었을지도 몰랐다. 그것은 북

반구의 대부분과 그 모든 시간대가 포함된 (수사적인 수준이 아닌) 진정한 새로운 세계 질서를 창출하려는 시도였다. 그러나 PfP를 포기하자 새로운 분할선이 불가피해졌다. 이제 그 선이 러시아의 국경에 얼마나 가까이 그려질 것인지, 다시 말해 양측이 교착 상태에 이르는 지점이 어디일지가 유일한 문제였다.

미국과 러시아 간의 지속적인 안보 협력에 대한 희망이 바로 사라지지는 않았다. 구 유고 지역에서는 공동의 노력이 계속되었다. 그러나 불화는 점점 커졌고 이는 1999년 6월 프리슈티나 공항에서의 충돌과 그해 11월 이스탄불에서 있었던 클린턴과 옐친의 대결로 이어졌다. 그때까지의 충돌들은 워싱턴과 모스크바 사이에 상처를 남겼고, 신뢰를 감소시켰으며, 양측의 협력 의사를 줄였다. 그 효과는 옐친이 푸틴을 후계자로 지명하기 전에도 점차 축적되고 있었다. 러시아 외무장관 이고르 이바노프Igor Ivanov는 나중에 당시 이미 불신의 침전물이 쌓여 있었다고 회상했다.[8]

행정부 내외부의 비판자들은 클린턴에게 당시 워싱턴이 NATO를 확장하는 방식은 동맹을 약화시키고 모스크바를 굴욕스럽게 만들며 군비통제를 훼손하고 있다고 충고했다. 이런 비판에도 정책은 점점 극단적인 방향으로 움직였다.[9] 내부적으로 이제 문제는 NATO를 어떻게 확장할 것인가가 아니라 "얼마나 멀리까지" 확장할 것인가로 변했다. 그 답은 "발트 3국까지"였다. 북유럽 이웃 국가들은 신중한 조정이 필요하다고 강력하게 주장했지만 확장의 모멘텀을 저지할 수는 없었다.

1999년 4월 클린턴이 워싱턴 정상회담에서 NATO 가입에 관한 발트 3국의 관심을 환영하기로 한 결정은 세 번째 래칫 회전이었다. 이는 다른 선택지를 배제하며 동맹이 모스크바가 구소련의 일부로 간주했던 지역으로까지 확장하게 된다는 의미였다. 미국은 발트 3국의 소련 합병을 인정한 적이 없다는 점을 근거로 들 수는 있었지만 이런 결정이 가진 정치적 의미는 달라지지 않았다. 같은 해 12월 푸틴이 대통령 권한대행으로 임명되면서 1999년은 기존 냉전 질서와 비슷한 모습을 가진 새로운 질서로 마무리되었다. 이제 유럽은 모스크바와 워싱턴 간의 불신 속에 NATO 헌장 제5조가 적용되는 곳과 적용되지 않는 곳으로 나뉘었고 그 경계선은 더 동쪽으로 옮겨진 상황이었다.

이 결과는 1989년의 희망을 충족시키지 못했다. 그 희망에는 자유주의 국제 질서가 확고히 성공했으며, 대서양과 태평양 사이 모든 국가, 특히 서구 국가뿐만 아니라 모든 국가의 주민들이 이 질서 안에서 협력할 수 있다는 믿음도 들어 있었다.[10] 그 근본 원인은 구조적 요인보다는 지도자들이 직접 내렸던 결정에서 찾아야 한다. 미국과 러시아 지도자들은 반복적으로 선택을 내렸지만 그 결과는 그들의 희망에 미치지 못했을 뿐 아니라 공공연히 그들의 선언과 상충되었다. 부시는 "하나로 통합되고 자유로우며 평화로운 유럽"을 이야기했고, 클린턴은 반복적으로 선을 긋는 것을 피하고 싶다고 선언했으나, 결국 두 사람의 행동은 유럽을 가로지르는 분할선을 촉진했다. 고르바초프는 소련을 지키고자 했고, 옐친은 러시아를 민주화하고자 했으며, 둘 다 서방과 동등한 위치에서 협력하기를 원했다. 그러나 장기적으로 두 사람 모두 실패한 것으로 드러났다.

다른 러시아인들도 마찬가지로 민주화를 향한 초기의 시도가 실망스러운 결과로 이어지는 것을 지켜보았다. 전 러시아 외무장관 안드레이 코지레프는 회고록에서 1991년 8월 쿠데타 시도를 상대로 한 민중 봉기가 러시아에 내재된 "민주적 잠재력"을 보여주었으며 중요한 역사적 선례를 세웠다고 썼다. 이런 이유로 반동

세력을 상대로 한 대중의 승리는 "러시아 국민이 도달한 최고의 도덕적·정치적 정점"이었다고 평가했다. 이는 러시아 국민이 권위주의로 돌아가기를 원하지 않으며 변화를 성공으로 이끌어 더 나은 미래로 나아가길 원함을 보여준 것이다. 이러한 견해 때문에 1996년 코지레프가 축출된 후 탤벗은 그를 더 나은 미래의 가능성을 진정으로 믿었던 신봉가라고 칭송했다. 탤벗은 그를 "고르바초프와 약간 닮은 인물"로 묘사했으며, "경멸을 받고, 결함이 있으며, 약간은 애처로웠지만 어떤 면에서 영웅적이었으며, 결국 '완전히 틀렸다'고 판명될 사람은 아니었다"고 덧붙였다. 그는 러시아가 마침내 지속 가능한 민주주의로 발전한다면 "코지레프는 그의 시대와 나라에서 제대로 인정받지 못한 예언자로 평가될 것"이라고도 언급했다.[11]

구 바르샤바조약 국가와 구소련 공화국의 주민들도 초기 희망과는 상반되는 결과를 경험했다. 이 국가들은 회색 지대에 머물고 싶지 않다고 여러 차례 밝혔지만 그들 중 일부는 결국 그곳에 놓이게 되었다. 벨라루스, 조지아, 우크라이나의 국민들은 러시아와의 관계를 정의하고 때로는 국경을 방어하기 위해 고군분투했다. 구 바르샤바조약 국가들은 또 다른 불확실성에 직면했다. 이들은 NATO(그리고 결국엔 EU)에 가입하는 데 성공했으나 그러한 회원국 지위가 민주적 전환을 자동적으로 보장하지는 않는다는 것을 알게 되었다. 또한 대륙 전체와 마찬가지로 이들 역시 모스크바와의 긴장이 고조되는 상황을 겪었다.

21세기에 들어 점점 더 명확해진 것은 민주화를 추진하면서 동시에 시장 경제를 구축하려는 압박이 푸틴과 같은 소련식 교육을 받은 현대적 독재자들이 성장할 수 있는 비옥한 토양을 만들어 냈다는 점이었다. 푸틴은 권력을 안정적으로 잡은 후 점차 민주적 전환을 억누르기 시작했으며 서방과 경쟁하던 과거의 방식을 다시금 채택했다. 그때까지의 미국과 러시아의 누적된 선택들은 이에 영향을 미쳤다. 또한 같은 시기의 여러 사건들도 시기적으로 맞물리며 미-러 관계 전반을 냉전 이후의 기대에 훨씬 못 미치는 방향으로 이끌었다.

두 번째 질문으로 돌아가 보자. 미국과 러시아 지도자들이 내린 결정에 대한 실현 가능한 대안이 있었을까? 특히 워싱턴이 선택할 수 있었던 대안으로, 확장 과정을 조절하고, 장기적인 미국의 이익과 더 잘 부합하며, 정치적 비용을 낮추면서 확대를 이루는 것이 가능했을까? 보다 구체적으로 말하자면 러시아가 정치적·경제적 붕괴에서 회복하고 나면 국가의 규모와 핵무기 보유량으로 인해 주요 강대국으로 남게 될 가능성이 거의 확실했던 만큼 이 문제를 미리 예측하고 러시아가 공동 안보 구조에서 더 큰 발언권을 갖도록 하는 편이 더 낫지 않았을까? 답은 일정 부분 "그렇다"이다.

"일정 부분"이라는 조건이 붙는 이유는 오늘날의 긴장이 상당 부분 러시아 본인들이 내린 선택에 기인하기 때문이다. 예를 들어 앞서 논의했듯이 1994년 옐친이 체첸에서 폭력을 사용하기로 한 결정은 비극적이었다. 특히 1993년 12월 극단주의자들이 선거에서 승리한 이후의 상황에서는 더욱 그러했다. 이런 사건들이 결합되어 주변국들을 불안하게 만들었고 러시아가 비민주적 과거에서 벗어나 성공적인 변화를 이룰 가능성을 낮췄다. 더 나아가 체첸 분쟁은 1990년대 후반에 다시 불거지며 푸틴이 인기를 얻을 발판을 제공했다. 체첸 전쟁이 얼마나 파괴적인 실수였는지 고려할 때, 다른 형태의 NATO 확장에 대한 모스크바의 반응이 덜 자해적이었을지는 알 수 없었다. 그리고 마지막으로 가장 중요한 점은 중부 및 동부 유럽의 민주주의 국가들은 자신들이 최선이라고 판단한 선택을 할 도덕적·주권적 권리가 있었다. 그들은 가능한 한 빨리 NATO에 정회원으로 가입하는 것이 그들의 안보에 필요하다고 믿었다.

　그러나 장기적으로는 탈냉전 안보 질서에 러시아를 포함하는 걸 우선시하는 것이 두 강력한 핵보유국 간의 긴장을 완화할 수 있었고, 이는 결과적으로 유럽 전체의 긴장을 줄이며 양측이 갈등을 영구히 없애려는 목표에 더 가까워질 수 있었다는 점은 생각해볼 만하다. PfP 덕분에 한동안 그런 질서가 존재하기도 했다. PfP는 러시아에 적절한 입지를 제공하면서도 새로운 동맹국들이 NATO에 가입할 가능성을 유지할 수 있게 했다. 달리 말해 PfP는 워싱턴에게 러시아, 중부 및 동부 유럽, 발트 3국 및 우크라이나와 같은 구소련 공화국들 사이에서 너무 일찍 선택을 강요받는 것을 피할 수 있을 기회를 제공했다. 비록 러시아가 21세기에 들어서 다시 개인 통치와 공격적인 태도를 되찾게 되더라도 PfP는 새로운 위협에 대응해 NATO로의 완전한 확대를 추진할 수 있는 서방의 선택지를 열어두었을 것이다. 마지막으로 PfP는 중부 및 동부 유럽 국가들에게 NATO 가입만큼 매력적이지는 않았지만 PfP가 가진 포용적인 성격이 구소련 국가들에게는 NATO 확대가 제공하지 못한 가능성을 열어주었다는 점을 그들은 이해하고 있었다. PfP는 승리의 순간에는 관대함을 베풀라는 윈스턴 처칠의 조언을 반영하는 중요한 이점을 가지고 있었다.[12]

　제2차 세계 대전 후 처칠과 다른 전략가들이 옛 적국들 간의 갈등을 해소하는 데 성공한 것은 이런 원칙에 기반하고 있었으며, 또한 새로운 적에 맞서 공동 전선을 형성해야 할 필요성이 이를 도왔다. 만약 미국이 유럽 국가들을 자력으로 방어하도록 내버려 두었다면 1945년 이후의 세계는 지금과 매우 다른 모습을 보였을 것이다. 1990년대에 제2차 세계 대전 후와 유사한 외교적 노력이 이루어졌다면 또 다른 미래를 만들어 낼 수도 있었을 것이다. NATO는 점진적인 확장을 통해 그 외교를 포용하고, 핵 군축을 우선시하며, 러시아와 협력하는 방식으로 작용할 수 있었다. 미국의 전 모스크바 대사 마이클 맥폴이 옳게 지적했듯이 "러시아가 미국이나 서방과 대립 관계로 돌아가야만 했던 운명은 아니었다." 지금의 결과는 필연적인 것이 아니었다.[13]

여러 결과가 있을 수 있었지만 이런 포괄적인 틀은 미국, 유럽, 러시아가 중국에 대응하기 위해 협력할 기회를 만들어줄 수도 있었을 것이다. 이런 틀은 냉전 스타일의 대결을 다시 시작하는 대신 중화인민공화국의 도전에 맞설 만한 폭넓은 협력을 가능하게 했을 것이다. 클린턴은 이미 1997년 6월의 SNOG 회의에서 상원의원들에게 털어놓은 것처럼, 미국의 방위 전략을 아시아에 재집중할 필요를 느끼고 있었다. 그는 공격적인 NATO 확장이 유럽에서의 미국 군사 자원을 해방시켜 이러한 전환을 가능하게 할 것이라고 잘못된 판단을 했다.

당시 유력 인사들이 선택지가 줄어들고 있던 문제에 대해 보다 공개적으로 솔직히 밝혔더라면 도움이 되었을지도 모른다. 당시 상원의원이었던 조 바이든처럼 NATO의 강력한 지지자조차도 핵심 질문에 대한 답변이 부족하다고 느꼈다. 확대는 가능하지만, 전 소련 공화국과의 관계와 핵 군축에 어떤 비용을 치러야 할까? 그는 1997년 10월 30일 상원 청문회에서 전직 미국 소련 대사 잭 매틀록Jack Matlock에게 NATO 확장에 관해 이와 같은 질문을 던졌다. 이에 매틀록은 냉전이 끝났음에도 "미국 국민에게 가장 심각한 잠재적 안보 위협"은 여전히 "러시아 군사력의 대량살상무기"라고 답했다. 바이든은 이에 대해 "그 우려에 동의한다"고 답변했다. 매틀록은 1997년에 제안된 NATO의 확장이 그런 위협을 억제하는 데 도움이 되지 않으며 오히려 그 노력을 저해할 수 있다고 지적했다. 바이든은 이에 대해 "처음 예상보다 훨씬 강력하고 성공적이라고 평가받은 평화를 위한 동반자 관계를 지속하는 것이 더 나은 길이었을 수도 있다"고 결론지었다.[14]

PfP는 또한 가장 큰 비판 세력이었던 중부 및 동부 유럽 국가들에게 더욱 영속적인 민주화를 향한 도움을 줄 수 있었을지도 모른다. 연구자들은 나중에 이들 국가가 민간 및 군사 개혁을 완수하게 된 동기는 NATO 가입 자체가 아니라 가입을 위한 과정이었다고 밝혔다.[15] 미 의회 조사관들과 다른 관계자들은 일부 국가들이 강력한 민주 제도를 확립하기 전에 NATO에 가입하고 있다고 경고했다. 만약 PfP가 원래 계획대로 지속되었다면, 잠재적 동맹국들은 불만을 품으면서도 장기간 동안 동맹 자격을 얻기 위해 노력했을 것이고, 이는 후에 민주주의에 대한 공격에 더 강력하게 저항할 수 있게 해줬을 가능성이 높다.

NATO는 너무 빠르게 확장했던 반면 EU는 너무 느렸다. 동맹의 확장은 EU가 자체적인 확장을 미루고 신생 민주 국가들에게 NATO에 가입하라고 권장할 수 있게 했다. 이런 지연은 유럽 지도자들이 동유럽의 중요한 초기 민주화 단계에 제 역할을 다하지 못하게 만들었다. 또한 EU는 러시아의 회원국 가능성을 비공개적으로 배제하고, 오스트리아, 핀란드, 스웨덴으로의 확대를 우선시하기로 결정했다. 1989년의 역사적 사건 이후 10년 동안 EU에 동구권 국가들은 전혀 가입하지 못했고 이 3개국만이 가입했다.[16]

하지만 PfP가 없었다 하더라도 클린턴 행정부는 여전히 다른 선택지를 가지고 있었다. 클린턴 이전의 마지막 민주당 대통령인 지미 카터Jimmy Carter는 1978년 9월 4일 그에게 노벨평화상을 받게 해줄 캠프 데이비드 정상회담을 향해 출발하면서 이렇게 말했다. "타협은 필수적일 것이다. 타협 없이는 진전을 기대할 수 없다. 유연성이 우리 희망의 핵심이 될 것이다."[17] 클린턴이 NATO의 전면 보장을 통한 확장으로 전환했더라도 워싱턴은 여전히 러시아와의 관계를 더 잘 유지할 수 있는 다섯 가지 방법을 시도할 수 있었다.

첫째, 미국은 러시아가 NATO 확장을 반대하지 않겠다는 보장을 대가로 독일의 통일을 허용했다고 주장한 점을 진지하게 논의했어야 했다. 독일 외교관들이 지적하려 했던 것처럼 모스크바의 주장은 실질적으로 잘못되었지만 심리적 영향력은 있었다. 자국이 어떻게 대우받는지에 매우 민감한 나라에게 1990년대 중반 이 문제를 더 존중하는 방식으로 언급했더라면 적은 비용으로도 이득을 볼 수 있었을 것이다.[18]

둘째, 모스크바의 요청처럼 동맹의 이름을 바꾸되 다른 모든 사항은 그대로 두는 것이었다. 이는 제한된 비용으로도 이득을 가져왔을 수 있다. 대서양동맹은 이미 대서양 해안을 넘어, 전체 지중해를 그 바다의 한 지류로 정의하여 가능한 한 동쪽으로 해상력을 투사하는 것을 정당화해왔으며, 심지어 터키라는 흑해에 접한 동맹국을 얻기도 했다.[19]

셋째, 1999년 3월 새로운 동맹국들이 가입한 후, 즉시 다른 9개국과의 회담을 시작하는 대신 잠시 멈출 수도 있었다. 동맹국들은 당시 큰 논란이 일었던 코소보 전쟁에 연루되어 있었기 때문이다. 이 전쟁은 1999년에 시작되고 결국 2004년에 이루어진 "빅뱅" 확장 라운드와 결합되어 모스크바에서 큰 논란을 일으켰다. 라운드 사이에 잠시 멈추는 것이 잠재적 회원국들을 불안하게 만

결론

들었겠지만, 워싱턴은 이전에 다른 국가들의 불안을 관리해 왔으며 다시 그렇게 할 수 있었을 것이다.

넷째, 좀 더 추측적이긴 하지만 핀란드와 스웨덴 정치인들이 제기했던 우려를 더 넓게 논의해 볼 수 있었을 것이다. 이전에 논의되었던 북유럽 안보 협정에 발트 3국까지 포함한다는 논의를 다시 시작하거나 혹은 발트 3국과의 양자 조약을 체결할 수도 있었다.[20] NATO는 대신 이 지역에 대한 직접적인 책임을 지게 되었다. 하지만 지역 내 전략적 깊이를 창출하지는 못했다. 발트 3국이 NATO에 가입한지 10년이 넘은 2016년에도 RAND 연구소의 싱크탱크가 실시한 모의 워 게임에서는 러시아군이 발트 3국의 수도를 몇 시간 만에 점령할 수 있다는 결과가 나왔다. 분명히 이런 상황에서 모스크바에 맞서 싸울 다른 방법들이 존재했을 것이다. 다른 분석가는 NATO의 "목표는 발트 지역에서 고위험 전투를 러시아에게 계산할 수 없는 위험으로 만드는 것"이어야 한다고 말했으며 이는 주로 "공중 및 해상 자산을 통해 불확실성과 전략적 유연성을 유지하는 것"이라고 설명했다. 그러나 RAND 연구소가 내놓은 보고서의 요약은 단호했다. 발트 3국에 대한 공격은 NATO에게 "물론 모두 나쁜 매우 제한된 선택지"을 남길 것이다.[21]

마지막으로 NATO는 다양하고 실질적인 회원국들의 측면을 보다 넓은 제5조 우산 아래에서 허용하는 오랜 관행을 가지고 있었다. 약간 다른 조항을 가지고 있던 덴마크와 노르웨이, 프랑스, 스페인, 동독처럼 말이다. 이런 사례들이 새로운 동맹국을 덜 대립적인 방식으로 추가하는 선례가 될 수 있었을 것이다. 이런 다양한 협정을 통해 NATO는 이미 군대와 핵무기의 배치에 제한을 두는 것을 받아들인 바 있다. 물론 이런 제한이 워싱턴의 입장에서 이상적이지는 않았다. 하지만 이전에 이를 받아들였으면 이후에 다시 받아들일 수도 있었을 것이다. 예를 들어 중부 및 동부 유럽 국가들은 스칸디나비아 국가들과 같은 방식으로 대우받을 수 있었을 것이다. 소련 붕괴 이후 이들 국가들은 모두 공통된 특성을 공유했기 때문이다. 바로 러시아와 가까운 이웃이지만 러시아에 의해 통제되지 않는 위치에 있다는 점이다.

이런 실행 가능한 대안들 대신 클린턴 행정부는 1999년까지 동쪽으로 동맹을 확장할 수 있는 열린 길을 확보했다. 이를 위해 그들은 부시와 콜이 도달한 해결책을 모방했다. 모스크바를 매수하는 것이었다. 클린턴과 그의 참모들은 퇴임 이후 조지 H. W. 부시의 아들인 조지 W. 부시가 NATO의 열쇠를 쥐고 그 열린 길을 질주하는 모습을 걱정스럽게 지켜볼 수밖에 없었다. 그 외에도 조지 W. 부시는 2006년 라트비아에서 열린 NATO 정상회담에 참석했으며 (이는 구소련 영토였던 곳에서 열린 첫 번째 NATO 행사였다) 2008년 부쿠레슈티 회담에서는 조지아와 우크라이나의 가입을 강력히 추진했다.[22] 이 부쿠레슈티 정상회담은 2003년 부시의 이라크 침공과 2007년 미사일 방어 시스템(폴란드에 지상 배치형 요격미사일 10개, 체코에 레이더 시설을 설치하는 형태) 구축 결정이 소련 해체 후 구소련 공화국에서 일어난 "색깔 혁명" 시기와 맞물려 발생하면서 푸틴에게 결정적인 분수령이 되었다.[23]

    NATO는 동맹국들이 기존의 군사적 분쟁을 해결하기 위해 NATO에 가입하는 것은 반대하고 있었다. 그래서 푸틴은 기존 갈등을 폭력적인 방식으로 확대하기로 결정했다. 2008년에는 조지아에서, 2014년에는 우크라이나에서 말이다.[24] 탈냉전 시대에는 이런 무력 충돌이 영원히 사라질 것이라는 희망이 있었다.[25] 그러나 모스크바의 행동은 그 시대가 끝났음을 알리는 신호였다. 푸틴은 또한 러시아의 재래식 군사 예산을 확장하고, 새로운 미사일 방어 및 우주 능력을 개발하며, 러시아의 비축 핵무기를 현대화하기 시작했다.[26] 이에 대응하여 NATO의 지도자들은 NATO-러시아 협의를 중단했을 뿐만 아니라 "NATO와 러시아 간의 모든 실질적인 협력을 중단"했다.[27] 오늘날의 상황을 냉전 이후 질서를 재편성하는 과정에서 가능했던 다른 결과들과 비교하면, 현재 상황이 더 나은 대안들에 비해 얼마나 부족한지 이해할 수 있다. 러시아 전문가인 스티븐 세스타노비치가 1993년 〈뉴욕 타임스〉에 쓴 기고문에서 예리하게 언급했듯이 "러시아와의 협력을 위한 많은 대안들"에 대해 진지하게 의문을 제기할 수 있지만 "이 의문들은 러시아 민주주의가 실패한 후 우리가 느끼게 될 좌절과 무력감에 비하면 아무것도 아니다."[28]

확장 과정의 비용은 무엇이었고 그것이 냉전과 코로나 사이 시대를 형성하는 데 어떤 영향을 미쳤는가? 정말 조지 케넌이 옳았는가? 지금 과거를 되돌아보았을 때 확장은 나쁜 아이디어였는가?

    이 마지막 질문에 대한 진지한 답변은 또 다른 질문을 필요로 한다. 과연 누구에게 나쁜 것이었는가? NATO 가입을 강력히 추진한 중부 및 동부 유럽 국가들은 자신들의 동맹을 선택할 권리가 있었다. 그들은 NATO에 정회원으로 가입하자마자 제5조에 의해 보호받을 수 있게 되어 기뻤다. 그러나 우크라이나는 난처한 상황에 처했고 일부 다른 구소련 공화국들도 마찬가지였다. 더군다나 냉전 이후 유럽에서 가장 중요한 도전 과제는 러시아를 통합하는 것이었다. 이 모든 압력을 균형 있게 처리하는 것은 워싱턴에게 벅찬 일이었다. 워싱턴은 이 문제를 너무 빨리 결정하지 말았어야 했다.

하지만 보통 "NATO 확장이 나쁜 것이었는가?"라는 질문은 다른 의미를 갖는다. "미국에게 나쁜 것이었는가?" 이를 답하기 위해서는 미국의 비용과 이익을 따져보아야 한다.

부시와 클린턴 모두 손익 계산을 어떻게 해야 할지 알고 있었다. 이 계산을 통해 부시는 동독을 NATO에 추가한 후 소련이 붕괴되고 있다는 것을 목격하자마자 확장을 멈췄다. 그리고 클린턴은 처음에는 확장을 위해 PfP라는 접근 방식을 취하며 모스크바와의 냉전 이후 협력 정신을 유지하려고 했다. 클린턴이 일관되게 강조했듯이 중요한 문제는 "새로운 동맹을 받는 것이 아니라 언제, 어떻게" 하는 것이었다.[29] 그는 확장의 이점을 보긴 했지만 부시처럼 모스크바에 미칠 영향을 걱정하며 적당한 타협을 추구했다.

하지만 그 결과를 충분히 고려하지 않고 계속 진행하려는 유혹은 결국 저항할 수 없었다. 무제한 확장을 주장하는 세력들은 대통령의 발언에서 "그리고 어떻게"를 생략하여 강력한 슬로건을 만들 수 있다는 사실을 교묘하게 깨달았다. NATO 확장에 관한 질문은 "언제일까"가 아니라 "어떤 방법일까"라는 것이었다. 그러나 수사학적으로 효과적인 것이 현실에서는 효과적이지 않았다. 확장이 좋은 아이디어였는지의 여부는 확장이 이루어진 방법과 따로 떼어 생각할 수 없다. 그 비용 때문에 워싱턴이 궁극적으로 확장을 실행한 방식은 미국의 이익을 장기적으로 더 잘 발전시키지 못했다.

확장이 좋은 아이디어였는지 확인하는 또 다른 방법은 그것이 다른 국가들에 미친 비용을 살펴보는 것이다. NATO가 확장된 이후 러시아는 새로운 냉전 이후 동맹국들을 침략하지 않았다. 상관관계는 인과관계가 아니지만 NATO 회원 자격이 그 결과와 무관했다고 상상하기는 어렵다. 그러나 동맹국들은 대규모 물리적 공격을 피했지만 사이버 침투와 같은 러시아의 다른 형태의 공격을 경험했다. 러시아는 의미는 있지만 측정하기 어려운 방식으로 유럽의 냉전 이후 안정을 약화시켰다. 그들은 중부 및 동부 유럽에서 민주주의 관행과 규범의 침식을 촉진하기 위해 다양한 수단을 사용했다. NATO 회원 자격은 이런 후퇴를 막지 못했다.[30] 예를 들어 1989년 연설로 유명해진 헝가리 운동가 빅토르 오르반은 NATO에 속해 있음에도 불구하고 자국의 민주화를 대부분 과거로 되돌렸다. 헝가리는 EU 회원국으로는 최초로 비민주적 독재 국가로 분류됐다. 폴란드와 다른 국가들도 마찬가지로 상대적으로 새로운 민주적 법과 규범을 많은 부분에서 무력화시켰다.[31]

게다가 NATO는 제5조 보장을 실행해야 할 위험에 처한 지역들에 그 보장을 제공해왔다. 이를 위해 미국 탱크들은 유럽에 다시 나타났고 이는 대립의 감각을 증가시켰다. 냉전의 종결로 NATO의 본질적인 기능이 의문시되었을 때 NATO는 다시 그 필요성 속으로 확장했다고 보는 냉소적인 시각이 있을 수 있다. 그러나 더 세밀한 관점은 동맹이 현재와 같이 확장할 필요는 없었고 구소련 내에서 확장할 필요도 없었다는 것이다. 하지만 정말 그렇게 하고 싶었다면 모스크바의 생각을 더 주의 깊게 고려했어야 한다. 역사학자 오드 아르네 베스타Odd Arne Westad는 2017년에 "서방은 냉전 이후 러시아를 지금보다 더 잘 다뤄야 했다는 것이 분명하다"고 썼다. "러시아는 그 크기만으로도 어떤 국제 시스템에서도 중요한 국가로 남아 있을 것"이기 때문이다. 옐친이 1996년 탤벗에게 말한 대로 "러시아는 다시 일어설 것이다."[32]

서방은 오늘날에도 상당한 비용을 치르고 있다. 2016년 푸틴은 소련 붕괴 25주년을 맞아 미국 선거에 대한 사이버 공격을 수행하여 도널드 트럼프Donald Trump 후보를 지지했다. 그는 대서양동맹에 별로 가치를 두지 않았다. 러시아의 군사정보국(GRU) 요원들은 민주당 전국위원회(DNC), 민주당 의회 선거위원회(DCCC), 그리고 힐러리 클린턴 선거운동 사무실의 문서들을 훔친 후, 그것들이 위키리크스와 가짜 온라인 신원을 통해 널리 배포되도록 했다.33 모든 유럽의 안보가 궁극적인 NATO 제5조의 보장자인 워싱턴을 중심으로 남아 있다는 점은 트럼프가 승리한 후 예상치 못한 방식으로 문제가 되었다. 트럼프는 NATO의 부담이 그 비용만큼 가치가 없다고 주장하며 미국의 철수를 주장했다. 그는 미국 안보에 대한 시대착오적인 관점을 되살렸다. 미국은 교량을 걷어 올리고 가능한 한 많은 벽을 세워야 한다는 것이다. 트럼프의 위협이 유럽에 미칠 결과는 이렇다. 동맹이 중요한 보조 군사 조직이나 지역 연합체를 만들지 않은 채로 확장한 방식은 유럽 안보가 여전히 워싱턴을 중심으로 이루어진다는 것을 의미한다. 미국의 철수는 유럽에서 거대한 안보 공백을 만들어낼 것이다.34

이런 걱정스러운 사건들은 마지막 질문으로 이어진다. 이런 사건들에 대한 이해가 더 나은 미래를 만드는 노력에 어떻게 도움이 될 수 있는가?

그 답은 세 가지 원칙에 있다. 첫 번째 원칙은 필요를 미덕으로 삼아야 한다는 것이다. 서방과 러시아 간의 대립이 다시 한 번 주요 이슈로 부상했다. 이 진술은 슬픔을 불러일으킬 수밖에 없다. 냉전의 측면을 되살리는 것은 축하할 일이 아니다. 하지만 모스크바와의 재개된 경쟁에 대응해야 할 필요성은 미국 내 분열을 극복하는 데 기여할 수 있는 통합적인 사명을 제공한다. 분열적인 트럼프 시대 동안 민주당과 공화당은 거의 아무것도 합의하지 않았지만, 적어도 일부 공화당 진영은 트럼프의 푸틴과의 밀착을 편안하게 여기지 않았다. 트럼프를 강력히 지지하던 미치 매코널 Mitch McConnell 공화당 원내대표조차 푸틴에 대한 대통령의 대처를 비판하지 않자 "모스크바 미치"라고 불리게 된 것에 불쾌감을 느꼈다. 모스크바와의 대처에서 공동의 임무 의식은 드물게나마 국내 합의를 이끌어내는 길을 제시하며 그 길은 NATO로 이어진다.

대서양동맹은 유럽에 대한 깊은 미국의 참여를 표현하는 기관으로서 이 임무를 수행하기에 여전히 최선의 기관이다.[35] 미국과 러시아 간의 관계에서의 경계가 대체로 사라졌는데, 그 이유 중 하나는 아들 부시, 트럼프, 푸틴이 냉전 시대의 거의 모든 군비통제 협정을 폐기했기 때문이다. NATO가 사라지면 그 결과는 파괴적일 것이다.[36] 동맹의 확장으로 입은 손실을 회복할 수는 없으므로 가장 좋은 방법은 현 상태에서 최선을 다하는 것이다. 러시아가 초래하는 위험과 오늘날의 강렬한 대서양 관계의 긴장을 고려할 때 과거를 되돌리려는 시도로 그것들을 더 이상 추가하는 것은 이치에 맞지 않는다. 집이 불타고 있을 때, 불이 시작되기 전에는 필요했던 집 수리를 시작하는 것은 바람직하지 않다. 초점은 불을 끄고 건물을 살리는 데 맞춰져야 한다.[37]

두 번째 원칙은 위기를 낭비해서는 안 된다는 것이다. 워싱턴은 러시아의 도전에 대응하기 위해 대서양 협력을 적극적이고 부끄러움 없이 우선시해야 한다. 여기서 제시된 이야기는 냉전 이후 러시아와의 협력 기회가 놓친 사실들을 밝혀주었다. 워싱턴은 또 다른 손실을 피하도록 노력해야 한다. 즉, 제2차 세계 대전 후 큰 노력 끝에 겨우 성취된 대서양 협력을 잃지 않도록 해야 한다. 특히 프랑스와 독일이 유럽의 주요 권력 중심으로서 중요한 역할을 한 것처럼 말이다. 매들린 올브라이트는 한때 미국을 "필수불가결한 국가"라고 칭했는데, 프랑스와 독일은 그 "필수불가결한 파트너"이다. 이는 브렉시트Brexit를 겪은 이후 더더욱 그렇다. 상식적으로 볼 때 어떤 갈등이든지 간에 지혜로운 전사는 이유 없이, 오래, 혹은 혼자 싸워서는 안 된다고 판단한다. 워싱턴이 모스크바와 새로운 형태의 갈등에 직면해야 한다면 새롭고 강화된 대서양 협력을 추구해야 한다. 냉전 동안 주요 도전 과제에 대응해야 할 공동의 필요가 사람들의 마음을 집중시켰고 차이를 극복하게 했다. 이상적으로는 같은 역동성이 다시 적용되어야 하며 이는 중국을 상대로도 이점이 있을 것이다.

또 다른 대서양동맹의 집중이 필요한 문제는 우크라이나이다. 유럽의 문 앞에 있는 이 큰 나라는 유럽의 안정성에 중요한 역할을 한다. 우크라이나를 1990년대에 NATO 회원국으로 받아들일 기회를 놓친 결과는 여전히 유럽에 남아 있다. 단순히 우크라이나를 뒤늦게 NATO에 가입시키는 것은 현재의 긴장을 악화시킬 뿐이지만 서방은 이를 무시할 수 없다. 우크라이나와 러시아와의 갈등은 사라지지 않을 것이지만, 서방의 노력은 폭력적인 수단보다는 정치적인 수단을 통해 불화를 해결하려는 데 집중해야 하며, 이는 즉각적인 갈등에서 장기적인 협상에 의한 차이 해결로 나아가기 위해서다. 이런 접근은 서방과 러시아 간의 관계에도 적용될 수 있다. 역사학자 애덤 투즈가 중국에 대해 던진 질문도 여기에 관련이 있다. "우리는 얼마나 빨리 데탕트, 즉 우리와 근본적으로 다른 정권과의 장기적인 공존으로 나아갈 수 있을까?"[38] 다행히도 서방은 데탕트를 이룬 역사적 경험을 가지고 있다.[39]

그것은 세 번째 원칙으로 이어진다. 역사에 대한 이해는 우리가 미래를 예측하는 데는 도움이 되지 않더라도 적어도 미래를 준비하는 데는 분명히 도움이 된다. 2020년 정치적 혼란 속에서 발생한 팬데믹의 시작은 전례 없는 일처럼 느껴졌을지 모르지만 사실은 그렇지도 않았다. 그 선행 사건들의 흐름은 고대 세계까지 거슬러 올라가며 이런 도전 과제를 처리하기 위한 통찰은 역사적 및 문학적 자료에 들어 있다. 소포클레스의 《오이디푸스 왕》에서 여왕 조카스타는 전염병과 갈등의 시기에 다음과 같은 말을 한다. "이성적인 사람은 새로운 시대를 과거를 통해 판단해야 한다." 이 연극의 비극은 물론 여왕이 자신이 말한 것이 예상보다 더 정확했음을 알게 되는 부분이었다. 그녀와 오이디푸스의 운명은 그들이 서로가 어머니와 오랫동안 잃어버린 아들인 것도 모르고 결혼했고 그가 의도치 않게 아버지를 죽였다는 사실을 드러냈다. 이전의 사건에 대한 무지와 자신의 행동의 중요성에 대한 무지가 끔찍한 결과를 초래할 수 있다는 것이다.

반면 과거에 관한 지식은 깊이 있는 힘을 준다. 이 진리를 이해한 두 명의 현대 지도자는 프랑스의 프랑수아 미테랑 대통령과 독일의 헬무트 콜 총리였다. 1995년 독일 외무부 직원들은 유럽과 구소련 국가들의 1994년 기준 제도적 소속을 보여주는 지도를 발행했다. 오늘날에도 그것은 놀라운 문서이다. 이 책에 수록된 복사본에서 볼 수 있듯이 그 지도에는 중간에 뚜렷한 정치적 경계선이 없었다. 다양한 국제기구들이 겹쳐지는 영역들 사이에서 거의 모든 국가들이 어딘가에 소속되어 자리를 잡았다. 예를 들어 키르기스스탄과 우즈베키스탄 같은 곳도 NATO의 완전한 회원국은 아니더라도 파트너 국가가 되었고 그로 인해 예기치 않은 이점을 얻었다. 그들이 PfP에 가입한 후 NATO 훈련을 진행하기 위해 미국 의회는 그들의 공항을 개조하는 자금을 승인하여 NATO 항공기가 공항을 사용할 수 있게 했다. 그 후 미국의 항공기가 9·11 테러 이후 특수부대를 배치하기 위해 그 개조된 공군 기지를 사용하며 PfP가 예기치 않게 군사적·정치적 이점을 제공했음을 보여줬

다.⁴⁰

1995년 독일 외무부가 펴낸 지도는 수십 년 간의 냉전과 열전을 겪은 대륙에서 냉전 후 협력적 정신이 얼마나 널리 퍼졌는지를 보여주는 스냅 사진이었다.⁴¹ 같은 해 암 투병 중이었던 79세의 미테랑은 콜과의 마지막 대화 중 그들이 공유한 대륙의 놀라운 평화와 성공에 대해 회고했다. 그들의 국가를 분열시킨 잔혹한 전쟁이 있은 지 50년 만에 프랑스와 독일은 과거의 적들 간의 갈등을 없애고 파트너가 되는 지속 가능한 방법을 찾았다. 미테랑은 그 수십 년간의 경험에서 하나의 중요한 교훈을 얻었다. "우리가 협력 외에 다른 길이 없다는 것을 이해할 수 없다면, 유럽인들은 지난 50년간의 은혜와 선물에 대한 자격이 없다."⁴²

베를린 장벽의 붕괴는 새로운 은혜와 선물의 시기를 예고했다. 마침내 서유럽을 넘어 민주주의와 자유가 확산되었다. 하지만 벨라루스 작가이자 노벨문학상 수상자인 스베틀라나 알렉시예비치가 지적한 대로 우리는 1990년대에 그 선물을 온전히 받을 기회를 놓쳤다.⁴³ 그녀는 낙관적인 시기를 지나 세계가 다시 새로운 시대를 기다리는 상황으로 전락한 것을 안타까워했다.

우리는 단지 그 시대를 기다리는 것에 그치지 않고, 그런 시대를 다시 만들어 내기 위해 최선을 다해야 한다. 그 은혜의 온전한 가치를 다시 추구하기 위해서.

감사의 말

이 책은 냉전 이후 대서양 세계의 형성을 다룬 느슨한 삼부작 중 세 번째에 해당합니다. 하지만 처음 집필을 시작할 때는 삼부작을 쓰고 있다는 것을 인식하지 못했습니다. 그리고 세 권 모두 독립적으로 읽을 수 있습니다. 그러나 연구 과정에서 나는 최소한 세 가지 구체적인 질문에 답하고 싶다는 것을 깨달았습니다. 베를린 장벽은 어떻게, 왜 무너졌는가? 독일은 어떻게, 왜 통일되었는가? 나토는 어떻게, 왜 확장되었으며, 그 확장이 과거 냉전 분열을 넘어 새롭게 형성된 협력 관계에 어떤 영향을 미쳤는가? 이런 3개의 사건을 전체적으로 아우르는 근본적인 질문도 있었습니다. 이 사건들이 오늘날의 세계에 남긴 유산은 무엇인가? 내 책 《붕괴The Collapse》와 《1989》는 첫 번째와 두 번째 사건을 다루었고, 이 책은 세 번째 사건을 다루고 있습니다.

    냉전 이후의 낙관적인 순간이 지나감에 따라 이러한 질문들은 제게 그 어느 때보다도 더 강렬하게 다가왔습니다. 1989년의 사건들과 그로 인한 즉각적인 결과들은 그 시기가 많은 일이 평화롭고 빠르게 진행된 드문 시기였음을 드러냈습니다. 역사상 이런 기회는 자주 주어지지 않습니다. 냉전 이후의 그 순간이 어떻게 발생했는지, 그 희망과 낙관이 어떻게 되었는지를 이해하는 것은 시간이 지날수록 점점 더 중요해진다고 생각합니다. 독자들도 이에 동의해 주시길 바랍니다.

이전 두 권에서 감사의 마음을 전했던 사람들과 기관들에 대한 감사는 여전히 변함이 없지만, 이번 책을 집필하는 과정에서 새로운 많은 빚을 지게 되었습니다. 이 프로젝트의 다양한 단계에서 지속적인 기관 지원을 제공해준 곳으로는 알파벳 순서대로 하버드 대학교 유럽연구센터, 프린스턴 고등연구소, 존스 홉킨스 국제관계 대학원, 그리고 서던캘리포니아 대학교 역사학과와 국제관계학부가 있습니다. 이 모든 기관과 대학교에 감사드립니다. 특히 존스 홉킨스에서 나의 교수직을 후원해주신 후원자 헨리와 마리 조시 크라비스에게 깊은 감사를 드립니다.

추가적인 자금 지원과 후원은 독일 마셜재단의 대서양 아카데미Transatlantic Academy of the German Marshall Fund에서 받았습니다. 전임 디렉터인 스티븐 사보와 테드 라이너트에게 감사의 마음을 전합니다. 동료 펠로우인 스테판 프릴리히, 해롤드 제임스, 마이클 키마지, 한스 쿤드나니, 야샤 뭉크, 하이디 투렉, 그리고 고인이 되어 그리운 웨이드 자코비로부터 많은 것을 배웠습니다.

여러 국가의 기록 관리자와 기밀 해제 전문가들은 내가 수천 건의 문서 요청을 제출하고 그 자료들을 공개하는 데 높은 성공률을 거둘 수 있도록 도와주었습니다. 미국에서는 조지 H. W. 부시와 윌리엄 J. 클린턴 대통령 도서관 직원, 국무부, 국방부, 그리고 합동안보비밀분류재심위원회Interagency Security Classification Appeals Panel, ISCAP에 감사드립니다. 그 외 개인으로는 캘리 헨드렌과 케리 루이스, 롭 시버트, 메러디스 와그너, 그리고 반 즈빈든이 있습니다. 제임스 그레이엄 윌슨은 일부 관련 출판물을 아낌없이 전달해주었고, 켄 와이즈브로는 귀한 문서들의 사본을 보내주었습니다. 또한 론 애스무스의 미망인 바바라 윌킨스가 돌아가신 남편의 소장

품에서 기밀이 해제된 정부 문서를 볼 수 있게 해준 것에 대해 진심으로 감사드립니다. 언제나 그렇듯 국가안보기록보관소National Security Archive는 놀라울 정도로 귀중한 자원입니다. 수년간의 지원, 문서 및 대화에 대해 톰 블랜턴과 스베틀라나 사브란스카야에게 깊은 감사를 드립니다.

러시아 내 기관으로는 고르바초프 재단과 기념재단Memorial Foundation 직원들에게 감사드립니다. 벨기에서는 NATO 본부 기록보관소에서 근무하는 이네크 데스노와 니콜라스 응우엔 니콜라스 로슈의 전문적인 도움을 받았습니다. 또한 벨기에와 체코에서는 체코의 NATO 회원 자격에 대해 잘 알고 있는 피트르 루낵과 비트 스메타나에게 감사드립니다.

독일에서는 이전 책에서 감사의 말을 전한 여러 사람 중에서도 특히 독일 외무부 기록을 탐색하는 데 도움을 준 팀 가이거와 마이클 메이어에게 감사합니다(또한 팀은 지도에 대해서도 많은 도움을 주었습니다). 폴란드에서는 위키토르 바비스키, 루카시 크램키, 그리고 푼닥자 인스티튜트 레차 웰레시가 팬데믹 기간 동안 레흐 바웬사 대통령을 원격으로 인터뷰할 수 있도록 도와준 데 감사합니다. 그리고 전 세계에서 인터뷰를 허락해주신 모든 분들에게 감사드립니다. 그들의 발언은 모두 참고 문헌에 기록되어 있으며 깊은 감사를 표합니다. 물론 그들 중 어느 누구도 이 책에 쓰인 견해에 대해서는 책임을 지지 않으며 이는 전적으로 나의 개인적인 견해입니다.

칼텍(캘리포니아 공과대학 인문사회과학부)에서의 안식년은 많은 저술을 가능하게 했습니다. 캘리포니아에서 보낸 시간은 내 사고를 넓히는 데 많은 도움이 되었습니다. 특히 맥스 델브뤼크의 진화적 인식론에 관한 에세이《Mind from Matter》를 접했을 때 더욱 그러했습니다. 제 서문의 틀을 제공한 이 에세이는 델브뤼크가 칼텍에서 했던 강의에서 비롯되었으며 이제 이 주제에 관한 제 강연에도 기여하게 될 것입니다. 수십 년 동안 여러 학문 분야에 걸쳐 이러한 대화를 가능하게 해준 칼텍에 감사드립니다. 방문을 도와준 제드 부흐왈드와 다이애나 코모스 부흐왈드, 러시아에 대한 많은 통찰력 있는 대화를 나눈 트레이시 데니슨, 초안 일부를 읽어준 제니퍼 자너, 필자의 작업에 대한 니콜라스 웨이 고메즈의 열정, 사무실을 아낌없이 사용할 수 있게 해준 신디 웨인스타인, 그리고 환대해준 데이비드와 제인 티렐에게 감사드립니다. 직원 라우엘 아우참파우와 세실리아 루, 프란 티세, 존 웨드, 돈나 우블레스키와 칼텍 도서관 문서 제공 및 대출 담당 직원들, 그리고 가장 희귀한 참고문헌을 찾아내는 데 결코 주저하지 않았던 댄 안구카, 벤 페레즈, 비앙카 리오스에게 특별한 감사를 드립니다.

연구의 중요한 순간에 러시아와 독일로 초대해 준 기관으로는 베를린장벽 재단Berlin Wall Foundation, 빌리 브란트 재단Willy Brandt Foundation, 쾨르버 재단the Körber Foundation, 모스크바 주재 미국 대사관이 있습니다. 이 모든 기관의 개인들과 특히 가브리엘레 우이델코와 많은 통찰력 있는 대화를 나눔으로써 연구를 진행하는 데 도움을 받을 수 있었습니다. 또한 한나 베르그만과 마리아 리보바, 브루스 맥클린톡, 토마스 폴센, 베른트 로더, 펠리시타스 폰 로에게 감사드립니다.

책이 출판을 향해 접어들면서 와일리에이전시의 한나 타운센트, 엠마 스미스와 함께 제 대리인 앤드류 와일리의 현명한 조언을 받을 수 있었습니다. 더 현명한 조언은 그레이엄 앨리슨과 앤더스 슬룬드, 마이클 만델바움, 조 나이, 빌 울포트로부터 나왔습니다. 그들은 모두 친절하게도 자기 일을 제쳐두고 따로 시간을 할애해 제 원고를 살펴보고 의견을 주었습니다.

결정적인 시점에 팬데믹이 내 사무실을 공격했을 때 홉킨스의 동료 크리스 크로스비는 자신의 건강을 위험에 빠뜨리면서도 필요한 자료를 얻을 수 있도록 도움을 주었습니다. 크리스를 만난 모든 사람들은 그의 전문성과 헌신에 대해 잘 알고 있으며 그의 도움을 받을 수 있어서 정말 다행이라고 생각합니다. 디앤 버나베이와 메간 오펠, 나다니엘 윙은 팬데믹에도 불구하고 진정으로 뛰어난 사서인 스테펜 시어스와 마찬가지로 필요한 모든 방식으로 기꺼이 도움을 주었습니다. 트래비스 자하노와 A. 브래들리 포터는 훌륭한 교육 지원을 통해 필자의 수업이 진행되는 동안에도 이 작업을 계속 진행할 수 있도록 도움을 주었습니다. 또한 존스 홉킨스의 많은 동료 교수들에게 감사드리고 싶지만, 이 지면에서 모두에게 개별적으로 감사 인사를 드리는 것은 불가능하므로 공동의 감사를 받아주시기를 바랍니다.

팬데믹 기간 동안 세르게이 라드첸코는 전 세계 역사학자들을 위한 줌 세미나를 개최했으며, 이 세미나는 온라인 회의의 필요성을 즐거움으로 바꾸었습니다. 세미나와 내 책 초안에 관한 통찰력 있는 논평, 두 문서의 확보와 전 러시아 외무장관과의 인터뷰에 도움을 준 그에게 감사드립니다. '세르게이 세미나'의 또 다른 참가자였던 우나 베르그마네는 발트해 연안에 관한 문헌에 대한 유용한 제안과 온라인에서 에스토니아 문서를 찾는 방법에 대한 정보를 알려 주었습니다. 또 다른 참가자인 블라드 주복은 소련 붕괴에 관한 훌륭한 책을 저술하고 있었음에도 자신의 지혜와 견해를 공유하기 위해 아낌없이 시간을 내 주었습니다.

글을 쓰는 내내 하버드 유럽연구센터Center for European Studies at Harvard의 교수진과 직원들은 말할 수 없는 우정과 지원을 보여주었습니다. 그제고르츠 에키에르트와 바실리스 쿠티파리스, 로라 팔룬, 엘리자베스 존슨, 길라 나데리, 안나 포피엘, 그리고 무엇보다도 일레인 파풀리아스에게 감사드립니다. 하버드 대학교, 서던 캘리포니아 대학교의 제자들과 연구 조교였던 데니스 페딘과 제이콥 록신은 나이를 뛰어넘는 현명함을 보여주었습니다. 우리의 미래는 밝습니다. 예일대학출판부에서 원고를 입수한 이후 나는 편집자 빌 프루히트로부터 귀중한 조언을 받았습니다. 그는 특유의 유머와 관용적 태도로 책의 본문과 논리를 크게 개선해주었습니다. 빌 넬슨은 지도를 잘 그려주어 이 책의 수준을 한층 높여주었고, 매튜 화이트가 색인을 제공했습니다. 카렌 올슨과 메리 패스티 덕분에 모든 것을 순조롭게 진행할 수 있었습니다. 수잔 에클룬드와 낸시 버맥, 그리고 존 도너휴는 무엇보다도 편집과 교정 및 출판을 훌륭하게 수행했습니다. 나의 예전 조교인 콜린 앤더슨은 다른 일을 하는 와중에 기꺼이 시간을 내어 전체 편집본을 읽고, 거의 모든 페이지마다 통찰력 있는 논평을 제공해 주었습니다. 또한 이 책의 주요 주제에 대해 강의하도록 2022년 헨리 스팀슨 강의 시리즈Henry Stimson Lectures에 초대해 준 예일대학 맥밀런센터MacMillan Center의 헨리 R. 루스 소장인 스티븐 윌킨슨 교수에게도 깊은 감사를 드립니다.

　여느 때와 마찬가지로 나는 친구와 가족, 특히 컴퓨터 앞에서 나의 끊임없는 동반자였던 고양이 주노와 토비에게 빚을 지고 있습니다. 그들은 내 무릎에 앉아 많은 시간을 보냈는데 아마도 그들의 관점에서 보면 내가 책상을 스탠딩 책상으로 바꾼 것이 매우 고통스러운 결정이었을 것입니다. 대서양 건너 유럽에 있는 내 친구들 중에서 특히 피터 브링크만과 하쉬에테투 가족, 한스-헤르만 허틀과 힐데 크롤, 루스 키르치너와 안드레아스 호프바우어,

악셀 클라우스마이어, 토마스 클라인-브로크호프, 크리스티안 라스코브, 도로테아, 에른스트-게오르크 리히터, 시기 셰프케, 그리고 폰 함머스타인 가족에게 감사드립니다. 미국에서는 올루와세건과 디데어티아, 시모네 아베군린, 아루시악 발타이안, 닐 블라트, 빌 카메론, 마이클 거베이, 섀넌, 찰리, 엘라 헨슬리, 제인 레오폴드, 제니퍼와 마이클 린, 엘리너 메이너드, 조안, 타냐 오우스터리스, 알버트 사움얀, 테레사 시부야, 제니퍼 시겔, 라이, 아이린 실바, 레슬리, 웨스, 안니카, 아니이라 탐파리, 테레사 윌시, 그리고 데보라 윙켈만에게 감사드립니다. 책 전체를 읽어준 잔 오타카 피셔와 존 로간 니콜스에 감사의 말을 전하며, 특히 매의 눈으로 지도를 교정한 잔에게도 감사드립니다. 특히 수년간 관대한 환대와 우정을 보여주고 좋은 와인과 함께 해준 샬롯과 데이비드, 닉 애커트에게 감사드립니다. 나의 친척 테리와 도나 크랜달, 다이앤 리콜라 수라티, 마이클 리콜라, 재커리 리콜랏 수라티, 토니 서로티, 마크 플린은 멀리서도 사랑과 지원을 아끼지 않았습니다. 카르멘 서로티는 가족의 의무를 넘어, 이 책의 초안을 처음부터 끝까지 읽어주었습니다. 원고의 일부 또는 전체를 편집해준 데 대해 프레드릭 보조와 캐시 콘리, 존 루이스 가디스, 크리스 D. 밀러, 노르만 나이막, 세르히 플록키, 안드리스 로더, 그리고 로버트 졸릭에게 큰 빚을 지고 있습니다. 항상 내 의견에 동의했던 것은 아니지만 내 글을 보다 힘 있게 만들어주었습니다. 그들의 집단적 지혜는 그들의 관대한 정신만큼이나 놀랍습니다.

    진정한 신사이신 대부 알버트 미니쿠치가 이 책의 출판을 축하하기 위해 더 이상 우리와 함께 할 수 없다는 사실에 깊은 슬픔을 느낍니다. 대모 다이앤 미니쿠치와 동생 스티브 서로티, 그리고 그리운 부모님 프랭크와 게일 서로티는 우리 마음속에 살아있으며 서로 더욱 소중하게 여깁니다.

　이 책을 대서양 건너편에 있는 나의 가족, 마크와 실비아, 팀 조니 셰플러, 그리고 클라우스-디터, 돌아가신 리타 울프에게 헌정합니다. 그들 때문에 대서양 관계는 추상적인 개념이 아니라 개인적으로 중요한 문제가 되었습니다. 거의 40년 전 교환학생 에이전시가 우리를 불러모은 순간부터 그들은 세상으로 나아가는 관문이었습니다. 전쟁과 증오로 상처를 입은 어린 시절에도 불구하고 새로운 유대와 더 나은 미래를 만들기 위해 국경을 초월한 협력과 사랑의 힘을 믿었던 사랑하는 리타를 기억하며, 이 책을 그들에게 바칩니다.

　마지막으로 언제나처럼 마크에게 무한한 빚을 졌습니다. "그들은 놀랍게도 사랑과 친근함, 그리고 열정으로 가득 차 있다."(플라톤의 《향연饗宴, Συμπόσιον》에 나오는 구절)

주

서문

1. 1990년 2월 10일 콜에게 보낸 편지에서 베이커는 1990년 2월 9일 자신이 고르바초프에게 했던 말을 되풀이했다. "당신은 NATO 체제 밖에서 독립적인 통일 독일을 원하는가, 아니면 NATO의 관할권이 현 위치에서 절대 동쪽으로 1인치도 이동하지 않을 것을 보장받는 대신 통일 독일이 NATO 체제에 묶이는 것을 감내하겠는가?"; DESE 794; Weiner, Folly and the Glory, 170-171.
2. 마지막 개념에 대한 자세한 내용은 다음을 참고하라. Andrew Bell-Fialkoff, "A Brief History of Ethnic Cleansing," Foreign Affairs, Summer 1993, https://www.foreignaffairs.com/articles/1993-06-01/brief-history-ethnic-cleansing.
3. 국방부 장관은 빌 페리였다. 논평의 맥락은 5장을 참고하라. 러시아가 보유한 잠재적 선택권의 상실과 관련해서는 다음을 참고하라. Haslam, "Russia's Seat," 130. 1990년대를 서술하기 위한 또 다른 전선의 통찰력 있는 예로써, 신자유주의의 확산에 대해서는 다음을 참고하라. Ther, Europe.
4. NATO 헌장의 전문은 NATO 웹사이트에서 확인할 수 있다. https://www.nato.int/cps/en/natolive/official_texts_17120.htm. NATO 동맹에 의해 커버되는 인구의 숫자는 "브뤼셀 정상회담 공동성명(2021.06.14.)"을 근거로 삼았다. https://www.nato.int/cps/en/natohq/news_185000.htm. 또한, 다음을 참고하라. Hal Brands, "If NATO Expansion Was a Mistake, Why Hasn't Putin Invaded?," Bloomberg Opinion, May 14, 2019, https://www.bloomberg.com/opinion/articles/2019-05-14/nato-expansion-if-it-was- a-mistake-why-hasn-t-putin-invaded; Nicholas Burns and Douglas Lute, "NATO at Seventy: An Alliance in Crisis," Belfer Center for Science and International Affairs, February 2019, https://www.belfercenter.org/publication/nato-seventy-alliance-crisis; and Michael Kofman, "Fixing NATO Deterrence in the East," War on the Rocks, May 12, 2016, https://warontherocks.com/2016/05/fixing-nato-deterrence-in-the-east-or-how-i-learned-to-stop-worrying-and-love-natos-crushing-defeat-by-russia/.
5. 이 두 인용문은 2장과 7장에서 상세히 논의된다. 프랑스 대통령 프랑수아 미테랑은 또 다른 대안인 유럽연합(European Confederation)을 추진했다. 다음 내용 참고. Bozo, "Failure"; Bozo, "'I Feel More Comfortable.'"
6. 로버트 레그볼드(Robert Legvold)가 썼듯, 유럽안보시스템을 테스트함에 있어 그 핵심은 우크라이나다; Legvold, Return, 99-100.
7. 델브뤼크는 1969년에 노벨 생리학·의학상을 받았다. 인용은 다음 내용을 참고하

라. Delbrück, Mind from Matter?, 167. 이와 유사한 의견이 다음에도 나온다. Legvold, Return, 99; Rozental, Niels Bohr, 328. 탈냉전 이후 전략적 선택에 대해서는 다음을 참고하라. Bozo, "Failure," 393-394; Lašas, European Union, I.

8 이 문제는 결론에서 더 자세히 논의되지만, 여기서 미리 살펴보려면 다음을 참고하라. Poast and Chinchilla, "Good for Democracy?"; Vachudova, Europe Undivided, 134-36. 동유럽과 국제기구, 그리고 민주화에 대해서 더 살펴보려면 다음을 참고하라. Applebaum, Twilight; Epstein, "NATO Enlargement"; Epstein, "When Legacies"; Gheciu, "Security Institutions"; Gibler and Sewell, "External Threat"; Ikenberry, World; Jacoby, Enlargement; Von Borzyskowski and Vabulas, "Credible Commitments?"

9 독일평화회의(German Peace Conference)를 준비하기 위해 1990년 2월 14일 콘돌리자 라이스가 작성한 브렌트 스코크로프트를 위한 메모에 적혀 있던 펜타곤의 불만사항; 저자의 개인 메모 2008-0655-MR, BPL; AIW Zoellick.

10 George Kennan, "A Fateful Error," New York Times, February 5, 1997; Talbott, Russia Hand, 232. 이와 관련한 러시아 대통령의 행정실장 아나톨리 추바이스와 탤벗의 대화를 살펴보면, NATO 확대에 반대하는 주요 근거로 탤벗은 "러시아가 동요할 것"이라 주장했고, 이에 대해 추바이스는 "아니오, NATO 확대에 반대하는 주요 근거는 모두의 안전에 위협이 되기 때문이며, 이 주장은 여전히 유효하다"라고 답했다; 비공식 회담용 메모, Chubais-Talbott, January 23, 1997, DS-ERR.

11 Baker, Politics, 84.

12 핵탄두 관련 통계의 출처. "Global Nuclear Arsenals Grow as States Continue to Modernize," Stockholm International Peace Research Institute, June 14, 2021, https://www.sipri.org/media/press-release/2021/global-nuclear-arsenals-grow-states-continue-modernize-new-sipri-yearbook-out-now; "short-lived"에 대한 설명은 다음을 참고하라. Legvold, Return, 121.

13 Robert Kuttner, "Was Putin Inevitable?," American Prospect, January 30, 2020, https://prospect.org/world/was-putin-inevitable/; Anika Binnendijk et al., "At the Vanguard," RAND RR-A311-I, 2020, October 2020, https://doi.org/10.7249/RRA311-I; Kofman, "Fixing NATO"; Bruce McClintock, Jeffrey W. Hornung, and Katherine Costello, "Russia's Global Interests and Actions," RAND PE-327-A, June 2021, https://doi.org/10.7249/PE327; Kori Schake et al., "Defense in Depth," Foreign Affairs, November 23, 2020, https://www.foreignaffairs.com/articles/united-states/2020-11-23/ defense-depth; Ven Bruusgaard, "Russian Nuclear Strategy"; Alexander Vershbow and Daniel Fried, "How the West Should Deal with Russia," Atlantic Council, November 23, 2020, https://www.atlanticcouncil.org/in-depth-research-reports/report/russia-in-the-world/.

14 Adam Tooze, "Whose Century?," London Review of Books, July 30, 2020; McFaul, "Putin," 103; "러시아가 국제정치에서는 약하지만 어쨌든 잘 해내고 있다는 것이 많은 분석가의 공통된 의견이다"라는 주장, Stoner, Russia, 3. 이 책에서 저자는 러시아의 카드

가 서방 세계가 생각하듯 약하지 않을 수도 있다고 주장한다.

15 클린턴과 옐친의 인용문에 대해서는 다음을 참고하라. 비공식 회담용 메모, Clinton-Yeltsin, March 21, 1997, 8:30-9:45 p.m., DS-ERR, 이 회담에서 이들은 또한 영화 〈크림슨 타이드(Crimson Tide, 1995년)〉의 내용이 "실제로 일어날 수 있는지"에 대해서도 논의했다. 크로체(Croce)에 대해서는 다음을 참고하라. Vernon Bogdanor, "I Believe in Yesterday," New Statesman, December 17, 2009. 소련을 파괴하기 위한 "평화적 쿠데타"를 수행한 의식적인 과정의 일부로서 옐친이 베이커에게 폭로한 것과 "그 결과를 비준하는" 방법으로서 베이커와 다른 미국인들을 이기려고 노력한 것에 대한 흥미로운 해석에 대해서는 다음을 참고하라. Baker and Glasser, The Man, 475; 그들은 데니스 로스(Dennis Ross)에게 그 통찰력을 제공했다.

16 Vershbow and Fried, "How the West."

17 "Talbott-Chirac Meeting in Paris," January 14, 1997, DS-ERR; Margaret MacMillan, "1989: The Year of Unfulfilled Hopes," Wall Street Journal, December 28, 2018; Carter and Perry, Preventive Defense, 64. 경제 이슈와 신자유주의에 대한 더 많은 정보를 얻으려면 다음을 참고하라. Ther, Europe; 1989년 이후의 어두운 미래에 대해서는 다음을 참고하라. John Mearsheimer, "Why We Will Soon Miss the Cold War," The Atlantic, August 1990, https://www.mearsheimer.com/wp-content/uploads/2019/07/A0014.pdf.

18 이 자료들을 바탕으로 한 나의 첫 번째 학술 논문은 1993년에 발간되었다(Sarotte, "Elite Intransigence"); 후속 관련 출판물은 서지목록을 참고하라.

19 특히 NSA를 비롯해 토마스 블랜턴(Thomas Blanton)와 스베틀라나 사브란스카야(Svetlana Savranskaya)의 노력으로 수많은 귀중한 문서들이 기밀 해제되었다. 또한 로날드 아스머스와 콘돌리자 라이스, 필립 젤리코우는 자신들이 연관된 기밀문서에 대한 인용을 허락하기로 했다. 이들의 결정은 궁극적으로 나와 NSA, 다른 사람들이 진행하고 있었던 기밀문서 해제 노력에 큰 도움이 되었다. 또한 다음을 참고하라. William Burr, "Trapped in the Archives," Foreign Affairs, November 29, 2019, https://www.foreignaffairs.com/articles/2019-11-29/trapped-archives.

20 이 출처들을 토대로 작성한 나의 2010년 논문을 참고하라. Sarotte, "Not One Inch Eastward?"

21 이번 방문이 가능하도록 발 벗고 나서준 제프리 엥겔(Jeffrey Engel)과 그의 제자 닉 리브스(Nick Reves)에게 감사한다.

22 이 출처에 대한 나의 초기 평가에 대해서는 다음을 참고하라. Sarotte, "Perpetuating U.S. Preeminence," 2010; Sarotte, "In Victory, Magnanimity," 2011.

23 NATO 정보공개에 관한 지침에 대한 더 자세한 자료는 다음을 참고하라. https://www.nato.int/nato_static_fl2014/assets/pdf/pdf_archives/AC_324-D_2014_0010.pdf.

24 "Kremlin Chides US for Bypassing Russia When Declassifying Yeltsin Clinton Dialogue," TASS, August 31, 2018, https://tass.com/politics/1019 409. 내가 클린턴도서관의 문서들을 비롯해 다른 문서들의 기밀을 해제해 달라고 청구한 것은 곧 정보공개의 문제다.

미국의 국가기록문서보관소 합동안보비밀분류재심위원회(ISCAP) 웹사이트에서 항소기록을 참고하라. https://www.archives.gov/declassification/iscap. (이 책을 저술하고 있는 지금까지도 일부 문서에 대해서는 아직 기밀이 해제되지 않았다.)
클린턴 도서관 관련 항소 사건 중 가장 중요한 사례는 다음과 같다(이 목록은 먼저 내 원본 클린턴 도서관 의무적 검토 요청 사건 번호 2015-xxxx를 표시한 뒤, 이에 대응하는 ISCAP 항소 번호 2016-xxx를 기재한 것이다.): -0755/-140; -0756/-141; -0768/-142; -0769/-143; -0770/-144; -0771/-145; -0772/-146; -0773/-147; -0774/-148; -0775/-149; -0776/-150; -0777/-151; -0778/-152; -0779/-153; -0780/-154; -0781/-155; -0782/-156; -0783/-157; -0788/-158; -0789/-159; -0791/-160; -0792/-161; -0793/-162; -0807/-163; -0808/-164; -0809/-165; -0810/-166; -0811/-167; -0812/-168; -0813/-169; -0814/-170; -0815/-171; -0816/-172. ISCAP 항소 없이 승인된 추가 클린턴 도서관 요청 목록: M-2016-0215, -0216, -0217, -0218, -0219, -0220, -0222, -0223, -0224, -0225, -0726.

25 Gaddis, Landscape, 4.
26 Maxim Kórshunov, "Mikhail Gorbachev: I Am against All Walls," Russia Beyond, October16, 2014, https://www.rbth.com/international/2014/10/16/mikhail_gorbachev_ i_am_ against_all_walls_40673.html.
27 NATO의 확대가 전혀 이루어지지 않았거나, 이것이 독일하고만 연관된 것이라는 견해의 주요 지지자로는 제임스 골드게이어(James Goldgeier)와 마크 크레이머(Mark Kramer)가 있다. 골드게이어는 2020년 가을 논문 "NATO Enlargement," 154에서 "고르바초프는 후에 1990년 그들이 나눴던 대화는 동유럽에 관한 것이 아니라 오로지 독일에 관한 것이었다"라는 주장을 무비판적으로 받아들였다. 골드게이어에 따르면, 그와 "크레이머가 문서로 된 증거를 찾아 헤맸으나, 폴란드나 헝가리와 같은 나라와 관련해서는 어떠한 약속이나 논의조차 없었다." 인용문은 다음을 참고하라. James Goldgeier, "Promises Made, Promises Broken?," War on the Rocks, July 12, 2016, https:// warontherocks.com/2016/07/promises-made-promises-broken-what-yeltsin-was-told-about-nato-in-1993-and-why-it-matters/. 크레이머는 "독일 통일에 대한 문제는 협상하는 동안 결코 제기되지 않았다"고 말했다; Kramer, "Myth," 41. 필립 젤리코우와 콘돌리자 라이스는 1990년 2월 "폴란드와 헝가리를 비롯해 여전히 존재하고 있는 협정의 회원국들이 NATO에 가입할 것인가 하는 문제는 아직 논의되지 않았다"며 2019년 골드게이어와 크레이머의 주장을 밝혔다; Zelikow and Rice, To Build, 233. "러시아는 NATO 확대에 대해 결코 문제를 제기하지 않았다"는 비슷한 진술이 다음에 기술되어 있다. Christopher Clark and Kristina Spohr, "Moscow's Account of Nato Expansion is a Case of False Memory Syndrome," The Guardian, May 24, 2015, https://www.theguardian.com/commentisfree/2015/may/24/russia-nato-expansion -memory -grievances; 다음은 "NATO의 확대 문제는 결코 별개의 주제로 다루어지지 않았다"고 명시하고 있다. Spohr, "Precluded or PrecedentSetting?," 18, 39, 52-53. 이 책에 제시된 증거에 의하면, 이러한 견해는 옹호하기 어렵다. 또한, 이 주제와 관련한 NATO의 선언문을 참고

하라. "NATO Enlargement and Russia: Myths and Realities," https://www.nato.int/docu/review/2014/russia-ukraine-nato-crisis/nato-enlargement-russia/en/index.htm.

28 고르바초프의 말은 미테랑과의 대화록에서 인용했다. 소련 지도자는 자신이 베이커에게 말한 것을 프랑스 대통령에게 설명하였다. "Из беседы М.С. Горбачева с Ф. Миттераном один на один," May 25, 1990, МГ, 458; MGDF 425

29 비공식 회담용 메모, Bush-Thatcher, November 24, 1989, BPL online; "Prime Minister's Meeting with President Bush at Camp David on Friday 24 November" [1989], my FOI 0884-07, UK Cabinet Office. 영국판에는 부시 대통령이 "바르샤바조약을 지속해 나가는 것을 지지하는 데 어려움을 겪고 있습니다. 서방 세계가 그것을 해체하기 위해 어떤 주도권도 가져서는 안 된다는 것에는 동의하지만, 만약 해체의 움직임이 내부에서 시작된다면 어떻게 합니까? 서방 세계는 어느 특정 국가에 그들의 의사에 반해 바르샤바조약에 남아 있도록 만들 수는 없습니다"라고 말했다고 기술되어 있다. 대처 총리는 11월 24일 각료와의 회의에서 바르샤바조약의 "유지"에 관해 언급했다; "Speaking Note for Cabinet on 30 November [1989]," PREM 19/2892, Thatcher Foundation (여러 국가의 출처를 편집해 유용한 온라인 컬렉션을 제공한다.) 1990년 7월 대처 총리와 부시 대통령은 다시 한 번 "유령 같은 존재 바르샤바조약의 존립에 대한 지혜롭고 바람직한 방향"에 대해 논의했고, 이 협정을 "그림의 잎"이라고 묘사했다. 대처는 그것이 고르바초프의 무화과 잎이 될 수 있다고 제안했다. 부시는 고르바초프가 최소한 1, 2년 동안 약간의 은신처가 필요하다는 것은 이해하나, 그의 영혼은 조약의 지속을 장려하기 위해 어떤 도움이 되는 행동이나 말을 하는 것에는 마음이 썩 내키지 않는다고 말했다. 대처는 바르샤바조약이 공식적으로 해체될 경우, 사람들이 NATO의 존재 필요성에 대해 의문을 가질 것이라고 지적했다; "Prime Minister's Meeting with President Bush," July 6, 1990, PREM 19/3466, Thatcher Foundation.

30 2월 2~4일에 대한 상세한 분석은 2장을 참고하라. 2월 6일과 관련해서는 다음을 참고하라. Sarotte, "Perpetuating U.S. Preeminence," 116-17. 2월 8일과 관련해서는 다음을 참고하라. "Memorandum for the President, from: James A. Baker, III," February 8, 1990, SDC 1990-SECTO01009, SSSN USSR 91126-003, BPL; 베이커가 부시 대통령에게 체코 지도자들의 "주된 목표는 소련군을 철수시키는 것"이고, "NATO가 조약을 정당화할 것을 우려"한다면서, 조약을 제거하는 방법으로써 NATO가 떠날 것을 제안하였다고 전했다. 두 동맹은 서로 대체될 수 없으며, 따라서 유럽에서의 "NATO의 지속적인 역할에 대해 강력하게 어필해야 한다"고 주장하였다. 2월 20~27일에 대해서는 다음을 참고하라. "Memorandum for the Secretary, Impressions from Hungary, Poland, Austria, and Yugoslavia," March 1, 1990, Hutchings Files, CF01502-005, BPL; 또한 다음 참고. Shifrinson, "Eastbound," 823. 3월 3일 체코 외무장관의 방문에 대해서는 다음 참고. "Summary of Diplomatic Liaison Activities," SERPMP 2124, n.d.; 1991년 7월경의 내용부터는 다음 참고. Barry Lowenkron files, FOIA 2000-0233-F, BPL. 3월 12일에 대해

서는 다음 참고. Sarotte, "Not One Inch Eastward?," 137. 3월 17일에 대해서는 NATO 가 독일 내 분단선을 넘어 동독의 영토 동쪽으로 이동하는 것을 막으려는 소련 외무장관의 노력에 반대의사를 표명하는 바르샤바조약의 세 나라, 체코슬로바키아와 헝가리, 폴란드 외무장관의 회담기록을 참고하라. "Draht-bericht des Botschafters Blech, Moskau," March 21, 1990, DE 378n3; "Vorlage des Ministerialdirektors Teltschik an Bundeskanzler Kohl," March 23, 1990, DESE 972; 또한 주석 5번의 동일 페이지 참고. 3월 21일 폴란드 국무부의 장관의 방문에 대해서는 다음을 참고하라. "텔치크 국장이 콜 총리에게 제출함," 972n7. 1990년 여름과 가을에 이루어진 NATO 방문(6월 29월 헝가리 외무부 장관, 7월 18일 헝가리 총리, 10월 23일 로마 총리, 11월 15일 불가리아 외무부 장관, 기타 여기 나열되지 않은 정치인들의 방문; 추가적으로 NATO 사무총장 역시 해외를 순방함. 5월 5일 프라하, 7월 17~19일 모스크바, 9월 5~8일 프라하, 9월 13~15일 바르샤바, 11월 22~23일 부다페스트)과 관련해서는 다음 참고. "Summary of Diplomatic Liaison Activities"; Borkovec, Naše cesta do NATO, 8; and Kecskés, View, 21-22 and 22n5 (이 주제에 대한 헝가리연구센터의 믿을 수 있고 유용한 출처). Stephan Kieninger, "Opening NATO," OD 58-59.

31   NATO와 발트해 연계를 위한 부시의 논의는 4장을 참고하라. 공식적인 "헝가리의 EU 가입 신청,"에 대해서는 다음을 참고하라. see "Botschafter von Schubert, Straßburg (Europarat), das Auswärtige Amt," November 16, 1989, AAP-89, 1558. 바르샤바조약 회원국들이 이 협정을 너무 빨리 파기하기를 원하지 않는다는 인용문에 대해서는 다음을 참고하라. "Aufzeichnung . . . Dreher," AAP-89, 1801.

32   Baker and Glasser, The Man, 526-28, Carpendale's original letter in SMML; on Baker and Carpendale's relationship, Baker, Politics, 11, 524, 648.

33   Michiko Kakutani, "A Political Insider with Bush Tells of the Outside," New York Times, October 6, 1995.

34   처칠은 하원에서 연설하면서 이렇게 말했다. January 23, 1948; https://www.oxfordreference.com/view/10.1093/acref/9780191843730.001.0001/q-oro-ed5-00002969. 모스크바와의 협상에서 제시된 NATO 확대에 관한 탤벗의 개인적인 의사결정 경험(NATO 확대에 러시아의 승인을 얻기 위한 목적으로)과 관련해서는 다음을 참고하라. 비공식 회담용 메모, Chubais-Talbott, January 23, 1997, DS-ERR. 이 비공식 회담용 메모에서 탤보트는 NATO 확대가 전적으로 클린턴이 "에스 오어 노" 전략 질문에 대답한 방식에 의존한다고 설명했다. (즉, 유사한 질문에 대한 부시의 이전 답변에 대해서는 다루지 않고 있다.)

35   이 도전은 그 당시에 인정되었다. "The Bolshevik Goetterdaemmerung," SDC 1991-Moscow-32811, November 15, 1991, CF01652-12, John A. Gordon Files, FOIA 2000-1202-F, BPL.

36   McFaul, "Putin," 134-35; 또한, 다음을 참고하라 Rid, Active Measures, 387-422; Vershbow and Fried, "How the West."

37 "Address by President of the Russian Federation: Vladimir Putin Addressed State Duma Deputies, Federation Council Members, Heads of Russian Regions and Civil Society Representatives in the Kremlin," March 18, 2014, http://en.kremlin.ru/events/president/news/20603. Vladimir Putin, "The Real Lessons of the 75th Anniversary of World War II," National Interest, June18, 2020, https:// nationalinterest.org/feature/vladimir-putin-real-lessons-75th-anniversary-world-war-ii-162982.

1장

1 Putin et al., First Person, 78-79.
2 Putin et al., First Person, 69 (main opponent), 78 (doeuments); Belton, Putin's People, 27, 33, 40, 50-54; Sarotte, Collapse, 10, 30. 더 큰 "Sturm auf die Dienststellungen"의 일부로서 드레스덴 사건들에 대해서는 슈타지(Stasi)의 공식 사이트를 참고하라. https://www.bstu.de/geschichten/die-stasi-im-jahr-1989/dezember-1989/; https://stasibesetzung.de/bezirk.
3 인용문은 다음을 참고하라. Putin et al., First Person, 79; Myers, New Tsar, 50-51; 목격자는 마이어스(Myers)가 인터뷰한 지그프리드 다나트(Siegfried Dannath)였다.
4 Putin et al., First Person, 76 (destroyed, papers, furnace), 81 (hasty), 168 (hit); Belton, Putin's People, 44-45; Myers, New Tsar, 50-52.
5 돌턴의 인용문은 다음을 참고하라. United States, 120; 트루먼의 인용문은 다음을 참고하라. "National Archives Presents Rare Chance to View NATO Treaty," National Archives News, March 26, 2019, https://www.archives.gov/news/articles/national- archives-presents-rare-chance-to-view-nato-treaty; Hill, No Place, 16-18; Kaplan, NATO 1948, 218-19; Kaplan, NATO Divided, 15-17.
6 다음에서 인용되었다. Gaddis, Strategies, rev. ed., 9; 가디스(Gaddis)는 이것을 "통합에 의한 억제"라고 부른다.
7 트루먼은 "이 지시를 제공하는 사람들조차 불안할 만큼 이를 재빨리 받아들였다."; Gaddis, Strategies, rev. ed., 15-16.
8 Gaddis, We Now Know, 115; 자세한 내용은 다음을 참고하라. Applebaum, Iron Curtain.
9 Henrikson, "The Creation of the North Atlantic Alliance," in Reichart and Sturm, American Defense Policy, 300-302; Kay, NATO, 16-17; Ratti, Not-So-Special, 29-31; Sloan, Defense of the West, 21. Marshall Plan에 대한 자세한 내용은 다음을 참고하라. the George C. Marshall Foundation Collection, Lexington, VA.
10 반덴버그 결의안 본문 참고. https://www.nato.int/ebookshop/video/declassified/doc_files/ Vandenberg%20resolution.pdf; 반덴버그에 대한 설명은 다음을 참고하라. Kaplan, NATO 1948, 93-94; Sloan, Defense of the West, 22.
11 Gaddis, Strategies, rev. ed., 71-72; Sloan, Defense of the West, 21-22. 베를린으로 가는 또

다른 에어 브릿지(air bridge) 계획은 1990년까지 유지되었다. B130-13.525E, PA-AA.

12 Kennan은 다음에서 인용되었다. Gaddis, Strategies, rev. ed., 72; 미국의 선택의 폭이 좁아지는 것에 대해서는 다음을 참고하라. Logevall, "Critique of Containment," 474.

13 Olesen, "To Balance," 63; Henrikson, "Creation," 306-7. 1. 그 후 회원국이 된 스페인은 동맹 내부의 군사적 통합을 제한했고, 프랑스는 1966년 통합 군사 사령부에서 탈퇴했다. 맞춤형 회원 조건에 대해서는 NATO 웹사이트("Denmark and NATO" 포함)를 참고하라. https://www.nato.int/cps/en/natohq/declassified_162357.htm?selectedLocale=en; "France and NATO," https://www.diplomatie.gouv.fr/en/french-foreign-policy/defence-security/ france-and-nato/; "Norway and NATO," https://www.nato.int/cps/en/natohq/declassified _162353.htm; and "Short History of NATO," https://www.nato.int/cps/ie/natohq/declassifie _139339.htm; Grzymala-Busse, Redeeming; Hill, No Place; Jacoby, Enlargement; Kaplan, NATO Divided, 24-26; Kay, NATO, 43; Sayle, Enduring Alliance; Shapiro and Tooze, Charter, xi; Sloan, Defense; Solomon, NATO, 22.

14 워싱턴조약의 본문은 NATO 웹사이트에서 확인할 수 있다. the text of the Washington Treaty on the NATO website, https://www.nato.int/cps/en/natolive/official texts_17120.htm. 또한, 다음을 참고하라. Kaplan, United States, 41-43.

15 Grayson, Strange Bedfellows, 16-18; "SHAPE in France," https://shape.nato.int/page 134353232. On Soviet divisions, 소련군 사단에 대해서는 다음을 참고하라. Shapiro and Tooze, Charter, ix; NAC에 대해서는 다음을 참고하라. Kecskés, View, 12.

16 Kaplan, NATO before the Korean War; Kaplan, NATO Divided, 9-10; Wells, Fearing the Worst.

17 The quip comes from Kaplan, United States, 8; 또한, 다음을 참고하라. Ratti, Not-So-Special, 41-47. 한국전쟁에 대한 더 자세한 내용은 다음을 참고하라. Wells, Fearing the Worst. For more on the hard-line policy document, NSC-68, 다음을 참고하라. Gaddis, Strategies.

18 rayson, Strange Bedfellows, 17-19; "Short History of NATO"; Sloan, Defense of the West, 26-33. 태프(Taft)에 대해서는 미 상원 사이트의 다음 내용을 참조하라. "Robert A. Taft: More than 'Mr.Republican,'" https://www.senate.gov/artandhistory/history/common/generic/People_Leaders_Taft.htm. 제2차 세계 대전 이후 유럽을 재건하는 미국의 역할에 대해서는 다음을 참고하라. Suri, Liberty's Surest Guardian.

19 "Short History of NATO"; Kay, NATO, 36.

20 그리스와 터키의 가입에 대해서는 NATO 웹사이트를 참고하라. https://www.nato.int/docu/ review/2012/Turkey-Greece/EN/index.htm.

21 Uelzmann, "Building Domestic Support," 147; European Defence Agency, "Our History," https://eda.europa.eu/our-history/our-history.html.

22 이 역사에 대한 NATO의 설명은 다음을 참고하라. https://www.nato.int/docu/update/50-59/1954e.htm. 독일 영토 내 외국군 주둔과 관련된 법적 문제에 대한 내용

은 독일 외무부의 정보 페이지를 참조하라. ,https://www.auswaertiges-amt.de/en/aussenpolitik/themen/internatrecht/-/ 231364; 또한 다음을 참고하라. Michael Creswell, "France, German Rearmament, and the German Question," in Bozo and Wenkel, France and the German Question, 55-71.

23 1954년 10월 브뤼셀조약이 개정, 확대됨으로써 1955년 5월 동독은 NATO 회원국이 되었다. 내용은 다음을 참고하라. DBPO, 313n2. 두 독일 간의 계속된 군사적 충돌에 대해서는 다음을 참고하라. Nübel, Dokumente.

24 William Burr, ed., "U.S. Cold War Nuclear Target Lists Declassified for First Time," December 22, 2015, EBB-538, NSA, "동베를린과 그 교외에 대한 원자폭탄 투하가 서베를린에 재앙적인 영향을 미치는 화염 폭풍을 일으켰을 가능성이 매우 높다"고 지적했다. SAC가 동베를린이나 다른 동독 목표물에 대한 핵 공격의 영향에 대한 서베를린의 취약성에 대한 연구를 수행했는지는 알려지지 않았다." 냉전 시대의 베를린에 대한 더 자세한 내용은 다음을 참고하라. Hamilton, Documents.

25 유럽의 핵무기를 둘러싼 싸움에 대한 더 자세한 내용은 다음을 참고하라. Colbourn, "NATO as a Political Alliance"; Nuti et al., Euromissile Crisis.

26 다음에서 인용했다. Gorbachev, Memoirs, 59; 또한 다음을 참고하라. Baker, Politics, 79-80; Kotkin, Armageddon Averted; Sarotte, "Not One Inch Eastward?," 125; Taubman, Gorbachev. 영국의 관점에서 살펴본 1989년 동유럽의 혁명에 대한 더 자세한 내용은 다음을 참고하라. Smith, Documents.

27 당시 오르반은 너지의 숭배자였으나, 30년 후 오르반은 부다페스트에서 너지의 동상을 철거했다. Rainer, Imre Nagy; "Hungarians Remember Imre Nagy, Hero of '56, as Orbán Tightens Grip," The Guardian, June 16, 2019; Valerie Hopkins, "Hungary's Viktor Orban and the Rewriting of History," Financial Times, July 24, 2019; Henry Kamm, "Hungarian Who Led '56 Revolt Is Buried as Hero," New York Times, June 17, 1989.

28 다음에서 발췌. Gorbachev-Németh conversation, March 3, 1989, GFA, GC의 번역본.

29 협정은 "1969년 6월 20일 독일민주공화국 정부와 헝가리인민공화국 정부 간의 무비자 국경 간 통행에 관한 협정 및 의정서"로 불렸다. BStU, MfS, Rechtsstelle 101, 70; "drift"는 다음에서 인용되었다. "Aus den Darlegungen Erich Honeckers," June 15, 1989, Politbüro Sitzungen im Büro Krenz, DY 30/IV 2/2.039/74, SAPMO; "burial"은 다음에서 인용되었다. Grachev, Gorbachev's Gamble, 173; 또한 다음을 참고하라. records of the July 7-8, 1989, Bucharest Warsaw Pact meeting, July 11, 1989, DY 30/J IV/2/2A/3229,SAPMO.

30 Engel, When the World, 26-29; Sarotte, 1989, 24-25. 부시의 경쟁력과 신중함의 결합에 대해서는 다음을 참고하라. Zoellick, America, 420.

31 스코크로프트의 배경에 대해서는 다음을 참고하라. Robert D. McFadden, "Brent Scowcroft, a Force on Foreign Policy for 40 Years, Dies at 95," New York Times, August 7, 2020; Sparrow, Strategist. 베이커에 대해서는 그의 회고록을 참고하라. Politics.

32 Gates, From the Shadows, 460. 베이커의 팀에서는 로버트 졸릭(Robert Zoellick)이 핵심이었고, 베이커는 "모든 자료"를 먼저 졸릭에게 보내도록 했다. Baker, Politics, 34.
33 TOIW Robert Gates, July 23-24, 2000, GBOHP.
34 비공식 회담용 메모, Bush-Mitterrand, July 13, 1989, 4:00-4:35pm, BPL online.
35 비공식 회담용 메모, Baker-Shevardnadze(와이오밍주 잭슨홀로 향하는 비행기에서), September 21, 1989, MR-2009-1030, BPL. 폴란드의 변화 속도를 늦추기 위한 부시 행정부의 노력 관련해서는 다음을 참고하라. Domber, "Skepticism and Stability," 54.
36 "Sowjetische Haltung zu Ungarn," August 18, 1989, 213-322 UNG, Ref. 214, ZA139.937E, PA-AA (Schmerzgrenze); "Mein Gespräch mit dem ungarischen AM Horn am 14.08.1989, 09.00-11.15 Uhr," Staatssekretär Dr. Sudhoff, August 18, 1989, ZA178.925E, PA-AA ("precarious position"). 또한 다음을 참고하라. "Gespräch des Bundesministers Seiters mit Botschafter Horváth, Bonn, 19. September 1989," DESE 405; Hanns Jürgen Küsters, "Entscheidung für die deutsche Einheit," DESE 44. 헝가리와 서독 관계에 대한 더 자세한 내용에 대해서는 다음을 참고하라. Schmidt Schweizer, Die politisch-diplomatischen Beziehungen.
37 동일한 독일어 버전 두 개가 있다. "Vermerk des Bundesministers Genscher über das Gespräch des Bundeskanzlers Kohl mit Ministerpräsident Németh und Außenminister Horn, Schloß Gymnich, 25. August 1989," DESE 377-80; "Vermerk über das Gespräch am 25. August 1989 von 10.30 Uhr bis 13.00 Uhr in Schloß Gymnich," ZA 178.925E, PA-AA.
38 베이커와 셰바르드나제는 또한 모스크바에 대한 헝가리와 폴란드의 부채에 대해 논의했다. 비공식 회담용 메모, Baker-Shevardnadze, September 21, 1989. 눈물을 흘린 것과 모스크바에 대한 헝가리의 의존에 대한 더 많은 논평은 콜의 회고록과 폴란드의 부채에 관한 글을 쓴 역사가 스포르의 책을 참고하라. Kohl, Erinnerungen 1982-1990, 922; Spohr, Post Wall, 309.
39 "Gespräch des Außenminister Fischer mit dem ungarischen Außenminister Horn in Ost-Berlin," August 31, 1989, DE 75-79; "Drahtbericht des Leiters der Zentralabteilung, Jansen, z. Z. Budapest, an den Leiter des Ministerbüros, Elbe, persönlich, 7. September 1989," DE 81-82.
40 모스크바 주재 프랑스 대사는 다음과 같이 보고했다. "부다페스트는 모스크바로부터 '승인'을 받지 못했습니다." 다음을 참고하라. "Télégramme de Jean-Marie Mérillon, ambassadeur de France à Moscou, à Roland Dumas," September 21, 1989, DFUA 67.
41 전화통화 메모, Bush-Thatcher, February 24, 1990, BPL online; "Drahtbericht des Leiters der Zentralabteilung, Jansen"; 당 회의에 대해서는 다음을 참고하라. Küsters, "Entscheidung," DESE 44-45.
42 전화통화 메모, Bush-Kohl, September 5, 1989, BPL online. 콜은 부시에 헝가리의 의도에 대해 비밀리에 주의를 주었다; 모스크바의 사전(事前) 미승인에 대해서는 다음을 참고하라. "Télégramme de Jean-Marie Mérillon," September 21, 1989, 67.

43 통계에 의하면, 1989년 9월 11일에서 11월 13일 사이에 떠난 시민은 5만 명(정확히는 49,338명)이었다. 이 숫자는 다음에서 확인할 수 있다. note from November 16, 1989, in Hilfe für Deutsche aus der DDR und Ostberlin, ab November 1989 bis 30.04.90, B85-1993, PA-AA.
44 "Gespräch des Bundesministers Seiters mit Botschafter Horváth, Bonn, 19. September 1989," DESE 405.
45 "Bürgerinitiativen in der DDR," October 12, 1989, Ref. 210, Az.: 210-320.10, RL: VLR I Dr. Lambach, ZA140.684E, PA-AA.
46 텔레그램, Kohl-Németh, September 12, 1989, DESE 404 (인용); "9. Oktober 1989," BzL 13 (신용한도); "27. November 1989," BzL 55-56 (그의 집으로).
47 "Antrag Ungarns auf Mitgliedschaft im EUR." 또한 폴란드와 유고슬라비아가 가입 의사를 밝힌 신호에 대해서는 다음에서 기술하고 있다. "Botschafter von Schubert, Straßburg (Europarat), an das Auswärtige Amt," November 16, 1989, AAP-89, 1558-61.
48 "Aufzeichnung des Vortragenden Legationsrats I. Klasse Dreher," December 21, 1989, AAP-89, 1801. 개혁에 관심이 있는 모든 소련의 위성국가는 다음을 알고 있었다고 설명한다. "바르샤바 조약이 해체되면 고르바초프의 지위가 흔들리고 소련을 포함한 중동부 유럽 전체의 개혁 과정이 크게 위태로워질 것이다. 따라서 내부 개혁의 확대와 보호는 동방 동맹의 안정에 달려 있다." 또한 NATO에 가입하지 않은 이유에 대해서는 다음을 참고하라. "Rücksicht auf SU [Sowjetunion]" AAP-90, 1717; 그럼에도 불구하고 헝가리 의회의 모든 정당은 협정을 탈퇴하고 싶다는 의사를 표명했다. 이와 관련해서는 다음을 참고하라. AAP-90, 786.
49 브뤼셀에 있는 NATO 본부를 찾은 소련 외무장관의 역사적인 첫 방문과 따뜻한 환영에 대해서는 다음을 참고하라. "Botschafter von Ploetz, Brüssel (NATO), an das Auswärtige Amt," December 19, 1989, AAP-89, 1784, 1788; 대사의 발언은 다음에서 인용되었다. "Botschafter Blech, Moskau, an das Auswärtige Amt," November 28, 1989, AAP-89, 1631; 또한 다음을 참고하라. Kecskés, View, 21.
50 로버트 블랙윌이 표지를 직접 손으로 작성해 브렌트 스코크로프트에 보낸 노트, "GDR Crisis Contingencies," November 6, 1989, my 2008-0655-MR, BPL.
51 "1989년 11월 6일 알렉산더 샬크가 에곤 크렌츠에게 보낸 편지, 알렉산더 샬크 동지와 루돌프 자이터스 연방장관 겸 기민당 연방총리와 볼프강 샤우블 CDU 집행위원회 위원 간의 비공식 토론에 관한 메모'가 첨부되어 있음.'" in Hertle, Fall der Mauer, 484.
52 2주 후 작성된 서독의 내부보고서는 더 이상 분단되어 있지 않은 이 도시를 수백만 명의 사람들이 방문했다고 추정했다. "Auswirkungen des 9. November auf die Lage in und um Berlin," November 24, 1989, in ZA140.685E, PA-AA. 좀 더 자세한 내용은 다음을 참고하라. Sarotte, Collapse.
53 TOIW Brent Scowcroft, November 12-13, 1999, GBOHP.

54 리타 수스무트(Rita Süss muth) 연방하원 의장 방문에 대한 고르바초프의 논평은 다음을 참고하라. "Botschafter Blech, Moskau, an das Auswärtige Amt," November 18, 1989, AAP-89, 1571-72.
55 "Handed over by the Soviet Ambassador at 2200 on 10 November," in file "Internal Situation in East Germany," Series "Germany," Part 1, PREM 19-2696_191.jpg, PRO-NA. 또한 다음을 참고하라. "Letter from Mr. Powell (No. 10) to Mr. Wall," November 10, 1989, DBPO 103-4.
56 Sir R. Braithwaite (Moscow) to Mr. Hurd, November 11, 1989, DBPO 108.
57 동베를린 주재 영국 대사가 요약한 브레이스웨이트의 발언에 대해서는 다음을 참고하라. "Mr. Broomfield (East Berlin) to Mr. Hurd," December 6, 1989, DBPO 152.
58 "Minute from Sir P. Wright to Mr Wall, Secret and Personal," November 10, 1989, DBPO 105.
59 다음을 참고하라. "Vorlage an Bundeskanzler Kohl," n.d., 1989년 11월 10일 이후의 상황에 대해서는 다음을 참고하라. DESE 548-49. 또한 파웰이 월에게 보낸 서한을 참고하라. November 14, 1989, DBPO 120-22.
60 베이커 부인의 언급과 베이커의 발언은 다음을 참고하라. Marjorie Williams, "He Doesn't Waste a Lot of Time on Guilt," Washington Post, January 29, 1989. 동물 리스트에 대해서는 다음을 참고하라. Baker, Politics, 217. 부시와 베이커의 관계에 대해서는 다음을 참고하라. Sarotte, "Not One Inch Eastward?," 126.
61 베이커 인용문 출처: Baker, Politics, 134, 213; 부시 인용문 출처: 전화통화 메모, Bush-Kohl, November 17, 1989, 7:55-8:15am, BPL online; 이 대화에 대한 독일의 기록은 다음에서 확인할 수 있다. DESE 538-40.
62 Kohl provided the number of 110 in "Gespräch des Bundeskanzlers Kohl mit Präsident Bush, Camp David, 24. Februar 1990," DESE 863.
63 비공식 회담용 메모, Genscher-Scowcroft, November 21, 1989, Hutchings Files, FRG Memcons and Telcons, CF01413-019, BPL; 또한 다음을 참고하라. "Telegram aus Washington, Nr. 4743 vom 22.11.1989, 1337 OZ, An: Bonn AA," in ZA178.931E, PA-AA; "Gespräch des BM Genschers mit dem amerikanischen Außen minister Baker in Washington," November 21, 1989, AAP-89, 1590-94.
64 "Vorlage des Leiters des Planungsstabs, Citron, für Bundesminister Genscher," February 23, 1990, DE 301-303; 문서의 부제는 다음과 같다. "Kein Bedarf für einen Friedensvertrag."
65 비공식 회담용 메모, Bush-Genscher, November 21, 1989, 10:10-10:45am, BPL online. 부시의 노트에서 확인할 수 있다. "we have been criticized here for not jumping on top of the Wall and cheering"; "Gespräch des BM mit Scowcroft am 21.11.1989," ZA178.931E, PA-AA; and 미 발간 후자 문서의 사본에 얄타에 대한 추가 주석이 포함되어 있다.
66 전화통화 메모, Bush-Mulroney, November 17, 1989, 9:49-10:05am, BPL online.
67 비공식 회담용 메모, Bush-Mulroney, "Working Dinner with Canadian Prime Minister

Brian Mulroney," November 29, 1989, BPL online.
68 필립 젤리코우와 콘돌리자 라이스는 공동 회고록에서 다음과 같이 지적했다. "Mulroney's warning seemed to suggest that the Soviets would take a tough line at Malta"; Zelikow and Rice, Germany Unified, 125.
69 비밀루트의 존재는 다음에서 언급되어 있다. "Vorlage des Ministerialdirektors Teltschik an Bundeskanzler Kohl," December 6, 1989, DESE 616.
70 팔린은 독일 전문가였고, 포르투갈로프와 텔칙은 서로 잘 아는 사이였다. 아마도 이러한 이유로 그들은 소련 측 해협을 관리하는 데 선택되었을 것이다. 팔린과 포르투갈로프에 대해서는 다음을 참고하라. "SU und 'deutsche Frage,'" DESE 616-18, especially 616n1; 또한 다음을 참고하라. Putin's People, 50-52; Teltschik, Tage, 42-43; Sarotte, 1989, 70-72; Vladislav Zubok, "Gorbachev, German Reunification, and Soviet Demise," in Bozo, Rödder, and Sarotte, German Reunification, 91. 팔린에 대한 정보는 챈슬러 윌리 브란트 재단의 웹사이트에서도 확인할 수 있다. https://www.willy-brandt-biografie.de/wegbegleiter/e-g/falin-valentin/.
71 Belton, Putin's People, 53.
72 Teltschik, 329 Tage, 43-44.
73 "SU und 'deutsche Frage,'" DESE 616-17. 텔칙은 나중에 회고록에서 당시의 기록에서와는 다소 다른 견해를 밝히고 있다. 그는 공식 문서가 체르냐에프와 팔린에게서 나왔으며, 이는 곧 고르바초프의 승인을 받았다는 의미라고 생각했다고 말했다. 다음 내용을 참고하라. 329 Tage, 43. 반면에 1989년 12월 6일 콜에게 보낸 편지(DESE 616)에서 텔칙은 자신이 문서를 받았는데, 이 때 고르바초프가 보낸 문서라는 분명한 메시지를 함께 받았다고 진술했다.
74 "SU und 'deutsche Frage,'" DESE 617-18.
75 "SU und 'deutsche Frage,'" DESE 618nn2-3.
76 "Conditio sine qua non" described in "SU und 'deutsche Frage,'" DESE 618. 팔린은 나중에 1990년 고르바초프와 함께 독일에서 핵무기 문제를 어떻게 제기했는지를 묘사했다. 다음을 참고하라. Falin, Konflikte, 198-199(84%의 거부율에 대한 정보도 포함되어 있다.), Falin, Politische Erinnerungen, 494-495; 또한 동독 외무장관과의 대화도 있다. Rainer Eppelmann, in "8.5.1990 Gespräch zwischen DDR-Minister für Abrüstung und Verteidigung, Rainer Eppelmann, und Falin in Moskau. Bericht," May 14, 1990, ADDR 618 (팔린은 다음에서 겐셔의 제안을 인용했다. "Deutschland solle so zur NATO gehören wie Frankreich"). 또한 다음을 참고하라. Küsters, "Einführung," DESE 189. 냉전시대 유럽과 독일의 핵무기에 대해서는 다음을 참고하라. William Burr, "The U.S. Nuclear Presence in Western Europe, 1954-1962, Part I," July 21, 2020, EBB-714, NSA; Turner, Germany, 174.
77 Kohl, Diekmann, and Reuth, Ich wollte Deutschlands Einheit, 254.
78 Stephen Wall (FCO)이 Charles Powell (No. 10)에게 보낸 편지, 1990년 3월 2일 첫 번째 서한. "German Unification: Security Implications," March 1, 1990, paragraph 35, FOI 요

552

청으로 공개되었다. ref. IC 258 724.

79 그 메시지는 아마도 GDR과 함께 나중에 추가되었을 것이다. "SU und 'deutsche Frage,'" DESE 618.
80 이 문제에 대해서는 다음을 참고하라. Von Plato, Vereinigung, 113-15; Sarotte, 1989, 71.
81 서독의 정보국은 팔린이 1989년 11월 24일 동베를린 주재 소련 대사관에서 진행했던 대화의 녹취록을 입수했다고 알려져 있다. 다음을 참고하라. Dirk Banse and Michael Behrendt, "BND-Akte: So drängte Moskau die DDR-Führung zur deutschen Einheit," WELTplus, February18, 2020, https://www.welt.de/politik/deutschland/plus205949935/BND-Akte-So-draengte-Moskau-die-DDR-Fuehrung-zur-deutschen-Einheit.html.
82 이 노트의 저자가 누군지는 불분명하지만, 여러 사람이 관여한 것으로 보인다. 팔린이 채널을 조정했고, "비공식적인" 부분의 내용은 그가 직접 고르바초프에게 해준 조언과 동일하다. 따라서 팔린이 적어도 그중 한 명이었을 가능성이 있다. 당시 포르투갈은 이 문서가 고르바초프 동맹이자 정치국원의 일원이었던 알렉산드르 야코블레프(Alexander Yakovlev)의 참여로 팔린의 부서에서 작성한 것이라고 확인했다. "Vorlage des Ministerialdirektors Teltchik an Bundeskanzler Kohl," 본 주제 소련 대사 율리 크비친스키(Yuli Kvitzinsky)도 이 노트를 작성하는 데 도움을 주었을 것이다. Zubok, "Gorbachev, German Reunification, and Soviet Demise," 91. 이 노트를 작성하는 데는 참여하지 않았지만, 크비친스키는 자신의 1993년 회고록에서 베를린 장벽이 무너진 후 통일과 NATO 중 하나를 선택하도록 모스크바가 본을 더 강하게 압박했어야 했다고 개탄했다. Bozo and Wenkel, France and the German Question, 223; Stent, Russia, 59; and Teltchik, 329 Tage, 44.
83 Teltchik, 329 Tage, 45; Sarotte, 1989, 72. 콜은 이 노트가 정말로 최고 수준의 지지를 받고 있는지 의심했을지 모르지만, 묵시적인 최후통첩이 자신의 극적인 행동을 정당화할 수 있다는 것을 깨달았다.
84 AIW Blackwill; "Gespräch des Bundeskanzlers Kohls mit Außenminister Baker, Berlin (West)," December 12, 1989, DESE 639. 콜은 이 상황에 대해 베이커에게 소급해서 보고했다. "만약 그가 10대 계획을 세우지 않았다면, 그와 미국 국무장관은 어느 날 아침 일어나서 고르바초프가 그에 상응하는 제안을 테이블 위에 올려놓았다는 사실을 깨달았을 것이다. 그러나 그러한 제안에는 연방 공화국이 나토에서 탈퇴해야 한다는 조건이 포함되었을 것이다. 결국 그런 일이 현실로 다가왔다는 것을 깨달아야 했다." 베이커는 다음과 같이 대답했다. "고르바초프는 이미 미국과의 회담에서 비슷한 제안을 한 적이 있다."
85 텔칙이 나중에 본 주재 영국 대사에게 말했듯, 콜은 "모스크바에서 형성되고 있는 시각에 영향을 주기 위해서는 명확한 독일의 견해를 제시할 필요가 있다고 느꼈다." 다음을 참고하라. Sir C. Mallaby (Bonn) to Mr. Hurd, November 28, 1989, DBPO 140; Sarotte, 1989, 70-72. 연설에 대해서는 다음을 참고하라. "Zehn-Punkte-Programm zur

Überwindung der Teilung Deutschlands und Europas: Rede von Bundeskanzler Kohl vor dem Deutschen Bundestag am 28. November 1989 (Auszüge)," APBD-49-94, 632-38.
86 "Schreiben des Bundeskanzlers Kohl mit Präsident Bush," November 28, 1989, DESE 567-73. 버논 월터스(Vernon Walters) 본 주재 미국대사는 이후 국무부에 전화를 걸어 콜이 "사전에 자신이 무슨 말을 하려고 했는지 소련과 동독인들에게 분명히 알렸 다"고 밝혔는데, 이는 그들에게 연설문을 보낸 것과는 다소 차이가 있다; SDC 1994-Bonn-37206, November 28, 1989, F-2015-10823, DS-ERR (베른드 로더(Bernd Rother) 덕분 에 이 전보의 복사본을 확보할 수 있었다); 히틀러의 논평에 대해서는 다음을 참고 하라. Sarotte, 1989, 72-76.
87 "Из беседы М.С. Горбачева с Ф. Миттераном," December 6, 1989, МГ, 286- 91. 이후 콜 은 고르바초프에게 서한을 보내 11월 28일 자신의 계획을 발표한 이유에 대해 자세 히 설명했다; "Bundeskanzler Kohl an den Generalsekretär des ZK der KPdSU, Gorbatschow," December 14, 1989, AAP-89, 1733-41; 또한 다음을 참고하라. Bozo,",'I Feel More Comfortable.'"
88 1989년 11월 말부터 12월까지 프랑스가 유럽공동체의 의장국이었던 중요한 시기에 대해서는 다음을 참고하라. Frédéric Bozo, "In Search of the Holy Grail," in Gehler and Loth, Reshaping Europe, 324-25.
89 Betts, "Three Faces," 33.
90 "Gespräch Mock-Hurd," December 20, 1989, ÖDF, 439-40. 오스트리아는 1989년 7월 17일에 EC 가입을 신청했다: AAP-90, 67n3.
91 Lawrence Eagleburger의 국무장관을 위한 외교서한, "Impressions from Hungary, Poland, Austria and Yugoslavia," March 1, 1990, Robert L. Hutchings Files, Eastern European Coordination, CF01502-005, BPL. 또한, 같은 파일에 포함된, 아드리안 바소라(Adrian Basora)가 보낸 브렌트 스코크로프트를 위한 외교서한에 적혀 있는 비슷한 논평을 참 고하라. "Impressions from Warsaw, Budapest, Vienna, and Belgrade."
92 네 가지 원칙에 대한 논의 내용은 다음을 참고하라. Rödder, Die Bundesrepublik Deutschland, 149-51; Von Arnim, Zeitnot, 286.
93 "Kohl's Ten-Point Program—Silence on the Role of the Four Powers," SDC 1989-Bonn-37736, December 1, 1989, CWIHPPC. "다른 주요 정당 지도자들과 공유하지 않았다" 고 기술되어 있다. 또한 다음을 참고하라. "Vorlage des Ministerialdirektors Teltschik an Bundeskanzler Kohl, Bonn, 30. November, 1989, Betr.: Reaktionen aus den wichtigsten Hauptstädten auf Ihren 10-Punkte-Plan," DESE 574-77.
94 서독 정치에서 차지하고 있는 겐셔의 역할에 대한 더 자세한 내용은 다음을 참고하 라. Kirchner, "Genscher and What Lies behind 'Genscherism,'159-77.
95 총리는 또한 외교와 관계없는 동독-서독 관계의 대부분을 관리했다. 본에 있는 미국 대사관은 NSC가 1989년 8월 12일 접수한 다음 메모에서 총리는 외무부 사이의 분 업을 설명하려고 노력했다. "Inner-German Decisionmaking," SDC 1989-Bonn-25528,

Robert Hutchings Files, FRG Cables, CF 01413-012, BPL; "Schreiben des Bundeskanzlers Kohl an Bundesminister Genscher," February 19, 1990, AAP-90, 190; 전화통화 메모, Bush-Kohl, November 29, 1989, BPL online.

96　베이커는 1989년 12월 3일 겐셔에게 이러한 생각들이 몰타회담을 주도한 미국의 기본원칙이었다고 설명했다. "Vorlage des Ministerialdirektors Teltschik an Bundeskanzler Kohl," December 7, 1989, DESE 622.

97　아놀드 칸터(Arnold Kanter)와 로버트 블랙윌(Robert Blackwill)의 브렌트 스코크로프트를 위한 메모, "Possible Initiatives in the Context of Malta," November 24, 1989, BPL이 저자에게 보낸 사본.

98　스코크로프트는 다음에서 인용되었다. TOIW Brent Scowcroft, November 12-13, 1999, GBOHP. 부시의 전기작가 제프리 엥겔(Jeffrey Engel)은 "몰타회담의 결과로 소련-미국 관계에서 측정될 수 있는 것은 거의 없다."며 동의했다. 다음을 참고하라. Engel, When the World, 304.

99　몰타 정상회담의 녹취록은 현재 다양한 형태로 제공되고 있다. 그중에서도 BPL은 날짜별로 미국 측의 비공식 회담용 메모를 날짜별로 온라인에 올렸고, 고르바초프는 소련에서 작성한 기록을 OBB에 공개했다. 베이커는 SMML에 기록을 남겼는데, 이 인용문은 다음에서 확인할 수 있다. "Used by G.B. at initial session, 10am to 11am on board Soviet Cruise Ship MAXIM GORKI," December 2, 1989, folder 9, box 176, 12c/12, SMML; 또한 다음을 참고하라. Sarotte, 1989, 78.

100　"10:10am 12/3—2nd Extended Session (as yesterday—on board the Maxim Gorki)," SMML에서 저자에게 보내온 사본.

101　Beschloss and Talbott, At the Highest Levels, 159-61.

102　하지만 문제가 있었다. EC의 호소가 너무 잘 먹혔다는 점이다. 이제 동독 사람들은 들어오기를 원했지만, "1,700만 명이나 되는 독일인은 너무 많았다." 콜의 논평은 다음을 참고하라. "Gespräch des Bundeskanzlers Kohl mit Präsident Bush, Laeken bei Brüssel, 3. Dezember 1989," DESE 603; 또한, 이에 관한 미국 측의 기록은 다음을 참고하라. Bush-Kohl, December 3, 1989, BPL online. 부시가 동유럽을 고려하기 위해 앞서 열린 회의에서 G7 의제로 추진한 사실과 이와 관련, 유럽부흥개발은행의 설립에 대해서는 다음을 참고하라. Zoellick, America, 437.

103　NATO 정상회의에 대한 자세한 내용은 다음을 참고하라. "Botschafter von Ploetz, Brüssel (NATO), an das Auswärtige Amt," December 4, 1989, AAP-89, 1672-76. 미국-독일 협력에 대한 자세한 내용은 다음을 참고하라. Spohr, Post Wall, 5.

104　스코크로프트의 말에서 인용. TOIW Brent Scowcroft, November 12-13, 1999, GBOHP; 부시와 스코크로프트의 공동 회고록에서 인용. World Transformed, 199; Scowcroft's recollection about his jaw dropping, AIW Scowcroft.

105　"Gespräch des Bundeskanzlers Kohl mit Präsident Bush, Laeken bei Brüssel, 3. Dezember 1989," DESE 604; 또한, 같은 페이지에 있는 노트 9를 참고하라.

106 "Dresdner Kohl-Besuch, Rede bei Kundgebung vor der Frauenkirche," December 19, 1989, 1. 12월 문서에서 확인할 수 있다. http://www.chronik-der-mauer.de/chronik/ #anchor-year1989. "Stood in the crowd" in Putin et al., First Person, 76.

107 총리의 발언 중 "타국의 이익에 관한 것은 존중의 침묵이 이어진 반면, 독일 통일에 대한 언급은 열광적인 박수를 불러일으켰다." Cable from East Berlin to FCO, Telno 488, December 20, 1989, ref. PREM-19-2696_006.jpg, PREM 19/2696 Part 1, PRO-NA.

108 다음에서 인용되었다. Kohl, Erinnerungen 1982-1990, 1020; 이야기 도중에 갑자기 콜은 "조약 공동체라는 개념을 배 밖으로 던져버리고 가능한 한 빨리 연방제 형태의 통일을 이루기 위해 노력했다."라고 말했다. 다음을 참고하라. Hanns Jürgen Küsters, "Helmut Kohl, der Mauerfall, und die Wiedervereinigung 1989/90," in Küsters, Zerfall, 231.

2장

1 1990년대 북대서양조약기구(NATO) 유럽 지역에 배치된 미국 핵무기의 정확한 수와 위치는 비밀로 분류되어 있지만, 1960년대에는 약 8,000기 정도가 배치된 것으로 추정된다; 다음을 참고하라. William Burr, "The U.S. Nuclear Presence in Western Europe, 1954-1962, Part I," July 21, 2020, EBB-714, NSA; 또한 다음을 참고하라. Turner, Germany, 174. On debates over nuclear weapons in Germany, 다음을 참고하라. Trachtenberg, Constructed Peace, 399; on the "Wintex" war game of "'limited nuclear war,'" 다음을 참고하라. Spohr, Post Wall, 1.

2 Scowcroft quotation in TOIW Brent Scowcroft, August 10-11, 2000, GBOHP; Zoellick quoted in Engel, When the World, 327.

3 이 주제에 대한 내 이전 작업의 경우, 다음을 참고하라. Sarotte, 1989; Sarotte, "Broken Promise?"; Sarotte, "Perpetuating U.S. Preeminence"; and Kramer and Sarotte, "Correspondence"; 또한 다음을 참고하라. Marten, "Reconsidering"; Shifrinson, "Deal or No Deal?"; Trachtenberg, "United States"; Westad, Cold War, 6067. 또한 다음을 참고하라. Klaus von Dohnanyi, "Russland im Visier," Die Zeit, June 18, 2019, https://www.zeit.de/2019/26/nato-osterweiterung-russland-horst-teltschik-william-burns/komplettansicht?print; and Horst Teltschik, "Die Legende vom gebrochenen Versprechen," Die Zeit, July 11, 2019, https://www.zeit.de/2019/29/nato-osterweiterung-versprechen-1990-usa-sowjetunion.

4 Baker, Politics, 32; AIW Blackwill; AIW Zoellick.

5 "Letter from Mr Powell (No. 10) to Mr Wall [PREM: Internal Situation in East Germany]," January 31, 1990, DBPO 235-36.

6 Memcon, Bush-Thatcher, November 24, 1989, BPL online.

7 1990년 1월 12일, 겐셔의 소련 정치 분석에 따르면 모스크바는 다음에 무엇을 할지 결정하지 않았으며 "정치적 가능성의 스펙트럼"을 가지고 있다고 결론지었다; 다음을 참고하라. "Vorlage des Referatsleiters 213, Neubert, für Bundesminister Genscher,

Haltung der Sowjetunion zur deutschen Frage," January 12, 1990, DE 210.

8. 처음에는 워싱턴과 본 사이의 친밀감이 점점 커지는 것을 의식하지 못했던 그는 1990년 초에 4자 회담을 더 많이 조직하려고 계속 노력했지만 소용이 없었다. 다음을 참고하라. 1989년 12월과 1990년 1월에 B130-13.524E, PAAA에서 이 문제와 관련하여 이루어진 여러 차례의 통신. 베이커는 1990년 1월에 영국 측에 워싱턴이 결정했다고 전달했습니다: "
4개국 포럼은 독일 전체에 대한 협상 장소로 적절하지 않다": "Secretary of State's Visit to Washington: Meeting with Baker," in Sir A. Acland (Washington) to FCO, January 30, 1990, DBPO 232.

9. Quotations in "Vorlage des Referatsleiters 213, Neubert, für Bundesminister Genscher," January 12, 1990, DE 210, 213.

10. "The Direction of Change in the Warsaw Pact," National Intelligence Council, 21 NIC M-90-100002, April 1990 (the report notes that it is based on information available as of March 1, 1990), CWIHPPC.

11. 이 양보는 폴란드나 동독에 영향을 미치지 않았지만, 소련군의 주둔은 1945년 협정 및/또는 점령권에 의존했다. 이 양보는 헝가리와 체코슬로바키아에 새로운 돌파구를 마련했다; 다음을 참고하라. "BM-Vorlage des RL 201, VLR I Dreher, Betr.: Sowjetische Streitkräfte in den nichtsowjetischen Warschauer-Pakt-Staaten, hier: Stationierungsgrundlagen und Perspektiven," Ref. 213, Bd. 151690, January 23, 1990, DE unpub, PA-AA; 또한 다음을 참고하라. "Vorlage des Referatsleiters 201, Dreher, für Bundesminister Genscher," February 7, 1990, DE 239-42; "Agreement Concerning the Withdrawal of Soviet Troops Temporarily Stationed on the Territory of the Hungarian Republic, 11th March 1990," in Freedman, Europe Transformed, 510-12.

12. Kwizinskij, Vor dem Sturm, 24.

13. Baker discussion with Soviet finance minister, Memcon, March 14, 1990, folder 15, box 108, 8/8c, SMML; Zubok, "With His Back," 627-29.

14. 보조금에 대해서는 다음을 참고하라. "Gespräch des Bundeskanzlers Kohl mit Botschafter Kwizinskij," February 2, 1990, DESE 747n4; 또한 다음을 참고하라. "Vorlage des Ministerialdirektors Teltschik an Bundeskanzler Kohl," January 29, 1990, DESE 722-24; Küsters, "Entscheidung," DESE 79-81. 주보크가 말한 대로, 셰바르드나제는 서방 파트너들, 특히 미국 국무장관 제임스 베이커를 '반동'과 '독재' 세력에 맞서 싸우는 핵심 동맹으로 보기 시작했다. 그는 민족적 배경이 조지아인으로서, 식량 부족과 같은 위기 상황에서 소련-러시아 강경파들의 자연스러운 희생양이 될 수 있다는 점을 우려했으며, 위기가 악화되는 것을 막고자 했다; Zubok, "With His Back," 627.

15. Hanns Jürgen Küsters, "Helmut Kohl, der Mauerfall, und die Wiederver einigung 1989/90," in Küsters, Zerfall, 231-32; on canceling all foreign travel, 다음을 참고하라. Zubok, "With His Back," 626.

16 Falin, Politische Erinnerungen, 466, argued "die Außenpolitik wurde zur geheiligten Zone Gorbatschows, in allen Erfolgen und Mißerfolgen trägt sie seine Handschrift." 또한 다음을 참고하라. Küsters, "Entscheidung," in DESE 86-87.

17 체르냐예프의 원본 메모는 GFA에 있습니다. 이 메모는 여러 버전으로 출판되었다. CNN은 맨 위에 "GDR-FRG"라고 적혀 있고 "1990년 1월 27일"과 유사한 날짜가 적힌 손으로 쓴 메모의 이미지를 Confidential CNN Cold War Briefing Book에 재현했다. 이 책은 CNN이 1998년 TV 시리즈 Cold War의 부록으로 자체 출판 및 배포했다. 메모의 타이핑된 버전(나중에 불분명한 날짜에 텍스트가 추가되었고 저자 표시는 없음)은 다음에서 확인할 수 있다. "Обсуждение германского вопроса на узком совещании в кабинете Генерального секретаря ЦК КПСС," МГ, 307-11; and "Diskussion der deutschen Frage im Beraterstab von Generalsekretär Gorbačev," MGDF 286-90, 두 자료 모두 날짜를 1990년 1월 26일로 기재하고 있다. 하지만 이후 알렉산더 폰 플라톤과의 인터뷰에서 체르냐예프는 정확한 날짜는 1990년 1월 25일이라고 밝혔다. Von Plato, Vereinigung, 188. CNN은 체르냐예프의 메모 사본이 GFA에서 직접 입수되었으며, GFA가 CNN에 다음과 같은 내용을 알렸다고 밝혔다." 이 메모는 고르바초프의 보좌관 A. 체르냐예프의 메모이다. 이 메모는 회의 직후에 작성되었으며, 회의는 다른 방식으로 기록되지 않았다." 기록 보관소는 "이 메모는 원본을 포함하여 결코 완전하지 않다. 저자는 자신의 연설과 팔린, 아크로메예프, 샤흐나자로프의 발언을 포함하지 않았다"라고 덧붙였다. The German translation (MGDF 291) includes the almost identical note that "im Verlaufe der Erörterung äußerten sich auch ausführlich Falin, Šachnazarov, Fedorov, Achromeev und Černjaev. Die Aufzeichnung wurde unmittelbar nach der Sitzung angefertigt, bei der kein Stenogramm (und selbst kein Protokoll) geführt wurde. Die Aufzeichnung ist unvollständig." 다시 말해, 팔린의 발언은 전혀 기록되지 않았다. 당시 그가 다른 발언과 글을 쓰고 있었다는 점을 고려하면, 그는 논의 내용에 반대했을 것으로 추정된다. 체르냐예프가 팔린과 다른 강경파 인사들의 발언을 생략한 것은 (그와 고르바초프의 친서방적 발언과는 대조적으로) 그의 기록을 더욱 친서방적인 방향으로 왜곡했을 가능성이 있다. 팔린은 회고록 《정치적 에린네룽겐》(Politische Erinnerungen, 490)에서 이 회의에 대해 다음과 같이 기술한다. 회의는 결의로 끝나지 않고 열린 질문들로 끝났다고 한다. "Die Vereinigung Deutschlands soll die NATO nicht an unsere Grenze bringen. Wie ist das zu bewerkstelligen? Man muß darüber nachdenken. Die Sitzung des Krisenstabs endet in dem Tenor: Alles haben sich gründlich Gedanken zu machen." On this problem with the source, 다음을 참고하라. Sarotte, "Führungsduo?"; for larger context, 다음을 참고하라. Stent, Russia, 104-5.

18 Chernyaev notes, GFA; MGDF 286-91. 또한 다음을 참고하라. "Vorlage des Ministerialdirektors Teltschik an Bundeskanzler Kohl," January 29, 1990, DESE 722-24; Küsters, "Entscheidung," DESE 86-87.

19 MGDF 287; 이러한 움직임의 일환으로 정치국 위원회는 군대 철수를 검토하기 시작

했지만, 고르바초프는 소련군이 미군이 서독에 남아 있는 한 주둔할 것을 예상할 수 있도록 허용했다; Zubok, "With His Back," 634.

20 Chernyaev notes, GFA; 또한 다음을 참고하라. MGDF 289. 고르바초프가 이 시기에 독일 통일 문제에 대해 어떻게 생각했는지 더 알고 싶다면, 다음을 참고하라. "За Германию, единое отечество," МГ 325-26.

21 "Die 'Vereinigung der Deutschen' wird nicht 'in Zweifel gezogen,'" MDR. de, https://www.mdr.de/zeitreise/gorbatschow-deutsche-einheit-100.html; 서독 외무부는 고르바초프의 발언 시점을 특별히 주목했다. "Der Zeitpunkt von Gorbatschows Äußerungen (Bildtermin vor Beginn des Gesprächs mit Modrow) macht deutlich, daß der Besuch des DDR-Ministerpräsidenten zwar den Anlaß gegeben, Ihren Inhalt jedoch nicht beeinflußt hat": "Aufzeichnung...Lambach," January 31, 1990, AAP-90, 89. 또한 다음을 참고하라. "Botschaft von Michail Gorbatschow," November 24, 1989, in Nakath, Neugebauer, and Stephan, "Im Kreml," 69-72.

22 "Vorlage des Referatsleiters 213, Neubert, für Bundesminister Genscher," January 31, 1990, DE 225. For more on Neubert, 다음을 참고하라. AAP-1989, 1904; Sarotte, "Führungsduo?" When Gorbachev, on February 2, 1990, invited Kohl to Moscow, the invitation seemed to validate Neubert's words; "Schreiben des Generalsekretärs Gorbatschow an Bundeskanzler Kohl," February 2, 1990, DESE 748-49.

23 Genscher quoted in "Botschafter von Ploetz, Brüssel (NATO), an das Auswärtige Amt," December 15, 1989, AAP-89, 1758.

24 Genscher did so at the FDP Drei-Königs-Treffen in early January 1990, according to Von Arnim, Zeitnot, 265. 당시 서독 외무부의 내부 가정은 다음과 같았다. "eine sowjetische Zustimmung zur Einbeziehung der DDR in den NATO-Verbund [ist] nicht vorstellbar." "Aufzeichnung des Staatssekretärs Sudhoff," January 11, 1990, AAP-90, 32.

25 "Rede in der Markt-Kirche in Halle," December 17, 1989, in Genscher, Un terwegs, 238.

26 "Rede des Bundesministers des Auswärtigen, Hans-Dietrich Genscher, zum Thema 'Zur deutschen Einheit im europäischen Rahmen,' bei einer Tagung der Evangelischen Akademie Tutzing, am 31. Januar 1990," reprinted in Kiessler and Elbe, Ein runder Tisch, 245-46; in English in Freedman, Europe Transformed, 436-45; on US reactions, 다음을 참고하라. SDC 1990-Bonn-03400, February 1, 1990, EBB-613, NSA; Sarotte, 1989, 104.

27 Bush and Scowcroft, World Transformed, 237. Thatcher was taken aback as well; 다음을 참고하라. Letter from Mr. Powell (No. 10) to Mr Wall, January 31, 1990, DBPO 233; AIW Zoellick; Zelikow and Rice, To Build, 228.

28 "Memorandum for Brent Scowcroft," January 26, 1990, my 2008-0655-MR, BPL. On Bush's and his advisors' guesses at the motive, 다음을 참고하라. "Notes from Jim Cicconi [notetaker] re: 7/3/90 pre-NATO Summit briefing at Ken nebunkport," and "Briefing of Pres on NATO summit at Walker's Pt," folder 3, box 109, 8/8c, SMML. On the Hungarian

desire to get all Soviet troops out as soon as possible, ideally before the end of 1990, 다음을 참고하라. "Gespräch des Bundesministers Genscher mit dem ungarischen Außenminister Horn in Budapest," November 23, 1989, AAP-89, 1602.

29 SDC 1990-Bonn-14094, May 4, 1990, DS-ERR. For more on the Hungarian troop withdrawal, 다음을 참고하라. "소련 군대의 철수 관한 협정," 510-12. 소련의 체코슬로바키아 철수 관련 자세한 내용은 다음을 참고하라. "Из беседы М.С. Горбачева с А. Дубчеком," May 21, 1990, МГ 446-47.

30 "55. Deutsch-französischen Konsultationen, Paris," April 26, 1990, DESE 1057. A few years 몇 년 후, 에스토니아인들은 클린턴 행정부와 유사한 소식을 전했다. 즉, 자국 영토에 있던 구소련 군대가 "핵 첨단 미사일을 포함한 모든 종류의 무기를 밀수하고 조직 범죄와 밀접한 관련이 있었기 때문에 국내 안보 위협"이라고 주장했다: "Estonian PM Laar's Meeting with Depsec Talbott and U/S Tarnoff," April 18, 1994, DS-ERR.

31 Genscher, Erinnerungen, 715.

32 Quotation from SDC 1990-State-036191, February 3, 1990, "Subject: Baker/ Genscher Meeting February 2," 2008-0620-MR, BPL; related papers in folder 14, box 108, 8/8c, SMML; for the British reaction, 다음을 참고하라. Sir A. Acland (Washington) to Mr. Hurd, February 5, 1990, on the subject of "Genscher's Visit to Washington: 2 February," DBPO 254-55. 또한 다음을 참고하라. Al Kamen, "West German Meets Privately with Baker," Washington Post, February 3, 1990; Al Kamen and R. Jeffrey Smith, "Baker Carrying Crowded Agenda to Moscow Talks," Washington Post, February 4, 1990; Genscher, Erinnerungen, 716-19.

33 대처는 마침내 "미국과 프랑스가 더 이상의 네 가지 권력 행사에 동의할 가능성이 거의 없다"는 것을 받아들였다. Letter from Mr. Powell (No. 10) to Mr. Wall, February 6, 1990, DBPO 264.

34 다음을 참고하라. Falin, Politische Erinnerungen, 491-92.

35 그들의 보좌관들은 회의 직전에 여섯 가지 권력 개념에 대해 이야기했다: Genscher, Erinnerungen, 716-19; Zelikow and Rice, Germany Unified, 174-77. On the meeting itself 다음을 참고하라. "JAB notes from 2/2/90 press briefing following 2½ hr meeting w/FRG FM Genscher, WDC," folder 14, box 108, 8/8c, SMML.

36 Genscher's summary of Bush's view in Genscher, Erinnerungen, 718-19. 겐셔는 1990년 2월 2일 금요일에 베이커를 만났다고 진술했다. 이후 백악관에서 부시 대통령을 만났고, 부시 대통령은 베이커와 논의한 내용을 승인했으며, 같은 날 서독으로 돌아갔다. SMML에 기재된 베이커의 일정표에 따르면, 베이커와 겐셔는 오후 5시 15분에 만나 오후 7시 45분경 기자회견을 가졌다(이에 대한 수많은 언론 보도도 있다). 그러나 부시 대통령은 그날 오전 8시 28분에 노스캐롤라이나와 테네시에서 열리는 행사에 참석하기 위해 출발하여 주말 동안 캠프 데이비드로 이동한 후 백악관으로 돌아오지 않았다. 따라서 1990년 2월 2일 베이커와의 회담 후 부시 대통령이 자신을 백악관

으로 맞이했다는 겐셔의 기억은 부정확하다. 겐셔가 언급한 부시 대통령과의 대화가 언제 이루어졌는지는 명확하지 않다. 1990년 2월 2일-3일 부시의 일정을 제공해주신 BPL의 Zachary Roberts에게 감사드린다.

37 SDC 1990-State-036191, February 3, 1990.
38 "Gespräch des Ministerialdirektors Teltschik mit Botschafter Walters, Bonn, 4. Februar 1990," DESE 756-57, discussing "Zentraleuropa."
39 Hutchings, American Diplomacy, 114.
40 다음을 참고하라. the summary of Washington's skepticism toward Genscher in Küsters, "Entscheidung," DESE 91. On the concept of "Genscherism" as used in the debate over short-range nuclear forces, 다음을 참고하라. Kirchner, "Genscher and What Lies behind 'Genscherism,'" 159-77.
41 Mr. Hurd to Sir C. Mallaby, Bonn, February 6, 1990, "Secretary of State's Call on Herr Genscher: German Unification," DBPO 261-62; 또한 다음을 참고하라. Sarotte, "Perpetuating."
42 "Ministerbüro, Bonn, den 07.02.1990, Vermerk, Betr.: Gespräch BM mit britischem AM Hurd am 06. Februar 1990," in ZA 178.927E, PA-AA; 또한 다음을 참고하라. Spohr, "Germany, America," 237n69.
43 영국 외무장관은 본에 있는 동안 콜에게 이 불만을 직접 전달할 기회가 있었다; 다음을 참고하라. Letter from Mr. Wall to Mr. Powell (No. 10), "Foreign Secretary's Call on Chancellor Kohl: 6 February," February 7, 1990, DBPO 270.
44 "Ministerbüro, Bonn, den 07.02.1990, Vermerk, Betr.: Gespräch BM mit britischem AM Hurd am 06. Februar 1990"; Mary E. Sarotte, "Diplomatie in der Grauzone," Süddeutsche Zeitung, November 7-8, 2009; and Sarotte, "Enlarging NATO, Expanding Confusion," New York Times, November 29, 2009.
45 1990년 2월 2일에 일주일 후 방문을 위한 회의 일정에 대해, 다음을 참고하라. Teltschik, 329 Tage, 124.
46 "Memorandum for the President, From: Brent Scowcroft, Subject: Trip Report: Wehrkunde Conference in Munich, FRG, Feb. 3-4, 1990," in my 2008-0655-MR, BPL.
47 "Trip Report: Wehrkunde Conference"; 또한 다음을 참고하라. Küsters, "Entscheidung," DESE 90-92; Teltschik, 329 Tage, 127.
48 AIW Zoellick. For a draft of a message to the German chancellor, 다음을 참고하라. Memorandum for Brent Scowcroft, from Philip Zelikow, "Message to Kohl," February 8, 1990, my 2008-0655-MR, BPL.
49 "Trip Report."
50 "Rede von Hans-Dietrich Genscher vor der SIPRI-IPW-Konferenz in Potsdam," February 9, 1990, ADDR 457.
51 Quotation in "Deutsch-französische Direktorenkonsultation in Bonn," February 8, 1990,

DE 253.
52 Von Arnim, Zeitnot, 265.
53 "DB Nr. 551 des Botschafters Blech (Verf.: v. Arnim), Moskau, an AA, Erörterung der dt. Frage im Plenum des ZK der KPdSU vom 05.02-07.02," DE unpub, PA-AA. On von Arnim's opposition to Genscher, 다음을 참고하라. Gerhard A. Ritter, "Deutschland und Europa," in Brauckhoff and Schwaetzer, Genschers Außenpolitik, 224-25. Von Arnim's colleague in Moscow, the French ambassador, similarly informed Paris that Soviet leaders were still swinging between extremes concerning German unification, and in particular between "deux stratégies (celle du blocage—celle du marchandage)"; 다음을 참고하라. "Télégramme de Jean-Marie Mérillon, ambassadeur de France à Moscou, à Ro-land Dumas," February 8, 1990, DFUA 209-12.
54 텔치크는 폰 아르님의 회고록에 서문을 기고하여 두 사람의 접촉을 확인했다. "Vorwort von Horst Teltschik," in von Arnim, Zeitnot, 7-10, quotations at 266-67; AIW Teltschik.
55 Von Arnim, Zeitnot, 268.
56 "Aufzeichnug des Ministerialdirigenten Hartmann," January 29, 1990, DESE 733-34.
57 Sir C. Mallaby (Bonn) to Mr Hurd, February 5, 1990, DBPO, 254.
58 "Vorlage des Ministerialdirektors Teltschik an Bundeskanzler Kohl," n.d., but from context between February 7 and 9, 1990, DESE 772.
59 AIW Ross; AIW Zoellick.
60 Sarotte, "How to Enlarge NATO," 7.
61 "The Beginning of the Big Game," Memorandum for Brent Scowcroft, from Robert Blackwill, February 7, 1990, my 2008-0655-MR, BPL. 또한 다음을 참고하라. "Vorlage des Referatsleiters 201, Dreher, für Bundesminister Genscher," February 7, 1990, DE 242-43.
62 "Speech by NATO Secretary General Manfred Worner [sic], Hamburg, 8 February 1990," in Freedman, Europe Transformed, 466; Zelikow and Rice, To Build, 233-34.
63 베이커의 1990년 2월 여행은 1989년 5월 방문에 이어 두 번째로 소련을 방문한 것이었다. Baker, Politics, 72-83.
64 David Remnick, "Protesters Throng Moscow Streets to Demand Democracy," Washington Post, February 5, 1990. For more on the problems then facing Moscow, 다음을 참고하라. 베이스링거, 민족주의 동원; 코트킨, 아마게드돈의 위기 모먼; 선, 과거의 복수. 이 책의 서문에서 언급된 대로, 베이커는 모스크바로 향하는 길에 체코슬로바키아 지도부와 대화했으며 소련의 권력이 얼마나 약화되고 있는지 들었다. 그의 대화 요약을 더 자세히 인용하는 것이 가치가 있다. 베이커는 길에서 부시에게 비밀리에 보고하며, 체코슬로바키아 지도부의 당시 주요 목표는 "소련을 내보내는 것"이었다고 전했다. 체코슬로바키아 측이 베이커에게 말한 대로, "소련은 1968년 어느 날 들어왔는데, 왜 소련은 떠나는데 이렇게 오래 걸리는가?" 체코슬로바키아인들은 "나토가 [바

르샤바] 협정을 정당화했다고 우려하며, 그와 아무런 관계도 원하지 않는다; 그들에게 동맹은 분열된 유럽을 의미한다"고 했다. 즉, 체코슬로바키아 지도자들은 베이커와 나토의 미래에 대해 겐셔와 유사한 용어로 논의했다: 유럽의 통일을 위해 동맹은 역할을 축소해야 하며, 이는 모스크바의 철수를 용이하게 할 것이다. 고르바초프와의 회담 하루 전, 베이커는 독일 통일과 중앙 및 동유럽의 미래 사이의 연관성을 이해하고 있음을 보여주며, "NATO 내에서 독일의 통일을 관리하는 것은 이 중앙 유럽인들에게 매우 중요할 수 있다"고 언급했다. SDC 1990-SECTO-01009, Memorandum for the President, from James Baker, "My Visit to Czechoslovakia," February 8, 1990, SSSN USSR 91126-003, BPL.

65 "독일 통일 문제에 대한 유럽 국민투표"에 대한 결론적이지 않은 언급도 있었다. Memcon, Baker-Shevardnadze, Ob sobuyak Guest House, February 9, 1990, 9:00-10:00am, EBB-613, NSA.

66 "JAB notes from 2/7-9/90 Ministerial Mtgs., w/ USSR FM Shevardnadze, Moscow USSR," note "GERMANY 2/8/90," in folder 14, box 108, 8/8c, SMML; 또한 다음을 참고하라. copies in folder 13, box 176, 12/12b; and Baker, Politics, 202-6.

67 이 대화에는 여러 출판된 출처가 있다. Baker's summary appears in English under the German title "Schreiben des Außenministers Baker an Bundeskanzler Kohl, 10. Februar 1990," DESE 793-94. Gorbachev reproduces parts in both "Из беседы М.С. Горбачева с Дж. Бейкером, 9 февраля 1990 года," МГ, 332-38; and, broken into different sections, in "Из беседы с Джеймсом Бейкером Москва, 9 февраля 1990 года," Овв 250-54, 349-50, 377-80. Various other translations and excerpts exist as well, but these sources are among the most useful.

68 "Nuclear potential" quotation in Овв 378-80; Baker's question in both DESE 794 and МГ 338; "zone" and "we agree" quotations in МГ 338.

69 고르바초프는 나중에 이를 독일에 대한 "타협의 길을 열어준" 순간이라고 설명했다; Gorbachev, Memoirs, 529; 또한 다음을 참고하라. Филитов, Германия, esp. chap. 8.

70 Von Arnim, Zeitnot, 286.

71 Gates, From the Shadows, 476-77 (on an earlier meeting in May 1989), 491-92 (on February 1990). 또한 다음을 참고하라. Engel, When the World, 330-32; Shifrinson, "Deal or No Deal?," 24.

72 Memcon, Gates-Kryuchkov, KGB Headquarters (New Building), Dzerzhinskaya Square, Moscow, February 9, 1990, 1500-1715, EBB-691, NSA.

73 In Gates's view, "Gorbachev had better watch out"; Gates, From the Shadows, 491.

74 Baker, Politics, 206; Teltschik, 329 Tage, 137.

75 "Schreiben des Außenministers Baker an Bundeskanzler Kohl," DESE 794.

76 Teltschik, 329 Tage, 135-36.

77 다음을 참고하라. the note about the February 8, 1990 signing of an accord about food-

stuffs in "Gespräch des Bundeskanzlers Kohl mit Botschafter Kwizinskij," February 2, 1990, DESE 747n4.

78 "Internalized" quotation in Zelikow and Rice, Germany Unified, 187; 또한 다음을 참고하라. 423n62.
79 "Schreiben des Präsidenten Bush an Bundeskanzler Kohl, 9. Februar 1990," DESE 784–85; "Speech by NATO Secretary General Manfred Worner [sic], Hamburg," February 8, 1990, 466.
80 Von Arnim, Zeitnot, 287; on the venue, 다음을 참고하라. Myers, New Tsar, 188.
81 "8. Februar 1990," BzL 95–96.
82 "Из беседы М.С. Горбачева с Г. Колем один на один," February 10, 1990, МГ 345; and "Gespräch des Bundeskanzlers Kohl mit Generalsekretär Gorbatschow, Moskau, 10. Februar 1990," DESE 799. 또한 다음을 참고하라. the discussion in Teltschik, 329 Tage, 137–43.
83 "Gespräch BM mit AM Schewardnadse am 10.02.1990 im Kreml (16.00 bis 18.30 Uhr)," February 11, 1990, ZA178.928E, PA-AA.
84 "Gespräch des Bundeskanzlers Kohl mit Generalsekretär Gorbatschow, Moskau, 10. Februar 1990," DESE 799–800; 또한 다음을 참고하라. DE 226n8.
85 "Из беседы М.С. Горбачева с Г. Колем один на один," 10 February 1990, МГ 351. 이 문구는 독일이 국가를 만들면 "블록 프리"여야 한다는 조건을 추가한 페일린의 브리핑 논문에서 유래했다. 페일린은 회고록에서 이 단어가 "중립"보다 더 수용 가능한 것처럼 들리기 때문에 신중하게 선택했다고 썼다; Falin, Kon flikte, 159.
86 "Gespräch des Bundeskanzlers Kohl mit Generalsekretär Gorbatschow, Moskau, 10. Februar 1990," DESE 801–5.
87 Teltschik는 이 사건들을 다룬 책의 일부를 이렇게 불렀다. "Grünes Licht in Moskau"; Teltschik, 329 Tage, 137–46.
88 "Gespräch des Bundeskanzlers Kohl mit Generalsekretär Gorbatschow, Moskau, 10. Februar 1990," DESE 807.
89 나중에 러시아 지도자 중 한 명은 특히 2월 10일부터 서면 결론이 나오지 않은 것을 후회할 것이다; Примаков, Встречи, 211.
90 "Delegationsgespräch des Bundeskanzlers Kohl mit Generalsekretär Gorbatschow," February 10, 1990, DESE 809.
91 Von Arnim, Zeitnot, 288.
92 Excerpts from television coverage of February 10 are online at https://www.youtube.com/watch?v=AWPecuWX7Pg; "Erklärung des Bundeskanzlers Kohl vor der Presse am 10. Februar 1990 in Moskau," DESE 812–13.
93 Genscher, Erinnerungen, 724; Teltschik, 329 Tage, 142.
94 그들은 공동 회고록에서 "콜이 회의 직후 부시 대통령에게 전화하지 않았기 때문

에… 콜의 기자회견 발언을 들으니 안심이 되었다"고 회상했다; Bush and Scowcroft, World Trans formed, 241.

95 Falin, Konflikte, 162.
96 TSM Collection, HIA. 이 기록들은 두 가지 형태로 존재한다: 사건 중에 작성된 것으로 추정되는 축약된 메모와 일기다. The information above is drawn from the diary entry for February 12-13, 1990, 331-32, also published in translation in EBB-613, NSA; the NSA version gives it the date of February 12, 1990. 또한 다음을 참고하라. Zubok, "With His Back," 631.
97 예를 들어, 대처와의 대화에서 다음을 참고하라. "Gespräch des Bundesministers Genscher mit der britischen Premierministerin Thatcher in London," February 14, 1990, DE 268. 또한 다음을 참고하라. Mr. Fall (Ottawa) to FCO, February 13, 1990, DBPO 288; and "Gespräch der Außenminister Gen-scher, Baker, Dumas und Hurd in Ottawa," February 11, 1990, DE 254-56.
98 Genscher statements in von Arnim, Zeitnot, 288-90.
99 Teltschik, 329 Tage, 143.
100 GDE, vol. 4, 247.
101 Telegramm aus Moskau, Nr. 602 vom 11.02.1990, 1028 OZ, An: Bonn AA, and "Meeting between Mikhail Gorbachev and Helmut Kohl" (document in English in German archive), both in Reisen, Konsultationen BK, ZA151.638E, PA-AA; von Arnim, Zeitnot, 289.
102 see, for example, Dieter Kastrup's use of the TASS press announcement with skeptical Soviet negotiators in "Gespräch des Leiters der Politischen Abteilung, Kastrup, mit dem sowjetischen stellvertretenden Außenminister Adamischin in Genf," March 2, 1990, DE 324-25, also note 32 on the same pages.
103 These quotations, from the Gorbachev-Modrow telcon of February 12, 1990, appear in both MΓ 362 and MGDF 339.
104 The original phrase in German was "betont unspektakulaer." Telegramm aus Moskau, Verfasser: Haller, No. 629 vom 13.02.1990, 1415 OZ, in Reisen, Konsultationen BK, ZA151.638E, PA-AA.
105 Letter from Mr. Powell (No. 10) to Mr. Wall, February 10, 1990, DBPO 282.
106 Quotation from recorded AIW Hurd, SMML. 또한 다음을 참고하라. 허드는 회고록 384쪽에서 이렇게 덧붙인다. "나는 그가 통일을 가능한 한 빨리 추진한 것에 대해 (콜)을 비난한 적이 없다. 그것은 정당한 리더십이었으며, 마거릿 대처도 그의 위치에서 똑같이 했을 것이다… 창문이 좁아서 그는 서둘러 지나가다가 작은 유리잔을 깨뜨렸지만, 예상했던 것보다 적었다."
107 Zelikow and Rice, Germany Unified, 190.
108 Baker, Politics, 208; for Baker's travel schedule, 다음을 참고하라. https://history.state.gov/departmenthistory/travels/secretary/baker-james-addison.

109 Hutchings, American Diplomacy, 114.
110 "NATO-Ministerratstagung in Ottawa," February 13, 1990, DE 263; 또한 다음을 참고하라. "Drahtbericht des Botschafters von Ploetz, Brüssel (NATO)," February 17, 1990, DE 271-76, on "zunehmende Zeichen der Verstimmung bei kleineren Bündnispartnern."
111 "Drahtbericht des Botschafters Knackstedt, Warschau," February 19, 1990, DE 276.
112 TSM Collection, Diary, February 13, 1990, HIA.
113 Baker, Politics, 209, 213.
114 Scowcroft and Baker quotations in Baker, Politics, 213.
115 1990년 2월 13일의 부시-콜 전화 통화는 동부 시간으로 오후 1시 49분과 3시 1분에 시작되며, 영어로 제공된다. 이 전화 통화는 하드 카피 문서 모음집 "냉전 종식"에서 확인할 수 있다. NSA, and in German, DESE 826-28; 다음을 참고하라. esp. 828. 또한 다음을 참고하라. Sarotte, 1989, 121-23, and the relevant dates of the TSM Collection, HIA.
116 Baker, Politics, 215.
117 캐나다 정부는 나중에 서독 외무부에 직접 불만을 제기했다; 다음을 참고하라. "Drahtbericht des Botschafters Behrends, Ottawa," February 23, 1990, DE 304.
118 Memcon, Bush-Mulroney, April 10, 1990, BPL online.
119 "To: Secretary Baker," March 20, 1995, and attachments, in folder 2, box 184, SMML; Baker, Politics, 11, 524, 648; 또한 다음을 참고하라. Baker and Glasser, The Man, 526-28.
120 Quotations in Gates, From the Shadows, 456; 또한 다음을 참고하라. Bush and Scowcroft, World Transformed, 243-35. On tension between Baker and Gates, 다음을 참고하라. AIW Zoellick; on the relationship between Gates and Scowcroft, and how Gates "glued himself to my side," 다음을 참고하라. TOIW Brent Scowcroft, August 10-11, 2000, GBOHP.
121 Robert Blackwill, "Six Power Conference," February 13, 1990, my 2008-0655-MR, BPL.
122 Memorandum for Brent Scowcroft, from Condoleezza Rice, "Preparing for the German Peace Conference," February 14, 1990, my 2008-0655-MR, BPL.
123 TOIW Richard B. Cheney, March 16-17, 2000, GBOHP.
124 "Proposed Agenda for Meeting with the President, Friday, February 16, 1990, 1:30pm," folder 7, box 115, 8/8e, SMML.
125 The quotation is Szabo's summary of what Zoellick said, in Szabo, Diplomacy, 59.
126 "Proposed Agenda for Meeting with the President, Friday, February 16, 1990, 1:30pm"; "Our Objectives for Chancellor Kohl's Visit," n.d., but appears to be an attachment to "Note for Bob Blackwill," from the Counselor [Robert Zoellick], Dept. of State, February 22, 1990, my 2008-0656-MR, BPL.
127 "Two Plus Four: Advantages, Possible Concerns and Rebuttal Points," February 21, 1990, EBB-613, NSA; Shifrinson, "Deal or No Deal?," 35.

128 Memorandum for Brent Scowcroft, from Condoleezza Rice, "German-Soviet Diplomacy," February 23, 1990, my 2008-0759-MR, BPL. 스코크로프트는 손으로 이렇게 적었다. "좋은 시작이지만 후반이 필요하다. 독일과 프랑스/영국, 나머지 동맹국, 미국과의 관계에 대한 이러한 거래의 영향을 더 자세히 설명해야 한다."

129 "Our Objectives for Chancellor Kohl's Visit," n.d., but from context mid-February 1990, in 2008-0654-MR, BPL. 이 문서는 "FRG와 소련 간의 논의에서 완전한 브리핑을 받지 못했다고 생각한다. 예를 들어, 총리가 모스크바로 여행할 것이라는 소련의 이야기를 들을 필요는 없습니다."라는 불만을 덧붙인다.

130 "Note for Bob Blackwill," from the Counselor [Robert Zoellick], Dept. of State, February 22, 1990, and attachments, my 2008-0656-MR, BPL.

131 Memorandum for Brent Scowcroft, from Robert Blackwill, "State Department Papers on Two Plus Four Talks," February 23, 1990, MR-2008-0656-MR; 또한 다음을 참고하라. my 2008-0654-MR, BPL.

132 "Konstituierende Sitzung der Arbeitsgruppe Außen-und Sicherheitspolitik des KADE, Bonn, 14. Feb. 1990," DESE 830-31; 또한 다음을 참고하라. "Runderlass des Referatsleiters 200, von Jagow," February 21, 1990, DE 283-84n14, which refers to Stoltenberg's views appearing in a newspaper article called "Stoltenberg will ein Deutschland in der NATO," February 17, 1990, FAZ, and Genscher responding in a radio interview the same day; 또한 다음을 참고하라. the report of the Cabinet committee meeting of February 14, 1990, in AAP-90, 157-63; 또한 다음을 참고하라. Hanns Jürgen Küsters, "Helmut Kohl," in Küsters, Zerfall, 234; and Stent, Russia, 117-19.

133 다음을 참고하라. their joint statement, "Sicherheitspolitische Fragen eines künftigen geeinten Deutschlands—Erklärung des Bundesministers des Auswärtigen und des Bundesministers der Verteidigung," February 19, 1990, reprinted in Die Bundesregierung Bulletin, no. 28/90, February 21, 1990. 또한 다음을 참고하라. the analysis of Genscher's victory over Stoltenberg in Telegram, "Sir A. Acland (Washington) to FCO," February 24, 1990, DBPO 307n6.

134 "No expansion" quote in "Runderlass des Referatsleiters 200, von Jagow," February 21, 1990, DE 283; quotation about Horn's comments in "Gespräch des Bundesministers Genscher mit dem italienischen Ministerpräsidenten Andreotti und Außenminister de Michelis in Rom," February 21, 1990, DE 289. On the reaction to Horn's remarks inside NATO—questioning whether it was serious—see Kecskés, View from Brussels, 15.

135 국무장관에게 드리는 메모, 로런스 이글버거 작성, "헝가리, 폴란드, 오스트리아, 유고슬라비아 방문 소감", March 1, 1990, Robert L. Hutchings Files, Eastern European Collection, CF01502-005, BPL; 본 메모는 서론에서 언급된 바와 같이 1990년 2월 20일부터 27일까지의 그의 출장을 기술하고 있다.

136 처음에 백악관은 콜과의 불화에도 불구하고 겐셔가 캠프 데이비드에도 오기를 원했

다. 베이커는 본을 중복해서 다루는 것에 지쳤고 두 사람과 함께 이야기하고 싶었지만 콜은 겐셔가 캠프 데이비드에 동행하는 것을 허락하지 않은 것 같다. 다음을 참고하라. Baker's views on this matter, handwritten on his copy of the "Proposed Agenda for Meeting with the President, Friday, February 16, 1990, 1:30 p.m."; 또한 다음을 참고하라. Sarotte, 1989, 126; and Hutchings, American Diplomacy, 121-22. For Kohl's account, 다음을 참고하라. Kohl, Erinnerungen 1982-1990, 1080.

137 "Meetings with Chancellor Helmut Kohl, Date: February 24-25, 1990, Location: Camp David" (preparatory papers), n.d., but from context just before February 24, 1990, in my 2008-0618-MR, BPL. For more on the role of Congress in foreign policy, 다음을 참고하라. Lindsay, Congress.

138 Both the British and the US versions of this memcon have been released, the former published—Letter from Mr. Powell (No. 10) to Mr. Wall, February 24, 1990, DBPO 312—and the latter online: Telcon, Bush-Thatcher, February 24, 1990, BPL online.

139 Telcon, Bush-Thatcher, February 24, 1990, BPL online. For more on Havel's February 22, 1990, speech to Congress, 다음을 참고하라. the website of the Václav Havel Library Foundation, https://www.vhlf.org/havel-quotes/speech -to-the-u-s-congress/.

140 Telcon, Bush-Thatcher, February 24, 1990, BPL online.

141 Letter from Mr. Powell (No. 10) to Mr. Wall, February 24, 1990, DBPO 312.

142 두 지도자는 고르바초프가 얼마나 많은 어려움을 겪고 있는지 언급하며 마무리했다. Telcon, Bush-Thatcher, February 24, 1990, BPL online; Letter from Mr. Powell (No. 10) to Mr. Wall, February 24, 1990, DBPO 314.

143 Teltschik, 329 Tage, 158.

144 The timing of the conversation is unclear; (1) Memcon, Bush-Wörner, February 24, 1990, 1:15-3:15pm, BPL online, gives a date and time that, if correct, would probably have conflicted with Kohl's visit to Camp David; and (2) Blackwill은 Wörner가 2월 24일이 아닌 1월 말이나 2월 초에 부시와 통화한 것을 기억한다(AIW 블랙윌). 그러나 메모의 날짜는 정확하지 않을 수 있지만 인쇄된 기록에 있기 때문에 아래에 사용되었다.

145 Memcon, Bush-Wörner, February 24, 1990, BPL online.

146 Memcon, Bush-Wörner, February 24, 1990, BPL online.

147 Memcon, Bush-Wörner, February 24, 1990, BPL online.

148 Teltschik, 329 Tage, 158-59; AIW Blackwill.

149 Memcon, Bush-Kohl, February 24, 1990, 2:37-4:50pm, my 2008-0613-MR, BPL; the German version is available in DESE 860-73.

150 다음을 참고하라. DESE 863. On the history of Germans who fled Polish territory, 다음을 참고하라. Ahonen, After the Expulsion.

151 This April 9, 1990, letter is in B 43 (Ref. 214), Bd. 156374, DE unpub. An overview in mid-March noted that the foreign ministry had answered 307 letters received between March 5

and 13 alone, criticizing Genscher for considering keeping the East German-Polish border after unification. The author of this report was surprised by the "Virulenz antipolnischer Gefühle" and thea ssumption that the opening of the Wallwas" eine günstige Gelegenheit zur 'Arrondierung' Deutschlands nach Osten"; "Vorlagedes Referatsleiters 214 I.V., Schrömbgens, für Bundesminister Genscher... Auswertungvon Privatbriefen zur Westgrenze Polens," March 14, 1990, DE364-65.

152 Memcon, Bush-Kohl, February 24, 1990, 2:37-4:50pm, my 2008-0613-MR, BPL. The team of people writing Baker's autobiography debated whether to publish this line, with "MDT"—presumably Margaret Tutweiler— thinking that "GB [George Bush] will have a prob[lem]" with it and suggesting a phone call; a handwritten note cleared the quotation, however: "4/26/[95] POTUS [President of the United States] has no problem w/this." 실제로 부시는 이를 직접 출판했을 뿐만 아니라, 원래 메모에는 없었던 느낌표를 추가하기도 했다. 다음을 참고하라. Bush and Scowcroft, World Transformed, 253. 다음을 참고하라. note from Baker to Carpendale, folder 6, box 184, Chapter 14 General Files, SMML.

153 DESE 869; 또한 다음을 참고하라. Spohr, Post Wall, 231.

154 "그 결과 파리와의 업무 관계는 본과 런던만큼 확립되지 않았다"고 나중에 졸릭은 회상했다. 다음을 참고하라. Zoellick's comments, reproduced in Dufourcq, Retour, 110-11. On the trial balloons, 다음을 참고하라. 독일 연방보안국(DESE)과 관련된 문서이지만 출판되지 않은 문서들의 확장된 아카이브 컬렉션이다(나는 이 문서를 열람할 수 있는 허가를 받았지만, 이름을 구체적으로 인용하지는 않았다). 예를 들어, 콜의 준비 논문 중 일부에는 1989년 통일 과정의 일환으로 나토의 군사 구조와 군대가 독일 내 전선을 가로질러 전진하는 것을 막으려는 서독의 의지가 포함되어 있었다.

155 Bozo, "The Sanctuary (Part 1)," 120.

156 Bush and Scowcroft, World Transformed, 252.

157 AIW Blackwill; Teltschik, 329 Tage, 161.

158 On the president dismissing a "French-like German role in NATO," 다음을 참고하라. Bush and Scowcroft, World Transformed, 255-56; AIW Blackwill; 또한 다음을 참고하라. Teltschik, 329 Tage, 162.

159 First Baker quotation from Memcon, Bush-Kohl, February 25, 1990, 9:22- 10:30am EST, BPL; second from Letter from Baker to Genscher, February 28, 1990, quoted in AAP-90, 254n10; 후자의 언급에 대해 팀 가이거에게 감사드린다. 겐셔는 NATO의 관할권이 동독까지 확장되지 않는다는 베이커의 주장을 반복하고 있었다. 다음을 참고하라. Memcon, Genscher-Mulroney, February 13, 1990, AAP-90, 169. Genscher나 주미 서독 대사는 캠프 데이비드에 초대받지 못했기 때문에, 그와 그의 직원들은 나중에 베이커의 편지와 정상 회담 기자 회견이 무엇을 의미하는지 알아내야 했다; 다음을 참고하라. AAP-90, 207-10, 235, 254.

160 부시 대통령은 기자회견에서 협력 정신을 강조하려 했지만, 폴란드 국경에 대한 명확한 공개 발언을 꺼리는 콜의 태도가 기자들의 눈길을 끌었다: R. W. Apple Jr., "Upheaval in the East," New York Times, February 26, 1990. 부시와 스코크로프트는 나중에 공동 회고록에서 콜이 기자회견에서 폴란드의 질문을 회피한 것에 실망했다고 썼다; 다음을 참고하라. their World Transformed, 255-56.
161 사실, 블랙윌은 고르바초프와의 예정된 통화에서 이를 제기하지 말라고 조언할 정도로 나쁜 소식이었다. 그들은 전화 통화에서 누가 다른 사람의 말을 들을 줄 몰랐고, 크류코프와 다른 사람들이 그에게 느끼는 적대감을 고려할 때, 이는 "고르바초프를 당황시키려는 계산된 시도나 무감각한 시도"로 볼 수 있었다. Memorandum for Brent Scowcroft, from Robert D. Blackwill, Subject: Call to Gorbachev, February 26, 1990, my 2008-0654-MR, BPL.
162 Baker, Politics, 231.

3장

1 Gates, From the Shadows, 492-93. For the Soviet approach to the United States about loans, 다음을 참고하라. Memcon, Baker-Pavlov, March 14, 1990, folder 15, box 108, 8/8c, SMML.
2 Gates, From the Shadows, 492; Cable, Fm Rome, telno 347, 160715Z MAY 90, "Following from Private Secretary, Secretary of State's Call on Chancellor Kohl: 15 May," May 16, 1990, 3-4, released to author via UK FOI, CAB Ref. IC 258 724. 또한 다음을 참고하라. "Gespräch des Bundeskanzlers Kohl mit Außenminister Hurd, Bonn, 15. Mai 1990," DESE 1119-20.
3 Preparing for a meeting with Thatcher in spring 1990, Baker noted by hand that "Kohl prob. agrees" that "North Atlantic Treaty applies fully (FRG hasn't decided)." Baker then added, apparently to clarify the phrase "applies fully": "Arts. 5 + 6—guarantee defense of GDR territory." 다음을 참고하라. "JAB Notes from 4/13/90 mtgs. w/POTUS & UK PM Thatcher, Pembroke, Bermuda," briefing paper, and "Thatcher Meeting—Key Points," April 11, 1990, folder 16, box 108, 8/8c, SMML.
4 "Two-Plus-Four Preparatory Paper," no author, n.d., but from context late February or early March 1990, my 2008-0763-MR, BPL; the no-compromise list is on page 2.
5 Memcon, Bush-Andreotti, March 6, 1990, BPL online.
6 Memorandum for Brent Scowcroft, Robert Gates, from Philip Zelikow, March 12, 1990, Subject: "The Two-Plus-Four Agenda," and attached matrix, my 2008-0832-MR, BPL.
7 영국, 프랑스, 서독은 더 많은 주제를 다루고자 했다. 로버트 졸릭은 이 점에서 동맹국들에게 저항했지만, 겐셔의 지시에 따라 FRG 대표로부터 "지지를 받지 못했다"고 추정된다. Memorandum for Brent Scowcroft, from Philip Zelikow, "Readout on March 13 Meeting between US, UK, French and FRG Representatives for March 14 Two Plus Four

Discussion," March 13, 1990, my 2008-0755-MR, BPL.

8   "JAB Notes from 4/13/90 mtgs. w/POTUS & UK PM Thatcher, Pembroke, Bermuda," briefing paper, "Thatcher Meeting—Key Points," April 11, 1990, Baker Papers, folder 16, box 108, 8/8c, SMML.

9   Letter from Charles Powell (No. 10) to Stephen Wall (FCO), March 5, 1990, "German Unification: NATO and Security Aspects," released by my FOI to CAB, COFOI-05-846 (IR254728), IC258724. 또한 다음을 참고하라. the Letter from Mr Hurd to Mrs Thatcher, March 13, 1990, DBPO 338-39. For Kohl's subsequent meeting with Margaret Thatcher, 다음을 참고하라. "20. Deutsch-britische Konsultationen," London, March 30, 1990, DESE 996-1001.

10 Fax from British embassy, Washington, DC, to P. J. Weston, FCO, February 26, 1990, PREM 19/3000, PRO-NA; quotations are the British embassy's summary of Blackwill's remarks. In the same file, 또한 다음을 참고하라. (1) 1990년 3월 5일, FCO의 스티븐 월이 찰스 파월에게 이 팩스에 대한 정보를 보낸 제목 없는 겉봉투; (2) 파월이 이 소식을 대처에게 전한 메모(1990년 3월 5일, "비밀과 사생활, 총리, 부시 대통령과의 관계: 독일 통일")에서 파월은 "백악관이 이렇게 혼란스러워하는 것은 놀라운 일이다"라고 언급했다. 그는 총리에게 "대통령과 전화 통화할 때는 요점을 아주 쉬운 말로 설명하고 반복해야 한다"고 조언했다. (밑줄은 손으로 긋고, 거의 확실히 대처의 것임) 파월은 콜이 영국을 명백히 비난했으며 "독일과의 관계에 심각한 문제가 있다"고 덧붙였다.

11 Original: "Kohl est capable de tout": "Télégramme de Luc de La Barre de Nanteuil, ambassadeur de France à Londres, à Roland Dumas," London, March 13, 1990, DFUA 258.

12 This is the summary of Quai views in Bozo, Mitterrand, 177, 또한 다음을 참고하라. 213.

13 "Fm White House," April 17, 1990 (original in English), Antenne Spéciale, Télétype Bleu, 5 AG 4 / EG 290, O 171642Z APR 90, Entretiens officiels, AN; 참고로, 원문에는 밑줄이 그어져 있지만 출처가 명확하지 않아 위에는 수록하지 않았다. 부시와 미테랑의 관계에 대해서는 다음을 참고하라. TOIW Brent Scowcroft, November 12-13, 1999, GBOHP.

14 허드는 겐셔가 무엇을 하고 있는지 걱정하며 그를 압박했다. 허드에 따르면 겐셔는 "마지막 분석에서" 제5조(및 제6조)가 옛 동독 영토에 적용될 것이라고 답했지만, 그는 [겐셔] "러시아군이 여전히 존재할 때" 신중하게 움직이고 싶어했다. 허드는 특히 "우연히 고르바초프가 장군들에 의해 전복되었다"고 덧붙였다. 다음을 참고하라. Mr Hurd to Sir C. Mallaby (Bonn), March 12, 1990, DBPO 332.

15 "Fm White House," April 17, 1990. For context, 다음을 참고하라. Mary Elise Sarotte, "The Contest over NATO's Future," in Shapiro and Tooze, Charter, 212-28.

16 "Интервью М.С. Горбачева газете «Правда» 7 марта 1990 года," МГ 381; 또한 다음을 참고하라. MGDF 354.

17 "장관 기념비, 헝가리, 폴란드, 오스트리아, 유고슬라비아의 소감," March 1, 1990, Hutchings Files, CF01502-005, BPL. 또한 다음을 참고하라. Shifrinson, "Eastbound,"

823.
18 Memorandum from Harvey Sicherman to S/P-Dennis Ross, and C-Robert Zoellick, March 12, 1990, folder 14, box 176, 12/12b, SMML; Sarotte, 1989, 139.
19 For more on Mitterrand, Havel, and the failure of the so-called Prague end-game, 다음을 참고하라. Bozo, "Failure," 408-11.
20 Memcon, Bush-Kohl, March 15, 1990, BPL online; 또한 다음을 참고하라. "Telefongespräch des Bundeskanzlers Kohl mit Bush, 15. März 1990," DESE 952-55.
21 Memorandum from Harvey Sicherman to S/P-Dennis Ross, and C-Robert Zoellick, March 12, 1990.
22 시처먼은 "폴란드와 다른 국가들에게 러시아의 지배나 독일의 지배 이상의 선택권을 주지 못하면 우리는 완전히 실패할 것"이라고 경고했다; Memorandum from Harvey Sicherman to S/P-Dennis Ross, and C-Robert Zoellick, March 12, 1990; AIW Ross.
23 To the Secretary, from S/P-Dennis Ross, Subject, "Warsaw Scene Setter," n.d., but from context circa April/May 1990, my 2008-0718-MR, BPL. By April 10, 1990, 고위 외교관 빌 번스는 시처먼과 마찬가지로 "범유럽 집단 안보 체제"와 같은 미국에 매력적이지 않은 조치를 취하지 않도록 "동유럽 안보 우려"에 대해 생각해야 한다고 상사들에게 조언했다. 다음을 참고하라. Information Memorandum, to the Deputy Secretary, from S/P Bill Burns, Acting, "Deepening US-East European Relations," April 10, 1990, BDGD.
24 다음을 참고하라. the account of their participation in "Außerordentliche Tagung des (Außen) Ministerkomitees des Europarats am 23./24.03. in Lissabon," March 26, 1990, DE unpub, PA-AA.
25 Mitterrand quotations and discussion of confederation in Memcon, Bush-Mitterrand, April 19, 1990, BPL online; Scowcroft quotations in TOIW Brent Scowcroft, November 12-13, 1999, GBOHP; AIW Sikorski. On the phenomenon of Western European reluctance to embrace eastern Europeans, 다음을 참고하라. Mälksoo, Politics.
26 Quoted in "Vorlage des Ministerialdirektors Teltschik an Bundeskanzler Kohl," March 23, 1990, DESE 972n7, which describes the visit of the Polish diplomat to NATO headquarters. That month, at a meeting of Warsaw Pact foreign ministers, Czechoslovakia, Hungary, and Poland criticized Shevardnadze for standing in the way of NATO expanding eastward on to East German territory; "Drahtbericht des Botschafters Blech, Moskau, Sowjetische Haltung zur DDR-Volkskammerwahl am 18. März," March 21, 1990, DE 378n3.
27 On these visits, 다음을 참고하라. the discussion in the introduction to this book; 또한 다음을 참고하라. "Summary of Diplomatic Liaison Activities," SERPMP 2124, n.d., but from context circa July 1991, Barry Lowenkron files, FOIA 2000-0233-F, BPL; and Kecskés, View, 21-22.
28 "Gespräch des Ministerialdirektors Teltschik mit dem Berater der Abteilung für internationale Beziehungen des Zentralkomitees der KPdSU, Portuga-low," March 28, 1990, DESE

982.
29 모스크바 주재 서독 대사관은 페일린의 측근 중 한 명이 이 정보를 전달했다고 보고했다: "Aus: Moskau, Nr. 1666 vom 26.04.1990, 1334 OZ, An: Bonn AA," B130-13.524E, PA-AA.
30 "Telefongespräch des Bundeskanzlers Kohl mit Bush," DESE 952.
31 "Gespräch des Ministerialdirektors Teltschik mit Botschafter Karski und dem stellvertretenden Abteilungsleiter Sulek," March 19, 1990, DESE 956n1; 또한 다음을 참고하라. Rödder, Deutschland einig Vaterland, 223-25.
32 Kwizinskij, Vor dem Sturm, 39.
33 "Drahtbericht des Botschafters Blech, Moskau, Sowjetische Haltung zur DDR-Volkskammerwahl am 18. März," March 21, 1990, DE 377.
34 "19. März 1990," BzL 107 (good day), 118 (mistake, poker).
35 "Gespräch des Bundeskanzlers Kohl mit Botschafter Kwizinskij," March 22, 1990, DESE 966-70.
36 "Rede vor der Westeuropäischen Union (WEU) in Luxemburg," March 23, 1990, in Genscher, Unterwegs, 265-66; Spohr, Post Wall, 227-28.
37 "Schreiben des Bundeskanzlers Kohl an Bundesminister Genscher," March 23, 1990, DE 380-81. Shortly after this cease-and-desist letter from Kohl, Baker underlined advice to "note importance of extending Articles 5&6 Security Guarantees to GDR," and added by hand, "Don't want a freak in the system": "Point Genscher May Raise," April 4, 1990, -folder16,box108,8/8c,SMML.
38 통일을 이루기 위해 필요한 몇 가지 실질적인 단계에 대한 개요를 위해, 다음을 참고하라. "Information Memorandum," to C-Mr. Zoellick, from EUR-R.G.H. Seitz, "Four-Power Rights and Three-Power Responsibilities in Berlin," April 6, 1990, in my 2008-0658-MR, BPL.
39 Minute from Sir C. Mallaby (Bonn) to Mr Budd, Bonn, April 2, 1990, DBPO, 366; Zubok, "With His Back," 645.
40 Quotation in Minute from Mr Cooper (Policy Planning Staff) to Mr Weston, April 6, 1990, DBPO 372; on arms talks, 다음을 참고하라. Lever, "Cold War," 509-10.
41 Falin expressed the idea of a referendum in "Записка В.М. Фалина М.С. Горбачеву," April 18, 1990, МГ 404-5; 또한 다음을 참고하라. his later discussion of the same topic in Falin, Konflikte, 173. On the way that Gorbachev had few other alternatives, 다음을 참고하라. Zubok, "With His Back," 635. On previous attempts to drive a wedge between Americans and Europeans and "break NATO," 다음을 참고하라. Miles, Engaging, 49. On the discourse about, and popularity of, Gorbachev in the West, 다음을 참고하라. Wentker, Die Deutschen.
42 이 점은 팔린이 그해 후반에야 깨달은 것으로 보인다. 그의 회고록에서 페일린은

1990년 7월 고르바초프와 독일 내 핵무기 반대 여론에 대해 논의했던 것을 회상하며, 소련 지도자와의 대화 녹취록으로 보이는 내용을 재인용했다. 이 대화록에서 팔린은 "독일 국민의 84%가 독일의 비핵화를 지지한다"고 강조했다. reprinted in both Falin, Konflikte, 198, and Falin, Politische Erinnerungen, 또한 다음을 참고하라. Hanns Jürgen Küsters, "Einführung," DESE 189; and Szabo, Diplomacy, 56, which states the following about the period immediately after the opening of the Wall: "독일 모두에서 통일에 대한 행복감은 여전히 높았으며, 나토에 대한 대중의 지지는 취약했고, 나토가 통일과 외국군 철수를 가로막는 것으로 비춰졌다면 무너질 수도 있었다. 서독과 서방 모두 많은 사람들이 나토에 대한 국민투표가 부정적인 결과를 초래할 수 있다고 우려했다."

43 냉전 기간 동안 서유럽을 방어하기 위한 계획과 "열흘 동안 열 개의 분단"이라는 개념에 대해 다음을 참고하라. Tom Donnelly, "Rethinking NATO," NATO Review, June 1, 2008, https:// www.nato.int/docu/review/articles /2003/06/01/rethinking-nato/index.html.

44 "Gespräch des Bundeskanzlers Kohl mit Präsident Bush in erweitertem Kreise Bonn, 30. Mai 1989," DESE 272.

45 1989-90년 당시 소련군 병력 수와 그 가족의 정확한 수는 논란의 대상이었다. 다음을 참고하라. "Zum Vertrag zwischen der Bundesrepublik Deutschland und der UdSSR über die Bedingungen des befristeten Aufenthalts und die Modalitäten des planmäßigen Abzugs der sowjetischen Truppen aus dem Gebiet der Bundesrepublik Deutschland, Informationserlaß des Auswärtigen Amts vom 18.10.1990 (Auszug)," DA-90-91, 231-32에 따르면, 소련군은 38만 명으로 추산되었으며, 가족 구성원을 포함하면 소련 시민은 총 60만 명에 달한다. Charles T. Powers, "Soviet Troops Begin Czech Pullout", Los Angeles Times, 1990년 2월 27일자에서는 동유럽에 소련군이 총 59만 명, 그중 37만 명이 동독에 있다고 추산했다. 서독 외무부는 동독에 38만 8천 명, 체코슬로바키아에 8만 명, 헝가리에 5만 5천 명, 폴란드에 4만 명을 추산했다. "Aufzeichnung… Dreher," 1990년 1월 23일자, AAP-90, 60. 동독군(Nationale Volksarmee)에 대한 자세한 내용은 다음을 참고하라. Ehlert, Armee; Rüdiger Wenzke, "Die Nationale Volksarmee der DDR," https://www.bpb.de/politik/grundfragen/deutsche-verteidigungspolitik /223787/militaer-der-ddr; on their arsenals, 다음을 참고하라. Turner, Germany, 174.

46 "Записка В.М. Фалина М.С. Горбачеву," April 18, 1990, МГ 400-403; 또한 다음을 참고하라. MGDF, 370-71, 373. 또한 다음을 참고하라. Falin, Konflikte, 179, 그는 1990년 4월 18일 문서에서 고르바초프에게 나토의 동독 영토로의 확장이 "북대서양 블록의 동쪽으로의 확장 과정에서 단순히 중간 단계에 불과할 것"이라고 경고하려 했다고 설명한다.

47 체르냐예프는 1990년 5월 5일 일기를 통해 페일린이 주요 문서 작성에서 제외되고 분노하게 된 과정에 대해 이야기한다. 참고: Chernyaev는 자신의 일기의 다른 부분을

서로 다른 시간에 게시했다. a Russian version, Совместный исход; a German version, Mein Deutsches Tagebuch (1972-1991) [hereafter MDB]; and English excerpts, translated by NSA and posted online at www2.gwu.edu/~nsarchiv/NSAEBB/NSAEBB192. 이 출판물들은 동일하지 않으므로 각 경우의 인용문의 정확한 출처는 아래 주석에 나와 있다. 이 경우 독일어 버전에는 러시아어 또는 영어 번역본에 없는 추가 텍스트(당시 고르바초프에게 준 메모로 확인됨)가 포함되어 있으므로 인용문은 독일어 버전에서 가져온 것이다. MDB 257. Falin, Konflikte, 187쪽에서도 마찬가지로 1990년 6월경부터는 더 이상 주요 문서를 받지 못했다고 진술하고 있다.

48 "Из докладной записки А.С. Черняева М.С. Горбачеву," May 4, 1990, МГ 424; 또한 다음을 참고하라. MGDF 394. 브레이스웨이트의 《모스크바 강을 건너》144쪽에 따르면, 체르냐예프는 1990년 2월 영국 외교관에게 "러시아가 핵무기를 보유하는 한 스스로를 보호할 수 있다"고 언급했다. 더욱이 체르냐예프는 특유의 미소를 지으며 "만약 러시아가 핵무기를 포기한다면, 현재의 정치적·경제적 어려움 속에서 러시아와 대화하려는 사람은 아무도 없을 것이다"라고 추가로 언급했다.

49 Bush and Scowcroft, World Transformed, 286.

50 "Vorlage des Ministerialdirektors Teltschik an Bundeskanzler Kohl, Bonn, 3. Mai 1990," DESE 1076. 서독 외무부에 따르면, 미국 국무부 차관보 레이 시츠는 소련의 하급 대표단과의 통일 세부 사항에 대한 협상이 "어려워지고 복잡해지고 있으며, 2월과는 완전히 다르다"고 언급했다. 따라서 상위층으로부터의 신호, 예를 들어 정상회담에서의 신호가 상황을 명확히 하는 데 도움이 될 것이라는 기대가 있었기; "Vermerk des RL 204, VLR I von Moltke, Betr.: Unterrichtung (Assistant Secretary Seitz bei D2 Kastrup am 21.05.) über . . . Außenministertreffen Baker Schewardnadse vom 16.-19.05. in Moskau," May 22, 1990, DE unpub. 반면, 콜은 고르바초프가 다가오는 논란의 여지가 많은 당 대회에서 살아남기 전까지는 그런 정상회담이 열려서는 안 된다고 믿었다. "Gespräch des Bundeskanzlers Kohl mit Außenminister Baker, Bonn, 4.Mai1990," DESE1079.

51 "Address by Secretary General Manfred Wörner to the Bremer Tabaks Collegium," NATO Online Library, May17, 1990, https:// www.nato.int /docu/speech/1990/s900517a_e.htm. The incorrect hyphen after "newly" is in the original text.

52 허칭스는 미국인과 서독인 사이의 진정한 동료애를 회상했다. 그는 한 회의 후 다음과 같이 언급했다. "분위기. 이보다 더 좋을 수 없었다. 콜을 비롯해 모든 독일인들은 미국 지원에 대해 진심으로 감사를 표했다. 1년 전과 비교하면 정말 대조적이었다. 그때는 서로의 신뢰와 믿음이 심각하게 흔들리고 있었다"; Hutchings, American Diplomacy, 130.

53 Memorandum for the President, from Lawrence S. Eagleburger, Acting Secretary of State, "Your Meeting with Chancellor Kohl, May 17, 1990," n.d., but from context on or just before May 17, 1990, my 2008-0797-MR, BPL.

54　Memcon, Bush-Kohl, May 17, 1990, BPL online; Sarotte, "'His East European Allies Say They Want to Be in NATO," in Bozo, Rödder, and Sarotte, German Reunification, 69-87.

55　"11. Juni 1990," BzL 144 (Poland in NATO, praise, destroy), 145 (catastrophic, possession).

56　SDC 1990-SECTO-07015, May 19, 1990.

57　"Из беседы М.С. Горбачева с А. Дубчеком," May 21, 1990, МГ 447; MGDF 414. 콜 총리가 폴란드와의 국경 문제에 관한 회담을 거부하는 태도에 관한 내용은 다음을 참고하라. "Vermerk des Staatssekretärs Sudhoff für Bundesminister Genscher," May 25, 1990, DE 517.

58　"Из беседы М.С. Горбачева с Ф. Миттераном один на один," May 25, 1990, МГ 458-59, 464; MGDF 425, 430; 또한 다음을 참고하라. EBB-613, NSA; Bozo, "'더 편안하게 느껴집니다'"; 그리고 겐셔와 메켈 사이의 별도 논의에서 헝가리가 바르샤바 조약기구 내 군사 통합을 종료하려는 시도에 관해서는 다음을 참고하라. "Gespräch zwischen Bundesminister Genscher und Außenminister Meckel in Ost-Berlin," June 1, 1990, DE 524.

59　다음을 참고하라. pages 24-25 of "Rede des Präsidenten der Union der Sozialistischen Sowjetrepubliken, M. S. Gorbatschow, Moskau," June 7, 1990, MfAA, DE unpub; 또한 다음을 참고하라. Nakath and Stephan, Countdown, 336-41.

60　SDC 1990-SECTO-07015, May 19, 1990.

61　Bush speech: "A Europe Whole and Free: Remarks to the Citizens in Mainz, President George Bush, May31, 1989," https:// usa.usembassy.de/etexts /ga6-890531.htm. Baker comments: "Из беседы М.С. Горбачева с Дж. Бейкером," May 18, 1990, МГ 438; "Gorby Kremlin 5/18/90," handwritten notes, folder 1, box 109, 8/8c, SMML.

62　"Из беседы М.С. Горбачева с Дж. Бейкером," May 18, 1990, МГ 442-44; "Gorby Kremlin 5/18/90."

63　Bozo, "'I Feel More Comfortable,'" 150; 유럽 안보 협력 회의에 대한 자세한 내용, 다음을 참고하라. Morgan, Final Act. 조엘릭은 이 무렵 헬싱키 원칙이 얼마나 유용한지 깨달았다고 회고했다(보너스로 일부 보수주의자들이 헬싱키 프로세스에 호감을 가졌다는 점도 있었다). 그는 협상에서 활용하기 위해 해당 원칙에 대한 가능한 모든 정보를 수집했다; AIW Zoellick.

64　"Delegationsgespräch des Bundeskanzlers Kohl mit Präsident Bush, Washington, 17. Mai 1990," DESE 1130; 또한 다음을 참고하라. "Schreiben des Bundeskanzlers Kohl an Staatspräsident Mitterrand, Bonn, 23. Mai 1990," DESE 1143-45.

65　Memcon, "Telephone Call from Chancellor Helmut Kohl of West Germany," May 30, 1990, BPL online; "Telefongespräch des Bundeskanzlers Kohl mit Präsident Bush, 30. Mai 1990," DESE 1161.

66　Sarotte, 1989, 166-67.

67　"Из второй беседы М.С. Горбачева с Дж. Бушем," May 31, 1990, МГ 466-76; Baker's notes from the summit, in folder 1, box 109, 8/8c, SMML; Beschloss and Talbott, At the Highest

Levels, 219-21; Gates, From the Shadows, 493; Zelikow and Rice, Germany Unified, 278.
68 Falin, Konflikte, 183.
69 "Из второй беседы М.С. Горбачева с Дж. Бушем," May 31, 1990, МГ 473-74. 부시는 1990년 6월 1일 콜과의 통화에서 "두 개의 앵커" 개념을 "엉뚱한 생각"이라고 표현했다. Telcon, Bush-Kohl, June 1, 1990, 2000-0429-F, BPL. 두 사람은 또한 고르바초프가 헬싱키 원칙을 수용한 것의 중요성에 대해 논의했다. Telcon, Bush-Kohl, June 3, 1990, BPL online; 또한 다음을 참고하라. "Fernschreiben des Präsidenten Bush an Bundeskanzler Kohl," June 4, 1990, DESE 1178.
70 Falin, Konflikte, 183.
71 "Из второй беседы М.С. Горбачева с Дж. Бушем," May 31, 1990, МГ 474-75; "The Washington/Camp David Summit," EBB-320 and EBB-707, NSA.
72 밀러 센터와의 인터뷰에서 그는 "내가 참석했던 모든 국가 원수 회의 중에서 이 회의가 가장 인상 깊었던 회의였다"고 덧붙였다: TOIW Brent Scowcroft, November 12-13, 1999, GBOHP.
73 Bush and Scowcroft, World Transformed, 283.
74 Falin, Konflikte, 183.
75 Küsters, "Einführung," DESE 177.
76 Paraphrased from Colton, Yeltsin, 110; 또한 다음을 참고하라. Aron, Yeltsin, 4-9, 132-34.
77 Talbott, Russia Hand, 20.
78 Aron, Yeltsin, 202-21; Colton, Yeltsin, 110, 132-50.
79 Colton, Yeltsin, 178-86. As Colton puts it, "고르바초프 그룹은 엘친의 러시아주의가 권력에 대한 그의 욕망을 가리기 위한 연기막이었다고 보았다." (184). 체르냐예프는 일기에서 엘친이 당을 등진 것은 올바른 방향이었다고 털어놓았으며, 고르바초프도 같은 일을 했어야 했다고 생각했다. 다음을 참고하라. Chernyaev's diary entry for July 12, 1990, Совместный исход, 864.
80 Scowcroft quoted in Goldgeier and McFaul, Power, 22.
81 Marilyn Berger, "Boris N. Yeltsin, Reformer Who Broke Up the USSR, Dies at 76," New York Times, April 24, 2007. 독일 외무부는 1990년 5월에 엘친에 대한 연구 보고서를 발표했으며, 그를 다음과 같이 생생하게 묘사했다: "In Jelzin scheinen sich großer persönlicher Mut und Dickschädeligkeit . . . zu verbinden. Er ist das, was die Russen eine 'breite Natur' nennen, in der Insichruhen mit Unberechenbarkeit, Kraftakte mit Schwächen zusammen die Ausstrahlung des Typs ausmachen, Macho, Underdog, und Schlitzohr in einem": AAP-90, 686.
82 Memorandum for the President, from Robert M. Gates, "Boris Yeltsin," June 6, 1990, and attachment, my 2008-0759-MR, BPL. 항공기 사고와 척추 수술의 세부 사항은 불분명하며 출처에 따라 차이가 있지만, 1980년대 후반에 발생한 것으로 보인다; Yeltsin, Midnight Diaries, xii; McCauley, Bandits, 117-18.

83 게이츠는 고르바초프의 집권 기간이 점점 짧아질 수 있다고 생각했다. 이는 그가 "선거적 정당성을 결여한 채 점점 더 고립되어 가고 있기 때문"이다. Memorandum for the President, from Robert M. Gates, "Gorbachev—Moses, not Joshua," July 13, 1990, SSSN, 91126-0004, BPL; excerpts also reproduced in Gates, From the Shadows, 495-96. 조엘릭은 나중에 베이커도 고르바초프의 영향력이 약해지고 있음을 직감했지만, 옐친이 최고 권력에 오르면 미국이 옐친보다 더 필요로 할 것이기 때문에 서두르지 않아도 된다고 판단했다고 회상했다. AIW Zoellick.

84 Küsters, "Einführung," DESE 178.

85 그리고 콜은 새로운 도전에 직면했다: 동독의 외무장관 마커스 메켈이 "동독, 체코슬로바키아, 폴란드, 헝가리의 영토로 구성된 비무장 지대"를 요구하기 시작했다. When US diplomats pressed Meckel about the consequences of his idea for NATO, Meckel was "vague about whether NATO security guarantees should apply to such a zone"; SDC 1990-STATE-190169, June 12, 1990, "Secretary's Meeting with GDR Foreign Minister, June 5, 1990," in 2008-0670-MR, BPL. 헝가리도 바르샤바 조약 탈퇴를 공개적으로 논의하고 있었으며, 이 제안은 부시에게 전달되었기 때문에, 이러한 탈퇴 이후에 어떤 일이 벌어질지에 대한 질문이 점점 더 시급해지고 있었다. 메켈의 제안은 이에 대한 환영받지 못한 답변이었다. 부시와 콜은 1990년 6월 8일 BPL 온라인에 수록된 부시-콜 메모콘에서 헝가리의 협정 탈퇴 의향을 논의했으며, 부시는 1990년 10월 18일 BPL 온라인에 수록된 안탈-부시 메모콘에서 헝가리 총리와 직접 대화했다.

86 "Fernschreiben des Staatssekretärs Bertele an den Chef des Bundeskan zleramtes, Berlin (Ost), 25. Mai 1990," DESE 1146-47.

87 Zubok, "With His Back," 641; 또한 다음을 참고하라. Sarotte, 1989, 170.

88 Scowcroft and his subordinates wrote an initial draft press release, which he then edited in dialogue with Teltschik and his advisors. DESE contains a number of documents related to this topic, among them "Vorlage des Oberstleutnants i.G. Ludwigs und des vortragenden Legationsrats West dickenberg an Ministerialdirektor Teltschik, Bonn, 25. Juni 1990," DESE 1256-61; "Schreiben des Ministerialdirektors Teltschik an Sicherheitsberater Scowcroft, Bonn, 28. Juni 1990," DESE 1276; "Entwurf NATO Gipfelerklärung," DESE 1276-80.

89 Sarotte, 1989, 173-76; "Notes from Jim Cicconi [notetaker] re: 7/3/90 pre- NATO Summit briefing at Kennebunkport," and "Briefing of Pres on NATO summit at Walker's Pt," folder 3, box 109, 8/8c, SMML. Original: "JAB: we resisted sending decl. thru NATO bureaucracy= Woerner, others worry re this." 또한 다음을 참고하라. Zelikow and Rice, To Build, 284-85.

90 "Notes from Jim Cicconi," July 3, 1990. Cheney also called for a "rethink" of what NATO's future "out-of-area" operations might be.

91 "Schreiben des Sicherheitsberaters Scowcroft an Ministerialdirektor Teltschik, 30. Juni 1990," DESE 1285; 또한 다음을 참고하라. "Gesprächsunterlagen des Bundeskanzlers

Kohl für das Gipfeltreffen der Staats-und Regierungschefs der Mitgliedstaaten der NATO, London, 5./6. Juli 1990," DESE 1309-23.
92 "Notes from Jim Cicconi," July 3, 1990.
93 "Fernschreiben des Präsidenten Bush an Bundeskanzler Kohl, 21. Juni 1990," DESE 1235; "Entwurf Gipfelerklärung," DESE 1237-41; 또한 다음을 참고하라. Baker, Politics, 258; Sparrow, Strategist, 378-79.
94 "Champagne" quotation in "Fm Manfred Wörner 003 To White House for President, Brussels," June 25, 1990, my 2008-0657-MR, BPL; Wörner's worry in "Notes from Jim Cicconi," July 3, 1990. 또한 다음을 참고하라. Thatcher's reaction in "Note from Bob Blackwill to Brent Scowcroft and Bob Gates," June 25, 1990, in my 2008-0657-MR, BPL.
95 "Drahtbericht des Botschafters Knackstedt, Warschau . . . Entschließung des Deutschen Bundestages vom 21. Juni 1990," June 22, 1990, DE 585n1; Zoellick also recalled multiple US efforts to reassure Poland; AIW Zoellick.
96 Baker notes from NATO summit, London, July 5-6, 1990, folder 3, box 109, 8/8c, SMML. 국가안보회의(NSC)의 의도에 따라, 방문 초청과 영구적 외교 사절단 설립 초청은 바르샤바 조약기구 전체가 아닌 개별 국가들에게 전달되었다. 최종 성명서의 사본은 다양한 언어와 장소에서 제공된다. 예를 들어, NATO 웹사이트의 "변화된 북대서양 동맹에 관한 선언"에서 확인할 수 있다. July 5-6, 1990, https://www.nato.int/cps/ie/natohq/official texts 23693.htm.
97 "7월 6일 마틀록 대사에게 보낸 귀하의 메시지," July 7, 1990, 부시 대통령의 메시지를 체르냐에프에게 전달한 대사관의 내용을 확인하고 반복, in SSSN USSR 91128-002, BPL. 또한 다음을 참고하라. Kieninger, "Opening NATO," OD 58.
98 Sarotte, 1989, 176; "Vorlage Ministerialdirektors Teltschik an Bundeskanzler Kohl, Bonn, 4. Juli 1990, Betr.: Innere Lage in der Sowjetunion nach Beginn des 28. KPdSU-Parteitages," DESE 1297-99; 또한 다음을 참고하라. Stent, Rus sia, 123-34.
99 "Rede von Michail Gorbatschow, Präsident der UdSSR, auf dem Gipfeltreffen der Warschauer Vertragsstaaten am 7. Juni 1990," in Nakath and Stephan, Countdown, 341; as he put it, "ich möchte daran erinnern, daß es gerade innerhalb des NATO-Blocks mindestens fünf/sechs verschiedene Arten der Mitgliedschaft gibt." Gorbachev also discussed these differing models of NATO membership with Thatcher; 다음을 참고하라. "Из беседы М.С. Горбачева с М. Тэтчер," June 8, 1990, МГ 482. 또한 다음을 참고하라. Jacoby, Enlargement.
100 On the practicalities of arranging this visit, 다음을 참고하라. Klein, Es begann.
101 Kohl, Erinnerungen 1990-1994, 164; Teltschik, 329 Tage, 318-19. 총리는 독일-독일 통화 통합 이후 소련 군대에 대한 우호적인 환율을 부여함으로써 추가로 기반을 마련했으며, 동독과 USSR 간의 다양한 공급 협정을 이행할 것을 약속했다. Küsters, "Kohl-Gorbachev," 198.

102 Falin, Konflikte, 198; Falin, Politische Erinnerungen, 494. On the timing of the call, 다음을 참고하라. Küsters, "Einführung," DESE 189.

103 Gorbachev quoted in Falin, Konflikte, 199; also in Falin, Politische Erinnerungen, 494.

104 The description above of the July 15 talk comes from three firsthand accounts of this meeting: (1) the German transcript, "Gespräch des Bundeskanzlers Kohl mit Präsident Gorbatschow, Moskau, 15. Juli 1990," DESE 1340-48; (2) the Russian transcript, "Из беседы Горбачева с Г. Колем один на один," July 15, 1990, МГ 495-503; and (3) Chernyaev's Russian-language published diary entry for that date, in Совместный исход, 864-65; 또한 다음을 참고하라. MDB, 269-70. Locations of specific quotations are given in the notes below.

105 Howls and selling victory quotation in "Gespräch des Bundeskanzlers Kohl mit Präsident Gorbatschow, 15. Juli 1990," DESE 1344; member of NATO and territory quotations, DESE 1346.

106 "Delegationsgespräch des Bundeskanzlers Kohl mit Präsident Gorbatschow, Moskau, 15. Juli 1990," DESE 1354.

107 Von Arnim, Zeitnot, 386.

108 "Gespräch des Bundeskanzlers Kohl mit Präsident Gorbatschow im erweiterten Kreis, Archys/Bezirk Stawropol, 16. Juli 1990," DESE 1361; "Из беседы М.С. Горбачева с Г. Колем," July 16, 1990, МГ 516. If Moscow's forces had stayed ten years after autumn 1990, they would still have been in Germany in the fall of 2000—after Vladimir Putin had become president.

109 다음을 참고하라. the diary entries in Совместный исход, 864-65; MDB, 269-70.

110 서독의 외무장관도 고르바초프가 부시의 수사적 과장된 발언에 매달려 독일 통일 후 대서양 동맹에 가입하지 않을 수도 있다는 가능성을 여전히 잡고 있는 데 대해 우려를 나타냈다. 명확성을 위해 겐셔는 통일된 독일은 NATO의 일원이 될 것이라고 명시적으로 밝혔다; "Gespräch des Bundeskanzlers Kohl mit Präsident Gorbatschow im erweiterten Kreis, Archys/Bezirk Stawropol, 16. Juli 1990," DESE 1357; "Из беседы М.С. Горбачева с Г. Колем," July 16, 1990, МГ 510.

111 In addition to the meeting transcripts cited above, 다음을 참고하라. Kohl, Erinnerungen 1990-1994, 175-83. This figure would eventually be codified in an annex to the CFE treaty. 다음을 참고하라. "Rede des Bundesministers des Auswärtigen, Genscher, vor dem VKSE-Plenum in Wien am 30. August 1990 (Auszüge)," APBD-49-94, 687; Falkenrath, Shaping Europe's Military Order, 74-75.

112 예를 들어 다음을 참고하라. the television coverage of "Im Brennpunkt," Video, July 17, 1990, KASPA. 고르바초프는 아르히즈의 서면 결과에 대해 망설였다. 겐셔가 통일 독일이 NATO에 가입할 것이라는 명확한 서면 성명을 요구하자, 고르바초프는 "나는 원하지만, NATO는 그렇게 하지 않을 것이다(wünscht, daß die NATO nicht ausdrücklich

erwähnt wird)"라고 답했다. 그가 그 이유를 명확히 밝히지는 않았다. 아마도 그는 국내의 적들이 자신의 양보에 대한 서면 증거를 확보하지 못하도록 막고 싶었거나, 혹은 추후 변경 가능성을 열어두고 싶었을 것이다. 그러나 이러한 선호는 그의 후임자들이 NATO에 대한 서면 합의를 모색할 때 빈손으로 남게 될 것이었다. "Gespräch des Bundeskanzlers Kohl mit Präsident Gorbatschow im erweiterten Kreis, Archys/Bezirk Stawropol, 16. Juli 1990," DESE 1357; "Из беседы М.С. Горбачева с Г. Колем," July 16, 1990, МГ 510.

113 Telcon, Bush-Kohl, July 17, 1990, my 2008-0608-MR, BPL; "Stavrapallo" in Stent, Russia, 137.

114 As reported by the Austrian ambassador in Moscow; "Bericht: Erste Wertung des Kohl-Besuchs in Moskau, 17.7.1990," ÖDF 656-67. 서독 논평가들도 소련 언론이 이 사건에 대해서만 보도했다고 지적했다. "'mit auffäligem Verzug'": 다음을 참고하라. "Drahtbericht des Botschafters von Ploetz, Brüssel (NATO)," July 18, 1990, DE622n6; 이 문서에는 아르히즈에서 합의된 내용의 요약본도 포함되어 있는데, 앞서 논의했듯이 문서화된 내용이 거의 없었기 때문에 유용하다. 아르히즈 이후 서독과 동독 지도자들 사이에는 다음 단계에 대한 논쟁도 있었다. 예를 들어, 2+4 회의 바로 직후, 동독 외무장관 마르쿠스 메켈은 통일 독일 전체(동독뿐만 아니라)에서 모든 핵무기와 외국 군대의 배치를 금지할 것을 촉구했다. "Presseerklärung des Außenministers Meckel, z. Z. Paris," July 17, 1990, DE 614-15; 또한 다음을 참고하라. "Erklärung des Außeniministers der DDR auf dem 2+4-Ministertreffen am 17.7.90 in Paris" (preparatory paper), July 16, 1990, ZR 3269-94, MfAA, PA-AA. On differences between Meckel and his Western colleagues, 다음을 참고하라. Ritter, Der Preis, 45-46.

115 "Rage" from Falin, Konflikte, 204. 두 번째와 세 번째 팔린 인용문은 노먼 나이마크에게 감사드린다. 이 인용문들은 Falin Collection, box 1, 29, HIA에서 발췌한 것이다. 또 다른 고문은 고르바초프가 황제처럼 행동한다고 생각했다. 다음을 참고하라. Boldin, Ten Years.

116 Falin, Konflikte, 199; 또한 다음을 참고하라. Stent, Russia, 135.

117 서독인들이 모스크바와 아르히즈에서의 대화가 그들의 기대와는 달리 중요한 모든 문제를 해결하지 못했고, 세부 사항 이상의 문제를 해결해야 한다는 것을 깨달았을 때, 다음을 참고하라. GDE, 4:593; 또한 다음을 참고하라. AAP-90, 1068-80.

118 다음을 참고하라. the account of West German negotiator Martin Ney in Dufourcq, Retour, 255.

119 "Vermerk des Dg 20, MDg Hofstetter, Bonn, 22.08.1990, Sprechzettel, Betr.: Gespräch BM mit BM Waigel am 23.08.1990," DE unpub; "To: The Secretary, From: EUR-James F. Dobbins, Acting; Subject: August 23 One-Plus-Three Political Directors Meeting in London," n.d., my 2008-0705-MR, BPL. 적어도 한 명의 소련 외교관이 서독 측에 고백했듯이, 소련 협상가들이 공개적으로 이 협상을 훼손하려고 시도했다는 점에 대해 다음을

참고하라. "Vorlage des Leiters der Unterabteilung 20, Hofstetter, für Bundesminister Genscher... Verhandlungen in Moskau 24./25.08.1990," August 27, 1990, DE 672.

120 일정 수립에 반영되는 몇 가지 고려 사항에 대한 논의는 다음을 참고하라. "Telefongespräch des Bundesministers Genscher mit dem sowjetischen Außenminister Schewardnadse," August 7, 1990, DE 645; "Beschluß der Volkskammer," August 23, 1990, DESE 1498; 또한 다음을 참고하라. Zelikow and Rice, Germany Unified, 351. 콜은 특히 1990년 3월 동독 선거에서 총리의 성공과 달리 1990년 5월 서독 주 선거에서 기독교민주 연합(CDU)이 좋은 성과를 내지 못했기 때문에, 전국 선거에 동독 유권자들을 추가하는 데 특히 열심이었다. 주 선거의 세부 사항에 대해서는 다음을 참고하라. AAP-90, 597n2.

121 서독에 대한 일부 요구 사항에 대한 자세한 내용은 다음을 참고하라. "Aufzeichnung des Vier-Augen-Gesprächs zwischen Bundesminister Genscher (BM) und dem sojwetischen Außenminister Schewardnadse (SAM) am 17. August 1990 in Moskau," in Hilger, Diplomatie, 224-25.

122 1990년 4월에 이미 발생한 소련 외무장관과 소련군 간의 긴장에 대한 논의에 대해서는 다음을 참고하라. "Gespräch des Ministerialdirektors Teltschik mit dem stellvertretenden Außenminister Kwizinskij, Bonn, 28. August 1990," DESE 1505; 또한 다음을 참고하라. AAP-90, 1222. To Bush directly, Shevardnadze also described the pressure that he and Gorbachev faced from "conservative elements": Memcon, Bush-Shevardnadze, April 6, 1990, 11:50am-12:20pm EST, 2009-1024-MR, BPL (이 회의는 같은 날 오전 10시에 대표단이 참석한 대규모 회의와는 별도로 진행된 소규모 회의였다. 이 글을 쓰는 시점에서 이전 회의는 BPL 온라인에 게시되었지만, 이후 회의는 게시되지 않았다).

123 미국이 침략에 대응한 것에 대한 1차 문서의 유용한 컬렉션을 보려면, 다음을 참고하라. EBB-720, NSA. 또한 다음을 참고하라. Engel, When the World, 376-94; Bozo, History of the Iraq Crisis, 25.

124 1990년 8월부터 부시는 고르바초프와 콜과의 의사소통에서 유럽보다는 이라크를 우선시하는 경우가 많았다. 예를 들어, "Telefongespräch des Bundeskanzlers Kohl mit Präsident Bush, 22. August 1990," DESE 1484-86.

125 Stent, Russia, 145. For documents on the Gulf War illicitly taken from the Gorbachev Foundation Archive, 다음을 참고하라. Stroilov, Behind the Desert Storm.

126 Žantovský, Havel, 359.

127 Memorandum for Brent Scowcroft, from Robert L. Hutchings, "Military Exchanges with Eastern Europe," August 16, 1990, stamped "Nat Sec Advisor has seen," Hutchings files, CF01502-002, BPL. 또한 다음을 참고하라. Liviu Horovitz, "The George H. W. Bush Administration's Policies vis-à-vis Central Europe," OD 78.

128 On Mitterrand's vision, which got as far as a conference in June 1991 before fading, 다음을 참고하라. Bozo, "Failure."

129 Appendix to previously cited "Military Exchanges with Eastern Europe," August 16, 1990, "Draft: Military-to-Military Contacts with Eastern Europe," n.d. 이와 관련되고 더 시급한 문제는 동독이 명목상으로는 여전히 존재하던 바르샤바 조약에서 정확히 어떻게 탈퇴할 것인가였다. 동독이 조약에 가입한 다른 국가들에 탈퇴를 요청하는 해결책이 마련되었다. "Außenpolitische Sonderinformation des MfAA," September 11, 1990, DE 696n1.

130 Memorandum for Brent Scowcroft, from Robert Hutchings, August 27, 1990, "German Unification: New Problem at End-Game," my 2008-0816-MR, BPL.

131 According to Genscher; AIW Genscher, transcript and recording in SMML.

132 "독일 통일: 최종 단계에서의 새로운 문제," 1990년 8월 27일. 서독이 제안한 내용은 허칭스에 따르면 다음과 같다: 비독일군력은 "'현재 서독(FRG)과 동독(GDR) 사이의 독일 내 국경에 해당하는 선을 넘어서는 안 되며, 베를린으로의 이동을 제외하고는.'" 허칭스는 1990년 9월 5일 추가 경고를 통해 해당 문제가 여전히 해결되지 않았다고 지적했다: "우리는 조약에 포함될 '통일 후 미국, 영국, 프랑스 군대가 현재 동독 영토로 '선을 넘어' 들어가는 것을 금지하는 조항'에 대한 논쟁에서 패배할 수도 있다." 브렌트 스코프크로프트에게 보낸 로버트 허치슨의 메모, "독일 연방공화국 총리 콜의 전화 통화, 1990년 9월 6일," September 5, 1990 (preparatory document), my 2008-0690-MR, BPL.

133 "Two Plus Four: State of Play in Preparation for Ministerial Meeting in Moscow," September 6, 1990, PREM-19-3002 73.jpg, PRO-NA; Zelikow and Rice, Germany Unified, 357–63, especially 358.

134 Message from US ambassador in SDC 1990-Bonn-27370, "FRG-GDR Unification Treaty—Recommendation for High-Level Message to the FRG," n.d., but with handwritten date and time "8/29/90 1730" at top, in my 2008-0716-MR, BPL; Hutchings wrote by hand at the top, "브렌트—이것은 제가 식별한 문제 중 하나입니다… 밥 조엘릭은 오늘 독일의 FRG 담당자와 통화했으며 독일의 입장을 변경하기를 희망하고 있습니다. 만약 변화가 없다면, 우리는 대통령이 콜에게 사적 채널을 통해 메시지를 보내 상황을 바로잡기 위해 노력하도록 권고할 것입니다.—밥 허칭스." 스코크로프트는 손으로 직접 답장하며 "진행 상황을 계속 알려주세요, B"라고 적었다. On Baker's August 16, 1990, letter to Genscher, and fear of this debate becoming public, 다음을 참고하라. GDE, 4:591–92. 또한 다음을 참고하라. "The right of precence [sic]: The Convention on the Presence of Foreign Forces in the Federal Republic of Germany of 1954" on the German foreign ministry website, https://www.auswaertiges-amt.de/en/aussenpolitik/themen/internatrecht/-/231364, which explains how the specific "rights and duties" of foreign NATO forces in Germany under the Convention on Presence had been set out in a Status of Forces Agreement (SOFA) of June 19, 1951, and a SOFA Supplementary Agreement (SA) of August 3, 1959. 외무부 웹사이트는 이 문제가 어떻게 최종적으로 해결되었는지에 대한 법

적 세부 사항을 제공한다(본문에도 요약되어 있음): SOFA와 SA는 동독 영토에는 적용되지 않았지만(즉, 동독 영토는 공식적으로 "두 조약 모두의 적용에서 제외"되었다), 독일 정부는 "각 사례별로 파견국 군대에 구 동독 영토에 대한 임시 주둔권을 부여할지" 결정할 것이며, 이러한 부여는 냉전 협정의 조항에 부합할 것이다. 외무부는 "2+4 조약 체결 이후에도 무기한 협약은 유효하지만…"이라고 덧붙였다. [it] can now be terminated by giving two year's notice," pursuant to a relevant "Exchange of Notes of 25 September 1990." For internal West German thinking, 다음을 참고하라. AAP-90, 1023-25.

135 Washington sent "repeated demarches up to and including a letter from Jim Baker to Genscher" to Bonn, according to "For: The President, From: Brent Scowcroft, Subject: Telephone call from Chancellor Kohl, Federal Republic of Germany, Date: September 6, 1990," September 5, 1990 (preparatory paper, with appendix "Points to be Made for Telephone Call from Chancellor Kohl"), my 2008-0690-MR, BPL. The US ambassador in Bonn also informed Teltschik of American displeasure; 다음을 참고하라. "Schreiben des Ministerialdirektors Teltschik an Staatssekretär Sudhoff, Bonn, 30. August 1990," DESE 1515.

136 SDC 1990-State-297322, "Secretary's Letter to Genscher: Bilateral Issue," September 5, 1990, my 2008-0716-MR, BPL; "Schreiben BM Genscher an amerik. AM Baker," August 31, 1990, DE unpub; GDE, 4:591-93. 또한 다음을 참고하라. "Vorlage des Leiters der Rechtsabteilung, Oesterhelt, an Bundesminister Genscher . . . Stationierungsverhandlungen mit den westlichen Verbündeten," September 18, 1990, DE 722-25, esp. 722n1, which talks about how the united Germany sought "ein Kündigungsrecht" to the "Aufenthaltsvertrag" for Western forces. For fuller explanation of the final result—which included the right to cancel sought by the Germans—see "The right of precence [sic]" on the German foreign ministry website, cited above in note 134.

137 Quotations in "For: The President, From: Brent Scowcroft, Subject: Telephone Call from Chancellor Kohl," September 5, 1990. 워싱턴이 콜에게 수개월 동안 아무것도 요구하지 않았다는 점을 고려할 때, 스코프크로프트는 "이 모스크바에 대한 양보를 철회하기 위해 그의 동의를 구하라"고 권고했다. 부록에서 스코프크로프트는 부시에게 10월 3일 독일 통일 기념식에 참석하지 않기로 결정하고 콜에게 다음과 같이 말하도록 조언했다: "초대해 주셔서 감사합니다. 하지만 그 시점에는 일정상 절대적으로 불가능합니다. 그 행사의 역사적 의미를 고려해도 어떻게든 참석할 수 있을 것 같지 않습니다. 하지만 마음으로 함께 축하하겠습니다." Hutchings's concern expressed in Memorandum for Brent Scowcroft, From: Robert L. Hutchings, "Subject: Telephone Call from Chancellor Kohl of the Federal Republic of Germany, September 6, 1990," September 5, 1990. 또한 다음을 참고하라. Küsters, "Einführung," DESE 224.

138 Telcon, Bush-Kohl, September 6, 1990, BPL online.

139 Quotation in Telcon, Bush-Kohl, September 6, 1990, BPL online; 또한 다음을 참고하라. Zelikow and Rice, Germany Unified, 351. For broader context, 다음을 참고하라. Ado-

meit, Imperial Overstretch.

140 "DB Nr. 3551/3552 des Gesandten Heyken, Moskau, an AA, Betr.: dtsowjetische Verhandlungen am 30./31.08.," September 1, 1990, B 63 (Ref. 421); Bd. 163593, DE unpub.

141 "Schreiben des Bundesministers Waigel an Bundeskanzler Kohl, Bonn, 6. September 1990," DESE 1525; 또한 다음을 참고하라. AAP-90, 1233-34.

142 "Telefongespräch des Bundeskanzlers Kohl mit Präsident Gorbatschow, 7. September 1990," DESE 1529. The German notetaker recorded Gorbachev as saying, "es komme ihm [Gorbachev] vor, als sei er in eine Falle geraten." The Russian version, "Телефонный разговор М.С. Горбачева с Г. Колем, 7сентября 1990 года," МГ 557-58, reports Gorbachev as saying "we," rather than "he," fell into a "political trap"; 또한 다음을 참고하라. MGDF 516.

143 "대통령이 서독 콜 총리에게 백악관 비밀 채널을 통해 보낸 메시지," n.d., but from content circa September 8 or 9, 1990, in my 2008-0691-MR, BPL; 또한 다음을 참고하라. "Vorlage des V.L. I Kaestner an Ministerialdirektor Teltschik," September 10, 1990, DESE 1538, 스코크로프트가 1990년 9월 8일 오후 4시 45분 헬싱키에서 전화를 걸어 텔치크에게 미국의 우려를 전하라고 요청한 경위를 설명한다. 스코크로프트는 독일 측의 행보가 "통독의 완전한 NATO 가입에 대한 의문을 제기할 수 있다"고 우려했다. 144.

144 Memcon, Bush-Gorbachev, September 9, 1990, BPL online.

145 젤리코프와 라이스가 나중에 회고한 바에 따르면, 서독 정부는 이 자금 지원이 "페레스트로이카에 어떻게 도움이 될지"에 대해 "심각한 분석"을 하지 않았다. 콜에게 그건 문제가 아니었다. 대신 그의 주요 동기는 "정치적-강력한 상징적 제스처를 취할 필요성"이었다; Zelikow and Rice, Germany Unified, 326.

146 이러한 전화 통화에 대한 보다 자세한 분석을 위해, 다음을 참고하라. Sarotte, 1989, 191-93. 또한 다음을 참고하라. Adomeit, Imperial Overstretch; Küsters, "Einfürhung," DESE 226-27.

147 Letter from Mr Weston to Sir C. Mallaby (Bonn), Personal and Confidential, FCO, September 17, 1990, DBPO 467.

148 "FCO to Sir R. Braithwaite (Moscow)...for Weston and Secretary of State's Party," September 11, 1990, DBPO 464.

149 This status continues to this day; 다음을 참고하라. Dufourcq, Retour, 254.

150 프랑스인은 미국인과 영국인만큼 우려하지 않았으며, 그들과 서독 사이의 중재자 역할을 맡았다; 다음을 참고하라. Bozo, Mitterrand, 292-93.

151 "Military Exchanges with Eastern Europe," August 16, 1990; Sarotte, 1989, 174-75, 192.

152 Letter from Mr Weston to Sir C. Mallaby (Bonn), September 17, 1990, DBPO 468.

153 Zoellick quoted and paraphrased in Letter from Mr Weston, September 17, 1990, DBPO 468.

154 "Gespräch BM Genscher mit AM Schewardnadse in Moskau am 11.09.90 (19-21.00h),"

September 14, 1990, in Hilger, Diplomatie, 253–55. In the original, after the two agreed on the wording of the agreement, Genscher said, "er werde das in der Sitzung der AM [Außenminister] sagen." The Soviet foreign minister asked, "ob eine solche Erklärung notwendig sei (förmlich, zu Protokoll der Verhandlungen)?" Genscher "verneint dies, aber verweist darauf, daß er den gleichen Text benutzen werde, wenn er in der PK [Pressekonferenz] gefragt werde." 또한 다음을 참고하라. "Sir R. Braithwaite (Moscow) to FCO," September 12, 1990, DBPO, 465.

155 Letter from Mr Weston, September 17, 1990, DBPO 468.

156 Kwizinskij, Vor dem Sturm, 61.

157 Genscher's worry summarized in Kwizinskij, Vor dem Sturm, 62.

158 AIW Genscher, recording in SMML. Original: "Wir können um Himmels willen nichts mehr riskieren, denn wir wissen nicht, was da in Moskau jetzt plötzlich für eine neue Diskussion aufbrechen würde."

159 Letter from Mr Weston, September 17, 1990, DBPO 469. On the events of that evening, 또한 다음을 참고하라. Frank Elbe and Martin Ney comments in Dufourcq, Retour, 166–67, 253–54; Brinkmann, NATO-Expansion, 235–38; GDE 4:594–602; Zelikow and Rice, Germany Unified, 361–33.

160 "주둔하지도 않고 배치되지도 않는다"라는 표현은 최종 2+4 협정 제5조 제3항에 등장한다. "배치"라는 단어의 의미를 독일 정부가 해석한 내용은 합의된 회의록에 수록되어 있다. 최종 협정의 전체 텍스트는 여러 곳과 언어로 제공되고 있다. 예를 들어, 독일어 버전은 "Presse-und Information samt der Bundesregierung, Die Vereinigung Deutschlands"에서 확인할 수 있다. 167-73. 또한 다음을 참고하라. Raymond Seitz's later report on the success of the agreed minute to the NATO allies, "Drahtbericht des Gesandten Bächmann, Brüssel (NATO)··· 2+4-Ministertreffen am 12.09.90 in Moskau," September 14, 1990, DE 717-22.

161 Comments by Robert Zoellick in Dufourcq, Retour, 114.

162 조약에서 합의된 문구를 삭제한 사례는 독일 역사 연구소 웹사이트를 참조하라. http://ghdi.ghi-dc.org/sub_document.cfm?document_id=176; Dufourcq, Retour, 76.

163 다음을 참고하라. 독일 외무부 웹사이트에 있는 두 쌍의 완전하고 동일한 서명이 있는 원본 조약의 사진: https://archiv.diplo.de/arc-de/das-politische-archiv/-/1502282.

164 서명식 자체에 대해, 서명자가 사용한 펜을 보관하는 (동양인의 눈에는) 예상치 못한 관행을 포함하여, 다음을 참고하라. the eyewitness account in Brinkmann, NATO-Expansion, 237. 나중에 제가 제임스 베이커에게 러시아가 NATO를 확장하지 않겠다는 서방의 약속을 받았다는 주장에 대해 물었을 때, 베이커는 이렇게 답했다. 만약 약속을 했다고 생각했다면, 왜 1990년 9월에 NATO의 경계를 동쪽으로 확장하는 공식 조약에 서명했는가? AIW Baker.

165 "Из беседы М.С. Горбачева с Г-Д. Геншером," September 12, 1990, МГ 572. For more on

other speeches at the final session, 다음을 참고하라. "Sept. 12 Two-Plus-Four Ministerial in Moscow: Detailed Account," EBB-613, NSA.

166 "Из беседы с...Дж. Бейкером," September 13, 1990, in Горбачев, Собрание сочинений, vol. 22, 94-97; 또한 다음을 참고하라. EBB-720, NSA; Hurd quotations from Hurd, Memoirs, 389.

167 Chernyaev diary entry for October 23, 1990, Совместный исход, 883-84; 또한 다음을 참고하라. MDB 274-75.

168 Letter from Mr Weston, September 17, 1990, DBPO 470. 또한 다음을 참고하라. "JAB's 1-on-1 mtg. w/FRG FM Kinkel @Dept. of State (First JAB-Kinkel mtg.)," June 30, 1992, folder 5, box 111, series 8, SMML, on replacing Elbe with Chrobog or Kastrup.

169 10월 3일 행사에 직접 참석하는 문제에 대한 이전 러시아 측 논의에 대해, 다음을 참고하라. "Докладная записка А.С. Черняева о предстоящем телефонном разговоре с Г. Колем и возможной поездке в Германию 3 октября," September 10, 1990, МГ 562, where Chernyaev suggested Gorbachev go even if Westerners did not, to get Germans on Moscow's side.

170 The US version, Letter from Kohl to Bush, October 3, 1990, is in my 2008-0783-MR, BPL.

171 통일 과정이 공식화되는 과정에는 여러 요소와 미해결 문제가 포함되었다. 독일 내 옛 소련 핵무기에 대해서는 다음을 참고하라. Central Intelligence Agency, "German Military Forces in Eastern Germany after Unification," September 27, 1990, in my 2008-0642-MR, BPL, 소련-독일 주둔 협정은 "동독의 소련 핵무기에는 적용되지 않는다"는 점을 부분적으로 굵은 글씨로 명시했다. 소련은 해당 지역에서 핵무기를 철수해 왔지만, 마지막 소련군이 철수할 때까지 동독에 최소한 일부 핵무기를 유지할 가능성이 높다. 독일은 (적어도 재래식 무기의) 점진적인 감소를 막기 위해 명시하려 했다. "Zum Vertrag zwischen der Bundesrepublik Deutschland und der UdSSR über die Bedingungen des befristeten Aufenthalts und die Modalitäten des planmäßigen Abzugs der sowjetischen Truppen aus dem Gebiet der Bundesrepublik Deutschland," APBD-49-94, 734, that Soviet forces would remove as complete units with their armaments, that is, "der Abzug erfolgt in ganzen Einheiten unter Mitnahme der gesamten Ausrüstung (also keine 'Ausdünnung')." On other aspects of Soviet troop withdrawal, 다음을 참고하라. "Ortez des Referatsleiters 012, Bettzeuge," October 18, 1990, DE 759-62; and three documents in DE unpub: (1) "Vermerk (Sachstand) des Referats 201, Betr.: Dt.-sowjet. Aufenthalts-und Abzugsvertrag," September 21, 1990; (2) "DE Nr. 23 des Dg 42, MDg Dieckmann an D2 Kastrup/LMB, Elbe, z.Z. New York (BM-Delegation), Betr.: dt.-sowjetisches Überleitungsabkommen," September 25, 1990; (3) "StS-Vorlage RL 201, VLR I Dreher, Betr.: Sowjetische Haltung zu offenen Punkten Aufenthalts-und Abzugsvertrag," October 4, 1990. On the status of foreign forces in Germany after unification, 다음을 참고하라. the Auswärtiges Amt website, https://www.auswaertiges-amt.de/en/aussenpolitik/

themen/internatrecht/-/231364. On Soviet requests for early payment, 다음을 참고하라. "Vorlage des Ministerialdirektors Teltschik an Bundeskanzler Kohl, Bonn, 25. September 1990," DESE 1550. On the breakdown of German aid, 다음을 참고하라. "Ortez Nr. 74 des Rl 012, VLR I Bettzuege Betr.: Deutsch sowjetisches Überleitungsabkommen," October 8, 1990, DE unpub, PA-AA. On the surrender of four-power rights (a necessary precursor to unification becoming official), 다음을 참고하라. "Erklärung der Vier Mächte über die Aussetzung ihrer Vorbehaltsrechte über Berlin und Deutschland als Ganzes in New York vom 1. Oktober 1990," APBD-49-94, 715; "Gespräch des D2 Kastrup mit sowjetischem Botschafter Terechow (= Vermerk des VLR Pauls vom 21.09) Betr.: Erklärung der vier Mächte zur Suspendierung der Vier- Mächte-Rechte am 01.10. in New York," September 21, 1990, DE unpub.

172 "Schreiben des Präsidenten Gorbatschow an Bundeskanzler Kohl, 26. September 1990," DESE 1551. 사실 소련은 1991년 3월 4일까지 체결되지 않은 협정을 비준한 마지막 강대국이 될 것다. 1990년 9월 12일 이후 얼마나 많은 실타래가 느슨했는지에 대한 주제에 대해, 이 다음을 참고하라. Teltschik, 329 Tage, 7.

173 1991년 3월과 4월 소련의 비준에 관하여, 다음을 참고하라. "Zeittafel," APBD-49-94, 119; 또한 다음을 참고하라. Stent, Russia, 142-44, 비준을 둘러싼 싸움을 자세히 다루고 있으며, 페일린은 여전히 자신의 견해를 발전시키려고 노력하고 있었고 독일군은 이미 모스크바에 지불하고 있던 금액을 추가했다.

174 9월 투쟁 직후 셰바르드나제의 생각에 대해, 다음을 참고하라. "Выступление Э.А. Шеварднадзе на заседании комитета по международным делам ВС СССР," September 20, 1990, МГ 575-81; on his resignation, 다음을 참고하라. Stent, Russia, 143.

175 On these talks, 다음을 참고하라. Action Memorandum for Brent Scowcroft, From: Arnold Kanter/Condoleezza Rice, Subject: Arms Control Talks in Moscow, September 14, 1990; on the same problem, Letter from Gorbachev to Bush, September 17, 1990, both in SSSN, USSR, 91128-003, BPL.

176 Gorbachev comments in Baker, Politics, 529; Scowcroft quotations in TOIW Brent Scowcroft, August 10-11, 2000, GBOHP.

177 Letter from Mr Weston, September 17, 1990, DBPO, 470; Ratti, Not-So-Special, 326-27.

178 US Department of State, Memorandum from S/P Harvey Sicherman, to S/P- Dennis Ross and C-Robert Zoellick, "A New Europe: Articulating the Common Interest," May 1, 1990, declassified by Sicherman; I thank him for a copy.

4장

1 Opening Strauss quotation from "The Bolshevik Goetterdaemmerung: End of Empire and Russian Rebirth," SDC 1991-Moscow-32811, November 15, 1991, 2011-0145-MR, BPL. 스트라우스가 자신에 대해 언급한 내용은 맥가르, 《Whole Damn Deal》, 431쪽에 인용되어 있다. 맥가르에 따르면, 스트라우스는 모스크바에 도착한 후 자신의 생각을 다

음과 같이 설명했다. "내가 무슨 생각이었을까?… 이건 정말 큰 문제고, 큰 혼란이다. 당신의 배경과 훈련으로는 이 문제를 해결하기에 전혀 준비가 되어 있지 않다." (445). 스트라우스는 자신의 업무를 수행하는 데 있어 경력 외교관이자 러시아 전문가인 제임스 콜린스에 크게 의존했다(445). 스트라우스의 선택은 그의 전문성 부족에도 불구하고, 부시가 러시아를 중요하게 생각한다는 신호를 엘친에게 보내는 명백한 장점이 있었지만, 러시아 전문가인 잭 매트록이 맡았던 미국 주러시아 대사직이 이제 그 나라에 대해 거의 모르는 사람에게 넘어갔다는 단점이 있었다. 매트록은 저녁 시간에 미국 대사관을 개혁 지향적 러시아인들의 사교장으로 변모시켰지만, 스트라우스는 미국에서 친구들이 보내준 비디오를 보는 것을 선호했다: "재무장관 닉 브래디는 브리더스 컵 경주 3시간 분량의 테이프를 보냈다. 톰 브로카우는 법정 드라마 〈매트록〉의 에피소드를 보냈다. 콜럼비아 픽처스의 전설적인 프로듀서 레이 스타크는 영화들을 보냈고, 잭 발렌티와 류 워터맨도 마찬가지였다. 그리고 짐 레어는 〈맥닐/레어 뉴스 아워〉를 보냈다."(454). 스트라우스에 관한 자세한 내용은 텍사스 대학교 오스틴 캠퍼스의 로버트 S. 스트라우스 센터 웹페이지를 참조하라. https://www.strausscenter.org/robert-s-strauss/. For more on the disintegration of the Soviet Union, 다음을 참고하라. Zubok, Collapse.

2 Strauss quotations from "The Bolshevik Goetterdaemmerung." Cheney's and Baker's views summarized by Scowcroft in TOIW Brent Scowcroft, August 10-11, 2000. On Soviet economic collapse, 다음을 참고하라. Miller, Struggle, 4-9.

3 Baker quotation from James Baker, "Soviet Points for Meeting with the President," December 10, 1991, folder 8, box 115, series 8, SMML; Scowcroft quotation from TOIW Brent Scowcroft, August 10-11, 2000.

4 Memcon, Bush-Havel, November 18, 1990, BPL online. Undeterred, Havel informed a US Defense Department delegation visiting Prague on April 24-26, 1991, that he saw "two possibilities in the next 10 years: NATO and the EC." 하벨은 방문 중인 폴 울포위츠에게 이렇게 말했다. 다음을 참고하라. Memcon, Havel-Wolfowitz, April 27, 1991, and "USDP Wolfowitz's Report on the Trip to Prague," n.d., but from context late April 1991, both in EBB-613, NSA.

5 Memcon, Bush-Wałęsa, March 20, 1991, BPL online; 또한 다음을 참고하라. Stephen Flanagan, "NATO From Liaison to Enlargement," OD 93-110; Stephan Kieninger, "Opening NATO," OD 60.

6 László Póti, "Hungarian-Ukrainian-Russian Triangle," in Balmaceda, On the Edge, 128-30.

7 Antall paraphrased in Géza Jeszenszky, "NATO Enlargement," OD 121-22, which also notes that the foreign minister visited NATO in Brussels on June 28-29, 1990, and Antall had "most cordial talks with Wörner at NATO Headquarters on July 17-18, 1990." Póti, "Hungarian-Ukrainian-Russian Triangle," 132, "헝가리 정부는 비록 그렇게 하고 싶어 했지만, 바르샤바 조약의 해체를 공개적으로 요구하는 것보다 더 급진적인 해결책

을 선택하지 않았다"고 통찰력 있게 지적한다. 이는 "소련군이 여전히 대부분의 회원국에 주둔해 있었기 때문에" 반발을 일으키고 싶지 않았기 때문이다. 1990년 10월 안탈은 부시에게 불만을 토로하며, 헝가리에 여전히 두 개의 소련 군단이 주둔해 있으며, "부다페스트 근처에 배치된 것은 우연이 아니다"라고 지적했다. 이들은 "소련 내 주택 부족으로 인해 갈 곳이 없다"며 떠날 기미를 보이지 않았다. 안탈은 또한 "체코슬로바키아에서는 긴장이 고조되고 있으며, 유고슬라비아에서는 상황이 위급하다. 전쟁이 발생할 수 있다"고 경고했다. Memcon, Bush-Antall, October 18, 1990, BPL online.

8　The analysis of "Eastern Europe and NATO" is on page 3 of the attachment to "Revised NATO Strategy Paper for Discussion at Sub-Ungroup Meeting, October 24," from: EUR James F. Dobbins, Acting, October 22, 1990, EBB-613, NSA.

9　Gates, From the Shadows, 493-94; 또한 다음을 참고하라. Shifrinson, "Eastbound," 819.

10　Memorandum for Robert Gates, From: Philip Zelikow, "Subject: Your Meeting of the European Strategy Steering Group on, Monday, October 29," October 26, 1990, 2000-0233-F, BPL.

11　From State/EUR-James F. Dobbins, Acting, to NSC-Mr. Gompert, "NATO Strategy and Review Paper for October 29 Discussion," October 25, 1990, EBB-613, NSA. 또한 다음을 참고하라. "USDP Wolfowitz's Report on the Trip to Prague," n.d., from context circa April 1991, EBB-613, NSA; Stephen Flanagan, "NATO from Liaison to Enlargement," OD 98-105; Sayle, Enduring, 333, 332n101; Shifrinson, "Eastbound," 825.

12　Cheney's July 1990 comment in "Notes from Jim Cicconi [notetaker] re:7/3/90 pre-NATO Summit briefing at Kennebunkport," and "Briefing of Pres on NATO summit at Walker's Pt," folder 3, box 109, 8/8c, SMML; Cheney's remark about associate status quoted in Solomon, NATO, 10. For more on Cheney, 다음을 참고하라. Mann, Great Rift.

13　Bozo, "Failure."

14　미국 외교관 윌리엄 힐이 나중에 지적했듯이, 1991년 말까지 미국이 "유럽에서 주요 안보 세력으로 남아 있을 것"이며 유럽의 안보는 "나토에 종속될 것"이라는 것이 분명해졌다. Hill, No Place, 65.

15　Elizabeth Shogren, "Gunman Reportedly Wanted to Kill Gorbachev," Los Angeles Times, November 16, 1990.

16　헝가리 대통령은 부시에게 모스크바가 제안한 안보 협정을 직접 언급했다. (Memcon, Bush-Göncz, May 23, 1991, BPL online), 그리고 하벨은 이 상황을 방문 중인 폴 울프위츠에게 보고했다. (in Memcon, Havel-Wolfowitz, April 27, 1991, cited above). 조약에 따른 군사 활동의 종료 및 조약에 따른 군사 기구의 폐지에 관하여, 다음을 참고하라. Telcon, Bush-Havel, February 26, 1991, BPL online; "Agreement on the Cessation of the Military Provisions of the Warsaw Pact," February 25, 1991, in Mastny and Byrne, eds., Cardboard Castle, 682-83.

17 Marten, "Reconsidering," 140-41; Póti, "The Hungarian-Ukrainian-Russian Triangle," 133.
18 Jeszenszky, "NATO Enlargement," OD 122; Asmus, Opening, 10; Solomon, NATO, 8.
19 다음을 참고하라. the declaration, titled "Partnership with the Countries of Central and Eastern Europe: Statement Issued by the North Atlantic Council Meeting in Ministerial Session," June 6-7, 1991, https://www.nato.int/cps/ie/natohq/official_texts_23858.htm.
20 Memcon, Quayle-Wörner, July 1, 1991, 2000-0233-F, BPL.
21 Memcon, Bush-Mitterrand, March 14, 1991, BPL online. Mitterrand's guess of twenty was an accurate prediction; 1991년 6월과 1992년 6월 사이에 유고슬라비아와 소련이 붕괴되면서 실제로 20개의 새로운 국가가 유럽에 등장했다. 또한 다음을 참고하라. Hill, No Place, 68.
22 이 금액은 "생산적 투자를 지연시키는 엄청난 부담"을 의미했다; Szabo, Germany, 6. On top of that, Mitterrand notes that there were still "nationalist movements in Germany which make it difficult for the Germans to renounce claims in Poland"; Memcon, Bush-Mitterrand, March 14, 1991, BPL online. 총리는 이후 모스크바에 1994년 12월에서 8월 31일로 철수 시한을 앞당기는 조건으로 추가로 $550백만 달러의 지원을 제안했다. 다음을 참고하라. the German federal government website, https://www.bundesregierung.de/breg-de/service/bulletin/besuch-des-bun deskanzlers-in-der-russischen-foederation-vom-14-bis-16-dezember-1992 -791660; on Germans becoming cautious about how much they were spending, 다음을 참고하라. Spohr, Post Wall, 480; 또한 다음을 참고하라. Stent, Russia, 162.
23 Bozo, "Failure," 409.
24 Memcon, Bush-Mitterrand, March 14, 1991, BPL online.
25 다음을 참고하라. the discussion of Yugoslavian issues in Telcon, Bush-Kohl, June 24, 1991, BPL online. On the outbreak of war in former Yugoslavia, 다음을 참고하라. Hill, No Place, 74-77.
26 Memcon, Bush-Mitterrand, March 14, 1991, BPL online.
27 콜은 고르바초프와 리투아니아 지도자 카지미라 프룬스키엔과 논의한 내용을 당 동료들에게 설명하며 다음과 같은 발언을 했다: "21. Januar 1991," BzL 243. In a similar conversation a month later, he added that "wer also von der Auflösung der Sowjetunion träumt, muß alle nur denkbaren Konsequenzen mitträumen"; "22-23. Februar 1991," BzL 247.
28 Chernyaev diary entry for August 26, 1990, Совместный исход, 869; MDB 271; Plokhy, Last Empire, 37-40.
29 Bergmane, "'Is This the End of Perestroika?"; Plokhy, Last Empire, 195-96.
30 Memcon, Baker-Shevardnadze, "On the Plane to Jackson Hole, Wyoming," September 21, 1989, 6:30-8:30pm, 2009-1030-MR, BPL; 또한 다음을 참고하라. Bergmane,"'Is This the End of Perestroika?'"

31 부시는 고르바초프에게 발트 3국에서 발생한 폭력과 "최소 20명의 사망자"에 대해 불만을 제기했다. 다음을 참고하라. Letter, Bush-Gorbachev, January 23, 1991, 2011-0857-MR (504), BPL. 또한 다음을 참고하라. LSS xxxiii; Plokhy, Last Empire, 38.

32 고르바초프는 마틀록에게 부시의 불만을 전달한 대사에게 이렇게 말했다; 다음을 참고하라. "From: Jack Matlock, For: General Scowcroft" (on Matlock's meeting with Gorbachev), January 24, 1991, 2011-0857-MR, BPL.

33 He signed on November 9, 1990, the one-year anniversary of the fall of the Wall; "Vertrag über gute Nachbarschaft, Partnerschaft und Zusammenarbeit zwischen der Bundesrepublik Deutschland und der Union der Sozialistischen Sowjetrepubliken vom 9. November 1990," APBD-49-94, 738-44. For an overview of all of the treaties signed, 다음을 참고하라. "Sachstandsvermerk Ref. 213, Betr. Stand Vertragsverhandlungen D und SU," November 12, 1990, DE unpub. Chernyaev had to compose a letter in March 1991 asking for more aid from Germany after Gorbachev could not bring himself to ask for more on the phone with Kohl; the letter leaked and appeared in Der Spiegel. 다음을 참고하라. Chernyaev diary entry for March 10, 1991, Совместный исход, 927; the Spiegel version was "Neue Milliarden aus Bonn?", part of the article "'Geld in die Müllgrube werfen,'" Der Spiegel, 23/1991, https://magazin.spiegel.de/EpubDelivery/spiegel/pdf/13487616.

34 Hill, No Place, 21-23.

35 그 정상회담에서 도출된 합의에 관하여, 다음을 참고하라. "Gemeinsame Erklärung der 22 Staaten der NATO und der Warschauer Vertragsorganisation in Paris vom 19. November 1990 (Auszug)," and "Die 'Charta von Paris für ein neues Europa,' vom 21. November 1990, Erklärung des Pariser KSZE-Treffens der Staats- und Regierungschefs," APBD-49-94, 755-71.

36 Daryl Kimball and Kingston Reif, "The Conventional Armed Forces in Europe (CFE) Treaty and the Adapted CFE Treaty at a Glance," Arms Control association, August2017, https:// www.armscontrol.org/factsheet/cfe. On CFE, 또한 다음을 참고하라. Falkenrath, Shaping, xv-xvii.

37 This sentence is a paraphrase of Sloan, Defense of the West, 108.

38 쿠엔틴 필에 따르면, "모스크바 보고서는 수천 대의 탱크가 CFE 수를 어떻게 피했는지 알려준다." Financial Times, January 10, 1991, reprinted in Mastny, Helsinki Process, 295-96; 또한 다음을 참고하라. Falkenrath, Shaping Europe's Military Order, xv-xvii, 117-19; Zelikow and Rice, To Build, 479n74. 워런 크리스토퍼 국무장관은 나중에 빌 클린턴 대통령에게 러시아 군사 지도자들이 CFE를 "고대 고르바초프의 약점과 새로운 러시아에 더욱 불공평한 순간에 구소련에 부과된 '나쁜 조약', 냉전의 잔재"로 보고 있다고 조언했다. Memo, Christopher to Clinton, "Your Meeting with Yeltsin in Halifax," June 12, 1995, DS-ERR. On Gorbachev's pushback against Bush administration efforts to end the Soviet Union's development of biological weapons, 다음을 참고하라. Hoffman,

Dead Hand, 361.

39 Letter, Bush-Gorbachev, October 20, 1990, LSS 762-63; on Gorbachev's support for UNSCR 675 (described on the US State Department website, https://2001-2009.state.gov/p/nea/rls/13456.htm) and his peace initiatives, 또한 다음을 참고하라. "22-23. Februar 1991," BzL 247-67, and the various documents in EBB-745, NSA.

40 This sentence is a paraphrase from Engel, Lawrence, and Preston, America in the World, 335.

41 Engel, When the World, 467.

42 LSS xxxiii.

43 For the onset of the war, 다음을 참고하라. the notes about Baker's calls to heads of government and other leaders in folder 9, box 109, series 8, SMML.

44 Bozo, History of the Iraq Crisis, 26-27; Bozo, "'We Don't Need You,'" 183- 208; LSS xxxiii-xxxiv.

45 TOIW Richard B. Cheney, March 16-17, 2000, Dallas, Texas, GBOHP. 수송기는 체니의 말처럼 미국이 "발사 지점에 도달하기 전에 탱크를 찢는 것"을 피할 수 있음을 의미했다. 워싱턴은 수송기 외에도 "운동 목적"으로 옛 동독 탱크, 헬리콥터, 비행기에 대한 접근을 요청했다: AAP-90, 1574-75.

46 Bush and Mulroney comments at the "Opening Session of the London Economic Summit," July 15, 1991, 2:20-5:40pm, BPL online; 부시 대통령의 생물학적 무기 프로그램에 대한 우려에 대해 다음을 참고하라. AIW Zoellick; for context, 또한 다음을 참고하라. Hoffman, Dead Hand.

47 Memcon, Bush-Gorbachev, July 17, 1991, London, BPL online.

48 다음을 참고하라. Chernyaev's diary entry for July 20, 1991, in Совместный исход, 963-65.

49 Chernyaev diary entry for March 20, 1991, in Совместный исход, 930.

50 Memorandum for John Helgerson, DDCI, from David Gompert/Ed A. Hewett, April 10, 1991, "The Gorbachev Succession," and Directorate of Intelligence, April 29, 1991, also entitled "The Gorbachev Succession," both in EBB-544, NSA.

51 Memcon, Quayle-Wörner, July 1, 1991, FOIA 2000-0233-F, BPL. 부시 대통령은 1991년 5월 워싱턴을 방문한 프리마코프가 "대규모 지원"을 요청했을 때 소련의 절박한 상황에 대해 직접 들었다. 고르바초프의 장수에 대한 우려에도 불구하고 부시 대통령은 "지금 우리는 어느 정도 빈털터리"라고 답했다; Memcon, Bush-Primakov, May 31, 1991, BPL online. 또한 다음을 참고하라. Letter from Bush to Gorbachev, July 1991 (no exact day given), LSS 845-48; McFaul, From Cold War, 23-24.

52 Memcon, Bush-Göncz, May 23, 1991, BPL online. 그는 우크라이나가 특정 문제가 될 것이라고 덧붙였다. 괴츠의 견해에 따르면 "절대 주권"은 아마도 우크라이나에게 "가능하지 않을 것이다. 결국 그들은 새로운 연합을 형성할 것이라고 생각한다. 이

것이 유일한 탈출구인 것 같다."
53 다음을 참고하라. Matlock's account from June 20, 1991, PC.
54 1990년 6월 12일 6명의 후보가 출마한 가운데 57%의 득표율을 기록했고, 1991년 7월 10일 러시아 대통령으로 취임했다. "Yeltsin Sworn in as Russian President," New York Times, July 11, 1991; Aron, Yeltsin, 740; LSS xxxiv.
55 In February 1991; 다음을 참고하라. Aron, Yeltsin, 740.
56 Kozyrev, Firebird, 8-12. 소설의 금지와 CIA가 이를 어떻게 활용했는지에 대해, 다음을 참고하라. Peter Finn and Petra Couvée, "During Cold War, CIA Used 'Doctor Zhivago' as a Tool to Undermine Soviet Union," Washington Post, April 5, 2014.
57 Memcon, Bush-Yeltsin, June 20, 1991, BPL online; Maureen Dowd, "Yeltsin Arrives in Washington with Conciliatory Words about Gorbachev," New York Times, June 19, 1991; Colton, Yeltsin, 189-90.
58 Memcon, Bush-Yeltsin, June 20, 1991, BPL online.
59 Marilyn Berger, "Boris N. Yeltsin, Reformer Who Broke Up the USSR, Dies at 76," New York Times, April 24, 2007; Craig Hlavaty, "When Boris Yeltsin Went Grocery Shopping in Clear Lake," Houston Chronicle, September 13, 2017.
60 Memcon, Bush-Yeltsin, June 20, 1991, BPL online.
61 "The Bolshevik Goetterdaemmerung," SDC 1991-Moscow-32811, November 15, 1991.
62 Memcon, Bush-Mulroney, August 19, 1991, FOIA 2000-1202-F, BPL online.
63 For news coverage of Yeltsin on the tank, 다음을 참고하라. https://www.youtube.com/watch?v=LsF4c06txHM.
64 Colton, Yeltsin, 200.
65 Memcon, Bush-Mulroney, August 19, 1991, BPL online.
66 Memcon, Bush-Mulroney, August 19, 1991, BPL online; Ron Synovitz, "What Happened to the August 1991 Coup Plotters?," RadioFreeEurope/ RadioLiberty, August19, 2016, https://www.rferl.org/a/what-happened-to-the-august-1991-coup-plotters/27933729.html.
67 Telcon, Bush-Yeltsin, August 21, 1991, 8:30-9:05am, BPL online.
68 As Matlock put it, Gorbachev's "trust in Kryuchkov's loyalty was as complete as it was misplaced"; Matlock, Autopsy, 665. 매틀록과 소련/러시아 주재 다른 전직 미국 대사들과의 인터뷰에 대한 흥미로운 녹취록을 보려면, 다음을 참고하라. EBB-769, NSA.
69 Kozyrev, Firebird, 34. 코지레프는 시위대가 주요 건물에 들어가는 것을 막은 것은 실수라고 생각했다(동독에서는 시위대가 슈타지 건물에 들어갈 수 있었다).
70 Arkady Ostrovsky, "Special Report Russia: Inside the Bear," The Economist, October 20, 2016.
71 Telcon, Bush-Yeltsin, August 21, 1991, 8:30-9:05 am, BPL online; Plokhy, Last Empire, 118-19.
72 Telcon, Bush-Yeltsin, August 21, 1991, 8:30-9:05 am, BPL online.

73　Kozyrev, Firebird, 26-27.
74　Kozyrev, Firebird, 36.
75　Telcon, Bush-Yeltsin, August 21, 1991, 8:30-9:05 am, BPL online.
76　TOIW Brent Scowcroft, November 12-13, 1999, GBOHP. 다음을 참고하라. the detailed account of the coup in Plokhy, Last Empire, 95-109.
77　Telcon, Bush-Yeltsin, August 21, 1991, 9:20-9:31pm, BPL online; on Akhromeyev, 다음을 참고하라. "Gorbachev's Top Military Advisor Commits Suicide," AP, August25, 1991, https://apnews.com/article/0942b9518f893f69b3560c69ce0de7c2; Plokhy, Last Empire, 148.
78　Quoted in Falin, Politische Erinnerungen, 477.
79　Bush finally spoke to him on August 21; 다음을 참고하라. Telcon, Bush-Gorbachev, August 21, 1991, BPL online.
80　Plokhy, Last Empire, 143-45; Taubman, Gorbachev, 622.
81　Taubman, Gorbachev, 622; Colton, Yeltsin, 202-3.
82　This is the main argument of "Part III, A Countercoup," in Plokhy, Last Empire.
83　Bozo, "Failure," 412.
84　Colton, Yeltsin, 203.
85　BST timeline.
86　Memcon, Bush-Mulroney, August 19, 1991, BPL online.
87　Talbott cited in Plokhy, Last Empire, 15.
88　이 발언의 맥락은 다음과 같다: 메이저 총리는 부시 대통령에게 보낸 서한에서 G7 국가 대표들에게 고르바초프의 재기를 돕기 위한 지원 패키지를 고려할 것을 제안했고, NSC의 데이비드 곰퍼트와 에드 휴엣은 스코크로프트에게 이러한 회의를 중단할 것을 권고했다. 다음을 참고하라. "From Prime Minister to President Bush," August 22, 1991; and Memorandum for Brent Scowcroft, from David Gompert and Ed A. Hewett, "Message from John Major on the USSR," August 22, 1991, both in Burns Files, FOIA 2000-1202-F, BPL.
89　Memcon, Bush-Mulroney, August 19, 1991, BPL online.
90　Ashton B. Carter, "Statement before the Defense Policy Panel, House Armed Services Committee," December 13, 1991, Fax from Ashton Carter to General John Gordon on December 13, 1991, FOIA 2000-1202-F, BPL. A 2012 Harvard report raised the estimated number of Soviet nuclear weapons in late 1991 to 35,000, many aimed at US territory. 다음을 참고하라. Graham Allison, "What Happened to Soviet Arsenals," Discussion Paper No. 2012-04, March 2012, Belfer Center for Science and International Affairs, Harvard University.
91　"30. August 1991," BzL 298-300; Budjeryn, "Power," 207.
92　Allison, "What Happened."
93　Thomas L. Neff, "A Grand Uranium Bargain," New York Times, October 24, 1991.

94 "The USSR Two Weeks after the Failed Coup," SDC 1991-Moscow-25359, September 6, 1991, FOIA 2000-0233-F, BPL.

95 Baker and Strauss quoted in McGarr, Whole Damn Deal, 450. 스트라우스는 1991년 8월 말에 미국으로 돌아왔지만, 9월에 베이커와 함께 비행기를 타고 모스크바로 돌아갔다. 두 사람은 공항에서 시내로 차를 타고 이동하는 동안 이 교환을 했다고 전해진다. 맥거에 따르면, 이 교환 날짜는 9월 10일이었으며, 그녀는 베이커가 고르바초프를 만나기 전날이라고 설명한다. 이 날짜는 9월 11일 베이커와 고르바초프의 만남을 보여주는 문서와 일치한다.(아래를 참고하라).

96 "Из беседы с Джеймсом Бейкером, Москва," September 11, 1991, Овв 288-90.

97 다음을 참고하라. the documents setting up this September 12, 1991, dinner in folder 7, box 110, series 8, SMML.

98 Baker, Politics, 559.

99 Robert Zoellick informed the French of this development in a letter to Anne Lauvergeon, October 7, 1991, 5 AG 4/CDM 48, AN.

100 Goldgeier and McFaul, Power, 69.

101 "JAB Notes from 10/2/91 mtg. w/Gen. Scowcroft, Sec. Cheney, The White House," folder 8, box 110, series 8, SMML. 또한 다음을 참고하라. Bush's comments to the visiting Danish prime minister, Poul Schlueter, in Memcon, Bush-Schlueter, October 16, 1991, BPL online.

102 SDC 1991-Moscow-28682, October 7, 1991, EBB-561, NSA.

103 AIW Kozyrev.

104 Hoffman, Dead Hand, 379-80; AIW Nunn.

105 Plokhy, Last Empire, 81.

106 1992 회계연도 국방부 예산에서 소련의 핵무기 및 화학 무기 해체와 인도적 지원을 위해 5억 달러를 할당하는 것을 승인했다: BST timeline. 또한 다음을 참고하라. Hoffman, Dead Hand, 384-87; Statement by Senator Nunn, Congressional Record, Soviet Defense Conversion and Demilitarization, November 13, 1991, https://nsarchive2.gwu. edu//NSAEBB/NSAEBB447/1991-11-13%20 Statement%20by%20Senator%20Nunn,%20 Congressional%20Rec ord,%20Soviet%20Defense%20Conversion%20and%20Demilitarization.PDF.

107 미국의 핵무기 확산 억제 전략에 대한 자세한 내용은, 다음을 참고하라. Gavin, "Strategies of Inhibition."

108 Scowcroft quotation, and Scowcroft paraphrase of Cheney, in TOIW Brent Scowcroft, August 10-11, 2000, GBOHP; number of tactical weapons in Allison, "What Happened"; Allison, Nuclear Terrorism, 43-49. 또한 다음을 참고하라. Amy F. Woolf, "Nonstrategic Nuclear Weapons," updated March 16, 2021, Congressional Research Service 7-5700, https://crsreports.congress.gov /product/pdf/RL/RL32572.

109 Quotations from Bush and Scowcroft, World Transformed, 541-44. 공동 회고록의 다른

부분 인용문이 다른 관련 대화의 기밀 해제된 전체 문서와 일치하기 때문에, 이 사건의 인용문도 정확하다는 것은 합리적인 가정이다. 스코크로프트는 부시 대통령의 최고 고문들 중에서 소련 핵무기 해체에 대해 "가장 걱정하지 않는" 사람이었다고 회상한다: "내가 보기에 우리가 직면해야 할 공격의 규모를 희석시키는 데 도움이 될 수 있는 모든 것은 무기에 대한 통일된 통제력이 약화될 만한 이익이었다" (544). 냉전 종식 후 미국의 핵 전략에 관하여 또한 다음을 참고하라. Leffler, Safeguarding, 257-65.

110 Cheney's views quoted and summarized in Bush and Scowcroft, World Transformed, 541; 또한 다음을 참고하라. Plokhy, Last Empire, 199.

111 그 무기고는 약 2,883개의 전술 핵무기, 44개의 전략 장거리 폭격기, 176개의 대륙간 탄도미사일(ICBM), 그리고 최소 1,240개의 전략 핵탄두로 구성되어 있었으며, 아마도 그 외에도 더 많은 무기가 있을 것이다: Sinovets and Budjeryn, "Interpreting," 2; 또한 다음을 참고하라. Allison, "What Happened"; Budjeryn, "Power," 203.

112 Quoted in Baker, Politics, 560; 또한 다음을 참고하라. Bush and Scowcroft, World Transformed, 540-42; and Plokhy, Last Empire, 262.

113 Bush signed it on July 31, 1991, in Moscow; 다음을 참고하라. BST timeline.

114 On the "Chicken Kiev" speech, 다음을 참고하라. Goldgeier and McFaul, Power, 28-29; Plokhy, Last Empire, 47-96; LSS xxxiv.

115 Memcon, Bush-Kravchuk, September 25, 1991, BPL online. 국민투표가 진행 중인 우크라이나의 독립 선언에 의문이 제기되었지만, 그 선언은 여전히 모스크바에게 깊은 충격이었다. 발트해인들에게는 한 가지 문제였지만 우크라이나와 같은 대규모 슬라브 공화국이 그런 조치를 취한 것과는 상당히 다른 문제였다; Plokhy, Last Empire, 168-70. 또한 다음을 참고하라. Budjeryn, "Power," 210-11.

116 Memcon, Bush-Kravchuk, September 25, 1991, BPL online; Plokhy, Last Empire, 206-7.

117 Bush and Scowcroft, World Transformed, 545; on Cheney, 다음을 참고하라. Leffler, Safeguarding, 261-65.

118 Telcon, Scowcroft-Wörner, September 27, 1991, 2000-0233-F, BPL. 뵈르너는 또한 TASM(아마도 전술 공대지 미사일)도 취소되었는지 물었다. 스코크로프트는 긍정적인 반응을 보이며 "우리는 TASM을 폐기한다. 끔찍한 프로그램이다"라고 말했다.

119 그는 또한 "단거리 공격 미사일(SRAM)의 취소"를 발표하고 "ICBM의 이동식 기반 모드 개발"을 종료했으며, 이는 "MIRVed Peacekeeper와 단일 탄두 소형 ICBM 모두"를 의미한다. 다음을 참고하라. "JAB notes from 9/27/91 mtgs. w/UK, France, Germany," on "POTUS Speech on Defense Strategy," Waldorf Astoria Hotel, New York, folder 7, box 110, series 8, SMML. 또한 다음을 참고하라. Secretary of Defense, Memorandum for Chairman of the Joint Chiefs of Staff et al., "Reducing the United States Nuclear Arsenal," September 28, 1991, EBB-561, NSA는 "대통령의 지시에 따라 가능한 한 빨리 다음 사항을 이행하도록 지시한다"고 밝힌 후 구체적인 군비 통제 조치를 자세히 나열했다.

120 For a summary of the consequences of that televised announcement, 다음을 참고하라. Woolf, "Nonstrategic Nuclear Weapons."
121 Telcon, Bush-Gorbachev, September 27, 1991, BPL online. 부시의 발표에 대한 자세한 내용은 다음을 참고하라. Daryl Kimball and Kingston Reif, "The Presidential Nuclear Initiatives (PNIs) on Tactical Nuclear Weapons at a Glance," Arms Control Association, https://www.armscontrol.org/factsheets/pniglance.
122 Telcon, Bush-Yeltsin, September 27, 1991, BPL online. Bush also called Kohl, Major, Mitterrand, and Wörner the same day; all memcons, BPL online. For the televised announcement, 다음을 참고하라. https://www.youtube.com/watch?v=v7h3Razthc0. On further nuclear initiatives in Bush's 1992 State of the Union address, 다음을 참고하라. Baker, Politics, 658-59.
123 Telcon, Bush-Gorbachev, October 5, 1991, BPL online; Hoffman, Dead Hand, 383-84; Kieninger, "Opening NATO," OD 61; Plokhy, Last Empire, 209-11.
124 Woolf, "Nonstrategic Nuclear Weapons," 13-14. 고르바초프는 소련 국방부 장관 에브게니 샤포시니코프가 핵 폭격기를 청산하는 데 동의하도록 할 수 없었지만, 부분적으로는 장관이 전직 비행사였기 때문이다. 샤포시니코프는 나중에 체르냐예프가 회상했듯이 "우리의 TU-160 [소련 항공기]가 관을 날고 있다"고 인정한 이유는 "신의 뜻에 따라 그들이 미국이나 캐나다 해안에 도착한다면 폭탄을 투하하는 것뿐이기 때문이다. 다시 돌아오는 것은 또 다른 질문이다!" Chernyaev diary entry for October 6, 1991, in Совместный исход, 994; translation as published in EBB-345, NSA.
125 "Scene Setter for Meeting with President Gorbachev," n.d., but from context late October 1991, LSS 936-37.
126 Brent Scowcroft, "Meeting with SYG Manfred Wörner" (preparatory paper), October 11, 1991, CF01526, FOIA 2000-0233-F, Barry Lowenkron files, BPL. Quotations from the year 2000 in TOIW Brent Scowcroft, August 10-11, 2000, GBOHP.
127 Memcon, Bush-Havel, October 22, 1991, BPL online.
128 Brent Scowcroft, "Meeting with SYG Manfred Wörner," October 11, 1991. 대신 스코크로프트는 나토와 구 바르샤바 조약 기구 국가들 간의 연락 프로그램을 강화할 것을 제안했다.
129 Memcon, Bush-Wörner, October 11, 1991, BPL online.
130 이 아이디어를 개발한 주요 보좌관은 프랭크 엘베와 로버트 졸릭이었다. AIW Zoellick. 또한 다음을 참고하라. Flanagan, "NATO from Liaison to Enlargement," OD 102; and Solomon, NATO, 13, which dates the conception of the idea to October 2, 1991.
131 "NATO Liaison: General Principles for Development," n.d. I thank Flanagan for a copy of this declassified document.
132 Bozo, Mitterrand, 382.
133 Memcon, Bush-Wörner, October 11, 1991, BPL online.

134 SDC 1991-USNATO-04913, October 26, 1991, Lowenkron files, 2000-233-F, BPL. For more on the NACC, 다음을 참고하라. Baker, Politics, 584; Kieninger, "Opening NATO," OD 61-65; Solomon, NATO, 15; and the information on the NATO website, https://www.nato.int/cps/en/natolive/topics_69344.htm.

135 Population statistics in 1990-91: Ukraine, https://www.worldometers.info/world-population/ukraine-population/;Britain, https://countryeconomy.com/demography/population/uk?year=1991; France, https://www.population pyramid.net/france/1991/.

136 러시아와 유럽 역사의 맥락에서 우크라이나 역사에 대한 더 많은 정보를 얻기 위해 다음을 참고하라. Plokhy, Gates, 게이츠는 플록키가 우크라이나를 "유럽의 관문"이라고 언급했지만, 1991~92년은 유럽 국경을 국경에 두지 않고 우크라이나를 포함하도록 재정의할 수 있었을 것이다. 또한 다음을 참고하라. Reiss, Bridled Ambition, 90-92.

137 "The Bolshevik Goetterdaemmerung," SDC 1991-Moscow-32811, November 15, 1991.

138 On Gorbachev's background, 다음을 참고하라. Plokhy, Last Empire, 258.

139 고르바초프는 그들이 "볼셰비키가 라다에서 과반수를 차지하지 않았기 때문에" 이렇게 했다고 말했다: "Record of the Dinner Conversation between Gorbachev, Bush, Gonzalez, and King Juan Carlos of Spain," October 29, 1991, EBB-576, NSA.

140 "러시아 및 우크라이나와 미국의 관계에 대한 초안 옵션 문서"에서 발췌, 날짜 미상, 브렌트 스코크로프트를 위한 각서에 첨부, 니콜라스 번스, "11월 25일 베이커 장관, 체니 장관, 그리고 파월 장군과의 러시아 및 우크라이나에 대한 미국의 정책 관련 회의 또는 전화 논의"에서 발췌, November 22, 1991, Burns files, CF01498-007, FOIA 2000-1202-F, BPL.

141 "우리의 관심사는 무기다"라고 그는 야코블레프에게 말했다; 다음을 참고하라. Memcon, Bush Yakovlev, November 19, 1991, BPL online. The 25 percent statistic comes from "Nuclear Weapons in the Non-Russian Republics and Baltic States," Defense Intelligence Brief, October 1991 [no specific date], EBB-691, NSA.

142 Memcon, Bush-Yakovlev, November 19, 1991. On Ukrainian-Russian hostility, 또한 다음을 참고하라. Kostenko, Ukraine's Nuclear Disarmament, 24.

143 "The Bolshevik Goetterdaemmerung," SDC 1991-Moscow-32811, November 15, 1991.

144 Unofficial Translation of Letter, Yeltsin-Bush, no typed date but handwritten at top "Handed to Pres by Russian FM Kozyrev during 11-26-91 mtg," SSSN 91130-001, BPL.

145 Baker and Genscher quoted in Kieninger, "Opening NATO," OD 61-62; Frank T. Csongos, "Baker sees Trans-Atlantic Community with Former Soviet Bloc," UPI, June18, 1991, https://www.upi.com/Archives/1991/06/18/Baker-sees-trans-Atlantic-community-with-former-Soviet-bloc /7164677217600/.

146 "Handed to Pres by Russian FM Kozyrev during 11-26-91 mtg."

147 Telcon, Bush-Yeltsin, November 30, 1991, BPL online; lower-case letters in original.

148 Telcon, Bush-Yeltsin, November 30, 1991, BPL online; Plokhy, Last Empire, 230 (ark),

292-93 (December 1 referendum), 387 (quitting the empire). For more on Russia's status within the Soviet Union, 다음을 참고하라. Hosking, Rulers and Victims. For a different view which downplays the significance of Ukrainian independence on Soviet collapse, 다음을 참고하라. Zubok, Collapse.

149　Telcon, Bush-Kravchuk, December 3, 1991, BPL online; 또한 다음을 참고하라. Plokhy, Last Empire, 304.

150　William C. Potter, "Ukraine as a Nuclear Power," Wall Street Journal, December 4, 1991; on the US recognition of Ukraine, 다음을 참고하라. US State Department, Office of the Historian, "A Guide to the United States' History of Recognition, Diplomatic, and Consular Relations, by Country, since 1776: Ukraine," https://history.state.gov/countries/ukraine. For more context, 다음을 참고하라. Shields and Potter, Dismantling.

151　For more on the NPT, 다음을 참고하라. Budjeryn, "Power," 203-37; Lever, "Cold War," 501-13.

152　Potter, "Ukraine as a Nuclear Power"; on US recognition of Ukraine, formally granted on December 25, 1991, 다음을 참고하라. "A Guide to the United States' History of Recognition, Diplomatic, and Consular Relations, by Country, since 1776: Ukraine," https://history.state.gov/countries/ukraine.

153　For some key dates in this process, 다음을 참고하라. LSS xxxiii-xxxiv.

154　Plokhy, Last Empire, 304-5.

155　BST timeline; the Belarusian spelling of the leader's first name is Stanislau.

156　Telcon, Bush-Yeltsin, December 8, 1991, BPL online; Kozyrev, Firebird, 45-53; Plokhy, Last Empire, 300-310.

157　Plokhy, Last Empire, 309-10. 1922년에 트랜스캅카스 연방은 소련을 설립하는 데에도 도움을 주었지만, 옐친과 그의 두 동료는 그 실체가 더 이상 존재하지 않았기 때문에 스스로 진행할 수 있다고 결정했다. 소련의 형성과 붕괴에 관한 일정은 다음과 같다, 다음을 참고하라. https://www.bbc.com/news/world-europe-17858981. Putin later criticized this sequence of events. 다음을 참고하라. "Address by President of the Russian Federation," March18, 2014, official website, http://en.kremlin.ru/events/president/news/20603, 푸틴은 "주권 퍼레이드를 시작함으로써 러시아 자체가 소련의 붕괴를 도왔다는 사실을 인정해야 한다. 그리고 이 붕괴가 합법화되면서 모두가 크림반도와 흑해 함대의 주요 거점인 세바스토폴을 잊어버렸다. 수백만 명의 사람들이 한 나라에서 잠자리에 들고 다른 나라에서 깨어나 하룻밤 사이에 구 연합 공화국의 소수민족이 되었고, 러시아 국가는 국경으로 분단된 세계에서 가장 큰 민족 중 하나가 되었다"라고 말했다.

158　Telcon, Bush-Yeltsin, December 8, 1991, BPL online.

159　Plokhy, Last Empire, 314-27; Telcon, Bush-Gorbachev, December 13, 1991,BPL online.

160　그는 "우리는 공동 재산의 대통령 자리를 갖지 못할 것이다. 우리 모두는 평등해

질 것이다. 모든 소련 기관은 러시아로 이전될 것이다"라고 덧붙였다; Telcon, Bush-Yeltsin, December 13, 1991, BPL online.

161 James Baker, "Soviet Points for Meeting with the President," December 10, 1991, folder 8, box 115, series 8, SMML; Scowcroft quotation in TOIW Brent Scowcroft, August 10-11, 2000, GBOHP.

162 이 프로그램은 나중에 협력 위협 감소(CTR)로 이름이 변경되었으며, 이는 넌 루가 프로그램으로도 알려져 있다. 그 역사에 대한 자세한 내용은 국회의원의 실패한 노력으로 거슬러 올라간다. 레 아스핀은 소련에 원조를 제공하기 위해 국방 예산에서 10억 달러를 회수한 후, 1991년 가을에 넌 상원의원과 루가 상원과 하원의 국방 예산 승인 법안에 5억 달러를 삽입하려는 노력을 기울였다(부시 행정부의 지원 없이), 다음을 참고하라. Allison and Zelikow, Essence, 281-82; Goldgeier and Saunders, "Unconstrained," 144-56; Goldgeier and McFaul, Power, 51; BST timeline; and the Lugar Center's posting, http://www.thelugarcenter.org/blog-The-New-U-S-Russia-Nunn-Lugar-CTR-Agreement.

163 Baker quoted in Thomas L. Friedman, "Soviet Disarray: Baker Presents Steps to Aid Transition by Soviets," New York Times, December 13, 1991; 또한 다음을 참고하라. BST timeline. 원조 회의, 때로는 기부자 회의라고도 불리는 일부 아이디어에 대해서는, 다음을 참고하라. the document reprinted in Zelikow and Rice, To Build, 411; on the "vision of American global engagement," 다음을 참고하라. James Traub, "The Coming Crisis in International Affairs," New York Times, September 27, 2019.

164 1992년 2월, 미국의 C-141 및 C-5A 화물기가 걸프전에서 남은 약 6천만 달러 상당의 식량, 의약품, 의료 장비를 싣고 독일 라인메인에서 이륙하기 시작했다. Thomas L. Friedman, "As Food Airlift Starts, Baker Hints US Might Agree to Role in a Ruble Fund," New York Times, February 11, 1992.

165 Goldgeier and McFaul, Power, 77-78.

166 BST timeline; Friedman, "Soviet Disarray."

167 Baker, Politics, 564.

168 "JAB Core Points Used during Trip to Moscow, Bishkek, Alma Ata, Minsk & Kiev, 12/15-18/91," and "Core Checklist for Republic Leaders," December 15, 1991, folder 10, box 110, series 8, SMML.

169 미국은 인도주의적 지원을 시행할 것이지만, 오직 해당 국가들이 "당신의 공화국에서 접촉 지점 역할을 할 수 있는 도시와 주 공무원 및 자발적인 조직 목록을 제공"하는 경우에만 가능하다; "Core Checklist for Republic Leaders," December 15, 1991.

170 "Security Issues Checklist," n.d., but from context December 1991, folder 10, box 110, series 8, SMML.

171 "Core Checklist for Republic Leaders," December 15, 1991.

172 베이커가 고르바초프와 나눈 대화는 별도의 우크라이나 군대가 독일 군대보다 약

10만 명 더 많은 47만 명의 병력을 가질 것이라는 사실을 베이커에게 강조했다; "Record of Conversation between Gorbachev and Baker," December 16, 1991, LSS 989.

173 "The Secretary's Meeting with Russian Federation President Yeltsin; St. Catherine's Hall," December 16, 1991, R. Nicholas Burns files, 2000-1202-F, BPL; "JAB notes from 12/16/91 mtg. w/Russian Pres. Yeltsin @ The Kremlin, St. Catherine's Hall, Moscow, USSR," folder 10, box 110, series 8, SMML; "JAB notes from 1-on-1 mtg. w/B. Yeltsin during which command & control of nuclear weapons was discussed 12/16/91," folder 10, box series 8, SMML; Baker, Politics, 571-73; on this meeting, 또한 다음을 참고하라. Baker and Glasser, The Man, 475.

174 "The Secretary's Meeting with Russian Federation President Yeltsin, St. Catherine's Hall, December 16, 1991." 코지레프는 나중에 느슨한 연합을 선호하며 어떤 형태로든 연합을 유지했다고 회상했다; 다음을 참고하라. Kozyrev, Firebird, 39.

175 "The Secretary's Meeting with Russian Federation President Yeltsin, St. Catherine's Hall, December 16, 1991"; on Shaposhnikov, 다음을 참고하라. "Last Soviet Defense Minister Dies from Coronavirus," Moscow Times, December 9, 2020, https://www.themoscowtimes.com/2020/12/09/last-soviet-defense-minister-dies-from-coronavirus-reports-a72286. On the mid-December letter to Brussels, 다음을 참고하라. Thomas Friedman, "Yeltsin Says Russia seeks to Join NATO," New York Times, December 21, 1991; Trenin, Post-Imperium, 102.

176 "The Secretary's Meeting with Russian Federation President Yeltsin, St. Catherine's Hall, December 16, 1991."

177 "The Secretary's Meeting with Russian Federation President Yeltsin, St. Catherine's Hall, December 16, 1991."

178 "JAB notes from 1-on-1 mtg. w/B. Yeltsin during which command & control of nuclear weapons was discussed 12/16/91."

179 "The Secretary's Meeting with Russian Federation President Yeltsin, St. Catherine's Hall, December 16, 1991."

180 "The Secretary's Meeting with Russian Federation President Yeltsin, St. Catherine's Hall, December 16, 1991.". "JAB notes from 1-on-1 mtg. w/B. Yeltsin during which command & control of nuclear weapons was discussed 12/16/91."

181 "JAB notes from 12/18/91 mtg. w/Ukraine Pres. Kravchuk... in Kiev, Ukraine, ONE-ON-ONE POINTS," folder 10, box 110, series 8, SMML. 베이커는 우크라이나 지도자가 최근 자신이 최고 사령관이 되었다고 발표한 것은 "불안정하다"고 덧붙였다. 이러한 발언은 불확실성을 불러일으켰고 베이커의 생각에 불안정을 초래할 수 있다고 생각한다. 또한 다음을 참고하라. SDC 1991-Frankfurt-15679, December 10, 1991, EBB-691, NSA는 1991년 12월 9일 회의에서 키이우로 가는 미국 외교관들에 대해 우크라이나가 핵무기를 물리적으로 보유하고 있지만 더 이상 발사를 통제하고 있는 모스크바

와의 연합에 속하지 않는 상황에서 "중앙 당국과 [핵] 지휘 체계가 실제로 어떻게 작동할지 정확히 설명할 수 없다"는 사실을 발견했다.

182 "NAC 장관 12월 19일: 제한된 회기: 미국 국무장관 베이커의 개입" December 19, 1991, in file named "UK/Soviet Relations, Internal Situation," PREM 19/3562, PRO-NA.

183 "JAB notes from 12/21/91 telephone conversation w/Kazakh Pres. Nazarbayev re: Commonwealth mtg. in Alma-Ata (Aboard aircraft from Brussels to Andrews AFB)," December 21, 1991, folder 10, box 110, series 8, SMML; 또한 다음을 참고하라. Baker, Politics, 579, 584-86, 661-64.

184 Plokhy, Last Empire, 356-65.

185 "Readout on Alma Ata Meeting," December 21, 1991, in folder 10, box 110, series 8, SMML; 또한 다음을 참고하라. BST timeline.

186 For more on the US-Kazakh relationship, 다음을 참고하라. Budjeryn, Inheriting.

187 Quoted in Baker, Politics, 539.

188 나자르바예프는 자신의 회고록에서 대화를 인용한 베이커에게 12월 8일 모스크바 여행의 불운한 이야기를 설명했다; Baker, Politics, 579. According to Baker, the Ka베이커에 따르면, 카자흐스탄 지도자는 그날 옐친의 행동에 대해 더 불만을 제기했다: "왜 그는 이 거래를 그렇게 서둘러 성사시켰나요? 제 말은, 다른 것은 아니더라도, 그건 정상적인 거래와 같아요. 이건 오프더커프 거래예요. 완전히 준비되지 않았어요." 나자르바예프가 옐친에게 카자흐스탄에서 후속 회의를 열라고 주장한 방식에 대해서는, 다음을 참고하라. the introduction to EBB-576, NSA. 또한 다음을 참고하라. Reiss, Bridled Ambition, 139-41.

189 "JAB notes from 12/21/91 telephone conversation w/Kazakh Pres. Nazarbayev re: Commonwealth mtg. in Alma-Ata (Aboard aircraft from Brussels to Andrews AFB)," December 21, 1991, and "Readout on Alma Ata Meeting," December 21, 1991, both in folder 10, box 110, series 8, SMML. 이 협정은 옐친이 베이커에게 비밀리에 설명했던 시스템과 매우 비슷하게 들렸다: 네 개의 핵 공화국이 협의를 하겠지만, 실제로 발사를 시작할 수 있는 서류 가방은 러시아 혼자 가질 것이다.

190 Memcon, Bush-Yeltsin, December 23, 1991, BPL online; on the secret decree, 다음을 참고하라. Sinovets and Budjeryn, "Interpreting," 6.

191 Telno 2831, Fm Moscow to Deskby, "Prime Minister's Message to Yeltsin: Call on Kozyrev," December 24, 1991, in file "UK/Soviet Relations, Internal Situation," December 24, 1991, PREM 19/3562, PRO-NA; AIW Maximychev.

192 Plokhy, Last Empire, 372-78; Zubok, "With His Back," 627.

193 Telcon, Bush-Gorbachev, December 25, 1991, BPL online. 부시는 나중에야 고르바초프가 ABC와 CNN의 서방 텔레비전 기자들이 그들의 대화를 촬영하도록 허용했다는 사실을 알게 되었다; Plokhy, Last Empire, 371-74.

194 Genscher, Erinnerungen, 837.

195 겐셔는 마지막으로 고르바초프가 독일에 친구가 있다는 점을 강조했다. 아마도 고르바초프가 실제로 집보다 독일인들과 더 안전하게 협력할 수 있다는 것을 감지한 후, 그날 밤 늦게 고르바초프는 독일 출판사에서 모스크바로 대금을 송금하지 못하도록 보좌관에게 요청했다. 돈을 독일에 두는 것이 더 나을 것 같았다; Plokhy, Last Empire, 378.

196 Plokhy, Last Empire, 374. On the friendship between Johnson and Strauss, 다음을 참고하라. McGarr, Whole Damn Deal, 454-55.

197 On the UN seat, 다음을 참고하라. Letter from Yeltsin to Bush, "Delivered by Amb. Kompletkov, 12/20/91" handwritten at top, SSSN 91130-0013, BPL; and BST timeline.

198 Telno 2843, Fm Moscow to Deskby, "Gorbachev Goes: The End of an Era," December 25, 1991, in file "UK/Soviet Relations, Internal Situation," PREM 19/3562, PRO-NA.

199 Plokhy, Last Empire, 375-77.

200 Colton, Yeltsin, 207.

201 Plokhy, Last Empire, 385-87. 플로키는 이 더러운 장면이 옐친과 고르바초프 사이에서 발생한 불신과 순수한 증오의 깊이를 잔인하게 드러냈다고 생각했다. 소련 해체에 대한 더 많은 맥락을 원한다면, 다음을 참고하라. Zubok, Collapse.

202 다음을 참고하라. Connelly et al., "'General,'" 1434: "실무자들은 냉전이 핵전쟁 이외의 다른 방식으로 해결될 수 있다고 상상하기 어려워지기 시작했고, 소련 권력의 붕괴에 대비하지 못했다."

203 BST 타임라인. 옐친의 군비 통제에 대한 생각에 대해서 다음을 참고하라. Allison, "What Happened"; and for Bush's thinking, 다음을 참고하라. Kimball and Reif, "The Presidential Nuclear Initiatives (PNIs) on Tactical Nuclear Weapons at a Glance."

204 C-SPAN video of the event is available at https://www.c-span.org/video/?23944-1/international-aid-soviet-union; Baker's notes from this conference in folder 11, box 110, series 8, SMML. 또한 다음을 참고하라. Bush's announcement of more nuclear initiatives in his State of the Union address, January 28, 1992, summarized in BST timeline, and in Baker, Politics, 658-59.

205 On the czarist era and its legacy, 다음을 참고하라. Siegel, For Peace and Money, 211. Scowcroft quotations from TOIW Brent Scowcroft, August 10-11, 2000, GBOHP. Perle quoted in Goldgeier and McFaul, Power, 71 (또한 다음을 참고하라. 68-72 on the contest between Baker and Brady).

206 보여준 바와 같이, 정상급에서 열린 유엔 안전보장이사회의 첫 회의는 부시 대통령을 포함한 국가 및/또는 정부 지도자들의 참여를 의미한다; 다음을 참고하라. SDC 1992-USUN N-00454, February 1, 1992.

207 On the UN summit, 다음을 참고하라. "UN Security Council Summit Meeting," January 31, 1992, SDC 1992-USUNN-00454, February 1, 1992; "Note by President of the Security Council," January 31, 1992, https://www.securitycouncilreport.org/atf/cf/%7B65BFCF9B-

6D27-4E9C-8CD3-CF6E4FF96FF9%7D/PKO%20S%2023500.pdf; 또한 다음을 참고하라. "JAB notes from 1/29/92 phone call w/POTUS—following JAB meeting w/Russian Pres. Yeltsin @ Kremlin, Moscow, Russia," folder 11, box 110, series 8, SMML.

208 Memcon, Bush-Yeltsin, Camp David, February 1, 1992, EBB-447, NSA; Office of the Historian, Bureau of Public Affairs, US Dept. of State, "US-Russian Summits, 1992-2000," July 2000, https://1997-2001.state.gov/regions/nis/chron_summits_russia_us.html. 〈뉴욕 타임스〉는 다양한 고위급 회의를 다루면서 미국이 해외에 375개의 군사 시설과 50만 명의 군인 및 여성을 보유하고 있으며, 이제 이 거대한 군사 기구를 축소하기 시작할 수 있다고 보도했다. Joel Brinkley, "Bush and Yeltsin Declare Formal End to Cold War," New York Times, February 2, 1992.

209 공동 화성 촬영 및 기타 협력 우주 벤처에 대한 질문은 부시-옐친 주 멤콘에서 처음으로 확대 회의를 통해 논의되었다, June 16, 1992, 2:30-4:10pm, EBB-447, NSA.

210 Åslund, "Russia's Collapse."

211 Spohr, Post Wall, 478, 1992년 10월 부시 대통령은 "미국산 식품 구매와 관련된 10억 달러의 양자 지원"을 제공하는 법안에 서명했으며, 이에 따른 IMF 패키지에 대한 미국의 분담금을 120억 달러로 인상했다고 언급했다.

212 Goldgeier and McFaul, Power, 71.

213 SDC 1991-Paris-32917, December 6, 1991, DS-ERR; 또한 다음을 참고하라. Matthijs, "Three Faces"; Sarotte, "Eurozone Crisis."

214 Memcon, Bush-Kohl, March 21, 1992, BPL online.

215 SDC 1992-Bonn-10767, April 22, 1992, FOIA 2000-0233-F, BPL.

216 On the May 27, 1992 attack, 다음을 참고하라. John F. Burns, "Mortar Attack on Civilians Leaves 16 Dead in Bosnia," New York Times, May 28, 1992; on UN-PROFOR, 다음을 참고하라. Hill, No Place, 75.

217 On March 10, 1992, 다음을 참고하라. "Fact Sheet: The North Atlantic Cooperation Council," Bureau of European and Canadian Affairs, US Department of State, May 7, 1997, https:// 1997-2001.state.gov/regions/eur/nato_fsnacc.html, which also notes that Baker and Genscher had originally proposed the NACC on October 3, 1991, in a joint statement. 또한 다음을 참고하라. "Aufnahme der GUS-Staaten in den Nordatlantischen Kooperationsrat: Erklärung der Außenminister des Nordatlantischen Kooperationsrates vom 10. März 1992 in Brüssel," APBD-49-94, 854-85.

218 Quotations from Congressman Gerald Solomon in his book NATO, 17. 1992년 5월 6일, 즈비그니에프 브레진스키가 1992년 2월 폴란드 상원에 제출한 나토 가입에 관한 증언에 대한 회의 및 관련 토론에서, 다음을 참고하라. Asmus, Opening, 17.

219 문제를 복잡하게 만들기 위해, 이제 EU의 빈사 상태인 서유럽 연합(the Western European Union (WEU))을 부활시키는 것에 대한 논의가 병행되었다; Information Memorandum, EUR-Thomas M. T. Niles to E/C-Mr. Zoellick, "Security Implications of WEU

Enlargement," n.d. on document itself, but stamped on top "THU 19MAR92 09:00," FOIA 2000-0233-F, BPL; and From EUR-Thomas M. T. Niles, to E/C-Mr. Zoellick, April 27, 1992, FOIA 2000-0233-F, BPL. For more on Niles, 다음을 참고하라. Baker, Politics, 639; for more on the WEU, 다음을 참고하라. Hill, No Place, 55.

220 "Security Implications of WEU Enlargement."
221 Inflation statistic from Conradi, Who Lost Russia?, 27. 또한 다음을 참고하라. "Security Implications of WEU Enlargement"; Memorandum for the President, from Brent Scowcroft, "Overview for Your Upcoming Meetings with Boris Yeltsin," June 13, 1992, EBB-447, NSA.
222 플래너건의 의견에 따르면, "심지어 강력한 NACC의 실행"이 중앙 및 동유럽 국가들의 안보 요구를 충족시키기는 어려울 것이다; Memorandum to S/P—Dennis Ross, E/C-Robert Zoellick, from S/P-Stephen Flanagan, "Developing Criteria for Future NATO Members: Now Is the Time," May 1, 1992, FOIA 2000-0233-F, BPL.
223 Patrick E. Tyler, "US Strategy Plan Calls for Insuring No Rivals Develop," New York Times, March 8, 1992. 신문은 "국방정책 지침"에서 발췌한 내용을 입수했다; 또한 다음을 참고하라. Leffler, Safeguarding; Shifrinson, "Eastbound."
224 이 주장은 1992년부터 1998년까지 우크라이나의 환경 보호 및 원자력 안전부 장관이었던 유리 코스텐코가 제기한 것이다. 그는 1992년 12월 7일, 프랭크 비스너 국무부 국제안보 담당 차관이 워싱턴 주재 우크라이나 대사인 올레 빌로루스에게 연락하여 우크라이나에 나토 가입을 촉구했다고 썼다; Kostenko, Ukraine's Nuclear Disarmament, 140.
225 그들은 나중에 영향력 있는 확장 외교 기사를 썼다: Asmus, Kugler, and Larrabee, "Building a New NATO." 또한 다음을 참고하라. Asmus, Opening, 33-34; Grayson, Strange Bedfellows, 35-45.
226 Kugler quoted in Keith Gessen, "The Quiet Americans behind the US-Russia Imbroglio," New York Times, May 8, 2018.
227 On Bush's tendency to caution, 다음을 참고하라. Spohr, Post Wall, 3, 586-90.
228 SDC 1992-State-205400, June 4, 1992; 또한 다음을 참고하라. Shifrinson, "Eastbound," 838.
229 On the language drafted for the presidential speech of July 5, 1992, and its nonuse, 다음을 참고하라. Asmus, Opening, 17.
230 이 조약에 포함된 소련의 무기고는 이제 4개국에 있었기 때문에 4개국은 그 변화를 인정하기 위해 소위 리스본 협정에 서명했다; Baker, Politics, 658-65; Bernauer and Ruloff, Politics, 116-17; Goldgeier and McFaul, Power, 54-58; Pifer, Trilateral Process. 옐친의 다른 분야에서의 군비 통제에 대한 큰 약속은 당시 실패하고 있었다. 옐친은 두 명의 장군을 러시아의 생물 무기 프로그램 해체 책임자로 임명했지만, 그들은 "완전한 개방에 대한 옐친의 약속을 뒤집고" 프로그램을 계속 운영해 나갔다. Hoffman, Dead Hand, 428.

231 Conradi, Who Lost Russia?, 34.
232 Baker's words in a conversation with Chris Patten on July 25, 1992, paraphrased in Telno 1972, Fm Hong Kong, To Immediate FCO, July 26, 1992, PREM 19/4496, PRO-NA. 베이커는 재선 캠페인을 돕기 위해 "주요 인사들(졸릭, 로스, 마거릿 투트바일러)을 데리고 가고 싶다"고 덧붙였다.
233 Baker, Politics, 671; Baker and Glasser, The Man, 493-94.
234 "Prime Minister's Telephone Conversation with President Bush: Friday, 6 November," November 6, 1992, PREM 19/4496, PRO-NA.
235 BST timeline, which mistakenly gives the name of the US president on January 3, 1993, as "President Clinton."
236 Fm White House, To Cabinet Office, November 8, 1992, PREM 19/4496, PRO-NA.
237 "The Bolshevik Goetterdaemmerung," SDC 1991-Moscow-32811, November 15, 1991.
238 케넌은 1948년 1월 말에 일기에 이것을 썼다; quoted in Gaddis, Kennan, 300.

5장

1 Strategic questions paraphrased from Gaddis, Strategies, rev. ed., ix.
2 탄두 수에 관해서는 다음을 참고하라. Sinovets and Budjeryn, "Inheriting." On the significance of getting them out, 다음 편지를 참고하라. Letter, Talbott to Gore, October 6, 1993, DS-ERR, 탤벗은 고어가 "오늘 토니 레이크의 사무실에서 우크라이나 외무장관을 예정에 없던 방문을 하고 대통령도 그렇게 하도록 해준 것"에 대해 감사를 표한다. "당신은 정말로 대의를 발전시키는 데 도움을 주었다. 만약 우리가 우크라이나에서 핵무기를 제거하는 데 성공한다면, 나는 그것을 트로피로 벽에 걸 수 있도록 준비할 것이다." 참고: 체코슬로바키아는 1993년 1월 1일 클린턴의 취임 직전에 체코 공화국과 슬로바키아 두 개의 국가로 나뉘었다.
3 19세기 독일 총리 오토 폰 비스마르크는 불안정한 상황을 극복하고 권력을 유지하려는 모든 국가에 '정치적 자유의 손(Politik der freien Hand)'이 적합하다고 조언하곤 했다; Gall, Bismarck, 741. For more on the triangular concept, 다음을 참고하라. Balmaceda, On the Edge.
4 두 대통령에 대한 더 자세한 전기적 정보는 다음을 참고하라. Branch, Clinton Tapes; Clinton, My Life; Drew, On the Edge; Engel, When the World; and Naftali, George H. W. Bush.
5 미국 인기 코미디 시트콤 '비벌리 힐빌리'의 풍자였다. 캐리는 나중에 페이스북에 이 영상을 올렸다; https://www.facebook.com/jimcarreyonline/videos/new-president-jim-carrey-as-bill-clintonthe-capital-hillbillies-a-parody-of-the-/10154794583868825/.
6 From Germany, Chancellor Helmut Kohl predicted that "Clinton wird rasch erkennen, daß die Kasse leer ist und daß die Möglichkeiten begrenzt sind"; "14./15. Januar 1993," BzL 414.
7 코지레프는 차기 팀이 보리스 옐친 대통령과 그의 측근들을 존경받을 개혁가가 아

니라 단지 "클린턴 행정부의 즉각적인 이익을 추구하기 위해 협상하는 낯선 사람"으로 잘못 인식했다고 생각했다; Kozyrev, Firebird, 202.

8 인플레이션 추정치는 로이드 벤슨 재무장관이 "초인플레이션에 가까워지고 있다"고 말한 것에서 나온 것이다: Memcon, Clinton-Kohl, March 26, 1993, my 2015-0776-M,CL.

9 "14./15. Januar 1993," BzL 413. 또한 다음을 참고하라. David McClintick, "How Harvard Lost Russia," Institutional Investor, January 13, 2006, https://www.institutionalinvestor.com/article/b150npp3q49x7w/how-harvard-lost-russia.

10 "14./15. Januar 1993," BzL 413.

11 다음을 참고하라. Rodric Braithwaite, "Yeltsin and the Style of Russian Politics," n.d., but handwritten on document January 12, 1993, M-2013-0449, CL. 이 영국 분석은 클린턴을 위한 나중의 브리핑 문서에 정보를 제공했다 (see, for example, February 18, 1993, M-2013-0449, CL).

12 브레이스웨이트와 거의 같은 주장을 하는 후속 논평에서 의역한 내용이다: MccGwire, "NATO Expansion," 34.

13 Braithwaite, "Yeltsin and the Style of Russian Politics."

14 Confidential, Mr Lyne, from Rodric Braithwaite, 24 March, no year but from context 1993, "Prime Minister's Talk with Clinton," PREM 19/4499, PRO-NA.

15 Clinton quoted in Talbott, Russia Hand, 38.

16 "14./15. Januar 1993," BzL 415.

17 Steinberg quoted in Packer, Our Man, 291; the NSC staff member was Jenonne Walker; AIW Walker.

18 레이크의 삶과 홀브룩과의 관계에 대해 더 자세히 알아보려면, 다음을 참고하라. Packer, Our Man, 42, 151.

19 Roderic Lyne, "Meetings with the US National Security Adviser [sic], 18/19 May," May 20, 1993, in UK/USA Relations, PREM 19/4499, PRO-NA. 또한 다음을 참고하라. Radchenko, "'Nothing but Humiliation.'"

20 클린턴은 "샘 넌이 임명을 수락하지 않을 것이 분명해진" 후 애스핀을 선택했다. 다음을 참고하라. Clinton, My Life, 455.

21 Douglas Hurd to the Prime Minister, "Washington, 24-25 March," March 26, 1993, in UK/USA Relations, PREM 19/4499, PRO-NA. 허드는 "다시 한번 우리 자신과 행정부 구성원들 사이에 활발한 논의가 이루어지고 있는데, 이는 진정한 의미의 특별한 관계(미국인들이 우리를 기쁘게 하기 위해 사용하는 표현이지만, 당신의 관례를 따르자면 우리 스스로는 사용을 삼가야 할 표현이다)"라고 덧붙였다.

22 Letter from Aspin to Major, February 25, 1993, in UK/USA Relations, PREM 19/4499, PRO-NA.

23 John Barry, "The Collapse of Les Aspin," Newsweek, December 26, 1993; Grayson, Strange

Bedfellows, 80-82; Korb, "Who's in Charge Here?," 5. 블랙 호크 다운 비극의 결과에 대해 더 자세히 알아보려면, 다음을 참고하라. EBB-511, NSA.

24 Douglas Hurd to the Prime Minister, "Washington, 24-25 March," March 26, 1993.
25 Clinton quoted in Packer, Our Man, 393; TOIW Samuel Berger, March 24- 25, 2005, WCPHP.
26 For more on Talbott, 다음을 참고하라. Keith Gessen, "The Quiet Americans behind the US-Russia Imbroglio," New York Times, May 8, 2018.
27 Talbott, Khrushchev Remembers; Talbott, Russia Hand.
28 Telcon, Clinton-Yeltsin, January 23, 1993, 2015-0782-M, CL; 또한 다음을 참고하라. 1993년 초 탤벗의 임명과 관련된 문서들은 특히 방대하고 유용한 FOIA 자료집 F-2017-13804, DS-ERR에 수록되어 있는데, 특히 이 자료들은 탤벗이 자신의 관할 영역에 발트 국가들도 추가하려고 시도했음을 보여준다; and Clinton, My Life, 504-5, 그는 관련된 문제들의 중요성 때문에 어떻게 자신이 "러시아 전문가"가 되었는지 이야기한다; Talbott, Russia Hand, 5-10.
29 Donilon quoted in Steven Erlanger, "Russia Vote Is a Testing Time for a Key Friend of Clinton's," New York Times, June 8, 1996; 또한 다음을 참고하라. Goldgeier, Not Whether, 25. 결과적으로 탤벗의 가장 큰 걱정은 국무부가 아니라 재무부였다. 그는 래리 서머스 차관이 직접 경제 외교를 시도할까봐 두려워했다. 탤벗은 국가안보회의(NSC) 참모들에게 "가장 까다로운 문제는… 서머스를 계속 지지하고 통제하는 것이다. 즉, 가능하면 서머스를 어루만지고, 필요하면 (혹은 토니 [레이크]와) 싸우는 것이다"라고 조언했다. Memo, Strobe Talbott to Toby Gati and Nick Burns, "By Hand—Personal and Confidential," February 7, 1993, DS-ERR.
30 SDC 1993-USNATO-01043, March 4, 1993.
31 Scowcroft quotation in TOIW Brent Scowcroft, August 10-11, 2000, GBOHP. 그 결과 론 스무스처럼 이 문제에 몰두한 사람조차도 부시 팀이 독일 통일을 협상할 때 "1990년 봄과 가을에 워싱턴이나 모스크바에서 나토의 추가 확장을 생각하는 사람은 아무도 없었다. 사실 이 문제는 아직 중앙 및 동유럽 사람들에 의해 제기되지 않았다"는 믿음을 고수할 수 있었다. 이러한 발언은 제도적 기억이 짧다는 원칙을 확인시켜 준다. Asmus, Opening, 6.
32 "Hearing of the House Foreign Affairs Committee," Subject "US Aid to the Republics of the Former Soviet Union," September 21, 1993; I thank Matthew Bunn for a copy of Ash Carter's testimony at this hearing. On number of troops and miles, 다음을 참고하라. Talbott, Russia Hand, 26. 또한 다음을 참고하라. William J. Broad, "Russia Has 'Doomsday' Machine, US Expert Says," New York Times, October 8, 1993; Wohlforth and Zubok, "Abiding Antagonism," 405-19. 샘 넌 상원의원이 리처드 루가 상원의원의 도움을 받아 시작한 이 프로그램은 결국 약 7,600개의 소련 핵탄두를 비활성화하게 만들었다; 다음을 참고하라. "Former Sen. Richard Lugar, a GOP Foreign Policy Expert, Dies at 87," Los Ange-

les Times, April 28, 2019.
33 페리는 그의 전 부하이자 나중에 로라 홀게이트 대사에 따르면 이렇게 말했다: AIW Holgate.
34 목표는 "우크라이나의 START I 및 NPT 비준에 대한 이견을 해결하여 START II에서 진전을 이룰 수 있도록 긴밀히 협력하는 것"이었다; Telcon, Clinton-Yeltsin, January 23, 1993, my 2015-0782-M, CL. On Ukrainian ratification of START II and the NPT, 다음을 참고하라. Sinovets and Budjeryn, "Interpreting."
35 On March 24, 1993, Clinton issued a presidential decision directive (PDD-3) designating ratification of START I and II as priority objectives of US foreign policy; from BST timeline. 또한 다음을 참고하라. the "Cooperative Threat Reduction Timeline," Harvard Kennedy School Belfer Center for Science and International Affairs, https://www.russiamatters.org/facts/cooperative-threat-reduction-timeline. On the significance of START II, particularly to Perry, 다음을 참고하라. Stent, Limits, 29.
36 Carter and Perry, Preventive Defense, 26.
37 Les Aspin diary entry, September 9, 1993, EBB-691, NSA. 페리는 물류 문제에도 불구하고 가능한 한 러시아로 여행을 떠나려고 노력했다. 간단한 호텔 숙박에는 카메라를 차단하기 위해 갈색 종이로 벽을 가리고, 암호화된 팩스, 휴대폰, 방음 전화 부스를 설치하고, 장비를 숨기기 위해 "바닥 한가운데 텐트"를 치고, 목소리를 가리기 위해 설계된 "봉인 고무 '산소 마스크'를 착용하는 것이 포함되었다.", and donning a "sealed rubber 'oxygen mask' designed to muffle voices." Carter and Perry, Preventive Defense, 37.
38 The total of eighteen comes from Talbott, Russia Hand, 8.
39 Kohl kept Reagan's reasoning to himself. Memcon, Clinton-Kohl, March 26, 1993, 2015-0776-M, CL.
40 Memcon, Clinton-Kohl, March 26, 1993, 2015-0776-M, CL; 또한 다음을 참고하라. Letter, Chernomyrdin-Major, March 4, 1993, PREM 19/4420, PRO-NA (I thank Sergey Radchenko for a copy of this document).
41 "29. März 1993," BzL 443; 또한 다음을 참고하라. Kohl's take on the Clinton administration in "3. Mai 1993," BzL 449-50.
42 Clinton, My Life, 527.
43 SDC 1993-State-106512, April 9, 1993.
44 Yeltsin, Midnight Diaries, 134.
45 Talbott description of Yeltsin in Colton, Yeltsin, 7.
46 Memcon, Clinton-Yeltsin, April 3, 1993, 2015-0782-M, CL; Clinton, My Life, 506-8; Talbott, Russia Hand, 64-65.
47 Clinton, My Life, 20 (shooting incident), 45-46 (golf club incident).
48 Clinton quoted in Talbott, Russia Hand, 65; Todd S. Purdum, "Virginia Clinton Kelley, 70, President's Mother, Is Dead," New York Times, January 7, 1994.

49 클린턴은 존 메이저 영국 총리와의 토론에서 이렇게 말했다: Memcon, Clinton-Major, November 29, 1995, SDC 1996-State-018217, January 31, 1996.
50 문장을 재구성한 것, Wright, All Measures, 10.
51 Memcon, Clinton-Major, November 29, 1995.
52 Discussed in briefing book for Clinton's trip to Moscow, January 12-15, 1994; "Strategic Deposturing/Detargeting," n.d., but from context December 1993, 2016-0134-M, CL.
53 Clinton quoted in Talbott, Russia Hand, 67.
54 Telcon, Clinton-Kohl, April 12, 1993, in my 2015-0776-M, CL.
55 Quotation from Memcon, Clinton-Kohl, July 2, 1993, my 2015-0776-M, CL; on the summit, 다음을 참고하라. "US-Russian Summits, 1992-2000," US Department of State, https://1997-2001.state.gov/regions/nis/chron_summits_russiaus.html.
56 파이퍼에 따르면, 소련 붕괴 당시 "벨라루스는 81개의 이동식 단일 탄두 SS-25 ICBM을 자국 영토에 배치했으며, 이들은 두 개의 기지에서 작전을 수행했다"고 한다. "느슨한 핵(loose nukes)"에 대한 자세한 내용은, 다음을 참고하라. Allison Nuclear Terrorism.
57 Telcon, Clinton-Kravchuk, January 26, 1993, my 2016-0215-M/2016-0122-M, CL.
58 For more on Chernobyl, 다음을 참고하라. Plokhy, Chernobyl; Reiss, Bridled Ambition, 129- 30; Sinovets and Budjeryn, "Interpreting."
59 Plokhy, Chernobyl, 339. 러시아 영토 약 1.5%도 영향을 받았다.
60 모스크바의 체르노빌 관리 부실은 러시아의 통제에 반대하는 반군에게 "정치적 자유, 인권, 우크라이나 언어와 문화 발전이라는 이전 의제에 추가할 새로운 명분"을 제공함으로써 우크라이나 독립을 지지하는 데 기여했다; Plokhy, Chernobyl, 299; 또한 다음을 참고하라. Reiss, Bridled Ambition, 129-30.
61 Andrew E. Kramer, "In Russia, Days of Fake News and Real Radiation after Deadly Explosion," New York Times, August 12, 2019. 민간 원자력 발전의 위험성에 관하여, 다음을 참고하라. Perrow, Normal Accidents.
62 Statistics from Pekka Sutela, "The Underachiever: Ukraine's Economy since 1991," Carnegie Endowment for International Peace, March 9, 2012, https://carnegieendowment.org/2012/03/09/underachiever-ukraine-s-economy-since-1991-pub-47451; 또한 다음을 참고하라. D'Anieri, Economic Interdependence.
63 This quotation is from a summary of Rada attitudes in summer 1992 in Bernauer and Ruloff, Politics, 117.
64 스페인 총리 펠리페 곤살레스는 우크라이나 대통령의 이러한 발언에 대해 클린턴에게 직접 조언했다; 다음을 참고하라. the memcon of the working lunch, Clinton-González, December 6, 1993, 2015-0548-M, CL.
65 Foreign Ministry of Ukraine, "Possible Consequences of Alternative Approaches to Implementation of Ukraine's Nuclear Policy," February 2, 1993, EBB-691, NSA.

66   Reiss, Bridled Ambition, 126-27, "불가피한 기술적 사실은 우크라이나가 핵무기에 대한 작전 지휘권과 통제권을 가지고 있지 않았다는 것이다... SS-19 ICBM의 액체 연료로 인해 이러한 무기 시스템을 운용하기 어렵고 보관하기 위험했다." The SS-24s were also troublesome for Ukraine to maintain."
67   이 성명서의 저자인 유리 코스텐코는 1992년부터 1998년까지 우크라이나의 환경 보호 및 원자력 안전부 장관을 역임했다; Kostenko, Ukraine's Nuclear Disarmament, 28.
68   Reiss, Bridled Ambition, 126-27.
69   1993년 2월 2일, 우크라이나 외무부는 "우크라이나 핵 정책 시행에 대한 대안적 접근의 가능한 결과"에서 무기고를 유지하려면 "실질적인 자본"이 필요하며 "사회 및 경제 개혁을 목표로 하는 노력을 약화시켜야 한다"고 말했다; 또한 다음을 참고하라. Pifer, Eagle, 39-40. 즉, 우크라이나 지도자들은 핵무기가 반발을 불러일으키기는 했지만 지렛대도 부여했다는 사실을 깨달았다. 존 미어스하이머는 영향력 있는 〈포린 어페어스〉 기사에서 이러한 주장을 펼쳤으며, 우크라이나 국회의원들은 공개 직후 수십 차례의 재판을 요청한 것으로 보인다; 다음을 참고하라. Mearsheimer, "Case"; Sinovets and Budjeryn, "Interpreting," 15. On parliamentarians and denuclearization, 또한 다음을 참고하라. report to Kravchuk, July 1, 1993, EBB-691, NSA. 또한 다음을 참고하라. Letter from Kravchuk to Clinton, March 3, 1993, 2016-0128-M, CL, in which Kravchuk sought US credit assistance to purchase $200 million worth of American grain.
70   Quotation from Memorandum for the Secretary of Defense, from John A. Gordon, "Trip Report on Strobe Talbott's Mission to the Former Soviet Union," May 19, 1993, EBB-691, NSA. On Shaposhnikov, 다음을 참고하라. Richard Boudreaux, "Military Chief of CIS Defects to Russian Post," Los Angeles Times, June 12, 1993, which notes that his departure was "a sign that the dream of a NATO-style joint defense structure among former Soviet republics is over."
71   Yeltsin comments from excerpt of Clinton-Yeltsin conversation in cable from the White House to Amembassy Moscow, July 16, 1993, posted under "doc. 46," EBB-691, NSA; "paranoids" in Talbott, Russia Hand, 79; Reiss, Bridled Ambition, 100. 이러한 러시아의 움직임은 우크라이나의 민족주의자들을 자극하여 향후 그러한 행동을 억제하기 위해 핵무기 보유를 촉구했다. 다음을 참고하라. Memorandum for Anthony Lake, from Rose Gottemoeller, May 1, 1993, Tab I, Memorandum to the President, "US Policy toward Ukraine," 2016-0128-M, CL, where she argues that "the main factor influencing Ukrainian views on this issue is not the attitude of the United States, but the Ukrainian conviction that Russia will eventually try to reassert control over Ukraine."
72   Les Aspin, diary entry for July 27, 1993, EBB-691, NSA.
73   Memorandum for Anthony Lake, from Rose Gottemoeller, "US Policy toward Ukraine: Talbott-Gati Trip Preparations" and appendices, May 6, 1993, 2016-0128-M, CL.
74   Memorandum for the Director for Russian and Ukrainian Affairs, NSC, "US Security

Objectives vis-à-vis Russia and Ukraine," United States Arms Control and Disarmament Agency, March 3, 1993, 2016-0048-M, CL.
75 Letter from Clinton to Kravchuk, SDC 1993-State-246255, August 12, 1993, 2016-0128-M, CL.
76 "Note for the File: Meeting with US National Security Adviser [sic], 18 May: NATO," no year on document but, from cover note (R M J Lyne, "File Note") 1993, no author on document but presumably Lyne, in UK/USA Relations, PREM 19/4499.
77 For more on shared goals, 다음을 참고하라. "유럽 통합을 위한 체코와 슬로바키아 연방 공화국, 폴란드 공화국, 헝가리 공화국 간의 협력 선언" February 15, 1991, http://www.visegradgroup.eu/documents/visegrad-declarations/visegrad-declaration-110412-2.
78 Talbott, Russia Hand, 95; 또한 다음을 참고하라. Memorandum for Anthony Lake, from Charles Kupchan and Barry Lowenkron, "NACC Summit," July 16, 1993, my 2015-0755-M, CL.
79 András Simonyi, "NATO Enlargement: Like Free Solo Climbing," OD 161.
80 양자회담을 위한 경쟁과 클린턴-하벨 양자회담 설립 과정에 관하여, 다음을 참고하라. Memorandum for Anthony Lake, from Beth Sanner, "Holocaust Museum Opening," March 3, 1993, my 2015-0773-M, CL; 또한 다음을 참고하라. Žantovský, Havel, 435-37.
81 SDC 1993-State-137029, May 5, 1993, summarizing meeting on April 20, 1993.
82 SDC 1993-State-137029.
83 SDC 1993-State-134465, May 4, 1993, summarizing meeting on April 21, 1993.
84 "Ambassador Strobe Talbott's Visit to Estonia," SDC 1993-Tallinn-00886, May 17, 1993; 또한 다음을 참고하라. Talbott, Russia Hand, 93-94.
85 Memcon, Balladur-Clinton, June 26, 1993, on June 15, 1993 conversation, SDC 1993-State-192834.
86 Telno 957, Fm Washington To Immediate FCO, "The Clinton Administration: A Shaky Start," April 28, 1993, PREM 19/4496, PRO-NA.
87 Clinton, My Life, 466-67, 513-14.
88 "The Clinton Administration: A Shaky Start."
89 최초의 특별검사관은 로버트 피스크였으며, 나중에 케네스 스타로 교체되었다. 다음을 참고하라. Susan Schmidt, "Judges Replace Fiske as Whitewater Counsel," Washington Post, August 6, 1994.
90 Joe Conason, "The Vast Right-Wing Conspiracy Is Back," Salon, October 5, 2009, https://www.salon.com/test/2009/10/05/clinton_obama_17/. Ruddy wrote a book entitled The Strange Death of Vincent Foster (New York: Free Press, 1997).
91 그녀는 포스터에게 아마도 그의 마지막 식사를 제공했는데, 그가 떠나고 자살하기 직전에 사무실에서였다. Jeff Leen and Gene Weingarten, "Linda's Trip," Washington Post, March 15, 1998.

92 TOIW Linda Tripp, Slate, September12, 2018, https:// slate.com/podcasts /slow-burn/s2/clinton/e5/tell-all.

93 레이크는 "보스니아가 언론의 모든 관심을 끌고 미국 외교 정책 기구의 많은 시간을 낭비하고 있다"는 점에 대해 불평했다. in Roderic Lyne, "Meetings with the US National Security Adviser [sic], 18/19 May," May 20, 1993, in UK/USA Relations, PREM 19/4499, PRO-NA.

94 Elaine Sciolino, "Clinton Urges Stronger US Stand on Enforcing Bosnia Flight Ban," New York Times, December 12, 1992.

95 It was established by UN Resolution 816; 다음을 참고하라. "NATO Launches 'Deny Flight' Operation over Bosnia," UPI, April 12, 1993, https://www.upi.com/Archives/1993/04/12/NATO-launches-Deny-Flight-operation-over-Bosnia/6962734587200/. 또한 다음을 참고하라. TOIW Madeleine K. Albright and associated "Briefing Materials," August 30, 2006, WCPHP. 이 당시 영국과 프랑스 사이에 갈등이 있었다. 다음을 참고하라. Paul Lewis, "US Rejects British-French Bosnia Peace Step," New York Times, March 31, 1993, 클린턴 행정부가 "발칸의 두 중재자, 전 국무장관 사이러스 R. 밴스와 오웬 경이 제안한 보스니아 평화 계획에 국제 사회의 전폭적인 지지를 보내는 새로운 안전보장이사회 결의안에 대한 영국과 프랑스의 계획을 거부했다"는 내용을 담고 있다. 이 계획은 밴스-오웬 계획으로도 알려져 있다.

96 다음을 참고하라. TOIW James Steinberg, April 1, 2008, WCPHP. 탤벗은 1994년 크리스토퍼에게 비슷한 발언을 하며 "국가안전보장회의(NSC)가 지나치게 기능적으로 변하고 있다"고 지적했다. 특히 "우리 국무부는 장기 계획 수립에 미흡한 성과를 보여" "공백"을 남겼기 때문이라고 했다. 더 심각한 것은 "우리의 성공을 바라는 사람들 사이에서도 우리가 무엇을 하고 있는지 제대로 알고 있는지에 대한 불안감이 만연하다"는 것이다. 이러한 불안감은 행정부 내부에도 존재했다. "국무부 회의나 백악관에서 회의에 참석하면, 주변 공기가 자기 회의로 가득 차 있는 것을 종종 발견한다." 다음을 참고하라. "Sunday, August 21, 1994, Chris," DS-ERR.

97 파월은 존 메이저와의 대화에서 이러한 발언을 했다. 다음을 참고하라. "Prime Minister's Meeting with the Chairman of the Joint Chiefs of Staff: 24 May," from context May 24, 1993, in UK/USA Relations, PREM 19/4499, PRO-NA.

98 "Strengthening Outreach to the East," with handwritten note on top: "Shali speaking notes," n.d., but from context August 3, 1993, DS-OIPS. 또한 다음을 참고하라. Asmus, Opening, 35; on picking Shalikashvili to succeed Powell, 다음을 참고하라. Clinton, My Life, 539.

99 US Department of State, Office of the Spokesman, "Intervention by Secretary of State Warren Christopher before the North Atlantic Council Ministerial Meeting, Nafsika Hotel, Thursday, June 10, 1993," DS-OIPS. 또한 다음을 참고하라. Asmus, Opening, 29.

100 "Talking Points," with handwritten note on top "used by S at NAC lunch," n.d., but from context, on or before June 10, 1993, DS-OIPS.

101 Memcon, Clinton-Yeltsin, July 10, 1993, my 2015-0782-M, CL. 또한 다음을 참고하라. Pifer, Trilateral Process; Talbott, Russia Hand, 82-84.
102 Memorandum, to EUR-Stephen A. Oxman, from EUR/P Jon Gunderson, "NATO Expansion to the East," July 20, 1993, DS-OIPS. On US-promoted democratization generally, 다음을 참고하라. Milne, Worldmaking.
103 SDC 1993-USNATO-003194, August 3, 1993. 또한 다음을 참고하라. TOIW Robert Hunter, Association for Diplomatic Studies and Training: Foreign Affairs Oral Project, https://www.adst.org/OH%20TOCs/Hunter,%20Robert%20E.toc.pdf?_ga=2.218035477.2094530902.1590687336-1814181698.1590687336.
104 "From T-Dr. Davis, to the Secretary, Expanding and Transforming NATO," August 12, 1993, DS-OIPS.
105 Kozyrev, Firebird, 214-17.
106 The comment that this took place over "dinner and drinks" comes from SDC 1993-Warsaw-12734, September 1, 1993; Yeltsin's statement is quoted verbatim in SDC 1993-Moscow-26972, August 26, 1993.
107 코지레프는 러시아가 폴란드의 회원 자격을 받아들이지 않을 것이라고 시사해 왔다. 다음을 참고하라. SDC 1993-Warsaw-12390, August 25, 1993; Andrei Kozyrev, "Russia and NATO Enlargement," OD 453-55.
108 SDC 1993-Warsaw-12734, September 1, 1993. 또한 다음을 참고하라. Jane Perlez, "Yeltsin 'Understands' Polish Bid for a Role in NATO," New York Times, August 26, 1993.
109 SDC 1993-Warsaw-12734, September 1, 1993.
110 Memorandum for Anthony Lake, from Rose Gottemoeller, May 6, 1993, quotation from appendix entitled "US Policy toward Ukraine," 2016-0128-M, CL.
111 클린턴은 백악관에서 보낸 시간에 대한 오디오 일기를 녹음하는 데 도움을 준 작가에게 이렇게 말했다. 다음을 참고하라. Branch, Clinton Tapes, 168-69.
112 "Memorandum for the President," from Anthony Lake, "Subject: Your Trip to Germany, July 10-12," plus attachments (preparatory papers), July 2, 1994, CL.
113 Asmus, Kugler, and Larrabee, "Building a New NATO," 28. For background on the Foreign Affairs article and Asmus's work at the RAND Corporation, 다음을 참고하라. Asmus, Opening, 32-34; for Asmus's obituary, 다음을 참고하라. Emma Brown, "Ron-ald D. Asmus, Who Pushed for NATO Expansion, Dies at 53," Washington Post, May 3, 2011.
114 Anthony Lake, "From Containment to Enlargement," remarks at the School of Advanced International Studies, Johns Hopkins University, Washington, DC, September21, 1993, https:// www.mtholyoke.edu/acad/intrel/lakedoc.html.
115 Andrei Kozyrev, "Russia and NATO Enlargement," OD 454-56; 또한 다음을 참고하라. Kozyrev, Firebird, 214-17. For US coverage of Primakov's views, 다음을 참고하라. Steven Erlanger, "Russian Warns NATO on Expanding East," New York Times, November 26,

1993. 모스크바에서 코지레프가 주장한 친미적 견해에 대해, 또한 다음을 참고하라. SDC 1994-Moscow-27484, September 22, 1994, DS-ERR.

116 SDC 1993-USNATO-3568, September 3, 1993. NATO 대변인 제이미 셰이는 1993년 9월부터 동유럽의 신규 회원국에 스페인식 조정 협정을 개방하는 것에 대해 논의하기 시작했다. Shea quoted in Solomon, NATO, 22.

117 Memorandum for Anthony Lake and Samuel R. Berger, from Daniel Fried, summarizing the September 14-22, 1993, trip of an interagency delegation headed by Principal Deputy Undersecretary of Defense Walt Slocombe, September 23, 1993, my 2015-0772-M, CL.

118 SDC 1993-Ankara-14464, September 10, 1993.

119 SDC 1993-State-03804, September 21, 1993.

120 러시아 대통령은 이전에 "해외 방문 당시 호스트에게 제스처를 취했지만 그의 정부는 이를 재빨리 철회했다"고 밝혔다; SDC 1993-Moscow-26972, August 26, 1993; Talbott, Russia Hand, 95-96.

121 코지레프는 또한 "구 소련 블록 국가들을 포함하기 위한 NATO 확장에서 러시아를 제외하는 것에 대해 경고"했다; SDC 1993-Moscow-29067, September 13, 1993.

122 Memcon, Clinton-Yeltsin, September 7, 1993, my 2015-0782-M, CL.

123 Warnings that the "walk-back" was on the way appear in SDC 1993-Moscow-28101, September 3, 1993. 또한 다음을 참고하라. Strobe Talbott, "Bill, Boris and NATO," OD 410-12.

124 SDC 1993-State-309943, October 9, 1993, EBB-621, NSA; 깃발 측면에 있는 손으로 쓴 메모에는 2+4 회담에 대한 언급이 표시되어 있다. "ST [presumably Strobe Talbott]— I've marked the passage on 2 + 4 and NATO expansion." Word of the letter leaked to the New York Times; 다음을 참고하라. Roger Cohen, "Yeltsin Opposes Expansion of NATO in Eastern Europe," New York Times, October 2, 1993; 엘친이 '2+4 원칙'을 활용한 논의는 솔로몬, 《NATO》 24쪽을 참조하라. 이 장에서 논의되는 엘친의 편지와 러시아의 반복적인 주장과 대조적으로, 골드게이어는《NATO Enlargement》 155쪽에서 "엘친이 1990년 논의를 거의 언급하지 않았다"고 주장한다.

125 킨켈을 통해 겐셔가 은퇴 후에도 외무부에 여전히 영향력을 행사했다는 점에 대해 다음을 참고하라. Volker Rühe, "Opening NATO's Door," OD 222.

126 SDC 1993-State-309312, October 8, 1993. 뵈르너 발언과 가장 관련 있는 조약의 내용은 제5조 제3항이다; 또한 다음을 참고하라. the agreed minute: "Die Zwei-plus-Vier Regelung," in Presse- und Informationsamt der Bundesregierung, Vereinigung, 171. 국무부의 이 대화 요약에는 뵈르너가 합의된 회의록에 대해 구체적으로 언급한 부분이 없지만, 이 문서는 그의 발언 전문이 아니며, 그가 합의된 회의록의 주제인 외국군 문제를 명시적으로 제기했음을 확인할 수 있다. 구소련군이 아직 독일에 주둔하고 있을 당시 약 5만 명에 달하는 독일 영토 방위군의 성격에 대한 자세한 내용은 다음을 참고하라. Memorandum from Philip Zelikow to Robert Zoellick, "Territorial Defense Forces

in a United Germany," September 26, 1990, my 2008-0642-MR, BPL, who notes that German territorial defense forces "are something like our National Guard, except that they are always under federal—not state—control."

127 SDC 1993-State-309312, October 8, 1993.
128 Memorandum for Deputy Secretary Strobe Talbott, from Eric Edelman, "Phone Notes for Strobe on NATO Expansion," n.d., but "Sept./Oct. 93" handwritten on document, DS-OIPS; 또한 다음을 참고하라. Sarotte, "How to Expand NATO."
129 For more on Rühe's thinking, including an important speech in London on March 26, 1993, 다음을 참고하라. Rühe, Betr.: Bundeswehr; Rühe, "Opening NATO's Door," OD 217-33; 또한 다음을 참고하라. Goldgeier, Not Whether, 34; Stent, Russia, 216-17. 이 연설에 대한 이메일을 보내주신 전 폴란드 외교관 예지 마르간스키에게도 감사드린다. 뤼헤는 독일 정부의 다른 구성원들보다 더 강하게 앞으로 기울어져 있었다. 다음을 참고하라. Memo to the Secretary from Robert L. Gallucci, "Your October 6 Lunch Meeting with Secretary Aspin and Mr. Lake," subsection "NATO Expansion: Eastern and Allied Views," October 5, 1993. I thank Svetlana Savranskaya for a copy of this document.
130 Memo to the Secretary of State, from T-Dr. Davis, with attachment titled "A Strategy for NATO's Expansion and Transformation" (quotation in attachment), September7, 1993,https://assets.documentcloud.org/documents/4390816/Document-02-Strategy-for-NATO-s-Expansion-and.pdf.
131 Branch, Clinton Tapes, 167; Solomon, NATO, 31.
132 Weisser quoted in Goldgeier, Not Whether, 34. 다음을 참고하라. quotations of similar remarks from Rühe in Solomon, NATO, 31; 또한 다음을 참고하라. Stent, Russia, 216-17, which refers to Ulrich "Weise," probably a misprint for Weisser's last name.
133 Bonn's thinking described in previously cited attachment entitled "A Strategy for NATO's Expansion and Transformation," September 7, 1993.
134 Hill and Gaddy, Mr. Putin, 22-24.
135 Radchenko, "'Nothing but Humiliation,'" 778.
136 Yeltsin quotations in Telcon, Clinton-Kohl, September 21, 1993, my 2015-0782-M, CL; on Rutskoi as acting president, 다음을 참고하라. Hill and Gaddy, Mr. Putin, 25. 또한 다음을 참고하라. Marilyn Berger, "Boris N. Yeltsin, Reformer Who Broke Up the U.S.S.R., Dies at 76," New York Times, April 24, 2007.
137 Telcon, Clinton-Kohl, September 21, 1993, my 2015-0776-M, CL. 미국과 독일 지도자들은 옐친을 지지하는 공동 성명을 발표하기로 합의했다. For more on US support for Yeltsin, 다음을 참고하라. CFPR 45.
138 Mark Bowden, "The Legacy of Black Hawk Down," Smithsonian Magazine, January/February2019,https://www.smithsonianmag.com/history/legacy-black-hawk-down-180971000/.
139 Excerpt from Holbrooke's Bosnia audio diary, reprinted in Packer, Our Man, 290-95. 또한

다음을 참고하라. Perry, My Journey, 87.
140 1Death and injury statistics from Hill and Gaddy, Mr. Putin, 25; on Rutskoi's imprisonment and release, 다음을 참고하라. Radchenko, "'Nothing but Humiliation,'" 785-86.
141 Carter and Perry, Preventive Defense, 26.
142 Serge Schmemann, "Yeltsin Approves New Constitution Widening His Role," New York Times, November 9, 1993; Hill and Gaddy, Mr. Putin, 25-26.
143 "1./2. Oktober 1993," BzL 496; 또한 다음을 참고하라. 496n9.
144 Serge Schmemann, "Russia's Military: A Shriveled and Volatile Legacy," New York Times, November 28, 1993.
145 Stent, Russia, 163.
146 Central Intelligence Agency, "German Military Forces in Eastern Germany after Unification," September 27, 1990, my 2008-0642-MR, BPL.
147 콜 총리는 공개적으로 자신과 옐친 대통령이 14일마다 통화한다고 발표하였다. "Erklärung des Bundeskanzlers Helmut Kohl anläßlich einer gemeinsamen Pressekonferenz mit dem Präsidenten der Russischen Föderation, Boris Jelzin, am 11. Mai 1994 in Bonn," APBD-49-94, 1058.
148 "1./2. Oktober 1993," BzL 496.
149 Radchenko, "'Nothing but Humiliation,'" 14-15; Antall quotations from Letter, Antall–Clinton, October 8, 1993, in my 2015-0778-M, CL.
150 "Copenhagen European Council (Copenhagen, 21-22 June 1993)," https://www.cvce.eu/en/obj/copenhagen_european_council_copenhagen_21_22_june_1993-en-ccf5d553-55c1-4e3a-99eb-8d88b09cfb24.html.
151 "The President's Meeting with Chancellor Vranitzky," April 20, 1994, summary in SDC 1994-State-114595, April 30, 1994. 또한 다음을 참고하라. similar comments from the Bush era: Memorandum for the Secretary of State, from Lawrence Eagleburger, "Impressions from Hungary, Poland, Austria and Yugoslavia," March 1, 1990, Robert L. Hutchings Files, Eastern European Coordination, CF01502-005, BPL; and "Gespräch Mock-Hurd," December 20, 1989, ÖDF, 439-42. 또한 다음을 참고하라. Hill, No Place, 120.
152 "Your October 6 Lunch Meeting with Secretary Aspin and Mr. Lake," October 5, 1993 (preparatory paper); 또한 다음을 참고하라. Lynn Davis's argument for calling the question as soon as possible: "NOTE TO: The Secretary," from Lynn Davis, October 15, 1993, DS-OIPS; Asmus, Opening, 49-52; Christopher, In the Stream, 129-30.
153 Memo to Peter Tarnoff from Stephen Oxman, "Your Deputies' Committee Meeting on the NATO Summit," September 14, 1993, DS-OIPS.
154 "OSD Option for Principals' Meeting, Partnership for Peace with General Link to Membership," n.d., but "10/18/93" handwritten on document, State Department copy, DS-OIPS; 또한 다음을 참고하라. Talbott, Russia Hand, 97-98.

155 Goldgeier, Not Whether, 27.
156 파트너십에 대한 기본 정보는 다음을 참고하라. https://www.nato.int/cps/en/natohq/topics_50349.htm.
157 Quotation in Perry, My Journey, 117; 또한 다음을 참고하라. 125-28.
158 "John Malchase David Shalikashvili," JCS website, https://www.jcs.mil/About /The-Joint-Staff/Chairman /General-John-Malchase-David-Shalikashvili/.
159 SDC 1993-USNATO-04194, October 16, 1993; AIW Hunter; AIW Nye; AIW Spero; AIW Townsend. On Shalikashvili's role, 다음을 참고하라. Solomon, NATO, 26-27. PfP 개념 개발에 기여한 사람으로는 Charles Freeman, Robert Hunter, Clarence Juhl, Joseph Kruzel, Charles Kupchan, James McCarthy, Jenonne Walker 등이 있다(이 목록은 포괄적이지 않다). 다음을 참고하라. Jenonne Walker, "Enlarging NATO," OD 266-68; Kupchan, "Strategic Visions"; Robert Hunter, "Toward NATO Enlargement," OD 304-6; Sloan, Defense of the West, 113-15.
160 Asmus, Opening, 35, 그러한 군대가 "손톱 아래에 NATO 먼지를 묻히게 하는 것"의 장점에 대한 초기 논의
161 SDC 1993-USNATO-04194, October 16, 1993; "OSD Option for Principals' Meeting"; AIW Hunter; AIW Nye; AIW Spero; AIW Townsend.
162 이러한 유연성은 나중에 각 국가에 맞게 조정된 파트너가 되는 과정에서 더 자세히 설명되었다. 다음을 참고하라. the current information on this process on the NATO website at https://www.nato.int/cps/en/natohq/topics_80925.htm and https://www.nato.int/cps/en /natohq/topics_49290.htm.
163 Solomon, NATO, 26-29; AIW Flanagan.
164 "OSD Option for Principals' Meeting."
165 Shalikashvili quoted in Goldgeier, Not Whether, 26. 또한 다음을 참고하라. Sloan, Defense of the West, 113-14; 또한 다음을 참고하라. PfP가 Robert Zoellick에서 NACC를 만드는 데 도움을 준 방식을 기반으로 어떻게 구축해야 하는지에 대한 논의 "Strobe Talbott on NATO: An Answer," Washington Post, January 5, 1994.
166 On visions of such an organization, 다음을 참고하라. M. E. Sarotte, "The Contest over NATO's Future," in Shapiro and Tooze, Charter, 212-28.
167 SDC 1993-Moscow-31886, October 8, 1993.
168 위의 내용 중 많은 부분은 애스핀의 생각에서 나온 것이다. 다음을 참고하라. Solomon, NATO, 34-35; for more on the advantages of PfP, 다음을 참고하라. Sloan, Defense of the West, 113; Treisman, Return, 317.
169 Albright quotations from Madeleine Albright, "Memorandum for the President, the Vice President, and the Secretary of State and the National Security Advisor, Subject: PfP and Central and Eastern Europe," January 26,1994, DS-OIPS. Kissinger quoted in Solomon, NATO Enlargement, 48. 또한 다음을 참고하라. SDC 1994-USNATO-1505, April 20,

1994, DS-ERR, which noted that the Poles were "skeptical about President Clinton's vision of a Europe where no dividing lines exist."
170 Note to the Secretary, from Strobe Talbott, October 17, 1993, in SDC 1993-State-317538, October 19, 1993. For Talbott's description of these events, 다음을 참고하라. Talbott, Russia Hand, 99-101.
171 SDC 1993-State-317538; 또한 다음을 참고하라. Talbott, Russia Hand, 78-80.
172 "Summary of Conclusions, Principals Committee Meeting on the NATO Summit, October 18, 1993," October 27, 1993; 이 문서 사본을 제공해 주신 사브란스카야에게 감사드린다. 탤벗의 개입의 중요성은 나중에 언론에 유출되었다; 다음을 참고하라. Michael R. Gordon, "U.S. Opposes Move to Rapidly Expand NATO Membership," New York Times, January 2, 1994. For more on the October 18, 1993 principals' meeting and its aftermath, 다음을 참고하라. Asmus, Opening, 51-57; Goldgeier, Not Whether, 39-44.
173 레이크가 대통령에게 보고한 바에 따르면, 주요 인사들은 "유럽 동부의 새롭고 야심찬 민주주의 국가들과 NATO의 교류를 다루기 위한 권고안에 대해 합의에 도달했다." Memo from Lake to Clinton, October 19, 1993, stamped "The President has seen, 10.19.93," my 2015-0772-M, CL.
174 SDC 1993-State-319425, October 20, 1993.
175 Brzezinski paraphrased in Asmus, Opening, 56-57.
176 Brzezinski, "Premature Partnership," 67-82.
177 Kozyrev, Firebird, 218-22.
178 SDC 1993-Secto-17024, October 25, 1993.
179 Talbott, Russia Hand, 100-102.
180 SDC 1993-Secto-17027, October 25, 1993. 비서관은 옐친이 그 제안이 "훌륭하다"고 생각한다는 사실을 클린턴에게 알렸다. "Night Note from Moscow, October 23, 1993," SDC 1993-Secto-17011, October 23, 1993 (also the source of the "bury Lenin" quotation). On Yeltsin's description of PfP as "brilliant," 다음을 참고하라. Kay, NATO, 71; on the conversation overall, 다음을 참고하라. James Gold geier, "Promises Made, Promises Broken? What Yeltsin Was Told about NATO in 1993 and Why It Matters," War on the Rocks, July 12, 2016, https://warontherocks.com/2016/07/promises-made-promises-broken-what-yeltsin-was-told-about-nato-in-1993-and-why-it-matters/; Solomon, NATO, 53; Talbott, Russia Hand, 101-2.
181 SDC 1993-Secto-17027; Kozyrev, Firebird, 219-21; on Christopher's conversation with Yeltsin, 다음을 참고하라. Asmus, Opening, 53-54.
182 "To the Secretary from Strobe Talbott," n.d., but from context December 31, 1993, 2014-0905-M, CL.
183 SDC 1993-USNATO-05209, December 9, 1993.
184 SDC 1994-Moscow-00594, January 10, 1994.

185 SDC 1993-USNATO-05209; for Chinese views on NATO expansion, 다음을 참고하라. SDC 1997-Beijin-40078, November 13, 1997, DS-ERR.
186 Christopher, In the Stream, 130-31. 클린턴은 콜에게 PfP에 대한 "긍정적인 반응"에 고무되었다고 말했는데, 특히 NATO 동맹국과 옐친이 이에 반응했다. 다음을 참고하라. Telcon, Clinton-Kohl, November 29, 1993, in my 2015-0776-M, CL.
187 공화당은 클린턴의 NATO 확장, 특히 평화를 위한 파트너십(PfP)에 대한 접근 방식을 공격했고, 러시아 국방장관은 미국 측에 "러시아와 미 의회 정치인들이 '평화를 위한 파트너십' 개념에 대해 점점 더 비판하는 것에 대해 우려하고 있다"고 말하기까지 했다. 두 장관은 1월 5일 '파트너십 라인'을 통해 그라체프 국방장관과 첫 전화 통화를 했다. 이 통화에서 미국 국방장관은 "'파트너십 라인'이 자주 사용되어 우리 국방 기관 간 접촉 확대의 상징이 되기를 바란다"고 밝혔다. "Memcon of 05 January SecDef Call to Russian MOD Grachev," 2014-0905-M, CL. 또한 다음을 참고하라. Goldgeier, "NATO Enlargement," 170.

6장

1 낙관적 추론과 비관적 추론에 대한 논의를 위해, 다음을 참고하라. Sarotte, "How to Enlarge NATO," 25-26. 유럽의 "전체적이고 자유로운" 주장에 대해, 다음을 참고하라. Asmus, Opening, 33. On the US habit of viewing other states' integration into US-designed institutions as essential, 다음을 참고하라. Porter, "Why."
2 Clinton, My Life, 566-69 (mother's death), 576 (hardest year); Todd S. Purdum, "Virginia Clinton Kelley, 70, President's Mother, Is Dead," New York Times, January 7, 1994.
3 SDC 1993-Secto-17049, October 27, 1993.
4 Expression of Ukrainian interest in long-term credits: SDC 1994 State-002161, January 5, 1994. 핵무장한 우크라이나가 서방으로부터 경제 지원을 전혀 받지 못할 것이라는 점에 대해, 다음을 참고하라. Pifer, Eagle, 75-76. 비핵화에 대한 논의 현황에 대해, 다음을 참고하라. SDC 1993-Frankf-16859, "US/Russian/Ukrainian Trilateral Talks on De-activation," December 17, 1993.
5 SDC 1994-Kiev-00042, January 4, 1994.
6 SDC 1993-Budape-11648, October 29, 1993.
7 Wałęsa quoted in Jane Perlez, "The NATO Summit: 4 Countries in Audition for NATO," New York Times, January 11, 1994; Letter from Olechkowski to Christopher, December 22, 1993, DS-OIPS.
8 SDC 1993-State-386829, December 28, 1993.
9 SDC 1993-State-383575, December 23, 1993.
10 SDC 1994-State-000058, January 3, 1994.
11 대통령은 레이크에게 해외에 배치된 미군 병력의 수와 위치를 파악해 달라고 요청했다; 레이크는 정확한 숫자가 해외에 영구적으로 주둔하고 있는 326,630명이며,

59,711명이 떠 있거나 배치되어 있다고 답했다. Memorandum for the President, from Anthony Lake, "Overseas Troop Strength," January 10, 1994, my 2015-0772-M, CL.
12 Goldgeier, Not Whether, 78-82; Korb, "Who's in Charge Here?," 4-7; Solomon, NATO, 48-49.
13 Lugar quoted in Solomon, NATO, 49.
14 올브라이트는 클린턴이 이 지역에 대한 우려를 표명하기 위해 동유럽에서 태어난 사절단을 선택했다고 설명했다; SDC 1994-Warsaw-00490, "Ambassador Albright's January 7 Dinner with Polish Foreign Minister Olechkowski," January 11, 1994; 또한 다음을 참고하라. SDC 1993-Budape-11648, Octo-ber 29, 1993; Republic of Poland, Minister of Foreign Affairs, Letter to Warren Christopher, December 22, 1993, DS-OIPS; Goldgeier, Not Whether, 52-53.
15 Madeleine Albright, "Memorandum for the President, the Vice President, and the Secretary of State and the National Security Advisor, Subject: PfP and Central and Eastern Europe," January 26, 1994, DS-OIPS.
16 AIW Koźmiński; AIW Margański. 그의 폴란드 호스트들이 아마도 언급하지 않았던 것은 그의 아버지의 후기 군사 역사였을 것이다. 조지아를 떠난 디미트리 샬리카슈빌리는 1939년 9월 폴란드 군대에서 독일 침략자들에 맞서 싸웠고 전쟁 포로가 되었다. 그는 나중에 석방되어 나치가 조직한 "조지아 군단, 조국을 소련의 지배로부터 해방시키고자 하는 조지아 민족 집단"의 연락 장교가 되었다. 이를 통해 "나치와 함께 조국 해방을 위한 반공 운동"에 편을 들었다: Stephen Engelberg, "General's Father Fought for Nazi Unit," New York Times, August 28, 1993; 또한 다음을 참고하라. Melissa Healy, "Shalikashvili's Father Tied to Nazi Unit," Los Angeles Times, August 28, 1993.
17 SDC 1994-Warsaw-00308, January 7, 1994.
18 SDC 1994-Warsaw-00308.
19 SDC 1994-Warsaw-00350, January 10, 1994.
20 Memcon, Clinton-Claes/Dehaene, January 9, 1994, L-WJC/DOS-16-1, CL.
21 Kohl quotation in "11. April 1994," BzL 566-67. 그는 동부뿐만 아니라 서부와 북부 국가로의 확장에 대한 저항에 대해 우려했다. 콜은 1994년 봄에 당 동료들에게 이렇게 말했다. "diese Erweiterung um Österreich, Schweden, Finnland und Norwegen ist ein ungeheuer wichtiger Vorgang." 콜은 스페인과 영국이 이 새로운 회원국들을 차단하는 데 특히 방해가 된다고 불평했지만, 독일은 반발했다: "Wir haben in der Frage des Beitritts wirklich 'full power' gefahren, und die Verhandlungen wären nicht zu Ende gekommen, wenn wir nicht mit äußerster Entschiedenheit vorangegangen wären"; "14. März 1994," BzL, 559-60; 또한 다음을 참고하라. 559n7.
22 1994년 4월, 나토는 보스니아에서 폭력 사태를 막기 위한 전투 노력을 수행했다. 이는 이전의 유럽의 분쟁 진압 노력이 효과를 거두지 못했기 때문이다. 다음을 참고하라. Jonathan Masters, "The North Atlantic Treaty Organization," Council on Foreign

Relations, last updated December3, 2019, https://www.cfr.org/backgrounder/north-atlantic-treaty-organization-nato.

23 "Remarks to the North Atlantic Council, Brussels, Belgium, Jan. 10, 1994," CFPR 85. 클린턴은 전기 작가 테일러 브랜치의 도움을 받아 녹음한 오디오 일기에서 "벨기에의 나토 관리들에게 소련 제국에서 새로운 구성원을 추가하는 섬세한 시간표를 로비하고 있다. 이는 고립되거나 재흡수될 수 있다는 두려움을 완화하기에 충분히 빠르며, 러시아의 극단적 민족주의 부흥 아래 옐친을 무너뜨리지 않을 만큼 천천히"라고 말했다; Branch, Clinton Tapes, 106. 대통령이 선을 긋지 않는 것이 중요하다는 점에 대한 이론적 연구는 케네스 왈츠를 참조하라. 그는 "나토 확장의 이유는 약하다. 확장에 반대하는 이유는 강하다. 유럽에서 새로운 분열선을 긋고 소외된 사람들을 소외시키며 러시아 서쪽에서 논리적인 정차 장소를 찾을 수 없다"고 주장했다; Waltz, "Structural Realism," 22. 월츠는 덧붙여 "미국이 죽어가는 기관의 수명을 연장할 수 있는 능력은 국제 기관이 강대국들에 의해 그들의 인식되거나 오인된 이익을 위해 어떻게 창조되고 유지되는지를 잘 보여준다"고 말했다(20). Robert O. Keohane and Stanley Hoffmann, "Conclusion: Structure, Strategy, and Institutional Roles," in Keohane, Nye, and Hoffmann, After the Cold War, 383.

24 다음을 참고하라. the NATO "Declaration of Heads of State and Government," January11, 1994, https://www.nato.int/cps/ie/natohq/official_texts_24470.htm?mode=pressrelease; and "Partnership for Peace: Framework Document," January 10-11, 1994, https://www.nato.int/cps/ie/natohq/official_texts_24469.htm?mode=pressrelease; 또한 다음을 참고하라. Goldgeier, Not Whether, 54-57.

25 On key milestones in PfP's evolution, 다음을 참고하라. the NATO website, https://www.nato.int/cps/en/natolive/topics_50349.htm.

26 SDC 1994-State-011226, January 13, 1994. 또한 다음을 참고하라. Richard Rupp, "Lithuania's Campaign for NATO Membership," Lituanus, Summer 2002, http://www.lituanus.org/2002/02_2_04.htm.

27 "The President's Meeting with Czech Leaders," January 11, 1994, 5:30-7:00pm, DS-OIPS; SDC 1994-State-010751, January 12, 1994; SDC 1994-Bonn-00904, January 12, 1994.

28 SDC 1994-Secto-10020, January 16, 1994.

29 중부 및 동유럽 여러 지도자들과의 점심 회동 기록은 다음을 참조하라. January 12, 1994, L-WJC-DOS-16-1, CL. 이 문서 사본을 제공해준 스베틀라나 사브란스카야에게 감사한다.

30 "The President's Meeting with Czech Leaders," January 11, 1994.

31 하벨의 전기 작가는 하벨이 옐친에게 똑같이 했다고 언급했다: 그는 "소도시 골든 13 선술집에서 보리스 옐친이 바르샤바 조약기구와 나토의 차이를 구분할 수 없을 때까지 와인을 마시고 식사했다."; Žantovský, Havel, 483.

32 Wright, All Measures, 9는 클린턴이 가장 좋아하는 책 중 하나인 논제로(Nonzero)가

어떤 협상 과정에서도 다양한 참가자들에게 여러 성공적인 결과를 가져올 수 있다고 제안했다고 지적한다.

33 Description of, and quotation from, Clinton in Talbott, Russia Hand, 133.
34 Douglas Jehl, "All of Prague's Their Stage, and They Play It Like Troupers," New York Times, January 12, 1994. 클린턴은 오디오 일기에서 하벨과 올브라이트와 함께 전설적인 카를교를 걸었던 순간이 얼마나 감동적이었는지 회상했다. 올브라이트는 제2차 세계 대전과 냉전 기간 동안 고향인 프라하를 떠나야 했다; Branch, Clinton Tapes, 107.
35 Purdum, "Virginia Clinton Kelley."
36 "The President's News Conference with Visegrad Leaders in Prague," January12, 1994, APP_UCSB, https://www.presidency.ucsb.edu/documents/the-presidents-news-conference-with-visegrad-leaders-prague.
37 Lake quoted in Asmus, Opening, 66. The NSC staff member was Jenonne Walker; AIW Walker.
38 1994년 1월 독일 연방의회에 정상 회담에 대해 보고할 때, 그는 "독일의 동쪽 국경은 나토와 유럽 연합의 국경이 될 수 없다"고 덧붙였다; Asmus, Opening, 313n40 그러나 뤼헤는 "클린턴 행정부는 1994년 11월 미국 중간선거 이후에야 우리의 방향을 완전히 틀었다"고 지적한다. 1994년 9월 스페인 세비야에서 열린 나토 국방장관 회의에서 미국 측 빌 페리는 너무 빨리 움직인다고 경고했다. 페리는 내 친구이고 나는 그를 높이 평가한다. 당시 그는 클린턴 대통령이 내 행동을 달가워하지 않는다고 전했다. 그의 조언은 '너무 밀어붙이지 마라. 큰 문제에 부딪힐 것이다'였다. Volker Rühe, "Opening NATO's Door," OD 229.
39 다음을 참고하라. R. W. Apple Jr., "Clinton in Europe: A Russian Tightrope," New York Times, January 15, 1994.
40 Kozyrev, Firebird, 255. 코지레프는 "외국 소비에는 부드럽고 국내 관객에게는 힘든 모호한 말"이라고 생각하며 옐친이 이제 같은 모호한 말에 참여하고 있다고 한탄했다.
41 "Working Dinner with Russian President Yeltsin on Foreign Policy Issues," preparatory papers, December 31, 1993, 2016-0134-M CL.
42 Memcon, Clinton-Yeltsin, "One-on-One Meeting," January 13, 1994, 2016-0117-M, CL. 클린턴은 기회의 크기를 이해했다. 모스크바에 있는 동안 그는 공개 시청을 열어 청중에게 "당신의 위대함의 척도는 큰 이웃인 러시아가 좋은 이웃이 될 수 있는지 여부"라고 말했다; Clinton quoted in Talbott, Russia Hand, 116.
43 Yeltsin quoted and paraphrased in SDC 1994-Moscow-01457, January 14, 1994. 또한 다음을 참고하라. records from this summit in F-2017-13804, DS-ERR; and "Text of Moscow Declaration by President Clinton and Russian President Yeltsin, Moscow, Russia, January 14, 1994," https://fas.org/nuke/control/detarget/docs/940114-321186.htm.
44 우크라이나 의회는 1994년 11월 16일 우크라이나가 비핵 국가로서 NPT에 가입하는

것을 승인했다; Bernauer and Ruloff, Politics, 125. 또한 다음을 참고하라. Goldgeier and McFaul, Power, 170; Morozov, Above. 클린턴-옐친 1월 정상회담에서 우크라이나의 역할에 대한 맥락을 알아보려면, 다음을 참고하라. Telcon, Clinton-Yeltsin, December 22, 1993, my 2015-0782-M, CL.

45 In the mid-1990s Ukraine was, in Talbott's words, "spiraling into chaos" and headed for the economic abyss; Talbott, Russia Hand, 79.

46 Pifer, Trilateral Process.

47 Goldgeier and McFaul, Power, 169-70; for the larger context, 다음을 참고하라. Pifer, Trilateral Process.

48 Kravchuk quoted in SDC 1994-State-004615, January 6, 1994. 3자 협정에는 공공 소비를 위한 것이 아닌 세 가지 "부문"이 있었으며, 이는 협정을 거의 탈선시킬 뻔한 문제들을 다루고 있었다. 하나는 러시아가 우크라이나에 항복한 무기의 핵연료를 보상할 것임을 확인하는 것이었고, 다른 하나는 우크라이나가 특정 날짜까지 모든 무기를 완전히 이전하거나 비활성화하는 데 동의할 것이라는 것이었으며, 다른 하나는 미국이 이러한 상호 약속을 인정하고 "상당한 지원"을 연장할 것이라는 점이었다. Memcon, "Trilateral Meeting with President Boris Yeltsin of Russia on Security Issues," January 14, 1994, EBB-691, NSA.

49 대통령을 위한 각서에서 앤서니 레이크가 작성한 새로운 국가들에 대한 요약, "Your Trip to Germany, July 10-12," July 2, 1994, M-2013-0471, CL; quotations from "Memcon of Clinton-Kohl January 31 Lunch," SDC 1994-State-037335, February 12, 1994.

50 Kohl was particularly pleased by Clinton's initiative because he was disappointed in the lack of interest on the part of his fellow European leaders in enlargement: "11. April 1994," BzL 566-67.

51 SDC 1994-State-037335.

52 Perry, My Journey, quotations at 92; 또한 다음을 참고하라. 1-2, 52. Perry knew that if the attack were real, American leaders would have "only minutes to make... the most foreboding decision ever": whether to order "apocalyptic destruction." He imagined the consequences in Washington of such a launch, which might have started only "because of a false alarm (such as I had personally experienced)" (92).

53 SDC 1994-Moscow-06075, March 4, 1994; 또한 다음을 참고하라. Stent, Russia, 214-15.

54 Kozyrev, Firebird, 264-65.

55 On the troop withdrawal issue, 다음을 참고하라. correspondence with Estonian and Russian leaders in 2014-0656-M, CL.

56 As reported by the US embassy in Germany: SDC 1994-Bonn-11493, May 13, 1994.

57 Clinton discussed his happiness with the popularity of PfP in "Remarks to the French National Assembly, Paris, France, June 7, 1994," CFPR 87-89; on the Russian application for membership, 다음을 참고하라. SDC 1994-USNATO-02433, June 21, 1994; 또한 다음을

참고하라. SDC 1994-USNATO-02458, June 22, 1994.

58   SDC 1994-Moscow-009628, April 7, 1994; 또한 다음을 참고하라. SDC 1994-Moscow-009022, April 1, 1994; SDC 1994-State-109220, April 26, 1994; SDC 1994- Secto-06026, April 30, 1994; Solomon, NATO, 58-60.

59   SDC 1994-USNATO-02458, June 22, 1994; 또한 다음을 참고하라. SDC 1994-USNATO- 02433, June 21, 1994.

60   Kozyrev quoted in Адамишин, В разные годы, 334. I thank Sergey Radchenko for the reference.

61   "11. April 1994," BzL, 577n13, which mistakenly has the date of the shoot down as March 28, 1994. 다음을 참고하라. the Atlantic Council and NATO accounts of February 1994 in, respectively, "NATO's First Combat Action Occurred 18Years Ago Today over Bosnia," https://www.atlanticcouncil.org/blogs/natosource/natos-first-combat-action-occurred-18-years-ago-today-over-bosnia/;and "1994-19 98: One Team, One Mission! NATO Begins Peace-keeping in Bosnia," https://shape.nato.int/page14672955.aspx.

62   On Wörner's illness, 다음을 참고하라. "Manfred Wörner," NATO website, https://www.nato.int/cps/en/natohq/declassified_138041.htm.

63   Telcon, Clinton-Yeltsin, April 10, 1994, my 2015-0782-M, CL.

64   SDC 1994-Secto-10002, June 7, 1994. On similar Russian demands that NATO become a watered-down collective security organization, 다음을 참고하라. Solomon, NATO, 59.

65   On the intersection between US domestic politics and NATO expansion, 다음을 참고하라. Grayson, Strange Bedfellows; Johnston, How NATO Adapts; Kay, NATO; Solomon, NATO.

66   SDC 1994-State-166385, June 22, 1994. On the Korean crisis, 다음을 참고하라. Carter and Perry, Preventive Defense, 123-33.

67   William J. Clinton, "Address to the Polish Parliament in Warsaw," July 7, 1994, APP-UCSB, https://www.presidency.ucsb.edu/documents/address-the-polish-parliament-warsaw.

68   Alexander Vershbow, "Present at the Transformation," OD 430-31; 또한 다음을 참고하라. Asmus, Opening, 73.

69   Email from Alexander R. Vershbow to W. Anthony Lake, "NATO Expansion," July 15, 1994, 12:11pm, DS-OIPS. 올브라이트의 원래 질문이 "우리는 모스크바가 다른 나라들보다 먼저 (NATO 가입) 자격을 얻을 수 있는 현실적인 가능성을 다루었는가?"에 대해서는 매들린 올브라이트, "대통령, 부통령, 국무장관 및 국가안보좌관에게 보내는 메모, 주제: PfP와 중부 및 동부 유럽"을 참조하라. January 26, 1994, DS-OIPS.

70   Telcon, Clinton-Kuchma, July 21, 1994, my 2016-0217-M, CL Kuchma; 또한 다음을 참고하라. Jane Perlez, "US and Ukraine Cooperate to Destroy Nuclear Arsenal," New York Times, December 9, 1994.

71   Telcon, Clinton-Kuchma, October 13, 1994, in my 2016-0217-M, CL.

72 "Telephone Call to Ukrainian President Leonid Kuchma" (preparatory paper), From: Anthony Lake, July 21, 1994, 9:45am, stamped "The President has seen 7/21," my 2016-0217-M, CL.
73 Branch, Clinton Tapes, 168.
74 콜과 옐친은 전자의 모스크바 방문 당시 이 거래에 합의했다(참고: 출처 제목은 독일어 문서에서는 드물게 대문자가 없다). "besuch des bundeskanzlers in der russischen foederation vom 14. bis 16. dezember 1992," https://www.bundesregierung.de/breg-de/service/bulletin/besuch-des-bundeskanzlers-in-der-russischen-foederation-vom-14-bis-16-dezember-1992-791660; 또한 다음을 참고하라. Stent, Russia, 162–63.
75 "US Troops Leave Berlin," German Information Center, n.d., but from context September 1994, Zelikow Box 3, HIA. Stent, Russia, 164, says a total of 546,200 troops had left by then. On the planning for this event, 다음을 참고하라. SDC 1994-Bonn-11493, May 13, 1994; "Erklärung des Bundeskanzlers Helmut Kohl anläßlich einer gemeinsamen Pressekonferenz mit dem Präsidenten der Russischen Föderation, Boris Jelzin, am 11. Mai 1994 in Bonn," APBD-49-94, 1060.
76 Stent, Russia, 163.
77 "Rede von Bundeskanzler Dr. Helmut Kohl beim Festakt aus Anlaß der Verabschiedung der russischen Truppen am 31. August 1994 im Schauspielhaus Berlin," APBD-49-94, 1087.
78 Quoted in Colton, Yeltsin, 312; Stent, Russia, 164; Treisman, Return, 58.
79 On the legal basis pertaining after the Soviet withdrawal in 1994, 다음을 참고하라. the German foreign ministry website, https://www.auswaertiges-amt.de/en/aussenpolitik/themen/internatrecht/truppenstationierungsrecht-alt /231678.
80 "미군, 베를린 철수" 통계에 따르면, 1994년 9월 기준으로 미국은 유럽 전체에 총 154,332명의 병력을 주둔하고 있었다. 또한 다음을 참고하라. "Erklärung des Bundeskanzlers Helmut Kohl anläßlich einer gemeinsamen Pressekonferenz mit dem Präsidenten der Russischen Föderation, Boris Jelzin, am 11. Mai 1994 in Bonn," APBD-49-94, 1060; the summary of "May 12 Kohl/Yeltsin Talks," in SDC 1993-Bonn-11493, May 13, 1994; and Stent, Russia, 164.
81 Statistics from "Bilateral Relations Paper for Codel Cohen to Wehrkunde: German Foreign Policy and US-German Relations," January 4, 1996, no cable number, DS-ERR. On the 1994 US withdrawal from Berlin, 다음을 참고하라. Stent, Russia, 163; 미군 기지가 그 자체로 작은 마을이 되어가고 있다, 다음을 참고하라. Ben Knight, "US Military in Germany," Deutsche Welle, June 16, 2020, https://www.dw.com/en/us-military-in-germany-what-you-need-to-know/a-49998340.
82 Talbott quoted in, and Holbrooke quotation from, Holbrooke, To End, 57, 59. 홀브룩과 레이크의 관계에 대해 더 자세히 알아보려면 다음을 참고하라. Parker, Our Man, 21-22 (on their meeting in Vietnam), 151 (on the affair).
83 한 작가가 말했듯이, "홀브룩은 독일에서 짧은 기간 동안 재직하면서 확장의 진정한

신봉자가 되었다." Grayson, Strange Bedfellows, 47; 또한 다음을 참고하라. Goldgeier, Not Whether, 69-71.

84 Asmus, Opening, 87.
85 "U.S.-German Relations and the Challenge of a New Europe: Vice President Gore, Speech via Satellite to the Conference on New Traditions, Berlin, Germany, Sept. 9, 1994," U.S. Department of State Dispatch 5, no. 37 (September 12, 1994): 597-99.
86 SDC 1994-Berlin-02794, September 10, 1994; 또한 다음을 참고하라. Solomon, NATO, 65-66.
87 첫 번째 훈련은 '협동교량 94훈련'이었다. 다음을 참고하라. press release, September12, 1994, NATO website, https://www.nato.int/cps/en/SID-432830E3-9D58B27B/natolive/news_24256.htm; Gore noted this upcoming exercise in his speech, "U.S.-German Relations and the Challenge of a New Europe," 597-99.
88 연설을 정리한 사람 중 한 명인 웨슬리 클라크는 나중에 자신이 두 번이나 지운 문구가 계속 다시 나타나는 것을 보고 놀랐다고 회상했다. AIW Clark.
89 Asmus, Opening, 87-88.
90 AIW Townsend.
91 Clinton described this operation to Kohl in Memcon, Clinton-Kohl, September 15, 1994, in my 2015-0776-M, CL. 펜타곤이 이러한 일련의 사건에 대해 "격노"하고 있다는 것에 대해, 다음을 참고하라. Asmus, Opening, 87-88; on British views, SDC 1994-London-14877, September 19, 1994.
92 Carter and Perry, Preventive Defense, 28.
93 Asmus, Opening, 87-88; Grayson, Strange Bedfellows, 93.
94 Memorandum for the Secretary from Strobe Talbott, Subject: "The Future of European Security," September 12, 1994, DS-OIPS.
95 "NATO Expansion: Concept and Strategy," September 17, 1994, part of preparatory papers distributed for IWG meeting, DS-OIPS.
96 SDC 1994-State-262133, September 28, 1994, 이 장에서 인용된 동일 회의의 다른 설명과 일관된 견해를 요약하여 제공한다.
97 Quotations from Michael Dobbs, "Wider Alliance Would Increase U.S. Commitments," Washington Post, July 5, 1995; AIW Clark; 또한 다음을 참고하라. Goldgeier, Not Whether, 73-75. 또한 다음을 참고하라. Marten, "Reconsidering," 155-56.
98 또한, "START III를 논의하는 동안, 각 측은 START II를 넘어서는 일방적인 감축 조치를 취할 것"이며, "START III를 향한 일방적인 조치"를 취할 것이다. "Expanded Session on Security Issues with President Yeltsin of the Russian Federation," September 27, 1994, 4:35-5:35pm, my 2015-0782-M, CL.
99 For more, 다음을 참고하라. Hoffman, Dead Hand, 101-26.
100 "Second Clinton/Yeltsin One-on-One 1pm-2:30pm, Sept. 28, 1994," DS-OIPS; 또한 다음

을 참고하라. the summary of Yeltsin's visit in SDC 1994-State-266647, October 1, 1994.
101 According to Kozyrev, Firebird, 269.
102 Yeltsin quoted in SDC 1994-State-266647, October 1, 1994. 또한 다음을 참고하라. 발트해에 대한 미국의 정책에 대한 탤벗의 견해: 라트비아에 설치된 소련 조기 경보 레이더는 "미국이 지원한 250만 달러로 운영되었다."; Talbott, Russia Hand, 126, 443n3.
103 AIW Clark.
104 Yeltsin quoted as making this remark to Talbott in SDC 1994-State-266647, October 1, 1994.
105 Branch, Clinton Tapes, 198.
106 SDC 1994-State-266972, October 2, 1994. 프랑스 주재 미국 대사인 파멜라 해리먼이 워싱턴에 전한 바에 따르면, 시라크는 "프랑스는 러시아, 특히 옐친의 대의에 다른 사람들을 영입할 수 있는 독특한 위치에 있다"고 믿었다. SDC 1996-Paris-00761, January 12, 1996.
107 Memorandum for Anthony Lake from Alexander Vershbow, Subject: "NATO Expansion," October 4, 1994, my 2015-0755-M, CL, called "October 4 draft" below. 이러한 진전 소식이 발렌사에게 새어 나간 것으로 보이며, 그는 매우 기뻐했다. 그는 클린턴에게 보낸 서한에서 폴란드인들이 "대서양 동맹 확대 문제가 폭넓은 성찰의 대상이 되고 있다는 정보를 받고 있다"며 "이에 감사한다"고 전했다. Letter, Wałęsa-Clinton, September 23, 1994, my 2015-0813-M, CL.
108 "NATO Expansion: View of Richard Schifter," Addendum to Memorandum for Anthony Lake from Alexander Vershbow, Subject: "NATO Expansion," October 4, 1994.
109 "NATO Expansion: View of Richard Schifter."
110 반면, Lake의 최종 버전은 "NATO와 러시아 간의 제도화된 관계"만을 제안하고 우크라이나를 회원 자격 고려 대상으로 격상했다(위 본문에 인용된 새 문단). Lake는 또한 초안에서 러시아와 우크라이나를 병행해서 언급한 여러 곳을 비슷하게 편집했다. 예를 들어, 10월 4일 초안의 행동 "로드맵"에는 다음과 같은 다음 단계가 나열되어 있다(차이점을 강조하기 위해 강조). "러시아/우크라이나와 함께: NATO 확장의 근거에 대한 대화 계속" 및 "중부유럽과 함께: 향후 방향 설립; 원칙 정립; 군사적 영향 검토(예: NATO가 요구하는 통합 범위); ... 러시아/우크라이나에 대한 긍정적인 병행 경로를 지원해야 할 필요성 강조." 반면, Lake의 최종 "로드맵"은 우크라이나와 발트 3국 모두를 격상했다. "러시아와 함께: NATO 확장의 근거에 대한 대화 계속"이지만 "중부유럽, 발트 3국, 우크라이나와 함께: 향후 방향 설립; 원칙 정립; (e.g. extent of integration NATO will require—drawing on OSD/JCS briefing); ... stress need for them to support parallel track for Russia." 마지막으로 레이크는 10월 13일 최종본을 대통령에게 전달하기 전에 홀브룩에 대한 언급을 삭제했다.
111 For more on BALTBAT, 다음을 참고하라. the Baltic Defence College website, https://www.baltdefcol.org/?id=1534; Poast and Urpelainen, Organizing Democracy, 125-28;

Memorandum for the President from Anthony Lake, Subject: "NATO Expansion," October 13, 1994.

112　Memorandum for the President from Anthony Lake, Subject: "NATO Expansion," October 13, 1994.

113　Carl Hulse, "How Congress Passed an Assault Weapons Ban in 1994," New York Times, September 7, 2019.

114　Korb, "Who's in Charge Here?," 5.

115　Adam Clymer, "GOP Celebrates Its Sweep to Power," New York Times, November 10, 1994.

116　On Christopher's offer to resign, 다음을 참고하라. Bart Barnes, "Former Secretary of State Warren Christopher, Who Negotiated Settlement to Iran Hostage Crisis, Dies at 85," Washington Post, March 19, 2011; on the reaction of Clinton's aides, 다음을 참고하라. Albright, Madam Secretary, 217.

117　He made this remark in Memcon, Clinton-Schröder, September 9, 1999, in my 2015-0777-M, CL Schröder. 미국과의 계약과 1994년 11월 중간 선거의 영향에 대해 자세히 알아보려면 다음을 참고하라. Goldgeier, Not Whether, 82; Korb, "Who's in Charge Here?," 4-7; Volker Rühe, "Opening NATO's Door," OD 225-26.

118　Quotations in Carter and Perry, Preventive Defense, 30. On the United States' ability to dictate the terms of its security commitments, 다음을 참고하라. Beckley, "Myth."

119　Final Communiqué, NATO M-NAC-2(94)116, Ministerial Meeting of the North Atlantic Council, NATO Headquarters, Brussels, Belgium, December1, 1994, https://www.nato.int/docu/comm/49-95/c941201a.htm; Carter and Perry, Preventive Defense, 30-31. The United States got this language inserted despite German policymakers' (though not Rühe's) concerns that it was "too early to go public with alliance discussion"; SDC 1994-Bonn-26966, November 3, 1994.

120　Christopher, In the Stream, 227.

121　SDC 1994-Kiev-321032, December 1, 1994.

122　SDC 1994-Secto-28010, December 4, 1994.

123　놀랍게도, 그들은 워싱턴이 동맹국들에게 러시아가 이미 공보를 보고 승인했다고 확신시켰다는 말을 들었다. Kozyrev, Firebird, 281. On the Russian signature of the PfP Framework Document, 다음을 참고하라. https://www.nato.int/cps/en/natohq/topics_82584.htm.

124　Andrei Kozyrev, "Russia and NATO Enlargement," OD 456. SVR은 KGB의 일부 후속 조직으로, 외국 정보에 중점을 두었다. 후속 조직으로는 국내 문제에 더 중점을 둔 FSB(연방보안국)가 있다.

125　Description of 1993 report and 1994 events in Kozyrev, Firebird, 246-47, 281, quotation at 246; Radchenko, "'Nothing but Humiliation,'" 785.

126 On conditions in Russia, 다음을 참고하라. SDC 1994-Moscow-35565, December 9, 1994, BDGD. On the difficulties facing Yeltsin, 다음을 참고하라. Hill, No Place, 139-41.
127 SDC 1994-Moscow-36374, December 16, 1994; 또한 다음을 참고하라. letter from Yeltsin to Clinton of December 29, 1994, quoted in Talbott, Russia Hand, 444n11.
128 SDC 1994-USNATO-04586, December 2, 1994; Asmus, Opening, 93-94; Christopher, In the Stream, 228-30. 1995년 러시아가 "개별 파트너십 프로그램"에 최종 서명했을 때, 다음을 참고하라. the "Remarks by the Secretary General," May31, 1995, https://www.nato.int/docu/speech/1995/s950531a.htm.
129 이러한 희망은 곧 좌절되었다. 윌리엄 힐이 지적했듯이, 지난 수십 년간 가장 안타까운 사례 중 하나는 "한때 야심만만했던 OSCE의 급속한 발전과 그에 못지않게 급속한 위축"이었다. Hill, No Place, 8. 또한 다음을 참고하라. "Budapest Summit Marks Change from CSCE to OSCE," Organization for Security and Cooperation in Europe, December 5, 1994, https://www.osce.org/event/summit_1994.
130 쿠치마는 1994년 11월 21일~23일 워싱턴을 국빈 방문하도록 초대를 받았다. 그 행사에서 클린턴은 우크라이나가 전 세계에서 네 번째로 많은 미국 지원을 받는 국가가 되었다고 발표했다. SDC 1994-State-321161, December 2, 1994.
131 Memorandum for the President, from Warren Christopher, "Night Note," October 20, 1994, DS-OIPS.
132 SDC 1994-Moscow-32874, November 16, 1994, EBB-571, NSA.
133 SDC 1994-State-321301, December 2, 1994.
134 "Excerpt from Strobe Talbott's Letter to the Secretary," attachment to Memorandum for the President, from Warren Christopher, October 20, 1994, DS-OIPS; 또한 다음을 참고하라. Solomon, NATO, 67-68.
135 SDC 1994-State-317979, November 29, 1994; on the NPT, 다음을 참고하라. SDC 1995-State-125411, May 23, 1995; 또한 다음을 참고하라. Larrabee, "Ukraine's Balancing Act," 143-65.
136 The delegation member was unnamed. SDC 1994-Kiev-10532, December 1, 1994.
137 다음을 참고하라. the text of the memorandum as transmitted to the United Nations on December 19, 1994, in https://www.securitycouncilreport.org/atf/cf/%7B65BFCF9B-6D27-4E9C-8CD3-CF6E4FF96FF9%7D/s_1994_1399.pdf.
138 SDC 1994-Kiev-10648, December 5, 1994. For the argument that Ukraine could have gotten a better deal, 다음을 참고하라. Kostenko, Ukrainian Nuclear Disarmament, 15-16. 우크라이나는 2014년 크림반도에 군번 없이 러시아군이 유입된 이후 부다페스트 양해각서에 따라 마련된 협의 메커니즘을 처음 적용했다; Budjeryn, "Power," 225.
139 만약 그가 그렇게 했다면, 그것은 "집회의 주최자인 CSCE를 사실상 그림에서 밀어내는 것"이 될 것이다; Kozyrev, Firebird, 283.
140 Office of the Press Secretary, "Remarks by the President at Plenary Session of 1994 Summit

of the Council [sic] on Security and Cooperation in Europe," Budapest Congress Center, Budapest, Hungary, December 5, 1994, 9:58am, https://clintonwhitehouse6.archives.gov/1994/12/1994-12-05-president-remarks-at-csce-summit-in-budapest.html.

141 Kozyrev, Firebird, 283.

142 Dean E. Murphy, "Broader NATO May Bring 'Cold Peace,' Yeltsin Warns," Los Angeles Times, December 6, 1994; Carter and Perry, Preventive Defense, 31. Talbott recalled being worried that, with "cold peace," Yeltsin had found a "catchphrase" for the post-Cold War era; Talbott, Russia Hand, 134.

143 As recalled the following year by Talbott in Memorandum for the Secretary, from Strobe Talbott, "From Moscow to Halifax, and Beyond—US Policy toward Russia through 1996," May 17, 1995, EBB-447, NSA. He added that it also took Clinton's personal engagement "to pry the Russian troops out of the Baltics before the deadline."

144 Warhead numbers and percentage from "Remarks by the President at Plenary Session of 1994 Summit of the Council [sic] on Security and Cooperation in Europe."

145 Memcon, Clinton-Kohl, December 5, 1994, my 2015-0776-M, CL.

146 Murphy, "Broader NATO."

147 BzL 628n7; on Grachev, 다음을 참고하라. Talbott, Russia Hand, 75.

148 Memcon, Clinton-Kohl, December 5, 1994. 아마도 그는 "잔해와 파편"을 의미했을 것이다. 하지만 그의 발언에 대한 번역은 위에 나온 것과 같다.

149 Talbott, Russia Hand, 141.

150 Telcon, Clinton-Kohl, December 13, 1994, my 2015-0776-M, CL; 또한 다음을 참고하라. Clinton, My Life, 636-38.

151 SDC 1994-Moscow-36374, December 16, 1994; 또한 다음을 참고하라. Goldgeier, Not Whether, 85-88.

152 Kozyrev, Firebird, 283.

153 Memo from Talbott to Christopher, Subject: "The Vice President's Trip to Russia," December 19, 1994, DS-OIPS; Talbott, Russia Hand, 140-41.

154 Kozyrev, Firebird, 285; for a chronology of events in Chechnya, 다음을 참고하라. Александр Черкасов, "Война как способ предотвратить срыв мирных переговоров," https://www.ekhokavkaza.com/a/28170161.html, December 11, 2016; I thank Radchenko for an email on the Chechen sequence of events.

155 Talbott, Russia Hand, 141-51; on Yeltsin's decision to order the Chechen action on the advice of his aides, Burns, Back Channel, 95-97, which also notes (on 96) the following: "피곤하고 고립된 옐친은 보수적인 권력 장관들과 술친구들로 구성된 핵심 세력에 점점 더 의존하게 되었는데, 그들의 궁정 정치 능력은 그들의 전문적 역량을 넘어섰다." 또한 다음을 참고하라. Lieven, Chechnya.

156 Volker Rühe, "Opening NATO's Door," OD 232.

157 SDC 1995-Moscow-00883, January 11, 1995, BDGD. 1995년 초, 페리는 "체첸은 옐친에게 재앙이며 우리 관계에도 재앙이 되어가고 있다"고 결론지었다. 다음을 참고하라. "Memorandum for the President," from the Secretary of Defense, January 28, 1995, my 2015-0810-M, CL.
158 Kozyrev, Firebird, 290.
159 AIW Gati.
160 Andrew Higgins, "The War That Continues to Shape Russia, 25 Years Later," New York Times, December 10, 2019; 또한 다음을 참고하라. Gall and de Waal, Chechnya; Radchenko, "'Nothing But Humiliation,'" 796-97.
161 Kozyrev, Firebird, 285.
162 "옐친과 고어의 일대일 회고", 1994년 12월 DS-ERR 기사에서 "그들은 흔들리지만, 옐친은 더 많은 것을 요구했어야 했다고 생각하며 약간 주저하고 있다"고 언급한다. 옐친은 또한 "1995년 중반에 와서 폴란드에 가입하겠다는 신호를 보내야 한다면 어떻게 할 것입니까?"라고 묻는다. 고어는 "1995년은 오로지 연구와 브리핑만 하는 한 해가 될 것"이라고 답한다. Clinton quotation from letter from Clinton to Yeltsin, White House Situation Room, Nodis 9500177, January 6, 1995, DS-OIPS.
163 SDC 1994-Moscow-36923, December 23, 1994.
164 This conclusion appears in "Meeting with the Vice President on Russia and NATO Expansion," Study in Residence (preparatory paper), December 21, 1994, "President has seen" handwritten at top, my 2015-0772-M, CL.
165 On the 1994 North Korean nuclear crisis, 다음을 참고하라. Carter and Perry, Preventive Defense, 128-29; on a later missile crisis, 다음을 참고하라. Perry, My Journey, 160-71. Perry's views summarized by Talbott, and quotations, in untitled note from Talbott to Christopher, January 2, 1995, DS-OIPS.
166 "Meeting with the Vice President on Russia and NATO Expansion"; 또한 다음을 참고하라. Carter and Perry, Preventive Defense, 31-32.
167 Quoted in "Mtg./Pres. on NATO + Russia—12/21/94" (Nicholas Burns was the notetaker), DS-OIPS. 또한 다음을 참고하라. 이 회의를 따라잡기 위한 세션으로 간주하여 페리에게 이미 미국의 정책이 무엇이었는지 알려주었다. 그러나 위에 제시된 당시의 증거는 Asmus의 설명이 전달하는 것보다 정책이 덜 확립되었음을 시사한다.
168 Carter and Perry, Preventive Defense, 32.
169 클린턴은 나중에 이 일정을 콜과 논의했다. 다음을 참고하라. Memcon, Clinton-Kohl, February 9, 1995, my 2015-0776-M, CL.
170 "Mtg./Pres. on NATO + Russia—12/21/94."
171 비핵화의 우선순위가 우크라이나에서 낮아지는 과정에서, 다음을 참고하라. Kostenko, Ukraine's Nuclear Disarmament, 267.
172 Statement about Perry considering resigning in Perry, My Journey, 128-29; in that book

Perry dates this meeting to 1996, but in his coauthored biography with Carter, Perry dates it to December 21, 1994. Based on the written record, "Mtg./Pres. on NATO + Russia— 12/21/94," DS-OIPS, the coauthored date is accurate; Carter and Perry, Preventive Defense, 31.

173 Perry quoted in Solomon, NATO, 66. 또한 다음을 참고하라. Goldgeier, Not Whether, 12–13.

174 페리는 1996년 6월 버지니아주 노퍽에서 열린 연설에서 다섯 가지 원칙을 발표했다: 민주 개혁에 대한 헌신, 시장 경제에 대한 헌신, 좋은 이웃 관계, 군대에 대한 민간 통제, 그리고 동맹과 효과적으로 협력할 수 있는 군사적 능력. 다음을 참고하라. the summary provided in Assistant Secretary for European and Canadian Affairs Marc Grossman, "Statement Submitted for the Record, as Prepared for a Hearing before the Senate Foreign Relations Committee (canceled)," October1997, https://1997-2001.state.gov/regions/eur/971000grossman.html. 또한 다음을 참고하라. Daniel S. Hamilton, "Piece of the Puzzle," OD 54–55n105.

175 Perry, My Journey, 129.

176 The first two quotations are from Carter and Perry, Preventive Defense, 32; the next two are from Perry, My Journey, 151–52. 또한 다음을 참고하라. Grayson, Strange Bedfellows, 94–95; Talbott, Russia Hand, 146. 탤벗의 회의 해석은 페리의 해석과 다르다; 탤벗은 주요 성과가 PfP 지원을 지속하기로 한 것이라고 주장한다. 그러나 탤벗이 회상하는 단기 전략은 페리가 회담 결과로 도출된 장기 전략으로 본 내용과 모순되지 않는다. 즉, 완전한 제5조 확대를 추진하되 조용히 진행하자는 것이었다.

177 Kay, NATO, 92; Solomon, NATO, 70.

178 "Remarks in Cleveland, Ohio, at the White House Conference on Trade and Investment in Central and Eastern Europe," January 13, 1995, https://www.govinfo.gov/content/pkg/PPP-1995-book1/html/PPP-1995-book1-doc-pg41.htm; 또한 다음을 참고하라. Goldgeier, Not Whether, 102.

179 Washington also issued a strategy for an upcoming "NATO Study/Presentation on Expansion"; SDC 1995-USNATO-00287, January 25, 1995.

180 SDC 1995-State-008688, January 12, 1995. 홀브룩은 바르샤바에 1994년을 "나토가 확장을 약속한 해이며, 폴란드가 그 결정의 수혜자가 될 가능성이 높다"고 조언했다; SDC 1995-Warsaw-01304, January 30, 1995.

181 AIW Carter.

182 Marten, "Reconsidering," 159–60, 서방이 모스크바와의 관계를 "러시아의 국제적 이익을 무시했을 가능성이 높다"고 지적하면서도, 그럼에도 불구하고 "PfP는 진정한 정책 대안이었다"고 주장한다.

183 Albright said this to Polish prime minister Pawlak: Memcon, Albright–Pawlak, October 22, 1994; I thank Savranskaya for this document.

7장

1. Memorandum for Anthony Lake, from Coit Blacker, Daniel Fried, and Alexander Vershbow, "Troika Meeting on European Security/NATO Enlargement," June 16, 1995, my 2015-0772-M, CL.
2. Memcon, Clinton-Major, November 29, 1995, SDC 1996-State-018217, January 31, 1996. 메이저는 PFP가 "잠재적 회원국들에게 중간 단계 역할을 제공하며", "많은 이들의 예상보다 더 나은 성과를 내고 있다"고 답변했다. 레이크는 클레스와의 토론에서 클린턴에게 '거부권' 개념을 제기했으며, 그 대화에서 고어 부통령은 "러시아 선거를 기준 시점으로 삼아서는 안 된다"는 데 동의했다: Memcon, Clinton-Claes, SDC 1995-State-071477, March 7, 1995.
3. SDC 1995-State-002289, February 17, 1995.
4. "President's Dinner with President Yeltsin," SDC 1994-Moscow-01457, January 14, 1994.
5. Kozyrev quoted in "Secretary Christopher's Meeting with Andrei Kozyrev, Apr. 26," SDC 1995-State-106418, May 12, 1995.
6. SDC 1995-State-031006, February 7, 1995.
7. Wałęsa and Kissinger statements in SDC 1995-State-002289, February 17, 1995; 키신저의 아이디어가 솔로몬에 주둔하는 외국 군대에 대한 2+4 조약의 금지를 적용하는 것을 의미한다는 제안, NATO, 48.
8. Memorandum for Anthony Lake, from Daniel Fried, "Presidential Message to Lech Walesa," February 3, 1995, my 2015-0813-M, CL.
9. Quotation from 1995 Congressional Research Service Report, quoted in Poast and Chinchilla, "Good for Democracy?," 475; 또한 다음을 참고하라. Epstein, "NATO Enlargement"; Epstein, "When Legacies."
10. 다음을 참고하라. 1장에서는 다양한 국가의 회원 자격의 차이에 대해 논의한다.
11. For more on this topic, 다음을 참고하라. Sarotte, "How to Enlarge NATO," 7-41.
12. Holbrooke quoted by the US embassy in Warsaw, SDC 1995-Warsaw-002289, February 17, 1995.
13. Zieleniec quotation in Asmus, Opening, 148; 또한 다음을 참고하라. 336n52; SDC 1995-USNATO-01259, March 29, 1995.
14. SDC 1995-Buchar-02061, February 27, 1995.
15. Memcon, Clinton-Horn, June 6, 1995, my 2015-0779-M, CL.
16. Gore remarks in Memcon, Clinton-Claes, March 7, 1995, reported in SDC 1995-State-071477, March23, 1995.
17. SDC 1995-USNATO-00721, February 22, 1995.
18. Alessandra Smiley, "Clinton Visit to Ukraine Is Welcome," New York Times, May 11, 1995.
19. 소련 붕괴 후 우크라이나 지도자들이 체르노빌 폐쇄에 동의하는 데 9년이 걸렸다. 2000년 12월 15일이 되어서야 우크라이나 대통령은 원자력 발전소의 최종 폐쇄를

발표했다. 플로키(Plokhy)의 저서 《체르노빌(Chernobyl)》, 334-42에서 지적했듯이, 이러한 지연은 1990년대 경제 위기 때문이었다. 당시 경제 위기의 심각성은 "1930년대 대공황과 비슷할 뿐만 아니라 거의 그보다 더 심각했다." 키이우(Kyiv)는 "국가 전력의 최대 6%를 생산하는" 체르노빌 원자력 발전소의 여전히 가동 중인 부품 없이는 버틸 수 없었다. 다시 말해, "키이우가 핵무기를 포기하더라도 체르노빌 문제에는 꼼짝도 하지 않을 것"이었다. 또한 그 위에 석관을 세우는 데 25년 이상이 걸렸다.

20 Smiley, "Clinton Visit to Ukraine Is Welcome"; 또한 다음을 참고하라. various papers constituting the briefing book for Clinton's trip to Moscow and Kyiv in May 1995, 2016-0135-M, CL.
21 클린턴은 "쿠치마 대통령과 우크라이나 대표단과의 확대 본회의"에서 인용한 내용, May 11, 1995, my 2016-0217-M; handwritten note on memorandum for the President from Anthony Lake, "Subject: "Moving Toward NATO Expansion," with cover note of October ,13, 1994, stamped "The President has seen 94 OCT 13," 2015-0755-M.
22 On the Ukrainian-Russian interactions, 다음을 참고하라. Plokhy, Gates.
23 SDC 1995-Budape-02063, March 3, 1995.
24 Memorandum for the Secretary, from Strobe Talbott, "From Moscow to Halifax, and Beyond—US Policy toward Russia through 1996," May 17, 1995, EBB-447, NSA; AIW Blacker.
25 Tarasyuk quoted in Asmus, Opening, 339n90; 또한 다음을 참고하라. SDC 1995-Kiev-01752, March 6, 1995.
26 Letter, Meri to Clinton, June 9, 1995, 2014-0656-M, CL.
27 Percentage reported in "24. April 1995," BzL 669.
28 레이크는 클린턴에게 "(나토 확대에 대한) 서유럽의 견해는 아직 구체화되지 않았다"고 보고했다. 대통령을 위한 각서, 앤서니 레이크의 "나토 확대에 대한 서유럽의 태도" n.d., but from context circa July 17, 1995, in my 2015-0772-M, CL.
29 First quotation from "Secretary's Meeting with French Foreign Minister Alain Juppé, March 22, 1995, Paris," SDC 1995-Secto-05006, March 23, 1995; second quotation from SDC 1995-State-025603, February 1, 1995.
30 Gaddis, "History, Grand Strategy," 147; 또한 다음을 참고하라. Reiter, "Why NATO Enlargement."
31 AIW Simons.
32 SDC 1995-State-049691, February 28, 1995, DS-ERR.
33 SDC 1995-Budape-02063, March 3, 1995.
34 코지레프는 크리스토퍼가 있는 자리에서 허니문이 끝났다는 발언을 했고, 크리스토퍼는 워렌 크리스토퍼가 대통령에게 보내는 메모를 통해 클린턴에게 전달했다, "Night Note, Thursday, Mar. 23, 1995," DS-OIPS; 또한 다음을 참고하라. Asmus, Opening, 110-11.
35 "May 10: Moment of Truth," note from Talbott to Clinton, no year, but from context May

10, 1995, DS-OIPS.
36 워렌 크리스토퍼가 대통령에게 보내는 메모, "Night Note, Thursday, March 23, 1995"; Aron, Yeltsin, 667.
37 Kozyrev, Firebird, 285.
38 William E. Odom, "Chechnya, Freedom, and the Voice of Yeltsin Past," Washington Post, August 28, 1996.
39 크리스토퍼가 다양한 맥락에서 비슷한 발언을 반복했기 때문에 이 견해는 지속 가능하다는 것이 입증되었다: 탤벗이 크리스토퍼에게 보낸 제목 없는 메모에 대한 크리스토퍼의 "주장" 메모, January 2, 1995, M-2017-11330, DS-OIPS; "dark shadow" noted in Memcon, Clinton-Claes, March 7, 1995.
40 주페는 체첸 전쟁을 러시아의 민주 개혁이 성공하기를 바라는 사람들에 대한 모욕으로 묘사했다; Juppé in SDC 1995-State-025603, February 1, 1995.
41 Christopher comment on untitled memo from Talbott to Christopher, January 2, 1995.
42 SDC 1995-State-096220, April 19, 1995.
43 Kozyrev and Hurd remarks quoted and summarized in SDC 1995-London- 002522, February 16, 1995; 또한 다음을 참고하라. Steven Erlanger, "Yeltsin Blames Army for Failures as He Defends War in Chechnya," New York Times, February 17, 1995.
44 For more on the treaty, 다음을 참고하라. "The Conventional Armed Forces in Europe (CFE) Treaty and the Adapted CFE Treaty at a Glance," Arms Control Association, https://www.armscontrol.org/factsheet/cfe; Talbott, Russia Hand, 445-46n4. On the movement of equipment inside the Soviet Union, 다음을 참고하라. Quentin Peel, "Moscow Report Tells How Thousands of Tanks Avoided CFE Count," Financial Times, January 10, 1991, reprinted in Mastny, Helsinki Process, 295-96; 또한 다음을 참고하라. Falkenrath, Shaping, xv-xvii, 117-19; Zelikow and Rice, To Build, 479n74.
45 Memorandum for the Secretary, from Strobe Talbott, "From Moscow to Halifax, and Beyond—US Policy toward Russia through 1996," May 17, 1995, EBB-447, NSA. 측면 협정을 개정하고 사실상 체첸에서 러시아 군대의 주둔을 합법화하려는 노력에 대해, 다음을 참고하라. Hill, No Place, 108, 420-21n26; and Jim Nichol, "Conventional Forces in Europe Treaty," Congressional Research Service, September15, 1995, https://fas.org/nuke/control/cfe/congress/22b2.htm.
46 Director of Central Intelligence, "Selected Items from the National Intelligence Daily," March 29, 1995, EBB-200, NSA.
47 CIA Office of Slavic and Eurasian Analysis, "The Eurasia Intelligence Weekly," March 15, 1996, EBB-200, NSA.
48 Talbott, Russia Hand, 206; 또한 다음을 참고하라. Åslund, "Russia's Collapse."
49 Handelman, "Russian 'Mafiya,'" 83-84.
50 Burns, Back Channel, 89.

51 For more on the concept of "time of troubles," 다음을 참고하라. Gaddy and Hill, Mr. Putin, 23.
52 TOIW James Steinberg, April 1, 2008, WCPHP.
53 TOIW James Steinberg, April 1, 2008, WCPHP.
54 "Secretary's Meeting with UK Foreign Secretary Hurd, January 16, 1995, Washington, DC," SDC 1995-State-016931, January 23, 1995.
55 TOIW James Steinberg, April 1, 2008, WCPHP.
56 Daniel S. Hamilton, "Piece of the Puzzle," OD 31.
57 Memcon, Clinton–Kok, February 28, 1995, SDC 1995-State-072302, March 24, 1995.
58 허드는 이 같은 러시아의 선호를 "1995년 1월 16일 워싱턴 DC에서 열린 영국 외무장관 허드와의 국무장관 회담"에서 크리스토퍼에게 전달했으며, 이는 크리스토퍼가 1월 17일 예정된 코지레프와의 회담을 준비하는 논의의 일환이었다.
59 클레스는 이러한 프랑스의 노력을 클린턴에게 요약하여 보고하였다, in Memcon, Clinton–Claes, March 7, 1995; 통합 옵션 메뉴에서 선택하는 개념에 관해서는 다음을 참고하라. Jacoby, Enlargement.
60 SDC 1995-London-000542, January 11, 1995.
61 클레스와 클린턴과의 대화에서 크리스토퍼는 "프랑스 선거가 어떤 변화를 가져올 것인가"에 대해 질문했다; Memcon, Clinton–Claes, March 7, 1995.
62 코지레프는 1995년 2월 14일 스톡홀름에서 허드와의 회의에서 "서방 대응자들과의 러시아 방위 산업 협력 기회"에 대해 질문했다. according to SDC 1995-London-002522, February 16, 1995; AIW Gottemoeller; AIW Ischinger.
63 Pavlo Fedykovych, "Antonov An-225: World's Biggest Unfinished Airplane Lies Hidden in Warehouse," CNN, September 4, 2018, https://www.cnn.com/travel/article/antonov-an-225-kiev-ukraine/index.html.
64 SDC 1995-London-002522, February 16, 1995.
65 Quotations from SDC 1995-State-052655, March 3, 1995; on the behavior of Russian visitors, 다음을 참고하라. AIW Townsend.
66 On debate about the relevance of the ABM Treaty, 다음을 참고하라. Dunbar Lockwood, "Administration Moves," 21; details on THAAD paraphrased from Jonathan Masters, "Ballistic Missile Defense," Council on Foreign Relations, August15, 2014, https://www.cfr.org/backgrounder/ballistic-missile-defense#p4.
67 "Secretary Christopher's Meeting with Andrei Kozyrev, April 26," SDC 1994-State-106418, May 12, 1995.
68 Yuri Mamedov, Talbott's frequent interlocutor in Moscow, let the US embassy know this, as recounted in SDC 1995-Moscow-01059, January 13, 1995.
69 1995년 4월, 그는 소련의 SS-19 미사일 폐기를 감독하고 미국의 지원으로 건설 중인 주택 단지를 방문했기 때문에 그러한 협력이 가능하다는 것을 알았다. 카터와 페리,

예방적 방어, 5. 또한 다음을 참고하라. "NATO Enlargement: Road Map for 1996," May 22, 1995, DS-OIPS.
70 Perry's term of "fictional spontaneity" in Carter and Perry, Preventive Defense, 30; SDC 1995-State-008688, January 12, 1995.
71 Claes remark in Memcon, Clinton-Claes, March 7, 1995; President Clinton agreed, saying, "that's the way to do it."
72 SDC 1995-State-008688, January 12, 1995.
73 SDC 1995-USNATO-00287, January 25, 1995.
74 Handwritten note by Christopher on untitled memo from Strobe Talbott to Warren Christopher, March 24, 1995, DS-OIPS.
75 "Mamedov-ST 1-on-1, Brussels, Jan 10, 1500-1800," n.d., year not given, but from context January 10, 1995, DS-OIPS. 또한 다음을 참고하라. Asmus, Opening, 106-7.
76 "Memorandum for the Secretary," from Strobe Talbott, Subject: "Preparing for Geneva," January 12, 1995.
77 다음을 참고하라. the discussion of this comment in chapter 2.
78 Untitled memo from Strobe Talbott to Warren Christopher, March 24, 1995, DS-OIPS.
79 Gore comments during "Working Lunch with Prime Minister Jean-Luc Dehaene of Belgium," February 11, 1995, reproduced in SDC 1995-State-049057, February 28, 1995.
80 공화당은 또한 탤벗이 "러시아를 달래려 한다"고 의심했다. Goldgeier, Not Whether, 65.
81 이 정보는 1995년 1월 의회 토론에 대한 리 해밀턴의 보도자료에서 발췌한 것이다. 크리스 코임 씨가 사본을 제공해 주셔서 감사드린다. 크리스토퍼와 페리는 1995년 2월 기고문을 공동 집필하여 해당 법이 "각 회원국을 NATO 목표 달성에 기여할 수 있는 역량에 따라 개별적으로 평가"하는 대신 "일방적이고 성급하게 특정 유럽 국가들을 NATO 가입 대상으로 지정하는" 방식에 반대했다. Warren Christopher and William J. Perry, "Foreign Policy, Hamstrung," New York Times, February 13, 1995.
82 Edwards and Samples, Republican Revolution, 224.
83 Goldgeier, Not Whether, 83.
84 Asmus, Opening, 312n27; 아스무스는 모리스가 대통령과 상의 없이 이 여론조사를 실시했다고 말했다.
85 Morris quoted in Goldgeier, Not Whether, 166-67.
86 Steil, Marshall Plan, 389.
87 Craig R. Whitney, "The D-Day Tour," New York Times, June 5, 1994.
88 Memcon, Clinton-Kohl, February 9, 1995, 10:50-11:30am, my 2015-0776-M, CL.
89 Memcon, Clinton-Kohl, February 9, 1995, 11:30am-12:30pm, SDC 1995-State-046609, February 24, 1995. Kohl added that Yeltsin "doesn't like it either. Nor does he like being portrayed as a dictator."

90 Memcon, Clinton-Kohl, February 9, 1995, 11:30am-12:30pm.
91 Memcon, Clinton-Kohl, February 9, 1995, 11:30am-12:30pm.
92 다음을 참고하라. the discussion of committing 20,000 troops to Bosnia in Allison and Zelikow, Essence, 273-75; 또한 다음을 참고하라. SDC 1995-The Ha-03712, July 10, 1995, DS-ERR.
93 탤벗의 이름으로 발행된 국무부 전문에서 추측한 바와 같이, "모스크바는 처음부터 구 유고슬라비아의 위기를 대국 지위에 대한 시험으로 여겼으며" "참가자라는 주장은 주로 베오그라드에 대한 영향력에 달려 있으며, 따라서 (모스크바는) 지속적으로 밀로셰비치 정부를 보호해 왔다." SDC 1995-State-174896, July 21, 1995, DS-ERR.
94 Memcon, Clinton-Kohl, February 9, 1995, 10:50-11:30am.
95 Memcon, Clinton-Kohl, February 9, 1995, 11:30am-12:30pm.
96 As Clinton explained to Mitterrand; quotation from Cable, Clinton-Mitterrand, March 19, 1995, my 2015-0808-M, CL. For Clinton's acceptance of Yeltsin's invitation to Moscow, 다음을 참고하라. Letter, Clinton to Yeltsin, n.d. but from context spring 1995, F-2017-13804, DS-ERR.
97 Director of Central Intelligence, "National Intelligence Daily," April 11, 1995, EBB-702, NSA; Oleg Orlov and Sergey Kovalev, "A Brief Description of Events in the Village of Samashki," n.d., EBB-702, NSA.
98 다음을 참고하라. discussion of ways to "reinvigorate the Partnership for Peace" in Telcon, Clinton-Yeltsin, April 27, 1995, my 2015-0782-M, CL.
99 다음을 참고하라. the advice Talbott gave to Clinton about possible outcomes of the summit in "May 10: Moment of Truth," no year, but from context May 10, 1995, DS-OIPS.
100 "May Summit Objectives: Security Architecture/NATO March 30, 1995," cover note dated April 25, 1995, DS-OIPS.
101 Perry request reported by Talbott to Christopher in "Note to the Secretary," April 13, 1995, EBB-702, NSA.
102 다음을 참고하라. book of briefing papers for trip to Moscow, n.d., but before start of summit on May 9, 1995, 2016-0135-M, CL; quotation from Memorandum for the President, From: Anthony Lake, "Subject: Moscow Summit," n.d., but part of pre-summit briefing.
103 "5월 10일: 진실의 순간." 탤벗은 옐친이 부다페스트에서 클린턴에게 "분할되지 않은 유럽이나 확장된 NATO 중 하나만 가질 수는 있지만, 둘 다 가질 수는 없다"고 사실상 말했다고 생각했다. 이제 클린턴은 그 결과를 뒤집을 차례였다.
104 In "Note to the Secretary," April 13, 1995, Talbott recounts Clinton's exact words (in quotation marks) to Christopher afterward.
105 "Summary of One-on-One Meeting between Presidents Clinton and Yeltsin," Memcon, Clinton-Yeltsin, May 10, 1995, M-2017-11528. 옐친은 "빌, 가장 어려운 일은 우리 군대 (당신네 군대와 우리 군대 모두)가 다음 단계인 START III를 받아들이도록 설득하는 것

입니다."라고 덧붙였다. 또한 다음을 참고하라. "12. Juni 1995," BzL 680.
106 Kokoshin, Soviet Strategic Thought, 199.
107 "Summary Report of One-on-One Meeting between Presidents Clinton and Yeltsin, May 10, 1995, 10:10am-1:19pm, St. Catherine's Hall, the Kremlin," my 2015-0782-M, CL; Radchenko, "'Nothing but Humiliation.'"
108 "Summary Report of One-on-One Meeting between Presidents Clinton and Yeltsin, May 10, 1995."
109 Clinton's words repeated in "Debrief for EU Reps of the President's Summits in Moscow and Kiev," SDC 1995-USEU B-05683, May 24, 1995.
110 "Summary Report of One-on-One Meeting between Presidents Clinton and Yeltsin, May 10, 1995."
111 다음을 참고하라. the timeline of events in Daalder, Getting to Dayton, xiii–xv.
112 To the Secretary of State, from DRL-John Shattuck, "Defense of the Safe Areas of Bosnia," July 19, 1995, DS-ERR. On the establishment of Srebrenica as a safe zone, 다음을 참고하라. Bethany Allen-Ebrahimian, "The Hague Just Reminded Us Why Safe Zones May Not Be Safe," Foreign Policy, June 28, 2017, https://foreignpolicy.com/2017/06/28/the-hague-just-reminded-us-why-safe-zones-may-not-be-safe-syria-srebrenica-iran-russia/.
113 Refugee number reported in "4. Dezember 1995," BzL 708.
114 SDC 1995-State-206040, August 30, 1995, DS-ERR; Asmus, Opening, 127; and Packer, Our Man, 337-46.
115 Quotation from Talbott, Russia Hand, 171.
116 Spending statistics from Korb, "Who's in Charge Here?," 6; quotation from Talbott, Russia Hand, 171.
117 Quotations from TOIW James Steinberg, April 1, 2008, WCPHP.
118 Asmus, Opening, 127; Talbott, Russia Hand, 172; 또한 다음을 참고하라. the history of this operation on the NATO website, https://www.nato.int/cps/en/natolive/news_21451.htm?selectedLocale=en.
119 Carter and Perry, Preventive Defense, 32.
120 Ischinger, World in Danger, 17; Sloan, Defense of the West, 137-38 (which notes that IFOR was replaced by SFOR, and then by an EU force in December 2004); 또한 다음을 참고하라. the UN Press Release SC/6134, November 30, 1995, https://www.un.org/press/en/1995/19951130.sc6134.html.
121 Jenonne Walker, "Enlarging NATO," OD 266-67, 275; in addition, as Hamilton, "Piece of the Puzzle," OD 39, notes, IFOR "validated both the CJTFs and the PfP."
122 Telcon, Clinton-Kohl, July 25, 1995, my 2015-0776-M CL.
123 SDC 1996-USNATO-00356, January 6, 1996.
124 보스니아 배치를 포함한 PfP의 진화를 위해 다음을 참고하라. NATO website, https://

www.nato.int/cps/en/natolive/topics_50349.htm. On Ukraine and IFOR, 다음을 참고하라. SDC 1996-Kiev-00029, January 5, 1996.

125 따라서 IFOR는 NATO-러시아 협력을 증진하는 데 놀라울 정도로 성공적인 방법임이 입증되었다. 다음을 참고하라. Hamilton, "Piece of the Puzzle," OD 39; 또한 다음을 참고하라. Stent, Russia, 214.

126 Strobe Talbott, "Why NATO Should Grow," New York Review of Books, August 10, 1995. 탤벗의 기사는 또한 1994년 1월 NATO 정상회담을 동맹을 동쪽으로 확장하기로 결정한 시점으로 언급하면서, 그 달에 PfP가 발표된 것이 전면적 보장 확대 과정의 시작이라는 자신의 견해를 나타냈다.

127 Talbott, "Why NATO Should Grow."

128 AIW McFaul.

129 이 당시 NATO 확장에 대한 방대한 공개 토론에 대한 유용한 개요는 Grayson의 Strange Bedfellows에 나와 있다.

130 Richard T. Davies, "Should NATO Grow? A Dissent," New York Review of Books, September 21, 1995.

131 SDC 1995-State-191416, containing text of letter, Clinton to Yeltsin, August 11, 1995, M-2010-0427, CL.

132 On the extension of the NPT, 다음을 참고하라. Barbara Crossette, "Treaty Aimed at Halting Spread of Nuclear Weapons Extended," New York Times, May 12, 1995. For more on the 1995 extension, 다음을 참고하라. William Burr, "Tracking the Nuclear Nonproliferation Treaty," EBB-701, NSA.

133 Defense Dept., CTR Program Office, "CTR Accomplishments during the Clinton Administration," October 31, 1995, EBB-447, NSA.

134 Michael Krepon, "The Long-Term Costs of NATO Expansion," The National Interest, January29, 2020, https://nationalinterest.org/feature/long-term-costs-nato-expansion-118211; 또한 다음을 참고하라. Lever, "Cold War."

135 Study on NATO Enlargement, Official Text, September 3, 1995, https://www.nato.int/cps/ie/natohq/official_texts_24733.htm. 또한 다음을 참고하라. Memorandum for the President, from Anthony Lake, "The NATO Enlargement Study," October 2, 1995, marked "The President has seen 10-4-95," my 2015-0772-M, CL; Goldgeier, Not Whether, 93–96; Hill, No Place, 133–34.

136 Churkin quoted in SDC 1995-USNATO-03817, September 29, 1995. On Churkin, 다음을 참고하라. "바이탈리 추르킨, 러시아의 전투적 '외교적 마에스트로', UN에서 64세의 나이로 사망", 자유유럽방송/라디오 리버티, 2017년 2월 20일. 또한 1995년 9월, 탤벗은 크리스토퍼에게 러시아 지도자들에게는 "로드니 댄저필드 증후군", 즉 자신들이 존중받지 못한다는 느낌을 치유할 "존경의 한 방울"이 필요하다고 조언했다. 그는 이렇게 덧붙였다. "이 모든 것이 당신을 무겁게 한숨짓게 한다는 것을 안다… 당신이

속으로 생각하는 것이 들린다. '저기 내 충실한 부관이 모스크바의 거물들을 관용할 뿐만 아니라 수용해야 한다고 주장하고 있군. 인정한다. 그들은 정말 정신 나간 놈들이다. 하지만 그들이 해를 끼칠 수 있는 능력은… 엄청나다.": "1995년 9월 15일 금요일, 크리스", DS-ERR.

137 Carter and Perry, Preventive Defense, 26; Talbott, Russia Hand, 177.
138 Telcon, Clinton-Yeltsin, September 27, 1995, my 2015-0782-M, CL. 또한 다음을 참고하라. Kozyrev and Talbott's preparatory conversations before Hyde Park, "Talbott-Kozyrev One-on-Ones in Moscow, First session: October 17, 1995"; and "Memorandum to the President," from Warren Christopher, October 20, 1995, both DS-ERR.
139 Talbott remarks and Clinton quotations in Talbott, Russia Hand, 184-85. For an even more positive assessment of Yeltsin, 다음을 참고하라. Colton, Yeltsin, 8-9.
140 Telcon, Clinton-Kohl, October 10, 1995, my 2015-0776-M, CL.
141 Memcon, Clinton-Yeltsin, October 23, 1995, my 2015-0782-M, CL.
142 On Grachev, 다음을 참고하라. "Pavel Sergeyevich Grachev," n.d., but part of briefing papers for Hyde Park summit, October 23, 1995, 2016-0137-M, CL; SDC 1995-State-275658, November 29, 1995; Carter and Perry, Preventive Defense, 42; Perry, My Journey, 120-23. On Dayton generally, 다음을 참고하라. Auswärtiges Amt, Deutsche Aussenpolitik 1995.
143 Statement of State Department optimism in "Secretary Christopher's Participation in the NAC and NACC Ministerials, Brussels, Belgium, Dec. 5-6, 1995" (I thank Svetlana Savranskaya for a copy of this document); Talbott quoted in Holbrooke, To End, 212.
144 On Yeltsin's October 26, 1995, heart attack, 다음을 참고하라. Memorandum for the President, from Anthony Lake, "Get Well Message for Yeltsin," October 26, 1995, my 2015-0815-M, CL, which noted that Yeltsin had suffered an attack at 2:30 p.m. Moscow time that day.
145 The scandal dated to Claes's work as economics minister in the 1980s; Rick Atkinson, "Claes Resigns as NATO Secretary General," Washington Post, October 21, 1995.
146 Sam Roberts, "Ruud Lubbers, Former Dutch Prime Minister, Is Dead at 78," New York Times, February 15, 2018.
147 TOIW James Steinberg, April 1, 2008, WCPHP.
148 Kohl explained this to party colleagues; "9./10. Januar 1998," BzL 961.
149 TOIW James Steinberg, April 1, 2008, WCPHP.
150 TOIW James Steinberg, April 1, 2008, WCPHP.
151 Roberts, "Ruud Lubbers"; Rick Atkinson, "U.S. Blocks Lubbers from NATO Post," Washington Post, November 11, 1995.
152 On Solana taking office, 다음을 참고하라. SDC 1995-USNATO-04793, December 5, 1995; Christopher quotation in SDC 1995-USNATO-04805, December 6, 1995. I thank Savranskaya for both documents.
153 SDC 1996-Secto-05005, March 17, 1996; 솔라나는 1995년 말이 아니라 1996년 봄에 크리

스토퍼에게 이 말을 했지만, 그 말은 1995년 당시 그의 접근 방식을 설명하기도 한다.
154 On Lewinsky's mother securing the internship, 다음을 참고하라. Morton, Monica's Story, 53-54; 다음을 참고하라. 1-52 for more details of Monica Lewinsky's childhood biography.
155 "Excerpts from Narrative Section of Starr Report," Los Angeles Times, September 12, 1998.
156 다음을 참고하라. Christopher's report on this session in Memorandum for the President, from Warren Christopher, "Night Note from Brussels," December 7, 1995, DS-OIPS.
157 SDC 1995-USNATO-04805, December 6, 1995.
158 SDC 1996-USNATO-00056, January 6, 1996.
159 French willingness to reengage discussed in Memorandum for the President, from Warren Christopher, "Night Note from Brussels," December 7, 1995, DS-OIPS.
160 Hunter quotations in SDC 1995-USNATO-05040, December 22, 1995.
161 Quotation from January 27, 1995, in SDC 1995-State-002289, February 17, 1995.
162 슈타인버그는 나중에 이를 다음과 같이 설명했다. "우리는 지금 21세기의 외교 정책 구조를 확정할 수 있는 일종의 기회를 갖고 있다." Steinberg quoted in Peter Baker, "Road May Be Refuge for Clinton," Washington Post, March 17, 1997.
163 Memcon, Clinton-Kok, February 28, 1995; 탈보트가 1994년 5월 독일 대화 상대에게 동일한 개념을 제시했듯이 "서방은 분열되지 않은 유럽을 건설할 수 있는 천 년에 한 번 있는 기회를 가지고 있으며 우리는 가능한 대안을 미리 선점해서는 안 된다.": SDC 1994-State-125189, May 11, 1994, DS-ERR.

8장

1 Approval rating statistic from Hill and Gaddy, Mr. Putin, 28.
2 코지레프는 회고록에서 프리마코프가 KGB를 중대한 변화로부터 보호한 성공을 신생 러시아 국가의 주요 실패 중 하나로 꼽으며, "그 당시 KGB에 대한 민주적인 시민 통제는 한 번도 확립되지 않았다"고 비판했다. 대신, 관료주의적 조직 개편과 명칭 변경을 통해 KGB는 대내외 정보기관(FSB와 SVR, 그리고 다른 몇몇 기관으로 불림)으로 크게 나뉘었지만, KGB의 "본질적인 특성은 그대로 유지되었다"고 코지레프는 지적한다. Firebird, 332. "발트 3국과 우크라이나의 NATO 및 러시아와의 관계가 특별한 우려를 불러일으켰다"는 미국의 인식에 대해 다음을 참고하라. SDC 1995-Helsin-4810, August 2, 1995, DS-ERR. On how, as Primakov told Albright, NATO expansion with "no nuclear weapons, no infrastructure" would be "palatable" to Russia, 다음을 참고하라. "Secretary Albright's One-on-One With FM Primakov; Osobnyak, Moscow," February 20, 1997, DS-ERR.
3 SDC 1996-State-043241, March 4, 1996.
4 "One square inch" quotation in SDC 1997-USNATO-975, March 24, 1997, DS-ERR; SDC 1996-State-043241, describes, for example, a February 20, 1996, lunch with all of the

5   SDC 1996-Secto-05005, March 17, 1996.
6   SDC 1996-State-043241.
7   Christopher quotation of "unrealistic" in SDC 1996-State-043241; further quotations in SDC 1996-Secto-05005, March 17, 1996.
8   솔라나와 크리스토퍼의 만남에서 슈타인버그가 한 발언: SDC 1996-Secto-05005, March 17, 1996.
9   SDC 1996-State-059734, March 27, 1996, describing lunch meeting of March 20, 1996; on the Baltics and NATO membership, 또한 다음을 참고하라. Kasekamp, "Uncertain Journey."
10   클린턴은 1993년부터 이 문제에 대해 불평하기 시작했다: Memcon, Clinton-Yeltsin, July 10, 1993, my 2015-0782-M, CL.
11   SDC 1996-State-030285, February 15, 1996; 그는 또한 발트해 연안 국가들에게 "러시아가 발트해 연안 국가들을 긴장 상태로 유지하는 데에는 국내적 이유가 있었다"는 점을 명심하라고 조언했다. 발트해 연안의 "러시아 소수 민족"이라는 주제와 이 문제에 대해 발트해 연안 국가들을 "밀어붙여야" 한다는 독일의 유사한 필요성에 대해, 다음을 참고하라. SDC 1994-State-179020, July 6, 1994, DS-ERR.
12   Memcon, Ahtisaari-Christopher, February 8, 1996, SDC 1996-Secto-03030, February 10, 1996. 발트해 지역 협력의 장단점에 대한 논의를 위해, 다음을 참고하라. Memcon, Clinton-Ahtisaari, March 20, 1997, in SDC 1997-State-062629, April 4, 1997; SDC 1996-State-186058, September 7, 1996; SDC 1997-Paris-5740, March 12, 1997, all DS-ERR; for concerns "of Nordic states" that they not automatically have "their futures linked to the future of the Baltics," 다음을 참고하라. 1997-Paris-5146, March 6,1997, DS-ERR.
13   Kohl discussed French interest in NATO reintegration in "23. Februar 1996," BzL 721.
14   Memcon, Chirac-Clinton, February 1, 1996, my 2015-0775-M, CL.
15   Daniel S. Hamilton, "Piece of the Puzzle," OD 40-41.
16   On the resulting creation of the so-called Petersberg Tasks, 다음을 참고하라. Hill, No Place, 144; on the WEU, 다음을 참고하라. Treisman, Return, 317; on the WEU 1992 Bonn meeting that created the Petersberg Tasks, 다음을 참고하라. Van Hooft, "Land Rush," 534-39.
17   Memcon, Chirac-Clinton, February 1, 1996, my 2015-0775-M, CL.
18   From Thomas M. T. Niles, EUR, to E/C—Mr. Zoellick, April 27, 1992, FOIA 2000-0233-F, BPL.
19   Yeltsin, Midnight Diaries, 135.
20   1996년 나머지 기간 동안 그들은 한 달에 두세 번씩 통화했다고 전해진다. 다음을 참고하라. "Narrative Pt. IV," and "Narrative Pt. V," reprinted in the Washington Post, https://www.washingtonpost.com/wp-srv/politics/special/clinton/icreport/6narritiv.htm,

and https://www.washingtonpost.com/wp-srv/politics/special/clinton/icreport/6narritv. htm; and "Excerpts from Narrative Section of Starr Report," reprinted in the Los Angeles Times, September 12, 1998, http://articles.latimes.com/1998/sep/12/news/ss-23060. For Clinton's description of his relationship with Lewinsky, 다음을 참고하라. Clinton, My Life, 773-811.

21 Stephen Sestanovich, Russia expert, quoted by Steven Erlanger, "Russia Vote Is a Testing Time for a Key Friend of Clinton's," New York Times, June 8, 1996.
22 Memorandum for the President, from Warren Christopher and Strobe Talbott, "Your Meeting with Yeltsin," n.d., DS-OIPS; Asmus, Opening, 145-46, quotes from this same document and dates it April 18, 1996.
23 Memcon, Clinton-Yeltsin, January 26, 1996, SDC 1996-State-019590, February 1, 1996, DS-OIPS.
24 Telcon, Clinton-Yeltsin, February 21, 1996, my 2015-0782-M, CL. On the announcement of the run for reelection, 다음을 참고하라. Aron, Yeltsin, 741.
25 Åslund, "Russia's Collapse."
26 Quotation from Peter Beinart, "The US Needs to Face Up to Its Long History of Election Meddling," The Atlantic, July 22, 2018; examples of handouts from Colton, Yeltsin, 369; 또한 다음을 참고하라. "POTUS Yeltsin One-on-One," April 21, 1996, my 2015-0782-M, CL; Michael R. Gordon, "Russia and IMF Agree on a Loan for $10.2 Billion," New York Times, February 23, 1996.
27 Colton, Yeltsin, 369.
28 SDC 1996-Bonn-01572, February 5, 1996. 러시아에 "거부된 것이 아니라 지연된 장소"를 제공하는 것의 중요성에 대해 다음을 참고하라. Haslam, "Russia's Seat," 130.
29 Perry, My Journey, 94.
30 Carter and Perry, Preventive Defense, 6-7.
31 For Kohl comments to Perry, 다음을 참고하라. SDC 1996-Bonn-01572, February 5, 1996; for more on their significance, 다음을 참고하라. SDC 1996-Bonn-01892, February 9, 1996.
32 Telcon, Clinton-Kohl, February 17, 1996 (Air Force One), my 2015-0776-M, CL.
33 For one of Yeltsin's many expressions of interest in joining the G7, 다음을 참고하라. Letter, Yeltsin to Clinton, May 13, 1996, my 2015-0815-M, CL.
34 Telcon, Clinton-Kohl, February 17, 1996 (Air Force One), my 2015-0776-M, CL. Clinton also expressed worry about a possible Zyuganov win to Chirac; 다음을 참고하라. Memcon, Clinton-Chirac, April 12, 1996, my 2015-0775-M, CL.
35 Telcon, Clinton-Kohl, February 28, 1996, my 2015-0776-M, CL.
36 Telcon, Clinton-Kohl, April 12, 1996, my 2015-0776-M, CL.
37 "26. Februar 1996," BzL, 719 (certain groups, Siberia, irrational, reactivate), 720 (Poland, lurch,

partner), 721 (last detail).
38 SDC 1996-State-028159, February 13, 1996.
39 "Saturday, March 16, 1996, Chris," DS-OIPS; Talbott, Russia Hand, 194.
40 "Saturday, March 16, 1996, Chris"; Talbott, Russia Hand, 189-94. 또한 다음을 참고하라. SDC 1996-State-054262, March 17, 1996, DS-ERR.
41 Memcon, Ahtisaari-Christopher, February 8, 1996, SDC 1996-Secto-03030, February 10, 1996.
42 Memorandum for the President, From: Warren Christopher, "Note on Helsinki Meetings with Primakov," February 12, 1996, DS-OIPS.
43 Stent, Limits, 22-23.
44 Hill and Gaddy, Mr. Putin, 23. Åslund, Russia's Crony Capitalism, 23-24, makes similar comments: 1996년 여름 대선 전, 7명의 최고 재벌들은 옐친 대통령을 위해 모든 돈과 미디어 권력을 쏟아부었고, 아마도 선거 결과를 그에게 유리하게 이용했을 것이다.
45 "Note on Helsinki Meetings with Primakov," February 12, 1996.
46 Memcon, Clinton-Kuchma, February 21, 1996, my 2016-0217-M, CL.
47 "The Secretary's Helsinki Meetings with Russian Foreign Minister Primakov, February 9-10," SDC 1996-State-029302, February 14, 1996. 쿠치마는 1997년 2월 28일 클린턴에게 편지를 써서 러시아가 여전히 "의무를 이행하지 않았다"고 불평했다. 다음을 참고하라. Letter, Kuchma to Clinton, February 28, 1997, my 2016-0218-M/2016-0127-M, CL.
48 Quotation from "Presidential Decision Directive/NSC-47," March 21, 1996, 2010-0427-M, CL. For more on the CTBT, 다음을 참고하라. "Comprehensive Test Ban Treaty at a Glance," Arms Control Association, https://www.armscontrol.org/factsheets/test-ban-treaty-at-a-glance; and "Comprehensive Nuclear-Test-Ban Treaty," Nuclear Threat Initiative, https://www.nti.org/learn/treaties-and-regimes/comprehensive-nuclear-test-ban-treaty-ctbt/.
49 "POTUS Yeltsin One-on-One," April 21, 1996, my 2015-0782-M, CL. 클린턴은 1995년 8월 CTBT에 대한 지지를 발표했지만 상원에서 비준을 받지 못했다; 다음을 참고하라. Perry, My Journey, 113-14.
50 Primakov quoted in SDC 1996-Moscow-008810, April 1, 1996.
51 Primakov quoted in "Saturday, March 16, 1996, Chris," DS-OIPS; Perry quoted in Stent, Limits, 29. For more on START II, 다음을 참고하라. "START II and Its Extension Protocol at a Glance," Arms Control Association, April 2019, https://www.armscontrol.org/factsheets/start2; Perry, My Journey, 111-12. 미국 무기 통제 및 군축국(US Arms Control and Disarmament Agency) 존 홀럼 국장은 모스크바의 "START II와 NATO의 연계"에 단호히 반대하며, 버거와 탤벗에게 러시아가 "NATO의 앞길을 가로막기 위해 손에 잡히는 모든 것을 움켜쥐고 있다"고 말했다. 홀럼 국장의 견해에 따르면, 미국은 어

떠한 경우에도 "START II와 관련하여 NATO 신규 회원국들을 위해 대가를 치러서는 안 된다."; Memorandum to: Sandy Berger, Strobe Talbott, Leon Fuerth; From: John Holum, Director, US ACDA, Subject: "Denying A START II–NATO Linkage," January 15, 1997, 2016-0048-M, CL.

52 본에 있는 미국 대사관에 따르면 러시아 외교관들은 "모스크바의 독일 외무장관 킨켈, 뮌헨의 Wehrkunde 회의 및 기타 지역에서" 이러한 주장을 했다고 한다. and Bonn advised Washington of these developments in SDC 1996-Bonn-01800, February 8, 1996.
53 On the Gorbachev interview, 다음을 참고하라. Hill and Gaddy, Mr. Putin, 36, 422n34.
54 예를 들어 미국에서 발행된 베이커 논평의 버전은 고르바초프의 것이었다, Memoirs, 529.
55 고르바초프의 회고록에서 "현재 NATO 국경 동쪽에 있는 영토에는 NATO의 관할권이나 군사력이 확장되지 않을 것이라는 확신"을 인용하여 불길에 기름을 부은 방식은 특히 본에 있는 미국 대사관을 크게 당혹스럽게 했다. SDC 1996-Bonn-01800, February 8, 1996.
56 Baker quoted in SDC 1996-Bonn-01800, February 8, 1996; 또한 다음을 참고하라. Michael Gordon, "The Anatomy of a Misunderstanding," New York Times, May 25, 1997.
57 SDC 1996-Bonn-01800, February 8, 1996.
58 SDC 1996-State-03296, February 23, 1996. (원문에 오타가 있어 "공격 세력"이라는 단어가 직접 인용인지 불분명하다. 모두 대문자로 된 원문은 다음과 같다. 인용의 정확성을 위해 따옴표를 추가하지 않고 번역했다: GENSCHER MADE A UNILATERAL STATEMENT THAT NATO "OFFENSIVE FORCES11 WOULD NOT BE MOVED EASTWARD. 아마도 오타인 "11"은 두 번째 따옴표여야 하며, "공격 세력"이라는 단어는 인용문이 되어야 하지만, 출처가 모호하므로 위의 본문에 직접 인용문으로 그 단어를 재생성하지 않았다.) According to Ron Asmus, the views expressed in this document became "the official US position in February 1996": Asmus, Opening, 307-8n7.
59 OSCE 웹사이트에서 1975년 8월 1일자 「유럽 안보 협력 회의 최종 문서」 사본을 참조하라. https://www.osce.org/files/f/documents/5/c/39501.pdf, and "Charter of Paris," November19-21, 1990, https://www.osce.org/files/f/documents/0/6/39516.pdf.
60 SDC 1996-State-03296, February 23, 1996.
61 Quotation from Примаков, Встречи, 211.
62 SDC 1996-State-03296, February 23, 1996. 헨리 키신저는 이전에 이 아이디어를 제안했다. 자세한 내용은 다음을 참고하라. Solomon, NATO, 47-48. 본래 2+4 협상의 맥락의 중요성에 관하여, 또한 다음을 참고하라. Trachtenberg, "United States"; Shifrinson, "Deal."
63 워렌 크리스토퍼와 스트로브 탤벗의 대통령 메모, "옐친과의 만남" n.d., but from context April 18, 1996, DS-OIPS. 또한 다음을 참고하라. Asmus, Opening, 145-46, which quotes some sections of the same document.

64 SDC 1996-State-03296, February 23, 1996.
65 Memorandum to the Secretary of State, from EUR-Rudolf V. Perina, Acting, and S/NIS-John E. Herbst, Acting, Subject: "Primakov's Recent Statements on NATO Enlargement," March 15, 1996, DS-OIPS.
66 "Primakov's Recent Statements on NATO Enlargement," March 15, 1996.
67 SDC 1996-Secto-05022, March 23, 1996.
68 "MSMail, for Tony Lake and the Troika," from John R. Schmidt, Subject: "C-P-L Item: NATO Enlargement," June 6, 1996, my 2015-0770-M, CL; on the Norway model, 다음을 참고하라. Asmus, Kugler, and Larrabee, "NATO Expansion," 14-15; Kaplan, NATO Divided, 25.
69 Their determination to resist noted in "Primakov's Recent Statements on NATO Enlargement," March 15, 1996.
70 Simon, NATO and the Czech and Slovak Republics, 163-64.
71 SDC 1996-Bratis-01048, June 17, 1996.
72 Solana quoted in SDC 1996-USNATO-00889, February 14, 1996 (1996년 2월 19일부터 22일까지 헌터와 솔라나가 워싱턴을 방문할 것을 논의하기 위해 나눈 회동을 기록한 책이다.)
73 Quotations in Memcon, Clinton-Solana, February 20, 1996, 2015-0548-M, CL, with the exception of the "those things" quotation, which is in Talbott's account of the same meeting, in his Russia Hand, 217.
74 Memorandum for Anthony Lake, from John R. Schmidt, June 21, 1996, my 2015-0772-M, CL.
75 Statistic from Hamilton, "Piece of the Puzzle," OD 39-40; 또한 다음을 참고하라. Carter and Perry, Preventive Defense, 38-44; Perry, My Journey, 125-26. PfP와 IFOR의 결합은 러시아군과 NATO군이 함께 기능할 수 있음을 증명했다. 당시 SACEUR 소속이었던 조지 줄완은 나중에 러시아 군 및 민간 지도자들(AIW 줄완)과 성공적으로 협력했다고 회고했다. 그는 특히 SACEUR 소속 러시아군 부관인 레온티 파블로비치 셰브초프 대장과 성공적인 업무 관계를 구축했다. 다음을 참고하라. a speech by Shevtsov, "Russian Participation in Bosnia-Herzegovina," address to the Fourteenth International Workshop on Global Security, Prague, June21-25, 1997, https://www.csdr.org/97Book/shevtsov-C.htm.
76 Hamilton, "Piece of the Puzzle," OD 39.
77 On the success of IFOR, see: To the Secretary, from EUR-John C. Kornblum, Acting; Subject: "Berlin NAC—Adaptation as Message," May 3, 1996, DS-OIPS.
78 Beinart, "The US Needs to Face Up to Its Long History of Election Meddling." 또한 다음을 참고하라. Michael Kramer, "Rescuing Boris," Time, July 15, 1996; Scott Shane, "Russia Isn't the Only One Meddling in Elections," New York Times, February 17, 2018.
79 이러한 연관성을 알게 된 레이크의 부관 새뮤얼 버거와 크리스토퍼는 이를 끊으려

시도했다. 그들은 이 연관성이 공개될 경우 옐친에게 미칠 피해를 걱정했지만, 이를 끊을 수는 없었고, 주요 선거 쟁점이 되지 않아 안도했다. 자세한 내용은 다음을 참고하라. Talbott, Russia Hand, 447n6; and Michael McFaul, "Yanks Brag, Press Bites," The Weekly Standard, July 22, 1996.

80 According to Steven Erlanger, "Russia Vote Is a Testing Time for a Key Friend of Clinton's," New York Times, June 8, 1996. On Deutch, 다음을 참고하라. 러시아는 "존 도이치의 사람들이 CIS 전역을 돌아다니며 독립국 지도자들을 설득해 SDC에서 러시아의 합의 도출 노력을 막기 위해 가능한 모든 조치를 취하도록 한다"고 불만을 제기했다. in SDC 1996-Moscow-30108, October 25, 1996, DS-ERR.

81 Telcon, Clinton-Yeltsin, May 7, 1996, my 2015-0782-M, CL.

82 SDC 1996-State-113322, June 1, 1996, EBB-691, NSA.

83 클린턴의 CFE에 대한 언급은 다음을 참고하라. SDC 1996-State-113222, June 1, 1996, EBB-691, NSA. On the "flanks" compromise, 다음을 참고하라. Jeffrey D. McCausland, "NATO and Russian Approaches to Adapting the CFE Treaty," Arms Control Today, https://www.armscontrol.org/act/1997-08/features/nato-russian-approaches-adapting-cfe-treaty. Sloan, Defense of the West, 108-9에서 언급했듯이, 수정된 CFE 조약의 최종 비준은 논쟁의 여지가 있었다. 러시아는 2004년 7월에 비준했지만, NATO 회원국들은 러시아가 조지아와 몰도바에 대한 공약을 이행할 때까지 "비준 절차를 완료하기를 거부"했다. 러시아는 2007년에 이행을 중단했다. 또한 다음을 참고하라. Hill, No Place, 108, 130-31, 420-21n26.

84 Aron, Yeltsin, 741.

85 Letter, Yeltsin to Clinton, June 3, 1996, my 2015-0815-M, CL. 또한 다음을 참고하라. the Russian version of the same letter, ПППР2, 115-16. On the extension, 다음을 참고하라. Daryl Kimball, "START II and Its Extension Protocol at a Glance," April 2019, https://www.armscontrol.org/factsheets/start2; Russia announced on June 14, 2002, that it would no longer be bound by START II commitments, ending efforts begun in 1993 to bring the treaty into force.

86 Memcon, Clinton-Wałęsa, June 3, 1996, DS-OIPS. 바웬사는 옐친의 권력이 독특하다고 덧붙였다. 그는 클린턴에게 러시아는 "명령이 명령인 미국과는 다르다"며 "명령이 종종 실현되지 않기 때문"이라고 말했다. 하지만 옐친은 사람들이 수행할 명령을 내릴 수 있었고, "이것이 대립 상황에서 그를 위험하게 만든다"고 말했다.

87 Aron, Yeltsin, 741.

88 Brudny, "In Pursuit," 255 (on July 3); 또한 다음을 참고하라. "Yeltsin Had Heart Attack during Russian Elections," September21, 1996, CNN, http://www.cnn.com/WORLD/9609/20/yeltsin.button.

89 On Yeltsin's second inauguration, 다음을 참고하라. Talbott, Russia Hand, 212.

90 Beinart, "The US Needs to Face Up to Its Long History of Election Meddling."

91 이 계획의 초안은 1996년 6월 초에 유포되기 시작했다. 다음을 참고하라. "From John R. Schmidt, for Tony Lake from the Troika," June 6, 1996, my 2015-0770-M, CL; Asmus, Opening, 165.
92 "NSC Staff Paper Handed to Secy Christopher by NSC (Tony Lake) on 6/7/96, NATO Enlargement Game Plan: June 96 to July 97," June 5, 1996, DS-OIPS. 새로운 회원을 공식적으로 초대할 시점은 언제인가 하는 질문이 남았는데, 선택지는 1996년 12월과 1997년 여름 사이였다.
93 Volker Rühe, "Opening NATO's Door," OD 229.
94 Clinton's "shall not be the last" quotation in Memcon, Clinton-Brazauskas/Meri/Ulmanis, June 26, 1996, 2014-0656-M, CL; Talbott's use of similar words a year earlier in SDC 1995-State-161570, July 6, 1995, DS-ERR; 또한 다음을 참고하라. "Deputy Secretary's May 24 [1996] Meeting with Lithuanian Defmin"; Talbott comment about the third round of enlargement not being the last in SDC 1996-State-225177, October 29, 1996, all DS-ERR; other quotations from "NATO Enlargement Game Plan: June 96 to July 97," June 5, 1996.
95 Albright, Madam Secretary, 256.
96 Untitled note from Talbott to Christopher, July 9, 1996, DS-OIPS; TOIW James Steinberg, April 1, 2008, WCPHP.
97 Talbott quotations in, and Christopher comment handwritten on, untitled note from Talbott to Christopher, July 9, 1996, DS-OIPS; for an overview of some of what Russia wanted at this point, 다음을 참고하라. Letter from Yeltsin to Clinton, September 17, 1996, ПППР2, 117-18.
98 Untitled note from Talbott to Christopher, July 9, 1996.
99 Memorandum for Anthony Lake, From: Steve Pifer, stamped "Natl Sec Advisor NOTED," Subject: "Potential Decision Items for Nov./Dec.," October 28, 1996, 2016-0048-M, CL.
100 Untitled note from Talbott to Christopher, July 9, 1996. In 1994, 탤벗은 이 문제에 대한 자신의 생각을 체코 외교관들과 공유하며, "러시아가 결코 NATO나 유럽 어느 곳에도 속하지 않을 것이라는 것을 공개적으로 인정하는 것은 가장 어리석은 짓"이라고 말했다. "러시아에 부정적인 영향을 미칠 가능성이 있을 뿐만 아니라, 현실적으로 동맹에 가입할 가능성이 있는 구소련 국가들에게 잘못된 신호를 보낼 수도 있기 때문이다."; SDC 1994-State-159482, June 15, 1994, DS-ERR. 또한 다음을 참고하라. similar British views in SDC 1994-London-16664, October 21, 1994, DS-ERR.
101 탤벗이 크리스토퍼에게 보낸 제목 없는 쪽지, 1996년 7월 16일, DS-OIPS. 탤벗은 "월요일 아침 그의 사무실에서 진행된 프리마코프의 메모"를 첨부했다. 프리마코프의 발언은 메모에 포함되어 있다.
102 1997년 초 미국 대사관이 워싱턴에 보고했듯이, 소련 붕괴 이후 미국의 행동, 특히 "고르바초프와의 약속 파기"로 인해 "러시아 국민들 사이에 미국에 대한 엄청난 호

감의 저수지"가 고갈되었다는 여론이 커지고 있었다: SDC 1997-Moscow-01403, January 22, 1997. 또한 다음을 참고하라. 1990년대 중반 독일 통일 당시 고르바초프와의 약속 위반으로 인해 NATO에 대한 미국의 신뢰성에 대한 의심이 생겼다는 러시아의 견해에 대한 발언: Memcon, Chubais-Talbott, and Memcon, Talbott-Primakov, both on January 23, 1997, and "Berger-Mamedov Meeting," February 5, 1997, all in DS-ERR.

103 Note from Talbott to Christopher, July 16, 1996. 이 대화에 대한 미국 기록은 프리마코프가 그의 발언에 웃으며 "선의의 웃음"이라고 불렀다고 언급했다. 우크라이나의 태도에 대해, 다음을 참고하라. Memcon, Gore-Kuchma, December 2, 1996, DS-ERR, in which Gore notes, "나는 우크라이나가 이웃 국가들의 영토에 핵무기를 배치할 가능성에 대해 갖고 있는 독특한 도덕적 우려를 이해한다." 또한 다음을 참고하라. SDC 1996-State-205479, October 2, 1996, DS-ERR.

104 Chirac quotations from Memcon, Chirac-Lake, Paris, November 1, 1996, my 2015-0755-M, CL (러시아를 모욕하는 것에 대한 시라크의 우려와 그 문제를 처리하는 방법에 대한 시라크의 조언에 대한 탤벗의 의견 불일치에 대해 더 자세히 알아보려면, 또한 다음을 참고하라. "Talbott-Chirac Meeting in Paris," January 14, 1997, and "Talbott-Kinkel Meeting," January 15, 1997, both in DS-ERR); the rest of the quotations are in untitled note from Talbott to Christopher, August 28, 1996, M-2017-12008; 특히 탈보트와 시라크 사이의 문제에 대해 더 자세히 알고 싶다면, 다음을 참고하라. Goldgeier and McFaul, Power, 204-5; 또한 다음을 참고하라. Betts, "Three Faces."

105 Memorandum to the Secretary, from Strobe Talbott, July 25, 1996, DS-OIPS.

106 Note from Talbott to Christopher, July 16, 1996, DS-OIPS.

107 Letter, Clinton to Yeltsin, August 14, 1996, my 2015-0812-M, CL.

108 Kohl quotations in "9. September 1996," BzL 774. Christopher quotation in "A New Atlantic Community," speech on September 6, 1996, https://usa.usembassy.de/etexts/ga7-960906.htm. On the passage of the act, 다음을 참고하라. "Transcript of the Remarks by President W. J. Clinton to People of Detroit," October 22, 1996, https://www.nato.int/docu/speech/1996/s961022a.htm; Goldgeier, Not Whether, 79; Solomon, NATO, 99-100.

109 Memcon, Clinton-Kohl, September 10, 1996, my 2015-0776-M, CL.

110 On the succession struggle, 다음을 참고하라. SDC 1996-Moscow-033078, December 2, 1996, M-2012-0962, CL, in which US embassy chargé d'affaires John Tefft reported maneuvering by Lebed, Chernomyrdin, and Chubais.

111 Memcon, Clinton-Kohl, September 10, 1996.

112 Letter, Clinton to Chirac, Whitehouse 260250, September 26, 1996, DS-OIPS. 또한 다음을 참고하라. Letter, Kohl to Clinton, October 23, 1996, my 2015-0810-M, CL.

113 "Remarks at a Reelection Rally, Detroit, Michigan, Oct. 22, 1996," CFPR 92-93. 그는 옐친에게 보낸 편지에서 50주년 기념일에 대해서도 언급했다; 다음을 참고하라. Letter, Clinton to Yeltsin, November 29, 1996, my 2015-0815-M, CL.

114 Memorandum for the President, from Anthony Lake, Subject: "Postponement of Yeltsin's Surgery," September 26, 1996, my 2015-0815, CL.
115 Note from Talbott to Christopher, September 13, 1996, DS-OIPS. 또한 다음을 참고하라. "Paris ST-Mamedov Sept. 11-12, 96," DS-ERR.
116 Quotation from Talbott in his Russia Hand, 230.
117 Untitled note from Talbott to Christopher, September 26, 1996, forwarding "draft memcon, for your eyes only," with attachment titled "Monday, September 23, 1996, WC [Warren Christopher]-Primakov [memcon]," DS-OIPS. The Primakov quotation is in the memcon.
118 프리마코프는 1997년 3월, 대화를 계속함으로써 "미국 측은 러시아가 NATO에 영향을 미친다는 사실을 인정한다는 의사를 표명했다. 만약 이를 부인한다면… 어떤 문서에도 서명할 필요가 없다"고 지적했다: quotation from Memcon, Albright-Primakov, March 15, 1997, DS-OIPS. "Steel claw" quotation from Memcon, Chubais-Talbott, January 23, 1997, DS-ERR.
119 Memcon, Primakov-Talbott, March 6, 1997, DS-OIPS.
120 SDC 1996-USNATO-03863, November 5, 1996.
121 인용문은 1997년 5월 모스크바 아스무스(Asmus) 오프닝 209에서 열린 행사에 대한 설명에서 따온 것이다. 아스무스에 따르면, 이 절차는 이틀 연속으로 반복되었다.
122 Lawrence K. Altman, "Yeltsin Has 7-Hour Heart Surgery and Doctors Say It Was a Success," New York Times, November 6, 1996.
123 Memorandum for the Secretary, from INR [Intelligence and Research]-Toby T. Gati, Subject: "Yeltsin's Operation and Its Implications," November 5, 1996, M-2012-0962, CL.
124 SDC 1996-Moscow-033078, December 2, 1996, M-2012-0962.
125 "1992 Electoral College Results," National Archives, https://www.archives.gov/electoral-college/1992; Talbott, Russia Hand, 213.
126 Packer, Our Man, 395-96.
127 그녀는 라이벌이 홀브룩일 가능성이 가장 높지만, 전 상원의원 조지 미첼일 가능성도 있다고 추측했다. Albright, Madam Secretary, 220.
128 힐러리 클린턴의 견해는 Albright, Madam Secretary, 222에 인용되어 있다. 빌 클린턴의 Holbrooke에 대한 견해는 탤벗에 따르면, 그는 일기에 그 발언을 기록했으며, 그 발언은 Packer에 인용되어 있다. Our Man, 395.
129 Albright, Madam Secretary, 227-29.
130 Talbott quoted in Packer, Our Man, 392-93.
131 Jane Mayer, "Tony Lake Is Missing," New Yorker, March 31, 1997.
132 TOIW Madeleine Albright, August 30, 2006, WCPHP; on Berger's friend-ship with Talbott, 또한 다음을 참고하라. Talbott, Russia Hand, 224.
133 Text of Solana letter sent to NATO foreign ministers, November 29, 1996, NATO Archive.
134 On the history of IFOR, 다음을 참고하라. Kaplan, NATO Divided, 121. On how SFOR

became the legal successor to IFOR on December 20, 1996, 다음을 참고하라. UNSC Resolution 1088, December12, 1996, https://www.nato.int/ifor/un/u961212b.htm; "History of the NATO-Led Stabilisation Force (SFOR) in Bosnia and Herzegovina," https://www.nato.int/sfor/docu/d981116a.htm; Burg and Shoup, Ethnic Conflict, 377-78.

135 "Press Communique M-NAC-2(96)165, held at NATO HQ Brussels," December 10, 1996, DS-OIPS.
136 Memcon, Clinton-Kohl, January 6, 1997, my 2015-0776-M, CL.
137 "10./11. Januar 1997," BzL 811; 또한 다음을 참고하라. 811n8.
138 콜은 또한 7월에 새로운 구성원을 초대하는 일정을 지키고 싶다면 자신과 클린턴, 시라크, 메이저가 모두 옐친을 직접 설득해야 한다고 강력히 주장했다. Memcon, Clinton-Kohl, January 6, 1997, my 2015-0776-M, CL.
139 Quotations from Memcon, Kohl-Talbott, January 15, 1997, DS-OIPS.
140 Memcon, Kohl-Talbott, January 15, 1997.
141 Memorandum for the President and Vice President, From Strobe Talbott and Leon Fuerth, "Next Steps with Russia," January 24, 1997, Attachment A to Memorandum for the President, from Samuel Berger, "Report on Talbott/Fuerth Mission and Berger-Levitte Talks," January 25, 1997, my 2015-0755-M, CL; the president added a check mark and wrote "looks better, thanks, BC" at the top of the Berger memo. 또한 다음을 참고하라. Asmus, Opening, 205. 142.
142 Memorandum for the President, from Samuel Berger, January 31, 1997, my 2015-0772-M, CL.
143 옐친이 클린턴에게 동맹군 군사 인프라가 동쪽으로 진출하지 않도록 보장해 달라고 직접 요청한 사례 중 하나는 다음을 참고하라. Letter, Yeltsin to Clinton, January 30, 1997, ПППР2, 127-29. 프리마코프는 또한 올브라이트에게 직접 이 주장을 제기하며, 새로 가입하는 나라들은 "NATO의 보장은 있지만 NATO 기지는 없는" "노르웨이와 덴마크"를 본받아야 한다고 말했다. 프리마코프는 외국 NATO군이 평화유지군 훈련을 위해 새로운 영토를 사용할 수는 있지만, 그곳에 "영구 주둔"해서는 안 된다고 주장했다. Memcon, Albright-Primakov, March 15, 1997, DS-OIPS. On Denmark and Norway's special status, 다음을 참고하라. Sayle, "A Nuclear Education."
144 Memcon, Primakov-Talbott, March 6, 1997, DS-OIPS. 프리마코프는 탤벗에게 이렇게 답했다. "당신은 중부 유럽에 대규모 병력을 배치할 필요도 없고 배치할 의향도 없다는 걸 알고 있다." "당신의 의회가 그 비용을 지불하지 않을 것이다." View of Russian diplomats summarized in SDC 1997-USVIEN-01791, March 11, 1997.
145 "To: MKA, From: Strobe, Subject: The NATO-Russia Charter as Time-Released Medicine," March 14, 1997, DS-OIPS. 그날 NATO는 모스크바의 불만을 최소한 수사적으로나마 해소하는 보도자료를 발표하며, "현재와 예측 가능한 안보 환경에서 NATO는 대규모 전투 병력을 추가로 상시 배치하는 대신, 필요한 상호운용성, 통합 및 증강 능력

을 확보함으로써 집단 방위 및 기타 임무를 수행할 것"이라고 밝혔다. Press release (97)27, March14, 1997, https://www.nato.int/docu/pr/1997/p97-027e.htm.

146 For NSC suggestions, 다음을 참고하라. Memorandum for Samuel R. Berger, from Ki Fort, February 27, 1997, my 2015-0772-M, CL. Clinton suggested a "permanent consultative mechanism" directly to Yeltsin; 다음을 참고하라. Letter, Clinton to Yeltsin, February 18, 1997, my 2015-0815-M, CL.

147 이 시점에서 "마지못해 참여한 러시아"에게는 "거의 선택의 여지가 없었다.", 다음을 참고하라. Legvold, Russian Foreign Policy, 5.

148 Clinton quoted in Goldgeier and McFaul, Power, 204-5.

149 Thomas Lippman, "US Talks Tough on Summit Issues; Albright, Berger Insist NATO Will Expand Whether Russia Likes It or Not," Washington Post, March 19, 1997.

150 As recounted by Albright, Madam Secretary, 256.

151 Memorandum to Secretary Albright, Deputy Secretary Talbott, APNSA Berger, and DAPNSA Steinberg, from Jeremy Rosner, February 26, 1997, DS-OIPS. For more on Rosner's role, 다음을 참고하라. TOIW Samuel R. Berger, March 24-25, 2005, WCPHP; Jeremy Rosner, "Winning Congressional and Public Support for NATO Enlargement," OD 385-99; 또한 다음을 참고하라. Goldgeier, Not Whether, 108-10.

152 Quotation from Ron Asmus, "To the Secretary, from RDA [Ron D. Asmus], Subject: "What to Watch Out for on Enlargement Issues," May 23, 1997, DS-OIPS.

153 Memorandum for the President, From: Samuel R. Berger, Subject: "Scope Paper: Your Meeting with President Yeltsin," March 17, 1997; on most reformist since 1992, Aron, Yeltsin, 742.

154 Yeltsin, Midnight Diaries, 87; Aron, Yeltsin, 668-70, 이 책에서는 또한 무역의 50~70%가 "현금으로 거래"된다는 등 러시아 경제에 대한 위험 신호가 있었다고 언급한다.

155 이전에는 외국인의 참여가 15%로 제한되었다. Locatelli, "Russian Oil Industry"; 또한 다음을 참고하라. Aron, Yeltsin, 741.

156 Memorandum for the President, From: Madeleine Albright, Subject: "Meeting with President Yeltsin of Russia," March 19, 1997, 2016-0140-M, CL (note: this document is heavily underlined and marked up by the president). 클린턴은 옐친이 NATO 확장을 수락하여 확장을 현실화하기를 바랐지만, 미국 대통령은 어떤 대가를 치르더라도 이를 받아들이지 않았다. 이 문서의 여백에 그는 헬싱키에서 받아들일 수 없는 다섯 가지 "아니오"를 손으로 적은 메모를 남겼다. "Ns[sic]—거부권, 지연, 배제, 2등급, 종속". 이는 러시아의 거부권 행사 금지, 더 이상의 지연 금지, 어떤 국가의 배제 또는 2등급 회원국 자격 부여 금지, 그리고 동맹을 다른 실체에 종속시키는 행위 금지를 의미한다.

157 Memcon, Talbott-Primakov, March 6, 1997, DS-OIPS. 또한 다음을 참고하라. discussion of the "bribe" concept in "Talbott/Chubais Memcon," n.d. but from context February 1997, DS-ERR.

158 On the "spectacular view," 다음을 참고하라. Talbott, Russia Hand, 238.
159 On Yeltsin's illness in his second term, 다음을 참고하라. Colton, Yeltsin, 380-82. 콜튼은 옐친이 1996년 11월과 1999년 12월 사이에 적어도 8번 이상 병원에 입원했을 것으로 추정한다.
160 Clinton quoted in Branch, Clinton Tapes, 436; Albright, Madam Secretary, 257.
161 Memcon, Clinton-Yeltsin, March 21, 1997, 9:50-11:55am, my 2015-0782-M, CL. 2005년 인터뷰에서 버거는 당시 대화를 다음과 같이 회고했다. 클린턴은 "NATO 확대는 포기해. 우리는 계속 나아갈 거야.… 보리스, 네가 하는 일은 스스로 패배를 만드는 것뿐이야. 우리는 계속 나아갈 거야"라고 말했다. 그러자 옐친은 마지막 순간에 "하지만 발트해는 안 돼. 발트해에 NATO를 개방하지 않겠다고 나에게 약속해야 해"라고 말했다. 그러자 대통령은 "아니, 나는 그런 약속을 하지 않을 거고, 그런 식으로 러시아를 규정해서는 안 돼. 네가 하는 일은 동서 분단선을 옮기는 것뿐이야. 그 선을 더 동쪽으로 옮기고 있어. 서방과 다른 관계를 규정해야 해"라고 말했다. 극적인 순간이었다. 옐친은 보스니아, 우리의 개입, NATO 확대에 대해 분명히 매우 우려하고 있었지만, 클린턴은 그 점에 대해 그에게 매우 확고한 입장을 취했다.; TOIW Samuel R. Berger, March 24-25, 2005, WCPHP.
162 Clinton's rebuff to Yeltsin is summarized in Albright, Madam Secretary, 257.
163 Quotations about Crimea/Sevastopol in Memcon, Clinton-Yeltsin, March 21, 1997, 9:50-11:55am; "push Ol' Boris" quotation from preparatory session for Helsinki, quoted in Talbott, Russia Hand, 237; remainder of quotations from "Working Lunch with Russian President Yeltsin," Finnish President's Residence, March 21, 1997, 1:00-2:00pm, my 2015-0782-M, CL.
164 러시아가 1997년에 가입한 파리클럽에 관하여, 다음을 참고하라. "Russia to Join Paris Club of Creditors," New York Times, September 17, 1997; on the G7, which Russia joined in 1998, making it the G8 (but was expelled in 2014 following its annexation of Crimea), 다음을 참고하라. Alison Smale and Michael D. Shear, "Russia Is Ousted from Group of 8 by US and Allies," New York Times, March 24, 2014. WTO accession took until 2012; 다음을 참고하라. https://www.wto.org/english/thewto_e/acc_e/a1_russie_e.htm. The OECD "postponed activities related to the accession process" for Russia in the wake of the invasion of Crimea in 2014; 다음을 참고하라. https://www.oecd.org/russia/statement-by-the-oecd-regarding-the-status-of-the-accession-process-with-russia-and-co -operation-with-ukraine.htm. Quotation from "Working Lunch with Russian President Yeltsin," March 21, 1997. 또한 다음을 참고하라. Goldgeier and McFaul, Power, 206-8.
165 "Afternoon Meeting with President Yeltsin," Finnish President's Residence, March 21, 1997, 4-4:50pm, my 2015-0782-M, CL.
166 옐친의 발트해 가입에 대한 저항에 관하여, 다음을 참고하라. Poast and Urpelainen, Organizing Democracy, 149.

167 Clinton's remarks summarized in in Branch, Clinton Tapes, 436-37. 애스무스는 이 정상 회담에 대한 설명에서 서머스의 역할을 생략하고 대신 "옐친은 그냥 포기한 것 같다"고 말했다; Asmus, Opening, 203.

168 "Press Conference of President Clinton and President Yeltsin," March 21, 1997, F-2013-08489, DS-ERR. 이 명칭은 헬싱키에서 열린 "최종 의정서"를 연상시키려는 의도였던 것으로 보인다. 러시아가 "새로운 NATO 회원국들과 동등한 지위"를 확보할 법적 구속력이 있는 조약을 원했고, NATO를 창설한 조약에 대해, 다음을 참고하라. "Berger-Levitte Lunch," January 24, 1997, DS-ERR.

169 Memcon, Clinton-Yeltsin, March 21, 1997, 8:15-9:30pm, my 2015-0782-M, CL, has the following note at the end: "저녁 식사가 끝나갈 무렵, 탤벗 씨는 류리코프 씨(옐친 대통령의 외교 정책 보좌관으로 알려짐)에게 옐친 대통령이 기자회견에서 나토가 신규 회원국 영토에서 소련이 건설한 인프라를 사용하지 않기로 대통령과 합의했다고 말한 것은 잘못된 발언이라고 말했다. 류리코프 씨는 그러한 합의가 없었음을 인정했다."

170 일부 논란의 여지가 있는 세부 사항에 대해서는 다음을 참고하라. SDC 1997-State-069524, April 15, 1997; and SDC 1997-State-86892, May 9, 1997, both DS-ERR. 또한 다음을 참고하라. "MKA Pre-Brief, ST [Strobe Talbott] 4/25/97, A Menu of Scenarios for Your May Day in Moscow: The Good, the Bad, and the Ugly," DS-OIPS.

171 Memorandum for Samuel Berger, from John R. Schmidt, Subject: "Inviting Partners to Madrid," April 15, 1997, my 2015-0772-M, CL. 러시아의 행사가 파리에서 열린 이유에 대해(시라크가 실패로 끝난 소규모의 "5개국" 정상회담을 요구한 것을 달래기 위해), 다음을 참고하라. SDC 1997-Paris-005301, March 7, 1997, and SDC 1997-Paris-05742, March 12, 1997, both DS-ERR.

172 Memcon, Clinton-Solana, May 19, 1997, 2015-0548-M, CL.

173 새로운 협의회에 대한 자세한 내용은 다음을 참고하라. "Basic Document of the Euro-Atlantic Partnership Council," May30, 1997, in https://www.nato.int/cps/ie/natohq/official_texts_25471.htm?mode=pressrelease; on the NACC becoming moribund, 다음을 참고하라. Hamilton, "Piece of the Puzzle," OD 45; on the EAPC, 다음을 참고하라. Hill, No Place, 149.

174 Memorandum for the President, from Samuel Berger, Subject: "The NATO-Russia 'Founding Act,'" May 15, 1997, Stamped "The President has seen, 5-19-97," 2015-0772-M, CL; 또한 다음을 참고하라. section IV, "Political-Military Matters," in "Founding Act," available at http://www.nato.int/cps/en/natohq/official_texts_25468.htm.

175 마이클 맥과이어는 이 문서를 비판하면서 특히 구 바르샤바 조약기구 영토에 비핵지대를 건설할 수 있는 희망을 없애는 이유를 다음과 같이 밝혔다. MccGwire, "NATO Expansion," 23. ATO의 선택지와 러시아와의 관계에 미치는 (부정적인) 영향에 대한 모호한 서방의 표현에 대해또한 다음을 참고하라. Treisman, Return, 318-19.

176 SDC 1997-State-097231, May 23, 1997, EBB-447, NSA.

177 Memorandum for the President, from Samuel Berger, Subject: "The NATO-Russia 'Founding Act,'" May 15, 1997, my 2015-0772-M, CL. 올브라이트는 프리마코프가 최종 문서가 "법적 구속력이 있다"고 말했다는 러시아 언론 보도에 대해 "이는 오해다. 프리마코프가 알고 있듯이 이 문서는 정치적 구속력이 있다"라고 반박하며, 옐친이 이 문서가 러시아에 거부권을 부여했다고 주장했는데, 이 또한 사실이 아니라고 덧붙였다. 두 사람의 대화에 대한 미국 측 기록에는 "프리마코프는 옐친이 러시아의 거부권 행사에 대해 언급했다는 것을 인정했다. 이는 실수였다. 그는 러시아 대통령에게 이 사실을 설명했지만, 옐친은 오해했다"라고 적혀 있다. Memcon, Albright-Primakov, Laurent Restaurant, Paris, May 26, 1997, SDC, 1997-State-110688, June 12, 1997.

178 탤벗에 의하면 클린턴이 그 판결에 대해 사전에 통보를 받았는지, 아니면 그 판결이 그 주말 전 르윈스키와의 그의 행동에 영향을 미쳤는지는 불분명하지만, 그 소식은 그의 파리에서의 행동에 눈에 띄는 영향을 미쳤다. Russia Hand, 247.

179 "Narrative Pt. VII," reprinted in the Washington Post, https://www.washingtonpost.com/wp-srv/politics/special/clinton/icreport/6narritvii.htm; and "Excerpts from Narrative Section of Starr Report," reprinted in the Los Angeles Times, September12, 1998, http://articles.latimes.com/1998/sep/12/news/ss-23060.

180 르윈스키가 그녀에게 얼룩진 파란색 드레스에 대해 말했을 때, 트립은 그것을 세탁하지 말라고 조언했다; 록샌 로버츠, "린다 트립은 역사를 만들고 싶어했다; Instead, It Nearly Destroyed Her," Washington Post, April 9, 2020.

181 Description of Yeltsin's behavior, and quotation, in Talbott, Russia Hand, 246; 또한 다음을 참고하라. "Yeltsin Signs Founding Act, Says Missiles Will Not Target NATO," Radio Free Europe/Radio Liberty Newsline, May 27, 1997, https://www.rferl.org/a/1141416.html.

182 Asmus, Opening, 210-11, "아무도 그게 무슨 뜻인지 몰랐다. 바로 옆에 앉아 있던 올브라이트와 프리마코프는 격렬하게 이야기를 나누고 있었지만, 러시아 외무장관 역시 전혀 모르는 것 같았다." 옐친이 이런 행동을 한 것이 혼란스러웠는지, 부정직했는지, 아니면 나중에 불복종했는지는 알 수 없었다. 미국 언론 대변인 마이클 맥커리는 여러 질문을 받았지만, 기자들에게 러시아 대표단을 소개해 줄 수밖에 없었다; 다음을 참고하라. "Press Briefing by Mike McCurry," Talleyrand Hotel, Paris, France, May 27, 1997, https://clintonwhitehouse2.archives.gov/WH/New/Europe/19970527-3161.html. 또한 다음을 참고하라. Colton, Yeltsin, 381, which chalks the statement up to illness.

183 Memcon, Clinton-Yeltsin, May 27, 1997, American Ambassador's Residence, my 2015-0782-M, CL.

184 Andrei Kozyrev, "Russia and NATO Enlargement," OD 457.

185 Michael R. Gordon, "Russia and Ukraine Finally Reach Accord on Black Sea Fleet," New York Times, May 29, 1997. 옐친을 키예프로 데려오는 데 어려움이 있었을 때, 다음을 참고하라. discussion during the "Limousine ride of Vice President Gore with Ukrainian

President Leonid Kuchma," May 14, 1997, DS-ERR.
186 "Ukraine and Russian Federation, Treaty on Friendship, Cooperation, and Partnership," Kyiv, May 31, 1997, entry into force April 1, 1999. On October 2, 2014, 우크라이나는 유엔 사무국에 조약을 등록했다. 다음을 참고하라. the UN website, https://treaties.un..org/doc/Publication/UNTS/No%20Volume/52240/Part/I-52240-08000002803e6fae.pdf; and Soro kowski, "Treaty," 319-29; Aron, Yeltsin, 742.
187 Talbott, Russia Hand, 247.
188 Memcon, US-EU Summit, Restricted Meeting, SDC 1997-State-112007, May 28, 1997.

9장

1 George Kennan, "A Fateful Error," New York Times, February 5, 1997; Talbott, Russia Hand, 232.
2 Gaddis, Strategies, rev. ed., 70-77; 케넌의 사상에 대한 섬세한 분석을 위해, 다음을 참고하라. Logevall, "Critique of Containment," 474-79.
3 Gorbachev-Reagan, Final Meeting (US record), October 12, 1986, EBB-203, NSA.
4 페리는 2015년에 "결국 우리는 SDI 시스템을 구축하지 못했다… 핵 공격에 대한 방어라는 쓸쓸한 아이디어의 지속적인 역사를 생각할 때, 나는 '방해된 원자의 힘은 우리의 사고방식을 제외한 모든 것을 바꿔 놓았다'는 아인슈타인의 냉혹하고도 고통스러울 정도로 현실적인 관찰이 떠오른다"라고 썼다; Perry, My Journey, 68. 또한 그의 2020년 저서를 참고하라: "10년 후[1983년 SDI가 발표된 후-], X선 레이저, 지향성 에너지 무기, 입자 빔 무기, 우주 기반 운동 에너지 요격기, 그리고 '브릴리언트 페블스'에 수백억 달러를 쏟아부은 후, 펜타곤은 이러한 개념들 중 어떤 것도 효과가 없다는 결론을 내릴 수밖에 없었다. 수백 개의 탄두를 상대로 대규모 방어 체계를 구축한다는 아이디어는 무산되었다."; Perry and Collina, Button, 154.
5 Gaddis, Kennan, 667-68.
6 Kennan, "A Fateful Error," New York Times, February 5, 1997. 탤벗에 따르면, 클린턴은 케넌의 NATO 확장 반대 기사에 대해 충분히 우려하여 그 논거에 대해 탤벗을 추궁했다. 탤벗은 "케넌은 애초에 NATO 창설에 반대했으므로" "그가 NATO 확장에 반대한 것은 크게 놀랄 일이 아니었다"고 답했고, 이는 대통령을 만족시킨 듯했다. Talbott, Russia Hand, 232.
7 TOIW James Steinberg, April 1, 2008, WCPHP.
8 Memcon, Clinton-Prodi, May 6, 1998, my 2015-0755-M, CL.
9 "26. Mai 1997," BzL 867 (barriers, written off); "9. Februar 1998," BzL 968 (reparations).
10 "30. Juni 1997," BzL 883.
11 탤벗은 콜이 자신에게 이렇게 말했다고 회상했다, Russia Hand, 227.
12 콜에 대한 항의에 대하여, 다음을 참고하라. SDC 1997-Bonn-007047, June 12, 1997, my 2015-0771-M CL; 통화 연합을 구축하는 어려움에 대해, 다음을 참고하라. Sarotte,

"Eurozone Crisis."

13 Memcon, Clinton-Kohl, May 22, 1997, my 2015-0776-M, CL.
14 Quotation from Memcon, Albright-Primakov, June 19, 1997, DS-OIPS; 확대 억제 수단으로서의 한도 활용에 관하여, 다음을 참고하라. Talbott, Russia Hand, 450n20. CFE 적응에 대한 자세한 내용은 다음을 참고하라. "The Conventional Armed Forces in Europe (CFE) Treaty and the Adapted CFE Treaty at a Glance," Arms Control Association, https://www.armscontrol.org/factsheet/cfe.
15 MccGwire, "NATO Expansion," 23, 37. CFE 업데이트와 관련된 또 다른 복잡한 문제는 우크라이나의 관점에서 "서면상의 협정은 러시아에 우크라이나 영토에 군대와 장비를 배치할 수 있는 법적 근거를 제공했다"는 점이었다: SDC 1997-State-071333, April 17, 1997, DS-ERR.
16 This is the description of their view in Asmus, Opening, 205.
17 Talbott, Russia Hand, 450n20; 탤벗이 발트 3국에 관심을 갖게 된 것은 그의 재임 초기부터였다. 그는 1993년 1월 초에 이미 발트 3국을 자신의 포트폴리오에 추가하려고 시도했지만 실패했다; 다음을 참고하라. Memo, Strobe Talbott to Peter Tarnoff, "ISCA plus the Baltics," January 23, 1993, DS-ERR.
18 SDC 1995-Budape-02063, March 3, 1995.
19 Quotation from Memcon, Chirac-Clinton, June 20, 1997, my 2015-0775-M, CL, 클린턴과 시라크가 옐친이 마드리드에 오지 않는 문제에 대해 논의.
20 매들린 올브라이트가 대통령 각서에서 인용한 내용 "Night Note," May 30, 1997, DS-OIPS; Memorandum for the President, from Samuel Berger, "마드리드 정상회담에서 NATO 회원국으로 지원할 국가 선정", June 9, 1997, my 2015-0772-M, CL, which was a draft but was consistent with other forms of similar advice given to the president at the time.
21 Madeleine Albright, "Harvard University Commencement Address," June 5, 1997, Archives of Women's Political Communication, https://awpc.cattcenter.iastate.edu/2017/03/21/harvard-university-commencement-address-june-5-1997/; quotation about Colin Powell from TOIW Madeleine Albright, August 30, 2006, WCPHP; Albright, Madam Secretary, 252-54. 마셜 플랜 전문가인 벤 스테일은 올브라이트가 NATO 확장의 목표를 마셜 플랜의 목표와 놀라울 정도로 유사하게 만들었다고 주장했다. 즉, "새로운 민주주의 국가를 통합하고, 오랜 증오를 없애고, 경제 회복에 대한 신뢰를 제공하고, 갈등을 억제하는 것"이다. Steil, Marshall Plan, 392.
22 Talbott, Russia Hand, 228-29.
23 Albright, Madam Secretary, 258.
24 Letter from Solana to Albright, June 17, 1997, NATO Archive.
25 Clinton's words summarized in Branch, Clinton Tapes, 456.
26 탤벗은 1997년 6월 12일자 DS-ERR에 실린 "발트해 대사들에게 보낸 부차관 브리핑"에서 "1994년 이래로 우리는 지리학적 역사에 기반한 여러 가지 이유로 확대가 신흥

민주주의 국가를 배제해서는 안 된다는 것을 알고 있었다"고 덧붙였다. 하지만 그는 "탤벗 대행 장관과 에스토니아 외무장관 일베스 회동"에서 "1999년 NATO 차기 회의를 예상하는 공개 발언"에 대해 "경고"하며, 그러한 발언은 "미국이 지속적인 확대를 지지하는 주장에 해가 될 수 있다"고 설명했다. July 31, 1997, DS-ERR. 에스무스는 1997년 7월 20일자 DS-OIPS에 실린 "RDA [론 D. 애스무스]의 ST [스트로브 탤벗]에게 보내는 편지, 주제: 한자 동맹 전략"에서 발트해 지역 추가가 자신의 전반적인 목표임을 인지하고 있음을 시사했다. 애스무스는 나중에 탤벗의 발트해 지역 지지가 러시아 전문가로서 탤벗이 항상 모스크바를 우선시했다는 대중의 (잘못된) 인식과 상충된다고 썼다. 애스무스는 "탤벗의 사고방식에 대한 대중의 풍자적 묘사와 그가 실제로 주장한 것 사이의 대조"에 충격을 받았다; Asmus, Opening, 230. On the draft US/Baltic charter under development at this time, 다음을 참고하라. SDC 1997-Tallinn-02159, June 23, 1997. 또한 다음을 참고하라. Goldgeier, Not Whether, 115.

27 Albright quoted in Asmus, Opening, xxxi.
28 Coauthored with Robert Nurick; 다음을 참고하라. Asmus and Nurick, "NATO Enlargement," 121.
29 에스토니아 대통령 렌나르트 메리는 이 행위로 인해 자국이 "NATO-러시아의 타협"에 "희생"되었다고 불평했다. SDC 1997-State-110550, June 12, 1997; Asmus, Opening, 233-34.
30 Donald G. McNeil Jr., "Estonia's President: Un-Soviet and Unconventional," New York Times, April 7, 2001; 또한 다음을 참고하라. Wolff, "Stalin's Postwar Border-Making Tactics."
31 Meri remark of May 28, 1997, quoted in SDC 1997-State-110550, June 12, 1997. Asmus, Opening, 234, termed this "the low point of our relations with the Baltics."
32 SDC 1997-State-110550, June 12, 1997; for more context, 다음을 참고하라. Stent, Limits.
33 Memorandum for the President, from Samuel Berger, "Subject: Costs of NATO Enlargement," May 30, 1997, stamped "the president has seen, 6-2-97," my 2015-0772-M, CL. 또한 다음을 참고하라. Jesse Helms의 요청에 따라 작성된 이전 추정치: Letter, US General Accounting Office to Senator Jesse Helms, June28, 1995, https:// www.gao.gov/assets/90/84671.pdf.
34 Memcon, Clinton-Kwaśniewski, Warsaw, July 10, 1997, my 2015-0781-M, CL.
35 Cambridge Dictionary에서는 "to snog"를 "사람을 성적으로 키스하고 껴안는 것"을 의미하는 "영국 비공식" 동사로 정의한다. https://dictionary.cambridge.org/us/dictionary/english/snog. On the SNOG sessions, 다음을 참고하라. "Meeting with Senate NATO Russia Observer Group (SNOG), Date: June 11, 1997" (preparatory paper), June 10, 1997, from Samuel Berger, stamped "the president has seen 6/11/97," my 2015-0772-M, CL. On British diplomats' reaction, 다음을 참고하라. AIW Rosner.
36 Talbott later briefed NATO ambassadors on the SNOG session using these words, as re-

corded in SDC 1997-State-11475, June 14, 1997 (SNOG 회원 전원이 참석하지 않았음에도 불구하고 "격렬한" 분위기가 감돌았던 것으로 보인다. 기록에 따르면 모든 회원이 참석한 것은 아닌 것으로 보인다.)

37 Memcon, Blair-Clinton, May 29, 1997, SDC 1997-State-113437, June 17, 1997, DS-OIPS.
38 대통령은 이로써 "상원 NATO 러시아 감시 그룹(SNOG)"과의 회의에서 표현된 Berger의 권고를 따랐다, Date: June 11, 1997," June 10, 1997. 애스무스는 1997년 5월 19일에 대의원 위원회가 3개국에만 초대장을 발송하기로 결정한 것이 주요 발전이었다고 회상했다; 다음을 참고하라. Asmus, Opening, 218. 올브라이트는 또한 솔라나에게 클린턴이 선호하는 세 가지에 대해 조언했다: Memcon Albright-Solana, Sintra, Portugal, May 29, 1997, SDC 1997-State-112472, June 14, 1997.
39 "클린턴 대통령의 백악관에서 상원 NATO 감시단 구성원들과의 회동에서 대통령 수석 고문이자 NATO 확대 비준 담당 국무장관인 제레미 로스너(Jeremy Rosner)가 작성한 메모" handwritten date of June 12, 1997, but from context June 11, 1997; 이 문서의 사본을 보내주신 제레미 로스너에게 감사드린다.
40 "제레미 로스너의 메모… 클린턴 대통령 백악관에서 상원 나토 옵서버 그룹 회원들과 만난 것"의 인용문; Warner's views in Asmus, Opening, 264. NATO를 약화시키거나 망쳐버리는 문제에 관해, 다음을 참고하라. Goldgeier, Not Whether, 12-13.
41 "제레미 로스너의 메모... 클린턴 대통령 백악관에서 상원 나토 옵서버 그룹 회원들과 만난 것"의 인용문; 또한 또한 세 개가 "동맹이 수용하기에 더 실용적이고 쉬울 것"이라고 한 합동참모본부의 조언을 참조하라. in SDC 1997-State-11475, June 14, 1997.
42 "북대서양 조약 기구 확대에 관한 성명", June 12, 1997, Public Papers of the Presidents of the United States, William Clinton, Year 1997, Book 1, https://www.govinfo.gov/app/collection/ppp/president-42_Clinton,%20William%20J./1997/01%21A%21January%201%20to%20June%2030%2C%201997; comment to Blair in Memcon, Blair-Clinton, May 29, 1997.
43 제이코비는 셀레스트 발란더를 인용하며 NATO를 선발된 선수를 팀에서 제외할 수 없는 축구팀에 비유했다; Jacoby, Enlargement, xiii; Wallander, "NATO's Price." 또한 다음을 참고하라. James Goldgeier and Garret Martin, "NATO's Never-Ending Struggle for Relevance," War on the Rocks, September3, 2020, https://warontherocks.com/2020/09/natos-never-ending-struggle-for-relevance/.
44 그는 토니 블레어에게 이렇게 말했다; 다음을 참고하라. Memcon, Blair-Clinton, May 29, 1997.
45 탤벗은 이 문구를 사용할 것을 권고했다, SDC 1997-State-11475, June 14, 1997.
46 SDC 1997-State-114913, June 18, 1997.
47 베드린의 말 인용, SDC 1997-Paris-13923, June 19, 1997.
48 베드린에 대해서는 다음을 참고하라. Asmus, Opening, 224-25. 이 발전은 유럽의

NATO 지휘소를 유럽인, 특히 남부 유럽 연합군(AFSOUTH)과 공유하자는 시라크의 요청이 실패한 것과 일치했다. 이 주제에 대한 자세한 내용은 다음을 참고하라. "Berger-Levitte Meeting on AFSOUTH," January 24, 1997, DS-ERR. I thank Frédéric Bozo for an email discussion on this topic; for more on AFSOUTH, 다음을 참고하라. https://jfcnaples.nato.int/page6322744.aspx.

49 Asmus, Opening, 221.
50 Letter, Secretary Cohen to Minister Rühe, n.d. on document but dated July 1997 by archive, my 2015-0810-M, CL. 이 프로그램은 NATO 동맹 지상 감시 프로그램이었다.
51 Ronald Steel, "Instead of NATO," New York Review of Books, January 15, 1998, https://www.nybooks.com/articles/1998/01/15/instead-of-nato/.
52 According to the association's vice president, Joel Johnson, paraphrased in Goldgeier, Not Whether, 135.
53 대변인은 배리 프렌치였다; quoted in Goldgeier, Not Whether, 135. 미국 대사는 제논 워커(Jenonne Walker)였다. 그녀는 방위 계약자 간의 싸움에 대한 설명을 회원국의 견해에 따라 작성했다. "Enlarging NATO," OD 273-74. 또한 다음을 참고하라. a similar account in SDC 1997-Bonn-12846, October 14, 1997, DS-ERR.
54 Steel, "Instead of NATO."
55 행정부 내부에서는 토론의 시간이 끝났다는 인식이 확산되고, '건축'의 시대도 끝났다는 인식이 확산되고 있다. the time of action is here,"see "Beyond Architecture to Action," SDC 1996-USNATO-00056, January 6, 1996.
56 Albright, Madam Secretary, 254.
57 Steel, "Instead of NATO." 또한 다음을 참고하라. Gaddis, "History, Grand Strategy," 145- 51; John Kornblum and Michael Mandelbaum, "Was It a Good Idea? The Debate Continues," The American Interest, May 2008, https://www.the-american-interest.com/2008/05/01/nato-expansion-a-decade-on/; Yost, NATO Transformed, xii.
58 또한 저자들은 NATO가 아니라 EU가 확대되어야 한다고 주장했다. 그렇게 하면 모스크바와의 군축 협상에 덜 해로울 것이기 때문이다. "Open Letter to President Clinton," June 26, 1997, https://www.bu.edu/globalbeat/nato/postpone062697.html.
59 노바야 젬랴의 핵 활동에 대해, 다음을 참고하라. Director of Central Intelligence George J. Tenet, Memorandum for [Redacted], Subject: "[Redacted] Results of Special Panel Meeting on Novaya Zemlya Test Site," October 28, 1997; quotation from CIA Intelligence Report, Office of Russian and European Analysis, "Russia: Developing Nuclear Warheads at Novaya Zemlya?," July 2, 1999, both in EBB-200, NSA. 후자의 문서에서는 블라디미르 푸틴이 실험에 역할을 했다는 내용이 논의되어 있다. 또한 다음을 참고하라. "MKA-ISI One-on-One," September 20, 1999, DS-ERR, in which Albright and Ivanov discuss how "Putin is getting more immersed in arms control."
60 "Remarks by Stan Resor," Arms Control Association, June 26, 1997, https://www.armscon-

61 그들은 그때와 지금 사이에 결정적인 차이가 있다고 느꼈다. 2+4 협정은 서명국에 의해 비준되었다. (1990년 10월 10일, 98대 0의 찬성으로 미국 상원 포함; 다음을 참고하라. https://www.congress.gov/treaty-document/101st-congress/20) and was a legally binding treaty; the 1997 Paris accord was not.

62 Letter, Solana to Kinkel, June 13, 1997, NATO Archive. 사무총장은 예브게니 프리마코프에게 "창립법은 신규 회원국의 영토를 포함하여 다국적군 사령부와 다국적 통합부대를 설립할 가능성을 제한하는 것으로 이해되어서는 안 된다"고 말했다.

63 대통령은 정상회담 며칠 전에 콜 총리와 이러한 선호도를 확인하고자 했고, 독일 총리는 "그런 식으로 추진할 수도 있다고 생각하지만, 루마니아와 슬로베니아에 대한 전망을 열어주는 메시지를 전달해야 합니다"라고 답했다: Telcon, Clinton-Kohl, July 3, 1997, my 2015-0776-M, CL. 그들은 또한 현재 발트해 연안국 회원 자격을 지나치게 강조해서는 안 된다는 데 동의했다. 대신 그들은 "그들을 만족시킬 방법을 찾아야 한다." 솔라나가 회원국 여론을 조사한 결과는 다음을 참고하라. SDC 1997-USNATO-02139, June 20, 1997; and Asmus, Opening, 224-25, which notes the results of Solana's informal poll as follows: seven countries preferred three new members; six preferred five; two preferred more than five. 또한 다음을 참고하라. SDC 1997-State-120928, June 26, 1997.

64 Malcolm Rifkind, "NATO Enlargement 20 Years On," OD 511.

65 Asmus, Opening, 214.

66 Asmus, Opening, 214. 프랑스도 슬로베니아를 추가하는 데 관심이 있는 것 같다. 이 점에 대해 보조에게 감사하다.

67 멜린다 헨네버거에서 트립이 르윈스키에게 클린턴에게 더 많은 압력을 가하도록 압력을 가했다는 인용문도 설명, "The Testing of the President," New York Times, October 3, 1998. Excerpts from Lewinsky's July 3, 1997, letter are in "Narrative Part VIII," Washington Post, https://www.washingtonpost.com/wp-srv/politics/special/clinton/icreport/6narritviii.htm.

68 Quotation from "Narrative Part VIII."

69 Clinton request to 다음을 참고하라. Lewinsky on July 4, and White House visitors log showing 8:51 a.m. arrival that day by Lewinsky, in "Narrative Part VIII."

70 Quotations in "Narrative Part VIII."

71 David Streitfeld and Howard Kurtz, "Literary Agent Was behind Secret Tapes," Washington Post, January 24, 1998; TOIW Lucianne Goldberg and TOIW Linda Tripp, both in Slate, September 18, 2018, https://slate.com/news-and-politics/2018/09/slow-burn-season-2-episode-5-transcript.html.

72 Quotations from TOIW Lucianne Goldberg in Slate, September 18, 2018, https://slate.com/news-and-politics/2018/09/slow-burn-season-2-episode-5-transcript.html.

73　Roxanne Roberts, "Linda Tripp Wanted to Make History," Washington Post, April 9, 2020.
74　Memcon, Clinton-Solana, July 7, 1995, 2015-0548-M, CL.
75　Asmus, Opening, 243.
76　Albright, Madam Secretary, 261.
77　"Madrid Declaration," July8, 1997, https:// www.nato.int/docu/pr/1997/p97-081e.htm. 1997년 12월 장관 회의에서 솔라나는 문이 열려 있다는 점을 반복하는 것이 중요하다고 강조했다; 다음을 참고하라. his letter to this effect to the Canadian Foreign Minister, Lloyd Axworthy, on the upcoming December 16, 1997, NAC Restricted Session, December 10, 1997 (copy of letter sent to all ministers), NATO Archive.
78　"Madrid Declaration," July 8, 1997; AIW Ischinger.
79　"Madrid Declaration," July 8, 1997.
80　Albright, Madam Secretary," 267.
81　On the indefinite extension, 다음을 참고하라. Burg and Shoup, Ethnic Conflict, 378.
82　우크라이나는 마드리드에서 NATO와 별도의 헌장을 체결했다. 이 문서에 대한 사전 논의는 다음을 참고하라. Memcon, Clinton-Kuchma, May 16, 1997; and on the meeting following the signing, 다음을 참고하라. Memcon, Clinton-Kuchma, July 9, 1997, Madrid, both 2016-0127-M, CL. For the text, 다음을 참고하라. "Charter on a Distinctive Partnership between the North Atlantic Treaty Organization and Ukraine," July9, 1997, https:// www.nato.int/cps/en/natohq/official_texts_25457.htm.
83　Letter from Solana to invitee states, July 17, 1997, NATO Archive; "Proto-col to the North Atlantic Treaty on the Accession of the Czech Republic," December16, 1997, https://www.nato.int/cps/en/natohq/official_texts_25432.htm. 또한 다음을 참고하라. Stent, Russia, 228.
84　Albright, Madam Secretary, 261-63, quotation at 263.
85　Quotation from Alison Mitchell, "Clinton Cheers Exultant Poles, and Vice Versa," New York Times, July 11, 1997; 또한 다음을 참고하라. Albright, Madam Secretary, 261-63.
86　Memcon, Clinton-Wałęsa, Warsaw, July 10, 1997, my 2015-0781-M, CL.
87　Memcon, Albright-Primakov, July 13, 1997, SDC 1997-State-135609, July 19, 1997.
88　Memcon, Albright-Brazauskas, July 13, 1997, SDC 1997-State-135599, July 19, 1997, in M-2017-11789.
89　Memcon, Albright-Landsbergis, July 13, 1997, SDC 1997-State-135605, July 19, 1997.
90　Memcon, Albright with Baltic foreign ministers, SDC 1997-State-135597, July 19, 1997.
91　"Note to ST [Strobe Talbott] from RDA [Ron D. Asmus], Subject: The Hanseatic Strategy," July 20, 1997, DS-OIPS.
92　AIW Sestanovich.
93　"Note to ST from RDA."
94　"Note to ST from RDA."

95 Memorandum for the President, from Samuel Berger, December 17, 1997, stamped "the president has seen, 12/30/97," my 2015-0755-M, CL.
96 "MKA [Madeline K. Albright] Meeting: Road Ahead on NATO+Ratification," August 28, 1997, DS-OIPS; 문서 자체에는 작성자가 명시되어 있지 않지만, 미국 국무부는 기밀해제 과정에서 로스너를 작성자로 확인했다.
97 "Note to ST from RDA."
98 SDC 1997-Moscow-24590, September 29, 1997, DS-ERR; on Russian attitudes to the PJC, 다음을 참고하라. Legvold, Russian Foreign Policy, 5.
99 버거는 영국 총리와의 회담에서 이 발언을 했다; Memcon, Blair-Clinton, May 29, 1997. 러시아의 문제는 일반 시민이 아니라 엘리트 계층이라는 말을 듣고 블레어는 "정말 놀랍군요. 그들은 그저 평범하게 행동하고 경제에 더 신경을 쓰는 것뿐입니다"라고 답했다.
100 Solana Letter to Axworthy, December 10, 1997 (note: this was Axworthy's copy of a letter sent to numerous recipients).
101 SDC 1997-State-235583, December 17, 1997.
102 Excerpts from Geremek's speech in December 1997, in "19.6 Poland Joins NATO, December 1997," in Westad and Hanhimäki, Cold War, 646-47.
103 Asmus, Opening, 281; AIW Rosner.
104 "Narrative Part VIII."
105 Bowles assigned the task to his deputy, John Podesta; "Narrative Part VIII."
106 "Narrative Pt. VIII"; "Narrative Pt. IX," Washington Post, https://www.washingtonpost.com/wp-srv/politics/special/clinton/icreport/6narritix.htm.
107 "Narrative Pt. IX"; "Narrative Pt. X," Washington Post, https://www.washingtonpost.com/wp-srv/politics/special/clinton/icreport/6narritx.htm; "Narrative Pt. XII," Washington Post, https://www.washingtonpost.com/wp-srv/politics/special/clinton/icreport/6narritxii.htm.
108 TOIW Anne Coulter in Slate, September18, 2018, https://slate.com/news-and-politics/2018/09/slow-burn-season-2-episode-5-transcript.html.
109 "Narrative Pt. XII."
110 "Affidavit of Jane Doe #, Monica Lewinsky Affidavit," https://www.cnn.com/ALLPOLITICS/1998/03/16/jones.clinton.docs/monica.lewinsky.affidavit; "Narrative Pt. XII"; "Narrative Pt. XIII," Washington Post, https://www.washingtonpost.com/wp-srv/politics/special/clinton/icreport/6narritxiii.htm.
111 "Narrative Pt. XII"; "Narrative Pt. XIII."
112 "Affidavit of Jane Doe #, Monica Lewinsky Affidavit."
113 "Narrative Pt. XIII."
114 TOIW Linda Tripp in Slate, September 18, 2018.

115 Memorandum to the Secretary of State, from EUR-Marc Grossman, Subject: "Thinking about 1998," January 6, 1998, DS-OIPS; Albright, Madam Secretary, 263-65.
116 Steel, "Instead of NATO"; 또한 다음을 참고하라. Kathryn R. Schultz and Tomás Valásek, "Hidden Costs of NATO Expansion," Institute for Policy Studies, May 1, 1997, https://ips-dc.org/hidden_costs_of_nato_expansion/. 국무부에 합류하기 전, 아스무스와 랜드 동료들은 확대의 전체 비용이 약 10년 동안 420억 달러에 이를 것으로 추정했으며, 이 중 미국이 매년 부담하는 비용은 4억 2,000만 달러에서 14억 달러에 이를 것으로 예상했다. 다음을 참고하라. Asmus, Kugler, and Larrabee, "What Will NATO Enlargement Cost?", 7, 23-26. 슈타일은 나중에 이 추정치가 "너무 낮다"고 말했다. 그 이유는 2016년에 RAND가 NATO가 발트해를 방어하기 위해 매년 27억 달러를 지출해야 한다고 주장했기 때문이다. 다음을 참고하라. Steil, Marshall Plan, 395; and David A. Shlapak and Michael W. Johnson, "Reinforcing Deterrence on NATO's Eastern Flank," RAND, RR-1253-A, 2016, https://www.rand.org/pubs/research_reports/RR1253.html.
117 Steel, "Instead of NATO"; on difficulties with the French generally, 다음을 참고하라. Asmus, Opening, 224.
118 미국 의회예산국(CBO)에 따르면, "NATO 고위자원위원회(SRB)는 1997년에 폴란드, 헝가리, 체코를 NATO에 통합하면 10년 동안 공동 예산이 약 15억 달러 증가할 것으로 추산했다." 다음을 참고하라. "Appendix: Cost Insights from the 1999 Round of NATO Enlargement," one of the attachments to "Cost Implications of Implementing the March 26, 2003, NATO Accession Protocols," April 28, 2003, report prepared for Senators Richard Lugar and Joseph Biden by the CBO, https://www.cbo.gov/sites/default/files/108th-congress-2003-2004/reports/04-28-natoenlargement.pdf.
119 Goldgeier, Not Whether, 132.
120 Quotations from Memorandum for Samuel R. Berger, From: Susan Braden and Nancy McEldowney, Subject: "Committee to Expand NATO Dinner IHO Polish, Czech and Hungarian Foreign Ministers, February 10, 1998, 7:00pm, Metropolitan Club," preparatory briefing, February 9, 1998, my 2015-0772-M, CL. 다시 말해, 동맹은 바르샤바 조약기구의 잔재를 계획보다 더 많이 활용해야 했다. 바로 이것이 프리마코프와 옐친이 막고자 했던 것이다.
121 Telcon, Clinton-Yeltsin, April 6, 1998, my 2015-0782-M, CL.
122 Quotation from TOIW Bruce Udolf in Slate, August 14, 2018, https://slate.com/news-and-politics/2018/08/transcript-of-slow-burn-episode-1-of-season-2.html.
123 "Chronology," CNN, https://www.cnn.com/ALLPOLITICS/1998/resources/lewinsky/timeline/.
124 TOIW Bruce Udolf in Slate, August 14, 2018.
125 "Chronology," CNN; TOIW Bruce Udolf in Slate, August 14, 2018.
126 Ed Pilkington, "Interview Ken Starr," Guardian, September 15, 2018.

127 Adam Liptak, "Brett Kavanaugh Urged Graphic Questions in Clinton Inquiry," New York Times, August 20, 2018. 브렛 캐버노는 1997년에 스타에서 일했지만 11월에는 다른 부서로 이직했다. 그러나 1월 16일 이후, 그는 1998년에 스타에서 다시 일하기로 결정했다.
128 Quotations from TOIW Steve Binhak in Slate, August 14, 2018, https://slate.com/news-and-politics/2018/08/transcript-of-slow-burn-episode-1-of-season-2.html; on mother's arrival, 다음을 참고하라. "Chronology," CNN.
129 "Chronology," CNN.
130 "Excerpts from a Deposition Given by Clinton in January," deposition date January 17, 1998, New York Times, https://archive.nytimes.com/www.nytimes.com/library/politics/072998clinton-testimony.html.
131 Annys Shin, "Twenty Years Ago the Drudge Report Broke the Clinton-Lewinsky Scandal," Washington Post, January 11, 2018.
132 TOIW Madeleine Albright, August 30, 2006, WCPHP.
133 Albright, Madam Secretary, 352.
134 국가 간 관계에서 다양한 사건들 간의 상호작용의 별자리에 관하여, 다음을 참고하라. Manela, "International Society."
135 올브라이트가 말했듯이, 비준 후 "사람들은 결과가 불가피하다고 생각했다. 당시에는 분명히 그렇게 보이지 않았다.": Albright, Madam Secretary, 263; Asmus, Opening, 280-81; AIW Rosner. 당시 조셉 바이든 상원의원의 자문이었던 마이클 홀첼 역시 회고록에서 투표가 "피할 수 없는" 것은 아니었고 "결정은 어느 쪽으로든 갈 수 있었다"고 언급했다. Michael Haltzel, "U.S. Congressional Engagement with Central and Eastern Europe since 1991," in Dębski and Hamilton, Europe, 127.
136 John M. Broder, "State of the Union," New York Times, January 28, 1998.
137 Telcon, Clinton-Kohl, February 4, 1998, my 2015-0776-M, CL. 참고: 이 문서는 파일에 두 가지 버전이 있다. 하나는 이러한 인용문과 "주 정부로 보내지 마십시오"라는 손으로 쓴 메모가 있는 버전이고, 다른 하나는 요약된 버전(아마도 주 정부용)이다.
138 Quotation from Memorandum for Samuel R. Berger, From: Susan Braden and Nancy McEldowney, Subject: "Committee to Expand NATO," February 10, 1998; Canadian approval date on Polish foreign ministry, "Poland's Road to NATO," https://www.gov.pl/web/national-defence/poland-in-nato-20-years.
139 Warner quotation from Eric Schmitt, "Senate Approves Expansion of NATO," New York Times, May 1, 1998.
140 Samuel Nunn and Brent Scowcroft, "NATO: A Debate Recast," New York Times, February 4, 1998.
141 Quotations from Memorandum for Samuel R. Berger, From: Susan Braden and Nancy McEldowney, Subject: "Committee to Expand NATO," February 10, 1998. On February 19,

1998, 올브라이트는 이라크에 대한 질문에 답하면서 미국을 없어서는 안 될 국가라고 불렀지만, NATO 가입을 희망하는 사람들도 아마도 그의 의견에 동의했을 것이다. TOIW Secretary of State Madeleine K. Albright, The Today Show, February 19, 1998, State Department Archive, https://1997-2001.state.gov/statements/1998/980219a.html.

142 AIW Grossman.

143 "폴란드, 헝가리 및 체코 공화국의 NATO 접근 의정서를 미국 상원에 전달하는 행사에서의 발언, 워싱턴 DC,February 11, 1998," CFPR 98-100. Asmus, Opening, 280, 대통령이 이 행사를 기념하기 위해 베를린 장벽의 실물 크기 복제품 앞에 나타났다고 한다.

144 Congressional Record—Senate, Monday, April 27, 1998, https://www.govinfo.gov/content/pkg/GPO-CRECB-1998-pt5/pdf/GPO-CRECB-1998-pt5-5-2.pdf; Asmus, Opening, 282-88, esp. 285.

145 Schmitt, "Senate Approves Expansion of NATO."

146 Albright, Madam Secretary, 265; Goldgeier, Not Whether, 149; AIW Rosner.

147 Schmitt, "Senate Approves." 애리조나 출신 공화당 의원인 존 카일이 마지막 투표 전에 비행기를 타기 위해 출국하면서 최종 투표에는 99명의 상원의원만 참여했다. 다음을 참고하라. Jeremy Rosner, "Winning Congressional and Public Support for NATO Enlargement," OD 394.

148 Voting "nay" were Ashcroft (R-MO), Bryan (D-NV), Bumpers (D-AR), Conrad (D-ND), Craig (R-ID), Dorgan (D-ND), Harkin (D-IA), Hutchinson (R-AR), Inhofe (R-OK), Jeffords (R-VT), Kempthorne (R-ID), Leahy (D-VT), Moynihan (D-NY), Reid (D-NV), Smith (R-NH), Specter (R-PA), Warner (R-VA), Wellstone (D-MN), and Wyden (D-OR); Kyl (R-AZ) did not vote. 다음을 참고하라. https://www.senate.gov/legislative/LIS/roll_call_lists/roll_call_vote_cfm.cfm?congress=105&session=2&vote=00117#position; 또한 다음을 참고하라. Schmitt, "Senate Approves."

149 Kennan quoted in Logevall, "Critique of Containment," 496. The quotation is from 1995 but is consistent with the sentiments he expressed in 1997-98 as well.

150 "Evidence: The DNA Test," Washington Post, September 22, 1998.

10장

1 클린턴은 독일 총리 게르하르트 슈뢰더와의 회담에서 이 발언을 했다; Memcon, Clinton-Schröder, February 11, 1999, my 2015-0777-M, CL.

2 Åslund, "Russia's Collapse."

3 Quotation and IMF information from Åslund, "Russia's Collapse"; Åslund, Russia's Crony Capitalism, 22 (budget deficit), 71 (private portfolio inflows, yields, out before crash).

4 Michael E. Gordon and David E. Sanger, "Rescuing Russia," New York Times, July 17, 1998.

5 AIW Grossman.

6 Åslund, Russia's Crony Capitalism, 71.
7 "Profile: Sergei Kiriyenko," BBC News, August 24, 1998, http://news.bbc.co.uk/2/hi/special_report/1998/08/98/russia_crisis/157120.stm.
8 "Crowds Cheer G8 Leaders," BBC News, May 15, 1998, http://news.bbc.co.uk/2/hi/special_report/1998/05/98/g8/94439.stm.
9 Telcon, Clinton-Kohl, July 8, 1998, my 2015-0776-M, CL.
10 Telcon, Clinton-Yeltsin, July 10, 1998, my 2015-0782-M, CL.
11 Confirming $11.2 billion a week later: "Press Release: IMF Approves Augmentation of Russia Extended Arrangement and Credit," International Monetary Fund, July20, 1998, https://www.imf.org/en/News/Articles/2015/09/14/01/49/pr9831. 72세의 러시아의 연고 자본주의자 Åslund는 IMF, 세계은행, 일본이 제공한 총액이 226억 달러라고 밝혔다. 다음을 참고하라. Michael E. Gordon and David E. Sanger, "Rescuing Russia," New York Times, July 17, 1998; 또한 다음을 참고하라. Miller, Putinomics, 1.
12 Quotation from Åslund, Russia's Crony Capitalism, 72.
13 "Framing Our Goals for the Upcoming Moscow Summit," n.d., but from context July 1998, my 2015-0815-M, CL.
14 Quoted in Aron, Yeltsin, 742.
15 "Framing Our Goals for the Upcoming Moscow Summit."
16 Kotkin, "Resistible Rise"; Myers, New Tsar, 123-25.
17 Kotkin, "Resistible Rise"; Putin comments about Kohl in Putin et al., First Person, 196; 또한 다음을 참고하라. Dawisha, Putin's Kleptocracy; Plokhy, Last Empire, 161.
18 Belton, Putin's People, 83-87.
19 Kotkin, "Resistible Rise"; Miller, Putinomics, 9. Miller dates Sobchak's escape to October 1997, but Putin et al., First Person, 117, and media reports put it in November; 다음을 참고하라. Celestine Bohlen, "A. A. Sobchak Dead at 62," New York Times, February 21, 2000; "Mayor of St. Petersburg Dies," AP, February20, 2000, https://apnews.com/5efb84841d03f03afac138a9371f7b0d. 푸틴은 나중에 탈출과 아무런 관련이 없다고 부인하며 "소브차크의 친구 중 일부(핀란드 출신이었던 것 같다)"가 "단지 비행기를 보냈다"고 말했다: Putin et al., First Person, 116-17. 참고: 푸틴의 연락처 이름은 때때로 알렉세이 쿠드린으로 음역되기도 한다.
20 Kotkin, "Resistible Rise." Miller, Putinomics, 14, has Putin "beginning his rapid ascent in Moscow" in October 1997, whereas Hill and Gaddy, Mr. Putin, 38, and Putin et al., First Person, 128, date the beginning of his work in Moscow to August 1996; 또한 다음을 참고하라. Belton, Putin's People, 111-13.
21 Memorandum for the President, from Samuel Berger and Gene Sperling, "Framing Our Goals for the Upcoming Moscow Summit," July 22, 1998, stamped "The president has seen, 7-22-98," my 2015-0815-M, CL. On Putin's wife hailing from Kaliningrad, 다음을 참고하

라. Putin et al., First Person, 56.

22 Memcon, Clinton-Constantinescu, SDC 1998-State-134141, July 23, 1998; description of conflict and NATO statistics about Kosovo from "NATO's Role in Relation to the Conflict in Kosovo," July 15, 1999, https://www.nato.int/kosovo/history.htm#B.

23 Quotations from Telcon, Clinton-Kohl, August 7, 1998, 2015-0776-M, CL; 또한 다음을 참고하라. TOIW Madeleine Albright, August 30, 2006, WCPHP; and Resolution 1199 (1998), United Nations Security Council, September 23, 1998, http://unscr.com/en/resolutions/doc/1199.

24 마튼의 표현을 빌리자면, "워싱턴이 유엔 안전보장이사회의 정당성 확보를 거부하는 태도는 시간이 지남에 따라 더욱 심화되었다. 1998년 미국과 영국은 유엔의 승인 없이 이라크에서 여러 차례 공습 작전을 수행했다." 그리고 "2003년에는 미국 주도 연합군이 유엔 안전보장이사회의 승인 없이 이라크를 침공하고 점령하면서 유엔 안전보장이사회의 권한에 가장 큰 타격을 입혔다." Marten, "NATO Enlargement," 413-14. 미국이 최대한의 유연성을 유지하는 관행은 핵 전략에서도 유사하다. 다음을 참고하라. Gavin, "Blasts."

25 "Joint Statement by the Government of the Russian Federation and the Central Bank of the Russian Federation on the Exchange Rate Policy," August 17, 1998, https://web.archive.org/web/20150131090423/http://www.cbr.ru/eng/press/JOINT.htm; Åslund, "Russia's Collapse"; 또한 다음을 참고하라. Andrew Kramer, "The Euro in 2010 Feels Like the Ruble in 1998," New York Times, May 12, 2010.

26 Åslund, Russia's Crony Capitalism, 72.

27 Talbott's report from Moscow summarized in "Telephone Call with Prime Minister Blair," from Samuel Berger, no addressee but from context to the president, August 27, 1998, M-2013-0472, CL.

28 Talbott, Russia Hand, 278.

29 Memorandum for the President, from Samuel Berger and Gene Sperling, Subject: "Telephone Call to Russian President Yeltsin," August 24, 1998, M-2009-1291, CL; on the bombings, 다음을 참고하라. "East African Embassy Bombings," FBI History, https://www.fbi.gov/history/famous-cases/east-african-embassy-bombings.

30 미국 국가안보좌관은 옐친의 사임 가능성에 대한 이러한 소문을 "블레어 총리와의 전화 통화"에서 언급했다. from Samuel Berger, August 27, 1998; 또한 다음을 참고하라. Myers, New Tsar, 128.

31 Quotation from Telcon, Clinton-Yeltsin, August 25, 1998, my 2015-0782-M, CL; Talbott, Russia Hand, 278. For documents on cooperation between Chernomyrdin and Gore in the 1990s, 다음을 참고하라. the large collection in F-2017-13804, DS-ERR.

32 Memcon, Clinton-Kohl, August 30, 1998, my 2015-0776-M, CL.

33 Clinton quoted in Talbott, Russia Hand, 286. On the summit, 또한 다음을 참고하라.

the State Department's "US-Russian Summits, 1992-2000," https://1997-2001.state.gov/regions/nis/chron_summits_russia_us.html. For more on paying the price of the loss of the gains made in relations with Russia, 다음을 참고하라. "Discussion: European Security Next Steps," May 6, 1998, and "Berger Convenes Meeting—MKA Introduces Overview," n.d. but from context January 1999, both DS-ERR.

34 클린턴은 콜에게 텔콘에서 이 아이디어를 알게 되었다고 조언했다. Clinton-Kohl, September 9, 1998, my 2015-0776-M, CL.

35 Primakov's deputy, Igor Ivanov, became foreign minister: Telcon, Clinton-Yeltsin, September 12, 1998, my 2015-0782-M, CL.

36 미국 대사관은 곧 프리마코프가 "옐친의 후임자 자리를 확보하려 한다"고 보고했다. SDC 1999-Moscow-002993, February 10, 1999; 또한 다음을 참고하라. "Toria" [Nuland], January 28, 1999, both M-2012-0962, CL.

37 그는 패배를 분석하는 당 동료들에게 이렇게 말했다. "Ich selbst habe mehr an Preis bezahlt als jeder andere: Ich habe in meinem Wahlkreis erlebt, wie durch die Gruppe der Eurogegner mit gigantischen Mitteln die Verhetzung von Haushalt zu Haushalt gemacht wurde"; "28. September 1998," BzL 1075.

38 Telcon, Clinton-Kohl, September 30, 1998, my 2015-0776-M, CL. 클린턴은 1998년 11월 3일 콜에게 자필 편지를 보내 다음과 같이 말했다. "헬무트에게, 오늘 저는 대통령 집무실에서 선거 결과를 기다리며 고요함을 즐기고 있다. 저에게 이렇게 좋은 친구가 되어 주셔서 감사드리고 싶었다. 가장 힘든 시기에 당신의 현명한 조언과 지지, 그리고 믿음은 당신이 상상할 수 있는 것보다 더 큰 의미가 있다. 자유 훈장 수여식에 당신을 모실 수 있기를 기대한다. 그리고 그들은 당신이 필로메나로 돌아오기를 바란다! 진심으로, 빌." Letter, Clinton-Kohl, my 2015-0810-M, CL.

39 Memcon, Clinton-Schröder, October 9, 1998. my 2015-0777-M CL. 마지막 질문에 클린턴은 "좋은 질문인데 아직 완전한 답은 없다."라고 답했다. 슈뢰더의 말에 따르면, 유일하게 확실한 것은 "옐친이 아닐 것"이라는 것이었다.

40 Letter from Clinton to Yeltsin, October 5, 1998, ПППР2, 177-78.

41 Telcon, Clinton-Yeltsin, October 5, 1998, SDC 1998-State-189900, October 14, 1998. 옐친이 클린턴과의 통화를 끊은 것은 이번이 처음인 듯하며(국무부에 제출된 녹취록에는 언급되지 않은 듯함) 다음을 참고하라. Talbott, Russia Hand, 300.

42 "Statement to the Press by the Secretary General Following Decision on the ACTORD," October13, 1998, NATO HQ, https://www.nato.int/docu /speech/1998/s981013a.htm; Albright, Madam Secretary, 392.

43 다음을 참고하라. NATO's timeline of events at https://www.nato.int/docu/update/1998/9810e.htm; and "NATO's Role in Relation to the Conflict in Kosovo," https://www.nato.int/kosovo/history.htm.

44 Telcon, Clinton-Blair, October 6, 1998, M-2012-0600, CL.

45 "Evidence," Washington Post, September22, 1998, https://www.washingtonpost.com/wp-srv/politics/special/clinton/stories/eviblood092298.htm.

46 "President Bill Clinton," CNN, August 17, 1998, https://www.cnn.com/ALLPOLITICS/1998/08/17/speech/transcript.html.

47 Adam Liptak, "Brett Kavanaugh Urged Graphic Questions in Clinton Inquiry," New York Times, August 20, 2018.

48 "Chronology: Key Moments In The Clinton-Lewinsky Saga," CNN, 1998, https://www.cnn.com/ALLPOLITICS/1998/resources/lewinsky/timeline/.

49 Roth, Human Stain, 3.

50 Packer reached a similar conclusion in Our Man, 399-400: "팍스 아메리카나(Pax Americana)는 절정에 달했을 때 쇠퇴하기 시작했다. 그 장기적인 쇠퇴가 언제 시작되었는지 묻는다면, 저는 1998년을 꼽을 것이다."

51 Peter Baker, "Clinton Settles Paula Jones Lawsuit for $850,000," Washington Post, November 14, 1998.

52 "Transcript: President Clinton Explains Iraq Strike," CNN, December 16, 1998, https://www.cnn.com/ALLPOLITICS/stories/1998/12/16/transcripts/clinton.html; Francis X. Clines and Steven Lee Myers, "Attack on Iraq," New York Times, December 17, 1998.

53 클린턴은 체코 대통령 바츨라프 하벨을 국빈 만찬에 초대해 지지 의사를 표명했다. 만찬에서, 다음을 참고하라. APP-UCSB, https://www.presidency.ucsb.edu/documents/remarks-the-state-dinner-honoring-president-vaclav-havel-the-czech-republic.

54 On the lack of military readiness, 다음을 참고하라. Barany, Future, 26. I thank Petr Luňák and Vít Smetana for discussion of this topic.

55 다음을 참고하라. the relevant article on new members, Article 10: "The North Atlantic Treaty," April4, 1949, https://www.nato.int/cps/en/natolive/official_texts_17120.htm.

56 Quotations from SDC 1998-State-235400, December 23, 1998; 폴란드 지도자들은 코헨에게 폴란드가 "모든 NATO 의무를 이행할 것"이라고 말했다. SDC 1998-State-127191, July 14, 1998. The lack of invitee preparedness is described in Barany, Future, 26-29; 또한 다음을 참고하라. Poast and Chinchilla, "Good for Democracy?," 475.

57 올브라이트가 말했듯이, "조기 가입은 세 나라가 정상회담에서 내린 동맹 결정을 그저 묵인할 수 있다는 인상을 주지 않기 위한 것이다. 3월 초는 타협안이었다." SDC 1998-State-235400, December 23, 1998.

58 대사관은 베레조프스키가 2월 5일 미국 대사와 함께 이 문구를 사용했다고 보고했다. SDC 1998-Moscow-002993, February 10, 1999, M-2012-0962, CL; 또한 다음을 참고하라. Yeltsin, Midnight Diaries, 217-19.

59 James Hansam, "Yeltsin's Daughter," Evening Standard, April 4, 2002; Kotkin, "Resistible Rise"; Myers, New Tsar, 140-41.

60 Michael Wines, "After Sex-Tape Attack on Prosecutor," New York Times, March 20, 1999;

Hill, No Place, 140.
61 Celestine Bohlen, "Yeltsin's Inner Circle," New York Times, March 24, 1999; 또한 다음을 참고하라. Belton, Putin's People, 123-25.
62 Kotkin, "Resistible Rise."
63 Baker and Glasser, Kremlin Rising, 50-52.
64 Celestine Bohlen, "Scandal Over Top Russian Prosecutor," New York Times, March 18, 1999; Wines, "After Sex-Tape Attack"; 또한 다음을 참고하라. Belton, Putin's People, 130-31.
65 SDC 1998-Moscow-002993, February 10, 1999. 탤벗은 베레조프스키를 "정보의 빈약한 출처이자 사업을 성사시키는 데 신뢰할 수 없는 채널"이라고 여겼지만, 베레조프스키의 예측은 정확했다. 프리마코프는 1999년 5월에 축출되었다. 다음을 참고하라. Talbott, Russia Hand, 208, 278.
66 Baker and Glasser, Kremlin Rising, 52.
67 Letter from Yeltsin to Kuchma, February 16, 1999, ПППР2, 338-39.
68 Letter from Yeltsin to Kuchma, February 22, 1999, ПППР2, 339-40.
69 Letter from Kuchma to Yeltsin, March 9, 1999, ПППР2, 341-42.
70 이 싸움이 미국 정치, 특히 트럼프의 첫 탄핵에 미치는 영향에 대해, 다음을 참고하라. Plokhy and Sarotte, "Shoals of Ukraine"; 또한 다음을 참고하라. 우크라이나와 탄핵과 관련된 국무부 기밀 해제 문서, FOIA F-2019-06532, https://docs.house.gov/meetings/JU/JU00/20191211/110331/HMKP-116-JU00-20191211-SD1313.pdf.
71 Memcon, Clinton-Schröder, February 11, 1999, my 2015-0777-M, CL.
72 "How the Senators Voted on Impeachment," CNN, February 12, 1999, https://www.cnn.com/ALLPOLITICS/stories/1999/02/12/senate.vote/.
73 Geremek and Albright quoted in Asmus, Opening, xxvii.
74 The Truman Library has a video on its website: "NATO Accession Ceremony," March 12, 1999, https://www.trumanlibrary.gov/movingimage-records/vt2000-108-nato-accession-ceremony. 또한 다음을 참고하라. M.E. Sarotte, "The Convincing Call from Central Europe: Let US into NATO," Foreign Affairs, March 12, 2019.
75 Jane Perlez, "Expanding the Alliance," New York Times, March 13, 1999; 또한 다음을 참고하라. Albright, Madam Secretary, 265-66.
76 다음을 참고하라. the video available at "NATO Accession Ceremony," March 12, 1999; 또한 다음을 참고하라. Asmus, Opening, xxvii-xxviii.
77 이러한 문제는 2000년 10월 의회 보고서가 발표될 때까지 지속되었다. "Integrating New Allies into NATO," CBO Paper, Congressional Budget Office, October2000, https://www.cbo.gov/sites/default/files/106th-congress-1999-2000/reports/nato.pdf.
78 Letter, Clinton to Yeltsin, n.d., but from context late February, probably February 20, 1999, M-2009-1290, CL; 상임공동위원회에서 어떤 종류의 해결책을 찾으려는 러시아의 관

심에 관하여, 다음을 참고하라. SDC 1999-State-035179, February 25, 1999.
79 Albright, Madam Secretary, 400-402.
80 Memcon, Clinton-Solana, March 15, 1999, 2015-0548-M, CL; Memcon, Clinton-Blair, March 21, 1999, M-2012-0600, CL.
81 다음을 참고하라. document starting with the words "Dear Bill," with handwritten note "Advance Draft [of translation], March 23, 1999, Yeltsin-Clinton Letter," 2014-0473-M, CL.
82 Quotation in Hill, No Place, 169. 한 분석가는 러시아에서 코소보 공습이 임박하면서 미국에 반대하는 사람들이 "광란"에 빠졌다고 말했다. Legvold, Russian Foreign Policy, 5-6; 또한 다음을 참고하라. Goldgeier and McFaul, Power, 264-65, and Kieninger, "The 1999 Kosovo War."
83 AIW Shea.
84 "Phone Call with President Yeltsin," from Samuel Berger, March 24, 1999 (preparatory paper), 2014-0546-M, CL.
85 Memcon, Clinton-Yeltsin, my 2015-0782-M, CL, document dated March 24, 1998, but from context must be from 1999.
86 Legvold, Russian Foreign Policy, 5. On the establishment of the PJC, 다음을 참고하라. Wade Boese, "NATO Unveils 'Strategic Concept' at 50th Anniversary Summit," Arms Control Association, https://www.armscontrol.org/act/1999-04/press-releases/nato-unveils-strategic-concept-50th-anniversary-summit.
87 Telcon, Clinton-Yeltsin, my 2015-0782-M, CL, document dated March 24, 1998, but from context must be from 1999; for Talbott's account of this call, 다음을 참고하라. Talbott, Russia Hand, 305-6.
88 Quotations from Celestine Bohlen, "Crisis in the Balkans," New York Times, April 10, 1999; 또한 다음을 참고하라. M-2013-0472, CL.
89 Gates, Exercise, 266.
90 Trenin, Post-Imperium, 105.
91 Primakov는 Daniel William이 지적했듯이 너무 인기를 얻었다. "'Primakov Phenomenon' Gains Momentum in Russia," Washington Post, August 6, 1999.
92 Albright, Madam Secretary, 413.
93 Quotations in TOIW Madeleine Albright, August 30, 2006, WCPHP. For more on Clark's view, 다음을 참고하라. Clark, Waging.
94 Memorandum to the President, from Samuel Berger, Subject: "Message to President Yeltsin," n.d., but approx. April 1-3, 1999, 2014-0546-M, CL.
95 Telcon, Clinton-Blair, April 1, 1999, 3:54-4:04pm, M-2012-0600, CL.
96 Sloan, Defense of the West, 143; I thank Frédéric Bozo for discussion on this point.
97 Charles Babington and Juliet Eilperin, "House Votes to Require Assent for Ground Troops," Washington Post, April 29, 1999. At the time there were 223 Republicans, 211 Democrats,

and 1 Independent in the House of Representatives; 다음을 참고하라. https://history.house.gov/Congressional-Overview/Profiles/106th/fordetails.
98 Memcon, Clinton-Blair, April 10, 1999, M-2012-0600, CL.
99 NATO의 최대한의 행동 자유를 고집하던 미국 협상단은 1999년 3월 31일 CFE 조약의 일부 개정에 합의하여 더 많은 유연성을 제공했다. 이는 코소보에 대한 부분적인 보상이었을 것으로 추정된다. 클린턴은 옐친에게 보낸 편지에서 이러한 양보를 강조했는데, 이 편지가 바로 위 인용문의 출처이다. Letter, Clinton-Yeltsin, April 3, 1999, 2014-0546-M, CL.
100 Telcon, Clinton-Yeltsin, April 19, 1999, 2015-0782-M-2, CL.
101 "Phone Call with President Yeltsin," from Samuel Berger, April 19, 1999, 2014-0546-M, CL.
102 Gaidar quoted in Talbott, Russia Hand, 307.
103 On "largest gathering," 다음을 참고하라. Albright's speech, "Remarks on Accession," video as part of the "NATO Accession Ceremony," March 12, 1999, text in the State Deptartment Archive, "Secretary of State Madeleine K. Albright and Foreign Ministers of the Czech Republic, Hungary, and Poland, Remarks on Accession to the North Atlantic Treaty Organization, Truman Presidential Library, Independence, Missouri, March 12, 1999," https://1997-2001.state.gov/www/statements/1999/990312.html; 또한 다음을 참고하라. "The Reader's Guide to the NATO Summit in Washington," April 23-25, 1999, https://www.nato.int/docu/rdr-gde/rdrgde-e.pdf.
104 The number of participants given in Albright's "Remarks on Accession," March 12, 1999; 또한 다음을 참고하라. Philip P. Pan, "For Visitors, the Capital Is Copacetic," Washington Post, April 24, 1999; and "Reader's Guide to the NATO Summit in Washington." On Kuchma's attendance in the summit, "for which he was roundly criticized" by "the Ukrainian left and from Moscow," 다음을 참고하라. Memorandum for the President, from Samuel Berger, Subject: "Message to Ukrainian President Kuchma," June 29, 1999, my 2016-0218-M, CL.
105 A video of the event, including insert of historic footage from April 1949, is at https://www.c-span.org/video/?122737-1/nato-summit-50th-anniversary-event.
106 Joel Achenbach, "At the Bottom of the Summit: The World's at Our Doorstep," Washington Post, April 24, 1999.
107 Achenbach, "At the Bottom of the Summit"; Talbott, Russia Hand, 306.
108 The first three quotations are from Telcon, Clinton-Blair, April 29, 1999, M-2012-0600, CL; the last quotation is from Telcon, Clinton-Blair, May 4, 1999, M-2012-0600, CL.
109 "Speech by the President of the United States," April 23, 1999, https://www.nato.int/docu/speech/1999/s990423b.htm.
110 9개에 대한 명칭 논의에 대하여, 다음을 참고하라. SDC 1999-Bonn-00914, February 19, 1999; 또한 다음을 참고하라. SDC 1999-State-038293, March 2, 1999; both DS-ERR.

이들 국가 중 두 나라를 제외한 나머지 국가는 2004년에 NATO에 가입했고, 알바니아와 마케도니아는 각각 2009년과 2020년에 가입했으며, 후자는 이름을 북마케도니아로 변경했다. 다음을 참고하라. "Reader's Guide to the NATO Summit in Washington." On subsequent enlargement, 다음을 참고하라. Moller, "Twenty Years After."

111 Albright's "Remarks on Accession," March 12, 1999.
112 다음을 참고하라. the MAP as announced at the April 1999 summit at https://www.nato.int/docu/pr/1999/p99-066e.htm; 또한 다음을 참고하라. "Reader's Guide to the NATO Summit in Washington."
113 For more on the Baltics and MAP, 다음을 참고하라. Poast and Urpelainen, Organizing Democracy, 149-50.
114 On half of the Estonian cabinet visiting Washington at once, and Baltic eagerness, 다음을 참고하라. Asmus, Opening, 353n18.
115 NATO and Ukraine signed the "Charter on a Distinctive Partnership": 다음을 참고하라. "NATO and Ukraine," in "Reader's Guide to the NATO Summit in Washington," April 23-25, 1999, 97-98.
116 다음은 클린턴이 블레어에게 한 공개 발언 후 자신의 말을 요약한 내용입니다: Telcon, Clinton-Blair, May 8, 1999, M-2012-0600, CL.
117 Chernomyrdin quoted in Albright, Madam Secretary, 421.
118 Memorandum for the President, from Samuel Berger, Subject: "Message to President Yeltsin on Kosovo," May 17, 1999, 2014-0546-M, CL; on buying votes, 다음을 참고하라. Myers, New Tsar, 147.
119 Letter, Yeltsin to Clinton, April 8, 1999, ППР2, 198-99.
120 "Memorandum to Sec. Albright, APNSA Berger, OVP Fuerth, from Strobe Talbott, Trip Report No. 2 (from Moscow)," May 21, 1999 (Moscow time), May 20, 1999 (Washington, DC time), DS-OIPS; William Drozdiak, "Russia's Concession Led to Breakthrough," Washington Post, June 6, 1999. 또한 다음을 참고하라. description of Albright's meetings in Petersberg (outside Bonn) and near Cologne on June 7 and 8, 1999, both in SDC 1999-State-120246, June 26, 1999.
121 Telcon, Clinton-Yeltsin, June 8, 1999, 2014-0546-M CL.
122 Telcon, Clinton-Yeltsin, June 10, 1999, 2014-0546-M, CL. 밀로세비치는 2000년에 권좌에서 물러나고 체포되어 헤이그의 전범 재판소로 인도되었으며, 2006년에 감옥에서 사망했다. 다음을 참고하라. Packer, Our Man, 411. 또한 다음을 참고하라. Kieninger, "The 1999 Kosovo War."
123 For a detailed chronology, 다음을 참고하라. "Balkans Special Report," Washington Post, June13, 1999, https://www.washingtonpost.com/wp-srv/inatl/longterm/balkans/poststories2.htm.
124 Steinberg, "Perfect Polemic."

125 Talbott, Russia Hand, 335. 푸틴의 재임 기간에 대한 자세한 내용은 다음을 참고하라. EBB-731, NSA.
126 러시아군의 이동에 관하여, 다음을 참고하라. Robert G. Kaiser and David Hoffman, "Secret Russian Troop Deployment Thwarted," Washington Post, June 25, 1999; Talbott, Russia Hand, 336-37.
127 Talbott, Russia Hand, 336-37.
128 SDC 1999-State-120192, June 19, 1999.
129 Kaiser and Hoffman, "Secret Russian Troop Deployment Thwarted."
130 Talbott, Russia Hand, 344.
131 Telcon, Clinton-Yeltsin, June 13, 1999, and quotation from Telcon, Clinton- Yeltsin, June 14, 1999, both in my 2015-0782-M, CL.
132 Goldgeier and McFaul, Power, 263.
133 "Sources: Top NATO commanders clashed over Russians' actions in Kosovo," CNN, August2, 1999, http://www.cnn.com/WORLD/europe/9908/02/jackson.clark; "Singer James Blunt 'Prevented World War III,'" BBC News, November14, 2010, https://www.bbc.com/news/uk-politics-11753050; 또한 다음을 참고하라. Keith Gessen, "The Quiet Americans behind the US-Russia Imbroglio," New York Times, May 8, 2018.
134 Mark Tran, "'I'm Not Going to Start Third World War for You,'" Guardian, August 2, 1999; Goldgeier and McFaul, Power, 262-64.
135 Kaiser and Hoffman, "Secret Russian Troop Deployment Thwarted"; Goldgeier and McFaul, Power, 262-64; AIW Clark.
136 Blunt quoted in "Singer James Blunt 'Prevented World War III'"; 또한 다음을 참고하라. Gessen, "Quiet Americans"; Tran, "'I'm Not Going to Start Third World War for You.'"
137 Goldgeier and McFaul, Power, 263.
138 "Putin061599.doc," Memcon (draft), Berger-Putin, June 15, 1999, 2017-0222-M, CL. On Tuzla, 다음을 참고하라. Radchenko, "'Nothing but Humiliation,'" 792.
139 결국 그들은 1999년 6월 18일에 서명된 "헬싱키 협정(Helsinki Agreement)"을 통해 이를 실현할 수 있었다. 다음을 참고하라. Lavoie, "Kosovo Force (KFOR): Military Quiz," October1999, https://www.nato.int/KFOR/chronicle/1999/chronicle_199902/p16.htm, 또한 1999년 6월 18일 헬싱키 협정에 따라 러시아가 코소보에 최대 3,600명의 병력을 배치하기로 합의했으며(이후 동부, 북부, 남부 다국적 여단에 대대를 배치했다) 이 간행물은 또한 프리슈티나에 있는 KFOR 공공 정보 센터 직원들의 친절에 대해서도 언급했다. 센터 직원들은 사무실 문 앞에서 발견된 아픈 새끼 고양이를 데려가 치료를 해주었다. 이 소식이 지역 주민들에게 알려지자, 이 새끼 고양이는 KFOR의 마스코트가 되었고 홍보의 성공 요인이 되었다.
140 AIW Townsend.
141 Memcon, Clinton-Yeltsin, June 20, 1999, Cologne, Germany, my 2015-0782-M, CL. 회의

록에는 "클린턴 대통령과 옐친 대통령이 테이블 주위에 모여 포옹을 했다"는 말로 회의가 끝났다고 적혀 있다.

142 Memcon, Clinton-Schröder, June 18, 1999, M-2013-0472, CL.
143 슈뢰더가 NATO 확장을 앞당기는 아이디어에 대해 언급한 내용은 삭제되었다. 다음을 참고하라. Memcon, Clinton-Schröder, June 18, 1999. 국무부에 따르면 EU 위원회에서 "발칸반도와 EU 가입을 동시에 언급하는 것은 금기"라고 한다. SDC 1999-USEU B-04241, July 7, 1999, DS-ERR.
144 Telcon, Clinton-Kohl, June 21, 1999, M-2013-0472, CL.
145 Telcon, Clinton-Kohl, June 21, 1999.
146 클린턴은 제임스 M. 린제이의 "TWE가 기억하는 것: 포괄적 핵실험 금지 조약"에서 인용했다. Council on Foreign Relations, September 24, 2011, https://www.cfr.org/blog/twe-remembers-comprehensive-test-ban-treaty. For more on CTBT, 다음을 참고하라. https://www.nti.org/learn/treaties-and-regimes/comprehensive-nuclear-test-ban-treaty-ctbt/; and https://www.un.org/disarmament/wmd/nuclear/ctbt/.
147 이 인용문은 그의 책 No Place, 174에서 미국 외교관 William Hill의 글에서 따온 것이다. 아마도 Hill은 1998년 인도와 파키스탄의 핵실험을 무시했을 것이다. 이러한 실험에 대한 "세계적 소동"에 대해 더 자세히 알아보려면, 다음을 참고하라. Michael Krepon, "Looking Back: The 1998 Indian and Pakistani Nuclear Tests," Arms Control Association, https://www.armscontrol.org/act/2008-06/looking-back-1998-indian-pakistani-nuclear-tests.
148 Carter and Perry, Preventive Defense, 77.
149 On the ratification of START II, 또한 다음을 참고하라. Memcon, Clinton-Putin, April 15, 2000, 2017-0222-M, CL; Perry, My Journey, 152; Stent, Limits, 29.
150 러시아 및 유럽 분석 사무국, 중앙 정보국, 정보 보고서, "Russia: Developing New Nuclear Warheads at Novaya Zemlya?," July 2, 1999, EBB-200, NSA.
151 Perry quotation from Perry, My Journey, 152. 2000년 CIA 분석에서 인용한 내용, 정보 보고서 메모, 국제 문제 담당 사무국, 중앙 정보국, "러시아의 새로운 킬로톤 미만 핵탄두 개발 증거" August 30, 2000, EBB-200, NSA.
152 "Chechnya Profile—Timeline," BBC News, January 17, 2018, https://www.bbc.com/news/world-europe-18190473.
153 Statistics from Steven Lee Myers, "Russia Closes File on Three 1999 Bombings," New York Times, May 1, 2003; Mike Eckel, "Two Decades On, Smoldering Questions about the Russian President's Vault to Power," Radio Free Europe/Radio Liberty, August7, 2019, https://www.rferl.org/a/putin-russia-president-1999-chechnya-apartment-bombings/30097551.html.
154 옐친은 편지에서 자신과 푸틴의 결정을 정당화했다. Yeltsin-Clinton, October 18, 1999, my 2015-0815-M, CL; 또한 다음을 참고하라. Myers, "Russia Closes File"; Myers,

New Tsar, 154-61.
155 Talbott, Russia Hand, 357-61, 364 (most popular politician).
156 Myers, "Russia Closes File"; Clover, Black Wind, 250-52; 또한 다음을 참고하라. Belton, Putin's People, 158-60.
157 Satter, Less You Know, xiv. 또한 다음을 참고하라. 탤벗이 1993년 클린턴 행정부에서 새터에게 일자리를 찾아주려고 한 노력에 대한 내용은 "Wed. March 23, 1993 Galit/ Toria"와 "24 March 1993" 두 자료 모두 F-2017-13804, DS-ERR에 실려 있다. 러시아 언론인이 폭격한 사건에 대한 다큐멘터리(러시아어, 영어 자막 포함)는 다음을 참고하라. https://www.youtube.com/watch?v=arwGPwLXRw.
158 Luke Harding, "Russia Expels US Journalist David Satter without Explanation," Guardian, January 14, 2014; Satter, Less You Know, 2. Åslund, Russia's Crony Capitalism, 47, similarly finds it "likely" the FSB carried out the bombings.
159 Belton, Putin's People, 137, on how Stepashin was a weak interim candidate; and Yeltsin, Midnight Diaries, 218, 329-30. 당시 푸틴이 상대적으로 알려지지 않았던 이유에 대해, 또한 다음을 참고하라. Frye, Weak Strongman, 22-23.
160 Memcon, Clinton-Nazarbayev, December 21, 1999, SDC 2000-State-014531.
161 Talbott, Russia Hand, 355.
162 Myers, New Tsar, 149-53.
163 Telcon, Clinton-Yeltsin, September 8, 1999, my 2015-0782-M, CL.
164 Telcon, Clinton-Yeltsin, September 8, 1999.
165 Yeltsin's daughter quoted in Talbott, Russia Hand, 7 (hardest things), 355 (won't sell us out); on the grant of immunity, 다음을 참고하라. Belton, Putin's People, 175; 또한 다음을 참고하라. Kotkin, "Resistible Rise."
166 Telcon, Clinton-Yeltsin, September 8, 1999; 그 순간의 중요성에 대한 인식에 대하여, 다음을 참고하라. AIW Weiss.
167 Clinton quoted in Putin et al., First Person, 195.
168 TOIW James Steinberg, April 1, 2008, WCPHP.
169 Albright, Madam Secretary, 444. 슈타인버그의 회상에 따르면 클린턴은 "첫 만남부터 푸틴에 대해 매우 회의적이었다"고 한다. TOIW James Steinberg, April 1, 2008, WCPHP.
170 Memcon, Clinton-Putin, September 12, 1999, 2017-0222-M, CL. 미사일 방어에 대한 옐친의 견해에 대해 자세히 알아보려면, 다음을 참고하라. Letter from Yeltsin to Clinton, October 30, 1999, ПпР2, 208-10; on the ABM Treaty, 또한 다음을 참고하라. Talbott, Russia Hand, 379-80.
171 Memcon, Clinton-Putin, September 12, 1999.
172 Memcon, Clinton-Blair, October 13, 1999, M-2012-0600, CL.
173 Lindsay, "TWE Remembers."

174   Daryl G. Kimball, "Learning from the 1999 Vote on the Nuclear Test Ban Treaty," Arms Control Association, https://www.armscontrol.org/act/2009-10/learning-1999-vote-nuclear-test-ban-treaty.
175   Eric Schmitt, "Defeat of a Treaty," New York Times, October 14, 1999.
176   TOIW James Steinberg, April 1, 2008, WCPHP; 또한 다음을 참고하라. Perry, My Journey, 114.
177   Asmus, Opening, 281.
178   Memcon, Clinton-Blair, October 13, 1999, M-2012-0600, CL.
179   John King, "Clinton, Putin Exchange Complaints in Oslo Meeting," CNN, November2, 1999, edition.cnn.com/WORLD/europe/9911/02/clinton.putin/.
180   Memcon, Clinton-Putin, November 2, 1999, 2017-0222-M, CL.
181   This was one of the three big summits in 1999: NATO, US-EU, and OSCE.
182   조지아와 몰도바는 CFE 조약을 개정하여 러시아 군대를 자국 영토에서 몰아내기를 바랐다. Hill, No Place, 158-59; Wade Boese, "Georgian Conflict Clouds Future Arms Pacts," Arms Control Association, https://www.armscontrol.org/act/2008-09/news/georgian-conflict-clouds-future-arms-pacts.
183   Memcon, Clinton-Putin, November 2, 1999, 2017-0222-M, CL. 또한 다음을 참고하라. "Mamedov on Chechnya and CFE," October 15, 1999, DS-ERR.
184   n the adapted CFE treaty, 다음을 참고하라. Nuclear Threat Initiative, https://www.nti.org/learn/treaties-and-regimes/treaty-conventional-armed-forcs-europe-cfe/; "Agreement on Adaptation of the Treaty on Conventional Armed Forces in Europe," Organization for Security and Cooperation in Europe, November19, 1999, https://www.osce.org/library/14108.
185   "OSCE Summit," n.d., but from context early November 1999, 2016-0145-M, CL.
186   Yeltsin quoted in Michael Laris, "In China, Yeltsin Lashes Out at Clinton," Washington Post, December 10, 1999.
187   Yeltsin, Midnight Diaries, 348.
188   "No peace talks" quotation in Breffni O'Rourke, "OSCE: Summit Hears Clinton, Yeltsin Comment on Chechnya," November 9, 1999, Radio Free Europe/Radio Liberty, https://www.rferl.org/a/1092699.html; "sermonizing" quotation and ripping off headset in Talbott, Russia Hand, 361; 또한 다음을 참고하라. Stent, Limits, 45. 러시아 대표단은 최종 정상회담 결의안에서 체첸에서의 모스크바의 행동을 비난하는 내용을 포함하지 않았다. 대신, "많은 참석자들이 러시아 연방 내 체첸의 현재 상황과 관련된 문제를 언급했다"고만 말했다. "1999 OSCE Review Conference, Vienna, 20 September to 1 October 1999; Istanbul, 8 to 10 November 1999, Final Report," Organization for Security and Cooperation in Europe, November10, 1999, https://www.osce.org/files/f/documents/6/7/40962.pdf,75; Yeltsin, Midnight Diaries, 348.

189 Berger paraphrased in Talbott, Russia Hand, 361.
190 20세기에 미국 대통령이 유럽을 마지막으로 방문했던 내용에 대하여, 다음을 참고하라. Memorandum for the President, from Samuel Berger, Subject "Your Trip to Greece, Turkey, the OSCE Summit, Italy, Bulgaria, and Kosovo, Nov. 14-23," November 12, 1999, 2016-0145-M, CL.
191 첫 공식 회의와 마지막 공식 회의 사이에 얼마나 많은 변화가 있었는지에 대해, 다음을 참고하라. Yeltsin, Midnight Diaries, 135.
192 Memcon, Clinton-Yeltsin, November 19, 1999, my 2015-0782-M, CL; Talbott, Russia Hand, 363.
193 Yeltsin, Midnight Diaries, 5-7; 또한 다음을 참고하라. Myers, New Tsar, 166-67.
194 Quotations in Putin et al., First Person, 204.
195 Vladimir Kara-Murza, "Putin's Dark Cult of the Secret Police," Washington Post, December 28, 2017; Weiner, Folly, 127-28.
196 Benjamin Nathans, "The Real Power of Putin," New York Review of Books, September 29, 2016.
197 러시아 민주주의 운동가 블라디미르 카라-무르자는 나중에 그 사건을 자신과 동료들이 푸틴의 통치 하에서 과거의 많은 것들이 다시 돌아올 것이라는 사실을 깨달은 순간으로 회고했다. 다음을 참고하라. Kara-Murza, "Putin's Dark Cult"; TOIW Vladimir Kara-Murza, Center for a New American Security, July10, 2020, https://www.cnas.org/publications/podcast/vladimir-putin-and-the-future-of-russian-politics-with-michael-mcfaul-and-vladimir-kara-murza.
198 Memcon, Talbott-Putin, December 29, 1999, SDC 1999-State-244337.
199 Memcon, Talbott-Putin, December 29, 1999.
200 Yeltsin, Midnight Diaries, 1-5.
201 Talbott, Russia Hand, 370-71.
202 영어 자막이 포함된 Yeltsin의 사임 영상은 다음에서 볼 수 있다. https://www.youtube.com/watch?v=vTsqy18Mbvs; Yeltsin, Midnight Diaries, 38-87; 또한 다음을 참고하라. Talbott, Russia Hand, 371.
203 Yeltsin, Midnight Diaries, 14.
204 Telcon, Clinton-Yeltsin, December 31, 1999, my 2015-0782-M, CL. 전화는 이 통화 시간을 미국 시간 오전이 아닌 오후 9시 2분에서 9시 22분으로 기록했다. 하지만 클린턴은 오후 9시 2분에 백악관 만찬에서 360명의 하객과 함께 새천년의 마지막 밤을 축하하고 있었는데, 이는 모스크바 시간으로 오전 5시 2분이었을 것이다. 따라서 워싱턴 시간으로 오전 9시 2분, 모스크바 시간으로 오후 5시 2분일 가능성이 더 높으며, "오후"는 아마도 오타일 것이다.
205 Telcon, Clinton-Yeltsin, December 31, 1999.
206 Memcon, Clinton-Putin, January 1, 2000, 2017-0222-M, CL.

207 Albright, Madam Secretary, 446. 또한 다음을 참고하라. Goldgeier and McFaul, Power, 287: "클린턴 행정부 말기에는 양자 안보 문제에 대한 협상이 끝났다. 초기 안보 협력 패턴은 아득한 기억으로 남았다."
208 Nicholas Burns and Douglas Lute, "NATO at Seventy: An Alliance in Crisis," Belfer Center for Science and International Affairs, February 2019, https://www.belfercenter.org/publication/nato-seventy-alliance-crisis.
209 Kotkin, "Resistible Rise."
210 옐친의 자정 일기(Midnight Diaries), 134-35에서 언급된 바와 같이, "다른 어떤 대통령도 모스크바를 그렇게 많이 방문하지 않았다. (그리고 빌이 말했듯이, 앞으로도 그럴 사람은 없을 것이다.) 다른 어떤 미국 대통령도 우리나라 지도자들과 그렇게 집중적인 논의를 나누거나 경제적, 정치적 측면에서 우리에게 그렇게 대규모의 지원을 제공하지 않았다." 주요 군비통제협정의 부재에 대하여, 다음을 참고하라. Goldgeier and McFaul, Power, 303; 또한 다음을 참고하라. Lüthi, Cold Wars, 578-81.

결론

1 Keith Gessen, "The Quiet Americans behind the U.S.-Russia Imbroglio," New York Times, May 8, 2018, https://www.nytimes.com/2018/05/08/magazine/the-quiet-americans-behind-the-us-russia-imbroglio.html.
2 "클린턴 대통령 백악관에서 상원 NATO 감시단 위원들과의 회동에서 나온 제레미 로스너(Jeremy Rosner) 대통령 수석 보좌관 겸 NATO 확대 비준 담당 국무장관의 메모"에서 발췌, 1997년 6월 12일 자필로 작성, 1997년 6월 11일 문맥에 따라 작성; 이 문서 사본을 제공해 주신 제레미 로스너에게 감사드린다. 탤벗은 지리적 위치와 관계없이 어떤 민주주의 국가도 NATO에서 배제되어서는 안 된다고 주장했다. 다음을 참고하라. "Deputy Secretary Briefs Baltic Ambassadors," June 12, 1997, DS-ERR. 미국이 그러한 관점의 결과로 "정치적, 군사적 방어 경계를 매우 확장했다"는 점에 대해 다음을 참고하라. Posen, Restraint, xii; 또한, 다음을 참고하라. Stent, Russia, 228.
3 On Kaliningrad, 다음을 참고하라. Frühling and Lasconjarias, "NATO," 104-5; Robbie Gramer, "This Interactive Map Shows the High Stakes Missile Stand-Off between Russia and NATO in Europe," Foreign Policy, January 12, 2017, https://foreignpolicy.com/2017/01/12/nato-russia-missile-defense-stand-off-deterrence-anti-access-area-denial/.
4 George Friedman, "Georgia and the Balance of Power," New York Review of Books, September 25, 2008.
5 국제기구의 지속성과 역할, 그리고 주요 국가들과의 상호작용은 정치학자들의 광범위한 연구 대상입니다. 방대한 문헌에서 한 가지 예를 들자면, 다음을 참고하라. Keohane, Nye, and Hoffmann, After the Cold War, 19, 382-83. 편집자들은 "급격하고 예상치 못한 변화의 시기에 정부가 자체 완벽 기준에 맞춰 국제 기관을 재설계하기보다는 이미 이용 가능한 것을 활용하려고 시도할 가능성이 더 높다는 것은 전혀 놀라

운 일이 아니다"라고 썼다. (382).
6   냉전의 종식을 놓친 기회로 보는 것에 대해 더 자세히 알아보려면, 다음을 참고하라. Ther, Europe, 288-90.
7   Memcon, Clinton-Solana, February 20, 1996, 2015-0548-M, CL; 또한, 다음을 참고하라. Treisman, The Return, 317.
8   AIW Ivanov. On Russia seeing PfP as a ruse, 다음을 참고하라. SDC 1996-State-29911, February 14, 1996, DS-ERR에서 독일 외교관들은 러시아가 "1994년 5월에 평화를 위한 파트너십에 가입 제안을 한 뒤 12월에 동맹이 확대를 결정한 일이 반복되는 것을 원하지 않는다"고 워싱턴에 알렸다.
9   "승리병"이라는 주제와 러시아가 패배했을 때 러시아를 너무 많이 걷어차는 것에 대해, 다음을 참고하라. Betts, "Three Faces," 34. On maximalist positions, 다음을 참고하라. Sestanovich, Maximalist.
10 On the optimism of 1989, 다음을 참고하라. 후쿠야마, 끝. 자유주의 국제 질서의 역사에 대해 더 자세히 알고 싶다면 다음을 참고하라. Ikenberry, World.
11 Kozyrev quotation from Firebird, 36; Talbott quotation from Saturday, March 16, 1996, Chris," DS-OIPS. Talbott added: "This I believe very strongly: just because he was canned does not mean that what he stood for and what he was trying to accomplish has been defeated in Russia."
12 For the Churchill quotation, 다음을 참고하라. https://www.oxfordreference.com/view/10.1093/acref/9780191843730.001.0001/q-oro-ed5-00002969.
13 McFaul, "Putin," 97. wraparound 개념에 대한 논의에 대해 그레이엄 앨리슨에게 감사드린다.
14 인용문은 1997년 10월 30일, "미국 상원 외교위원회 청문회, 제105대 의회, 제1차 회기" 중 하나였던 청문회에서 바이든과 전 대사 잭 맥록이 나눈 대화의 일부였다. October 7, 9, 22, 28, 30, and November5, 1997, https://www.govinfo.gov/content/pkg/CHRG-105shrg46832/html/CHRG-105shrg46832.htm; 또한, 다음을 참고하라. Goldgeier, Not Whether, 169.
15 For more on the social science research, 다음을 참고하라. Poast and Chinchilla, "Good for Democracy?," 487: "NATO 가입 후 NATO의 안보 보장에 따른 막대한 보상"은 "잠재 회원국들이 동맹 가입을 위해 개혁을 추진하도록 강력한 유인을 제공한다." 구 바르샤바 조약 기구 회원국의 비민주화에 대해, 다음을 참고하라. 프리덤 하우스 웹사이트는 2021년까지 헝가리를 "과도기적 또는 혼합형 정권"으로 격하했고, 폴란드는 단지 "반통합 민주주의"로 평가했다. https://freedomhouse.org/countries/nations-transit/scores. On Polish willingness to work within PfP, 다음을 참고하라. SDC 1994-State-83196, March 30, 1994, DS-ERR, 폴란드 국방장관은 "PfP(공공안전보장) 구상에 실체를 부여하려는 바르샤바의 결의를 강조했다. NATO에 정식으로 가입하지 않더라도... 폴란드는 가능한 한 빨리 NATO가 사용할 수 있는 '레고 블록'이 되고 싶어 하기 때문에 유

럽-대서양 기준을 충족하기 위한 노력을 서두를 것이다"라고 말했다.

16 "Conclusions of the Presidency," European Council in Copenhagen, June21–22, 1993, https://www.consilium.europa.eu/ueDocs/cms_Data/docs/pressData/en/ec/72921.pdf; 또한 다음을 참고하라. the EU's timeline of expansion, https://ec.europa.eu/neighbourhood-enlargement/policy/from-6-to-27-members_en. Ahtisaari는 NATO 확장을 통해 EU가 자체 확장을 연기할 수 있는 방법에 대해 논의했다. 다음을 참고하라. SDC 1995-Helsin-4809, August 2, 1995, DS-ERR. For discussion of the lack of coordination between the EU and NATO, 다음을 참고하라. SDC 1997-State-24131, February 8, 1997, DS-ERR.

17 Carter quoted in Brzezinski, Power and Principle, 234.

18 옐친은 1990년대 초 서방과의 협력에 대해 진지했으며 수세기 동안의 적대감과 대조적으로 새로운 가능성을 창출했다, 다음을 참고하라. Aron, Yeltsin, 702.

19 Henrikson, "Creation," 307.

20 On earlier thinking about a Nordic Defense Pact, 다음을 참고하라. Henrikson, "Creation," 307.

21 David A. Shlapak and Michael Johnson, "Reinforcing Deterrence on NATO's Eastern Flank: Wargaming the Defense of the Baltics," RAND, RR-1253-A, 2016, https://www.rand.org/pubs/research_reports/RR1253.html; Michael Kofman, "Fixing NATO Deterrence in the East or: How I Learned to Stop Worrying and Love NATO's Crushing Defeat by Russia," War on the Rocks, May12, 2016, https://warontherocks.com/2016/05/fixing-nato-deterrence-in-the-east-or-how-i-learned-to-stop-worrying-and-love-natos-crushing-defeat-by-russia/. 또한, 다음을 참고하라. Jonathan Masters, Backgrounder, "The North Atlantic Treaty Organization," Council on Foreign Relations, last updated December3, 2019, https://www.cfr.org/backgrounder/north-atlantic-treaty-organization-nato.

22 On the 2006 summit, 다음을 참고하라. "President Bush Discusses NATO Alliance during Visit to Latvia," November 28, 2006, https://georgewbush-whitehouse.archives.gov/news/releases/2006/11/20061128-13.html. On the 2008 Bucharest summit, 다음을 참고하라. the NATO press release of April 3, 2008, "NATO Decisions on Open-Door Policy," https://www.nato.int/docu/update/2008/04-april/e0403h.html에 따르면, "부쿠레슈티 정상회의에서 NATO 동맹국들은 우크라이나와 조지아의 유럽-대서양 지역 가입 열망을 환영했으며, 이들 국가가 NATO 회원국이 되는 데 동의했다"고 명시되어 있다. and Matt Spetalnick, "Bush Vows to Press for Ukraine, Georgia in NATO," Reuters, April1, 2008, https://www.reuters.com/article/us-nato-ukraine-bush/bush-vows-to-press-for-ukraine-georgia-in-nato-idUSL014170 6220080401. For more on the NATO Liaison Office in Georgia, 다음을 참고하라. https://www.nato.int/cps/en/natolive/topics_81066.htm. 또한 다음을 참고하라. Frye, Weak Strongman, 162는 2008년 정상회담에 대해 다음과 같이 언급한다. "많은 내부 논쟁 끝에 NATO는 우크라이나와 조지아가 '회원국이

될 것'이라고 약속했지만, 구체적인 내용이나 시작일이 포함된 회원국 가입 행동 계획은 제시하지 않았다. 이러한 무기한 약속은 최악의 수준이었다. 이는 모스크바가 NATO가 러시아를 포위하려 한다는 의심을 불러일으켰고, NATO의 신속한 움직임을 바라던 우크라이나와 조지아 정부를 실망시켰으며, "이 문제에 대해 의견이 분분한" 동맹국들 사이에 분노를 불러일으켰다. Marten, "NATO Enlargement," 409.

23 Trenin, Post-Imperium, 107-8; Alexander Vershbow and Daniel Fried, "How the West Should Deal with Russia," Atlantic Council, November 23, 2020, https://www.atlanticcouncil.org/in-depth-research-reports/report/russia-in-the-world/. 버락 오바마 대통령은 이후 방침을 변경하여 위에 설명한 시스템을 폴란드와 체코에 배치하지 않고 대신 루마니아에 최초의 지상 기반 방어 미사일 발사대를 설치했다(NATO에서 운영). 다음을 참고하라. Peter Baker, "White House Scraps Bush's Approach to Missile Shield," New York Times, September 17, 2009; Ryan Browne, "US Launches Long - Awaited European Missile Defense Shield," CNN, May12, 2016, https://www.cnn.com/2016/05/11/politics/nato-missile-defense-romania-poland. 이 글을 쓰는 당시, 지연이 심한 지상 기반 미사일 방어 시스템도 폴란드에서 건설 중이었다. 다음을 참고하라. Anthony Capaccio, "The Pentagon's New Poland-Based Missile Defense System Is Now Four Years Behind Schedule," Bloomberg, February 12, 2020.

24 특히 관련성이 높은 제8조는 "회원국들이 동맹에 도움을 요청할 수 있는 경우와 관련하여 회원국의 외교 정책에 대한 단서를 명시"하도록 의도된 조항이다. 다음을 참고하라. Nikolas K. Gvosdev, "There's More to NATO Than Article Five," The National Interest, August 2, 2016, https://nationalinterest.org/feature/theres-more-nato-article-five-17222; 또한, 다음을 참고하라. 아스무스(5세)는 푸틴이 2008년 조지아에 개입한 것은 "조지아만을 겨냥한 것이 아니라 워싱턴, NATO, 그리고 더 나아가 서방 전체를 겨냥한 것"이라고 주장한다.

25 Ther가 통찰력 있게 기술한 바와 같이, 냉전 이후 질서에 대한 최소 요구 사항은 "안전한 국경에 기초한 평화"였다. Ther, Europe, 326.

26 McFaul, "Putin," 103.

27 "NATO-Russia Council," March 23, 2020, https://www.nato.int/cps/en/natohq/topics_50091.htm.

28 Stephen Sestanovich, "US Power, Less than Super," New York Times, March 23, 1993. As Ivanov noted in 2021, the crisis in US-Russian relations was not good for anyone; AIW Ivanov.

29 "President's News Conference with Visegrad Leaders in Prague," January 12, 1994, APP-UCSB, https://www.presidency.ucsb.edu/documents/the-presidents-news-conference-with-visegrad-leaders-prague. On the importance of considering the "how" of a strategy, 다음을 참고하라. Brands, What Good, 199에서는 전략적 선택을 분석할 때 "무엇을 할 것인가 뿐만 아니라 어떻게 할 것인가도 강조하는 것이 중요하다… 개념화와 실행은 모

두 대전략의 중요한 측면이며, 어느 한 쪽이 없으면 다른 쪽도 별 가치가 없다"고 주장한다.

30 Poast and Chinchilla, "Good for Democracy?," 471-90; 또한, 다음을 참고하라. Reiter, "Why," 41-67; Steil, Marshall Plan, 395-96.

31 On Hungary becoming the first autocracy in the EU, 다음을 참고하라. R. Daniel Keleman, "Hungary Just Became a Coronoavirus Autocracy," Washington Post, April 2, 2020; and Keleman, "European Union's Authoritarian Equilibrium." 중부 및 동부 유럽의 민주화에 대한 자세한 내용은 다음과 같다. 다음을 참고하라. Applebaum, Twilight; Tsveta Petrova and Senem Aydın-Düzgit, "Democracy Support without Democracy," Carnegie Endowment for International Peace, January5, 2021, https://carnegieendowment.org/2021/01/05/democracy-support-without-democracy-cases-of-poland-and-turkey-pub-83485.

32 Westad, Cold War, 623; Yeltsin comment to Talbott on April 11, 1996, quoted in SDC 1996-Moscow-10123, April 12, 1996, DS-ERR (옐친은 "우리는 실제로 지금 미국보다 다른 나라들과 더 나은 관계를 맺고 있다. 이것은 마땅히 그래야 할 방식이 아닙니다"라고 덧붙였다.); 또한, 다음을 참고하라. Kathryn Stoner, "US Was Wrong," New York Times, December 22, 2016; and for context, Stoner, Russia Resurrected.

33 This sentence paraphrased from McFaul, "Putin," 134-35; 또한, 다음을 참고하라. Hal Brands and Peter Feaver, "Trump's Transatlantic Crisis," Commentary, September 2018.

34 On NATO not being worth its cost, 다음을 참고하라. Peter Baker, "Trump Says NATO Allies Don't Pay," New York Times, May 26, 2017. 또한 줄리안 E. 반스와 헬렌 쿠퍼가 2019년 1월 14일 뉴욕 타임스에 기고한 "트럼프, 미국 NATO 탈퇴 논의"에 따르면, 2018년 7월 "격동의 NATO 정상회담을 전후하여" 트럼프는 "NATO를 파괴하는 것과 같은 조치, 즉 미국 철수를 제안했다." 미국이 철수할 경우 유럽 국가들이 스스로 안보를 확보할 수 없게 될 문제에 대해, 다음을 참고하라. the aptly titled Meijer and Brooks, "Illusions of Autonomy: Why Europe Cannot Provide for Its Security If the United States Pulls Back."

35 For more on this view, 다음을 참고하라. Brooks and Wohlforth, Why, x.

36 On the shredding of arms control agreements, 다음을 참고하라. David E. Sanger and William J. Broad, "A Cold War Arms Treaty Is Unraveling," New York Times, December 9, 2018; 또한, 다음을 참고하라. Perry, My Journey, xv.

37 On the stabilizing effects of NATO, 다음을 참고하라. Richard Haass, "Assessing the Value of the NATO Alliance," testimony to the Committee on Foreign Relations, US Senate, 115th Cong., 2nd Sess., September 5, 2018.

38 Adam Tooze, "Whose Century?," London Review of Books, July 30, 2020.

39 For my own work on the détente era, 다음을 참고하라. Sarotte, Dealing.

40 AIW Spero.

41 Map 5, APBD-49-94, 1150-51. On the significance of strategies of connection and affiliation, 다음을 참고하라. Slaughter, Chessboard.
42 미테랑은 1996년 1월 8일 전립선암으로 사망했다. As Kohl paraphrased Mitterrand's 1995 comments in "3./4. Februar 1995," BzL 649, "Wenn wir jetzt im Rückblick auf die 50 Nachkriegsjahre—er [Mitterrand] sieht das fast ausschließlich aus seiner persönlichen Situation—nicht begreifen, daß es überhaupt keinen anderen Weg gibt als den europäischen Weg und daß für diesen Weg die deutsch-französische Kooperation entscheidend ist, dann werden wir diese 50 Jahre, die Gnade und Geschenk sind, zu Unrecht empfangen haben. Das ist auch meine feste Überzeugung."
43 Interview with Svetlana Alexievich, BBC Newshour, December 31, 2015, https://www.bbc.co.uk/programmes/p03cwn66.

찾아보기

숫자/영문

3국협정 289
ABM(탄도탄요격미사일조약) 6, 341, 492, 495
CDU(기독교민주연합) 55, 57, 92, 120, 133
CFE(유럽 재래식 무기 감축) 150, 180, 182, 335, 387, 418, 419, 436, 498~500, 502
CIS(독립국가연합) 206, 207, 209~210, 212, 244, 391
CSCE(유럽안보협력회의) 85, 199, 291, 293, 311, 507(지도)
CTBT(포괄적핵실험금지조약) 357, 379, 491~492
CTR(Cooperative Threat Reduction), 협력적위험감소 357
EAPC(유럽대서양동반자협정이사회) 409, 434
EC(유럽공동체) 29, 58, 62, 65, 68~69, 119, 130~131, 175~177, 198~199, 219, 239, 246, 265
EU(유럽연합) 32, 219~220, 284, 290, 305~306, 329, 332~333, 339, 368, 394, 401, 417, 437, 465, 486, 491, 516, 520, 526
FDP(자유민주당) 70
FRG(독일연방공화국) 4, 43, 65, 112, 116, 128, 164
G7(주요 7개국 모임) 182, 189~190, 223, 242, 250, 253, 329, 374~375, 407, 456
GDR(독일민주공화국) 48~49, 59, 133, 138
IMF 242, 373, 386, 455~457, 463, 477, 481

INF(중거리핵전력조약) 357, 379
MAP(회원 자격 행동 계획) 483~484
NACC(북대서양협력이사회) 199~200, 202, 220, 246, 260, 269, 300, 409, 434, 506~507(지도)
NATO 확장법 345
NATO 확장촉진법 394
NATO-러시아 기본 협정 403, 407~408, 415~416
NIC(국가정보위원회) 78
NPT(핵확산금지조약) 205, 208, 223, 289, 295, 312, 319, 357
OSCE(유럽안보협력기구) 311~313, 388, 466, 499
PfP(평화를 위한 동반자 관계) 17, 266~269, 272, 274~276
PJC(상설합동이사회) 439~440
SHAPE(유럽연합군 최고사령부) 47
SNOG(상원 NATO 옵서버 그룹) 424, 450, 519
SPD(사회민주당) 133
START(전략무기감축조약) 490~492, 496
THAAD(사드) 341
WEU(서유럽연합) 48, 370~371

ㄱ

걸프전 8, 157, 181, 230, 511
게르하르트 슈뢰더 15, 464~465, 473~474, 490~491
겐셔리즘 87

공화당 18, 32, 230, 234, 275, 279, 281, 293, 308, 312, 318, 322
귄츠 아르파드 183
구소련핵위협감소법 193, 207
그린란드 10(지도), 15, 45

ㄴ
남북전쟁 241
남한 46
넬슨 드류 352
노르웨이 11(지도), 46, 92, 152, 219, 265, 327, 339, 384, 392, 485(지도), 506(지도), 522
노바야 제믈랴 336
누르술탄 나자르바예프 189, 211~213, 493
니콜라스 번스 294, 304, 318
니콜라스 브래디 218
니콜라이 리시코프 81
니콜라이 포르투갈로프 65, 132
니키타 흐루쇼프 201, 235

ㄷ
대니얼 이노우에 425
대니얼 프라이드 22, 294, 304, 326, 424
더글러스 허드 69, 77, 87~88, 104, 106, 125, 167, 233~234, 292, 334, 338, 340
데니스 로스 92, 113, 130~131
데릭 시어러 368
데이비드 새터 493
도널드 트럼프 527~528
독일연합 133
동맹 전략 개념 470
드미트리 샐리캐슈빌리 282
드미트리 페스코프 25
드와이트 아이젠하워 47, 308
디터 카스트루프 258
딕 모리스 345, 386

딕 체니 110, 172~173, 175, 181, 192~195, 222, 224
딘 애치슨 44
딜리버레이트 포스 작전 354

ㄹ
라도슬라브 시코르스키 131
라이사 고르바초프 152, 214~215, 217
라트비아 198, 216(지도), 257, 303, 328(지도), 367~368, 369(지도), 437, 483~484, 485(지도), 507(지도), 523
라팔로조약 66
러시아 13~14, 16, 18~22, 32~35, 87, 148, 156, 164~165, 167~168, 171~172, 181, 184~189, 192, 196~197, 200~204, 206~210, 212~215, 216(지도), 217~223, 226, 228~229, 231~232, 234~235, 237~239, 241~242, 244~245, 247, 250~261, 263~265, 268~275, 278~279, 283~285, 288~296, 298~307, 310~322, 324~325, 330~344, 346~351, 354~359, 364~365, 368, 369(지도), 370~398, 400~405, 407~410, 412~413, 415~419, 430~431, 434~440, 444~445, 454~466, 471~474, 477~484, 485(지도), 486~496, 499~505, 507(지도), 509, 511~529
레스 아스핀 193
레오니드 쿠치마 294~295, 311, 330, 378, 409, 472~473, 484
레오니드 크라우추크 194, 204~206, 211, 242~243, 256, 279, 289, 294
레오니트 브레즈네프 147
레지널드 바솔로뮤 192
레흐 바웬사 52, 116, 174, 247, 251~254, 259, 279, 281~283, 285, 287, 325~326, 362~363, 375, 383, 387, 436
렌나르트 메리 247, 331, 422~423

로널드 레이건 53~54, 71, 89, 196, 238, 414~415
로널드 스틸 429
로널드 애스무스 253, 422, 428, 431, 437, 438, 439, 441, 449, 451, 533
로드 이즈메이 47
로드릭 브레이스웨이트 61, 215, 231, 232
로런스 이글버거 69, 114, 129, 223
로렌스 서머스 406~407
로마조약 65
로버트 게이츠 54, 89, 95, 109, 125, 127, 139~140, 148~149, 175, 186
로버트 돌 394
로버트 맥나마라 430
로버트 블랙윌 59, 67, 77, 83, 92, 109, 113, 114, 119, 122, 123, 128
로버트 스트라우스 171, 185, 191, 200, 202, 212, 215, 225
로버트 졸릭 76~77, 83, 89, 92, 111, 113, 165~166, 451
로버트 허칭스 64, 83, 86, 158~159, 161
로버트 헌터 251, 355, 362
로빈 쿡 476
로스 페로 223, 230
롤랑 뒤마 106, 177~178
루마니아 11(지도), 105, 132, 221, 270, 307, 327, 328(지도), 353(지도), 389, 419~421, 432, 443, 460, 483, 485(지도), 489, 509(지도)
루시안 골드버그 433, 442
뤼트 뤼버르스 360~361
르네 플레방 48
리 해밀턴 344
리처드 닉슨 54
리처드 데이비스 356~357
리처드 드레스너 386
리처드 루거 281, 451

리처드 쉬프터 305~306, 322
리처드 쿠글러 222~223, 253
리처드 홀브룩 262, 279, 297~301, 326~327, 330, 333
리투아니아 135, 178~179, 189, 198, 216(지도), 256, 285, 328(지도), 369(지도), 437, 507(지도)
린 데이비스 251, 260~261
린다 트립 249, 411, 432~433, 441~443, 445~447

ㅁ

마거릿 대처 15, 27~28, 57, 61, 104, 116~117, 120, 128, 159, 162
마드리드 정상회담 416
마르티 아티사리 368, 370, 377, 486
마셜 플랜 238, 420, 475
마이클 맥폴 356, 519
마이클 잭슨 489
마케도니아 353, 483, 507(지도)
마크 그로스먼 443, 451, 456
만프레드 뵈르너 15, 29, 92~93, 97~99, 118, 139~140, 151, 176, 183, 191, 195, 198~199, 236, 254, 257~259, 274, 292
매들린 올브라이트 235, 247, 269, 282, 285~287, 294, 322, 398, 399, 404~406, 418, 420~421, 424, 433~435, 437, 439, 440, 443, 447~448, 451, 470, 475~476, 480, 483, 495, 504, 528
모니카 르윈스키 32, 361, 371~372, 410~413, 416, 432~433, 441~442, 445~449, 451, 453, 467, 483~484, 485(지도)
모트 엔젤버그 286
모함마드 파라 에이디드 262
몰타 정상회담 71
무함마드 사치르베이 353

미클로시 네메트 52~53, 55~59, 79, 83~84
미하일 고르바초프 12~13, 26~31, 51,
　53~54, 60~61, 63~64, 67~68, 70~72,
　75~83, 88~89, 92, 94~107, 124, 136, 138-
　148, 151~156, 162~163, 167~169, 171,
　178~193, 196~197, 201, 205~207, 209,
　214-215, 217, 225~226, 302, 344, 380, 382,
　414
미하일 슈타이너 473
민주주의 유지 작전 299

ㅂ

바르샤바 조약 58, 177, 268, 392
바르샤바 조약 58, 177, 268, 392
바버라 부시 119
바츨라프 하벨 14, 116, 130, 158, 174, 177,
　197, 247, 285~287, 375, 513
반덴버그 결의 44
발데마르 파블라크 325
발디스 비르카우스 367
발렌틴 팔린 65, 67, 101~102, 132, 136~138,
　144~146, 152~154, 156, 177
발칸반도 18, 32, 260, 268, 321, 359, 416, 460
발트 대대 307, 438
발트해 11(지도), 15, 16, 29, 50(지도), 58,
　304, 307, 328(지도), 369(지도), 405,
　506(지도), 536
버넌 월터스 85~86
버논 조던 442~443, 449
베네데토 크로체 22
베를린 공수 44
베를린 장벽 59, 60, 61, 63, 72, 80, 149, 170,
　363, 505, 510, 531
베트남 전쟁 232, 262, 352
벤자민 길먼 281, 308
벨라루스 172, 203, 205, 207, 213, 216(지도),
　221, 242, 260, 328(지도), 357, 369(지도),

419, 485(지도), 507(지도), 516, 531
보리스 넴초프 493
보리스 베레좁스키 471
보리스 옐친 18, 21, 32, 146~148,
　184~189, 196~197, 202~203, 204~207,
　209~215, 217~219, 226, 232, 235~241,
　244, 250~253, 256~258, 260~264,
　272~274, 276, 279, 288~289, 291~292,
　295~296, 302~304, 310~311, 313~317,
　324, 333~334, 336, 346~348, 350~351,
　358~360, 364, 373~380, 385~388,
　394~396, 398, 400~402, 404~408,
　410~413, 419, 444~445, 453~464, 466,
　471~472, 474, 477~481, 486, 490~491,
　493~495, 500~501, 503~505, 513~515,
　517, 526
보리스 타라슈크 255, 313, 331
보스니아-헤르체고비나 249, 328, 353,
　485(지도)
부다페스트 양해각서 312
북한 46, 293, 312
불가리아 11(지도), 105, 221, 270, 282, 483,
　485(지도), 507(지도)
브라이언 멀로니 64, 108, 182, 186,
　189~190
브렉시트 529
브렌트 스코크로프트 54~55, 59, 61, 63,
　72, 76~77, 83, 88~89, 91, 93, 96, 101, 105,
　109~110, 113~115, 117, 121, 127, 131,
　139, 145~147, 150, 159, 161, 162, 172, 188,
　192~195, 196~198, 207, 218, 224, 236, 450
브로니스와프 게레메크 440, 475
브루스 잭슨 428, 451
브뤼셀조약 44, 48
블라디미르 구신스키 337
블라디미르 크류치코프 80, 95, 179,
　186~188

블라디슬라프 주보크 149
블랙 호크 다운 262
비세그라드 280, 285
비탈리 추르킨 358
빅토르 오르반 52, 526
빅토르 체르노미르딘 395, 456, 462, 486
빈스 포스터 248~249, 411, 433
빌 번스 336
빌 코언 398
빌 클린턴 14, 16, 18, 21, 32~33, 223,
   228~230, 232~245, 247~251, 253,
   256~257, 259, 262~265, 269, 271,
   273~275, 278~279, 283~289, 292,
   294~295, 302, 307~308, 311~314,
   317~322, 324~325, 330, 333, 338~339,
   345~351, 354, 357~359, 363, 364~367,
   371~375, 379, 385~386, 389, 394~401,
   405~413, 415~416, 418~419, 421,
   423~427, 431~436, 440~442, 445,
   447~451, 453, 455~457, 459~470,
   473~483, 486, 489~491, 495~498,
   500~501, 504~505, 508, 511~515,
   519~521, 523, 525
빌 페리 234, 279, 341, 359, 374, 492
빌리 브란트 133, 535
빌리 클라스 292, 339, 342, 360

ㅅ

사담 후세인 157, 180~181
새뮤얼 '샌디' 버거 318
새뮤얼 넌 192~193, 207, 242, 430, 450
서독 11(지도), 28, 31, 43, 46~49, 51, 55~58,
   61~66, 72~73, 75, 77~79, 81~83, 85,
   88~90, 92, 94, 97, 99, 103~104, 122,
   125~126, 129~130, 132, 135, 137~140,
   144, 149~157, 159~160, 162~163, 165,
   168, 170

세르게이 라드첸코 265, 536
세르게이 아흐로메예프 145, 146, 188
세르게이 키리엔코 456, 462
소련 11(지도), 12, 14~17, 19, 21~22, 26~27,
   29, 31, 35, 41~49, 51~53, 55, 57~58,
   60~61, 63, 65~66, 70~71, 73, 75~84,
   87~88, 90~91, 93, 95~96, 99~105, 107,
   109, 111~113, 116~117, 119, 121, 123~126,
   129, 132~149, 153~157, 159~163, 165,
   167~174, 176~203, 206~215, 217~223,
   225~226, 228~229, 235, 237, 242, 246,
   252~254, 256, 258~259, 263, 267~268,
   270, 273, 275, 282~285, 291, 293~296,
   302~303, 312, 321, 330~332, 335~336,
   339, 343, 357, 366, 368, 380, 384~386,
   391, 394, 406, 412, 415, 419, 501, 510~511,
   515~516, 518~519, 523, 525~526
소말리아 234, 262, 481
수잔 아이젠하워 430
스웨덴 11(지도), 216(지도), 219, 265, 275,
   328(지도), 368, 369(지도), 438, 485(지도),
   506(지도), 520, 522
스타니슬라우 슈시케비치 205
스테판 세스타노비치 438, 524
스트로브 탤벗 21, 189, 235, 240~241, 244,
   246~247, 255, 260, 271, 274, 285, 293,
   297, 299~300, 312~315, 318, 331, 333,
   335~336, 342~345, 349, 353, 355~359,
   365~366, 376~377, 383, 385~386,
   389~394, 396~397, 399, 401~403, 408,
   410, 412, 415, 419, 421~424, 427, 433,
   437~438, 461, 463, 466, 486~488,
   502~503, 508, 516
스티브 빈핵 447
스티브 해들리 451
스티븐 코트킨 458, 471
스티븐 플래너건 221~222

스페인 11(지도), 339, 360, 427, 432~433, 485(지도), 506(지도), 522
슬로바키아 228, 247, 298, 328(지도), 384, 485(지도), 507(지도)
슬로베니아 178, 282, 328(지도), 353(지도), 420, 432, 483, 485(지도), 506(지도)
슬로보단 밀로셰비치 178, 347, 460, 463, 466, 476, 478, 480, 483

ㅇ

아나톨리 솝차크 458~459
아나톨리 체르냐예프 80, 98, 138, 153~154, 178, 182
아나톨리 추바이스 395
아서 반덴버그 44
아이슬란드 11(지도), 15, 46, 485(지도), 506(지도)
아이젠하워 그룹 430
아제르바이잔 216(지도), 506(지도)
아조레스 제도 10(지도), 45
아프가니스탄 216(지도), 237, 314, 462
안드레스 오슬런드 219
안드레이 코지레프 184, 187~188, 202, 213~214, 231, 253~254, 256, 272~274, 288, 291, 310~311, 313, 315~317, 325, 333~334, 339~340, 342~343, 358, 376, 412, 515~516
안젤라 스텐트 157, 295
안탈 요제프 174, 264
알랭 쥐페 332, 334
알렉산더 버시바우 22, 294~295, 304, 397
알렉산더 야코블레프 201~202
알렉산더 코르사코프 336~337
알렉산더 크비시니에프스키 424
알렉산드르 레베드 395, 398
알렉산드르 루츠코이 261, 263
알로이스 모크 69

알바니아 11(지도), 270, 282, 353(지도), 485(지도), 506(지도)
애덤 투즈 20, 529
애슈턴 카터 190, 322
앤 콜터 442
앤드루 카펜데일 29, 30
앨 고어 298, 317, 329, 424, 462, 498
얀 엘리아손 368
어니스트 베빈 43, 44
어스킨 볼스 442
에두아르드 셰바르드나제 55, 58~60, 68, 79, 93~94, 98, 102, 106~107, 151, 157, 164~165, 167, 169, 179, 431
에리히 호네커 53
에릭 에델만 260
에밀 콘스탄티네스쿠 460
에스토니아 198, 216(지도), 247, 256~257, 291, 331~332, 368, 369(지도), 422, 483~484, 485(지도), 507(지도), 509, 536
에이브러햄 링컨 242, 334
연대 노조 52, 283
영공개방조약 102
영국 11(지도), 15, 44, 48, 77~79, 84~85, 87, 109, 117, 120, 125, 128, 151~152, 168, 190~200, 214, 232~233, 248, 289, 299, 312, 339, 392, 424, 431, 433, 485(지도), 489, 506(지도)
예브게니 샤포시니코프 209~210, 213, 244
예브게니 프리마코프 180, 254, 310~311, 365, 376~384, 390. 392~394, 396~397, 402, 404~405, 418~419, 431, 437, 440, 464~465, 471~472, 474, 477~478, 480
예센스키 게저 174
예지 코즈민스키 293
오사마 빈 라덴 462, 463, 496
올드리치 에임스 293
요슈카 피셔 24

요아힘 폰 아르님 90~91, 94~98, 100~101,
　103~104, 154
요제프 지엘레니에츠 327
우즈베키스탄 216(지도), 260, 391, 507, 530
우크라이나 16~17, 19, 34, 172, 189,
　192, 194, 197, 200~205, 209, 211, 213,
　216(지도), 220~222, 229, 242~245,
　250~253, 255~256, 259~260, 267~272,
　279~280, 283~284, 288~290, 294~295,
　300, 307, 309~310, 312~313, 319~320,
　328(지도), 329~331, 339, 355, 357,
　366~367, 374, 378, 383, 386, 389, 391~394,
　400, 409, 412, 419, 421, 472~473, 482,
　484, 485(지도), 507(지도), 512, 516, 518,
　523~524, 529
워런 크리스토퍼 233, 235~236, 250, 257,
　259, 263, 272~273, 275, 279~281, 285,
　292, 300, 308~309, 311~312, 319, 322,
　325, 331, 334, 337~338, 342, 360~361,
　366~368, 377~378, 383, 391, 394,
　397~398
워싱턴 조약 42
원자력 20, 190, 256, 357
웨슬리 클라크 301, 303, 489
위베르 베드린 427, 476
윈스턴 처칠 30, 43, 518
유고슬라비아 11(지도), 58, 178, 220, 228,
　232, 249, 268, 297, 353(지도), 463, 466,
　483, 507(지도)
유럽방위공동체 48
유럽전략운영위원회 175
유리 스쿠라토프 4711
유리 안드로포프 501, 502
율리 크비진스키 79, 134, 165
율리시스 그랜트 241
이고르 이바노프 514
이라크 11(지도), 173, 180, 216(지도), 481,
　507(지도)
이란 89, 216(지도), 312, 457, 507(지도)

ㅈ

자크 블로트 393
자크 시라크 14, 22, 304, 362, 370, 371, 393,
　396, 427, 432, 476
잔니 드 미켈리스 106
장뤼크 데하네 283~284
잭 매틀록 187, 430
제러미 로스너 404, 439, 448~449, 452
제럴드 솔로몬 469
제시 헬름스 399, 443, 451
제이미 시어 478
제인 펄레즈 475
제임스 베이커 12~13, 19, 21, 24, 26~30,
　54, 55, 60, 62, 67, 69, 71, 76~77, 79,
　84~86, 88~89, 92~98, 105~111, 113~114,
　117~118, 123~124, 128~129, 131, 138,
　140~143, 150~151, 160~162, 164,
　166~167, 169, 172~173, 175, 179, 191~192,
　195~196, 198~199, 201~202, 207~213,
　217~218, 223~224, 380
제임스 블런트 489
제임스 스타인버그 233, 250, 337, 354, 360,
　366~367, 390, 416, 424, 434, 487, 495, 497
제임스 스트롬 서먼드 426
제프리 엥겔 181
조셉 랄스턴 424~425
조셉 바이든 426, 451, 519, 520
조지 H. W. 부시 14~15, 27~29, 31, 33,
　53~56, 62~64, 68, 70~73, 75~77, 80,
　83~85, 88~89, 91, 93, 96~98, 101,
　105, 107~111, 114~124, 126~131,
　133, 139~146, 148, 151~152, 155~157,
　161~163, 168~170, 171, 173~174, 177,
　179~185, 187~207, 214, 217, 219~220,

223~225, 230, 237, 246~247, 249, 255, 272, 300, 343, 344, 495, 510~511, 515, 523, 525, 533
조지 W. 부시 230, 523
조지 마셜 43, 420
조지 케넌 19, 45, 225, 233, 414~415, 429~430, 452, 524
조지 콘웨이 442
조지아 10, 192, 216(지도), 220, 391, 499, 502, 507(지도), 516, 523
존 도이치 386
존 루이스 개디스 26
존 메이너드 케인스 450
존 메이저 96, 224~225, 232~234, 241, 324, 334, 392
존 셜리캐슈빌리 32, 250, 266~267, 282~283, 287, 305, 322, 354, 512
존 애슈크로프트 452
존 워너 425, 450, 452
존 콘블럼 367, 381~383, 390
존 허브스트 380~383, 390
줄리 핀리 451
줄리오 안드레오티 127
중국 46, 216(지도), 274, 288, 379, 477, 480, 485, 486, 519, 529
즈비그뉴 브레진스키 272, 281
지미 카터 272, 521

ㅊ

찰스 가티 282, 316
찰스 브리지 287
철의 장막 43, 53, 68, 82, 246, 278
청년민주연합(헝가리) 52
체르노빌 190, 242, 329
체첸 18, 32, 279, 315~317, 333~335, 346~348, 350~351, 387~388, 492~493, 496, 498~500, 502, 513, 517

체코 116, 130, 132, 141, 158, 220, 228, 247, 270, 282, 285~287, 298, 327, 328(지도), 366~367, 384, 394, 401, 420, 426, 428, 435~437, 451, 469, 470, 475, 485(지도), 506, 513, 523, 534
체코슬로바키아 11(지도), 28, 44, 50(지도), 78, 79, 84, 87, 105, 116, 149, 158, 174, 176

ㅋ

카자흐스탄 189, 192, 207, 211~213, 216(지도), 217, 288, 350, 357, 493, 507(지도)
캐나다 10(지도), 42, 64, 105, 108, 182, 366, 449, 485(지도), 506(지도)
캠프 데이비드 112, 114, 123, 125, 521
케네스 스타 443, 445~447, 449, 453, 467~468
코소보 32, 353(지도), 454. 460, 463, 466, 476, 477~479
콜린 파월 110, 175, 250, 420
쿠웨이트 161, 173, 180~181
크로아티아 178, 220, 328(지도), 353(지도), 482, 485(지도), 506(지도)
크림반도 185, 201, 244, 330, 406
크시슈토프 스쿠비셰프스키 106
클라우스 노이베르트 82~83
클라우스 킨겔 257~259

ㅌ

타데우시 마조비에츠키 116~117
탤벗 원칙 415, 419, 450, 484
테어도어 바이겔 163
테일러 브랜치 406, 408
토니 레이크 233, 263, 266, 269, 272, 279, 287, 297, 304~309, 318, 354, 393, 399
토니 블레어 424, 426, 467, 476, 477, 481, 482, 497

토마스 피커링 256~257
토머스 그레이엄 388
토머스 도닐런 236
토머스 사이먼스 131
토비 가티 398
톰 존슨 215
티모시 콜튼 186

ㅍ

파리 헌장 381
파벨 그라체프 237, 263, 299, 314, 354, 359
패트릭 레이히 425
폴란드 11(지도), 52, 79, 87, 106, 116, 130~131, 151, 174, 221~222, 252, 254, 279, 282~283, 293, 297~298, 325~326, 328(지도), 330, 366, 369(지도), 394, 401, 417, 424, 426, 435~436, 440, 451, 469, 475, 485(지도), 506(지도)
폴린 네빌 존스 292~293
폴커 루헤 260
프란츠 브라니츠키 265
프랑수아 미테랑 14, 68, 128, 130~131, 142~143, 158, 177~178, 189, 198, 269, 339, 346, 392, 530~531
프랑수아 미테랑 14, 68, 128, 130~131, 142~143, 158, 162, 168, 177~178, 189, 198, 269, 339, 346, 392, 530~531
프랑스 11(지도), 44~45, 48, 50(지도), 57, 68, 77, 84~85, 106, 109, 115, 122~123, 128, 131, 141, 142, 151~152, 175, 177~178, 187~188, 198, 200, 263, 304, 327, 332, 334, 338~339, 345, 362, 370, 385, 389, 393, 404, 427, 428, 432, 444, 459, 481, 485(지도), 506(지도), 522, 528~529, 530~531
프랭크 엘베 168
프랭클린 루즈벨트 43, 358

핀란드 11(지도), 216(지도), 219, 265, 275, 330, 368, 369(지도), 405, 438, 485(지도), 486, 507(지도), 520, 522
필립 로스 468

ㅎ

하비 시커먼 129~130
하비에르 솔라나 15, 360~361, 366~367, 385, 397, 399~400, 421, 431, 433, 440, 470, 476, 512
하이드 파크 정상회담 359
한스 모드로 81~82, 96, 104
한스디트리히 겐셔 56, 63, 69~70, 82~88, 90~91, 98, 100~104, 106~108, 113~117, 120, 123, 129, 135, 155, 158, 160~161, 164~168, 198~199, 202, 214~215, 258, 381
해리 트루먼 42~43, 47, 238, 475
핵무기 14, 16, 21, 46, 49, 88, 124, 128, 141, 169, 190, 195, 209, 210~211, 213~214, 229, 237, 242~243, 275, 296, 314, 321, 357, 373, 378, 392~393, 419, 430, 492, 505, 517
허버트 후버 233,
헌장 제5조 15, 17~19, 33, 46, 75, 123~124, 126~127, 167, 259~260, 267, 268, 275, 278~279, 305, 309, 318, 324, 326, 327, 330, 370, 425, 429, 431, 477, 508, 510~513, 515, 522, 524, 526~527
헝가리 11(지도), 28~29, 51~53, 55~59, 61, 79, 84, 87, 114, 129~130, 132, 141, 149, 174, 176, 183, 220~221, 228, 246, 254, 264, 298, 327, 328(지도), 366, 353(지도), 384, 394, 420, 426, 435, 451, 469~470, 475, 485(지도), 489, 501, 506(지도), 526
헤일리 바버 399
헨리 키신저 54, 73, 270, 305, 326, 399, 429
헨리 하이드 281
헬무트 콜 14, 31, 33, 55~58, 61, 64, 66~70,

72~77, 79, 81, 88~92, 96~104, 107~108,
111~124, 133~135, 139~141, 152~157,
160, 162~163, 168~170, 173, 177~178,
190, 219, 225~226, 231~232, 238~239,
242, 261~262, 264, 295, 314, 345~347,
354~355, 359~360, 373~376, 394~395,
400~401, 417, 431, 434, 449, 458,
463~465, 491, 510~511, 523, 530~531
헬싱키 최종 협약 381
호르스트 텔칙 64~67, 70, 85~86, 88~89, 91
혼 굴라 114
홀로코스트기념관 246, 248
화학무기 48, 224
휴 돌턴 42
힐러리 클린턴 398, 527

나토의 동진
나토의 확장을 둘러싼 미국과 러시아 패권주의의 충돌

초판 1쇄 2025년 12월 1일 발행

지은이 메리 앨리스 서로티 옮긴이 권은하
펴낸이 김현종
기획총괄 배소라 출판본부장 안형태
편집 최세정 진용주 황정원 김수진 장진경
디자인 조주희 김연주 마케팅 김예리 신잉걸
방송사업·미래전략본부 정태준 문상철 이주리 백범선 남궁주철

펴낸곳 (주)메디치미디어
출판등록 2008년 8월 20일 제300-2008-76호
주소 서울특별시 중구 중림로7길 4
전화 02-735-3308 팩스 02-735-3309
이메일 medici@medicimedia.co.kr 홈페이지 medicimedia.co.kr
페이스북 medicimedia 인스타그램 medicimedia
유튜브 medici_media

ISBN 979-11-5706-480-9 (93340)

이 책에 실린 글과 이미지의 무단 전재·복제를 금합니다.
이 책 내용의 전부 또는 일부를 재사용하려면 반드시 출판사의 동의를 받아야 합니다.
파본은 구입처에서 교환해 드립니다.